CB013448

ESTATÍSTICA APLICADA À ADMINISTRAÇÃO

CIP-Brasil. Catalogação-na-Fonte
Câmara Brasileira do Livro, SP

	Stevenson, William J.
S868e	Estatística aplicada à administração / William J. Stevenson ; tradução Alfredo Alves de Farias. – São Paulo : Harper & Row do Brasil, 1981.
	1. Administração – Métodos estatísticos 2. Estatística I. Título.
	17. CDD-519.024658
81-0606	18. -519.5024658

Índices para catálogo sistemático:
1. Estatística matemática para administradores
519.024658 (17.) 519.5024658 (18.)

William J. Stevenson
Instituto Rochester de Tecnologia

ESTATÍSTICA APLICADA À ADMINISTRAÇÃO

Tradução
Alfredo Alves de Farias
Professor Adjunto do Instituto de Ciências Exatas da Universidade Federal de Minas Gerais

editora HARBRA ltda.

Direção Geral:	Julio E. Emöd
Supervisão Editorial:	Maria Pia Castiglia
Revisão de Estilo:	Jamir Martins
Revisão de Provas:	Vera Lucia Juriatto
	Maria Elizabeth Santos
Composição:	AM Produções Gráficas Ltda.
Capa:	Mônica Roberta Suguiyama
Fotolitos:	Studio Selecor
Impressão e Acabamento:	Paym Gráfica e Editora Ltda.

ESTATÍSTICA APLICADA À ADMINISTRAÇÃO

Rua Joaquim Távora, 842 – Vila Mariana – 04015-011 – São Paulo – SP
Vendas: (0.xx.11) 5549-2244, 5571-0276 e 5084-2403. Fax: (0.xx.11) 5575-6876
Divulgação: (0.xx.11) 5084-2482 (tronco-chave)

Tradução de *BUSINESS STATISTICS: Concepts and Applications*

Publicado originalmente por Harper & Row Publishers, Inc.

Impresso no Brasil *Printed in Brazil*

conteúdo

Ao estudante
Prefácio

1. INTRODUÇÃO 1

Introdução 2
Que é Estatística? 2
Por que Estudar Estatística? 3
O Uso de Modelos em Estatística 4
Olhando para a Frente 6
Resumo 6

2. ORGANIZAÇÃO, RESUMO E APRESENTAÇÃO DE DADOS ESTATÍSTICOS 9

Introdução 11
  Dados *versus* informação 11
Dados Estatísticos 11
  Tipos de dados 12
Notação Sigma 13
Análise de Pequenos Conjuntos de Dados 18
Medidas de Tendência Central 19
  A média 19
  A média ponderada 21
  A mediana 21
  Comparação entre média e mediana 22
  A moda 23
Medidas de Dispersão 24
  O intervalo 25
  Medidas de dispersão que têm a média como ponto de referência 26
  Desvio médio absoluto 26
  A variância 28
  O desvio padrão 29
  Outras medidas 30

Análise de Grandes Conjuntos de Dados 32
Distribuições de Freqüência 32
Construção de uma distribuição de freqüência para dados contínuos 33
Construção de uma distribuição de freqüência para dados discretos 36
Construção de uma distribuição de freqüência acumulada 38
Distribuições de freqüência para dados nominais e por postos 39
Outros métodos de apresentação de dados 40
Medidas para Dados Grupados 42
Determinação da média de uma distribuição de freqüência 42
Determinação da mediana de uma distribuição de freqüência 44
Determinação da moda de uma distribuição de freqüência 45
Determinação do intervalo de uma distribuição de freqüência 46
Determinação da variância e do desvio padrão de uma distribuição de freqüência 46
Gráficos de distribuições de freqüência 47
Resumo 50

3. PROBABILIDADE 53

Introdução 55
A Probabilidade de um Evento 55
Espaço Amostral e Eventos 56
Três Origens da Probabilidade 61
O método clássico 61
Chance 63
Freqüência relativa 64
Chance e freqüências relativas 66
O método subjetivo 66
A Matemática da Probabilidade 69
Cálculo da probabilidade de ocorrência de dois eventos: $P(A \text{ e } B)$ 70
Probabilidade de ocorrência de ao menos um de dois eventos: $P(A \text{ ou } B)$ 73
Técnicas de Contagem 78
O princípio da multiplicação 79
Permutações, arranjos e combinações 80
Comparação entre permutações (arranjos) e combinações 84
Regra de Bayes 85
Resumo 91

4. DISTRIBUIÇÕES DESCONTÍNUAS DE PROBABILIDADE 95

Introdução 97
Variáveis Aleatórias 97
Valor esperado de uma variável aleatória 98
Somas de variáveis aleatórias 100
Distribuições de Probabilidades 101
Distribuições Descontínuas 105
A Distribuição Binomial 105
A fórmula binomial 106
Tabelas Binomiais 109
Probabilidades binomiais individuais 109
Tabelas binomiais acumuladas 109
Características da distribuição binomial 113

A Distribuição de Poisson 118
A fórmula de Poisson 120
Uma aplicação envolvendo o tempo 120
Uma aplicação envolvendo área 121
Tabelas de Poisson 122
Probabilidades de Poisson individuais 122
A tabela de Poisson acumulada 123
A distribuição de Poisson como aproximação da binomial 124
Outras Distribuições Discretas 126

5. DISTRIBUIÇÕES CONTÍNUAS DE PROBABILIDADE 131

Introdução 132
A Distribuição Uniforme 134
Distribuições Normais 136
Características das distribuições normais 137
A distribuição normal como modelo 139
A distribuição normal padronizada 139
A tabela normal padronizada 142
A distribuição normal como aproximação da binomial 147
A Distribuição Exponencial 152
Resumo 154

6. AMOSTRAGEM 157

Introdução 158
Amostras e Populações 158
Amostragem de uma população finita 159
Amostragem *versus* censo 160
Amostragem Aleatória 161
Obtenção de uma amostra aleatória 162
Tabelas de números aleatórios 163
Outros Planos de Amostragem 166
Amostragem probabilística *versus* amostragem não-probabilística 166
Amostragem por julgamento 167
Amostragem probabilística 167
Resumo 169

7. DISTRIBUIÇÕES AMOSTRAIS 171

Introdução 172
Efeito dos Parâmetros Populacionais sobre uma Distribuição Amostral 175
Efeito do Tamanho da Amostra sobre uma Distribuição Amostral 177
Distribuições de Médias Amostrais 178
O teorema do Limite Central 181
Distribuições de Proporções Amostrais 186
Distribuição Amostral do Número de Ocorrências 187
Amostragem de uma População Finita 188
Resumo 191

8. ESTIMAÇÃO 193

Introdução 194
Estimativas Pontuais e Intervalares 194
Os Fundamentos Lógicos da Estimação 195
Estimação da Média de uma População 198
Desvio padrão populacional conhecido 198
Erro de estimação 199
Determinação do tamanho da amostra 201
Estimação de médias quando σ_x é desconhecido: a distribuição *t* 201
Amostragem de pequenas populações: o fator de correção finita 205
Intervalos de confiança unilaterais 207
Estimação da Proporção numa População 209
Intervalos de confiança: uso da fórmula 209
Erro 210
Determinação do tamanho da amostra 212
Amostragem de populações finitas 213
Intervalos de confiança: o método gráfico 213
Resumo 217

9. TESTES DE SIGNIFICÂNCIA 221

Introdução 222
Variação Casual ou Variação Real? 223
Testes Unilaterais e Testes Bilaterais 226
Erros Tipo I e Tipo II 228
Resumo 229

10. TESTE DE SIGNIFICÂNCIA DE MÉDIAS 231

Introdução 232
Teste de uma Amostra para Médias 232
σ_x conhecido 233
σ_x desconhecido 235
Testes de Duas Amostras para Médias 240
Cálculo da Probabilidade de um Erro Tipo II 245
Resumo 250

11. ANÁLISE DA VARIÂNCIA 253

Introdução 254
Suposições 254
Revisão do Processo de Cálculo de uma Variância Amostral 255
Fundamentos Lógicos da Análise da Variância 256
A Razão *F* 260
Características da distribuição *F* 260
Determinação do número de graus de liberdade 260
Utilização da tabela *F* 262
Cálculo da razão *F* a partir de dados amostrais 264
A Tabela de Análise da Variância (ANOVA) 268
Comentário 270

12. TESTES DE SIGNIFICÂNCIA PARA PROPORÇÕES 275

Introdução 276
Teste de uma Amostra para Proporções 276
Teste de Duas Amostras para Proporções 282
Teste de k Amostras para Proporções 285
A distribuição amostral qui-quadrado 287
Análise de uma tabela r por k 290
Teste χ^2 de Aderência 294
Graus de liberdade 296
Avaliação da estatística teste 297
Utilização de dados amostrais para obter freqüências esperadas 299
Resumo 303

13. TESTES DE SIGNIFICÂNCIA PARA POSTOS E SINAIS 307

Introdução 308
Testes de Duas Amostras: Amostras Relacionadas 308
O teste dos sinais 309
O teste de sinais por postos 311
Duas Amostras Independentes 317
O teste de Mann-Whitney 317
Um Teste de k Amostras Usando Postos 322
Análise da variância de um critério de Kruskal-Wallis 322
Testes de uma Amostra 324
Análise de repetições 324
Distribuição amostral do número de repetições 325
Repetições de dois tipos de observação: dados nominais 327
Repetições acima e abaixo da mediana 328
Repetições para cima e para baixo 330
Qual teste usar? 332
Comentários 333
Resumo 334

14. REGRESSÃO E CORRELAÇÃO 339

Introdução 341
Regressão Linear 341
A equação linear 342
Decisão por um tipo de relação 343
Determinação da Equação Matemática 344
O Método dos Mínimos Quadrados 347
Inferências em Análise de Regressão 351
O erro padrão da estimativa 354
Inferências sobre o coeficiente angular da reta de regressão 355
O coeficiente de determinação, r^2 358
Análise da variância para regressão simples 361
Intervalos de predição para análise de regressão 362
Análise de Regressão Linear Múltipla 365
Análise de Correlação 367

Dados Contínuos: O Coeficiente *r* de Pearson 368
Características de *r* 368
Correlação momento-produto: conceituação 370
Interpretação de *r* 373
Processo prático para o cálculo de *r* 374
Inferências sobre o Coeficiente de Correlação 377
Um intervalo de confiança para a correlação da população 377
Um teste de significância de *r* 378
Advertência 380
Dados por Postos: O Coeficiente *r* de Spearman 382
Dados Nominais: O Coeficiente de Contingência 385
Correlação Múltipla 388
Correlação e Causalidade 389
Resumo 390

15. NÚMEROS-ÍNDICES 395

Introdução 396
Números-Índices Simples 397
Números-Índices Compostos 399
O método dos agregados ponderados 399
O método da média ponderada dos relativos 401
Considerações e Problemas Especiais 401
Mudança de Base de um Número-Índice 402
Quatro Índices Importantes em Administração e Economia 402
O índice de preços do consumidor 402
O índice de preços de atacado 406
A média industrial Dow-Jones 406
O índice de produção industrial 407
Deflação de uma Série Temporal 407
Resumo 408

16. ANÁLISE DAS SÉRIES TEMPORAIS 411

Introdução 412
O Modelo Clássico 413
Modelos multiplicativo e aditivo 414
Tendência 415
Isolamento da tendência com o uso da análise de regressão 416
Médias móveis 420
Variações Cíclicas e Irregulares 422
Variações Sazonais 424
O método da razão-para-a-média-móvel 425
Recomposição 427
Regularização Exponencial 432
Escolha da constante de regularização 433
Comentários 435
Resumo 435

17. RESUMO E CONCLUSÕES 437

Resumo 438
Utilização do que foi Estudado 439
Além deste Livro 439

Apêndice 441
Respostas 471
Índice Remissivo 491

ao estudante

Benvindo à estatística. Você está se iniciando numa interessante e significativa aventura, pois começa a explorar um dos mais básicos instrumentos da tomada científica de decisões.

Infelizmente, os textos sobre estatística são notoriamente áridos e desinteressantes. Além disso, a maioria dos estudantes começa a estudar estatística com certo medo, simplesmente em razão da matemática envolvida. Pode o leitor estar certo de que estou bem ciente desse aspecto negativo.

Há muito sinto a necessidade de um livro-texto claro e compreensível sobre estatística. O material deve ser de fácil leitura e assimilação. Além disso, deve ser interessante, e não maçante, contendo numerosos exemplos. Este livro foi escrito com base nestas idéias. Procurei deliberadamente apresentar os diversos tópicos de maneira suave, evitando, quanto possível, incluir teoremas e demonstrações. Quanto aos pré-requisitos matemáticos, verá o leitor que tudo quanto se exige é um conhecimento básico de álgebra – e vontade de aprender.

O objetivo é desenvolver no leitor uma compreensão intuitiva da estatística e do raciocínio estatístico, proporcionando-lhe, ao mesmo tempo, treinamento na resolução de problemas.

O material do texto é suficiente, seja para um curso de um ou de dois semestres, ao nível de graduação. Para o curso de um semestre, podem-se omitir, sem perda de continuidade, o material opcional e alguns capítulos.

Há certas coisas que o leitor pode fazer para tirar o máximo proveito deste livro:

1. Ler o livro cuidadosamente. Procurar não fazê-lo como se fosse um romance. Efetuar os exemplos, conferindo os números extraídos de tabelas.
2. Utilizar os resumos e objetivos que aparecem no princípio de cada capítulo para ter uma idéia geral do que cada um contém. Resolver tantos problemas quantos for possível. As respostas dos exercícios se encontram no final do livro. Fazer os problemas de revisão que aparecem ao fim de cada capítulo, para avaliar o grau de eficiência de sua leitura.
3. Usar uma calculadora na resolução dos problemas.

William J. Stevenson

prefácio

Meu principal objetivo ao escrever este livro foi o de proporcionar aos estudantes um livro-texto claro e compreensível sobre estatística introdutória. Procurei escrever um livro interessante e informativo, que ilustrasse a importância da estatística na tomada de decisões. *Estatística Aplicada à Administração* destina-se aos cursos especiais de estatística para administração e economia, especificamente a estudantes que precisem entender como se tomam decisões de caráter estatístico, mas que talvez não tenham grande preparo matemático. O livro pressupõe que o leitor tenha feito um curso secundário de álgebra.

Suas principais características são:

1. A notação matemática só é usada quando necessária, evitando-se inteiramente demonstrações e deduções. As explanações são informais e intuitivas, e as explicações verbais são freqüentemente complementadas por ilustrações.
2. O livro se adapta tanto a um curso do tipo autodidata ("Plano Keller") como a um curso de aulas.
3. No fim do livro encontram-se as respostas de todos os exercícios (exceto aos dos exercícios suplementares).
4. O livro contém extensas tabelas das distribuições binomial e de Poisson.
5. Cada capítulo começa com um esboço e uma lista de objetivos que devem ser dominados, e é seguido de uma lista de questões para recapitulação.

O livro contém material suficiente para um curso de dois trimestres ou de dois semestres; pode, todavia, ser facilmente adaptado a um curso de um trimestre ou de um semestre, omitindo-se certos tópicos opcionais. Os capítulos de 1 a 10, parte do Capítulo 12, e o Capítulo 14 constituem a base; conseqüentemente, é recomendável que, qualquer que seja o curso, pelo menos essas partes do livro sejam estudadas.

Finalmente, desejo agradecer o auxílio de outras pessoas no preparo deste livro. Sou grato a George Telecki, Charlie Dresser e Eleanor Castellano por sua ajuda e orientação no preparo do manuscrito e por várias revisões. Agradeço também aos críticos por seus muitos comentários e sugestões construtivas. Nesse particular, prestaram inestimável auxílio os professores Paul Van Ness, do Rochester Institute of Technology, e James Vedder, da Universidade de Syracuse. A Mary Ellen McCrossen agradeço o trabalho de datilografia e seus comentários de natureza editorial. Janice Van Knapp conferiu as respostas dos exercícios. Meus agradecimentos estendem-se também aos diversos estudantes que apresentaram críticas e correções.

Finalmente, meu reconhecimento a minha esposa e a meus filhos pela paciência que tiveram durante o tempo que passei trabalhando no manuscrito.

W. J. S.

CAPÍTULO 1

introdução

Objetivos do Capítulo

Ao terminar o estudo deste capítulo, o leitor deve ser capaz de:

1. Definir o termo "estatística"
2. Explicar o que é amostragem e algumas das principais razões para sua utilização
3. Responder a pergunta "Por que estudar estatística?"
4. Dar exemplos de como um administrador pode beneficiar-se do conhecimento de estatística
5. Explicar o que são modelos e como eles podem ser usados na tomada de decisões, além de identificar as vantagens gerais e as limitações dos modelos

Esboço do Capítulo

Introdução
Que é Estatística?
Por que Estudar Estatística?
O Uso de Modelos em Estatística
Olhando para a Frente
Resumo

INTRODUÇÃO

Pouco depois de encerrada a votação num dia de eleições, a televisão anuncia que determinado candidato é o provável vencedor. E a previsão é feita após a contagem de apenas 2% dos votos.

Um fabricante de lâmpadas "flash" para máquinas fotográficas deve determinar a percentagem das lâmpadas que não funcionarão. Se essa percentagem for muito grande, a reputação do fabricante estará em risco. Mas se ele fosse testar todas as lâmpadas, destruiria toda sua produção. Testa pois só uma pequena fração dentre elas, e sua decisão de despachar ou não as lâmpadas se baseará nessa pequena fração.

O meteorologista informa que a probabilidade de chover hoje é de 30%.

O governo informa que a renda média de uma família de quatro pessoas aumentou 5% de um ano para cá.

Um professor comunica à classe que sua nota média foi 70.

Eis algumas formas de utilizar a estatística.

QUE É ESTATÍSTICA?

Quando algumas pessoas ouvem a palavra "estatística", imaginam logo taxas de acidente, índices de mortalidade, litros por quilômetro, etc. Essa parte da estatística, que utiliza números para descrever fatos, é chamada, de forma bastante apropriada, *estatística descritiva*. Compreende a organização, o resumo e, em geral, a simplificação de informações que podem ser muito complexas. A finalidade é tornar as coisas mais fáceis de entender, de relatar e de discutir. A média industrial Dow-Jones, a taxa de desemprego, o custo de vida, o índice pluviométrico, a quilometragem média por litro de combustível, as médias de estudantes, tudo isto se enquadra nessa categoria.

Outro ramo da estatística relaciona-se com a *probabilidade*, e é útil para analisar situações que envolvem o acaso. Jogos de dados e de cartas, ou o lançamento de uma moeda para o ar enquadram-se na categoria do acaso. A maioria dos jogos esportivos (futebol, basquete, turfe, etc.) também é influenciada pelo acaso até certo ponto. A decisão de um fabricante de *cola* de empreender uma grande campanha de propaganda visando a aumentar sua participação no mercado, a decisão de parar de imunizar pessoas com menos de vinte anos contra determinada doença, a decisão de arriscar-se a atravessar uma rua no meio do quarteirão, todas utilizam a probabilidade consciente ou inconscientemente.

Um terceiro ramo da estatística é a *inferência*. Diz respeito a análise e interpretação de dados amostrais. A amostragem é um exemplo vivo do adágio "Não é preciso comer um bolo inteiro para saber se é bom". A idéia básica da amostragem é efetuar determinada mensuração sobre uma parcela pequena, mas *típica*, de determinada "população" e utilizar essa informação para fazer inferência sobre a população toda. Os exemplos familiares são muitos. Mergulhar a ponta do pé na água para avaliar a temperatura da piscina. Experimentar um casaco novo diante do espelho para ver como fica. Assistir um programa de TV alguns minutos para ver se vale a pena assisti-lo até o fim. Folhear um novo livro. Testar um novo carro. Há, além disso, inúmeros exemplos da aplicação de tal conceito na indústria. Consideremos os seguintes.

Um estúdio cinematográfico faz um teste dos candidatos a ator, para ver qual papel atribuir a cada um.

As fábricas freqüentemente produzem um pequeno número de peças (lote piloto) antes de se lançarem à fabricação em grande escala.

Muitas firmas mantêm milhares de itens em estoque. Utilizando técnicas de amostragem, pode-se estimar o valor do inventário, sem proceder à contagem dos itens um a um.

Produtos novos são testados nos mercados de cidades-chaves para aquilatar sua aceitação em geral.

Firmas comerciais e entidades governamentais recorrem a amostragem por várias razões. O custo é usualmente um fator relevante. Coligir dados e analisar resultados custa dinheiro e, em geral, quanto maior o número de dados coligidos, maior o custo. A amostragem reduz a quantidade de dados a coligir e a analisar, diminuindo, assim, os custos. Outra razão para o emprego de amostragem é que o valor da informação em geral dura pouco. Para ser útil, a informação deve ser obtida e usada rapidamente. A amostragem é a única maneira de conseguir isso. Por vezes, o exame de determinado artigo o destrói. Testar cintos de segurança quanto a sua resistência à ruptura obviamente os destrói; se fôssemos testar todos os cintos, não sobraria nenhum para a venda. Essas e outras razões para a utilização de amostragem serão consideradas em capítulo posterior.

Como o leitor logo verá, essas três áreas da estatística não são separadas ou distintas. Ao contrário, elas tendem a se entrelaçar. Assim é que descrever e resumir dados constitui a primeira fase de sua análise. Além disso, a teoria e os fundamentos da amostragem se baseiam na teoria da probabilidade.

Temos então três áreas entrelaçadas de interesse para a estatística: descrição e resumo de dados, teoria da probabilidade, e análise e interpretação de dados amostrais.

> A estatística compreende a estatística descritiva, a teoria da probabilidade e amostragem.

Os três ramos da estatística utilizam o *método científico*, que consiste das cinco etapas básicas seguintes:

1. Definir cuidadosamente o problema. Certificar-se de que é clara a finalidade de um estudo ou análise.
2. Formular um plano para a coleta dos dados adequados.
3. Coligir os dados.
4. Analisar e interpretar os dados.
5. Relatar as conclusões de maneira que sejam facilmente entendidas por quem as for usar na tomada de decisões.

POR QUE ESTUDAR ESTATÍSTICA?

Não seria fora de propósito o leitor perguntar "Por que devo estudar estatística?" Certamente isso exigirá um esforço da parte do leitor, que desejará saber o benefício que daí lhe advirá.

É comum o estudante achar que os cursos devem ser "relevantes" O leitor será o juiz final. Por ora, consideremos o seguinte:

1. O raciocínio estatístico é largamente utilizado no governo e na administração; assim, é possível que, no futuro, um empregador venha a contratar ou promover o leitor por causa de seu conhecimento de estatística.

2. Os administradores necessitam do conhecimento da estatística para bem tomar suas decisões e para evitar serem iludidos por certas apresentações viciosas.
3. Cursos subseqüentes utilizam a análise estatística.
4. A maioria das revistas profissionais e outras contém referências freqüentes a estudos estatísticos.
5. A imprensa, tanto quanto muitas experiências cotidianas, oferece amplas oportunidades para a interpretação estatística.

A essa altura, o leitor já deve ter uma idéia do que possa esperar do seu estudo de estatística. Há dois objetivos válidos e razoáveis. O primeiro é desenvolver a habilidade na resolução de problemas – o que inclui a capacidade de reconhecer qual técnica se aplica a determinada situação e de utilizá-la eficazmente na resolução do problema. O segundo é mais geral: discernir entre problemas a que a estatística pode aplicar-se e problemas a que ela não se aplica.

O USO DE MODELOS EM ESTATÍSTICA

Um dos principais instrumentos extensamente usados na estatística é o *modelo*. Os modelos são versões simplificadas de algum problema ou situação da vida real. São usados para ilustrar certos aspectos da situação, evitando grande número de detalhes que talvez sejam irrelevantes para o problema; podem, assim, ajudar a reduzir o grau de complexidade de um problema.

Há muitos exemplos da utilização de modelos na vida cotidiana. Um globo, por exemplo, é um modelo da Terra. Permite focalizar a atenção em aspectos como a forma da Terra, e o tamanho relativo, a forma e a posição de oceanos e continentes, deixando de lado inúmeros outros detalhes tais como densidade de populações, diferenças de língua, clima, indústria, etc. Os mapas são modelos. Alguns exibem rotas transoceânicas de aviões, outros contêm gráficos do tempo, etc. Os manequins são usados para modelar roupas. As agências de viagem utilizam folhetos para interessar os turistas, e revistas, jornais, painéis, etc., estão abarrotados de cartazes, esboços e palavras destinados a criar uma imagem e a vender um produto. Outros tipos de modelo são amostras de tapeçaria, fotografias, brinquedos, diagramas, definições, normógrafos, manuais de conserto, formulários de seguro, menus, narrativas, réguas de cálculo e calculadoras, para só mencionar alguns. Todos constituem versões simplificadas de algo mais complexo.

Um modelo interessante, que pode ser usado para ilustrar a amostragem, é uma urna contendo grande número de bolinhas de diversas cores. As bolinhas representam membros de alguma população. Pode-se mostrar que, se as bolas estiverem bem misturadas, uma amostra relativamente pequena (50, digamos) poderá refletir muito bem a população. Isto é, a divisão das bolas por cor, na amostra, se aproximará bastante da divisão por cores na população (urna).

O leitor irá conhecer uma grande variedade de *modelos estatísticos* à medida que prosseguir a leitura deste livro. Há freqüentes *definições*, análogas às definições de amostragem, estatística e modelos, já apresentadas. Dá-se grande ênfase aos modelos intuitivos, tais como o exemplo da urna com bolas, para transmitir conceitos importantes. Utilizam-se outros modelos, tais como *gráficos* e *mapas*, para criar uma imagem mental de uma idéia importante. Utilizam-se *tabelas* e *equações* como auxílio na resolução de problemas.

A estatística descritiva requer a utilização de modelos gráficos e numéricos para resumir e apresentar os dados. O livro dá ênfase sobretudo à utilização de modelos já existentes, de preferência à construção de novos modelos, valendo-se, assim, do conhecimento e da experiência das autoridades no assunto.

Como ilustração intuitiva da utilização de modelos na tomada de decisões, consideremos a seguinte situação. Solicitou-se a um arquiteto que apresentasse proposta para a construção de uma nova biblioteca municipal. Obviamente, há inúmeros detalhes que exigem a atenção do arquiteto. Mas, dentre eles, detalhes tais como quanto a municipalidade deseja gastar, a função e o tamanho do edifício, seu estilo, são de extrema importância. Outros detalhes, como cor da pintura, tipo de maçanetas, número de prateleiras, etc., podem ser ignorados no início. Reduzindo a massa inicial de detalhes, o arquiteto simplifica o problema, aumentando a possibilidade de levar o empreendimento a bom termo.

À medida que o projeto progride, o arquiteto, sem dúvida, apresentará esboços, plantas, da estrutura proposta. Poderá mesmo fazer uma maquete, mormente se o projeto for submetido a votação. O arquiteto pode confiar nesses modelos, assim como em descrições verbais, para vender suas idéias. Da mesma maneira, poderá fornecer amostras dos tijolos, da pedra, da madeira que pretende usar, para melhor apreciação dos vereadores. Ele usará números nas plantas para indicar dimensões, e eventualmente equações matemáticas para determinar o peso que as vigas e colunas devam suportar.

Desnecessário é dizer que cada tipo de modelo é sempre incompleto, de alguma forma, pois se refere apenas a parte do problema. Mas esse é precisamente o objetivo da utilização de modelos: focalizar apenas uma pequena parte do problema.

Um *modelo* é uma versão simplificada de algum problema ou situação da vida real destinado a ilustrar certos aspectos do problema sem levar em conta todos os detalhes.

Os modelos têm ainda outras utilidades. Podem *comunicar uma idéia ou conceito*. Por exemplo, a maquete e os esboços do arquiteto podem servir para comunicar suas idéias, de maneira não-técnica, aos membros da câmara e a outros votantes. Os modelos são usados freqüentemente como ideais, que são *padrões de comparação* com base nos quais algo pode ser julgado ou medido. Assim, à medida que o trabalho avança, o arquiteto se referirá freqüentemente a suas plantas, para verificar se tudo caminha de acordo com os planos. Os modelos podem envolver *processos padronizados de solução*. Por exemplo, os códigos de construção ditam certos procedimentos padronizados. Da mesma forma, o arquiteto poderá utilizar técnicas padronizadas já testadas em experiência anterior. Finalmente, os modelos proporcionam uma *maneira relativamente barata e segura de testar idéias antes de implementá-las*. Por exemplo, se os membros da câmara resolverem modificar o estilo do edifício após examinarem a maquete, o arquiteto poderá satisfazê-los facilmente. Todavia, feitas as fundações e completada a estrutura, tais modificações exigirão considerável tempo e despesas adicionais, ou poderão mesmo ser impossíveis.

Outra característica importante dos modelos é que eles forçam o administrador ou outro usuário a quantificar e formalizar o que se conhece acerca de um problema. A definição de um problema em si pode ser um dos aspectos mais frutíferos da utilização de modelos. No decorrer de um processo, um administrador é forçado a reconhecer as áreas em que o conhecimento ou a informação disponíveis são insuficientes, necessitando-se de esforços ulteriores ou mesmo do concurso de especialistas. Erro comumente cometido por pessoas ansiosas em "tocar para a frente" um projeto, é o de dar pouca atenção à etapa decisiva da definição do problema, e isso em geral resulta numa obra imperfeita ou em retrocessos para corrigir erros. Outra dificuldade que surge freqüentemente é deixar de lado a informação necessária por não poder ser obtida prontamente. Além disso, fatores humanos, muitos dos quais são difíceis ou impossíveis de quantificar, são por vezes ignorados. Da mesma forma, podem-se esquecer variáveis importantes no esforço de simplificar um problema. Mas quando um modelo é usado da maneira correta, por alguém que sabe usá-lo, ele pode constituir uma poderosa ajuda na tomada de decisões. Usado incorretamente, ele talvez leve a sérios erros de julgamento, o que pode ter conseqüências de longo alcance.

OLHANDO PARA A FRENTE

Os problemas fundamentais da análise estatística são (a) como obter dados úteis, e (b) que fazer com eles. O primeiro refere-se aos métodos de coleta de dados, em particular a amostragem. O segundo é bastante amplo; envolve a organização inicial e o resumo dos dados a fim de extrair informações úteis e em seguida a análise e a interpretação dessas informações.

Neste texto, o leitor começará o estudo da estatística com um resumo da *estatística descritiva*, que compreende técnicas de organização e sumarização dos dados. Essas operações são necessárias antes de se proceder à análise dos dados. Em seguida, o leitor estudará *probabilidades* – utilizadas para quantificar o acaso. As analogias simples como o lançamento de moedas, de dados, a extração de cartas de um baralho, são de grande utilidade para explicar muitos conceitos probabilísticos importantes. As *distribuições de probabilidade* incorporam a estatística descritiva e a teoria da probabilidade. Ambas formam a base da inferência estatística. No capítulo sobre *amostragem*, o leitor aprenderá a extrair uma amostra representativa, que possa ser usada para permitir fazer inferências acerca da população de que se originou, bem como algo mais sobre a importância da amostragem. O capítulo sobre *distribuições amostrais* revelará por que se pode fazer inferências desde que a amostra seja extraída corretamente, bem como o papel das distribuições de probabilidade, que são a base da inferência estatística. A importância do tamanho da amostra é um dos pontos-chaves. Outro ponto é determinar o grau de precisão das estimativas amostrais. Finalmente, o leitor aprenderá a utilizar dados amostrais para fazer estimativas sobre populações e a avaliar as afirmações feitas sobre elas.

A esta altura, o leitor pode estar imaginando até que ponto a matemática entra nas técnicas estatísticas, sentindo, talvez, certa ansiedade. Conquanto seja verdade que se exige algum conhecimento de matemática, este não vai além de um curso básico de álgebra elementar e das operações fundamentais da aritmética (adição, subtração, multiplicação e divisão). Além disso, deve-se ter em mente que a estatística não é propriedade só dos estatísticos. É uma coleção de técnicas e de maneiras de encarar certos tipos de problemas, usadas por pessoas que nem de longe podem ser consideradas estatísticas ou matemáticas. Administradores, economistas, analistas de mercado, e outros, constituem uma classe importante de usuários da teoria estatística.

RESUMO

Há três ramos principais da estatística: a estatística descritiva, que envolve a organização e a sumarização dos dados; a teoria da probabilidade, que proporciona uma base racional para lidar com situações influenciadas por fatores relacionados com o acaso; e a teoria da inferência, que envolve análise e interpretação de amostras. O capítulo contém muitos exemplos de utilização da estatística.

Algum conhecimento de estatística auxilia-nos a compreender apresentações estatísticas, pode minimizar os riscos de sermos iludidos por estatísticos e, de modo geral, constitui um valioso instrumento para a tomada de decisões.

Característica importante da estatística é o uso de modelos. Estes são versões simplificadas (abstrações) de algum problema ou situação reais. A característica fundamental dos modelos é o fato de reduzirem situações complexas a formas mais simples e mais compreensíveis, focalizando nossa atenção apenas em alguns detalhes de uma dada situação e ignorando-lhe (talvez temporariamente) outros aspectos ou diminuindo-lhes a ênfase. Os modelos se apresentam sob muitas formas diferentes. Há modelos verbais (palavras e sentenças), modelos gráficos, modelos numéricos (números e equações) e modelos físicos (tridimensionais).

QUESTÕES PARA RECAPITULAÇÃO

1. Quais são as três áreas principais da estatística?
2. Defina o termo "estatística".
3. Defina os termos "amostra" e "população".
4. Quais são as principais razões da amostragem?
5. Para ser útil, que característica deve ter uma amostra?
6. Dê cinco exemplos de situações em que a estatística é útil.
7. Defina o termo "modelo".
8. Qual a característica comum a todos os modelos?
9. Indique três maneiras de utilização de modelos.
10. Explique por que cada um dos seguintes exemplos pode ser considerado um modelo e de quê:

bicicleta com rodas de treinamento	blocos de brinquedo
cadáver	disco fonográfico
mostruário de papel de parede	régua de cálculo
mostruário de tintas	8
\$ 17,50	$y = 3x$
catálogo da Sears	catálogo-índice de uma biblioteca
recibo de uma caixa registradora	

CAPÍTULO **2**

organização, resumo e apresentação de dados estatísticos

Objetivos do Capítulo

Após terminar este capítulo, o leitor deve ser capaz de:

1. Descrever e dar exemplos de dados contínuos, dados discretos, dados nominais e dados por postos
2. Explicar a distinção entre dados e informação
3. Discutir a necessidade de organização e sumarização de dados
4. Usar e interpretar a notação sigma
5. Calcular as diversas medidas de tendência central: média, mediana, moda
6. Calcular as diversas medidas de dispersão: intervalo, desvio padrão, variância e desvio médio absoluto
7. Identificar, comparar e contrastar métodos numéricos para resumir dados
8. Dar exemplos e explicar vantagens e limitações de métodos gráficos e tabulares para a organização e a sumarização de dados
9. Construir uma distribuição de freqüência para cada tipo de dados
10. Calcular medidas simplificadas de tendência central e de dispersão para dados grupados

Esboço do Capítulo

Introdução
   Dados *versus* informação
Dados Estatísticos
   Tipos de dados
Notação Sigma

Análise de Pequenos Conjuntos de Dados
Medidas de Tendência Central
A média
A média ponderada
A mediana
Comparação entre média e mediana
A moda
Medidas de Dispersão
O intervalo
Medidas de dispersão que têm a média como ponto de referência
Desvio médio absoluto
A variância
O desvio padrão
Outras medidas
Análise de Grandes Conjuntos de Dados
Distribuições de Freqüência
Construção de uma distribuição de freqüência para dados contínuos
Construção de uma distribuição de freqüência para dados discretos
Construção de uma distribuição de freqüência acumulada
Distribuições de freqüência para dados nominais e por postos
Outros métodos de apresentação de dados
Medidas para Dados Grupados
Determinação da média de uma distribuição de freqüência
Determinação da mediana de uma distribuição de freqüência
Determinação da moda de uma distribuição de freqüência
Determinação do intervalo de uma distribuição de freqüência
Determinação da variância e do desvio padrão de uma distribuição de freqüência
Gráficos de distribuições de freqüência
Resumo

INTRODUÇÃO

Os métodos estatísticos envolvem a análise e a interpretação de *números*, tais como renda anual, vendas mensais, escores de testes, número de peças defeituosas, percentagem de respostas favoráveis a um questionário, vida ativa, etc. Tais números são designados por *dados*. Para interpretar os dados corretamente, em geral é preciso primeiro organizar e sumarizar os números. A finalidade deste capítulo é apresentar ao leitor os métodos mais usados de organização e sumarização de dados estatísticos. Por isso, começamos perguntando: "Que faz o leitor com os números após coligi-los?" Não raro um fim em si mesmo, o processo de descrição de dados também prepara o caminho para análise adicional sob forma de inferências a respeito de uma população.

Dados *Versus* Informação

Em sua forma não processada, os dados podem quase não ter sentido. Grandes quantidades de números tendem a confundir, ao invés de esclarecer, simplesmente porque nossa mente não é capaz de abranger a variedade e os detalhes inerentes a grandes conjuntos de números. Ficamos simplesmente atolados em pequenos detalhes.

O processamento dos dados constitui uma ajuda porque *reduz a quantidade de detalhes.* Além disso, facilita a constatação de relações. O processamento transforma os dados em informação, organizando-os e condensando-os em gráficos ou em poucos números, os quais, então, nos transmitem a essência dos dados. O efeito consiste em eliminar detalhes menores e enfatizar os aspectos importantes dos dados.

Para o processamento de dados, os gráficos e mapas são particularmente atraentes porque proporcionam uma visualização das características importantes dos dados. Os gráficos, além de servirem como dispositivos de comunicação, também auxiliam na conceituação de problemas. Por outro lado, as medidas numéricas são absolutamente essenciais para fins computacionais.

Tanto os resumos visuais como os numéricos desempenham um importante papel na análise estatística. Freqüentemente se utilizam tabelas no processo de organização, resumo e apresentação de dados estatísticos. Conquanto as tabelas careçam do atrativo visual dos gráficos e dos mapas, elas oferecem certas vantagens em termos de análise matemática. A variedade de tabelas em uso nos faz subestimar sua importância. Alguns usos comuns de tabelas em administração são os balanços (declaração de ativo e passivo) e a demonstração de lucros e perdas que as firmas publicam anualmente. Cada um, em essência, condensa os resultados líquidos das atividades de uma firma em poucas medidas simples de desempenho, evitando a enorme quantidade de detalhes que contribuíram para tal resultado.

DADOS ESTATÍSTICOS

Os dados estatísticos se obtêm mediante um processo que envolve a observação ou outra mensuração de itens tais como renda anual numa comunidade, escores de testes, quantidade de café por xícara servida por uma máquina automática, resistência à ruptura de fibras de náilon, percentagem de açúcar em cereais, etc. Tais itens chamam-se *variáveis*, porque originam valores que tendem a exibir certo grau de variabilidade quando se fazem mensurações sucessivas.

Tipos de Dados

Na maior parte das vezes, a escolha do processo a utilizar na análise ou descrição de dados estatísticos depende do tipo de dados considerados. O leitor deve aprender a identificar e a utilizar quatro tipos de dados: contínuos, discretos, nominais e por postos.

As variáveis que podem assumir virtualmente *qualquer* valor num intervalo de valores, são chamadas *contínuas*. Características tais como altura, peso, comprimento, espessura, velocidade, viscosidade e temperatura enquadram-se nesta categoria. Os dados referentes a essas características e similares dizem-se contínuos, embora na prática os instrumentos de mensuração tenham limitações físicas que lhes restringem o grau de precisão.

> As variáveis contínuas podem assumir qualquer valor num intervalo contínuo. Os dados referentes a tais variáveis dizem-se *dados contínuos*.

A quantidade de café vendida por dia, ou de gasolina vendida por hora, a velocidade do ar, o tempo de uma reação, a elasticidade de uma tira de borracha — todos são dados contínuos.

Uma variável *discreta* é uma variável que só pode assumir certos valores, em geral *inteiros*. Os dados discretos surgem na *contagem* do número de itens com determinada característica. Exemplos de dados discretos são o número diário de clientes, de alunos numa sala de aula, de defeitos num carro novo, de acidentes numa fábrica, de paradas de um caminhão, etc.

> As variáveis discretas assumem valores inteiros. Os *dados discretos* são o resultado da contagem do número de itens.

Tanto os dados discretos como os contínuos se dizem *quantitativos*, porque são inerentemente numéricos. Isto é, certos valores numéricos acham-se naturalmente associados às variáveis que estamos medindo. Por outro lado, os dois tipos restantes de dados — nominais e por postos — envolvem variáveis que não são inerentemente numéricas. São as variáveis *qualitativas* — que devem ser convertidas em valores numéricos antes de serem processadas estatisticamente.

As variáveis nominais envolvem *categorias* tais como sexo (masculino ou feminino), cor dos olhos (azuis, castanhos, verdes), campo de estudo (medicina, direito, administração, biologia, engenharia), desempenho (excelente, bom, sofrível, mau), etc. Nenhuma dessas características é naturalmente numérica. Todavia, quando aplicadas a uma população ou a uma amostra, é possível atribuir cada item a uma classe (p. ex., o campo de estudo é a administração) e então *contar* o número em cada categoria (p. ex., há 15 graduados em engenharia).

> Os *dados nominais* surgem quando se definem categorias e se conta o número de observações pertencentes a cada categoria.

Outro tipo de variável qualitativa é a que se refere tipicamente a avaliações subjetivas, quando se dispõem os itens segundo preferência ou desempenho. Por exemplo, nos concursos de culinária, de beleza, de flores e de cães, os elementos *se classificam* como primeiro, segundo, terceiro, etc. Da mesma forma, às situações de um time atribuem-se números inteiros 1, 2, 3, ... Alternativamente, podem-se usar os sinais + ou - para designar melhora ou piora (p. ex., desempenho na escrita após a freqüência a um curso de escrita criativa). Mas é possível cogitar da variável básica em cada um desses exemplos como sendo uma variável contínua e, ainda assim, atribuir-lhe artificialmente os inteiros 1, 2, 3, ... (isto é, postos), seja por conveniência, seja por falta de método mais científico.

> Os dados por postos consistem de valores *relativos* atribuídos para denotar *ordem*: primeiro, segundo, terceiro, quarto, etc.

É interessante notar que muitas populações podem originar os quatro tipos de dados. Por exemplo, um carregamento de carne pode ser classificado numa das duas categorias (dicotômicas): aceitável ou não-aceitável. Ou então a carne pode ser classificada em diversas categorias de acordo com algum plano, como filé, contrafilé, alcatra, etc. Ambas essas classificações produzem dados discretos. Se, entretanto, o problema é a quantidade de gordura por quilo, ou coisa semelhante, então os dados são contínuos. Outro exemplo de como os dados podem assumir diferentes características acha-se ilustrado na Tabela 2.1. Analogamente, as notas de aproveitamento podem ser classificadas como medidas, categorias, ou postos, o mesmo ocorrendo com velocidade, valor estimado, ou o que quer que estejamos estudando.

Tabela 2.1 A Mesma População Pode Originar Diferentes Tipos de Dados

	Tipos de Dados			
Populações	Contínuo	Discreto	Nominal	Por Posto
Alunos do 2º grau	idades, pesos	nº na classe	menino/menina	2º grau
Automóveis	km/h	nº de defeitos p/carro	cores	limpeza
Venda de Imóveis	valor $	nº de ofertas	acima do preço	muito dispendioso

EXERCÍCIO

1. Identifique os seguintes exemplos em termos de tipo de dados:

a. 17 gramas	b. 25 segundos	c. 3 cestos
d. 3 errados, 7 certos	e. tamanhos de camisa	f. km/ℓ
g. o mais lento	h. 2 sorvetes de creme	i. o mais aprazível

NOTAÇÃO SIGMA

Muitos dos processos estatísticos – na realidade, a maioria – exigem o cálculo da *soma* de um conjunto de números. Usa-se a letra maiúscula grega Σ (sigma) para denotar uma soma. Assim, se uma variável x tiver os valores 1, 5, 6 e 9, então $\Sigma x = 21$. Analogamente, se as despesas y com armazém numa semana foram $8,82, $12,01 e $2,10, então $\Sigma y = \$22{,}93$.

Exemplo 1 Se os valores de x são, 2, 4, 5 e 9 calcule Σx, Σx^2, e $(\Sigma x)^2$.

Solução:

$$\sum x = 2 + 4 + 5 + 9 = 20 \qquad \sum x^2 = 2^2 + 4^2 + 5^2 + 9^2$$
$$(\sum x)^2 = 20^2 = 400 \qquad = 4 + 16 + 25 + 81 = 126$$

Se apenas uma parte dos valores é que deve ser somada, usam-se índices para indicá-los. Assim,

$$\sum_{i=1}^{5} x_i$$

significa a soma dos valores da variável x começando com o primeiro ($i = 1$) e terminando com o quinto ($i = 5$):

$$\sum_{i=1}^{5} x_i = x_1 + x_2 + x_3 + x_4 + x_5$$

$\sum_{i=1}^{n} x_i$ significa que devemos somar n (todas) observações; costuma-se escrever abreviadamente como Σx_i ou Σx.

Exemplo 2 Utilizando os dados apresentados, calcule: a) $\sum_{i=1}^{2} x_i$, b) $\sum_{i=2}^{4} x_i$, c) $\sum_{i=7}^{11} x_i$ e d) $\sum x_i$.

Dados

i	x_i
1	8
2	2
3	3
4	6
5	7
6	8
7	9
8	4
9	5
10	4
11	1
	57

a. $\sum_{i=1}^{2} x_i = 8 + 2 = 10$
b. $\sum_{i=2}^{4} x_i = 2 + 3 + 6 = 11$
c. $\sum_{i=7}^{11} x_i = 9 + 4 + 5 + 4 + 1 = 23$
d. $\sum x_i = 8 + 2 + 3 + 6 + 7 + 8 + 9 + 4 + 5 + 4 + 1 = 57$

Trabalhando em sentido inverso, podemos utilizar esse método para abreviar a soma de um conjunto de dados:

1. $x_1 + x_2 + x_3$ se escreve $\sum_{i=1}^{3} x_i$.
2. $x_8 + x_9 + x_{10} + x_{11}$ se escreve $\sum_{i=8}^{11} x_i$.

Às vezes é possível simplificar uma soma, levando em conta uma ou mais dentre as propriedades seguintes:

1. Quando cada valor de uma variável deve ser multiplicado ou dividido por uma constante, essa constante pode ser aplicada *após* os valores serem somados.

$$\sum cx = c \sum x$$

Assim

$$\sum_{i=1}^{4} 2x_i = 2x_1 + 2x_2 + 2x_3 + 2x_4$$

$$= 2(x_1 + x_2 + x_3 + x_4) = 2 \sum_{i=1}^{4} x_i$$

Por exemplo,

$$3(2) + 3(8) + 3(4) = 3(2 + 8 + 4) = 42$$

2. A soma de uma constante (isto é, uma constante somada n vezes) é igual ao produto da constante pelo número n de vezes que ela ocorre.

$$\sum_{i=1}^{n} c_i = nc$$

Por exemplo,

$$\sum_{i=1}^{6} 5_i = 5 + 5 + 5 + 5 + 5 + 5 = 30$$

ou

$$6(5) = 30$$

3. A soma de uma soma (ou diferença) de duas variáveis é igual à soma (ou diferença) das somações individuais das duas variáveis.

$$\sum_{i=1}^{n} (x_i^2 + y_i) = \sum_{i=1}^{n} x_i^2 + \sum_{i=1}^{n} y_i$$

$$\sum_{i=1}^{n} (x_i - y_i) = \sum_{i=1}^{n} x_i - \sum_{i=1}^{n} y_i$$

Por exemplo,

i	x	y	$(x - y)$
1	8	5	3
2	3	2	1
3	4	0	4
4	5	4	1
	20	11	9

$$\sum(x - y) = 9$$

$$\sum x - \sum y = 20 - 11 = 9$$

Sejam agora dois conjuntos de números, tais como salários horários para vários empregados e o número de horas que cada um trabalhou.

i Indivíduo	f_i Horas trabalhadas	x_i Salário horário
1	1	$2
2	5	3
3	7	2
4	3	4
5	3	3

Suponha-se que queiramos: $\sum f_i$, $\sum x_i$, $\sum x_i^2$, $\sum f_i x_i$, e $\sum f_i x_i^2$ e $(\sum f_i x_i)^2$.

A tabela abaixo ilustra os cálculos necessários.

i	f_i	x_i	x_i^2	$f_i x_i$	$f_i x_i^2$
1	1	$2	4	2	4
2	5	3	9	15	45
3	7	2	4	14	28
4	3	4	16	12	48
5	3	3	9	9	27
	$\sum f_i = 19$	$\sum x_i = 14$	$\sum x_i^2 = 42$	$\sum f_i x_i = 52$	$\sum f_i x_i^2 = 152$

$$(\sum f_i x_i)^2 = 52^2 = 2704$$

Novamente, quando o somatório se estende a *todos* os valores de um conjunto, costuma-se omitir os índices i's.

Finalmente, há vários exemplos em que os dados se apresentam numa tabela. Usam-se então os índices i e j para indicar a linha (i) e a coluna (j); r denota o número de linhas, k o número de colunas. Por exemplo, podemos querer estudar o consumo de gasolina por milha rodada, para diferentes combinações de carros e motoristas.

	Motorista				
Carro	1	2	3	4	Somas
1	22,3	23,5	20,5	19,8	86,1
2	20,4	20,1	19,0	20,8	80,3
3	23,4	25,6	19,6	21,7	90,3
Somas	66,1	69,2	59,1	62,3	256,7

A notação geral para esta tabela é a exibida a seguir.

Carro (r = 3 linhas) — Motorista (k = 4 colunas)

$i/j \rightarrow$ ↓	1	2	3	4	Somas
1	$x_{1,1}$	$x_{1,2}$	$x_{1,3}$	$x_{1,4}$	$\sum_{j=1}^{4} x_{1,j}$
2	$x_{2,1}$	$x_{2,2}$	$x_{2,3}$	$x_{2,4}$	$\sum_{j=1}^{4} x_{2,j}$
3	$x_{3,1}$	$x_{3,2}$	$x_{3,3}$	$x_{3,4}$	$\sum_{j=1}^{4} x_{3,j}$
Somas	$\sum_{i=1}^{3} x_{i,1}$	$\sum_{i=1}^{3} x_{i,2}$	$\sum_{i=1}^{3} x_{i,3}$	$\sum_{i=1}^{3} x_{i,4}$	$\sum_{i=1}^{3} \sum_{j=1}^{4} x_{i,j}$

EXERCÍCIOS

1. Desenvolva cada uma das expressões seguintes:

a. $\sum_{i=1}^{5} x_i$

b. $\sum_{i=1}^{5} f_i x_i^2$

c. $\sum_{i=1}^{6} x_i y_i$

d. $\sum_{i=1}^{n} x_i/n$ **para** $n = 8$

e. $\sum_{i=1}^{4} |x_i - \bar{x}|$

f. $\sum_{i=4}^{8} 3i$

g. $\sum_{i=1}^{6} (x_i - \bar{x})^2$

2. Escreva em notação sigma:

a. $x_1 + x_2 + \cdots + x_n$
b. $(x_1 + x_2 + \cdots + x_n)^2$
c. $x_1 + x_2 + x_3 + x_4 + x_5 + x_6 + x_7$
d. $[(o_1 - e_1)^2/e_1] + [(o_2 - e_2)^2/e_2] + [(o_3 - e_3)^2/e_3] + [(o_4 - e_4)^2/e_4$

3. Calcule cada uma das quantidades seguintes para os dados abaixo: (n é o número de observações.)

a. $\sum y$

b. $\sum y^2$

c. $(\sum y)^2$

d. $(\sum y^2 - [(\sum y)^2/n])/(n - 1)$

e. $\sum (y - 12)$

f. $\sum (y - 12)^2$

g. $\sum (y - 12)^2/(n - 1)$

y
15
10
5
9
14
20
6
17

4. Calcule as seguintes quantidades para os dados abaixo:

a. $\sum x_i$ b. $\sum f_i$ c. $\sum f_i x_i$ d. $\sum f_i x_i^2$

i	f_i	x_i
1	3	10
2	5	11
3	9	15
4	10	19
5	2	21
6	1	26

5. Calcule as seguintes quantidades, utilizando os dados da tabela abaixo:

a. $\sum_{i=1}^{2} x_{i,1}$ b. $\sum_{j=1}^{4} x_{1,j}$ c. $\sum_{i=1}^{2} \sum_{j=1}^{4} x_{i,j}$ d. $\sum_{j=2}^{3} x_{2,j}$

		j			
		1	2	3	4
i	1	8	7	5	9
	2	4	0	10	2

ANÁLISE DE PEQUENOS CONJUNTOS DE DADOS

A análise de dados freqüentemente segue linhas diferentes, conforme se trate de um grande ou de um pequeno conjunto de dados. Quando há, digamos, 30 dados pontuais ou menos, utilizam-se os métodos indicados nas páginas que seguem imediatamente; para maior quantidade de dados, são mais práticos os computadores ou métodos que exigem primeiro o *grupamento* dos dados. Essas técnicas serão consideradas mais adiante.

Freqüentemente, um conjunto de números pode reduzir-se a uma ou a algumas medidas numéricas que resumem todo o conjunto. Tais medidas são de mais fácil manejo e compreensão do que os dados originais. Além disso, são essenciais para técnicas computacionais. Duas características importantes dos dados, que as medidas numéricas podem evidenciar, são: (1) o valor central ou mais típico do conjunto e (2) a dispersão dos números.

O objetivo desta seção é apresentar ao estudante os métodos mais úteis para resumir dados. Conquanto não exista um padrão que se possa considerar o melhor, há técnicas que se prestam melhor que outras a determinadas situações. A discussão que segue apresenta diversas técnicas e sugere algumas considerações gerais que podem auxiliar na escolha dentre as várias medidas.

MEDIDAS DE TENDÊNCIA CENTRAL

As medidas de tendência central são usadas para indicar um valor que tende a tipificar, ou a representar melhor, um conjunto de números. As três medidas mais usadas são a média, a mediana e a moda.

A Média

A média aritmética é a idéia que ocorre à maioria das pessoas quando se fala em "média". E como ela possui certas propriedades matemáticas convenientes, é a mais importante das três medidas que estudaremos. Calcula-se a média aritmética determinando-se a soma dos valores do conjunto e dividindo-se esta soma pelo número de valores no conjunto. Assim, a média dos valores 70, 80 e 120 é

$$\frac{70 + 80 + 120}{3} = \frac{270}{3} = 90$$

Se um estudante fez quatro provas e obteve as notas 83, 94, 95 e 86, sua nota média é

$$\frac{83 + 94 + 95 + 86}{4} = 89{,}5$$

A média de uma amostra* é representada pelo símbolo $\bar{x}$ (leia-se "x barra"), e seu cálculo pode expressar-se em notação sigma como segue.

$$\bar{x} = \frac{\sum_{i=1}^{n} x_i}{n}$$

ou mais simplesmente como

$$\bar{x} = \frac{\sum x}{n}$$

O *processo* de cálculo da média aritmética é o mesmo, quer se trate de um conjunto de valores que traduzam representações amostrais, quer se trate de todos os valores de uma população. Não obstante, utiliza-se o símbolo μ para a média de uma população, e N para o número de itens da população:

---

* A ênfase deste capítulo e dos seguintes é sobre a análise de dados amostrais.

$$\mu = \frac{\sum x}{N}$$

A média tem certas propriedades interessantes e úteis, que explicam por que é ela a medida de tendência central mais usada:

1. A média de um conjunto de números pode sempre ser calculada.
2. Para um dado conjunto de números, a média é única.
3. A média é sensível a (ou afetada por) todos os valores do conjunto. Assim, se um valor se modifica, a média também se modifica.
4. Somando-se uma constante a cada valor do conjunto, a média ficará aumentada do valor dessa constante. Assim, somando-se 4,5 a cada valor de um conjunto, a média ficará aumentada de 4,5. Analogamente, subtraindo-se de cada valor do conjunto uma constante, ou multiplicando-se ou dividindo-se por ela cada valor do conjunto, a média fica reduzida dessa constante, ou multiplicada ou dividida por ela.
5. A *soma dos desvios* dos números de um conjunto a contar da média é zero:

$$\sum(x_i - \bar{x}) = 0$$

Por exemplo, a média dos números 2, 4 e 6 é 4:

$$\bar{x} = \frac{2 + 4 + 6}{3} = 4$$

Subtraindo 4 de cada um dos números, obtemos

$$\begin{aligned} 2 - 4 &= -2 \\ 4 - 4 &= 0 \\ 6 - 4 &= \underline{+2} \\ & 0 \end{aligned}$$

Tem-se uma representação física da média imaginando uma viga com pesos iguais colocados nos pontos correspondentes aos valores de um conjunto. A média dos números 2, 4 e 6 pode ser ilustrada conforme a Figura 2.1.

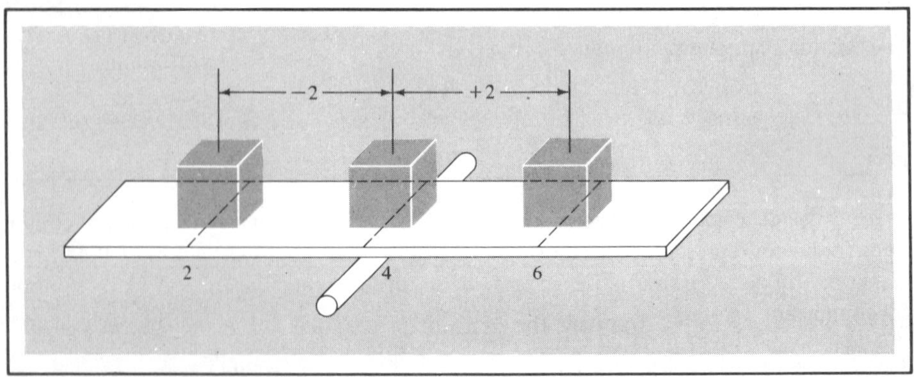

Figura 2.1 A média é o ponto de equilíbrio para a viga; as diferenças positivas e negativas se cancelam.

A Média Ponderada

A fórmula anterior para calcular a média aritmética supõe que cada observação tenha a mesma importância. Conquanto este caso seja o mais geral, há exceções. Consideremos, por exemplo, a situação em que um professor informe à classe que haverá dois exames de uma hora, valendo cada um 30% do total de pontos do curso, e um exame final valendo 40%. O cálculo da média deve levar em conta os pesos desiguais dos exames. A fórmula para o cálculo é:

$$\text{média ponderada} = \frac{\sum_{i=1}^{n} w_i \cdot x_i}{\sum_{i=1}^{n} w_i}$$

onde w_i é o peso da observação de ordem i. Assim, um estudante que obtém 80 no primeiro exame, 90 no segundo, e 96 no exame final, terá uma média final de 89,4:

Exame	Nota	Peso
nº 1	80	0,30
nº 2	90	0,30
final	96	0,40
		1,00

$$\text{média ponderada} = \frac{0{,}30(80) + 0{,}30(90) + 0{,}40(96)}{0{,}30 + 0{,}30 + 0{,}40} = 89{,}4$$

Suponhamos que, em outro curso, haja um exame de meio de período e um exame final, este último com o dobro do peso daquele. Um estudante com 95 no primeiro e 89 no final, terá uma média de 91,0.

Exame	Nota	Peso
meio do período	95	1
final	89	2
		3

$$\text{média ponderada} = \frac{1(95) + 2(89)}{1 + 2} = 91{,}0$$

A Mediana

Uma segunda medida do meio de um conjunto de números é a mediana. Sua característica principal é dividir um conjunto *ordenado* de dados em dois grupos iguais; a metade terá valores *inferiores* à mediana, a outra metade terá valores *superiores* à mediana. Para calcular a mediana, é necessário primeiro ordenar os valores (comumente) do mais baixo ao mais alto. Em seguida, conta-se até a metade dos valores para achar a mediana.

Por exemplo, a mediana do conjunto 5, 6, 8 é 6; 6 está no meio. Em geral, a mediana ocupa a posição $(n + 1)/2$. Logo, para três números, a posição é $(3 + 1)/2 = 2$, ou seja, a segunda posição. Consideremos outro exemplo: Determinar a mediana dos valores 7, 8, 9, 10. De acordo com nossa fórmula, a posição da mediana é $(4 + 1)/2 = 2{,}5$, que está a meio caminho dos dois valores médios, ou seja, 8,5, neste caso. Este valor deixa dois valores acima e dois abaixo.

O processo para determinar a mediana é o seguinte:

1. Ordenar os valores.
2. Verificar se há um número ímpar ou par de valores.
3. Para um número ímpar de valores, a mediana é o valor do meio. Para um número par de valores, a mediana é a média dos dois valores do meio.

Eis alguns exemplos.

Par	Mediana	Ímpar	Mediana
a. 2, 3, 3, 4	3	a. 1, 2, 3, 3, 3, 4, 7	3
b. 1, 18, 19, 20	18,5	b. 9, 40, 80, 81, 100	80
c. 5,1, 6,5, 8,1, 9,1, 10,1, 15,5	8,6	c. 3,7, 9,2, 10,1, 11,8, 12,8	10,1

A mediana de um conjunto de números é maior que uma metade dos valores e menor que a outra metade.

Uma medida estreitamente relacionada com a mediana é o *quartil*. Os quartis dividem conjuntos ordenados em 4 partes iguais: 25% dos valores serão inferiores ao primeiro quartil (Q_1), 50% serão inferiores ao segundo quartil (Q_2 = mediana), 75% serão inferiores ao terceiro quartil (Q_3), e 25% serão superiores ao terceiro quartil.

Exemplo 3 Determine, por inspeção, os quartis dos seguintes conjuntos de dados:

1	2	3	4
↑	↑	↑	
Q_1	Q_2	Q_3	

2	3	5	8	9	12	13	15
	↑		↑		↑		
	Q_1		Q_2		Q_3		

Costuma-se arredondar quando um quartil não é número inteiro nem um número como 2,5, 7,5, etc.

Os *percentis* dividem os dados em 100 subgrupos iguais. Por exemplo, 76% dos valores num (grande) conjunto de dados serão inferiores a 76º percentil.

Os percentis e os quartis são mais usados em relação a distribuições de freqüência, que estudaremos logo mais.

Comparação entre Média e Mediana

A escolha da média, ou da mediana, como medida de tendência central de um conjunto, depende de diversos fatores. A média é sensível a (ou influenciada por) *cada* valor do conjunto, inclusive os extremos. Por outro lado, a mediana é relativamente insensível aos valores extremos.

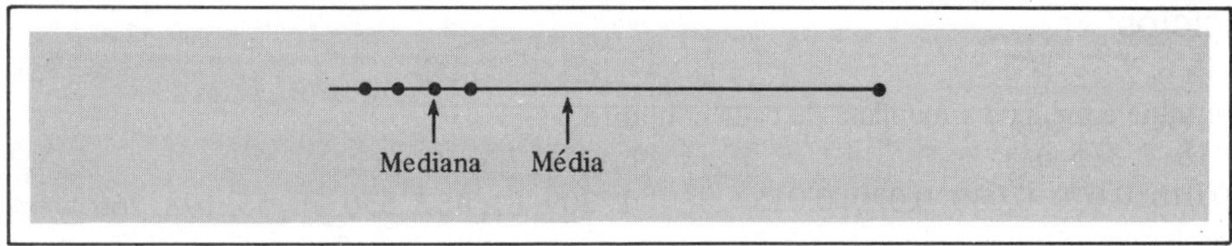

Figura 2.2 A média é afetada pelos valores extremos.

Consideremos o conjunto de dados exibido na Figura 2.2. Notem como a média é influenciada por um valor extremo, enquanto que a mediana não é. Assim, os dados sobre renda pessoal, ou valor de casas de residência, têm na mediana uma medida descritiva mais adequada; isso porque bastam alguns valores muito grandes para inflacionar a média aritmética.

De modo geral, a média possui certas propriedades matemáticas que a tornam atraente. Além disso, a ordenação dos dados para determinar a mediana pode ser enfadonha, e o cálculo da mediana não pode ser feito com máquina de calcular, ao contrário do que ocorre com a média.

A Moda

A moda é o valor que ocorre com maior freqüência num conjunto. Por exemplo, dados os números 10, 10, 8, 6, 10, há três 10's e um de cada um dos outros números. O valor mais freqüente – a moda – é 10. A moda funciona como medida descritiva quando se trata de *contar* dados, e será estudada em maior detalhe mais adiante neste capítulo.

Comparada com a média e com a mediana, a moda é a menos útil das medidas para problemas estatísticos, porque não se presta à análise matemática, ao contrário do que ocorre com as outras duas medidas (ver a Tabela 2.2). Todavia, de um ponto de vista puramente descritivo, a moda indica o valor "típico" em termos da maior ocorrência. A utilidade da moda se acentua quando um ou dois valores, ou um grupo de valores, ocorrem com muito maior freqüência que outros. Inversamente, quando todos ou quase todos os valores ocorrem aproximadamente com a mesma freqüência, a moda nada acrescenta em termos de descrição dos dados.

A moda é o valor que ocorre com maior freqüência.

Tabela 2.2 Comparação entre Média, Mediana e Moda

	Definição	Vantagens	Limitações
Média	$\bar{x} = \frac{\Sigma x_i}{n}$	1. reflete cada valor 2. possui propriedades matemáticas atraentes	1. é influenciada por valores extremos
Mediana	metade dos valores são maiores, metade menores	1. menos sensível a valores extremos do que a média	1. difícil de determinar para grande quantidade de dados
Moda	valor mais freqüente	1. valor "típico": maior quantidade de valores concentrados neste ponto	1. não se presta a análise matemática 2. pode não ser moda para certos conjuntos de dados

EXERCÍCIOS

1. Determine a média e a mediana de cada conjunto.
   a. 4, 8, 7, 3, 5, 6 b. 2, 1, 7, 6
   c. 0,010, 0,020, 0,030, 0,020, 0,015 d. 309, 81, 452, 530, 70, 55, 198, 266
2. Inspecionam-se quinze rádios antes da remessa. Os números de defeitos por unidade são:

   1, 0, 3, 4, 2, 1, 0, 3, 1, 2, 0, 1, 1, 0, 1

   Determine a média, a mediana e a moda do número de defeitos.
3. Quatro amigos trabalham num supermercado por tempo parcial com os seguintes salários horários:

   Bill: $2,20 Tom: $2,50
   Ed: $2,40 Don: $2,10

   a. Determine o salário horário médio dentre os quatro.
   b. Se Bill trabalha 20 horas, Ed 10 horas, Tom 20 horas e Don 15 horas numa semana, determine seus salários totais e seus salários horários médios.
   c. Se cada um trabalha 40 horas numa semana, determine o salário horário médio, e o salário total.
4. A média pode ser zero? Pode ser negativa? Explique.
5. A mediana pode ser zero? Negativa? Explique.

MEDIDAS DE DISPERSÃO

São necessários dois tipos de medidas para descrever adequadamente um conjunto de dados. Além da informação quanto ao "meio" de um conjunto de números, é conveniente dispormos também de um método que nos permita exprimir a dispersão. As medidas de dispersão indicam se os valores estão relativamente próximos uns dos outros, ou separados. Esta situação é ilustrada esquematicamente na Figura 2.3(a) e na 2.3(b). As observações na Figura 2.3(a) apresentam valores relativamente próximos uns dos outros, em comparação com os da Figura 2.3(b).

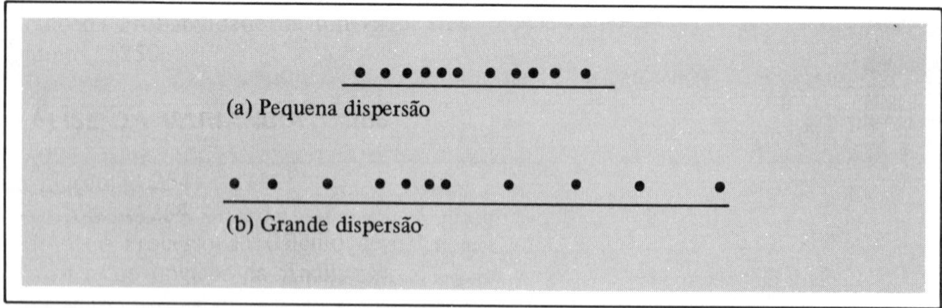

Figura 2.3 A dispersão mede quão próximos uns dos outros estão os valores de um grupo.

Consideraremos quatro medidas de dispersão: o intervalo, o desvio médio, a variância e o desvio padrão. Todas elas, exceto o intervalo, têm na média o ponto de referência. Em cada caso, o valor zero indica ausência de dispersão; a dispersão aumenta à proporção que aumenta o valor da medida (intervalo, variância, etc.).

O Intervalo

O intervalo de um grupo de números é, de modo geral, a medida mais simples de calcular e de entender. Focaliza o maior e o menor valor no conjunto (ou seja, os valores extremos). O intervalo pode ser expresso de duas maneiras:

1. A *diferença* entre o maior e o menor valor.
2. O maior e o menor valor no grupo.

Consideremos estes três valores: 1, 10 e 25. A diferença entre o valor maior e o menor é 25 - 1 = 24. Alternativamente, pode-se dizer que o intervalo de valores vai de 1 a 25. Este último método tende a ser mais informativo. Por exemplo, o mero conhecimento de que o intervalo de um conjunto de números é 44 não nos diz nada a respeito dos números; mas dizer que o intervalo vai de 300 a 344 já nos dá uma informação adicional sobre a grandeza dos números.

> O *intervalo* pode ser expresso pela diferença entre o maior e o menor número num grupo, ou pela identificação desses dois números.

Seguem-se alguns exemplos.

	Intervalo	
Números	Diferença	Do Menor ao Maior
1, 5, 7, 13	13 − 1 = 12	de 1 a 13
14, 3, 17, 4, 8, 73, 36, 48	73 − 3 = 70	de 3 a 73
3,2, 4,7, 5,6, 2,1, 1,9, 10,3	10,3 − 1,9 = 8,4	de 1,9 a 10,3

A vantagem de utilizar o intervalo como medida de dispersão reside no fato de o intervalo ser relativamente fácil de calcular, mesmo para um grande conjunto de números. Outrossim, a significação do intervalo é fácil de entender. Infelizmente, algumas outras medidas de dispersão não são tão fáceis de entender, pelo menos intuitivamente.

A maior limitação do intervalo é o fato de ele só levar em conta os dois valores extremos de um conjunto, nada informando quanto aos outros valores. Por exemplo, a Figura 2.4 ilustra três

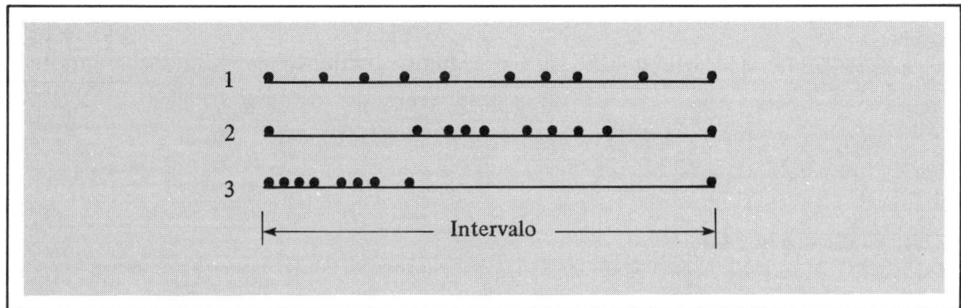

Figura 2.4 Três grupos diferentes de números, todos com o mesmo intervalo.

conjuntos bem diferentes de números, todos com o mesmo intervalo. No primeiro conjunto, os valores se distribuem uniformemente, e o intervalo é uma boa medida. No segundo, os números se apresentam mais densamente grupados, muito embora o intervalo ainda proporcione uma medida aproximada da dispersão. Já no terceiro conjunto, podemos ver como o intervalo é facilmente influenciado por alguns valores extremos, sendo, por conseguinte, enganoso quanto à indicação da dispersão de um conjunto de números. Por isso, a utilidade do intervalo é bastante limitada.

Medidas de Dispersão que Têm a Média como Ponto de Referência

Em razão de suas propriedades matemáticas, quase sempre se calcula a média de um conjunto de dados. Por isso, existem várias medidas de dispersão que têm a média como ponto de referência. Todas elas requerem o cálculo do desvio, ou diferença, entre cada valor e a média, $(x_i - \bar{x})$. Estudaremos três dessas medidas. A primeira focaliza o desvio absoluto a contar da média, enquanto que as outras duas se concentram nos quadrados dos desvios a contar da média. A discussão se concentrará principalmente em dados *amostrais*, ao invés de em dados de populações inteiras, enfatizando assim o fato de que utilizaremos estatísticas amostrais para aproximar os valores dos parâmetros das populações.

Desvio Médio Absoluto

O desvio médio absoluto (DMA) mede o desvio médio dos valores em relação à média do grupo, ignorando o sinal do desvio. Calcula-se subtraindo a média de cada valor do grupo e desprezando o sinal (+ ou -) do desvio, e tomando a média em seguida. Ao calcular o desvio médio, é necessário levar em conta o fato de que a soma dos desvios positivos e negativos a contar da média será sempre (por definição) igual a zero. A conversão das diferenças a valores absolutos (todos os valores são considerados como desvios positivos) antes de se proceder à soma resolve o problema. Calcula-se então o desvio médio absoluto pela fórmula seguinte.

$$\text{DMA} = \frac{\Sigma |x_i - \bar{x}|}{n}$$

onde n é o número de observações no conjunto.

Exemplo 4 Determine o desvio médio para o seguinte conjunto de números:

2, 4, 6, 8, 10

Solução:

Determinemos a média:

$$\bar{x} = \frac{2 + 4 + 6 + 8 + 10}{5} = 6$$

Em seguida, determinemos as diferenças entre a média e cada valor:

$$
\begin{array}{r}
x_i - \bar{x} \\
\hline
2 - 6 = -4 \\
4 - 6 = -2 \\
6 - 6 = 0 \\
8 - 6 = +2 \\
10 - 6 = +4 \\
\hline
0
\end{array}
\quad \text{(verifique)}
$$

Tomemos os valores absolutos dessas diferenças e somemos:

$$4 + 2 + 0 + 2 + 4 = 12 = \sum |x_i - \bar{x}|$$

Desvio médio:

$$\frac{\sum |x_i - \bar{x}|}{n} = \frac{12}{5} = 2{,}4$$

Exemplo 5 Determine o desvio médio para o conjunto de valores:

1, 2, 3, 4, 5

Solução:

$$\text{média} = \frac{1 + 2 + 3 + 4 + 5}{5} = \frac{15}{5} = 3$$

x_i	$\bar{x}$	$x_i - \bar{x}$	$\lvert x_i - \bar{x}\rvert$
1	3	−2	2
2	3	−1	1
3	3	0	0
4	3	1	1
5	3	2	2
Somas		0	6

Desvio médio:

$$\frac{6}{5} = 1{,}2$$

O *desvio médio absoluto* de um conjunto de números é a média dos desvios dos valores a contar da média, ignorando-se o sinal de diferença.

Conquanto o desvio médio absoluto seja relativamente fácil de entender, não é muito usado como medida de dispersão, porque outras medidas apresentam propriedades matemáticas mais interessantes. O DMA tem algumas aplicações no controle de inventários.

A Variância

Calcula-se a variância de uma amostra quase da mesma forma que o desvio médio, com duas pequenas exceções: (1) os desvios são *elevados ao quadrado* antes da soma, e (2) toma-se a média dividindo por $n - 1$ em lugar de n, porque isso dá uma melhor estimativa da variância populacional.

Pode-se calcular a variância amostral pela fórmula abaixo.

$$s_x^2 = \frac{\sum(x_i - \bar{x})^2}{n - 1}$$

Se um conjunto de números constitui uma população, ou se a finalidade de somar os dados é apenas *descrevê-los*, e não fazer inferências sobre uma população, então deve-se usar n em lugar de $(n - 1)$ no denominador.

Exemplo 6 Calcule a variância da amostra: 2, 4, 6, 8, 10.

Solução:

Já vimos que a média desse conjunto é 6. Eis os cálculos necessários:

x_i	$\bar{x}$	$(x_i - \bar{x})$	$(x_i - \bar{x})^2$
2	6	−4	16
4	6	−2	4
6	6	0	0
8	6	+2	4
10	6	+4	16
Somas		0	40

$$s^2 = \frac{\sum(x_i - \bar{x})^2}{n - 1} = \frac{40}{5 - 1} = 10{,}0$$

Se esses valores representassem *toda* uma população, a variância seria 40/5 = 8,0.

A *variância* de uma amostra é a média dos quadrados dos desvios dos valores a contar da média, calculada usando-se $n - 1$ em lugar de n.

Em resumo, os estágios do cálculo da variância são:

1. Calcular a média.
2. Subtrair a média a cada valor do conjunto.
3. Elevar ao quadrado cada desvio.
4. Somar os quadrados dos desvios.
5. Dividir a soma por $(n - 1)$ se se trata de dados amostrais, ou simplesmente por n para somar o conjunto ou se os dados representam todos os valores de uma população.

Uma fórmula alternativa, bastante usada para o cálculo da variância, é

$$s_x^2 = \frac{\sum x_i^2 - (\sum x_i)^2/n}{n - 1}$$

(Novamente, substitui-se $n - 1$ por n no *denominador* para a variância da população.) Esta fórmula é às vezes mais fácil de utilizar, porque não exige o cálculo da média, e também porque não há necessidade de determinar cada um dos desvios. Para uma média igual a 3,33333333 o processo de cálculo anterior acarreta erros devidos ao arredondamento.

Usando os dados anteriores, podemos observar que a variância calculada por esta última fórmula é idêntica à obtida anteriormente.

x_i	x_i^2
2	4
4	16
6	36
8	64
10	100
$\sum x_i = 30$	$\sum x_i^2 = 220$

$$s_x^2 = \frac{220 - (30^2/5)}{5 - 1} = \frac{220 - 180}{4} = 10{,}0$$

O Desvio Padrão

O desvio padrão é simplesmente a raiz quadrada positiva da variância. Assim, se a variância é 81, o desvio padrão é 9; se a variância é 10, o desvio padrão é $\sqrt{10} = 3{,}16$. Para determinar o desvio padrão, calcula-se a variância e toma-se a raiz quadrada positiva do resultado.* As fórmulas para o desvio padrão são

$$s = \sqrt{\frac{\sum(x_i - \bar{x})^2}{n - 1}} = \sqrt{\frac{\sum x_i^2 - [(\sum x_i)^2/n]}{n - 1}}$$

[Como anteriormente, a substituição de $(n - 1)$ por n produz as fórmulas do desvio padrão da população.]

Exemplo 7 Calcule o desvio padrão da amostra: 20, 5, 10, 15, 25.

Solução:

Usando a fórmula abreviada, calculamos $\sum x_i$:

$$20 + 5 + 10 + 15 + 25 = 75$$

Calculemos agora $\sum x_i^2$:

$$20^2 + 5^2 + 10^2 + 15^2 + 25^2 = 400 + 25 + 100 + 225 + 625 = 1375$$

Determinação de s:

$$\sqrt{\frac{1375 - (75^2/5)}{5 - 1}} = \sqrt{62{,}5} = 7{,}91$$

---

* Há uma tabela de quadrados e raízes quadradas no Apêndice, útil para este cálculo.

O desvio padrão é uma das medidas mais comumente usadas para distribuições, e desempenha papel relevante em toda a estatística. Cabe notar que a unidade do desvio padrão é a mesma da média. Por exemplo, se a média é em cruzeiros, o desvio padrão também se exprime em cruzeiros. A variânçia, por outro lado, se exprime em quadrados de unidades (p. ex., cruzeiros^2, metros^2).

> O *desvio padrão* de um conjunto de números é a raiz quadrada positiva da variância.

Outras Medidas

As medidas discutidas até aqui se aplicam principalmente a dados quantitativos, com exceção da moda, que também é útil para o trabalho com dados nominais, como veremos em breve. Outra medida usada com dados nominais é a proporção, que é a fração, ou percentagem de itens de determinado grupo ou classe. A proporção se calcula mediante a fórmula

$$\text{proporção} = \frac{x}{n}$$

onde x é o número de itens que apresentam determinada característica, e n o número total de observações.

Por exemplo, se num grupo de 40 pessoas 10 têm casa própria dizemos que a proporção dos que a têm é de 10/40 = 0,25, ou 25%.

EXERCÍCIOS

1. a. O desvio padrão pode ser zero? Explique. Pode ser negativo? Explique.
   b. O desvio médio absoluto pode ser negativo? Zero? Explique.
2. Calcule a média e o desvio padrão das vendas diárias:

   $8.100, $9.000, $4.580, $5.600, $7.680, $4.800, $10.640

3. Determine a média e a mediana para cada um dos conjuntos de dados:
   a. 7, 9, 2, 1, 5, 4,5, 7,5, 6,2
   b. 1, 2, 10, 7, 7, 9, 8, 5, 2, 11
   c. 30, 2, 79, 50, 38, 17, 9
   d. 0,011, 0,032, 0,027, 0,035, 0,042
   e. 90, 87, 92, 81, 78, 85, 95, 80
   f. 42, 30, 27, 40, 25, 32, 33
4. Qual seria o efeito sobre a média de um conjunto de números se se adicionasse 10:
   a. A um dos números?
   b. A cada um dos números?
5. Calcule a média e a variância para o seguinte conjunto de dados, supondo que eles representem:
   a. uma amostra
   b. a população

   83, 92, 100, 57, 85, 88, 84, 82, 94, 93, 91, 95

6. Determine o desvio padrão do conjunto do Exercício 5, supondo primeiro uma amostra e depois a população.
7. Calcule a média, a mediana e a moda do número de clientes que aguardam nas filas de 12 guichês da matriz de um grande banco:

   1, 3, 4, 3, 4, 2, 4, 1, 2, 2, 1, 0

8. Determine a variância amostral e o desvio padrão dos dados do exercício anterior, usando a fórmula abreviada.
9. Indique os quartis dos dados do Exercício 7.
10. Calcule a média e o desvio padrão dos tempos de reação para os seguintes dados amostrais:

    2,1, 2,5, 2,7, 2,3, 2,4, 2,0, 2,7, 3,0, 1,4, 2,4, 2,8

11. Determine o tempo mediano de reação para os dados do Exercício 10.
12. Determine o intervalo de cada um dos seguintes conjuntos de dados:
    a. Exercício 2 b. Exercício 5 c. Exercício 7
13. Determine os quartis dos tempos de reação do Exercício 10.
14. Qual seria o efeito (a) sobre a média e (b) sobre o desvio padrão se se duplicasse cada valor de um conjunto? (Sugestão: Use 1, 2, 3 como dados.)
15. Consideremos os seguintes dados correspondentes a preços de propostas:

    26,5, 27,5, 25,5, 26,0, 27,0, 23,4, 25,1, 26,2, 26,8

    a. Calcule o intervalo. b. Determine o DMA.
    c. Determine o desvio padrão. d. Determine a variância.
16. Converta em proporção cada um dos seguintes dados:
    a. 5 crianças em 25
    b. 7 pacientes em 9
    c. 3 vermelhos, 4 azuis e 5 verdes em 12 dados
17. Calcule cada uma das seguintes proporções usando a tabela da Figura 2.5:

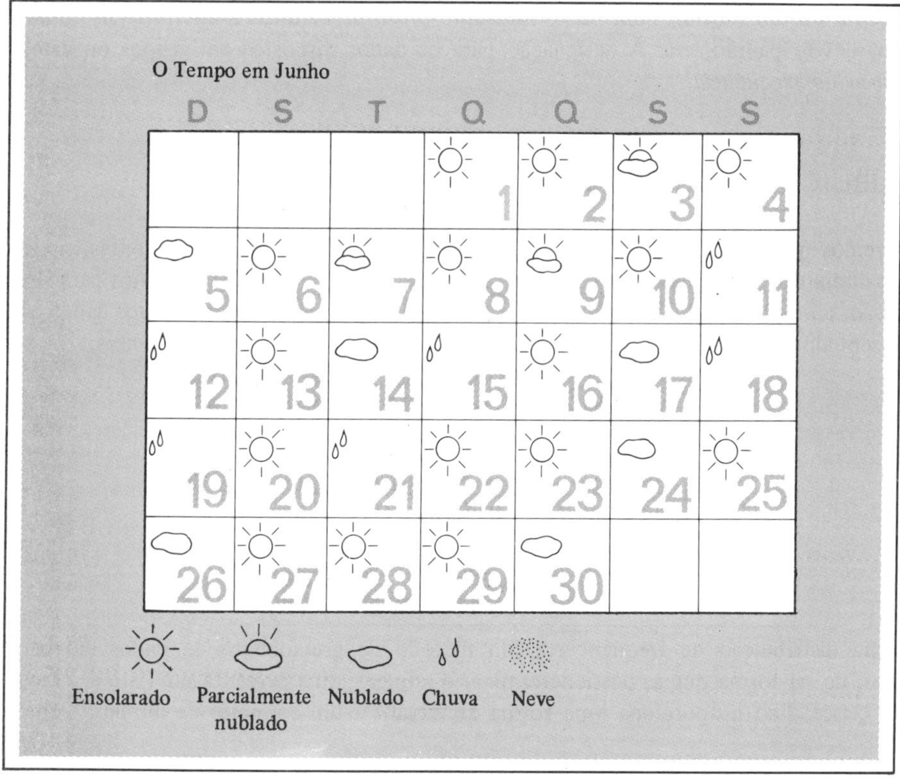

Figura 2.5 O tempo em junho.

a. dias de sol em junho
b. dias parcialmente nublados em junho
c. domingos de sol
d. dias da semana chuvosos
e. dias de neve

ANÁLISE DE GRANDES CONJUNTOS DE DADOS

Os homens requerem um grau suficientemente alto de estrutura ou *organização* para bem se conduzirem na vida. Considere o leitor o caso de uma biblioteca, onde os livros são catalogados por título, por autor, e por assunto, *alfabeticamente*, e imagine quanto lhe custaria localizar determinado livro, se eles fossem colocados nas estantes totalmente a esmo, onde quer que houvesse lugar, sem qualquer preocupação de ordenação, catalogação ou classificação. Ou também a confusão que resultaria se não houvesse leis nem sinais de tráfego, e se a única regra fosse "cada qual por si". As listas telefônicas são organizadas alfabeticamente por cidade; os programas de cursos indicam quando e onde serão as aulas; existem horários de viagens de ônibus, trem e avião, bem como códigos postais – tudo isto vem em nosso auxílio por *organizar* informação.

Os métodos principais para *organizar* dados estatísticos compreendem o arranjo ou disposição dos itens em subconjuntos que apresentem características similares (p. ex., mesma idade, mesma finalidade, mesma escola, mesma cidade, etc.). Os dados grupados podem ser resumidos graficamente ou em tabelas, bem como mediante o uso de medidas numéricas tais como média, intervalo, desvio padrão, etc. A designação para os dados dispostos em grupos ou categorias é *distribuição de freqüência*.

DISTRIBUIÇÕES DE FREQÜÊNCIA

Consideremos os dados da tabela seguinte, que representam a safra, em alqueires*, por árvore, para um conjunto de 40 pessegueiros. Embora tenhamos utilizado dados pequenos para simplificar a discussão, ainda assim é difícil obter uma visão global das safras com base nos dados tais como são apresentados. A construção de uma distribuição de freqüência facilitará as coisas.

Safra Anual (em alqueire/árvore) para 40 Pessegueiros

11,1	12,5	32,4	7,8	21,0	16,4	11,2	22,3
4,4	6,1	27,5	32,8	18,5	16,4	15,1	6,0
10,7	15,8	25,0	18,2	12,2	12,6	4,7	23,5
14,8	22,6	16,0	19,1	7,4	9,2	10,0	26,2
3,5	16,2	14,5	3,2	8,1	12,9	19,1	13,7

Uma distribuição de freqüência é um método de grupamento de dados em classes, ou intervalos, de tal forma que se possa determinar o número, ou a percentagem (isto é, a freqüência) de cada classe. Isso proporciona uma forma de visualizar um conjunto de números sem precisar

* Antiga medida de capacidade para secos e líquidos, variável de terra para terra.

levar em conta os números individuais, e pode ter grande utilidade quando precisamos lidar com grande quantidade de dados. O número ou percentagem numa classe chama-se *freqüência de classe*.

> Uma *distribuição de freqüência* é um grupamento de dados em classes, exibindo o número ou percentagem de observações em cada classe. Uma distribuição de freqüência pode ser apresentada sob forma gráfica ou tabular.

O processo de construção de uma distribuição de freqüência para determinado conjunto de dados depende do tipo de dados em estudo (isto é, contínuos, discretos, nominais ou por postos). Presumivelmente, a safra de frutas (em alqueires por árvore) é avaliada em escala contínua; consideremos, pois, este caso em primeiro lugar.

Construção de uma Distribuição de Freqüência para Dados Contínuos

Os principais estágios na construção de uma distribuição de freqüência para dados amostrais são:

1. Estabelecer as classes ou intervalos de grupamento dos dados.
2. Enquadrar os dados nas classes, mediante *contagem*.
3. Contar o número em cada classe.
4. Apresentar os resultados numa tabela ou num gráfico.

Vamos construir uma distribuição de freqüência para as safras de pêssego, utilizando os dados anteriores. Para fixar as classes de distribuição, é necessário:

1. Determinar o *intervalo* dos dados. A maior safra é 32,8, a menor é 3,2.
2. Decidir quanto ao número de classes a usar. É aconselhável tomar entre 5 e 15 classes. Menos de 5 classes pode ocultar detalhes importantes dos dados. Mais de 15 torna a apresentação demasiado detalhada. Uma regra prática consiste em tomar a raiz quadrada de n e ajustá-la (se necessário) aos limites 5 a 15. Por exemplo, para 400 observações, $\sqrt{400} = 20$, valor que seria ajustado a 15. Para as 40 árvores, teríamos $\sqrt{40} = 6{,}32$, que arredondaríamos para 6 ou 7.
3. Dividir o intervalo por k, número de classes, para obter uma amplitude de classe: $29{,}6/6 = 4{,}93 \approx 5$.
4. Estabelecer os intervalos preliminares, começando com um inteiro logo abaixo do menor valor. Por exemplo, a primeira classe é

   limite inferior: 3 limite superior: 3 + amplitude = 3 + 5 = 8

   A segunda classe é

   limite superior da classe anterior = 8 a 8 + 5 = 13

   A terceira classe é

   13 a 13 + 5 = 18

   A quarta classe vai de 18 a 23; a quinta de 23 a 28; e a sexta de 28 a 33.

É importante que não ocorram *lacunas* na fixação de classes (isto é, deve haver uma classe para cada valor), mas as classes não devem interceptar-se (isto é, um valor deve pertencer a uma só classe). No caso do valor 8,0, p. ex., pertencerá ele à primeira ou à segunda classe? Há vários métodos para responder a esta pergunta. Talvez o mais simples seja considerar os intervalos como

3 a < 8	13 a < 18	23 a < 28
8 a < 13	18 a < 23	28 a < 33

Fixadas as classes, cada ponto será enquadrado numa classe, mediante contagem. Por exemplo, o primeiro valor é 11,1, que se enquadra na segunda classe. Pode-se formar uma distribuição de freqüência relacionando os intervalos e lançando um traço inclinado (/) na classe adequada para cada valor, e uma diagonal para cada *quinta* contagem.

Classe	Contagem	
3 a 8	~~////~~ ///	8
8 a 13	~~////~~ ~~////~~	10
13 a 18	~~////~~ ////	9
18 a 23	~~////~~ //	7
23 a 28	////	4
28 a 33	//	2
		40

Procede-se em seguida à contagem por classes. As freqüências podem ser exibidas seja numa tabela ou num gráfico, sendo que elas podem ser absolutas ou relativas. Uma tabela de freqüência se apresentaria, então, assim:

Distribuição de Freqüência para Safras de Pêssegos

Número de alqueires	Número de árvores	Percentagem de árvores
3 a < 8	8	$\frac{8}{40} = 0{,}200$
8 a < 13	10	$\frac{10}{40} = 0{,}250$
13 a < 18	9	$\frac{9}{40} = 0{,}225$
18 a < 23	7	$\frac{7}{40} = 0{,}175$
23 a < 28	4	$\frac{4}{40} = 0{,}100$
28 a < 33	2	$\frac{2}{40} = 0{,}050$
	40	1,000

A mesma informação pode ser apresentada através de um *histograma* de freqüência, que dá as classes ao longo do eixo horizontal e as freqüências (absolutas ou relativas) ao longo do eixo vertical. As fronteiras das "barras" coincidem com os pontos extremos dos intervalos de classe. Ver a Figura 2.6.

São as seguintes as etapas para a construção de uma distribuição de freqüência para dados contínuos:

1. Determinar o *intervalo* dos dados.
2. Determinar o *número k de classes*, $k \approx \sqrt{\text{número de observações}}$. (Em geral, tomar 5 a 15 classes.)

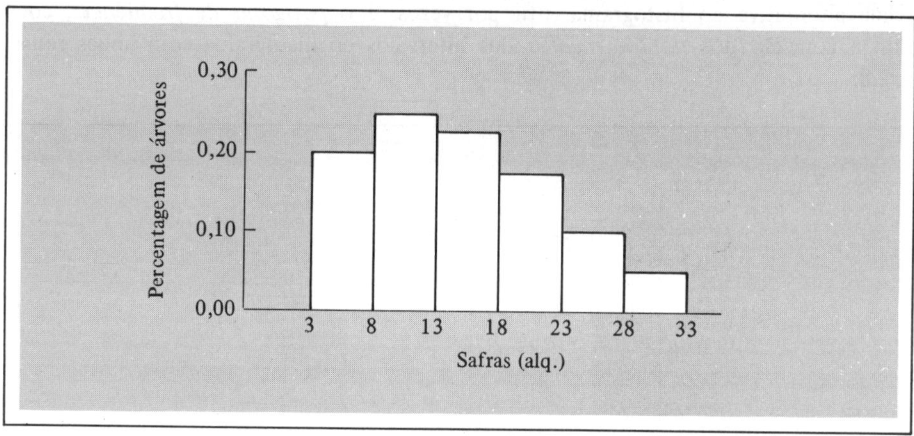

Figura 2.6 Distribuição de freqüência relativa para safras de pêssego.

3. Calcular a *amplitude de classe*, ou seja, (intervalo)/k, fazendo o arredondamento conveniente. (Certificar-se de que k vezes a amplitude é maior do que o intervalo, pois, de outra forma, os valores extremos não serão incluídos.)
4. Estabelecer *limites de classe* preliminares. Rever os limites, que devem tocar-se, mas não interceptar-se.
5. Relacionar os intervalos e fazer a contagem dos pontos por classe. (A contagem total deve ser = n.)
6. Construir uma *tabela de freqüência*, ou um *histograma de freqüência*. Ver a Figura 2.7.

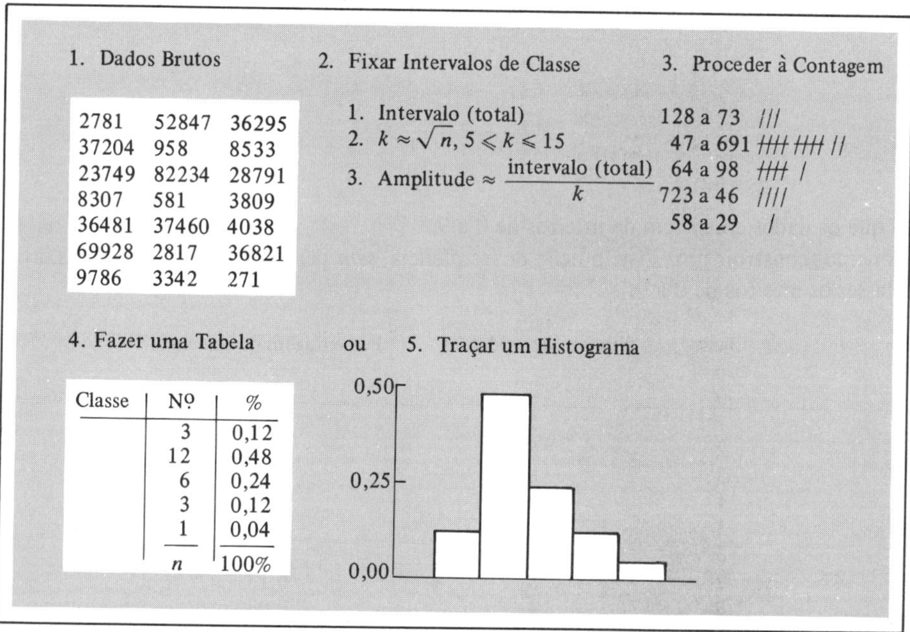

Figura 2.7 Preparação de uma distribuição de freqüência para dados contínuos.

Uma alternativa ao histograma, útil por vezes, é o *polígono de freqüência*, construído mediante a conexão dos *pontos médios* dos intervalos do histograma com linhas retas. Ver a Figura 2.8.

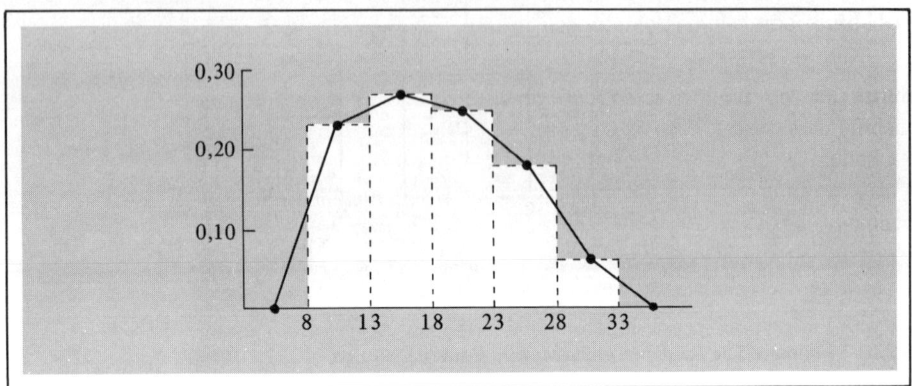

Figura 2.8 Constrói-se um polígono de freqüência (caso das safras de pêssego) unindo-se por segmentos de retas os pontos médios das classes do histograma.

Construção de uma Distribuição de Freqüência para Dados Discretos

Na construção de uma distribuição de freqüência utilizando dados contínuos, perde-se certa quantidade de informação porque os valores individuais perdem sua identidade quando são grupados em classes. Isto pode ou não ocorrer com dados discretos, dependendo da natureza dos dados e dos objetivos do analista. Consideremos os seguintes dados relativos ao número de acidentes diários num grande estacionamento, durante um período de 50 dias.

6	9	2	7	0	8	2	5	4	2
5	4	4	4	4	2	5	6	3	7
3	8	8	4	4	4	7	7	6	5
4	7	5	3	7	1	3	8	0	6
5	1	2	3	6	0	5	6	6	3

Note-se que os dados consistem de inteiros de 0 a 9.

Podemos construir uma distribuição de freqüência, *sem* perda dos valores originais, utilizando como classes os inteiros de 0 a 9.

Classe	Número de acidentes	Percentagem de acidentes
0	3	0,06
1	2	0,04
2	5	0,10
3	6	0,12
4	9	0,18
5	7	0,14
6	7	0,14
7	6	0,12
8	4	0,08
9	1	0,02
	50	1,00

Dizemos que não há perda de informação porque é evidente, pela tabela, que os dados originais contêm três 0's, dois 1's, etc. Em outras palavras, poderíamos reconstituir os dados originais a partir desta tabela. Por outro lado, poderíamos usar como classes 0–1, 2–3, 4–5, 6–7, 8–9. O resultado é uma distribuição não muito diferente da distribuição de dados contínuos.

Classe	Número de acidentes	Percentagem de acidentes
0–1	5	0,10
2–3	11	0,22
4–5	16	0,32
6–7	13	0,26
8–9	5	0,10
	50	1,00

A Figura 2.9 compara os gráficos dessas duas distribuições de freqüência. Sem perda de informação, as freqüências (absolutas ou relativas) se apresentam como barras, enquanto que a distribuição com perda de informação é um histograma.

De modo geral, prefere-se uma distribuição de freqüência sem perda de informação quando:

1. Os dados são constituídos de valores inteiros.
2. Há menos de, digamos, 16 dados.
3. Há suficientes observações para originar uma distribuição significativa.

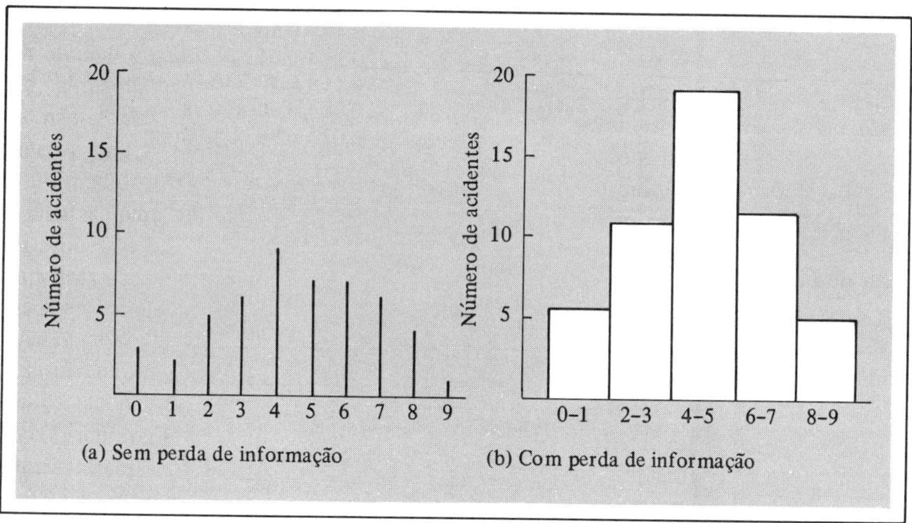

Figura 2.9 Comparação de duas distribuições de freqüência, com e sem perda de informação.

Por outro lado, uma distribuição de freqüência em que o grupamento ocasiona perda de informação é útil quando:

1. Estão em jogo inteiros e não-inteiros (ou não-inteiros somente).
2. Só existem inteiros, porém em número demasiadamente elevado para permitir uma distribuição útil.

3. A perda de informação é de importância secundária (por exemplo, o *arredondamento* do peso de um caminhão para o quilo mais próximo, ou da renda anual para o cruzeiro mais próximo).

Construção de uma Distribuição de Freqüência Acumulada

Uma distribuição de freqüência acumulada tem por objetivo indicar o número ou percentagem de itens *menores do que*, ou *iguais a*, determinado valor. No caso dos acidentes, podemos construir distribuições acumuladas para a distribuição sem perda de informação e para a distribuição com perda de informação. As distribuições prévias podem ser facilmente transformadas em distribuições acumuladas somando-se sucessivamente os dados das classes de freqüência (os dados nas tabelas que seguem são das discussões anteriores).

Sem Perda de Informação

Classe	Percentagem de acidentes	Freqüências acumuladas
0	0,06	0,06
1	0,04	0,04 + 0,06 = 0,10
2	0,10	0,10 + 0,10 = 0,20
3	0,12	0,12 + 0,20 = 0,32
4	0,18	0,18 + 0,32 = 0,50
5	0,14	0,14 + 0,50 = 0,64
6	0,14	0,14 + 0,64 = 0,78
7	0,12	0,12 + 0,78 = 0,90
8	0,08	0,08 + 0,90 = 0,98
9	0,02	0,02 + 0,98 = 1,00
	1,00	

Com Perda de Informação

Classe	Percentagem de acidentes	Freqüências acumuladas
0–1	0,10	0,10
2–3	0,22	0,22 + 0,10 = 0,32
4–5	0,32	0,32 + 0,32 = 0,64
6–7	0,26	0,26 + 0,64 = 0,90
8–9	0,10	0,10 + 0,90 = 1,00
	1,00	

Podemos assim ver, na primeira tabela, que 78% dos dados correspondem a 6 ou menos, e que 98% correspondem a 8 ou menos. Analogamente, com perda de informação, podemos ver que 64% dos valores não excedem a 5, e 90% não excedem a 7.

A Figura 2.10 exibe os gráficos para ambas as distribuições acumuladas.

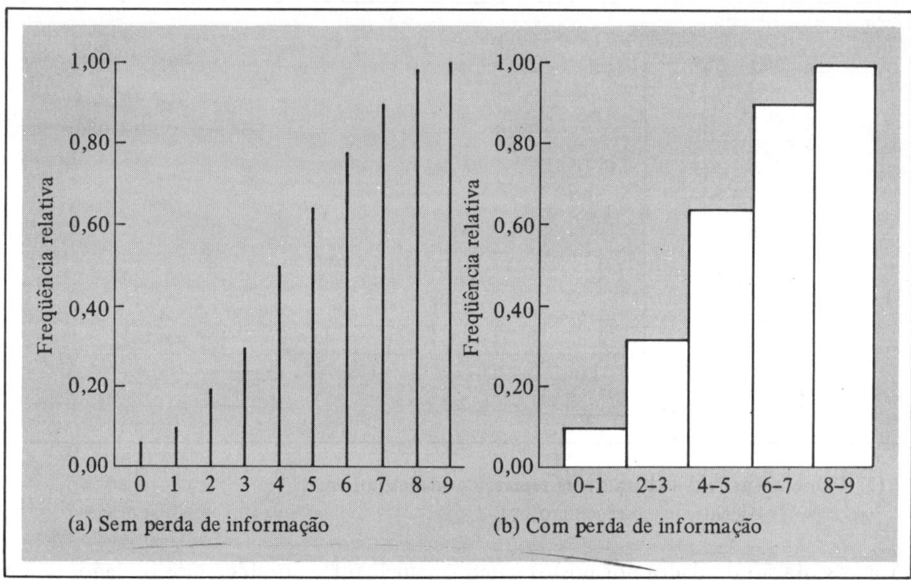

Figura 2.10 Distribuições de freqüência acumulada para os casos com perda de informação e sem perda de informação.

Distribuições de Freqüência para Dados Nominais e por Postos

Talvez as distribuições de freqüência de construção mais simples sejam as relativas a dados nominais ou por postos. Tal simplicidade decorre do fato de que as classes são mais facilmente reconhecíveis, tornando mínimos os cálculos. Por exemplo, consideremos os dados nominais da Tabela 2.3 sobre venda de bebidas leves, dispostos numa tabela de freqüência.

As categorias são os diversos tipos de bebidas. Note-se a última categoria: Outros. Pode haver diversos tipos com vendas bastante baixas, tais como soda, cerveja e chocolate, que foram englobados numa única categoria para tornar os dados mais abrangentes. Como antes, podemos querer apresentar essas informações sob forma de gráfico. Aqui é mais adequado o emprego de barras, em lugar de um histograma, o que significa que as categorias não se tocam, ou são nominais. Ver a Figura 2.11. O gráfico pode ser apresentado horizontal ou verticalmente, como, de resto, ocorre com *qualquer* gráfico de distribuição de freqüência.

Tabela 2.3 Vendas de Bebidas Leves em um Dia

	Freqüência	
Tipo	Vendas absolutas	Vendas relativas
Cola	600	60%
Limão	200	20%
Laranja	100	10%
Uva	50	5%
Cereja	40	4%
Outros	10	1%
	1000	100%

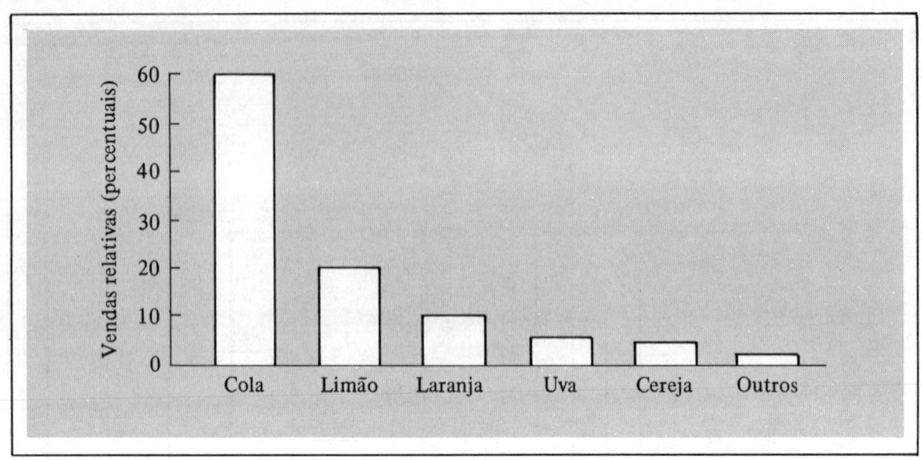

Figura 2.11 Usa-se um gráfico de barras para representar dados nominais.

A apresentação de dados por postos é muito semelhante. Consideremos os dados relativos ao aproveitamento num curso, apresentados abaixo de forma ligeiramente diferente das tabelas de freqüência anteriores, apenas para ilustrar outra maneira de preparar uma tabela de freqüência.

	Classificação					
	Fraca	Razoável	Média	Boa	Excelente	Total
Número	2	4	20	10	4	40
Percentagem	5%	10%	50%	25%	10%	100%

Os dados por postos podem ser representados graficamente por meio de barras, tal como na Figura 2.11.

Outros Métodos de Apresentação de Dados

A Figura 2.12 indica algumas dentre as muitas maneiras diferentes de apresentar graficamente um conjunto de dados.

EXERCÍCIOS

1. Construa duas distribuições de freqüência para esses dados: uma sem perda de informação, outra com perda de informação. Apresente as distribuições em forma tabular e gráfica.

Erros por página

9	7	4	3	6	5	8	2	3	6	2	3	0	3	0	2	1	3	1	5
11	7	4	2	3	2	4	7	3	2	1	3	2	1	0	1	2	2	2	3
3	2	5	4	3	6	2	8	2	3	4	1	2	1	6	1	3	2	1	1

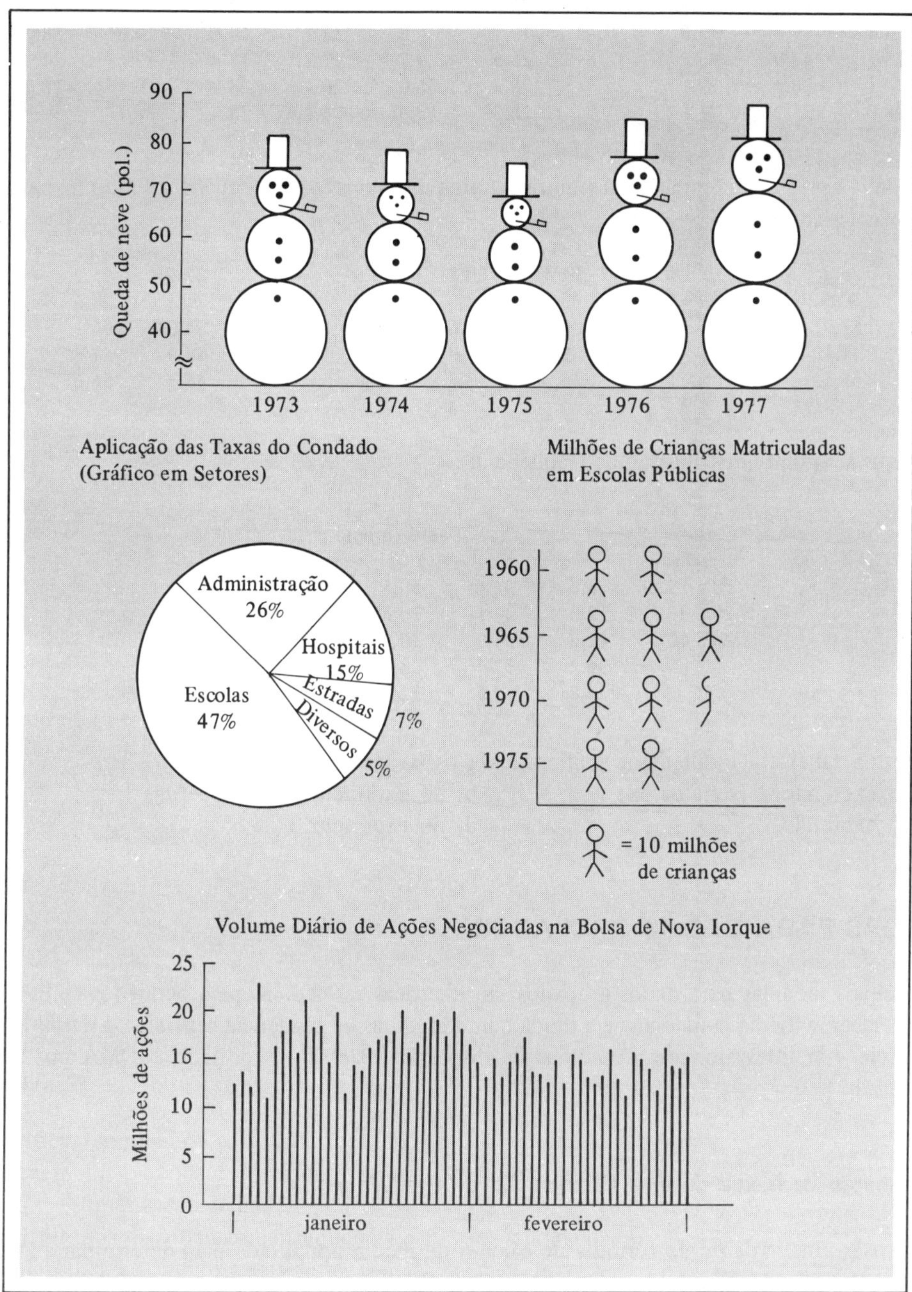

Figura 2.12 Outros exemplos de apresentação gráfica de dados grupados.

2. Os dados seguintes referem-se à pluviosidade anual, nos últimos 50 anos, numa comunidade de Ohio. Construa uma tabela de distribuição de freqüência e um histograma das freqüências relativas.

15,2	14,6	27,9	24,9	20,0	43,5	30,7	30,0	35,7	40,9
23,4	17,8	26,9	30,8	19,9	36,8	33,4	19,8	29,6	38,2
25,1	42,0	35,2	15,6	25,5	29,7	27,8	14,6	22,1	24,3
30,1	30,1	22,1	24,4	28,7	35,0	26,1	28,2	19,4	28,7
28,0	25,3	31,8	31,0	28,3	13,5	32,1	25,4	26,7	36,8

3. Disponha as 45 médias amostrais seguintes numa distribuição de freqüência e num mapa. Use as freqüências absolutas.

25,2	45,5	53,2	54,4	60,5	58,9	40,3	38,9	95,2
30,0	55,0	63,5	65,2	57,6	64,0	69,3	71,2	28,4
51,9	34,9	81,0	89,6	77,6	68,5	52,1	54,0	86,1
44,4	48,9	72,4	59,7	45,0	55,5	62,0	55,9	57,8
61,2	47,9	48,6	55,6	53,2	50,6	47,8	45,3	56,6

4. Critique a seguinte distribuição de freqüência:

Classes	Dados (mpg)				
10 a 19	8,6	22,8	30,5	28,9	23,7
20 a 30	12,0	20,1	26,8	9,5	18,6
29 a 40	42,3	34,9	20,3	13,5	11,8
	34,2	37,4	23,0	19,3	14,5
	25,8	17,5	12,3	25,7	28,4

5. Construa tabelas acumuladas e gráficos para os dados:
   a. do exercício 1 (sem perda)
   b. do exercício 1 (com perda)
   c. do exercício 2
   d. do exercício 3

MEDIDAS PARA DADOS GRUPADOS*

As principais medidas para dados grupados são idênticas às medidas para pequenos conjuntos de dados, a saber, a média, a mediana e a moda como medidas de tendência central, e o desvio padrão, a variância e o intervalo como medidas de dispersão. (Deixamos de lado o DMA por não ser muito usado.)

Determinação da Média de uma Distribuição de Freqüência

Pode-se usar uma variante da fórmula de cálculo da média ponderada para determinar a média de uma distribuição de freqüência. Os pesos são substituídos pelas freqüências das classes, e a fórmula fica

---

* A maioria dos processos de cálculo indicados nesta seção foi desenvolvida muito antes do advento dos computadores. Em sua maior parte, eles oferecem aproximações, ou abreviações, para os cálculos feitos a mão. São úteis, todavia, quando os dados originais não são conhecidos, como pode ocorrer quando lidamos com dados publicados.

$$\bar{x} = \frac{\sum f_i x_i}{n}$$

onde f_i é a freqüência da i-ésima classe e n é o número de observações (igual a Σf_i).

Se não há perda de informação na distribuição de freqüência, a fórmula dará o mesmo resultado do cálculo com os dados originais; se o grupamento causa perda de informação, os x_i's são substituídos pelos pontos médios das respectivas classes, e a média resultante é uma aproximação. A utilização de pontos médios das classes trata os pontos médios como médias de classes, o que nem sempre é o caso. Todavia, se não dispomos dos dados originais, não há outra alternativa razoável.

Exemplo 8 Sem perda de informação. Determinar a média dos seguintes dados:

i	x_i	f_i	$f_i x_i$
1	0	2	0
2	5	4	20
3	10	5	50
4	15	10	150
5	20	2	40
6	25	1	25
7	30	1	30
		$n = 25$	315

Solução:

$$\bar{x} = \frac{\sum f_i x_i}{n} = \frac{315}{25} = 12,6$$

Exemplo 9 Com perda de informação. Determinar a média dos seguintes dados:

Classe	x_i Ponto médio da classe	f_i Freqüência	$f_i x_i$
0 a <10	5	2	10
10 a <20	15	1	15
20 a <30	25	5	125
30 a <40	35	8	280
40 a <50	45	4	180
		$n = 20$	610

Solução:

$$\bar{x} = \frac{\sum f_i x_i}{n} = \frac{610}{20} = 30,5$$

Note-se que os pontos médios das classes se determinam tomando-se a média do extremo inferior de cada classe e do extremo inferior da classe imediatamente superior.

Determinação da Mediana de uma Distribuição de Freqüência

Aqui também o processo e os resultados diferem, dependendo de dispormos ou não dos dados originais. Se dispusermos dos dados originais, o processo será o seguinte:

1. Identificar o intervalo que contém a mediana.
2. Determinar a posição (posto) da mediana nesse intervalo.
3. Ordenar os valores *daquela classe*.
4. Identificar a mediana.

Exemplo 10 Suponhamos uma distribuição representando 73 valores. Sabemos que a mediana estará na 37ª posição quando os dados são ordenados (isto é, $\frac{73}{2} + \frac{1}{2} = 37$). Consideremos os seguintes valores:

Classe	Freqüência	Freqüência acumulada	
10–<12	5	5	
12–<14	10	15	
14–<16	17	32	
16–<18	19	51	– a mediana é o 5º valor nesta classe
18–<20	11	62	
20–<22	4	66	
22–<24	6	72	
24–<26	1	73	
	73		

O 37º valor está na classe 16 a < 18, e como 32 valores são inferiores a 16, a mediana é o 5º valor nesta classe: 32 + 5 = 37. Ordenemos então apenas os menores valores nesta classe e contemos até o 5º. Sejam os valores

	16,0	16,1	16,2	16,3	16,4	16,5	16,6
posto	0	1	2	3	4	5	6

Então 16,5 é a mediana.

Sem os dados originais ficamos restritos à suposição de que os valores na classe que contém a mediana são *eqüiespaçados*. Prosseguindo com o exemplo precedente, em que a mediana é o 37º valor, podemos ver, pela distribuição de freqüência, que a mediana está na classe 16 a < 18, que tem uma *amplitude de classe** de 2. Há 19 valores nessa classe, e desejamos achar o quinto valor. Em outras palavras, com a suposição de eqüiespaçamento dos valores, devemos caminhar cinco dezenove avos na classe, ou seja, até o ponto $16 + \frac{5}{19}(2) = 16{,}53$. A Figura 2.13 ilustra o conceito.

* Tenha-se em mente que a amplitude de classe é a diferença entre o limite inferior de uma classe e o limite inferior da classe *imediatamente* acima.

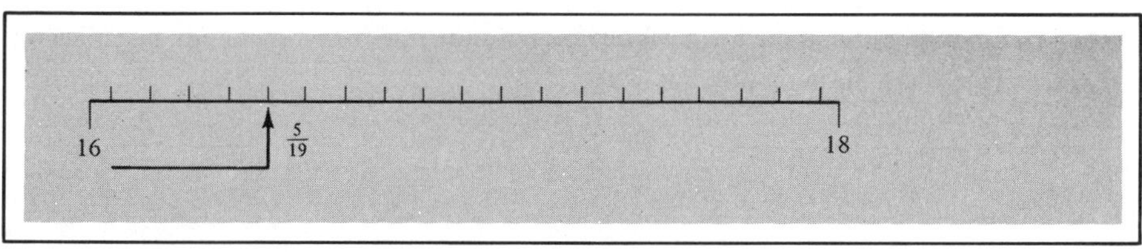

Figura 2.13 A mediana é o quinto valor numa classe de 19 valores. Sua localização implica a suposição de que os valores são eqüiespaçados no intervalo.

Determinação da Moda de uma Distribuição de Freqüência

A moda de uma distribuição de freqüência indica qual porção da distribuição tem a maior freqüência de ocorrências. Em geral é bastante simples identificar a moda, uma vez que os dados sejam dispostos numa distribuição de freqüência. Quando há perda de informação, a moda se refere a uma "classe modal", e não a um valor único. A moda pode ser localizada imediatamente nos dois gráficos da Figura 2.14.

Naturalmente, a moda também pode ser determinada por uma tabela de freqüência:

Classe	Freqüência relativa
1	5%
2	3%
3	17%
4	35% – a moda é 4
5	18%
6	15%
7	7%

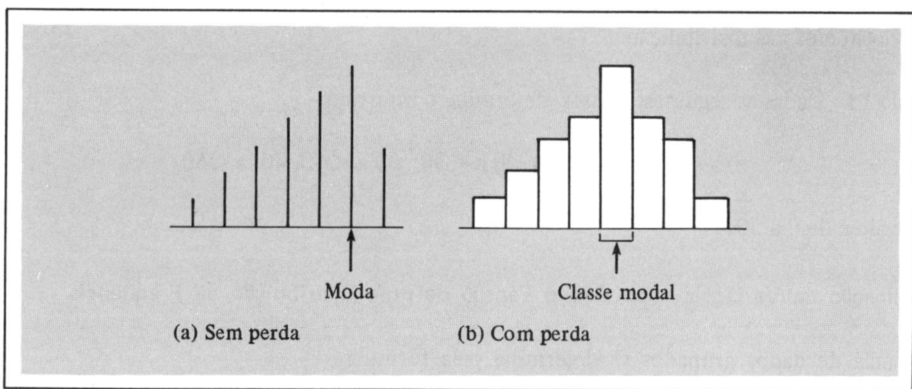

Figura 2.14 Determinação da moda num gráfico.

Às vezes há dois ou mais picos distintos de freqüência nos dados; cabe então falar em termos de distribuição bimodal (duas modas) ou de modas múltiplas. Além disso, não é estritamente necessário termos duas modas com iguais freqüências. Uma distribuição bimodal (ver a

Figura 2.15) freqüentemente significa que houve um deslocamento na média da população (isto é, os dados provêm de duas ou mais populações).

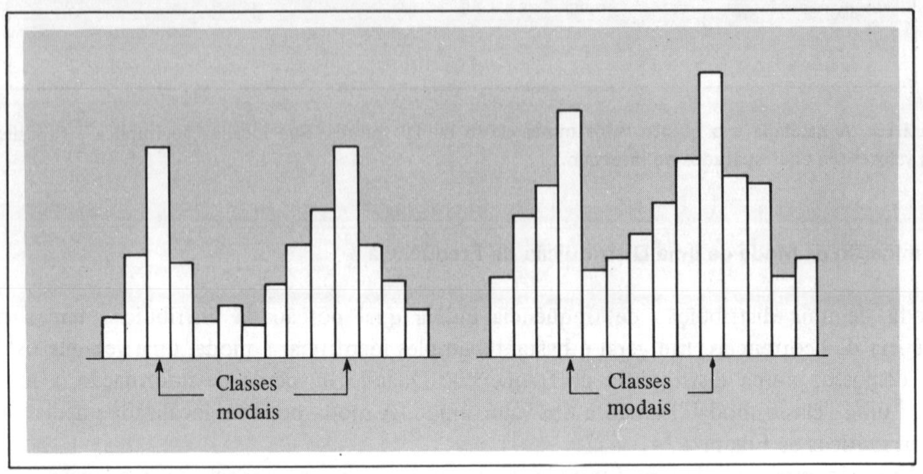

Figura 2.15 Distribuições bimodais de freqüências.

A moda não se presta a manipulações matemáticas. Além disso, se as freqüências são razoavelmente uniformes, a moda perde muito de sua importância como medida descritiva.

Determinação do Intervalo de uma Distribuição de Freqüência

Se temos acesso aos dados originais, o intervalo é simplesmente a diferença entre o maior e o menor valor, ou os próprios valores. Sem os dados originais, o intervalo deve ser encarado como a diferença entre o limite inferior da primeira classe e o limite superior da última classe, ou os pontos extremos da distribuição.

Exemplo 11 Dadas as seguintes classes, determine o intervalo:

$$0 \text{ a } <10,\ 10 \text{ a } <20,\ 20 \text{ a } <30,\ 30 \text{ a } <40,\ 40 \text{ a } <50$$

O intervalo é de 0 a 50.

Determinação da Variância e do Desvio Padrão de uma Distribuição de Freqüência

A variância de dados grupados se determina pela fórmula

$$s^2 = \frac{\sum f_i(x_i - \overline{x})^2}{n-1} \quad \text{ou} \quad s^2 = \frac{\sum f_i x_i^2 - [(\sum f_i x_i)^2/n]}{n-1}$$

Como anteriormente, usa-se $(n - 1)$ se a variância é considerada como uma estimativa da variância da população, e n se os dados constituem por si uma população. O desvio padrão é a raiz quadrada positiva da variância. Para uma distribuição sem perda de informação, os valores serão exatos; se houver perda de informação, os x_i's serão os pontos médios, e os resultados serão apenas aproximados.

Exemplo 12 Determine a variância da seguinte distribuição de freqüência utilizando a fórmula

$$s^2 = \frac{\sum f_i x_i^2 - [(\sum f_i x_i)^2/n]}{n-1}$$

Classe	x_i Ponto médio	f_i Freqüência	$f_i x_i$	$f_i x_i^2$
0 a <10	5	2	10	50
10 a <20	15	1	15	225
20 a <30	25	5	125	3.125
30 a <40	35	8	280	9.800
40 a <50	45	4	180	8.100
		$n = 20$	610	21.300

Solução:

$$s^2 = \frac{21.300 - (610^2/20)}{19} = 141{,}84$$

Faça o mesmo problema, utilizando a fórmula

$$s^2 = \frac{\sum f_i(x_i - \bar{x})^2}{n-1}$$

Nota: $\bar{x}$ = 30,5 (ver a página 43).

Classe	x_i Ponto médio	$\bar{x}$	f_i Freqüência	$(x_i - \bar{x})$	$(x_i - \bar{x})^2$	$f_i(x_i - \bar{x})^2$
0 a 10	5	30,5	2	25,5	650,25	1300,50
10 a 20	15	30,5	1	15,5	240,25	240,25
20 a 30	25	30,5	5	5,5	30,25	151,25
30 a 40	35	30,5	8	4,5	20,25	162,00
40 a 50	45	30,5	4	14,5	210,25	841,00
			20			2695,00

$$s^2 = \frac{2695{,}00}{20-1} = 141{,}84$$

O desvio padrão é 11,91.

Gráficos de Distribuições de Freqüência

Há distribuições contínuas e discretas. As distribuições contínuas são curvas suaves. Ver a Figura 2.16(a). As distribuições discretas representam-se por barras ou retângulos. Ver a Figura 2.16(b).

Uma informação útil é se a distribuição é simétrica (a metade esquerda é a imagem reflexa da metade direita) ou se é "assimétrica" (desviada) numa direção.

A forma de uma distribuição de freqüência influi nos valores da média, da mediana e da moda. Para distribuições simétricas a média, a moda e a mediana coincidem. Para distribuições não-simétricas (assimétricas), a média tende mais para os valores extremos. Ver a Figura 2.17.

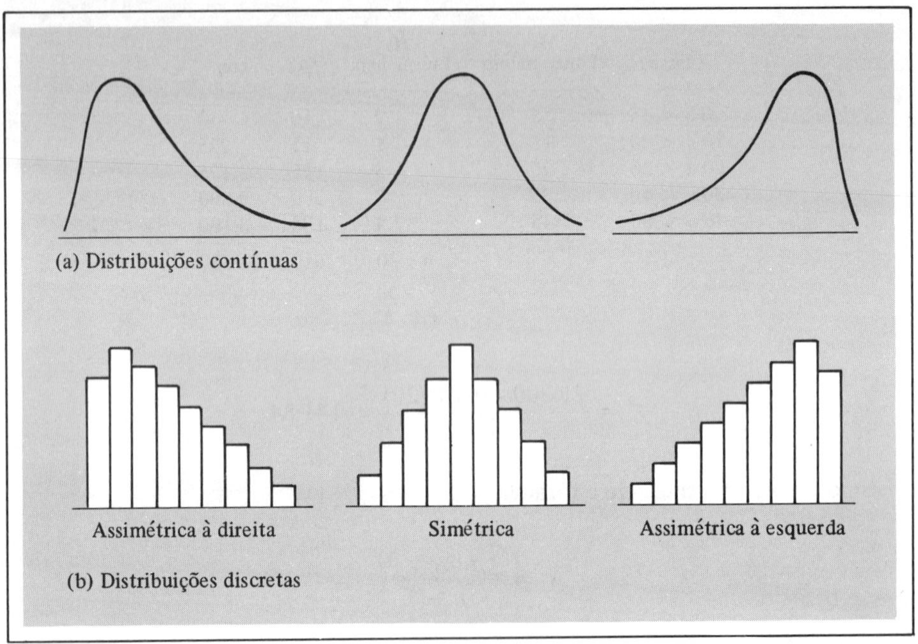

Figura 2.16 Exemplos de distribuições assimétricas e simétricas.

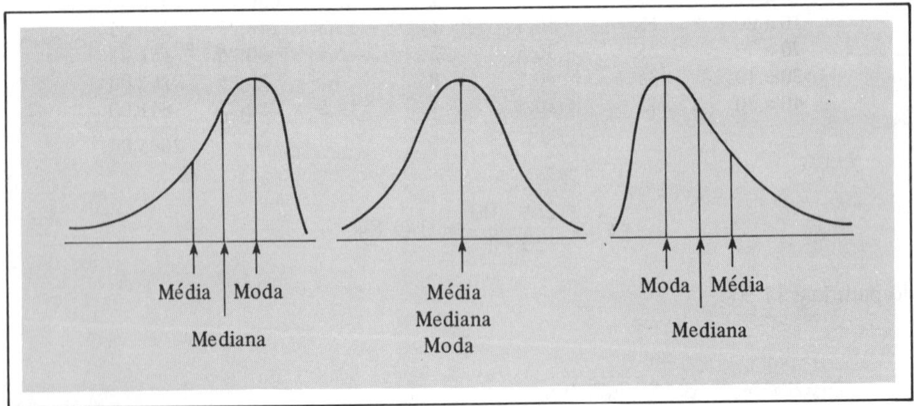

Figura 2.17 Quando uma distribuição é simétrica, sua média, mediana e moda coincidem. Caso contrário, a média e a mediana se deslocam mais em direção dos valores extremos, a média mais que a mediana.

EXERCÍCIOS

1. Anotou-se a idade de cada um dos 50 visitantes de uma exposição científica. Determine a idade média e a classe em que se localiza a mediana.

Idade	Número
0 a <10	6
10 a <20	18
20 a <30	11
30 a <40	3
40 a <50	0
50 a <60	8
60 a <70	4
	50

2. Determine o prazo médio de contas atrasadas e a classe em que está a mediana.

Meses de atraso	Contagem
2–3	卌 卌 ////
4–5	卌 卌 //
6–7	卌 ///
8–9	卌 /
10–11	卌 ////
12–13	卌 卌 /
14–15	卌 卌 卌
16–17	卌 卌
18–19	卌
20–21	///
22–23	卌
24–25	
26–27	/
	99

3. Determine a média e o desvio padrão dos seguintes tempos de espera.

Minutos	
0 a <5	220
5 a <10	82
10 a <15	27
15 a <20	15
20 a <25	5
25 a <30	1
	350

4. Determine a classe modal:
   a. do Exercício 1 b. do Exercício 2 c. do Exercício 3
5. Determine a variância dos dados dos mesmos exercícios de 4.
6. Qual é o intervalo aparente em cada um dos Exercícios 1, 2 e 3?

7. Determine a mediana dos dados dos Exercícios 1, 2, 3.
8. Determine a média e o desvio padrão dos dados do Exercício 1, página 40.
   a. Sem perda de informação.
   b. Com perda de informação.
   c. Por que são diferentes os dois valores?
   d. Um valor é "melhor" que o outro?

RESUMO

A estatística descritiva envolve organizar, resumir e apresentar dados estatísticos. A utilização de gráficos, tabelas, etc. dá realce aos dados e simplifica o trabalho porque tais técnicas deixam de lado detalhes sem importância.

As técnicas de descrição e análise de dados freqüentemente dependem da natureza dos dados. Os quantitativos são inerentemente numéricos e podem ser discretos ou contínuos. Os qualitativos envolvem categorias nominais ou valores relativos, aos quais devem ser atribuídos números mediante um processo de ordenação (postos).

O resumo de dados quantitativos se faz mediante duas medidas principais – uma de tendência central, outra de dispersão. As medidas de tendência central são a média, a mediana e a moda. As medidas de dispersão são o intervalo, o desvio médio, o desvio padrão e a variância. Todas essas medidas têm suas vantagens e limitações, que devemos levar em conta ao decidir qual delas utilizar em determinada situação. Os dados nominais podem ser resumidos utilizando-se proporções e a moda.

Costuma-se empregar a distribuição de freqüências para descrever e analisar grandes conjuntos de dados. Uma distribuição de freqüências pode ser gráfica ou tabular. Cada tipo de dados requer um processo diferente para a construção de uma distribuição de freqüências. As medidas de tendência central e de dispersão são de grande auxílio na descrição de uma distribuição de freqüências.

QUESTÕES PARA RECAPITULAÇÃO

1. Estabeleça a diferença entre "dados" e "informação".
2. Contraste dados quantitativos e qualitativos.
3. Defina dados contínuos, discretos, nominais e por postos.
4. Pode uma mesma população originar os quatro tipos de dados? Explique e dê exemplo.
5. Quais são as vantagens e limitações dos métodos gráficos de resumo de dados?
6. Quais as vantagens e limitações dos métodos numéricos?
7. Qual a vantagem de grupar dados? Há alguma desvantagem?
8. Indique três medidas de tendência central.
9. Indique quatro medidas que podem ser usadas para avaliar a dispersão de um conjunto de números.
10. Em que condições são iguais a média e a mediana de uma distribuição?
11. Qual é a importância da notação sigma?
12. Que significa "contar dados"?
13. Que ajuste deve ser feito nas fórmulas da variância e do desvio padrão para serem utilizadas para dados de uma população, em vez de para fazer inferências sobre parâmetros da população?

14. Por que são úteis as distribuições de freqüência?
15. Há métodos distintos para construção de distribuições de freqüência para diferentes típos de dados? Explique.
16. Relacione os estágios da construção de uma distribuição de freqüência para dados contínuos.
17. Que significa a expressão "assimétrica à direita"?

EXERCÍCIOS SUPLEMENTARES

1. Trinta estudantes foram submetidos a um exame de biologia, obtendo as seguintes notas:

84	88	90	78	80	89	94	95	77	81
83	87	91	83	92	90	92	77	86	86
99	93	83	94	76	98	70	81	76	87

a. Determine a média e a mediana dessas notas.
b. Construa uma distribuição de freqüência.
c. Converta a distribuição de freqüência a uma distribuição acumulada.

2. Os seguintes números referem-se ao número de itens defeituosos por lote de 40. Disponha os dados numa distribuição de freqüência sem perda de informação e determine a média, a mediana e a moda da distribuição. Faça um histograma.

5	12	9	1	10	11	8	7
7	3	8	0	9	8	2	3
8	4	4	3	3	4	5	4
0	7	5	6	5	3	0	1
10	8	3	7	2	6	2	5

3. Determine o intervalo, o DMA e a variância dos dados do Exercício 2.
4. Determine o intervalo e o desvio padrão dos dados do Exercício 1.
5. Para a seguinte distribuição de freqüência, determine a média, a classe modal e a mediana.

i	p_i Preço	q_i Nº de itens
1	\$0 a <\$1	25
2	\$1 a <\$2	20
3	\$2 a <\$3	10
4	\$3 a <\$4	6
5	\$4 a <\$5	3
6	\$5 a <\$6	1
		65

6. Determine o valor total do inventário, $\sum p_i q_i$, para o Exercício 5.
7. Numa amostra de 49 participantes várias tarefas foram atribuídas, uma a cada pessoa, anotando-se os tempos (em minutos) de realização:

17,82	14,51	15,66	17,00	20,14	15,18	21,20
18,26	13,24	13,90	18,96	19,40	14,20	22,42
23,19	17,38	16,78	20,34	17,30	17,50	25,30
20,01	15,64	18,90	21,52	13,98	15,75	24,38
20,90	18,76	14,59	17,84	18,92	14,50	18,93
21,30	20,14	16,70	14,55	16,73	17,83	16,68
18,49	16,79	15,69	17,66	16,88	15,40	20,00

a. Disponha os dados numa distribuição de freqüência (gráfico).
b. Construa uma distribuição de freqüência acumulada.
c. Usando os dados originais, determine a mediana.

8. Considere os seguintes dados:

$3,20, $1,99, $2,50, $1,99, $1,00, $1,98, $0,79, $0,89

Determine:

a. a média aritmética
b. a mediana
c. o desvio médio absoluto
d. o intervalo
e. a variância (amostral)
f. o desvio padrão (amostral)

9. Usando os seguintes dados, calcule b e a

i	x_i	y_i
1	5	100
2	8	80
3	11	50
4	7	80
5	12	40
6	4	105
7	8	85
8	15	30
9	16	25
10	20	15

$$b = \frac{n\Sigma xy - \Sigma x \Sigma y}{n\Sigma x^2 - (\Sigma x)^2}$$

$$a = \frac{\Sigma y - b\Sigma x}{n}$$

CAPÍTULO 3

probabilidade

Objetivos do Capítulo

Após completar este capítulo, o leitor deve ser capaz de:

1. Definir probabilidade
2. Dar exemplos de situações em que se aplica a probabilidade
3. Explicar o que significa o termo "experimento"
4. Definir os termos "espaço amostral" e "evento"
5. Descrever os três enfoques possíveis de probabilidade: clássico, de freqüência relativa e subjetivo
6. Identificar situações em que cada um deles é utilizado
7. Calcular probabilidades para situações simples
8. Definir os termos "conjunto", "mutuamente excludente", "coletivamente exaustivo", "complemento" e "diagrama de Venn"
9. Explicar o que entende por "probabilidade condicional"
10. Contrastar eventos independentes e dependentes
11. Calcular probabilidades para combinações de eventos
12. Relacionar regras de contagem com a probabilidade clássica
13. Utilizar a análise combinatória na resolução de problemas
14. Dizer em que consiste a regra de Bayes e quando empregá-la

Esboço do Capítulo

Introdução
A Probabilidade de um Evento
Espaço Amostral e Eventos

Três Origens da Probabilidade
- O método clássico
- Chance
- Freqüência relativa
- Chance e freqüências relativas
- O método subjetivo

A Matemática da Probabilidade
- Cálculo da probabilidade de ocorrência de dois eventos: $P(A \text{ e } B)$
- Probabilidade de ocorrência de ao menos um de dois eventos: $P(A \text{ ou } B)$

Técnicas de Contagem
- O princípio da multiplicação
- Permutações, arranjos e combinações
- Comparação entre permutações (arranjos) e combinações

Regra de Bayes

Resumo

INTRODUÇÃO

As origens da matemática da probabilidade remontam ao século XVI. As aplicações iniciais referiam-se quase todas a jogos de azar. Os jogadores ricos aplicavam o conhecimento da teoria das probabilidades para planejar estratégias de apostas. Mesmo hoje ainda há muitas aplicações que envolvem jogos de azar, tais como os diversos tipos de loteria, os cassinos de jogos, as corridas de cavalos e os esportes organizados. Todavia, a utilização das probabilidades ultrapassou de muito o âmbito desses jogos. Hoje os governos, as empresas, as organizações profissionais incorporam a teoria das probabilidades em seus processos diários de deliberações.

Independente de qual seja a aplicação em particular, a utilização das probabilidades indica que existe um elemento de acaso, ou de incerteza, quanto à ocorrência ou não de um evento futuro. Assim é que, em muitos casos, pode ser virtualmente impossível afirmar por antecipação *o que* ocorrerá; mas é possível dizer *o que pode* ocorrer. Por exemplo, se jogarmos uma moeda para o ar, de modo geral não podemos afirmar se vai dar cara, ou coroa. Além disso, mediante determinada combinação de julgamento, experiência e dados históricos, em geral é possível dizer *quão provável* é a ocorrência de determinado evento futuro.

Há numerosos exemplos de tais situações no campo dos negócios e do governo. A previsão da procura de um produto novo, o cálculo dos custos de produção, a previsão de malogro de safras, a compra de apólices de seguro, a contratação de um novo empregado, o preparo de um orçamento, a avaliação da reação de governos estrangeiros a uma mudança em nossa política de defesa, a avaliação do impacto de uma redução de impostos sobre a inflação – tudo isso contém algum elemento de acaso.

As probabilidades são úteis porque auxiliam a desenvolver estratégias. Assim é que alguns motoristas parecem demonstrar uma tendência para correr a grande velocidade se acham que há pouco risco de ser apanhados; os investidores sentem-se mais inclinados a aplicar seu dinheiro se as chances de lucro são boas; e o leitor certamente carregará capa ou guarda-chuva se houver grande probabilidade de chover. Analogamente, uma empresa pode sentir-se inclinada a negociar seriamente com um sindicato quando há forte ameaça de greve; mais inclinada a investir em novo equipamento se há boa chance de recuperar o dinheiro; ou a contratar um novo funcionário que pareça promissor, etc.

O ponto central em todas essas situações é a possibilidade de quantificar *quão provável* é determinado evento. Este capítulo apresenta definições e regras para a obtenção de probabilidades.

> As probabilidades são utilizadas para exprimir a chance de ocorrência de determinado evento.

A PROBABILIDADE DE UM EVENTO

As probabilidades dizem respeito a algum evento. O "evento" pode ser chuva, lucro, cara, rendimento de pelo menos 6%, terminar o curso, notas, etc. A probabilidade de um evento A, denotada por $P(A)$, é um número de 0 a 1 que indica a chance de ocorrência do evento A. Quanto mais próxima de 1,00 é $P(A)$, maior é a chance de ocorrência do evento A, e quanto mais próxima de zero, menor é a chance de ocorrência do evento A. A um evento impossível atribui-se probabilidade zero, enquanto que um evento certo tem probabilidade 1,00. Quando o meteorologista anuncia que "a probabilidade de precipitação é quase zero", o que ele realmente quer dizer é que é altamente inviável que haja qualquer precipitação durante o período a que se refere a previsão (pela experiência, os meteorologistas sabem que nada é impossível, pelo menos no que se refere ao tempo, por isso evitam atribuir probabilidade 0).

As probabilidades podem ser expressas de diversas maneiras, inclusive decimais, frações e percentagens. Por exemplo, a chance de chuva pode ser expressa como 20%, 2 em 10, 0,20, ou 1/5.

> A *probabilidade* de ocorrência de um evento é dada por um número que pode variar de 0 a 1,00.

ESPAÇO AMOSTRAL E EVENTOS

Um dos conceitos matemáticos fundamentais utilizados no estudo das probabilidades é o de *conjunto*. Um conjunto é uma coleção de objetos ou itens que possuem característica(s) comum(ns). Por exemplo, os habitantes de Detroit, as camionetas em Cincinnati, os rios da Geórgia, as farmácias de Wisconsin, uma remessa de calculadoras e uma classe de estudantes – todos podem ser encarados como conjuntos. É importante definir cuidadosamente o que constitui o conjunto em que estamos interessados, a fim de podermos decidir se determinado elemento é ou não membro do conjunto.

> *Conjunto* é uma coleção bem definida de objetos ou itens.

Há duas maneiras de descrever os elementos de um conjunto. Uma consiste em *relacionar* todos eles, ou um número suficiente deles, de modo a deixar claro quais são os elementos do conjunto. Tal relação é incluída entre chaves. Uma segunda maneira de indicar um conjunto é enunciar uma regra ou outra coisa qualquer que defina a(s) característica(s) comum(ns) aos membros do conjunto. Consideremos os seguintes exemplos:

conjunto A = {Jones, Smith, Gungledorf}
conjunto B = {todos os inteiros positivos menores que 9}
conjunto C = {vencedores do primeiro *round*}

Mas a probabilidade só tem sentido no contexto de um *espaço amostral*, que é o conjunto de todos os resultados possíveis de um "experimento".* O termo "experimento" sugere a incerteza do resultado antes de fazermos as observações. Os resultados de um experimento chamam-se *eventos*.

> Um *espaço amostral* é o conjunto de todos os resultados possíveis de um experimento. Os resultados de um experimento chamam-se *eventos*.

---

* Costuma-se usar indiferentemente, em estatística, os termos "experimento" e "amostra" para designar o processo da tomada de observações.

Por exemplo, o experimento pode consistir na jogada de uma moeda para o ar 10 vezes, registrando-se o número de vezes em que dá cara. O espaço amostral será então constituído dos números possíveis de cara, a saber: 0, 1, 2, ..., 10. O experimento poderia igualmente considerar o número de coroas em 10 jogadas.

Outro experimento poderia consistir na inspeção de uma fábrica, com vistas à ocorrência de acidentes. O espaço amostral é composto do número de acidentes que podem ocorrer, ou seja, 0, 1, 2, 3, ..., ∞.

Consideremos agora o experimento que consiste em "extrair uma carta de um baralho de 52 cartas". A Figura 3.1 relaciona os resultados possíveis. Há 52 eventos *elementares* no espaço amostral. Podemos considerar outros eventos como *combinações* desses eventos elementares. Por exemplo, o evento "sai uma carta de copas" pode ser satisfeito por qualquer dentre 13 eventos elementares. Da mesma forma, o evento "sai um cinco" consiste de 4 eventos elementares, e o evento "a carta é vermelha" consiste de 26 eventos elementares, ou seja, $\frac{1}{2}$ dos elementos do nosso espaço amostral.

Os cálculos levam em conta a maneira como os vários eventos de interesse podem relacionar-se entre si. Algumas dessas relações são descritas pelas expressões "complemento", "mutuamente excludente" e "coletivamente exaustivo".

O *complemento* de um evento consiste de todos os resultados no espaço amostral que não façam parte do evento. Assim, o complemento do evento "a carta é de copas" consiste de todas as cartas que não são de copas (isto é, paus, ouros e espadas). O complemento do evento "a carta é um rei de ouros" consiste de todas as outras 51 cartas. Costuma-se denotar o complemento de um evento por uma linha. O complemento do evento A é A'.

Naipe			
Paus (pretas)	Ouros (vermelhas)	Copas (vermelhas)	Espadas (pretas)
♣K	♦K	♥K	♠K
♣Q	♦Q	♥Q	♠Q
♣J	♦J	♥J	♠J
♣10	♦10	♥10	♠10
♣9	♦9	♥9	♠9
♣8	♦8	♥8	♠8
♣7	♦7	♥7	♠7
♣6	♦6	♥6	♠6
♣5	♦5	♥5	♠5
♣4	♦4	♥4	♠4
♣3	♦3	♥3	♠3
♣2	♦2	♥2	♠2
♣A	♦A	♥A	♠A

Figura 3.1 Baralho padrão de 52 cartas.

Os eventos são *mutuamente excludentes* se não têm elemento em comum. Assim, na extração de uma só carta, os eventos "a carta é de copas" e "a carta é de ouros" são mutuamente excludentes, porque uma carta não pode ser ao mesmo tempo de copas e de ouros. Já os eventos "a carta é de copas" e "a carta é uma figura" não são mutuamente excludentes, porque algumas cartas de copas são também figuras.

Os eventos dizem-se *coletivamente exaustivos* se ao menos um tiver que ocorrer durante um dado experimento. Assim, na extração de uma carta, os eventos "a carta é de paus", "a carta é de ouros", "a carta é de espadas" e "a carta é de copas" são coletivamente exaustivos; esgotam todas as possibilidades. Da mesma forma, os eventos "a carta é preta" e "a carta é vermelha" são coletivamente exaustivos.

Finalmente, convém às vezes notar que um evento e seu complemento são mutuamente excludentes e coletivamente exaustivos.

O *complemento* de um evento consiste de todos os outros resultados no espaço amostral.
Os eventos são *mutuamente excludentes* se não têm elemento comum, ou se não podem ocorrer simultaneamente.
Os eventos são *coletivamente exaustivos* se nenhum outro resultado é possível para o experimento em causa.

Eis alguns outros exemplos. Esses eventos devem ser considerados complementares:

1. Cara ou coroa na jogada de uma moeda.
2. Feridos e não-feridos num acidente.
3. Apanhou ou não a bola.
4. Atendeu ou não ao telefone.

Os eventos que seguem devem ser considerados mutuamente excludentes:

1. Uma pessoa tem um irmão, tem dois irmãos, tem três irmãos.
2. As faces de um dado.
3. Stan obtém conceito A em matemática, obtém conceito B em matemática, obtém conceito C em matemática.

Os eventos que seguem devem ser considerados coletivamente exaustivos:

1. Qualquer dos complementos relacionados acima.
2. As faces de um dado.
3. As notas de Stan em matemática (acima).

Muitas vezes é útil representar graficamente um espaço amostral, porque isso torna mais fácil visualizar-lhe os elementos. O instrumento para tal representação é o *diagrama de Venn*, que representa os espaços amostrais e os eventos como círculos, quadrados, ou outra figura geométrica conveniente. A Figura 3.2 ilustra alguns exemplos de diagrama de Venn.

A Figura 3.3 ilustra o uso do diagrama de Venn para representar eventos complementares, mutuamente excludentes e não-mutuamente excludentes, bem como eventos que são ao mesmo tempo mutuamente excludentes e coletivamente exaustivos.

Ora, como um espaço amostral consiste de *todos* os resultados possíveis de um experimento, segue-se que ao menos um dos resultados deve ocorrer. Em outras palavras, a probabilidade do

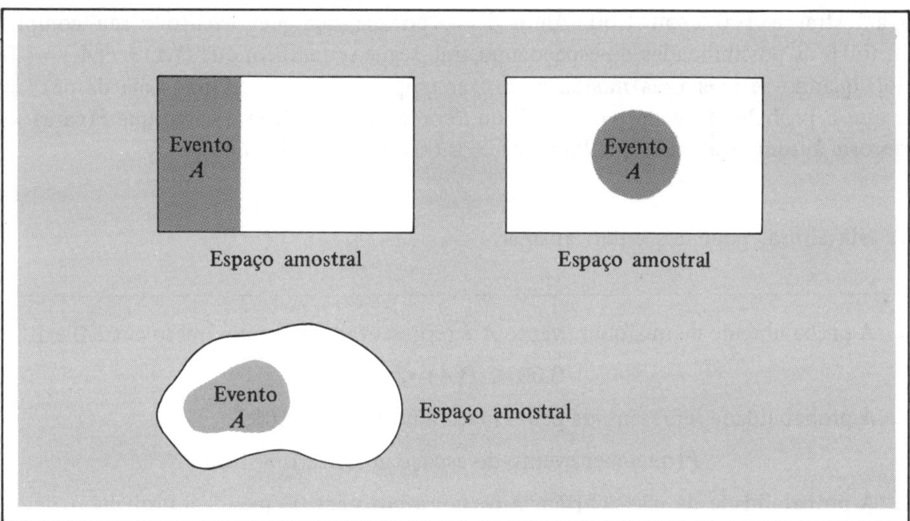

Figura 3.2 Alguns exemplos do diagrama de Venn.

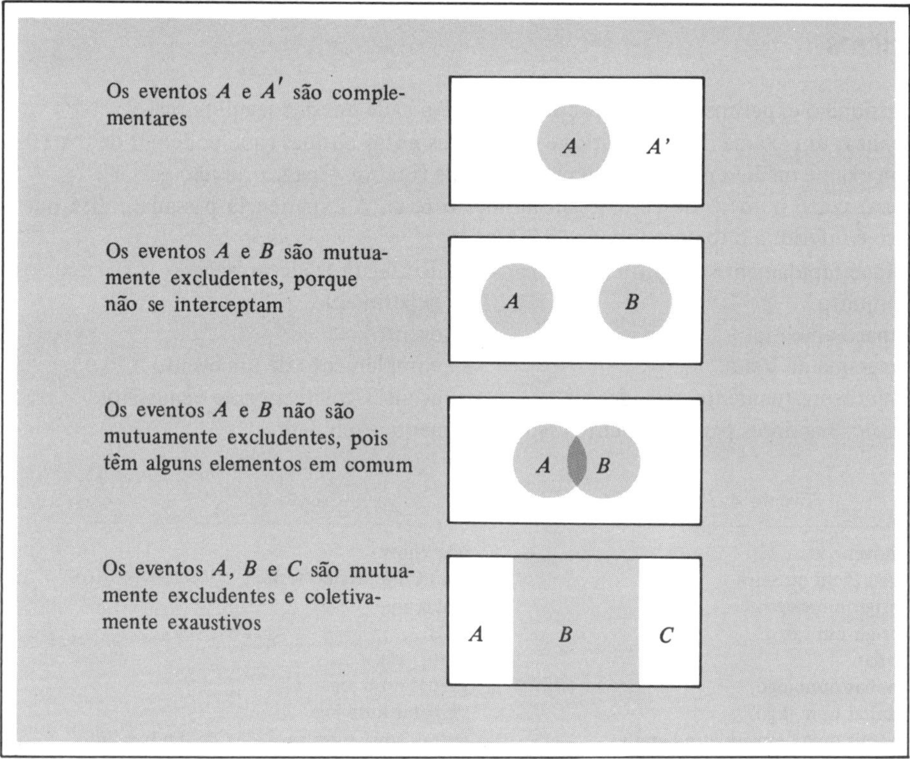

Figura 3.3 Os diagramas de Venn podem ser usados para representar eventos complementares, mutuamente excludentes, e não-mutuamente excludentes, bem como eventos ao mesmo tempo mutuamente excludentes e coletivamente exaustivos.

espaço amostral é 100%, ou 1,00. Além disso, porque qualquer evento e seu complemento esgotam todas as possibilidades do espaço amostral, segue-se também que $P(A) + P(A') = 1{,}00$. Por exemplo, quando se joga uma moeda para o ar (supondo-se que ela não caia de pé), pode-se afirmar que a probabilidade de dar "cara" ou "coroa" é 1,00. E se é certo que $P(\text{cara}) = 0{,}40$, então decorre automaticamente que $P(\text{coroa}) = 0{,}60$ (isto é, 1,00 - 0,40).

A esta altura, podemos então afirmar:

1. A probabilidade de qualquer evento A é representada por um número entre 0 e 1,00:

$$0{,}00 \leqslant P(A) \leqslant 1{,}00$$

2. A probabilidade representada pelo espaço amostral é de 100%:

$$P(\text{qualquer evento do espaço amostral}) = 1{,}00$$

3. A probabilidade de não-ocorrência de um evento é 1,00 menos a probabilidade de sua ocorrência:

$$1{,}00 - P(A) = P(A') \quad \text{ou} \quad P(A) + P(A') = 1{,}00$$

EXERCÍCIOS

1. Identifique o experimento e o espaço amostral em cada um dos seguintes casos:
   a. realizar um exame de matemática e registrar as notas obtidas (que podem ir de 0 a 100)
   b. um exame médico para ingresso num clube de futebol – passar ou não passar
   c. pesar certo número de perus e anotar-lhes o peso. A experiência passada indica que o peso não é inferior a 6 lb nem superior a 30 lb
2. Explique rapidamente o significado de cada um dos seguintes termos:
   a. conjunto
   b. experimento
   c. espaço amostral
   d. evento
   e. diagrama de Venn
   f. complemento de um evento
   g. eventos mutuamente excludentes
   h. eventos coletivamente exaustivos
3. Quais dos seguintes pares de eventos são mutuamente excludentes:

Evento A	Evento B
a. chover	não chover
b. grau B em química	grau C no mesmo teste
c. dirigir um carro	andar a pé
d. dirigir um carro	falar
e. nadar	sentir frio
f. ganhar num jogo	perder num jogo
g. ganhar num jogo	empatar num jogo
h. extrair uma dama de um baralho	extrair uma carta vermelha de um baralho

4. Indique quais dos seguintes eventos são coletivamente exaustivos:
   a. obter grau A ou grau C numa prova
   b. ganhar, perder ou empatar num jogo de futebol

c. uma garrafa estar cheia ou vazia
d. feliz ou triste
e. feliz ou não-feliz
f. promovido ou não promovido
g. uma árvore é pequena, média ou grande

5. Determine o complemento de cada um dos seguintes eventos:
   a. ganhar num jogo de beisebol
   b. ganhar num jogo de futebol
   c. extrair uma carta de copas de um baralho de 52 cartas
   d. extrair uma carta vermelha de um baralho de 52 cartas
   e. obter dois ou três na jogada de um dado
   f. menos de 10 defeituosos
   g. 10 ou menos defeituosos
   h. painel de pinho
6. Dê três exemplos de experimentos estatísticos além dos já mencionados.
7. Escolha um dos experimentos relacionados no Exercício 6 e
   a. Identifique o espaço amostral.
   b. Dê exemplo de um evento impossível.
   c. Dê exemplo de um evento certo.
   d. Dê exemplo de um evento provável.

TRÊS ORIGENS DA PROBABILIDADE

Antes de estudarmos como se *usam* as probabilidades, é conveniente ter alguma idéia de sua *origem*. Há três maneiras diferentes de calcular ou estimar probabilidades. O método *clássico*, quando o espaço amostral tem resultados igualmente prováveis. O método *empírico*, que se baseia na freqüência relativa de ocorrência de um evento num grande número de provas repetidas; e o método *subjetivo*, que utiliza estimativas pessoais de probabilidade baseadas num certo grau de crença. Os dois primeiros métodos são considerados objetivos, e o terceiro é subjetivo, como seu nome indica.

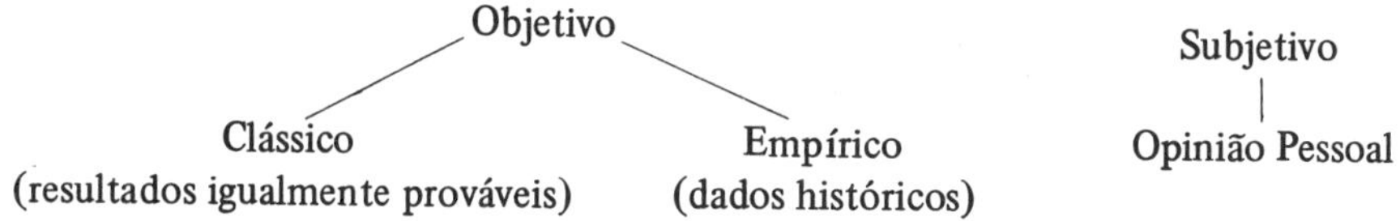

A escolha do método depende da natureza da situação. À medida que o leitor prosseguir este estudo, verá que certas situações se prestam melhor a um do que aos outros dois métodos.

O Método Clássico

O método clássico aplica-se a situações que têm *resultados igualmente prováveis*. Os jogos de azar (lançamento de moeda, jogo de dados, extração de cartas) usualmente apresentam esta característica de resultados igualmente prováveis.

Quando os resultados são igualmente prováveis, a probabilidade de cada *resultado* é simplesmente uma função do número de resultados possíveis:

$$P(\text{cada resultado}) = \frac{1}{\text{número de resultados possíveis}}$$

Se cada carta de um baralho de 52 tem a mesma chance de ser escolhida, então a probabilidade de extrair cada uma delas é de 1/52: $P(A) = 1$ carta/52 cartas. O espaço amostral do lance de uma moeda tem *dois* resultados: cara e coroa. Logo, se os dois resultados são igualmente prováveis (isto é, se a moeda é "equilibrada"), a probabilidade de cara é

$$P(\text{Caras}) = \frac{1}{2}$$

e a probabilidade de coroa é

$$P(\text{Coroas}) = \frac{1}{2}$$

Da mesma forma, podemos calcular a probabilidade de aparecer determinada face num único lance de um dado "equilibrado". Como há seis faces no espaço amostral, a probabilidade de cada uma delas deve ser

$$P(\text{qualquer face}) = \frac{1}{6}$$

E se extraímos uma só bola de uma urna com 321 bolas, a probabilidade de extrair qualquer delas é

$$P(\text{qualquer bola}) = \frac{1}{321}$$

se admitimos que as bolas tenham sido bem misturadas antes da extração.

O método clássico pode também aplicar-se a eventos que envolvam dois ou mais resultados. Por exemplo, podemos querer determinar a probabilidade de extrair uma das quatro damas de um baralho de 52 cartas, ou a de obter um número menor que 4 num lance de dado. Em tais situações e em outras análogas, é necessário identificar primeiro o número de resultados "favoráveis", e então dividir esse número pelo total de casos possíveis no espaço amostral. Em outras palavras, a probabilidade de um evento A é:

$$P(A) = \frac{\text{número de resultados associados ao evento } A}{\text{número total de resultados possíveis}}$$

Por exemplo, a probabilidade de extração de uma dama, de acordo com esta definição, é

$$P(\text{dama}) = \frac{4 \text{ damas}}{52 \text{ cartas}} = \frac{4}{52}$$

Analogamente, a probabilidade de obter três ou menos pontos no lance de dado é

$$P(\text{três ou menos}) = \frac{3 \text{ faces}}{6 \text{ faces possíveis}} = \frac{3}{6}$$

Se um evento é impossível, sua probabilidade é 0. Por exemplo, a probabilidade de obter nove num lance de dado é 0, porque não existe face 9 num dado: $P(\text{nove}) = \frac{0}{6} = 0$.

Por outro lado, se um evento é certo, deve ter probabilidade 1,00, ou 100%. A probabilidade de obter qualquer das seis faces no lance de um dado é P(um, dois, três, quatro, cinco ou seis) $= \frac{6}{6} = 1{,}00$ (desde que admitamos que o dado não venha a cair sobre uma de suas arestas).

A interpretação da probabilidade clássica, tal como 0,25, é que se o experimento for repetido um número muito grande de vezes, um evento que tenha probabilidade 0,25 ocorrerá cerca de 25% das vezes.

Chance

Chance e probabilidade acham-se estreitamente relacionadas. Na realidade, a chance é apenas um método alternativo de exprimir as probabilidades. A única diferença entre chance e probabilidade é que a chance compara o número de resultados favoráveis com o número de casos desfavoráveis, ao passo que a probabilidade compara o número de resultados favoráveis com o número *total* de resultados possíveis. Ou seja, para probabilidade temos

$$\frac{\text{número de resultados na categoria } A}{\text{número total de resultados possíveis}} = \frac{\text{número de resultados em } A}{\text{número em } A + \text{número não em } A}$$

e para chance,

$$\frac{\text{número de resultados na categoria } A}{\text{número de resultados não em } A}$$

A chance pode ser expressa em forma de fração, como acima, ou então na forma equivalente de uma razão:

$$\text{chance a favor de } A = \text{número de resultados em } A : \text{número de outros resultados}$$

Consideremos alguns exemplos. Suponhamos uma urna com 10 bolas, 8 vermelhas e 2 verdes. A *probabilidade* de escolher uma verde numa única extração é

$$P(\text{verde}) = \frac{2}{2+8}$$

que pode ser reduzida a $\frac{1}{5}$. A *chance* a favor de verde é 2 : 8, ou seja, 1 : 4. Também,

$$P(\text{vermelha}) = \frac{8}{8+2} = \frac{8}{10}$$

ou $\frac{4}{5}$, enquanto que a chance a favor de vermelha é 8 : 2 ou 4 : 1.

> A *chance a favor* de um evento é igual à razão do número de resultados favoráveis para o número de resultados não-favoráveis.

A chance em favor de "cara" no lance de uma moeda é 1 : 1 (leia-se "um para um"). Pode-se dizer equivalentemente que a ocorrência de cara tem uma chance de 50 : 50.

A chance *contra* um evento é

chance contra = número de resultados não em A : número de resultados em A.

Assim é que a chance de não obter dois no lance de um dado é de 5 : 1, e a chance contra a extração de um rei de um baralho de 52 cartas é de 48 : 4. Ver a Tabela 3.1.

Característica importante da probabilidade clássica é que ela proporciona uma explanação intuitiva, fácil de visualizar, da probabilidade, especialmente quando exposta em termos de exemplos simples como lance de moeda ou de dado. Há, além disso, inúmeros correspondentes desses exemplos na vida cotidiana. A característica mais significativa do método clássico, entretanto, é que ele constitui a base para a amostragem aleatória – conceito fundamental na teoria da inferência estatística. Decorre que o termo "amostra aleatória" implica que todos os elementos de uma população têm a mesma chance de ser incluídos na amostra.

Tabela 3.1 Comparação entre Chance e Probabilidade

Experimento	Evento	P(Evento)	Chance A favor	Chance Contra
lançar uma moeda uma vez	cara	$\frac{1}{2}$	1 : 1	1 : 1
lançar um dado uma vez	face 3	$\frac{1}{6}$	1 : 5	5 : 1
extrair 1 carta de um baralho de 52 cartas	6 vermelho	$\frac{2}{52}$	2 : 50	50 : 2
extrair 1 carta de um baralho de 52 cartas	valete de ouros	$\frac{1}{52}$	1 : 51	51 : 1

Freqüência Relativa

O método clássico para determinar probabilidades está limitado às situações em que os resultados são igualmente prováveis. Como o leitor já pode suspeitar, há muitos casos em que isso não ocorre. Por exemplo, no caso de uma moeda não equilibrada, é claro que cara e coroa não são igualmente prováveis. Uma forma de lidar com situações como esta é obter alguns *dados empíricos*, numa tentativa de *estimar* as probabilidades. Parece razoável considerar o lance repetido da moeda, um grande número de vezes, observando os resultados para testar a hipótese de resultados igualmente prováveis. Se jogarmos a moeda, digamos, 100 vezes e obtivermos cara 60 vezes, será razoável estimar a probabilidade de cara, em jogada futura, como sendo $\frac{60}{100} = 0{,}60$. Da mesma forma, se os exames de laboratório indicam que, de 25 ratos tratados com determinada droga, 20 passaram a apresentar a língua esverdeada, então essa percentagem ($\frac{20}{25} = 0{,}80$) pode ser tomada como estimativa da probabilidade de ocorrência do evento, sob *condições idênticas*.

Então, com base no método da freqüência relativa, temos a seguinte definição:

$$P(A) = \frac{\text{número de ocorrências de } A}{\text{número total de provas ou observações}}$$

Mas não é absolutamente essencial realizar um experimento para obter dados amostrais. Em muitos casos dispomos de informação histórica, que pode ser utilizada precisamente da mesma maneira. Essas informações históricas podem apresentar-se sob a forma de dados publicados, ou resultados de testes prévios, ou simplesmente informações acumuladas no arquivo de uma companhia. Por exemplo, os arquivos de uma companhia imobiliária revelam que, num período de 16 dias, a freqüência de casas vendidas por dia foi

Número vendido	Número de dias
0	3
1	2
2	5
3	6
	16

Se admitirmos que o passado é representativo do futuro (o que *nem sempre* é o caso), poderemos determinar as seguintes probabilidades: $P(0) = \frac{3}{16}$, $P(1) = \frac{2}{16}$, $P(2) = \frac{5}{16}$ e $P(3) = \frac{6}{16}$

Assim, de acordo com a conceituação de freqüência de probabilidade, imaginamos uma recorrência desse mesmo conjunto de condições, e procuramos responder à pergunta: "Que percentagem das vezes ocorreu o evento em questão?" Por exemplo, 2 casas foram vendidas em 5 dos 16 dias, de modo que nossa estimativa da probabilidade de tal ocorrência seria $\frac{5}{16}$. Analogamente, poderemos estimar em $\frac{6}{16}$ a probabilidade de vender três casas num dia. Vemos então que, do ponto de vista empírico, a probabilidade pode ser encarada como uma *proporção*, ou uma *freqüência relativa*, com que ocorre um evento.

Ao adotarmos o método empírico, é importante reconhecer os seguintes pontos:

1. A probabilidade assim determinada é apenas uma *estimativa* do verdadeiro valor.

O simples fato de obtermos cara 4 vezes em 10 lances de moeda não nos autoriza a afirmar que obteremos cara 4 vezes sempre que efetuarmos 10 lances. Nossa evidência empírica não nos dá uma probabilidade *exata*.

2. Quanto maior a amostra, melhor a estimativa da probabilidade.

O número de observações é importante e, de modo geral, quanto maior for esse número (isto é, o tamanho da amostra), melhor será a estimativa da freqüência relativa. Em capítulo posterior trataremos deste assunto em maior detalhe. Por ora, o leitor deve contentar-se com uma explanação intuitiva: consideremos o lance de moeda uma vez e procuremos decidir se ela é equilibrada. É claro que o resultado dessa amostra será sempre 100%, ou 0% cara. Mesmo uma amostra de duas observações deixaria dúvida quanto à verdadeira probabilidade de cara. Por outro lado, após 100 ou mais lances, o leitor já se sentirá muito mais confiante ao estimar a probabilidade de cara. Teoricamente, a definição da probabilidade de *A* por meio da freqüência relativa é a razão ou fração de vezes que *A* ocorre quando o número de observações cresce sem limite.

3. A probabilidade só é válida para um conjunto de condições idênticas àquelas sob as quais se originaram os dados.

A validade do método da freqüência relativa depende da coincidência dos dois conjuntos de condições. Naturalmente, a não ser no campo das ciências físicas, freqüentemente é difícil, ou mesmo impossível, coincidirem as condições *exatamente*. Infelizmente, na maioria das situações de administração, não podemos controlar todos os fatores relevantes. A implicação é que as proporções resultantes devem ser encaradas como aproximações menos precisas do que as que poderíamos obter através de experimentos mais controlados. Conseqüentemente, o grau de confiança nessas probabilidades deve levar em conta o grau de discrepância entre as condições originais e as condições em que tais probabilidades vão ser aplicadas.

Chance e Freqüências Relativas

Quando lidamos com freqüências relativas, a correspondente definição de chance se exprime:

chance a favor de *A* = número de ocorrências de *A* : número de não-ocorrências de *A*
chance contra *A* = número de não-ocorrências de *A* : número de ocorrências de *A*

Por exemplo, no caso da moeda viciada, ocorre cara 60 vezes e coroa 40 vezes. Assim, nossa estimativa de chance de obter cara num só lance seria 60 : 40, enquanto que a estimativa de chance de não-cara seria 40 : 60. Analogamente, se o meteorologista anuncia que a probabilidade de chuva é de 20% (que podemos também exprimir como $\frac{1}{5}$), o que ele em essência está dizendo é que a chance a favor de chuva é de 20% : 80%, ou seja, 1 : 4.

O Método Subjetivo

As probabilidades determinadas seja pelo método clássico ou pelo método empírico dizem-se objetivas, porque decorrem de fatos. Há, todavia, numerosas situações que não se prestam a um estudo objetivo – isto é, situações em que nem os resultados possíveis são igualmente prováveis, nem dispomos de dados históricos. Deve-se então fazer uma atribuição "subjetiva" de probabilidades. Por exemplo, você se apaixonará na próxima semana? Que nota receberá em seu próximo exame? Quando se instalará uma greve de operários? Uma pequena árvore crescerá em linha reta até ficar bem alta? Um enfermo se recuperará completamente? Em tais casos, deve-se decidir qual é a "probabilidade" do evento sob as condições dadas.

É instrutivo imaginar grande número de situações idênticas e depois procurar responder à pergunta: "Que percentagem dessas situações produzirá o evento em questão?" Isso pode ser feito, mesmo quando não seja prático realizar efetivamente tal experimento. E, a não ser pelo fato de que os dados em geral não podem ser coletados, o método subjetivo é bastante semelhante ao da freqüência relativa. Definimos, então, probabilidade subjetiva como segue:

> A *probabilidade subjetiva* é uma avaliação pessoal do grau de viabilidade de um evento.

A probabilidade subjetiva é, então, o resultado de um esforço para quantificar nossa crença a respeito de algo. Advogados, médicos e administradores utilizam esse processo com razoável êxito, conquanto ele possa apresentar certas desvantagens. Entre estas, podemos mencionar:

1. As estimativas subjetivas são em geral difíceis de defender, quando postas em dúvida.
2. A tendenciosidade pode ser um fator. Não só noções preconcebidas sobre o que deveria ocorrer, como também o desejo de que ocorra determinado evento, podem distorcer a objetividade. E não raro é difícil eliminar essa tendenciosidade, porque em geral ela é subconsciente. Não obstante, o treinamento, a experiência e a atitude profissional podem auxiliar a eliminá-la.

EXERCÍCIOS

1. Extrai-se uma só carta de um baralho de 52. Determine a probabilidade de obter:
   a. um valete b. uma figura
   c. uma carta vermelha d. uma carta de ouros
   e. um dez de paus f. um nove vermelho ou um oito preto
2. Relacione os resultados possíveis do lance de um só dado. Ache a probabilidade de cada resultado e adicione-as.
3. Joga-se uma vez um dado equilibrado; determine a probabilidade de obter:
   a. um seis b. cinco, seis ou sete
   c. um número par d. um número menor que quatro
4. Há 50 bolas numa urna, distribuídas como segue:

Cor	Número
azul	20
vermelho	15
laranja	10
verde	5
	50

   Misturam-se as bolas e escolhe-se uma. Determine a probabilidade de a bola escolhida ser:
   a. verde b. azul c. azul ou verde d. não-vermelha
   e. vermelha ou verde f. amarela g. não-amarela
5. Dez fichas são numeradas de 0 a 9 e colocadas numa urna. Escolhida uma aleatoriamente, determine a probabilidade de sair:
   a. o número 3 b. um número ímpar
   c. um número menor que 4 d. o número 10
6. Um motorista tem uma marca num de seus pneus, e 20% do pneu é visível. Ao parar, qual a probabilidade de a marca ficar na parte visível?
7. Há 100 fichas numa urna – 50 vermelhas, 30 brancas, e 20 azuis.
   a. Qual a percentagem de fichas vermelhas?

b. Misturadas as fichas e extraída uma, determine P(vermelha).
c. Determine a probabilidade de a ficha extraída ser não-vermelha.
d. Determine P(azul).
e. Determine P(vermelha ou azul).

8. Qual a probabilidade de adivinhar o dia da semana (p. ex., terça-feira) em que nasceu Lincoln? George Washington? Que suposição fez o leitor? A suposição parece razoável?
9. De um lote de 10 fusíveis, testa-se um. Determine P(defeituoso) se:
   a. 1 fusível é defeituoso.
   b. 2 fusíveis são defeituosos.
   c. 3 fusíveis são defeituosos.
10. Um motor tem seis velas, e uma está defeituosa, devendo ser substituída. Duas estão em posição de difícil acesso, o que torna difícil a substituição.
    a. Qual a probabilidade de a vela defeituosa estar em posição "difícil"?
    b. Qual a de não estar em posição "difícil"?
    c. Qual a de o motorista ter que trocar todo o conjunto de velas?
11. Determine a chance a favor da extração de uma dama de um baralho de 52 cartas. Qual a chance contra?
12. Determine a chance em favor da extração de uma figura de um baralho de 52 cartas.
13. Qual a chance em favor da obtenção de cara duas vezes em dois lances de uma moeda equilibrada? (Sugestão: Devem ser consideradas todas as combinações possíveis, tais como KC, CC, etc.)
14. A probabilidade de chuva é 30%. Qual a chance em favor de chuva? E contra chuva? [Recorde o leitor que a probabilidade pode ser definida como a razão do número de casos favoráveis para o número total de casos (favoráveis + não-favoráveis).]
15. Um cronista esportivo prediz que a chance do Cubs ganhar a Série Mundial é de 38 : 52.
    a. Qual a probabilidade de Cubs ganhar, de acordo com essa predição?
    b. Quais são as chances contra Cubs?
16. Nove dentre dez vezes que John telefona para sua esposa às quatro horas, ela está falando com a mãe (e o telefone está ocupado). Qual a probabilidade de dar ocupado na chamada de hoje às 4 horas? Qual a chance a favor de ocupado?
17. Numa amostra de 40 prisioneiros, 10 acusam pressão arterial elevada. Estime a probabilidade de outro prisioneiro, quando examinado, também acusar pressão alta. Qual a chance de ele não ter pressão elevada?
18. Os dados compilados pela gerência de um supermercado indicam que 915 dentre 1500 compradores de domingo gastam mais de $10,00 em suas compras. Estime a probabilidade de um comprador em qualquer domingo gastar mais de $10,00.
19. Um carregamento de 10.000 caixas de lenços de papel chega a um depósito. Cada caixa traz a indicação "400 unidades"; mas na verificação de uma amostra de 300 caixas, constatam-se 45 com menos de 400 unidades. Estime a probabilidade de qualquer caixa da remessa ter menos de 400 unidades.
20. Uma pesquisa de tráfego levada a efeito das 5 às 6 horas da manhã num trecho de uma estrada federal revelou que, de 200 carros que pararam para uma verificação rotineira de segurança, 25 tinham pneus em más condições. Estime a probabilidade de um carro que pare naquele trecho ter os pneus bons.
21. Os dados meteorológicos de determinada localidade indicam que, nos últimos 100 anos, a temperatura máxima do primeiro dia de verão excedeu a 75° F em 79 dos anos.
    a. Estime a probabilidade de que tal ocorra no primeiro dia de verão deste ano.
    b. Que hipótese levantou quanto à comparabilidade dos anos? É razoável essa hipótese?

22. Os registros do serviço de emergência de um hospital indicam o seguinte num período de dois anos:

ataque cardíaco	12%
problema respiratório	20%
acidente	32%
envenenamento	16%
outras causas	20%
	100%

a. Que hipóteses devem ser aventadas antes de utilizar o método das freqüências relativas para gerar probabilidades com os dados acima?
b. Supondo razoáveis as hipóteses, determine P(acidente ou ataque cardíaco).
c. Qual a probabilidade de o paciente não sofrer de problema respiratório?

23. Joga-se uma moeda para o ar 10 vezes, resultando 6 caras. Joga-se novamente a mesma moeda 10 vezes, obtendo-se 4 caras.
a. Estime P(caras) com base na primeira amostra de 10 observações.
b. Estime P(caras) com base na segunda amostra de 10 observações.
c. Estime P(caras) com base na amostra combinada de 20 observações.

24. Repita o Exercício 23 para P(coroas).

25. Jim e Tim acham uma velha moeda. Um exame detido revela que a moeda foi alterada, de modo que uma face é mais provável que a outra. Jim decide verificar, e lança a moeda 40 vezes, obtendo cara 24 vezes. Em seguida, Tim lança a moeda 50 vezes, obtendo cara 28 vezes.
a. Pode-se dizer que Jim ou Tim tenha obtido uma verdadeira experiência de freqüência relativa? Por quê?
b. Se o leitor tivesse de escolher um dos dois resultados, qual escolheria e por quê?

26. Um corretor de seguros estima em $\frac{2}{5}$ a probabilidade de vender uma apólice de seguro de vida de $10.000 a um jovem casal. Qual a chance em favor dessa ocorrência, admitindo que a suposição do corretor seja correta?

27. Um estudante acha que a chance de passar no vestibular de medicina é de 2 : 13. Qual é a estimativa subjetiva da probabilidade de ele ser aprovado?

28. O treinador de futebol de uma escola secundária estima em $\frac{4}{7}$ a probabilidade de seu time ganhar o jogo desta semana. Qual a chance de perda consistente com a estimativa do treinador?

29. Estime a probabilidade de chuva domingo próximo. Em que fatores baseou sua estimativa?

30. Um diretor de banco estima em 90% a probabilidade de uma redução de impostos resultar num processo inflacionário, se aprovada pelo Congresso. Interprete os 90%.

A MATEMÁTICA DA PROBABILIDADE

Até aqui focalizamos as várias definições de probabilidade e sua utilização para determinar a probabilidade de certos eventos. Conquanto importantes, essas idéias não nos dão informação suficiente para mostrar como as probabilidades podem ser aplicadas à tomada de decisões.

Muitas aplicações da estatística exigem a determinação da probabilidade de *combinações* de eventos. Há duas categorias de combinações. Suponhamos identificados dois eventos de interesse,

A e B, no espaço amostral. Pode ser necessário determinar $P(A$ e $B)$, isto é, a probabilidade de ocorrências de *ambos* os eventos. Em outras situações, podemos querer a probabilidade de ocorrência de A ou B, $P(A$ ou $B)$. Por exemplo, sejam os dois elevadores de um edifício. Pelos dados históricos, podemos determinar a probabilidade de um elevador estar em serviço. Pode-se então perguntar: "Qual a probabilidade de estarem *ambos* em serviço?" Isso implica $P(A$ e $B)$. Mas poderíamos também perguntar: "Qual a probabilidade de um *ou* outro estar em serviço?" Isto implicaria $P(A$ ou $B)$.

É da máxima importância identificar qual dessas combinações se relaciona com o problema. A chave é:

> "ambos" implica $P(A$ *e* $B)$
> "um ou outro" implica $P(A$ *ou* $B)$

Cálculo da Probabilidade da Ocorrência de Dois Eventos: $P(A$ e $B)$

A probabilidade da ocorrência de dois eventos é chamada probabilidade *conjunta*, e seu cálculo difere, conforme os eventos sejam ou não independentes.

Dois eventos consideram-se *independentes* entre si se a ocorrência de um não influencia a ocorrência do outro. No lance de dois dados, o conhecimento do resultado de um deles em nada nos ajuda a predizer o resultado do outro. Da mesma forma, colocar um livro de matemática debaixo da cama e obter uma boa nota num exame de matemática são dois eventos presumivelmente não-correlacionados. O mesmo ocorre com sexo (masculino ou feminino) e QI.

Por outro lado, se os eventos são *dependentes*, então o conhecimento da ocorrência de um pode auxiliar a predizer a ocorrência do outro. Uma flor precisa de água para crescer. Uma criança em geral chora quando se machuca. Um copo em geral se quebra quando cai ao chão. O fato de sabermos que uma flor não foi aguada pode nos dizer algo sobre a probabilidade de seu crescimento. Quando vemos que uma criança se machuca, esperamos que ela chore. E mesmo antes de o copo atingir o chão, sabemos que teremos de usar a vassoura.

> Dois ou mais eventos dizem-se *independentes* se a ocorrência ou a não-ocorrência de um não influencia a ocorrência do(s) outro(s).

Se dois eventos são independentes, então a probabilidade da ocorrência de ambos é igual ao *produto* de suas probabilidades individuais, ou "marginais":

$$P(A \text{ e } B) = P(A)P(B)$$

Exemplo 1 Jogam-se duas moedas equilibradas. Qual a probabilidade de ambas darem cara?

Solução:

É razoável admitir que os resultados das duas moedas sejam independentes um do outro. Além disso, para moedas equilibradas, $P(\text{caras}) = \frac{1}{2}$. Logo, $P(\text{cara e cara})$ será

1ª jogada		2ª jogada		ambas
$\left(\frac{1}{2}\right)$	$\times$	$\left(\frac{1}{2}\right)$	=	$\frac{1}{4}$

Suponhamos agora que queiramos estender este resultado ao caso de três moedas. Qual a probabilidade de três caras?

1ª jogada		2ª jogada		3ª jogada		todas as três
$\left(\frac{1}{2}\right)$	$\times$	$\left(\frac{1}{2}\right)$	$\times$	$\left(\frac{1}{2}\right)$	=	$\frac{1}{8}$

Exemplo 2 Um terço dos eleitores de certa comunidade é constituído de mulheres, e 40% dos eleitores votaram na última eleição presidencial. Supondo que esses dois eventos sejam independentes, determine a probabilidade de escolher aleatoriamente um eleitor da lista geral, que seja mulher e que tenha votado na última eleição presidencial.

Solução:

$$P(\text{mulher que votou na última eleição}) = \frac{1}{3}\,(0{,}40) = 0{,}133$$

Exemplo 3 Em 25% das vezes John chega em casa tarde para jantar. Por outro lado, o jantar atrasa 10% das vezes. Se não há qualquer relacionamento entre os atrasos de John e os atrasos do jantar, qual a probabilidade de ocorrerem ambos os atrasos?

Solução:

$$\begin{aligned} P(\text{ambos atrasados}) &= P(\text{John atrasado})P(\text{jantar atrasado}) \\ &= (0{,}25)(0{,}10) = 0{,}025 \text{ ou } 2{,}5\% \end{aligned}$$

Exemplo 4 Deve-se inspecionar uma grande remessa de caixas de chocolate. Os registros indicam que 2% das caixas acusam conteúdo inferior ao estipulado. Escolhidas duas caixas aleatoriamente, qual a probabilidade de ambas acusarem conteúdo inferior, admitindo-se que a remessa inspecionada é semelhante às anteriores (isto é, 2% de deficientes)?

Solução:

A probabilidade de a primeira caixa ser deficiente é 2%. Mas se admitirmos que a caixa inspecionada não volte ao lote antes da escolha da segunda, a probabilidade de a segunda caixa ser deficiente já é ligeiramente diversa, dependendo do resultado do exame da primeira caixa. Não obstante, se a remessa é grande, o impacto será mínimo e, para fins práticos, P(deficiente) permanecerá a mesma. Logo

$$P(\text{ambas deficientes}) = (0{,}02)(0{,}02) = 0{,}0004$$

Se dois eventos *não* são *independentes*, o cálculo de $P(A \text{ e } B)$ deve levar em conta este fato. Suponhamos duas urnas com fichas. A primeira contém 8 vermelhas e 2 brancas. A segunda contém 5 vermelhas e 5 brancas. Isto é

	Vermelhas	Brancas	Total
Urna *Y*	8	2	10
Urna *Z*	5	5	10

Vamos extrair uma ficha de uma das urnas. Se escolhermos a primeira urna, a probabilidade de a ficha ser vermelha é $\frac{8}{10}$. Se escolhermos a segunda urna, a probabilidade de vermelha é $\frac{5}{10}$. Logo, P(vermelha) *depende* de qual seja a urna escolhida. Assim, a probabilidade *condicional* de escolha de ficha vermelha, admitindo-se escolhida a urna Y, é $\frac{8}{10}$. Simbolicamente, escreve-se P(vermelha|Urna Y). A barra vertical | significa "supondo a Urna Y", ou "dada a Urna Y". É claro agora que

$$P(\text{vermelha}|\text{Urna } Z) = \frac{5}{10}$$

$$P(\text{branca}|\text{Urna } Y) = \frac{2}{10}$$

$$P(\text{branca}|\text{Urna } Z) = \frac{5}{10}$$

Suponhamos agora que as duas urnas sejam indistinguíveis e que a probabilidade de escolher qualquer delas seja $\frac{1}{2}$: $P(Y) = \frac{1}{2} = P(Z)$. Qual a probabilidade de extrair uma ficha vermelha da Urna Z? Em nossos cálculos devemos levar em consideração dois aspectos: a probabilidade de escolher a Urna Z, para começar, e a probabilidade de extrair uma ficha vermelha *supondo-se* que a Urna Z tenha sido escolhida:

$$P(\text{Urna } Z) = \frac{1}{2} \qquad P(\text{vermelha}|\text{Urna } Z) = \frac{5}{10}$$

$$P(\text{Urna } Z \text{ e ficha vermelha}) = P(\text{Urna } Z)P(\text{vermelha}|\text{Urna } Z)$$
$$= (\frac{1}{2})(\frac{5}{10}) = \frac{5}{20} = \frac{1}{4}$$

De modo análogo, podemos calcular P(Urna Y e ficha vermelha):

$$P(\text{Urna } Y)P(\text{vermelha}|\text{Urna } Y) = \frac{1}{2}\left(\frac{8}{10}\right) = \frac{8}{20} = 0{,}40$$

Como regra geral, podemos dizer que a probabilidade conjunta de dois eventos dependentes é a probabilidade de um multiplicada pela probabilidade condicional do outro:

$P(A \text{ e } B) = P(A)P(B|A)$ ou $P(A \text{ e } B) = P(B)P(A|B)$, já que não importa qual evento é A e qual é B.

Note-se que, se dois eventos são mutuamente excludentes, tais como "ficha vermelha" e "ficha branca", suas probabilidades condicionais são 0, pois, por definição, os dois não podem ocorrer simultaneamente. Isto é,

$$P(\text{vermelha}|\text{branca}) = 0 \text{ e } P(\text{branca}|\text{vermelha}) = 0$$

Finalmente, quando dois eventos são independentes, o fato de sabermos que um deles ocorreu nada nos diz sobre a ocorrência do outro. Portanto,

$$P(A|B) = P(A) \text{ e } P(B|A) = P(B)$$

Uma aplicação importante das probabilidades condicionais é o Teorema de Bayes, que abordaremos em outra seção deste capítulo.

Probabilidade de Ocorrência de ao Menos um de Dois Eventos: *P*(*A* ou *B*)

Aplica-se a *regra da adição* para determinar a probabilidade de ocorrência de um ou outro ou de ambos os eventos no caso de haver dois. O cálculo depende de os eventos serem ou não mutuamente excludentes.

Quando os eventos são mutuamente excludentes, a probabilidade de ocorrência de qualquer deles (por definição, não podem ocorrer dois ou mais conjuntamente) é a *soma* de suas probabilidades individuais. Para dois eventos A e B, temos

$$P(A \text{ ou } B) = P(A) + P(B)$$

Por exemplo, a probabilidade de aparecer cinco ou seis numa jogada de um dado equilibrado é

$$P(\text{cinco}) + P(\text{seis}) = \frac{1}{6} + \frac{1}{6} = \frac{2}{6}$$

Analogamente, a probabilidade de extração de uma carta de copas ou uma carta de paus de um baralho de 52 cartas é

$$P(\text{copas}) + P(\text{paus}) = \frac{13}{52} + \frac{13}{52} = \frac{26}{52} = \frac{1}{2}$$

Quando dois eventos não são mutuamente excludentes, é possível a ocorrência conjunta de ambos. Então, o cálculo da probabilidade de um ou outro deve levar em conta o fato de que *um*, ou *outro*, ou *ambos*, podem ocorrer. Suponhamos a probabilidade de extração de uma carta de paus ou um dez de um baralho de 52 cartas. Como é possível que uma carta seja simultaneamente de "copas" e um "dez", os eventos não são mutuamente excludentes. A simples adição de suas probabilidades individuais aumentará a probabilidade verdadeira, porque a carta dez de paus será contada duas vezes, uma vez como dez e uma vez como de paus, conforme é ilustrado na Figura 3.4. Assim é que devemos subtrair a probabilidade da interseção. Num baralho de 52 cartas, há 13 cartas de paus, 4 dez e um dez de paus. Então, $P(\text{paus}) = \frac{13}{52}$, $P(\text{dez}) = \frac{4}{52}$ e $P(\text{dez de paus}) = \frac{1}{52}$. Logo,

$$\begin{aligned} P(\text{paus, ou dez, ou ambos}) &= P(\text{paus}) + P(\text{dez}) - P(\text{dez de paus}) \\ &= \frac{13}{52} + \frac{4}{52} - \frac{1}{52} = \frac{16}{52} \end{aligned}$$

Outra maneira de encarar o problema é verificar se incluímos a probabilidade de ocorrência de ambos os eventos de *duas* maneiras, a saber, como a probabilidade de paus e também como a probabilidade de um dez. Devemos então subtrair a probabilidade *conjunta* da extração da carta dez de paus. A probabilidade conjunta é o produto das duas probabilidades *marginais** $\left(\frac{13}{52} \text{ e } \frac{4}{52}\right)$ ou $\frac{13}{52} \times \frac{4}{52}$. Tem-se então $\frac{13}{52} + \frac{4}{52} - \left(\frac{13}{52}\right)\left(\frac{4}{52}\right) = \frac{16}{52}$.

---

* Supõem-se independentes os eventos. Em geral, é necessário conhecer $P(A \text{ e } B)$.

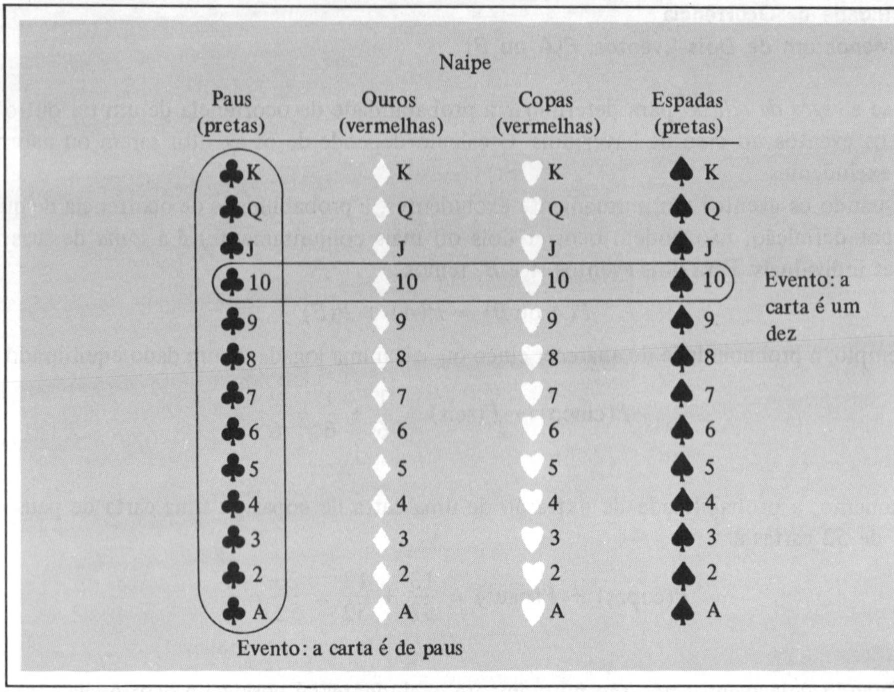

Naipe

Paus (pretas)	Ouros (vermelhas)	Copas (vermelhas)	Espadas (pretas)
♣K	♦K	♥K	♠K
♣Q	♦Q	♥Q	♠Q
♣J	♦J	♥J	♠J
♣10	♦10	♥10	♠10
♣9	♦9	♥9	♠9
♣8	♦8	♥8	♠8
♣7	♦7	♥7	♠7
♣6	♦6	♥6	♠6
♣5	♦5	♥5	♠5
♣4	♦4	♥4	♠4
♣3	♦3	♥3	♠3
♣2	♦2	♥2	♠2
♣A	♦A	♥A	♠A

Evento: a carta é um dez

Evento: a carta é de paus

Figura 3.4 Os eventos "paus" e "dez" se interceptam.

De modo geral, podemos dizer que, se dois eventos A e B são mutuamente excludentes, a probabilidade de ocorrência de A ou B é igual à soma das probabilidades de ocorrência de A e de B: $P(A \text{ ou } B) = P(A) + P(B)$. Se os dois eventos não são mutuamente excludentes, a probabilidade de ocorrência de A ou B, *ou ambos*, é igual à soma das probabilidades de ocorrência de A e B, menos a probabilidade de ocorrência de ambos: $P(A) + P(B) - P(A) \cdot P(B)$.

REGRAS DE PROBABILIDADE

$P(A \text{ ou } B)$, para eventos mutuamente excludentes:

$$P(A \text{ ou } B \text{ ocorrerá}) = P(A) + P(B)$$

para eventos não mutuamente excludentes:

$$P(A \text{ ou } B \text{ ou ambos ocorrerão}) = P(A) + P(B) - P(A \text{ e } B)$$

$P(A \text{ e } B)$, para eventos independentes:

$$P(A \text{ e } B) = P(A)P(B)$$

para eventos dependentes:

$$P(A \text{ e } B) = P(B)P(A|B) \text{ ou } P(A)P(B|A)$$

EXERCÍCIOS

1. Joga-se um par de dados equilibrados:
   a. Qual a probabilidade de ambas as faces serem seis?
   b. Qual a probabilidade de ambas as faces serem dois?
   c. Qual a probabilidade de ambas as faces serem números pares?
2. Na jogada de um par de dados, qual é a probabilidade de ambas as faces terem o mesmo valor? (Sugestão: Use a probabilidade condicional.)
3. Faça o Exercício 1 no caso da jogada de três dados.
4. Determine a probabilidade de extração de um valete de ouros de um baralho de 52 cartas, utilizando a informação seguinte:

   A = ouros $\qquad P(A \text{ e } B) = P(A)P(B|A)$
   B = valete

   Use agora $P(A \text{ e } B) = P(B)P(A|B)$, mantendo A = ouros e B = valete.

5. As falhas de diferentes máquinas são independentes umas das outras. Se há quatro máquinas, e se suas respectivas probabilidades de falha são 1%, 2%, 5% e 10% em determinado dia, calcule as probabilidades:
   a. De todas falharem em determinado dia.
   b. De nenhuma falhar.

6. Uma rifa consta de 200 bilhetes (todos vendidos). O prêmio é um toca-fitas. Extraem-se dois bilhetes de uma urna onde os 200 bilhetes foram bem misturados.
   a. Qual a probabilidade de uma pessoa que tenha comprado um bilhete ganhar o prêmio?
   b. Se uma pessoa comprou dois bilhetes, qual a probabilidade de ganhar um prêmio? Dois prêmios? Três prêmios?
7. Numa escola de primeiro grau, 30% são do primeiro período, 35% do segundo, 20% do terceiro, e os restantes do quarto período. Um dos estudantes ganhou $ 1.000.000 numa loteria. Determine as seguintes probabilidades:
   a. De o estudante ser do 4º período.
   b. De ser do 1º ou do 2º período.
   c. De não ser do 1º período.
   d. De a loteria se recusar a pagar o prêmio porque o estudante é menor.
8. Sejam $P(A) = 0{,}30$, $P(B) = 0{,}80$ e $P(A \text{ e } B) = 0{,}15$.
   a. A e B são mutuamente excludentes? Explique.
   b. Determine $P(B')$.
   c. Determine $P(A \text{ ou } B)$.
9. Sejam A e B mutuamente excludentes, $P(A) = 0{,}31$ e $P(B) = 0{,}29$.
   a. A e B são coletivamente exaustivos? Explique.
   b. Determine $P(A \text{ ou } B)$.
   c. Determine $P(A \text{ ou } B)'$.
   d. Determine $P(A \text{ e } B)$.
10. Joga-se uma moeda três vezes. Qual a probabilidade de aparecer coroa nas três vezes? Qual a probabilidade de não aparecer coroa nas três vezes?
11. Se três lotes de peças contêm cada um 10% de peças defeituosas, qual a probabilidade de um inspetor não encontrar nenhuma defeituosa ao inspecionar uma peça de cada um dos três lotes?

12. Joga-se uma moeda quatro vezes, conhecendo-se as seguintes probabilidades relativas ao número de caras:

$$P(0) = 0{,}0625$$
$$P(1) = 0{,}2500$$
$$P(2) = 0{,}3750$$
$$P(3) = 0{,}2500$$
$$P(4) = 0{,}0625$$

Determine a probabilidade de:
a. uma ou duas caras
b. menos de três caras
c. cinco caras
d. mais de três caras
e. menos de duas ou mais de três caras

13. O jornal anuncia 40% de chance de chuva hoje. Don avalia em 3 : 5 sua chance de passar no exame de estatística. Supondo independentes esses eventos, calcule:
a. P(chover e passar) b. P(não chover e não passar)

14. Extrai-se uma carta de cada um de dois baralhos de 52 cartas. Calcule as probabilidades dos seguintes eventos:
a. ambas vermelhas
b. ambas de paus
c. ambas figuras (valete, dama, rei de qualquer naipe)
d. uma carta de copas e uma de ouros
e. uma carta de paus e outra de copas ou ouros

15. Qual seria a resposta do problema anterior se as duas cartas fossem extraídas do mesmo baralho *sem* reposição?

16. As probabilidades de 0, 1, 2, 3, 4, 5, 6 ou 7 acidentes num dia de semana entre 1 e 6 horas da manhã são, respectivamente, 0,08, 0,15, 0,20, 0,25, 0,18, 0,07, 0,04 e 0,01. Determine as seguintes probabilidades para um dia qualquer da semana naquele horário:
a. menos de 3 acidentes
b. 3 ou menos acidentes
c. exatamente 3 acidentes
d. nenhum acidente
e. mais de 7 acidentes

17. Uma fábrica de louças tem um processo de inspeção com quatro etapas. A probabilidade de uma peça defeituosa passar numa etapa de inspeção sem ser detectada é de aproximadamente 20%. Com base nesta cifra, determine a probabilidade de uma peça defeituosa passar por todas as quatro etapas de inspeção sem ser detectada. Qual seria sua resposta, se se acrescentasse uma quinta etapa de inspeção, com 50% de probabilidade de detectar peças defeituosas?

18. Há 90% de probabilidade de uma máquina fabricar uma porca hexagonal sem defeitos. Se a fabricação de peças sucessivas constitui um processo independente (hipótese geralmente aceita num processo "sob controle"), calcule as seguintes probabilidades:
a. De duas peças numa seqüência serem defeituosas.
b. De uma peça boa e uma peça defeituosa, nesta ordem.
c. De uma peça boa e uma peça má, em qualquer ordem.
d. Três peças defeituosas em seqüência.

19. Determine a probabilidade de Alexander Hamilton e Aaron Burr terem nascido no mesmo dia da semana.
20. Se na questão anterior cogitássemos de "mesmo mês", em vez de "mesmo dia" da semana, que hipóteses simplificadoras poderíamos levantar? Por quê?
21. Diversos entusiastas dos esportes vêm anotando a capacidade de Jimmy Roman escolher adequadamente os times de futebol, avaliando sua taxa de sucesso em 0,80. Jimmy acaba de escolher os times para quatro jogos vindouros. Determine as seguintes probabilidades:
    a. De todas as predições serem corretas.
    b. De nenhuma ser correta.
    c. De uma ser errada.
    d. De três serem erradas.
22. Uma firma exploradora de petróleo perfura um poço quando acha que há pelo menos 25% de chance de encontrar petróleo. Ela perfura quatro poços, aos quais atribui as probabilidades 0,3, 0,4, 0,7 e 0,8.
    a. Determine a probabilidade de nenhum dos poços produzir petróleo, com base nas estimativas da firma.
    b. Determine a probabilidade de os quatro poços produzirem petróleo.
    c. Qual a probabilidade de só os poços com probabilidade 0,3 e 0,7 produzirem petróleo?
23. Mike tem dois velhos automóveis. Nas manhãs frias, há 20% de probabilidade de um deles não "pegar", e 30% de o outro não "pegar".
    a. Qual a probabilidade de nenhum "pegar"?
    b. Qual a probabilidade de apenas um "pegar"?
24. Uma florista garante: "90% das sementes contidas neste pacote germinarão". Supondo que cada semente tenha 90% de probabilidade de germinar e que cada pacote contenha 5 sementes calcule:
    a. A probabilidade de nenhuma semente do pacote germinar.
    b. A probabilidade de todas germinarem.
25. Ron aguarda com ansiedade o resultado de dois exames que acaba de fazer. Ele estima em 0,80 a probabilidade de obter A em literatura inglesa, e em 0,40 a probabilidade de obter A em filosofia. Determine as seguintes probabilidades:
    a. grau A em ambos os exames
    b. nenhum A
    c. A em inglês, não-A em filosofia
    d. nenhum dos três resultados anteriores
26. Um pacote de sementes de flores contém quatro sementes de flores vermelhas, três de flores amarelas, duas de flores roxas e uma de flores cor de laranja.
    a. Escolhida ao acaso uma semente do pacote, qual a probabilidade de ser de flor vermelha ou cor de laranja?
    b. Escolhidas duas sementes, qual a probabilidade de serem ambas de flor amarela? Vermelha?
    c. Escolhidas três sementes, qual a probabilidade de uma ser de flor cor de laranja e duas de amarela?
27. Com referência ao Exercício 26, se cada semente tem 60% de chance de germinar, quais são as probabilidades de:
    a. Todas exceto as de cor de laranja germinarem?
    b. Todas as amarelas germinarem?
    c. Nenhuma das amarelas germinar?

TÉCNICAS DE CONTAGEM

Para utilizar o método clássico (*a priori*) da probabilidade, é preciso conhecer o número total de resultados possíveis de um experimento. Em geral, empregam-se técnicas de contagem para calcular esse número. O leitor já deparou várias técnicas simples de contagem. Assim é que, em muitas das ilustrações precedentes, foi conveniente *listar* os resultados. Isto nos permitiu examinar visualmente os resultados, a fim de verificar se todos foram realmente levados em conta.

Um refinamento dessa técnica de listagem consiste no emprego das *árvores de decisão*, que proporcionam uma base racional para elaborar uma lista de resultados. Mas quando o número de resultados é grande, essa listagem se torna muito trabalhosa; é necessário então recorrer a *fórmulas matemáticas* para determinar o número total de resultados possíveis. Consideremos cada uma dessas abordagens.

Suponhamos que um estudante esteja fazendo um teste de 20 questões do tipo "verdadeiro-ou-falso". Suponhamos ainda que ele, não tendo estudado nada, esteja dando todas as respostas na base do "palpite". Qual a probabilidade de ele responder corretamente todo o teste? Para resolver esse problema é necessário primeiro determinar o número total de resultados possíveis. Assim é que pode resolver responder todas as questões com V, ou todas com F, ou alternar V e F, ou misturar aleatoriamente V e F.

Em lugar de procurar resolver o problema diretamente, é mais instrutivo explorar primeiro suas diversas versões. Imaginemos que o teste consista de apenas uma questão. As possibilidades serão então V ou F. Se houver duas questões, já as possibilidades serão VV, VF, FV, FF. No caso de três questões, teremos VVV, VVF, VFF, VFV, FVF, FVV, FFV, FFF. Vê-se logo que, à medida que aumenta o número de questões, o número de resultados também aumenta, e *muito mais rapidamente*, como se vê abaixo:

Número de questões	1	2	3	4
Número de resultados	2	4	8	16

De fato, a menos que o número de itens a considerar seja muito pequeno, o número de resultados se tornará extremamente grande, e a listagem se tornará praticamente impossível, mormente porque é fácil esquecer algumas das possibilidades.

Os diagramas em árvore proporcionam um método sistemático de enumeração dos resultados, bem como uma apresentação visual. Podem construir-se facilmente, e são muito mais esclarecedores do que uma simples listagem. A Figura 3.5 ilustra um diagrama em árvore para questões do tipo V ou F. Como o estudante tem duas escolhas possíveis para cada questão, V ou F, a árvore terá dois ramos em cada questão.

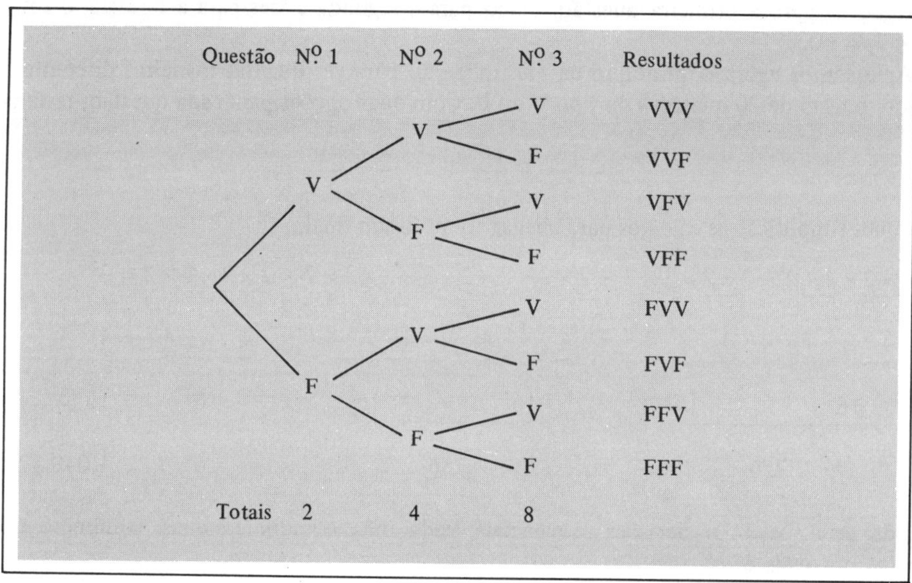

Figura 3.5 A utilização de um diagrama em árvore para determinar todos os arranjos possíveis.

Expandindo o diagrama em árvore, é possível enumerar os resultados com questões adicionais do tipo V ou F. Mas não seria prático fazer isso, porque o número de possibilidades se torna extremamente grande. Além disso, o que é realmente necessário é determinar o *número total de resultados*; nada se tem a ganhar identificando *cada resultado*. Felizmente, há uma maneira simples de determinar o número total de resultados sem ter de contar efetivamente cada resultado individual.

O Princípio da Multiplicação

O diagrama mostra que cada questão sucessiva *dobra* o número total de resultados possíveis, pois cada nova questão acrescenta mais duas escolhas. A implicação é que, quando há certo número de decisões seqüenciais a tomar (tais como responder V ou F a cada questão), o número total de resultados possíveis será igual ao *produto* dos diversos modos de responder cada questão. Assim

Número de questões	Total de resultados
1	$2 = 2$
2	$2 \times 2 = 4$
3	$2 \times 2 \times 2 = 8$
4	$2 \times 2 \times 2 \times 2 = 16$

Se se tratasse de um teste de múltipla escolha, com *quatro escolhas* para cada questão, e um total de *três* questões, o número total de resultados possíveis seria $4 \times 4 \times 4 = 64$. Se houvesse quatro opções para a primeira questão, cinco para a segunda e três para a terceira, o total seria $4 \times 5 \times 3 = 60$.

Apliquemos agora o princípio da multiplicação para ver quantas maneiras diferentes há de responder o teste de 20 questões do tipo V ou F. Com duas opções para cada questão, teríamos

$$2 \times 2 \times 2 \times \cdots \times 2 = 2^{20}$$

Procuremos simplificar os cálculos para chegar ao resultado final.

$$\underbrace{2 \times 2} \times \underbrace{2 \times 2} \times \underbrace{2 \times 2} \times \underbrace{2 \times 2} \times \underbrace{2 \times 2} \times \underbrace{2 \times 2} \times \underbrace{2 \times 2} \times \underbrace{2 \times 2} \times \underbrace{2 \times 2} \times \underbrace{2 \times 2} = 2^{20}$$

$$\underbrace{4 \times 4} \times \underbrace{4 \times 4} \times \underbrace{4 \times 4} \times \underbrace{4 \times 4} \times \underbrace{4 \times 4} = 4^{10}$$

$$\underbrace{16 \times 16} \times \underbrace{16 \times 16} \times 16 = 16^5$$

$$256 \times 256 \times 16 = 1.048.576$$

De modo geral, se há n decisões seqüenciais, cada uma com m escolhas, o número total de resultados possíveis é m^n.

Finalmente, a probabilidade de o estudante acertar todas as 20 questões do teste é

$$\frac{1}{1.048.576}$$

O princípio da multiplicação do número de escolhas para cada decisão é uma regra geral que serve de base para outras duas técnicas: as permutações (os arranjos) e as combinações. Essas técnicas são úteis em situações em que cada decisão diminui o número de escolhas restantes para as decisões subseqüentes.

Permutações, Arranjos* e Combinações

Quando a *ordem* em que os elementos se dispõem é importante, o número total de resultados possíveis é conhecido como *arranjo* ou *permutação*. Por exemplo, no caso de respostas a um teste de múltipla escolha, a ordem tem significação especial. Quando a ordem não interessa, o número total de resultados possíveis é designado como *combinação*. Por exemplo, um comitê formado por duas pessoas, Smith e Jones, é o mesmo comitê que consiste de Jones e Smith. Da mesma forma, tanto na soma como no produto de dois números, é indiferente qual seja o primeiro e qual o segundo:

$$10 + 5 = 5 + 10 \qquad 10 \times 5 = 5 \times 10$$

Consideremos primeiro as permutações. Suponhamos que haja quatro times de futebol num torneio. De quantas maneiras pode apresentar-se o resultado final? Imaginemos quatro compartimentos a preencher: vencedor, segundo, terceiro e último. Podemos preencher o compartimento do vencedor com qualquer dos *quatro* times. Restam então três compartimentos e três times. O

---

* *Arranjos e permutações* são grupamentos de *mesmo tipo*, ou seja, distinguem-se não só pela *natureza*, como também pela *ordem dos elementos*. Uma *permutação* é um *arranjo com a totalidade* dos elementos.

segundo colocado pode ser qualquer dos *três* times. O terceiro lugar pode ser ganho por qualquer de *dois* times e, finalmente, apenas *um* time será o final. O número total de resultados será

$$\underset{(1^{\underline{o}})}{4} \times \underset{(2^{\underline{o}})}{3} \times \underset{(3^{\underline{o}})}{2} \times \underset{(4^{\underline{o}})}{1} = 24$$

Se houvesse seis times, teríamos

$$6 \times 5 \times 4 \times 3 \times 2 \times 1 = 720 \text{ resultados possíveis}$$

Quer escolhamos os times do primeiro ao último, ou do último ao primeiro, ou em qualquer outra ordem, o resultado final será sempre o mesmo. Por exemplo, se escolhermos primeiro o último lugar, teremos $1 \times 2 \times 3 \times 4 = 24$.

Ao lidarmos com permutações, cada decisão envolve uma escolha menos que a anterior. Uma forma abreviada de escrever o produto acima é com emprego do símbolo "!". Por exemplo, $4 \times 3 \times 2 \times 1$ pode escrever-se como 4! O ponto de exclamação significa "fatorial" e 4! se lê "quatro fatorial". Eis algumas ilustrações:

$$5! = 5 \times 4 \times 3 \times 2 \times 1 = 120$$

$$12! = 12 \times 11 \times 10 \times 9 \times 8 \times 7 \times \cdots \times 2 \times 1 = 479.001.600$$

Os fatoriais crescem de modo extremamente rápido, à medida que aumenta o número-base. Felizmente, quase nunca é necessário utilizar completamente os fatoriais, pois eles aparecem em grupo, permitindo cancelamentos. Por exemplo,

$$\frac{5!}{7!} = \frac{5 \times 4 \times 3 \times 2 \times 1}{7 \times 6 \times 5 \times 4 \times 3 \times 2 \times 1} = \frac{\cancel{5!}}{7 \times 6 \times \cancel{5!}} = \frac{1}{7 \times 6} = \frac{1}{42}$$

$$\frac{4!}{2!} = \frac{4 \times 3 \times 2 \times 1}{2 \times 1} = \frac{4 \times 3 \times \cancel{2!}}{\cancel{2!}} = 4 \times 3 = 12$$

$$\frac{40!}{38!} = \frac{40 \times 39 \times \cancel{38!}}{\cancel{38!}} = 40 \times 39 = 1560$$

$$\frac{5!}{2!3!} = \frac{5 \times 4 \times \cancel{3!}}{2 \times 1 \times \cancel{3!}} = \frac{5 \times 4}{2} = 10$$

Às vezes os fatoriais podem envolver soma e subtração. Quando os números aparecem dentro de parênteses, com o sinal de fatorial fora, é necessário efetuar a adição ou a subtração *antes* de calcular o fatorial:

$$(5 - 3)! = 2! \quad \text{(e não 5! - 3!)}$$

$$(9 - 2)! = 7!$$

$$(3 + 1)! = 4!$$

$$\frac{8!}{3!(8-3)!} = \frac{8!}{3!5!} = \frac{8 \times 7 \times 6 \times \cancel{5!}}{3!\cancel{5!}} = \frac{8 \times 7 \times 6}{3 \times 2}$$

Note-se que cancelamos 5! e não 3! O resultado seria o mesmo se tivéssemos cancelado 3!, mas os cálculos se simplificam quando se cancelam os fatoriais maiores.

O fatorial de zero é igual a um: 0! = 1. Uma explicação intuitiva é a seguinte: Se houver certo número de cadeiras vazias, quantos arranjos *de assentos* são possíveis, se não há ninguém para se sentar? A resposta é um — com todas as cadeiras vazias. (Se não está muito claro, imagine o leitor duas pessoas e três assentos, uma pessoa e três assentos, e finalmente 0 pessoas.)

Se há sete cavalos num páreo, quantos arranjos há considerando 1º, 2º e 3º lugares? Intuitivamente, usando o princípio da multiplicação, vê-se que há $7 \times 6 \times 5 = 210$ resultados possíveis. Utilizando arranjos, perguntaríamos: Com sete itens (cavalos, no caso), quantos são os arranjos possíveis de três itens? Em geral, o número de arranjos de n objetos tomados x de cada vez é igual a $n!/(n-x)!$. Mais formalmente,

$$A_{n,x} = \frac{n!}{(n-x)!}$$

Assim é que o número de arranjos de 3 objetos, de um grupo de 7, é

$$A_{7,3} = \frac{7!}{(7-3)!} = \frac{7 \times 6 \times 5 \times (\not{4}!)}{\not{4}!} = 210$$

Ocasionalmente deparamos uma situação em que alguns dos itens são idênticos, ou *indistinguíveis* entre si. Suponhamos, por exemplo, três moedas de dez centavos e duas de vinte centavos. A menos que queiramos diferençar as moedas por suas datas de cunhagem ou por outra característica qualquer, as três moedas de dez centavos são idênticas. São idênticas também as duas moedas de vinte centavos. Em razão disso, nem todas as permutações serão distintas. Uma permutação seria DDDVV. A troca das duas moedas de vinte centavos entre si não modifica a permutação. Assim é que algumas permutações se perdem, devendo, por isso, ser deduzidas do número total, pois o conceito básico de permutação é que cada grupamento seja diferente dos demais.

Se identificarmos (temporariamente) as moedas como D_1, D_2, D_3 e V_1, V_2, veremos que há 2! permutações das duas moedas de vinte centavos, e 3! permutações das três moedas de dez centavos. Além disso, há 3!(2!) permutações quando se consideram em conjunto os dois tipos de moeda. Tais permutações devem ser removidas do número total de permutações, para se obter o número de *permutações com repetição* (ou *distinguíveis*). Isto se consegue dividindo-se o número total de permutações pelo número das que se perdem pelo fato de não serem distinguíveis entre si. Em nosso caso temos

$$\frac{5!}{3!(2!)} = 10$$

Em geral, o número de permutações distintas com n itens, dos quais n_1 são indistinguíveis de um tipo, n_2 de outro tipo, etc., é

$$P_n^{n_1, n_2, \ldots n_k} = \frac{n!}{(n_1!)(n_2!)(n_3!) \ldots n_k!}$$

onde $n = n_1 + n_2 + \ldots + n_k$.

Exemplo 5 Quantas permutações distintas de 3 letras podemos formar com as letras RRRRUUUN?

Solução:

Há 8 letras: 4 R's, 3 U's e 1 N. Donde

$$P_8^{4,3,1} = \frac{8!}{4!3!1!} = 280$$

Quando não interessa a ordem, usa-se o termo "combinação" para denotar o número de grupamentos distintos possíveis. A escolha dos membros de um comitê é um exemplo em que a ordem não influi. Outro exemplo é a escolha de dois tipos de vegetal de um cardápio com cinco tipos. A escolha de batata e cenoura é a mesma que de cenoura e batata. Tais grupos equivalentes devem ser eliminados do número total de arranjos, para obtermos o número de combinações. É a mesma situação das permutações indistinguíveis e, de fato, procederemos exatamente da mesma maneira. Assim, no caso dos vegetais, cada grupo de dois dá duas permutações mas apenas uma combinação. Em outras palavras, o número de permutações é duas vezes o de combinações. Na escolha de dois vegetais de uma lista de 5 há

$$A_{5,2} = \frac{5!}{3!} = 20 \text{ arranjos possíveis}$$

O número de combinações é a metade, ou seja, 10. Em símbolos:

$$C_{5,2} = \frac{5!}{2!3!} = 10$$

De modo geral, para grupamentos de tamanho x extraídos de uma lista de n itens, o número de combinações possíveis é

$$C_{n,x} = \frac{n!}{x!(n-x)!} = \binom{n}{x}$$

Exemplo 6 Quantos comitês distintos, de 3 pessoas cada um, podemos formar com um grupo de 10 pessoas?

Solução:

$$C_{10,3} = \frac{10!}{7!3!} = \frac{10 \times 9 \times 8 \times 7!}{7!(3 \times 2)} = 120$$

Exemplo 7 De quantas maneiras podemos formar um comitê de 1 mulher e 2 homens, de um total de 4 mulheres e 6 homens?

Solução:

mulheres homens

$$(C_{4,1}) \quad (C_{6,2}) = \left(\frac{4!}{3!1!}\right)\left(\frac{6!}{4!2!}\right) = 4 \times 15 = 60$$

REGRAS DE CONTAGEM

Regra da multiplicação: o produto do número de escolhas para uma seqüência de decisões.

Arranjos: número de grupamentos em que interfere a ordem.

$$A_{n,x} = \frac{n!}{(n-x)!}$$

Permutações com repetição (ou distinguíveis): alguns itens são idênticos, e a ordem é importante.

$$P_n^{n_1, n_2, \ldots, n_k} = \frac{n!}{(n_1!)(n_2!) \ldots (n_k!)}$$

Combinações: a ordem não importa.

$$C_{n,x} = \binom{n}{x} = \frac{n!}{x!(n-x)!}$$

Comparação entre Permutações (Arranjos) e Combinações

Quando a ordem é importante, o número de grupamentos possíveis é dado por permutações (arranjos). Quando a ordem não importa, o número de resultados possíveis é dado por combinações. Além disso, o número de combinações é sempre inferior ao número de arranjos.

Seja, por exemplo, escolher três de um conjunto de quatro cores. O número procurado será dado por *combinações*, já que a ordem aqui não interessa. Mas se pedirmos a uma pessoa que escolha três cores e as *ordene* segundo sua preferência, já a ordem passa a interessar, e o número total de possibilidades é dado por arranjos. A Tabela 3.2 ilustra a comparação entre combinações e arranjos.

É interessante notar que quando há *dois* grupos de itens não-distinguíveis, o número de combinações é igual ao de permutações. Por exemplo, de quantas maneiras um estudante pode responder a um teste de 10 questões do tipo V ou F, com 5 V's e 5 F's?

$$P_{10}^{5,5} = \frac{10!}{5!5!} \qquad C_{10,5} = \frac{10!}{5!(10-5)!} = \frac{10!}{5!5!}$$

Utilizaremos este resultado no estudo da distribuição binomial.

Tabela 3.2 Comparação entre Permutações (Arranjos) e Combinações

Combinações	Arranjos
$C_{n,x} = \binom{n}{x} = \frac{n!}{x!(n-x)!}$	$A_{n,x} = \frac{n!}{(n-x)!}$
$C_{4,3} = \binom{4}{3} = \frac{4!}{3!(4-3)!} = 4$	$A_{4,3} = \frac{4!}{1!} = 24$
Escolher três cores de um grupo de quatro: vermelho, azul, branco, laranja	
VAB	VAB VBA AVB ABV BAV BVA
VAL	VAL VLA AVL ALV LAV LVA
VBL	VBL VLB BVL BLV LBV LVB
ABL	ABL ALB BAL BLA LAB LBA

EXERCÍCIOS

1. Calcule:
   a. 2! b. 5! c. 10! d. 1! e. 0!
2. Calcule:
   a. $\binom{3}{2}$ b. $\binom{4}{4}$ c. $\binom{5}{1}$ d. $\binom{9}{6}$
3. Determine o número de arranjos:
   a. $A_{3,2}$ b. $A_{4,4}$ c. $A_{5,1}$ d. $A_{9,6}$ e. $A_{1,0}$
4. Um vendedor de automóveis deseja impressionar os possíveis compradores com o número de combinações diferentes possíveis. Um modelo pode ser dotado de três tipos de motor, dois tipos de transmissão, cinco cores externas e duas internas. Quantas são as escolhas possíveis?

5. Em determinado estado, as placas de licença constam de três letras e quatro algarismos.
   a. Quantas placas diferentes podemos formar, admitindo-se o uso de todos os algarismos e de todas as letras?
   b. Quantas são as placas possíveis, excluindo-se o grupamento "SEX", mas admitindo-se O's e zeros?
   c. Quantas são as placas possíveis, excluindo-se a letra O e o zero?
   d. Quantas são as placas possíveis excluindo-se o grupamento "SEX", a letra O e o zero?
6. Quantas permutações distintas podem ser feitas com as letras da palavra BLUEBEARD?
7. Dispõem-se três rodas, cada uma com os algarismos 0 a 9, de maneira que cada uma possa ser girada independentemente das outras.
   a. Quantos números diferentes podem formar-se?
   b. Quantos são os números possíveis com o algarismo 1 na posição central?
8. Um inspetor de vinhos inspeciona garrafas do produto, aceitando ou rejeitando cada garrafa. Inspecionadas 10 garrafas, de quantas maneiras pode ocorrer cada um dos casos seguintes? (Sugestão: A única característica distintiva é aceitação ou rejeição.)
   a. 1 é aceita b. 2 são aceitas c. 3 são aceitas
9. Escolhem-se os pares para dança colocando numa urna os nomes dos rapazes e em outra os das moças, extraindo-se então aleatoriamente os nomes dos que devem formar os pares. Se há 10 rapazes e 10 moças, quantos são os pares possíveis? Qual a probabilidade de Heitor e Eliana formarem um par?
10. Um cardápio oferece cinco tipos de carne ou peixe, três de salada, dois de batatas e quatro de vegetais. Quantos jantares é possível formar, com um tipo de cada um?
11. Se um torneio de basquetebol consiste de 36 times, de quantas maneiras podem ser conquistados os três primeiros lugares?
12. De quantas maneiras podemos escolher um comitê de cinco pessoas dentre oito?
13. Joga-se uma moeda sete vezes. De quantas maneiras podem ocorrer os seguintes resultados?
    a. cinco caras b. quatro caras c. todas caras d. uma cara
14. A Pizzaria Joe oferece as seguintes escolhas de pizza: presunto, cogumelo, pimentão, enchova e *mozzarella*. De quantas maneiras podemos escolher dois tipos diferentes de pizza?
15. Mostre que, para dois tipos de elementos, o número de permutações distinguíveis é igual ao de combinações.

REGRA DE BAYES*

A Regra de Bayes é um método de revisão de probabilidades existentes (*a priori*) com base em informação amostral. Damos a seguir uma explicação intuitiva de como se faz essa revisão das probabilidades, e da sua utilidade.

Consideremos um gerente que, em dada manhã, sai de casa apressado para o trabalho e apanha na cozinha uma de três sacolas. Ao entrar na via expressa, ocorre-lhe a idéia de que pode ter apanhado a sacola errada. Uma delas contém seu almoço: dois sanduíches de presunto. Outra contém o almoço de sua filha: um sanduíche de presunto e outro de amendoim (que ele detesta). A terceira sacola contém lixo. Após um momento de reflexão, nosso gerente se convence de que a probabilidade de ter feito a escolha correta é de apenas $\frac{1}{3}$.

* Matéria opcional. Esta seção pode ser omitida sem perda de continuidade.

Imediatamente, ele toma a sacola e tira um sanduíche. Verifica que é de presunto. Com isto ele pode pelo menos estar certo de que não apanhou a sacola de lixo. O tráfego pára. Em vez de verificar qual é o outro sanduíche, nosso gerente resolve determinar a probabilidade de ter apanhado a sacola correta (isto é, a que contém seu próprio almoço). Recorda então que a probabilidade é definida como a razão entre o número de resultados favoráveis e o número total de resultados possíveis. Raciocina que, se apanhou realmente a sacola do seu almoço, então há duas maneiras de obter um sanduíche de presunto. Ao contrário, se apanhou a sacola da filha, há apenas uma maneira de obter um sanduíche de presunto. Há, assim, *três maneiras* de ele obter um sanduíche de presunto, duas das quais podem ser consideradas favoráveis. Nesta altura, a probabilidade de ele ter apanhado a sacola correta é $\frac{2}{3}$, *dada a evidência amostral.*

O tráfego começa novamente a andar. Nosso personagem retira o outro sanduíche da mesma sacola, e verifica que é de amendoim – o que mostra que a probabilidade é uma medida de quão *viável* é um evento, e não uma garantia de sua ocorrência. Novamente o tráfego pára, e nosso gerente começa a cogitar na conveniência de adquirir uma lixeira.

Presumivelmente, com a aquisição de uma lixeira, haveria apenas duas sacolas na cozinha, no momento de sua saída: a do seu lanche e a do lanche da filha. Então, se, na viagem, ele tomasse uma das duas sacolas, tirasse um sanduíche e verificasse ser de presunto, qual seria a probabilidade de ter apanhado a sacola correta? A resposta ainda é $\frac{2}{3}$. Para ver por quê, lembremos que a evidência amostral (sanduíche de presunto) era a mesma que antes e que, no caso anterior, uma vez que ele viu um sanduíche, a sacola de lixo não era mais problema. Em outras palavras, com a evidência amostral, a sacola de lixo não vem mais ao caso.

Quer nosso gerente saiba, quer não, ele empregou intuitivamente o Teorema de Bayes para determinar a probabilidade de ter escolhido a sacola do seu almoço. Sem dúvida, o próprio Bayes devia estar familiarizado com o método intuitivo de resolução de problemas desse tipo, e provavelmente também reconhecera que o método formal é útil para a resolução de problemas análogos porém muito mais complicados. Se um evento pode ocorrer de mais de uma maneira, então a probabilidade de ocorrência de uma determinada maneira seria a razão da probabilidade de ocorrência daquela maneira para a probabilidade de ocorrência de qualquer modo. No exemplo precedente, a probabilidade de obter um sanduíche de presunto é a probabilidade de escolher a primeira sacola *e* obter o sanduíche de presunto mais a probabilidade de escolher a segunda sacola *e* obter um sanduíche de presunto, mais a probabilidade de escolher a terceira sacola *e* obter um sanduíche de presunto. Assim, a probabilidade *a posteriori* de ele ter escolhido a sacola correta é

$$P(\text{lanche correto}) = \frac{P(\text{sacola correta e presunto})}{P(\text{presunto})}$$

Podemos escrever isto em forma mais detalhada:

$$P(\text{lanche correto} \mid \text{sanduíche de presunto}) = \frac{P(\text{sanduíche de presunto da sacola correta})}{P(\text{todas as maneiras de obter presunto})}$$

$$= \frac{P(\text{s.c.})P(\text{s.p.} \mid \text{s.c.})}{P(\text{s.c.})P(\text{s.p.} \mid \text{s.c.}) + P(\text{l.f.})P(\text{s.p.} \mid \text{l.f.}) + P(\text{lx})P(\text{s.p.} \mid \text{lx})}$$

s.c. = sacola correta
s.p. = sanduíche de presunto
l.f. = lanche da filha
lx = lixeira

Uma tabulação permite visualizar melhor as cifras:

	Conteúdo		
	Presunto	Amendoim	Lixo
Sua sacola	2	–	–
Sacola da filha	1	1	–
Lixeira	–	–	1

Transformando essas cifras em percentagens e lembrando que a probabilidade *a priori* (antes de tomar a amostra) de escolher cada sacola é $\frac{1}{3}$, temos a seguinte tabela:

Probabilidade *a priori*		Conteúdo: Presunto	Amendoim	Lixo	Totais
Maneira específica → $\frac{1}{3}$	Sacola dele	1,00	0,00	0,00	1,00
$\frac{1}{3}$	Sacola da filha	0,50	0,50	0,00	1,00
$\frac{1}{3}$	Lixeira	0,00	0,00	1,00	1,00
1,00		↑ Evidência amostral			

A probabilidade de escolher inicialmente qualquer das três sacolas é $\frac{1}{3}$. São as probabilidades *a priori*, que serão revistas à luz da informação amostral (de que foi tirado um sanduíche de presunto da sacola). Os valores *dentro* da tabela são as probabilidades de obter um sanduíche de presunto supondo que determinada sacola tenha sido escolhida inicialmente. Por exemplo, há uma probabilidade de 0 de obter um sanduíche de presunto se a sacola escolhida foi a lixeira, uma probabilidade de 0,50 de sanduíche de presunto se foi escolhida a sacola com o lanche da filha, e 100% de chance de um sanduíche de presunto se o gerente escolheu a própria sacola.

Calculemos agora a probabilidade de o gerente ter escolhido a sacola correta, dado que ele obteve um sanduíche de presunto.

$$P(\text{sacola correta} \mid \text{presunto}) = \frac{\frac{1}{3}(1{,}00)}{\frac{1}{3}\,(1{,}00) + \frac{1}{3}\,(0{,}50) + \frac{1}{3}\,(0{,}00)} = \frac{2}{3}$$

Essa mesma idéia acha-se também expressa na Figura 3.6.

> O Teorema de Bayes é uma técnica utilizada para revisar estimativas probabilísticas iniciais com base em dados amostrais.

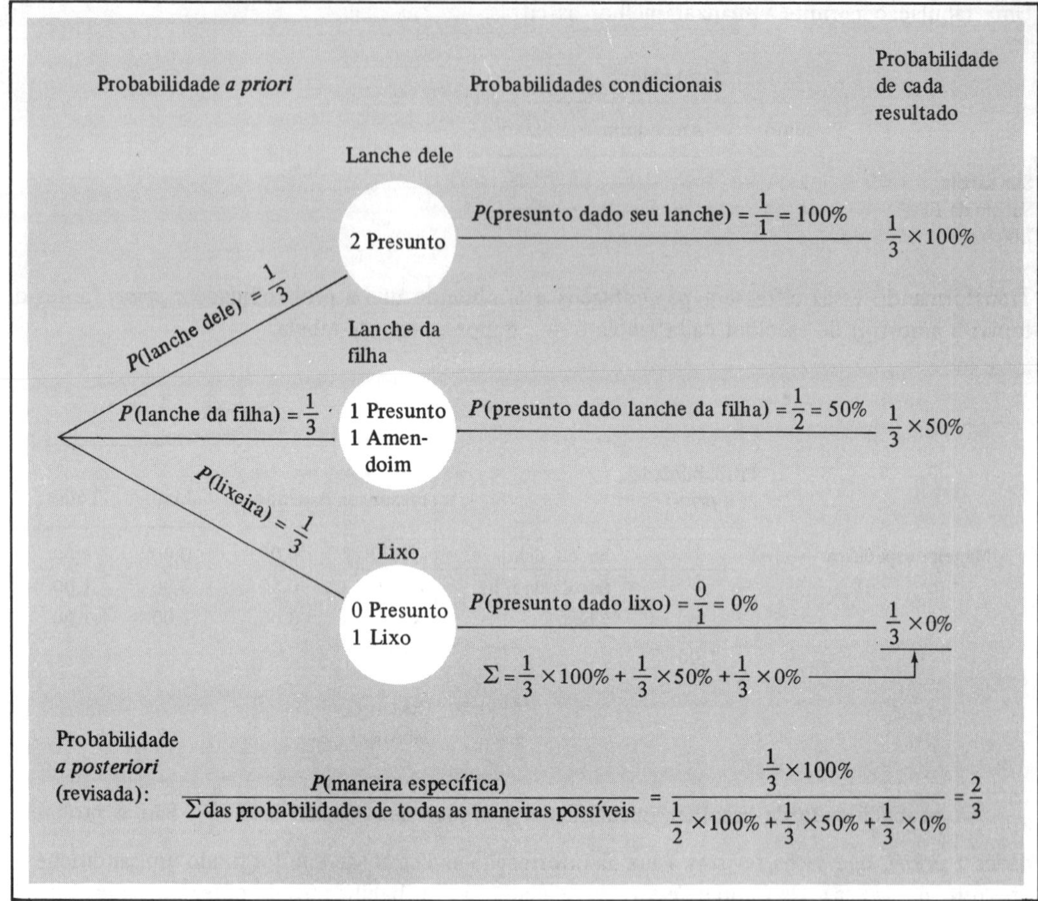

Figura 3.6 Cálculo da probabilidade do lanche correto.

Exemplo 8 Sejam quatro urnas com bolas coloridas, contendo 10 bolas cada uma. A tabela abaixo discrimina a composição das urnas.

	Cor da bola			
	Vermelha	Branca	Azul	Totais
A	1	6	3	10
B	6	2	2	10
C	8	1	1	10
D	0	6	4	10

Escolheu-se arbitrariamente uma das urnas e extraiu-se uma bola. Se a bola é vermelha, qual é a probabilidade de ter sido extraída da urna *B*?

Solução:

Para resolver esse problema (ou qualquer problema análogo) é preciso duas coisas: (1) a probabilidade *a priori* de escolher cada urna e (2) a probabilidade do evento em questão (bola vermelha, no caso), se determinada urna foi escolhida. As probabilidades *a priori* seriam de $\frac{1}{4}$ para cada urna, já que há quatro urnas e podemos admitir que cada uma tem a mesma chance de ser escolhida. A probabilidade de extração de uma bola vermelha de uma dada urna é a razão do número de bolas vermelhas para o número total de bolas nela contidas. A tabela abaixo ilustra essas probabilidades (calculadas utilizando-se a informação da tabela anterior).

		Cor			
Probabilidade *a priori*	Urna	Vermelha	Branca	Azul	Totais
$\frac{1}{4}$	*A*	0,10	0,60	0,30	1,00
$\frac{1}{4}$	*B*	0,60	0,20	0,20	1,00
$\frac{1}{4}$	*C*	0,80	0,10	0,10	1,00
$\frac{1}{4}$	*D*	0,00	0,60	0,40	1,00

A probabilidade de a bola vermelha ter sido extraída da Urna *B* é

$$P(\text{Urna } B|\text{vermelha}) = \frac{(\frac{1}{4})(0{,}60)}{(\frac{1}{4})(0{,}10) + (\frac{1}{4})(0{,}60) + (\frac{1}{4})(0{,}80) + (\frac{1}{4})(0{,}00)} = \frac{6}{15}$$

Na realidade, pode-se calcular da mesma maneira a probabilidade de a bola vermelha ter sido extraída de qualquer das outras urnas.

$$P(\text{Urna } A|\text{vermelha}) = \frac{(\frac{1}{4})(0{,}10)}{(\frac{1}{4})(0{,}10) + (\frac{1}{4})(0{,}60) + (\frac{1}{4})(0{,}80) + (\frac{1}{4})(0{,}00)} = \frac{1}{15}$$

$$P(\text{Urna } C|\text{vermelha}) = \frac{(\frac{1}{4})(0{,}80)}{(\frac{1}{4})(0{,}10) + (\frac{1}{4})(0{,}60) + (\frac{1}{4})(0{,}80) + (\frac{1}{4})(0{,}00)} = \frac{8}{15}$$

$$P(\text{Urna } D|\text{vermelha}) = \frac{(\frac{1}{4})(0{,}00)}{(\frac{1}{4})(0{,}10) + (\frac{1}{4})(0{,}60) + (\frac{1}{4})(0{,}80) + (\frac{1}{4})(0{,}00)} = \frac{0}{15}$$

$$P(\text{Urna } B|\text{vermelha}) = \text{(conf. cálculo anterior)} \qquad = \frac{6}{15}$$

$$\text{Total:} \quad \frac{15}{15}$$

Duas coisas devem ser notadas. Uma é que a soma das probabilidades das diversas urnas (maneiras de ocorrência de bola vermelha) é 1,00, isto é, $\frac{15}{15}$. A outra é que o denominador é o mesmo em todos os casos.

Os tomadores de decisão recorrem freqüentemente ao Teorema de Bayes para rever estimativas probabilísticas à luz de resultados de testes. Em essência, *os resultados de testes são encarados como evidência amostral.*

Exemplo 9 Um estudo completado recentemente indica que 70% de todos os estudantes universitários tendem a usar fantasias como mecanismo para superar a frustração causada pela resolução de problemas de estatística, e que 30% não recorrem a fantasias. Um professor astuto elaborou um teste para avaliar se um estudante está ou não recorrendo a fantasia. O teste ainda não está totalmente aperfeiçoado. Acusa resultado positivo em 60% dos estudantes que recorrem a fantasia, e resultado negativo em 40% dos mesmos estudantes. Para os que não recorrem a fantasia, o teste dá resultado positivo em 20% dos casos, e negativo em 80%.

Podemos resumir essa informação sob forma de tabela:

Probabilidade *a priori*		Resultados do teste	
		Positivo	Negativo
0,70	Fantasia	0,60	0,40
0,30	Não-fantasia	0,20	0,80
1,00			

Utilizando o Teorema de Bayes, podemos determinar a probabilidade (*a posteriori*) de uma pessoa ter recorrido a fantasia, dado que o teste deu resultado positivo:

$$P(\text{fantasia}|\text{positivo}) = \frac{0,70(0,60)}{0,70(0,60) + 0,30(0,20)} = \frac{0,42}{0,42 + 0,06} = \frac{7}{8} = 0,88$$

Estamos agora em condições de considerar uma expressão geral para o Teorema de Bayes. Se há vários estados da natureza (tais como sacos numa mesa, ou urnas de bolas, ou ter *versus* não ter) e cada um tem um ou mais resultados possíveis, ou eventos a ele associados (tais como sanduíche de presunto, ou bola vermelha, ou resultado positivo do teste), a representação tabular será

		E_1	E_2	$\cdots$	E_j
Estados da natureza possíveis	S_1	$P(E_1\|S_1)$	$P(E_2\|S_1)$	$\cdots$	$P(E_j\|S_1)$
	S_2	$P(E_1\|S_2)$	$P(E_2\|S_2)$	$\cdots$	$P(E_j\|S_2)$
	$\vdots$	$\vdots$	$\vdots$		$\vdots$
	S_i	$P(E_1\|S_i)$	$P(E_2\|S_i)$	$\cdots$	$P(E_j\|S_i)$

Por exemplo, a probabilidade de ocorrência de um resultado amostral, digamos E_2, como resultado de um particular estado natural, digamos S_1, pode ser calculada como segue:

$$P(S_1|E_2) = \frac{P(S_1)P(E_2|S_1)}{P(S_1)P(E_2|S_1) + P(S_2)P(E_2|S_2) + \cdots + P(S_i)P(E_2|S_i)}$$

O caso geral é

$$P(S_i|E_j) = \frac{P(S_i)P(E_j|S_i)}{P(S_1)P(E_j|S_1) + P(S_2)P(E_j|S_2) + \cdots + P(S_i)P(E_j|S_i)}$$

A essência do Teorema de Bayes consiste na revisão das probabilidades iniciais (*a priori*) à luz da evidência amostral. As estimativas revisadas chamam-se probabilidades *a posteriori*. As bases para a revisão são os resultados de determinada amostra mais o conhecimento das probabilidades condicionais (isto é, probabilidades de cada resultado amostral admitindo-se um estado natural específico).

EXERCÍCIOS

1. Os arquivos da polícia revelam que, das vítimas de acidente automobilístico que utilizam cinto de segurança, apenas 10% sofrem ferimentos graves, enquanto que essa incidência é de 50% entre as vítimas que não utilizam o cinto de segurança. Estima-se em 60% a percentagem dos motoristas que usam o cinto. A polícia acaba de ser chamada para investigar um acidente em que houve um indivíduo gravemente ferido. Calcule a probabilidade de ele estar usando o cinto no momento do acidente. A pessoa que dirigia o outro carro não sofreu ferimentos graves. Calcule a probabilidade de ela estar usando o cinto no momento do acidente.
2. Sua firma recentemente apresentou proposta para um projeto de construção. Se seu principal concorrente apresenta uma proposta, há apenas 0,25 de chance de a firma do leitor ganhar a concorrência. Se seu concorrente não apresenta proposta, há $\frac{2}{3}$ de chance de a firma do leitor ganhar. A chance de seu principal concorrente apresentar proposta é de 50%.
   a. Qual a probabilidade de sua firma ganhar a concorrência?
   b. Qual a probabilidade de seu concorrente ter apresentado proposta, dado que a firma do leitor ganhou a concorrência?
3. Três máquinas fabricam moldes não-ferrosos. A máquina A produz 1% de defeituosos, a máquina B 2% e a máquina C 5%. Cada máquina é responsável por $\frac{1}{3}$ da produção total. Um inspetor examina um molde e constata que está perfeito. Calcule a probabilidade de ele ter sido produzido por cada uma das máquinas.
4. Um fazendeiro estima que, quando uma pessoa experimentada planta árvores, 90% sobrevivem, mas quando um novato as planta, apenas 50% sobrevivem. Se uma árvore plantada não sobrevive, determine a probabilidade de ela ter sido plantada por um novato, sabendo-se que $\frac{2}{3}$ das árvores são plantadas por novatos.

RESUMO

Uma probabilidade é um número que indica a chance de algum evento futuro. Obtêm-se as probabilidades seja efetuando uma série de provas e anotando a freqüência relativa do evento (ou tratando de dados históricos como uma série de provas idênticas), ou admitindo que os eventos (ou resultados) tenham igual chance, ou, quando tal não é possível, utilizando julgamento subjetivo. Para compreender e utilizar probabilidades, é útil considerar um espaço amostral, composto de todos os resultados possíveis de um experimento.

Existem regras para o cálculo de eventos que são, por sua vez, combinação de outros eventos. Usa-se a regra de adição quando se deseja a probabilidade de ocorrência de um, ou outro, ou ambos os eventos. Há duas variantes da regra; uma para eventos que são mutuamente excludentes, e outra para eventos que não o são. Analogamente, a regra da multiplicação, utilizada para determinação da probabilidade de ocorrência simultânea de dois eventos, tem duas variantes, uma para eventos dependentes, outra para eventos independentes.

As regras de contagem são úteis para a determinação do número de maneiras em que determinado evento pode ocorrer, particularmente se esse número é grande.

QUESTÕES PARA RECAPITULAÇÃO

1. Descreva rapidamente os três processos de atribuição de probabilidades.
2. Por que o tamanho da amostra é importante na definição freqüencial?
3. Quais as vantagens e as desvantagens do método subjetivo em relação aos outros dois métodos?
4. Explique esta afirmação: Pode haver certa subjetividade no método freqüencial.
5. Que é chance, e qual sua relação com as probabilidades?
6. Defina: eventos mutuamente excludentes, eventos coletivamente exaustivos e complemento de um evento.
7. Que é espaço amostral? Que é evento?
8. Que são diagramas de Venn e para que servem?
9. Que significa a expressão "eventos independentes"?
10. Defina o que é probabilidade conjunta. Como se determina a probabilidade conjunta no caso de eventos independentes?
11. A probabilidade de ocorrência de um evento mais a probabilidade de sua não-ocorrência têm sempre como soma certo número. Qual é esse número e por que a soma deve ser sempre igual a ele?
12. Qual é a regra de adição de probabilidades para eventos mutuamente excludentes? Para eventos não mutuamente excludentes?
13. Contraste permutação e combinação.
14. Para que servem as técnicas de contagem?
15. Qual a relação entre as técnicas de contagem e a probabilidade clássica?
16. Explique o princípio da multiplicação.
17. Qual é a vantagem da regra de multiplicação sobre uma árvore de decisão?
18. Que é fatorial?
19. Como se usa o Teorema de Bayes?
20. Defina probabilidade *a posteriori*.
21. Defina probabilidade *a priori*.
22. Em forma matricial, quais probabilidades são condicionais?
23. Em forma matricial, por que as probabilidades das linhas devem sempre ter soma 1,00? O mesmo é verdadeiro para as probabilidades das colunas? Por quê?
24. Que significa o termo "estados da natureza"?

EXERCÍCIOS SUPLEMENTARES

1. Explique por que cada uma das igualdades seguintes está errada:
   a. $P(A) = -0{,}45$ b. $P(A) = 1{,}30$
   c. $P(A) = 0{,}60$ e $P(A') = 0{,}60$ d. $P(A \text{ ou } B) = 1{,}04$

2. A probabilidade de um filme obter um prêmio com base na ação é 0,30, a probabilidade de obter um prêmio relativo à direção é 0,20, e a probabilidade de obter ambos os prêmios é 0,05.
   a. Qual a probabilidade de não ganhar nenhum dos prêmios?
   b. Qual a probabilidade de ganhar ao menos um prêmio?
3. Joe convidou uma colega para ir a um *drive-in* sábado à noite. Ele acha que há 50 : 50 de chance de ela aceitar, e que há 80% de probabilidade de ter seu carro funcionando na ocasião. Mas o *drive-in* fecha quando chove. O jornal local dá 20% de chance de chuva para sábado à noite. Determine a probabilidade de Joe chegar ao *drive-in* com o carro, com a colega e sem chuva. Qual a probabilidade de "colega e carro" e "chuva"?
4. Como parte de um concurso de rádio, pede-se a uma pessoa que diga um número de três algarismos, que pode ser de 000 a 999. Determine a probabilidade de a pessoa dizer o número correto, utilizando
   a. o processo clássico da probabilidade
   b. a regra da multiplicação para os três algarismos
5. No problema anterior, determine a probabilidade de os dois primeiros algarismos serem corretos, mas o terceiro não.
6. Solicita-se a um grupo de congressistas que escalone sete projetos de lei em termos de custo para os contribuintes. Admitindo-se que não haja empate, quantos arranjos distintos são possíveis?
7. Ed Slammer, utilizando sua experiência passada, estima em 60% a probabilidade de acertar um buraco numa partida de golfe. Determine a probabilidade de acertar os três primeiros buracos, mas errar os dois seguintes. A hipótese de independência parece razoável? Por quê?
8. Dado que 10% dos estudantes matriculados numa universidade têm QI superior a 145, determine as probabilidades seguintes:
   a. De que o QI de um estudante escolhido ao acaso seja superior a 145.
   b. De que, em 5 estudantes, nenhum tenha QI superior a 145.
9. Henry chega atrasado ao escritório 25% das vezes, e esquece sua pasta 20% das vezes. Admitindo que essas ocorrências sejam independentes, determine as seguintes probabilidades:
   a. De Henry chegar atrasado dois dias seguidos.
   b. De Henry chegar atrasado e sem a pasta.
   c. De Henry chegar na hora e com a pasta.
   d. De Henry chegar na hora mas sem a pasta.
10. De quantas maneiras cinco estudantes podem escolher um projeto de curso, dentre 11 projetos, se:
    a. Dois estudantes não podem escolher o mesmo projeto.
    b. Se a escolha é livre?
11. O comissário de segurança pública estima que 5% dos carros estacionados na zona comercial são deixados com a chave na ignição, e acha que a chance de tal carro ser roubado é de 10%, enquanto que a chance de furto de um carro sem as chaves é de apenas 0,005. Dado que um carro foi furtado, qual é a probabilidade de ter sido deixado com as chaves na ignição?
12. Uma firma de consertos tem quatro empregados, *A, B, C, D*. Suas probabilidades de fazerem um conserto mal feito são: $P(A) = 1\%$, $P(B) = 2\%$, $P(C) = 3\%$, e $P(D) = 3\%$. *A* e *B* repartem entre si 60% dos consertos, e *C* e *D* repartem os outros 40%. Constatado um conserto mal feito, determine as probabilidades de:
    a. *A* ter feito o serviço.
    b. O serviço ter sido feito por *A* ou *B*.
    c. *C* ter feito o serviço.

CAPÍTULO 4

distribuições descontínuas de probabilidade

Objetivos do Capítulo

Ao completar o estudo deste capítulo, o leitor deve estar em condições de:

1. Explicar o que é distribuição de probabilidades
2. Definir variável aleatória e dar exemplos
3. Dizer como uma distribuição de probabilidades pode servir de modelo
4. Enunciar as hipóteses relativas à distribuição binomial
5. Enunciar as hipóteses relativas à distribuição de Poisson
6. Utilizar a fórmula e as tabelas da distribuição binomial para calcular probabilidades
7. Utilizar a fórmula e as tabelas da distribuição de Poisson para calcular probabilidades
8. Utilizar a distribuição de Poisson para aproximar probabilidades binomiais
9. Resolver problemas simples que envolvam probabilidades binomiais ou de Poisson

Esboço do Capítulo

Introdução
Variáveis Aleatórias
  Valor esperado de uma variável aleatória
  Somas de variáveis aleatórias
Distribuições de Probabilidades
Distribuições Descontínuas
A Distribuição Binomial
  A fórmula binomial

Tabelas Binomiais
  Probabilidades binomiais individuais
  Tabelas binomiais acumuladas
  Características da distribuição binomial
A Distribuição de Poisson
  A fórmula de Poisson
  Uma aplicação envolvendo o tempo
  Uma aplicação envolvendo área
Tabelas de Poisson
  Probabilidades de Poisson individuais
  A tabela de Poisson acumulada
  A distribuição de Poisson como aproximação da binomial
Outras Distribuições Discretas

INTRODUÇÃO

Por que é que ao jogarmos uma moeda, às vezes obtemos cara, outras vezes coroa? Por que é que um dado, quando lançado, apresenta uma determinada face, e não outra? Dizemos que tais ocorrências e outras análogas são determinadas pela chance; mas que *é* chance afinal?

A chance pode ser encarada como a interação de grande número de fatores – talvez de um número extremamente grande de fatores – que influem coletivamente no resultado de um experimento ou amostra. Não é fora de propósito admitir, no caso do dado, que a força com que ele é jogado, as correntes de ar, o ângulo pelo qual atinge a mesa, quantas vezes foi jogado, etc., tudo isso desempenhe sua parte. Como é virtualmente impossível controlar todos esses fatores, ou predizer como eles interatuarão numa jogada, de modo a afetar o resultado, não nos é possível especificar com precisão qual resultado ocorrerá em determinada jogada. Além disso, a mesma impossibilidade de saber de antemão qual resultado, dentre um conjunto de resultados possíveis, ocorrerá numa prova é característica inerente a qualquer processo em que a chance seja um fator – tal como no caso da extração de cartas de um baralho, a extração de nomes de uma urna, ou a *amostragem*.

Por outro lado, se admitimos que os mesmos fatores atuam da mesma maneira, ou de maneira análoga, em observações repetidas grande número de vezes, constatamos que existe uma possibilidade de *predição* "a longo prazo". Em outras palavras, certos resultados podem ser mais prováveis que outros, e isso se tornaria visível num grande número de observações.

VARIÁVEIS ALEATÓRIAS

Quando uma variável tem resultados ou valores que tendem a variar de uma observação para outra em razão de fatores relacionados com a chance, chama-se *variável aleatória*. Do ponto de vista prático, é desejável que se defina uma variável aleatória associada a uma amostra ou experimento, de tal modo que seus resultados possíveis sejam *numéricos*. Por exemplo, a jogada de uma moeda tem dois resultados – K ou C – que não são numéricos. Poderíamos então considerar como nossa variável aleatória o "número de *caras* numa jogada", que tem os valores numéricos possíveis 0 e 1. Da mesma forma, nossa variável poderia ser "número de *coroas* numa jogada". Para uma moeda jogada duas vezes, nossa variável aleatória poderia ser "número de caras em duas jogadas", com os valores numéricos possíveis 0, 1 e 2. Outro exemplo de variável aleatória seria o número de fregueses que entram numa grande loja no espaço de 20 minutos: 0, 1, 2, 3, 4, ... Ainda outro exemplo de variável aleatória seria a altura dos estudantes numa sala de aula de uma universidade, com um âmbito contínuo de valores, que iria, digamos, de 4,0 a 7,0 pés.

> Uma *variável aleatória* (v.a.) é uma função com valores numéricos, cujo valor é determinado por fatores de chance.

As variáveis aleatórias são ou discretas ou contínuas.

> Uma variável aleatória é considerada *discreta* se toma valores que podem ser *contados*.

Exemplos representativos de variáveis aleatórias discretas são: número de acidentes numa semana, número de defeitos em sapatos, número de falhas numa safra, número de terremotos, número de jogos empatados, número de livros numa estante.

> Uma variável aleatória é considerada *contínua* quando pode tomar *qualquer* valor de determinado intervalo.

Uma variável aleatória contínua tem um número infinito de valores possíveis. Exemplos típicos: pesos de caixas de laranja, alturas de pinheiros, duração de uma conversa telefônica, tempo necessário para completar um ensaio, etc.

A distinção entre variáveis aleatórias discretas e contínuas é importante porque a utilização de diferentes modelos (distribuições) de probabilidade depende do tipo de variável aleatória considerado.

Valor Esperado de uma Variável Aleatória

Se uma v.a. x toma os valores $x_1, x_2, x_3, \ldots, x_n$, com as probabilidades correspondentes $p_1, p_2, p_3, \ldots, p_n$, então o seu *valor esperado*, $E(x)$, é

$$p_1x_1 + p_2x_2 + p_3x_3 + \cdots + p_nx_n$$

Assim*

$$E(x) = \sum_{i=1}^{n} p_i x_i$$

Suponha-se que uma loja tenha compilado os seguintes dados sobre vendas de refrigeradores:

x_i Número vendido	$P(x)$ Freqüência relativa
0	0,20
1	0,30
2	0,30
3	0,15
4	0,05
	1,00

$$E(x) = 0{,}20(0) + 0{,}30(1) + 0{,}30(2) + 0{,}15(3) + 0{,}05(4) = 1{,}55$$

Como a firma obviamente não pode vender 1,55 refrigeradores em nenhum dia (porque o número vendido é uma variável que consiste dos *inteiros* 0, 1, 2, 3 e 4), a pergunta óbvia é: Como interpretar aquele valor? Muito simplesmente: O valor esperado é uma média a longo prazo.

---

* Note o leitor que isto é idêntico à determinação da média de uma distribuição de freqüência, utilizando as freqüências relativas.

Analogamente, se jogamos um dado equilibrado, qual o valor esperado numa jogada? Há seis resultados igualmente possíveis, e o valor esperado é

$$\frac{1}{6}(1) + \frac{1}{6}(2) + \frac{1}{6}(3) + \frac{1}{6}(4) + \frac{1}{6}(5) + \frac{1}{6}(6) = 3{,}5$$

Aqui novamente, 3,5 é um evento impossível para uma *única* jogada, mas certamente razoável em termos de média calculada para grande número de jogadas.

> O *valor esperado* de um experimento é uma média, e pode ser calculado como
>
> $$E(x) = \sum_{i=1}^{n} p_i x_i$$

É interessante notar que se pode calcular o valor esperado mesmo sem observações amostrais – tal como fizemos no caso de jogada de um dado, e que ele pode ser *estimado* a partir de dados amostrais, como no caso das vendas de refrigeradores.

Exemplo 1 Um investidor julga que tem 0,40 de probabilidade de ganhar $25.000 e 0,60 de probabilidade de perder $15.000 num investimento. Seu ganho esperado é

$$0{,}40(25.000) + 0{,}60(-15.000) = \$1.000$$

Note-se que $15.000 leva o sinal menos.

Exemplo 2 Um empreiteiro faz as seguintes estimativas:

Prazo de execução	Probabilidade
10 dias	0,30
15 dias	0,20
22 dias	0,50

O prazo esperado para execução da obra, de acordo com essas estimativas, é

$$0{,}30(10) + 0{,}20(15) + 0{,}50(22) = 17 \text{ dias}$$

Os cálculos de valor esperado podem envolver o número de ocorrências, tais como número de erros, número de peças defeituosas, número de acidentes, etc., bem como certas medidas monetárias como lucros, perdas, renda de investimentos, etc.

Quando decisões monetárias se baseiam em valores esperados, admite-se que exista uma *utilidade linear* para as quantias. Em outras palavras, admite-se que o valor de $2.000 para o tomador de decisão seja duas vezes o valor de $1.000. Mas este nem sempre é o caso. Se uma pessoa precisa de 10 *cents* para fazer uma ligação telefônica, 9 *cents* não podem ser considerados aqui como 90% dos 10 *cents*. Analogamente, se um pequeno empreiteiro necessita de $50.000 para permanecer no negócio, e se ele deve considerar duas ofertas – uma chance de 10% de ganhar $50.000 numa empreitada [valor esperado = (0,10)(50.000) = $5.000] ou uma chance de 90%

de ganhar \$30.000 em outra empreitada [valor esperado = (0,90)(30.000) = \$27.000] – ele provavelmente escolherá a empreitada com maior risco e menor valor esperado, porque precisa dos \$50.000 para permanecer no negócio. Dizemos que, nesse caso, há uma utilidade não-linear.

Somas de Variáveis Aleatórias

Há inúmeras situações em que temos de considerar uma v.a. que é, ela própria, a soma de duas ou mais v.a.'s. Em tais casos, devemos ser capazes de determinar a média e o desvio padrão da v.a. resultante. Suponhamos duas v.a.'s x e y, com médias e desvios padrões conhecidos. A partir dessa informação, podemos calcular a média e o desvio padrão da soma dessas duas v.a.'s. Se, para x, temos μ_x e σ_x, para y temos μ_y e σ_y, então, para $x + y$, teremos

$$\mu_{x+y} = \mu_x + \mu_y \qquad \text{e} \qquad \sigma_{x+y} = \sqrt{\sigma_x{}^2 + \sigma_y{}^2}$$

Note-se que os desvios padrões *nunca* se somam; somente as variâncias é que são aditivas. Assim, para determinar a variância do total, somamos as variâncias das parcelas. Em seguida, extraímos a raiz quadrada da variância total, para determinar o desvio padrão total. Por exemplo, devem-se unir duas peças de cano, provenientes de uma distribuição com média de 10,0 pés e desvio padrão de 3 pés. Calculemos a média e o desvio padrão da seção resultante da união das duas peças:

$$\mu_x = \mu_y = 10 \qquad\qquad \sigma_x = \sigma_y = 3$$
$$\mu_{x+y} = 10 + 10 = 20 \qquad \sigma_{x+y} = \sqrt{3^2 + 3^2} = 4{,}24$$

Se quiséssemos unir quatro peças do mesmo cano, a média e o desvio padrão da peça total seriam

$$\mu = 10 + 10 + 10 + 10 = 40 \qquad \sigma = \sqrt{3^2 + 3^2 + 3^2 + 3^2} = 6{,}0$$

> A *média* da soma de duas ou mais v.a.'s é igual à soma das médias das v.a.'s.
> A *variância* de duas ou mais v.a.'s é igual à soma das variâncias dessas v.a.'s.

EXERCÍCIOS

1. Classifique cada uma das seguintes v.a.'s como discreta ou contínua:
   a. idades das crianças numa escola
   b. número de crianças numa escola
   c. galões de gasolina vendidos numa terça-feira num posto
   d. número de atores numa peça teatral
2. Dez por cento dos carros num parque de carros usados têm bateria defeituosa. Se há 82 carros no lote, qual o número esperado de carros com bateria defeituosa?

3. O número de chamadas telefônicas recebidas por uma mesa e suas respectivas probabilidades para um intervalo de 3 minutos são:

							Total
Número de chamadas	0	1	2	3	4	5	
Freqüência relativa	0,60	0,20	0,10	0,04	0,03	0,03	1,00

Em média, quantas chamadas podem ser esperadas num intervalo de 3 minutos?

4. Uma firma está trabalhando em quatro projetos independentes, *A, B, C* e *D*, com lucros esperados de $4.000, $5.000, $10.000 e $20.000, e desvios padrões de $100, $200, $300 e $400. Determine o lucro esperado total desses quatro projetos, e o desvio padrão desse total.
5. Uma v.a. x tem média 15 e variância 2; e uma v.a. y tem média 6 e variância 1.
   a. Determine μ_{x+y}.
   b. Determine σ_{x+y}.
6. O Departamento Nacional de Saúde relata que aproximadamente 15% dos adultos do país serão atingidos por determinada espécie de gripe nos próximos 12 meses. Para uma cidade de 250.000 adultos, quantos podemos esperar serem afetados?
7. Uma confeitaria estabeleceu um registro de vendas (ver a tabela abaixo) para certo tipo de bolo. Determine o número esperado de bolos encomendados.

											Total
Número de bolos/dia	0	1	2	3	4	5	6	7	8	9	
Freqüência relativa	0,02	0,07	0,09	0,12	0,20	0,20	0,18	0,10	0,01	0,01	1,00

8. Uma operação de fabricação em três estágios tem um tempo médio de completamento de 15 minutos para o primeiro estágio, 25 minutos para o segundo e 30 minutos para o terceiro. Os desvios padrões respectivos são 3, 4 e 5 minutos. Determine a média e a variância do tempo total de completamento.
9. Um bilhete de loteria tem 0,00001 de chance de dar um prêmio de $100.000, 0,0002 de chance de dar um prêmio de $50.000 e 0,004 de chance de um prêmio de $25. Qual seria o preço justo de venda do bilhete?
10. Deve-se escolher um homem dentre um grande grupo de homens. O peso médio no grupo é de 180 lb, com desvio padrão de 20 lb. Uma mulher deve ser escolhida de um grupo de mulheres com peso médio de 140 lb e desvio padrão de 15 lb. Determine a média e a variância dos pesos combinados de um homem e uma mulher.
11. Refaça o Exercício 10 para os pesos combinados de três homens.

DISTRIBUIÇÕES DE PROBABILIDADES

Uma *distribuição de probabilidades* é uma distribuição de freqüências para os resultados de um espaço amostral (isto é, para os resultados de uma variável aleatória). As freqüências são *relativas*, ou *probabilidades*. Assim, as probabilidades indicam a percentagem de vezes que, em grande número de observações, podemos esperar a ocorrência dos vários resultados de uma v.a. Muitas vezes usamos tabelas ou gráficos para mostrar como a probabilidade total atribuída a um espaço amostral (100%) é *distribuída* pelos diversos resultados daquele espaço.

> Uma *distribuição de probabilidades* é uma distribuição de freqüências relativas para os resultados de um espaço amostral; mostra a proporção das vezes em que a v.a. tende a assumir cada um dos diversos valores.

Consideremos a v.a. "número de caras em duas jogadas de uma moeda". Eis a lista dos pontos do espaço amostral e os valores correspondentes da v.a.

Resultado	Valor da v.a.
CC	0
CK	1
KC	1
KK	2

(K = cara, C = coroa)

Se a moeda é equilibrada, $P(K) = P(C) = \frac{1}{2}$. As probabilidades dos diversos resultados são:

	Resultado	Probabilidade do resultado	Número de caras	$P(x)$
	CC	$\frac{1}{2}(\frac{1}{2}) = \frac{1}{4}$	0	0,25
1 cara	CK	$\frac{1}{2}(\frac{1}{2}) = \frac{1}{4}$	1	0,50
	KC	$\frac{1}{2}(\frac{1}{2}) = \frac{1}{4}$		
	KK	$\frac{1}{2}(\frac{1}{2}) = \frac{1}{4}$	2	0,25

Assim, pois, a distribuição de probabilidades para o número de caras em duas jogadas de uma moeda é

Número de caras	$P(x)$
0	0,25
1	0,50
2	0,25
	1,00

Note-se que a soma de todas as probabilidades é 1,00, como é de esperar, pois os resultados apresentados são mutuamente excludentes e coletivamente exaustivos. A mesma distribuição pode ser apresentada em forma *acumulada*.

Número de caras	$P(x$ ou menos)
0	0,25
1	0,75
2	1,00

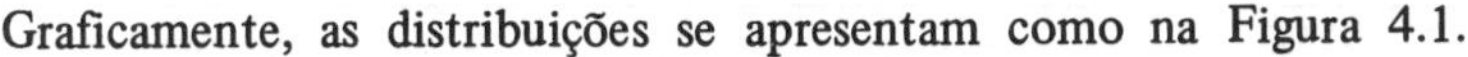

Graficamente, as distribuições se apresentam como na Figura 4.1.

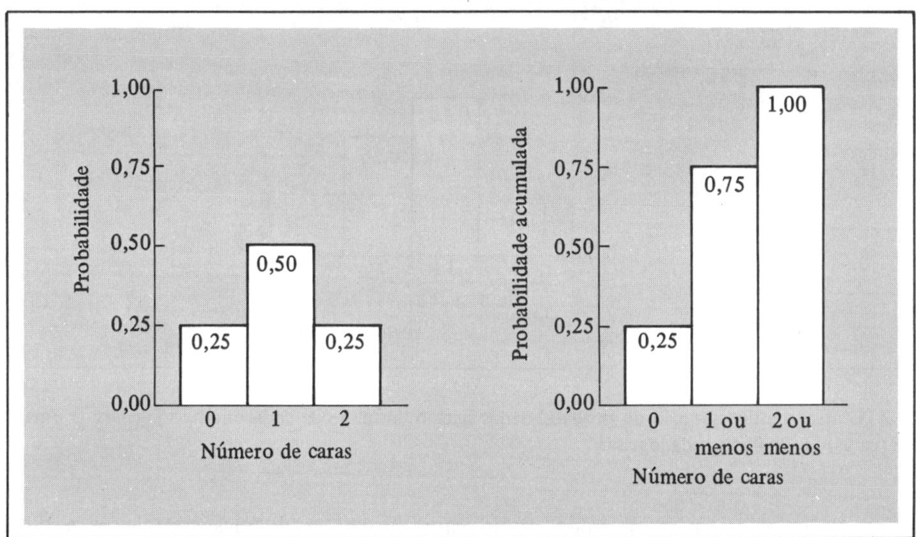

Figura 4.1 Distribuição de probabilidades e distribuição acumulada de probabilidades para o "número de caras em duas jogadas de uma moeda".

Suponhamos agora seja jogada uma moeda numa situação em que $P(K) = 0{,}60$ e $P(C) = 0{,}40$. Aqui temos uma distribuição de probabilidades *diferente* para o número de caras em duas jogadas da moeda.

	Probabilidade	Número de caras	Probabilidade
CC	0,40(0,40) = 0,16	0	0,16
CK	0,40(0,60) = 0,24	1	0,48
KC	0,60(0,40) = 0,24		
KK	0,60(0,60) = 0,36	2	0,36
	1,00		1,00

Graficamente, a distribuição é a da Figura 4.2.

Notemos que, *dada* uma distribuição de probabilidades, é evidente que alguns resultados são mais prováveis que outros. Além disso, pode-se achar, sem muito esforço, a probabilidade de um dado resultado, ou de um grupo de resultados. Do ponto de vista prático, em geral não é necessário calcular as probabilidades individuais para obter uma distribuição de probabilidades. Existem tabelas e fórmulas para isso. Conseqüentemente, o problema não é "como *se deduzem* os valores?", mas sim "como *se usam* as distribuições para resolver problemas?"

Fora o fato de que as distribuições de probabilidades proporcionam um método simples para a determinação de certas probabilidades, os tipos de distribuição podem ser considerados como *modelos* para descrever situações que envolvem resultados gerados pela chance.

No Capítulo 1 discutimos o emprego de modelos como base para uma tomada racional de decisões. A construção de modelos envolve hipóteses simplificadoras e a eliminação de detalhes de

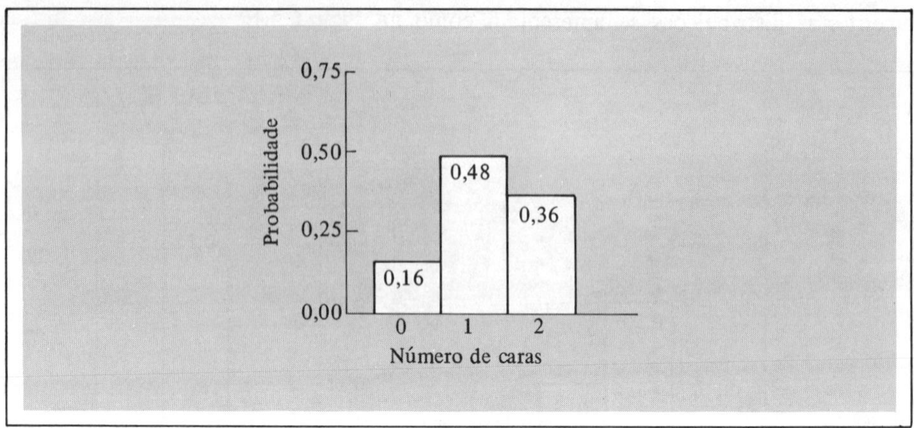

Figura 4.2 Gráfico da distribuição de probabilidades para o "número de caras em duas jogadas de uma moeda" quando P (caras) = 0,60 em cada jogada.

menor importância, e em geral pode servir para reduzir problemas complexos a dimensões manejáveis.

Uma conseqüência dessa simplificação na utilização de modelos é que, em suas formas mais puras, poucos problemas são realmente únicos. Por isso, freqüentemente um pequeno número de modelos é suficiente para proporcionar soluções para uma vasta gama de problemas que, à primeira vista, não parecem relacionados. Isto é especialmente verdadeiro no trabalho com a estatística. A maioria dos problemas pode ser resolvida com o auxílio de poucos modelos básicos. Por exemplo, a jogada de moedas para o ar, o número de itens defeituosos numa remessa de mercadorias, hipóteses sobre exames, recaem quase sempre no mesmo tipo de distribuição de probabilidades. A constatação desse fato levou ao desenvolvimento de uma coleção de técnicas padronizadas que podem ser usadas para resolver muitos problemas "diferentes". Isto permite ao administrador ou a outro analista utilizar o poder da estatística num problema particular sem precisar sempre recomeçar tudo outra vez.

Há uma variedade de tipos de distribuição de probabilidades na estatística. Cada qual tem seu próprio conjunto de hipóteses que definem as condições sob as quais o tipo de distribuição pode ser utilizado validamente. A chave da utilização de uma distribuição de probabilidades consiste em confrontar as hipóteses do tipo de distribuição com as características da situação real. Uma vez estabelecida tal correspondência, a análise se torna relativamente simples, porque as distribuições de probabilidades podem ser usadas para tratar uma classe de problemas, e todos os problemas enquadrados em cada classe são tratados essencialmente da mesma maneira.

Apresentamos neste capítulo uns poucos – mas muito importantes – tipos de distribuição de probabilidades. À medida que o leitor avançar na leitura do capítulo, deverá concentrar a atenção nas seguintes questões:

1. Que hipóteses ou restrições básicas são exigidas por cada tipo de distribuição de probabilidades? O conhecimento deste aspecto é vital para confrontar uma variável aleatória com a situação real.
2. Como se podem usar as distribuições de probabilidades para obter soluções de problemas?

A validade da aplicação de determinada distribuição a um problema depende do grau de aproximação entre a situação real e o conjunto de condições admitidas na distribuição de probabilidades. Usualmente, quanto melhor a aproximação, melhor a resposta.

> A essência da análise estatística é confrontar as hipóteses de uma distribuição de probabilidades com as especificações de determinado problema.

A discussão que segue, das distribuições de probabilidades, acha-se dividida em duas partes: distribuições descontínuas, estudadas neste capítulo, e distribuições contínuas, no próximo.

DISTRIBUIÇÕES DESCONTÍNUAS

As distribuições descontínuas de probabilidades envolvem variáveis aleatórias relativas a dados que podem ser contados, como o número de ocorrências por amostra, ou o número de ocorrências por unidade num intervalo de tempo, de área, ou de distância. Nas páginas que seguem, o leitor travará conhecimento com duas importantíssimas distribuições descontínuas: a binomial e a de Poisson.

A DISTRIBUIÇÃO BINOMIAL

Usa-se o termo "binomial" para designar situações em que os resultados de uma v.a. podem ser grupados em duas classes ou categorias. Os dados são, pois, *nominais*. As categorias devem ser mutuamente excludentes, de modo a deixar perfeitamente claro a qual categoria pertence determinada observação; e as classes devem ser coletivamente exaustivas, de forma que nenhum outro resultado fora delas é possível.

Há muitos exemplos de v.a.'s que podem ser classificados como variáveis binomiais: respostas a um teste do tipo V ou F, respostas do tipo sim ou não a um questionário, produtos manufaturados classificados como perfeitos ou defeituosos, alunos de uma escola vacinados ou não vacinados, exames do tipo passa ou não passa. Além disso, variáveis com resultados *múltiplos* podem freqüentemente ser tratadas como binomiais, quando apenas um dos resultados tem interesse. Assim é que as respostas a um teste de múltipla escolha podem ser do tipo correta ou errada; pode haver bolas de cinco cores numa urna, mas se nosso interesse é apenas na extração de uma bola verde, as bolas podem classificar-se como verdes e não-verdes; pode haver cinco candidatos a um emprego, e o resultado final pode ser dado em termos de contratado ou não-contratado. Da mesma forma, a distribuição de correspondência pelo correio pode ser local ou para fora da cidade; as chamadas telefônicas podem ser locais ou interurbanas. Mesmo os resultados de uma v.a. contínua podem reduzir-se a duas classes mutuamente excludentes. Por exemplo, a velocidade de um automóvel pode ser considerada dentro do limite legal ou excedendo o referido limite. Da mesma forma, podemos dizer que um atleta terminou uma corrida em menos de 4 minutos, ou não; que uma pessoa tem mais de 6 pés de altura, ou não.

É comum referirmo-nos às duas categorias de uma distribuição binomial como "sucesso" ou "falha", muito embora não importe, para fins de cálculo, qual categoria seja considerada sucesso, e qual seja considerada falha, já que as duas são complementares. Por exemplo, no caso de um jogo de chance, o sucesso para um parceiro é falha para o outro.

As observações de um experimento binomial são em geral designadas como "provas". Por exemplo, um problema pode exigir a determinação da probabilidade de cinco sucessos em sete provas (observações).

Note-se que, porque "sucesso" e "falha" são *mutuamente excludentes* e *coletivamente exaustivos*, P(sucesso) + P(falha) = 1,00. Conseqüentemente, sabido, por exemplo, que P(sucesso) = 0,6, segue-se imediatamente que P(falha) = 0,4.

A distribuição binomial é útil para determinar a probabilidade de certo número de sucessos num conjunto de observações. Por exemplo, suponhamos que se saiba que 80% dos eleitores registrados numa seção eleitoral têm mais de 30 anos. Poderemos querer saber a probabilidade de, numa amostra de 10 eleitores registrados, encontrarmos 7 ou mais eleitores com mais de 30 anos. Em tal caso, sucesso = eleitor com mais de 30 anos e P(sucesso) = 0,8.

A utilização da distribuição binomial exige certas hipóteses. Essas hipóteses são:

1. Há n observações ou provas idênticas.
2. Cada prova tem dois resultados possíveis, um chamado "sucesso" e o outro "falha".
3. As probabilidades p de sucesso e $1 - p$ de falha permanecem constantes em todas as provas.
4. Os resultados das provas são independentes uns dos outros.

Há dois métodos para obter as probabilidades para uma v.a. distribuída binomialmente. Um deles consiste em utilizar a fórmula binomial, e o outro é a utilização das tabelas de probabilidades binomiais.

A Fórmula Binomial

Para calcular uma probabilidade binomial, é preciso especificar n, o número de provas, x, o número de sucessos, e p, a probabilidade de sucesso em cada prova. Suponhamos que p = 0,80 [e, conseqüentemente, P(falha) = 0,20], e que queiramos calcular a probabilidade de três sucessos (e uma falha) em quatro observações. Ora, há quatro maneiras de obter exatamente três sucessos em quatro observações. Essas quatro maneiras acham-se tabeladas abaixo, com as respectivas probabilidades.

Disposição	Probabilidade
SSSF	(0,8)(0,8)(0,8)(0,2) = 0,1024
SSFS	(0,8)(0,8)(0,2)(0,8) = 0,1024
SFSS	(0,8)(0,2)(0,8)(0,8) = 0,1024
FSSS	(0,2)(0,8)(0,8)(0,8) = 0,1024
	0,4096

A probabilidade de três sucessos e uma falha é a soma das probabilidades de todas as maneiras de obter três sucessos em quatro observações. No nosso caso, a soma é 0,4096. Note-se que cada situação tem a mesma probabilidade de ocorrência, porque os fatores são *os mesmos*, apenas sua *ordem* é diferente. Isto é *sempre* verdadeiro.

Esta observação nos leva às seguintes diretrizes. As probabilidades de resultados binomiais podem ser determinadas levando-se duas coisas em consideração: o *número* de maneiras como a situação pode ocorrer, e a *probabilidade de uma* dessas maneiras. Note-se também que o número é, na realidade, o número de permutações distintas,

$$\binom{n}{x}$$

Além disso, há uma tabela no Apêndice (Tabela E) com alguns valores dos coeficientes binomiais,

$$\binom{n}{x}$$

de modo que, em geral, não é necessário calcular efetivamente esses valores.

Talvez a maneira mais simples para determinar a probabilidade de uma das situações seja considerar o caso em que todos os sucessos ocorrem primeiro e todas as falhas ocorrem por último. Para três sucessos e uma falha, temos SSSF, e a probabilidade correspondente é (0,8)(0,8)(0,8)(0,2), ou $(0{,}8)^3(0{,}2)^1$. Assim, $P(x = 3) = 4(0{,}8)^3(0{,}2)^1 = 0{,}4096$.

Combinando essas duas idéias – número de maneiras e probabilidade de uma delas – obtemos

$$P(x) = \binom{n}{x}[P(\text{sucesso})]^x[P(\text{falha})]^{n-x}$$

onde

$\binom{n}{x}$ é o número de maneiras de obter x sucessos e $n - x$ falhas em n provas.

Note-se que, se queremos x sucessos em n provas, então também esperamos $n - x$ falhas, porque $x + n - x = n$, número total de observações ou provas. (O leitor deve sempre certificar-se de que a soma dos expoentes é n, ao usar este método.)

Eis alguns exemplos de como estabelecer a fórmula para cálculos.

n	x	p	$\binom{n}{x}p^x(1-p)^{n-x}$
5	3	0,30	$\binom{5}{3}(0{,}30)^3(0{,}70)^2$
8	6	0,11	$\binom{8}{6}(0{,}11)^6(0{,}89)^2$
9	5	0,44	$\binom{9}{5}(0{,}44)^5(0{,}56)^4$
10	4	0,85	$\binom{10}{4}(0{,}85)^4(0{,}15)^6$

A fórmula também pode ser usada para obter probabilidades *acumuladas*, calculando-se e *somando-se* as probabilidades individuais. Eis alguns exemplos

n	p	x	Inclui	Cálculos	$P(x)$
3	0,4	1	1	$\binom{3}{1}(0{,}4)^1(0{,}6)^2$	0,4320
5	0,2	0	0	$\binom{5}{0}(0{,}2)^0(0{,}8)^5$	0,3277
5	0,2	1 ou menos	0,1	$\binom{5}{0}(0{,}2)^0(0{,}8)^5 + \binom{5}{1}(0{,}2)^1(0{,}8)^4$	0,7373
10	0,5	8 ou mais	8, 9, 10	$\binom{10}{8}(0{,}5)^8(0{,}5)^2 + \binom{10}{9}(0{,}5)^9(0{,}5)^1 + \binom{10}{10}(0{,}5)^{10}(0{,}5)^0$	0,0547
10	0,7	6	6	$\binom{10}{6}(0{,}7)^6(0{,}3)^4$	0,2001

EXERCÍCIOS

Use a fórmula binomial para responder às questões abaixo.

1. Um fabricante de mesas de bilhar suspeita que 2% de seu produto apresenta algum defeito. Se tal suspeita é correta, determine a probabilidade de que, numa amostra de nove mesas:
   a. Haja ao menos uma defeituosa. b. Não haja nenhuma defeituosa.
2. Dos estudantes de um colégio, 41% fumam cigarro. Escolhem-se seis ao acaso para darem sua opinião sobre o fumo.
   a. Determine a probabilidade de nenhum dos seis ser fumante.
   b. Determine a probabilidade de todos os seis fumarem.
   c. Determine a probabilidade de ao menos a metade dos seis ser fumante.
3. Doze por cento dos que reservam lugar num vôo sistematicamente faltam ao embarque. O avião comporta 15 passageiros.
   a. Determine a probabilidade de que todos os 15 que reservaram lugar compareçam ao embarque.
   b. Se houve 16 pedidos de reserva, determine a probabilidade:
      a. de uma pessoa ficar de fora
      b. de nenhuma ficar de fora
      c. de mais de uma ficar de fora
4. Um revendedor de automóveis novos constatou que 80% dos carros vendidos são devolvidos ao departamento mecânico para corrigir defeitos de fabricação, nos primeiros 25 dias após a venda. De 11 carros vendidos num período de 5 dias, qual é a probabilidade de que:
   a. Todos voltem dentro de 25 dias para reparo.
   b. Só um não volte.
5. Suponha que 8% dos cachorros-quentes vendidos num estádio de beisebol sejam pedidos sem mostarda. Se sete pessoas pedem cachorro-quente, determine a probabilidade de que:
   a. Todos queiram mostarda. b. Apenas um não a queira.

TABELAS BINOMIAIS

As tabelas de probabilidade constituem um instrumento muito prático para a análise estatística; dão as probabilidades com um mínimo de esforço. Há dois tipos de tabelas binomiais. Um dá as probabilidades de resultados *individuais* de uma v.a., e o outro dá as probabilidades de um *conjunto* de resultados. Conquanto ambos os tipos contenham essencialmente a mesma informação, alguns problemas se prestam mais a um tipo do que a outro, de forma que consideraremos ambos.

Probabilidades Binomiais Individuais

Quando há interesse na determinação da probabilidade de um único valor numa distribuição binomial, tal como a probabilidade de *exatamente* quatro sucessos em seis observações, então utiliza-se a tabela de probabilidades binomiais individuais. Tal como no caso da fórmula, são necessários três dados: n, o número de observações, p, a probabilidade de sucesso, e x, um número especificado de sucessos.

A Tabela 4.1 dá parte de uma tabela binomial. Os valores de p aparecem no topo da tabela, e crescem a intervalos de 0,05. Na coluna esquerda estão os tamanhos n das amostras. Note-se que para cada n relaciona-se o número x de sucessos (0 a n). O Apêndice contém uma tabela binomial mais extensa.

Utilizemos a Tabela 4.1 para determinar uma probabilidade. Seja calcular a probabilidade de 5 sucessos ($x = 5$) em 8 observações ($n = 8$), quando a probabilidade de sucesso é 0,30. Utiliza-se a tabela como segue:

1. Procurar no topo da tabela o valor de p indicado.
2. Localizar o n na coluna esquerda da tabela, e procurar o número x de sucessos desejado.
3. A probabilidade de x sucessos se encontra na interseção da linha achada conforme a parte 2 com a coluna achada conforme a parte 1.

Assim, a probabilidade de exatamente 5 sucessos em 8 observações, quando a probabilidade de sucesso em cada observação é 0,30, é 0,0467. Esse valor aparece circulado na Tabela 4.1.

A tabela abaixo ilustra probabilidades determinadas pela Tabela A do Apêndice. O leitor deverá consultar a referida tabela e conferir os números.

n	Probabilidade de sucesso p	x	$P(x)$
5	0,20	0	0,3277
8	0,60	3	0,1239
11	0,30	5	0,1321

Tabelas Binomiais Acumuladas

Muitos problemas requerem a probabilidade combinada de um grupo de resultados, em vez de um único resultado. Usualmente, os resultados de interesse são do tipo "mais do que" ou "menos do que" determinado número. Por exemplo, podemos querer a probabilidade de 5 *ou menos* caras em 10 jogadas de uma moeda equilibrada. Conquanto tais problemas possam resolver-se com auxílio da tabela de probabilidades individuais, tal processo exigiria que procurássemos as

Tabela 4.1 Parte de uma Tabela de Probabilidades Binomiais Individuais

						↓				*p*									
n	*x*	0,05	0,10	0,15	0,20	0,25	0,30	0,35	0,40	0,45	0,50	0,55	0,60	0,65	0,70	0,75	0,80	0,85	0,90	0,95
→8	0	0,6634	0,4305	0,2725	0,1678	0,1001	0,0576	0,0319	0,0168	0,0084	0,0039	0,0017	0,0007	0,0002	0,0001	0,0000	0,0000	0,0000	0,0000	0,0000
	1	0,2793	0,3826	0,3847	0,3355	0,2670	0,1977	0,1373	0,0896	0,0548	0,0312	0,0164	0,0079	0,0033	0,0012	0,0004	0,0001	0,0000	0,0000	0,0000
	2	0,0515	0,1488	0,2376	0,2936	0,3115	0,2965	0,2587	0,2090	0,1569	0,1094	0,0703	0,0413	0,0217	0,0100	0,0038	0,0011	0,0002	0,0000	0,0000
	3	0,0054	0,0331	0,0839	0,1468	0,2076	0,2541	0,2786	0,2787	0,2568	0,2188	0,1719	0,1239	0,0808	0,0467	0,0231	0,0092	0,0026	0,0004	0,0000
	4	0,0004	0,0046	0,0185	0,0459	0,0865	0,1361	0,1875	0,2322	0,2627	0,2734	0,2627	0,2322	0,1875	0,1361	0,0865	0,0459	0,0185	0,0046	0,0004
	→5	0,0000	0,0004	0,0026	0,0092	0,0231	(0,0467)	0,0808	0,1239	0,1719	0,2188	0,2568	0,2787	0,2786	0,2541	0,2076	0,1468	0,0839	0,0331	0,0054
	6	0,0000	0,0000	0,0002	0,0011	0,0038	0,0100	0,0217	0,0413	0,0703	0,1094	0,1569	0,2090	0,2587	0,2965	0,3115	0,2936	0,2376	0,1488	0,0515
	7	0,0000	0,0000	0,0000	0,0001	0,0004	0,0012	0,0033	0,0079	0,0164	0,0312	0,0548	0,0896	0,1373	0,1977	0,2670	0,3355	0,3847	0,3826	0,2793
	8	0,0000	0,0000	0,0000	0,0000	0,0000	0,0001	0,0002	0,0007	0,0017	0,0039	0,0084	0,0168	0,0319	0,0576	0,1001	0,1678	0,2725	0,4305	0,6634
9	0	0,6302	0,3874	0,2316	0,1342	0,0751	0,0404	0,0207	0,0101	0,0046	0,0020	0,0008	0,0003	0,0001	0,0000	0,0000	0,0000	0,0000	0,0000	0,0000
	1	0,2985	0,3874	0,3679	0,3020	0,2253	0,1556	0,1004	0,0605	0,0339	0,0176	0,0083	0,0035	0,0013	0,0004	0,0001	0,0000	0,0000	0,0000	0,0000
	2	0,0629	0,1722	0,2597	0,3020	0,3003	0,2668	0,2162	0,1612	0,1110	0,0703	0,0407	0,0212	0,0098	0,0039	0,0012	0,0003	0,0000	0,0000	0,0000
	3	0,0077	0,0446	0,1069	0,1762	0,2336	0,2668	0,2716	0,2508	0,2119	0,1641	0,1160	0,0743	0,0424	0,0210	0,0087	0,0028	0,0006	0,0001	0,0000
	4	0,0006	0,0074	0,0283	0,0661	0,1168	0,1715	0,2194	0,2508	0,2600	0,2461	0,2128	0,1672	0,1181	0,0735	0,0389	0,0165	0,0050	0,0008	0,0000
	5	0,0000	0,0008	0,0050	0,0165	0,0389	0,0735	0,1181	0,1672	0,2128	0,2461	0,2600	0,2508	0,2194	0,1715	0,1168	0,0661	0,0283	0,0074	0,0006
	6	0,0000	0,0001	0,0006	0,0028	0,0087	0,0210	0,0424	0,0743	0,1160	0,1641	0,2119	0,2508	0,2716	0,2668	0,2336	0,1762	0,1069	0,0446	0,0077
	7	0,0000	0,0000	0,0000	0,0003	0,0012	0,0039	0,0098	0,0212	0,0407	0,0703	0,1110	0,1612	0,2162	0,2668	0,3003	0,3020	0,2597	0,1722	0,0629
	8	0,0000	0,0000	0,0000	0,0000	0,0001	0,0004	0,0013	0,0035	0,0083	0,0176	0,0339	0,0605	0,1004	0,1556	0,2253	0,3020	0,3679	0,3874	0,2985
	9	0,0000	0,0000	0,0000	0,0000	0,0000	0,0000	0,0001	0,0003	0,0008	0,0020	0,0046	0,0101	0,0207	0,0404	0,0751	0,1342	0,2316	0,3874	0,6302

probabilidades individuais, somando-as em seguida: $P(0) + P(1) + P(2) + P(3) + P(4) + P(5)$. Uma alternativa mais eficiente consiste em utilizar uma tabela de probabilidades acumuladas, porque aí os valores individuais já aparecem somados (acumulados), o que poupa tempo e evita possíveis erros de cálculo.

A disposição de uma tabela binomial acumulada é quase idêntica à da tabela de probabilidades binomiais individuais. Os valores de p, probabilidade de sucesso, aparecem no topo da tabela, e os números possíveis de ocorrências (sucessos) constam da coluna à esquerda, para diversos tamanhos de amostra. As probabilidades constantes do corpo da tabela entendem-se para *x ou menos* sucessos, em vez de *exatamente x* sucessos, como na tabela de probabilidades binomiais individuais. A Tabela 4.2 ilustra parte de uma tabela acumulada. O valor circulado, 0,9360, é a probabilidade de 2 ou menos sucessos (isto é, 0, ou 1 ou 2) em três observações, com probabilidade de sucesso 0,40.

Uma tabela acumulada pode ser usada de diversas maneiras. Pode ser usada diretamente para achar a probabilidade de x ser igual ou menor que um número especificado de sucessos. E pode ser usada indiretamente para determinar a probabilidade de x ser *maior* do que um número especificado de sucessos, e a probabilidade de *exatamente x* sucessos. Isto se deve ao fato de os resultados serem mutuamente excludentes e coletivamente exaustivos; suas probabilidades em qualquer situação terão por soma 1,00. Assim, se $P(X \leqslant 6) = 0{,}72$, então $P(X > 6) = 1{,}00 - 0{,}72 = 0{,}28$.

Um dispositivo que pode facilitar o trabalho consiste em relacionar os resultados possíveis para uma dada situação e depois sublinhar os resultados cujas probabilidades desejamos. Por exemplo, seja determinar a probabilidade de 3 ou menos sucessos em 7 observações. Listemos primeiro os sucessos possíveis:

$$0 \quad 1 \quad 2 \quad 3 \quad 4 \quad 5 \quad 6 \quad 7$$

Em seguida, sublinhemos os que nos interessam:

$$\underbrace{\underline{0 \quad 1 \quad 2 \quad 3}}_{\text{(3 ou menos)}} \quad 4 \quad 5 \quad 6 \quad 7$$

Como a tabela dá a probabilidade de *x ou menos* sucessos, podemos ler diretamente a probabilidade de 3 ou menos [dados n e P(sucesso)]. Isto é,

$$\underline{0 \quad 1 \quad 2 \quad 3} \quad 4 \quad 5 \quad 6 \quad 7$$

a tabela dá a probabilidade de qualquer desses números de sucessos.

Para determinar a probabilidade de *mais de* 3 (isto é, 4, 5, 6, ou 7) sucessos, determinamos a probabilidade de 3 ou menos e a subtraímos de 1,00:

$$\overbrace{\underbrace{\underline{0 \quad 1 \quad 2 \quad 3}}_{\text{valor tabelado}} \quad \underbrace{\underline{4 \quad 5 \quad 6 \quad 7}}_{1\text{ - valor tabelado}}}^{100\%}$$

Uma tabela acumulada também pode ser usada para determinar probabilidades individuais. Por exemplo, para determinar a probabilidade de exatamente 4 sucessos, basta subtrair P(3 ou menos) de P(4 ou menos):

$$P(x \leq 4) - P(x \leq 3) = P(x = 4)$$

Tabela 4.2 Parte de uma Tabela Binomial Acumulada

n	x	0,05	0,10	0,15	0,20	0,25	0,30	0,35	0,40	0,45	0,50	0,55	0,60	0,65
1	0	0,9500	0,9000	0,8500	0,8000	0,7500	0,7000	0,6500	0,6000	0,5500	0,5000	0,4500	0,4000	0,3500
	1	1,0000	1,0000	1,0000	1,0000	1,0000	1,0000	1,0000	1,0000	1,0000	1,0000	1,0000	1,0000	1,0000
2	0	0,9025	0,8100	0,7225	0,6400	0,5625	0,4900	0,4225	0,3600	0,3025	0,2500	0,2025	0,1600	0,1225
	1	0,9975	0,9900	0,9775	0,9600	0,9375	0,9100	0,8775	0,8400	0,7975	0,7500	0,6975	0,6400	0,5775
	2	1,0000	1,0000	1,0000	1,0000	1,0000	1,0000	1,0000	1,0000	1,0000	1,0000	1,0000	1,0000	1,0000
$n = 3 \rightarrow$ 3	0	0,8574	0,7290	0,6141	0,5120	0,4219	0,3430	0,2746	0,2160	0,1664	0,1250	0,0911	0,0640	0,0429
	1	0,9928	0,9720	0,9393	0,8960	0,8438	0,7840	0,7183	0,6430	0,5748	0,5000	0,4253	0,3520	0,2818
$x = 2 \rightarrow$	2	0,9999	0,9990	0,9966	0,9920	0,9844	0,9730	0,9571	0,9360	0,9089	0,8750	0,8336	0,7840	0,7254
	3	1,0000	1,0000	1,0000	1,0000	1,0000	1,0000	1,0000	1,0000	1,0000	1,0000	1,0000	1,0000	1,0000
4	0	0,8145	0,6561	0,5220	0,4096	0,3164	0,2401	0,1785	0,1296	0,0915	0,0625	0,0410	0,0256	0,0150
	1	0,9860	0,9477	0,8905	0,8192	0,7383	0,6517	0,5630	0,4752	0,3910	0,3125	0,2415	0,1792	0,1265
	2	0,9995	0,9963	0,9880	0,9728	0,9492	0,9163	0,8735	0,8208	0,7585	0,6875	0,6090	0,5248	0,4370
	3	1,0000	0,9999	0,9995	0,9984	0,9961	0,9919	0,9850	0,9744	0,9590	0,9375	0,9085	0,8704	0,8215
	4	1,0000	1,0000	1,0000	1,0000	1,0000	1,0000	1,0000	1,0000	1,0000	1,0000	1,0000	1,0000	1,0000
5	0	0,7738	0,5905	0,4437	0,3277	0,2373	0,1681	0,1160	0,0778	0,0503	0,0313	0,0185	0,0102	0,0053
	1	0,9774	0,9185	0,8352	0,7373	0,6328	0,5282	0,4284	0,3370	0,2562	0,1875	0,1312	0,0870	0,0540
	2	0,9988	0,9914	0,9734	0,9421	0,8965	0,8369	0,7648	0,6826	0,5931	0,5000	0,4069	0,3174	0,2352
	3	1,0000	0,9995	0,9978	0,9933	0,9844	0,9692	0,9460	0,9130	0,8688	0,8125	0,7438	0,6630	0,5716
	4	1,0000	1,0000	0,9999	0,9997	0,9990	0,9976	0,9947	0,9898	0,9815	0,9688	0,9497	0,9222	0,8840
	5	1,0000	1,0000	1,0000	1,0000	1,0000	1,0000	1,0000	1,0000	1,0000	1,0000	1,0000	1,0000	1,0000

Consideremos este exemplo. Se P(sucesso) = 0,50 e n = 4, use a tabela acumulada para determinar $P(x = 3)$:

$P(x \leqslant 3)$ inclui:	0	1	2	3	e é igual a 0,9375
$P(x \leqslant 2)$ inclui:	0	1	2		e é igual a 0,6875
$P(x = 3)$ inclui:				3	e é igual a 0,2500

A Tabela 4.3 ilustra os diversos usos de uma tabela acumulada, bem como a maneira de deduzir probabilidades. O leitor deve estudá-la cuidadosamente e estará capacitado a resolver sem grande dificuldade os problemas que encontrar.

Tabela 4.3 Utilização de uma Tabela Binomial Acumulada

A. Relação dos resultados desejados

	Resultados											
$n = 10$	0	1	2	3	4	5	6	7	8	9	10	Ler na tabela acumulada
$P(X \leqslant 6)$ 6 ou menos	0	1	2	3	4	5	6					diretamente: $P(6)$
$P(X < 6)$ menos de 6	0	1	2	3	4	5						diretamente: $P(5)$
$P(X \geqslant 6)$ 6 ou mais							6	7	8	9	10	$1 - P(5)$
$P(X > 6)$ mais de 6								7	8	9	10	$1 - P(6)$
$P(X = 6)$ 6							6					$P(6) - P(5)$

B. Probabilidades, para $p = 0,3$ e $n = 10$ (extraídas da Tabela B do Apêndice)

$P(X \leqslant 6)$		0,9894
$P(X < 6)$		0,9527
$P(X \geqslant 6)$	1 - 0,9527 =	0,0473
$P(X > 6)$	1 - 0,9894 =	0,0106
$P(X = 6)$	0,9894 - 0,9527 =	0,0367

Embora as tabelas constituam o método mais simples e mais prático para determinação de probabilidades, há situações em que as probabilidades desejadas não podem ser obtidas de tabelas como as com que estivemos lidando. Suponha-se, p. ex., P(sucesso) = 0,12. A tabela não tem esse valor. Na realidade, existem tabelas maiores e mais extensas, e muitas bibliotecas as têm para consulta. Mas nem sempre é prático, ou mesmo possível, recorrer à biblioteca. Por essas e outras razões, é conveniente usar a fórmula binomial para obter as probabilidades desejadas.

Características da Distribuição Binomial

Cada tipo de distribuição de probabilidades tem suas características próprias, que a distinguem das outras distribuições. O conhecimento dessas distinções enseja melhor compreensão de como usar um tipo de distribuição, de como algumas distribuições podem ser usadas para aproximar probabilidades de outros tipos de distribuição, e melhor apreciação dos conceitos da análise estatística.

Como os dados são apresentados em forma de *contagem*, o número de sucessos deve ser sempre um inteiro (0, 1, 2, 3, ...). Todavia, às vezes é útil exprimir o número de sucessos como percentagem do número de observações. Por exemplo, 2 sucessos em 10 observações correspondem a 0,20 ou 20%. Por outro lado, um método alternativo de representar graficamente uma distribuição binomial é usar o gráfico em barras em lugar do histograma. O gráfico em barras é especialmente útil para representar a distribuição quando lidamos com percentagem de sucessos, ao invés de número de sucessos. Ver a Figura 4.3.

A *média* de uma distribuição binomial é a média a longo prazo, ou o *valor esperado*, de uma v.a. binomial. O *desvio padrão* de uma distribuição binomial indica até que ponto os valores amostrais tendem a se afastar da média da distribuição. No caso da binomial, tanto a média como o desvio padrão podem ser expressos em termos do *número* ou da *percentagem* de sucessos. As fórmulas são:

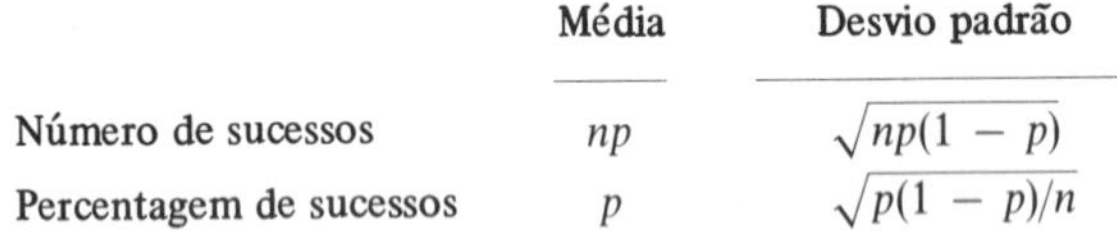

	Média	Desvio padrão
Número de sucessos	np	$\sqrt{np(1-p)}$
Percentagem de sucessos	p	$\sqrt{p(1-p)/n}$

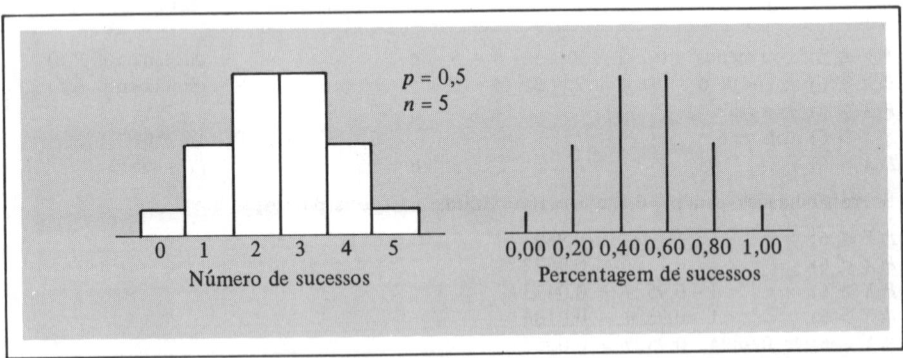

Figura 4.3 Usa-se geralmente um histograma quando a variável aleatória é *número* de sucessos; e um gráfico em barras no caso de *percentagem* de sucessos.

Exemplo 3 Sejam 0,10 a probabilidade de sucesso e 100 o número de observações. Determine a média e o desvio padrão da distribuição, tanto para o número como para a percentagem de sucessos.

Solução:

	Média	Desvio padrão
Número de sucessos	$100(0{,}10) = 10$	$\sqrt{100(0{,}10)(90)} = 3$
Percentagem de sucessos	$0{,}10$	$\sqrt{0{,}10(0{,}90)/100} = 0{,}03$

A média 10, no caso do número de sucessos, é interpretada como a média a longo prazo do número de sucessos em amostras de 100 observações. Analogamente, a percentagem a longo prazo de sucessos em amostras de 100 é 0,10. Os dois desvios padrões refletem a variabilidade

Termos Individuais da Distribuição Binomial

		p															
n	*x*	0,05	0,10	0,15	0,20	0,25	0,30	0,35	0,40	0,45	0,50	0,55	0,60	0,65	0,70	0,75	0,80
1	0	0,9500	0,9000	0,8500	0,8000	0,7500	0,7000	0,6500	0,6000	0,5500	0,5000	0,4500	0,4000	0,3500	0,3000	0,2500	0,2000
	1	0,0500	0,1000	0,1500	0,2000	0,2500	0,3000	0,3500	0,4000	0,4500	0,5000	0,5500	0,6000	0,6500	0,7000	0,7500	0,8000
2	0	0,9025	0,8100	0,7225	0,6400	0,5625	0,4900	0,4225	0,3600	0,3025	0,2500	0,2025	0,1600	0,1225	0,0900	0,0625	0,0400
1	1	0,0950	0,1800	0,2550	0,3200	0,3750	0,4200	0,4550	0,4800	0,4950	0,5000	0,4950	0,4800	0,4550	0,4200	0,3750	0,3200
	2	0,0025	0,0100	0,0225	0,0400	0,0625	0,0900	0,1225	0,1600	0,2025	0,2500	0,3025	0,3600	0,4225	0,4900	0,5625	0,6400
3	0	0,8574	0,7290	0,6141	0,5120	0,4219	0,3430	0,2746	0,2160	0,1664	0,1250	0,0911	0,0640	0,0429	0,0270	0,0156	0,0080
	1	0,1354	0,2430	0,3251	0,3840	0,4219	0,4410	0,4436	0,4320	0,4084	0,3750	0,3341	0,2880	0,2389	0,1890	0,1406	0,0960
	2	0,0071	0,0270	0,0574	0,0960	0,1406	0,1890	0,2389	0,8880	0,3341	0,3750	0,4084	0,4320	0,4436	0,4410	0,4219	0,3840
	3	0,0001	0,0010	0,0034	0,0080	0,0156	0,0270	0,0429	0,0640	0,0911	0,1250	0,1664	0,2160	0,2746	0,3430	0,4219	0,5120
4	0	0,5145	0,6561	0,5220	0,4096	0,3164	0,2401	0,1785	0,1296	0,0915	0,0625	0,0410	0,0256	0,0150	0,0081	0,0039	0,0016
	1	0,1715	0,2916	0,3685	0,4096	0,4219	0,4116	0,3845	0,3456	0,2995	0,2500	0,2005	0,1536	0,1115	0,0756	0,0469	0,0256
	2	0,0135	0,0486	0,0975	0,1536	0,2109	0,2646	0,3105	0,3456	0,3675	0,3750	0,3675	0,3456	0,3105	0,2646	0,2109	0,1536
	3	0,0005	0,0036	0,0115	0,0256	0,0469	0,0756	0,1115	0,1536	0,2005	0,2500	0,2995	0,3456	0,3845	0,4116	0,4219	0,4096
	4	0,0000	0,0001	0,0005	0,0016	0,0039	0,0081	0,0150	0,0256	0,0410	0,0625	0,0915	0,1296	0,1785	0,2401	0,3164	0,4096
5	0	0,7738	0,5905	0,4437	0,3277	0,2373	0,1681	0,1160	0,0778	0,0503	0,0313	0,0185	0,0102	0,0053	0,0024	0,0010	0,0003
	1	0,2036	0,3281	0,3915	0,4096	0,3955	0,3602	0,3124	0,2592	0,2059	0,1563	0,1128	0,0768	0,0488	0,0284	0,0146	0,0064
	2	0,0214	0,0729	0,1382	0,2048	0,2637	0,3087	0,3364	0,3456	0,3369	0,3125	0,2757	0,2304	0,1811	0,1323	0,0879	0,0512
	3	0,0012	0,0031	0,0244	0,0512	0,0879	0,1323	0,1811	0,2304	0,2757	0,3125	0,3369	0,3456	0,3364	0,3087	0,2637	0,2048
	4	0,0000	0,0004	0,0022	0,0064	0,0146	0,0283	0,0488	0,0768	0,1128	0,1562	0,2059	0,2592	0,3124	0,3601	0,3955	0,4096
	5	0,0000	0,0000	0,0001	0,0003	0,0010	0,0024	0,0053	0,0102	0,0185	0,0312	0,0503	0,0778	0,1160	0,1681	0,2373	0,3277

que as amostras individuais acusam. Note-se que 3% de 100 é 3; as duas formas alternativas se equivalem.

A distribuição binomial tem dois parâmetros: p, a probabilidade de sucesso, e n, o número de observações ou provas. Cada par (p, n) caracteriza uma única distribuição ou um único espaço amostral. Note-se como os valores em fundo grisé da tabela binomial foram usados para construir as distribuições da Figura 4.4.

Para qualquer tamanho amostral n, a distribuição binomial será sempre simétrica, se $p = 0{,}50$; será assimétrica à direita se $p > 0{,}50$ e assimétrica à esquerda se $p < 0{,}50$. Ver a Figura 4.4. A tendência à assimétrica para $p \neq 0{,}50$ diminui à medida que n aumenta.

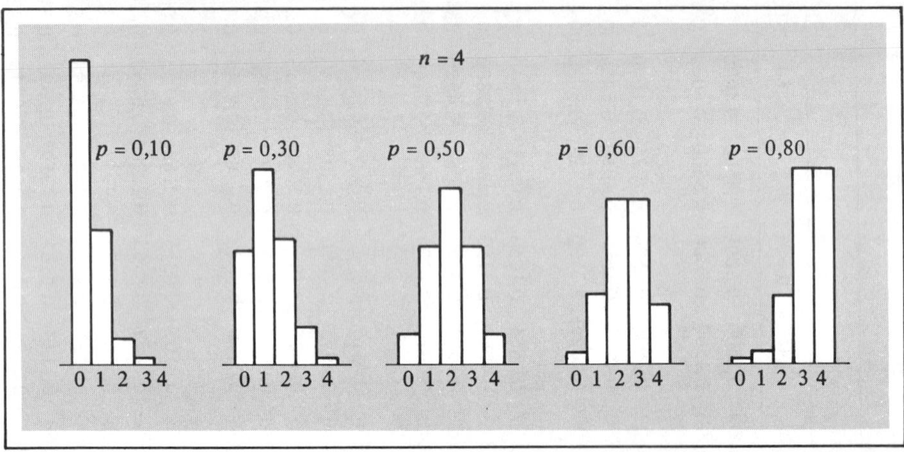

Figura 4.4 A distribuição binomial é simétrica para $p = 0{,}50$, assimétrica à direita para $p < 0{,}50$ e para a esquerda para $p > 0{,}50$.

EXERCÍCIOS

1. Use uma tabela binomial (individual ou acumulada) para determinar a probabilidade de x sucessos:

	Número de observações	P(sucesso)	x
a.	5	0,2	0
b.	5	0,3	1
c.	5	0,5	1 ou menos
d.	10	0,1	2 ou menos
e.	10	0,1	2 ou mais
f.	10	0,9	8 ou menos
g.	10	0,7	2 ou 3
h.	12	0,7	3 ou menos

2. Os registros de uma pequena companhia indicam que 40% das faturas por ela emitidas são pagas após o vencimento. De 14 faturas expedidas, determine a probabilidade de:
   a. Nenhuma ser paga com atraso.
   b. No máximo 2 serem pagas com atraso.
   c. Ao menos três serem pagas com atraso.

3. Uma firma exploradora de petróleo acha que 5% dos poços que perfura acusam depósito de gás natural. Se ela perfurar 6 poços, determine a probabilidade de ao menos um dar resultado positivo.
4. Um teste de múltipla escolha apresenta 4 opções por questão, e 14 questões. Se a aprovação depende de 9 ou mais respostas corretas, qual é a probabilidade de um estudante que responde "por palpite" ser aprovado?
5. Uma firma imobiliária verificou que 1 em cada 10 proprietários em perspectiva fará oferta para uma casa se o agente voltar para uma segunda visita. Em 10 casos, determine a probabilidade de nenhum fazer oferta.
6. Pesquisa recente indica que apenas 15% dos médicos de determinada localidade são fumantes. Escolhidos dois médicos de um grupo de oito constantes de uma relação fornecida pelo Conselho de Medicina, constatou-se serem fumantes. Admitindo-se correta a pesquisa, qual a probabilidade de chegar ao resultado acima?
7. Pesquisa médica indica que 20% da população em geral sofre efeitos colaterais negativos com o uso de uma nova droga. Se um médico receita o produto a quatro pacientes, qual é a probabilidade de:
   a. Nenhum sofrer efeito colateral.
   b. Todos sofrerem efeitos colaterais.
   c. Ao menos um sofrer efeitos colaterais.
8. Pesquisa governamental recente indica que 80% das famílias de uma comunidade, que ganharam mais de $15.000 (renda bruta) no ano anterior, possuem dois carros. Supondo verdadeira esta hipótese, e tomada uma amostra de 10 famílias dessa categoria, qual é a probabilidade de exatamente 80% da amostra terem dois carros?
9. Uma televisão com dez mesas de circuito tem uma delas defeituosa. Oito dessas mesas são de substituição muito dispendiosa. Determine a probabilidade de a mesa defeituosa não ser uma dessas.
10. Estatísticas do tráfego revelam que 25% dos veículos interceptados numa auto-estrada não passam no teste de segurança. De 16 veículos interceptados, determine a probabilidade de:
    a. 2 ou mais não passarem.
    b. 4 ou mais não passarem.
    c. 9 ou mais não passarem.
11. Um cronista esportivo local indica corretamente os vencedores de 6 em 10 jogos de beisebol. Se uma pessoa está simplesmente procurando adivinhar o vencedor, qual a probabilidade de ela igualar ou melhorar o resultado do cronista?
12. Joga-se três vezes para o ar uma moeda equilibrada, indicando-se o resultado correto em cada vez (sem ver a moeda). Qual a probabilidade de duplicar esse feito?
13. Dos estudantes de uma universidade, 75% mudam de curso ao menos uma vez durante o primeiro ano, de acordo com os registros. Escolhidos ao acaso 11 estudantes da classe de calouros, determine a probabilidade de:
    a. Todos terem mudado de curso ao menos uma vez.
    b. Ao menos 9 terem mudado de curso.
    c. Mais da metade ter mudado de curso.
14. Uma urna contém 10.000 bolas coloridas assim distribuídas:

Brancas	Verdes	Vermelhas	Pretas	Total
5.000	3.000	1.500	500	10.000

    a. Escolhidas 20 bolas, determine P(2 verdes).
    b. Escolhidas 19, determine P(ao menos 3 verdes).
    c. Escolhidas 19, determine P(ao menos 3 brancas).

15. Remessas de 500 buchas cada são aceitas se uma amostra aleatória de 10 acusa menos de 2 defeituosas. Se uma remessa tem na realidade 5% de buchas defeituosas, qual a probabilidade de ser aceita?
16. No Exercício 15, que percentagem de lotes com 10% de defeituosas daria amostras de 10 peças perfeitas?
17. Um mecânico sabe por experiência que 90% das peças que utiliza no serviço são perfeitas. Se determinado serviço exige cinco dessas peças, qual o número mínimo que ele deve tomar para que a probabilidade de devolução, por motivo de defeito, seja inferior a 0,12?
18. Calcule a média e o desvio padrão do *número* de sucessos nos casos abaixo:
    a. $n = 25$, $p = 0{,}5$ b. $n = 50$, $p = 0{,}2$ c. $n = 80$, $p = 0{,}4$
19. Refaça o Exercício 18 para a *percentagem* de sucessos.
20. Por vezes, é impossível a percentagem de sucessos numa amostra igualar a percentagem média. Por exemplo, quando $n = 4$ e $p = 0{,}3$, a percentagem nunca pode ser 0,30.
    a. Relacione as percentagens amostrais possíveis em tal caso.
    b. Como interpretar a média 0,3?
21. Faça dois gráficos – um para o número de sucessos, outro para a percentagem de sucessos – para cada um dos casos abaixo:
    a. $n = 5$, $p = 0{,}10$ b. $n = 10$, $p = 0{,}70$

A DISTRIBUIÇÃO DE POISSON

A distribuição de Poisson é útil para descrever as probabilidades do número de ocorrências num campo ou intervalo contínuo (em geral tempo ou espaço). Eis alguns exemplos de variáveis que podem ter como modelo a distribuição de Poisson: defeitos por centímetro quadrado, acidentes por dia, clientes por hora, chamadas telefônicas por minuto, vacas por acre, etc. Note-se que a unidade de medida (tempo, área) é contínua, mas a variável aleatória (número de ocorrências), é discreta. Além disso, as falhas *não* são contáveis. Não é possível contar os acidentes que *não* ocorreram, nem tampouco o número de chamadas que não foram feitas, nem o número de defeitos por centímetro quadrado que não ocorreram. Ver a Figura 4.5.

A utilização da distribuição de Poisson baseia-se nas seguintes hipóteses:

1. A probabilidade de uma ocorrência é a mesma em todo o campo de observação.
2. A probabilidade de mais de uma ocorrência num único ponto é aproximadamente zero.
3. O número de ocorrências em qualquer intervalo é independente do número de ocorrências em outros intervalos.

O limite inferior do número de ocorrências, em todas essas situações, é 0, enquanto que o limite superior é – ao menos teoricamente – infinito, muito embora, na maioria dos exemplos acima, seja difícil imaginar um número ilimitado de ocorrências. Assim, a distribuição de Poisson, que vai de 0 ocorrências por unidade a um número infinito de ocorrências por unidade, pode não representar *exatamente* nenhum dos processos aleatórios mencionados acima. Não obstante, como *modelo*, a distribuição de Poisson é largamente empregada para representar, de maneira muito aproximada, tais processos.

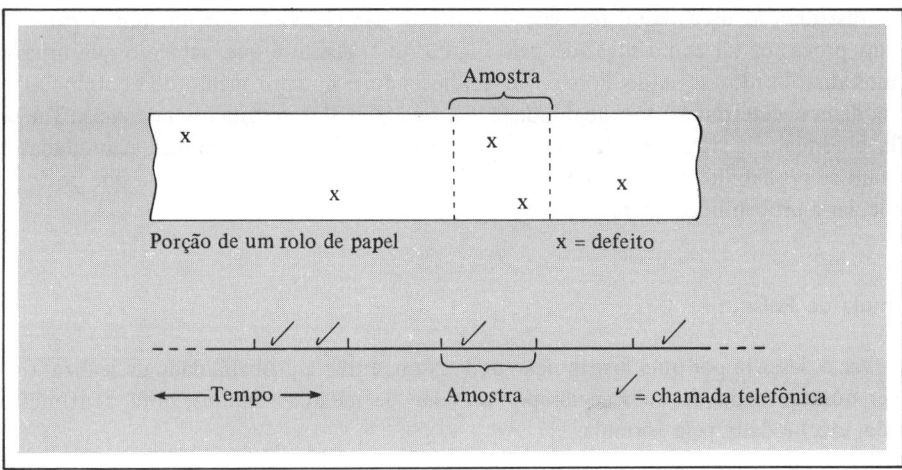

Figura 4.5 A distribuição de Poisson é usada para o número de ocorrências num campo contínuo, como área ou tempo.

A Figura 4.6 ilustra uma distribuição de freqüência típica de observações. Note-se que a probabilidade maior está concentrada próximo da origem e que a probabilidade de observar grandes valores da variável é bastante pequena. Qualquer disparidade entre o que poderia teoricamente ocorrer e o que é provável que ocorra é, pois, pequena. Conseqüentemente, quando se diz que uma v.a. tem distribuição de Poisson, o que se quer dizer é que a distribuição de freqüência de ocorrências para aquela v.a. pode ser razoavelmente aproximada com o uso de uma distribuição de Poisson.

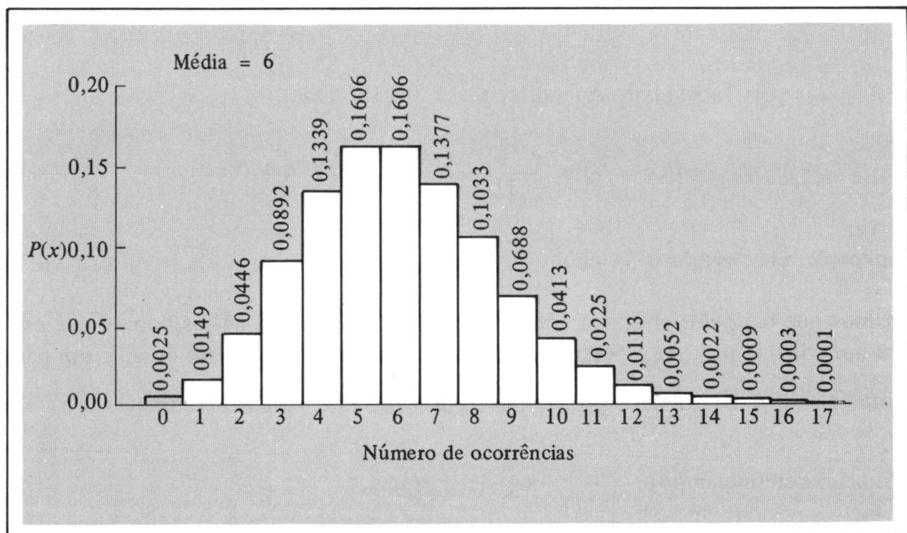

Figura 4.6 Histograma de uma distribuição de Poisson típica.

A distribuição de Poisson fica completamente caracterizada por um único parâmetro – a média do processo, tal como sugerido pela Figura 4.6*. Assim é que, sabendo que uma v.a. tem resultados distribuídos segundo Poisson, e conhecendo o número médio de ocorrências por unidade, podemos determinar a probabilidade de qualquer dos resultados possíveis. Tal como no caso da binomial, há dois métodos para fazer isto. Há tabelas individuais e acumuladas onde se encontram as probabilidades para *algumas* médias, e há também uma fórmula que pode ser usada para calcular a probabilidade para *qualquer* média.

A Fórmula de Poisson

Se uma v.a. é descrita por uma distribuição de Poisson, então a probabilidade de realizar (observar) qualquer número dado de ocorrências por unidade de medida (minuto, hora, centímetro, jarda quadrada, etc.) é dada pela fórmula

$$P(x) = \frac{e^{-\lambda t}(\lambda t)^x}{x!}$$

onde x é o número de ocorrências; e é a base dos logaritmos naturais (a Tabela F do Apêndice contém alguns valores de $e^{-\mu}$); λ é a taxa média por unidade; e t é o número de unidades. A quantidade λt representa o número médio de ocorrências no intervalo t. Assim, $\mu = \lambda t$. A fórmula pode ser escrita de forma mais simples substituindo λt por μ:

$$P(x) = \frac{e^{-\mu}(\mu)^x}{x!}$$

Exemplo 4 Um processo mecânico produz tecido para tapetes com uma média de dois defeitos por jarda. Determine a probabilidade de uma jarda quadrada ter exatamente um defeito, admitindo que o processo possa ser bem aproximado por uma distribuição de Poisson.

Solução:

É dado $\mu = 2$, e pela Tabela F do Apêndice, $e^{-2} = 0{,}135$. Assim,

$$P(x = 1) = \frac{e^{-2}(2)^1}{1!} = \frac{0{,}135(2)}{1} = 0{,}270$$

Uma Aplicação Envolvendo o Tempo

Suponhamos que os navios cheguem a um porto à razão de $\lambda = 2$ navios/hora, e que essa razão seja bem aproximada por um processo de Poisson. Observando o processo durante um período de meia hora ($t = \frac{1}{2}$), determine a probabilidade de (a) não chegar nenhum navio, (b) chegarem 3 navios.

Primeiro determinamos μ: $\mu = \lambda t = 2(\frac{1}{2}) = 1$

* A variância de uma distribuição de Poisson é igual a sua média: média = variância = μ.

Pela Tabela F, $e^{-1} = 0{,}368$.

(a) $$P(x = 0) = \frac{e^{-1}(1)^0}{0!} = \frac{e^{-1}(1)}{1} = 0{,}368$$

(b) $$P(x = 3) = \frac{e^{-1}(1)^3}{3!} = \frac{e^{-1}(1)}{6} = 0{,}061$$

Uma Aplicação Envolvendo Área

Suponhamos que os defeitos em fios para tear possam ser aproximados por um processo de Poisson com média de 0,2 defeitos por metro ($\lambda = 0{,}2$). Inspecionando-se pedaços de fio de 6 metros de comprimento, determine a probabilidade de menos de 2 (isto é, 0 ou 1) defeito.

Novamente, determinemos μ:

$$\mu = \lambda t = 0{,}2(6) = 1{,}2$$

Pela Tabela F, $e^{-1,2} = 0{,}301$. Então

$$P(x \leqslant 1) = P(0) + P(1) = \frac{e^{-1,2}(1{,}2)^0}{0!} + \frac{e^{-1,2}(1{,}2)^1}{1!}$$
$$= 0{,}301 + 0{,}301(1{,}2) = 0{,}6622$$

EXERCÍCIOS

1. As chamadas de emergência chegam a uma delegacia de polícia à razão de 4 por hora no período de 1 às 6 da manhã em dias úteis, e podem ser aproximadas por uma distribuição de Poisson.
   a. Quantas chamadas de emergência são esperadas num período de 30 minutos?
   b. Qual a probabilidade de nenhuma chamada num período de 30 minutos?
   c. Qual a probabilidade de ao menos 2 chamadas no mesmo período?
2. O número de rádios vendidos por dia por uma firma tem distribuição aproximadamente de Poisson com média 1,5. Determine a probabilidade de a firma vender ao menos quatro rádios:
   a. num período de 2 dias   b. num período de 3 dias   c. num período de 4 dias
3. Os defeitos em rolos de filme colorido ocorrem à razão de 0,1 defeito/rolo, e a distribuição dos defeitos é a de Poisson. Determine a probabilidade de um rolo em particular conter um ou mais defeitos.
4. Os clientes chegam a uma loja à razão de 6,5/hora (Poisson). Determine a probabilidade de que, durante qualquer hora:
   a. Não chegue nenhum cliente.
   b. Chegue ao menos 1 cliente.
   c. Mais de 1 cliente.
   d. Exatamente 6,5 clientes.

TABELAS DE POISSON

As tabelas de probabilidade de Poisson proporcionam um método conveniente para a obtenção de probabilidades com um mínimo de tempo e de esforço. Por isso, elas devem ser usadas sempre que possível, em lugar do cálculo direto pela fórmula.

Probabilidades de Poisson Individuais

As tabelas de Poisson são bastante semelhantes às tabelas binomiais, embora à primeira vista possam parecer diferentes. Como a distribuição de Poisson só depende da média do processo, as tabelas são construídas de forma a dar as probabilidades com base nessa média. A Tabela 4.4 dá uma parte da tabela de Poisson do Apêndice. Os valores escolhidos de μ, média do processo (número médio de ocorrências por unidade), constituem a linha do topo da tabela, e os resultados possíveis constam da coluna lateral. O corpo da tabela dá as probabilidades de *exatamente x* ocorrências por unidade.

Suponhamos, por exemplo, um processo de Poisson com média de 3 ocorrências por hora; queremos determinar a probabilidade de obter exatamente 1 ocorrência em uma hora qualquer. A resposta se encontra na interseção da coluna $\mu = 3$ com a linha $x = 1$, conforme a Tabela 4.4.

Tabela 4.4 Parte de uma Tabela de Poisson

	μ									↓
x	2,1	2,2	2,3	2,4	2,5	2,6	2,7	2,8	2,9	3,0
0	0,1225	0,1108	0,1003	0,0907	0,0821	0,0743	0,0672	0,0608	0,0550	0,0498
→1	0,2572	0,2438	0,2306	0,2177	0,2052	0,1931	0,1815	0,1703	0,1596	(0,1494)
2	0,2700	0,2681	0,2652	0,2613	0,2565	0,2510	0,2450	0,2384	0,2314	0,2240
3	0,1890	0,1966	0,2033	0,2090	0,2138	0,2176	0,2205	0,2225	0,2237	0,2240
4	0,0992	0,1082	0,1169	0,1254	0,1336	0,1414	0,1488	0,1557	0,1622	0,1680
5	0,0417	0,0476	0,0538	0,0602	0,0668	0,0735	0,0804	0,0872	0,0940	0,1008
6	0,0146	0,0174	0,0206	0,0241	0,0278	0,0319	0,0362	0,0407	0,0455	0,0504
7	0,0044	0,0055	0,0068	0,0083	0,0099	0,0118	0,0139	0,0163	0,0188	0,0216
8	0,0011	0,0015	0,0019	0,0025	0,0031	0,0038	0,0047	0,0057	0,0068	0,0081
9	0,0003	0,0004	0,0005	0,0007	0,0009	0,0011	0,0014	0,0018	0,0022	0,0027
10	0,0001	0,0001	0,0001	0,0002	0,0002	0,0003	0,0004	0,0005	0,0006	0,0008
11	0,0000	0,0000	0,0000	0,0000	0,0000	0,0001	0,0001	0,0001	0,0002	0,0002
12	0,0000	0,0000	0,0000	0,0000	0,0000	0,0000	0,0000	0,0000	0,0000	0,0001

Eis alguns exemplos de probabilidade de Poisson obtidos da tabela de probabilidades individuais.

μ	x	$P(x)$
2,1	0	0,1225
2,4	1	0,2177
3,0	2	0,2240
2,2	2	0,2681
3,0	5	0,1008
2,8	10	0,0005

Note-se, na tabela, que, *para cada média*, a soma das probabilidades dos diversos resultados possíveis é sempre igual a 1,00.

A Tabela de Poisson Acumulada

A tabela acumulada dá somas de probabilidades, tal como no caso da tabela binomial. A tabela dá as probabilidades de x ou menos ocorrências, conhecida a média do processo. A Tabela 4.5 exibe parte de uma tabela acumulada de Poisson. Aqui novamente, relacionando todos os resultados possíveis e sublinhando os que nos interessam, simplificaremos nosso trabalho de determinação de probabilidades com a tabela acumulada.

Tabela 4.5 Parte de uma Tabela Acumulada de Poisson

	μ									
	3,0	3,1	3,2	3,3	3,4	3,5	3,6	3,7	3,8	3,9
0	0,0498	0,0450	0,0408	0,0369	0,0334	0,0302	0,0273	0,0247	0,0224	0,0202
1	0,1991	0,1847	0,1712	0,1586	0,1468	0,1359	0,1257	0,1162	0,1074	0,0992
2	0,4232	0,4012	0,3799	0,3594	0,3397	0,3208	0,3027	0,2854	0,2689	0,2531
3	0,6472	0,6248	0,6025	0,5803	0,5584	0,5366	0,5152	0,4942	0,4735	0,4532
4	0,8153	0,7982	0,7806	0,7626	0,7442	0,7254	0,7064	0,6872	0,6678	0,6484
5	0,9161	0,9057	0,8946	0,8829	0,8705	0,8576	0,8441	0,8301	0,8156	0,8006
6	0,9665	0,9612	0,9554	0,9490	0,9421	0,9347	0,9267	0,9182	0,9091	0,8995
7	0,9881	0,9858	0,9832	0,9802	0,9769	0,9733	0,9692	0,9648	0,9599	0,9546
8	0,9962	0,9953	0,9943	0,9931	0,9917	0,9901	0,9883	0,9863	0,9840	0,9815
9	0,9989	0,9986	0,9982	0,9978	0,9973	0,9967	0,9960	0,9952	0,9942	0,9931
10	0,9997	0,9996	0,9995	0,9994	0,9992	0,9990	0,9987	0,9984	0,9981	0,9977
11	0,9999	0,9999	0,9999	0,9998	0,9998	0,9997	0,9996	0,9995	0,9994	0,9993
12	1,0000	1,0000	1,0000	1,0000	0,9999	0,9999	0,9999	0,9999	0,9998	0,9998
13	1,0000	1,0000	1,0000	1,0000	1,0000	1,0000	1,0000	1,0000	1,0000	0,9999
14	1,0000	1,0000	1,0000	1,0000	1,0000	1,0000	1,0000	1,0000	1,0000	1,0000

A Tabela 4.6 dá algumas probabilidades obtidas da tabela acumulada do Apêndice.

Tabela 4.6 Emprego da Tabela Acumulada de Poisson

μ	Probabilidade desejada para	Inclui os resultados	Cálculos	$P(x)$
0,8	$x \leq 1$	0, 1	ler diretamente	0,809
1,2	$x < 3$	0, 1, 2	ler $P(x \leq 2)$	0,879
1,5	$x = 0$	0	ler diretamente	0,223
2,0	$x \geq 3$	4, 5, 6, . . .	$1 - P(x \leq 3)$	0,143
2,6	$1 < x \leq 4$	2, 3, 4	$P(x \leq 4) - P(x \leq 1)$	0,610
3,8	$1 \leq x \leq 4$	1, 2, 3, 4	$P(x \leq 4) - P(x = 0)$	0,646
5,6	$1 \leq x \leq 4$	1, 2, 3, 4	$P(x \leq 4) - P(x = 0)$	0,338
6,0	$x \geq 5$	5, 6, 7, . . .	$1 - P(x \leq 4)$	0,715

Para valores de μ que não constam da tabela, podemos recorrer a tabelas mais completas, ou então interpolar (para valores aproximados), ou, ainda, recorrer à fórmula matemática da distribuição de Poisson.

A Distribuição de Poisson como Aproximação da Binomial

Sob certas circunstâncias, a distribuição de Poisson pode ser utilizada para aproximar probabilidades binomiais. A aproximação é mais adequada quando o número n de observações é grande e a probabilidade de sucesso, p, está próxima de 0 ou próxima de 1,00. Convém dispor de um método alternativo para o cálculo de probabilidades binomiais pelas razões seguintes:

1. A distribuição binomial descreve adequadamente muitas situações de interesse.
2. A maioria das tabelas está limitada a $n \leq 20$.
3. A fórmula binomial pode exigir esforço substancial para a obtenção de uma solução exata.

A vantagem da aproximação reside no fato de que a precisão sofre muito pouco e que o trabalho necessário é consideravelmente menor. Para usar a aproximação, basta determinar a média, ou o valor esperado, da distribuição binomial. Essa média é então considerada como a média do processo para a distribuição de Poisson. Ou seja, a média μ do processo é igual à média binomial np.

Exemplo 5 Determinar a probabilidade de haver 4 peças defeituosas numa amostra de 300, extraída de um grande lote onde há 2% de defeituosas.

Solução:

Como os valores $n = 300$ e $p = 0{,}02$ estão fora do âmbito de nossas tabelas binomiais, as alternativas seriam: apelar para uma tabela binomial mais extensa, ou calcular

$$P(x = 4) = \binom{300}{4} (0{,}02)^4 (0{,}98)^{296}$$

ou utilizar a aproximação de Poisson com $\mu = np$. Assim,

$$\mu = np = 300(0{,}02) = 6$$

Pela fórmula de Poisson

$$P(x = 4) = \frac{\mu^x \cdot e^{-\mu}}{x!} = \frac{6^4 e^{-6}}{4!} = 0{,}135$$

Chega-se ao mesmo resultado utilizando uma tabela de Poisson: quando $\mu = 6$, pela tabela $P(x = 4) = 0{,}135$.

A Tabela 4.7 dá uma comparação entre as principais características das distribuições de Poisson e binomial.

Tabela 4.7 Comparação entre as Distribuições Binomial e de Poisson

	Binomial	Poisson
Resultados possíveis	inteiros 0 a n	inteiros 0 a $+\infty$
Observações	contagem de sucessos ou falhas	contagem de sucessos somente
Parâmetros	n e p	μ

EXERCÍCIOS

1. Use uma tabela de Poisson para determinar as seguintes probabilidades:

Média	Probabilidade de
1	1
1,5	0
2	1 ou menos
3	1 ou menos
3	mais de 3
3	3
4	3
4,2	mais de 5

2. Refaça os exercícios sobre fórmula de Poisson relacionados abaixo utilizando uma tabela acumulada de Poisson.
   a. Exercício 1, pág. 121
   b. Exercício 3, pág. 121
   c. Exercício 2a, pág. 121
   d. Exercício 2c, pág. 121
3. Chegam caminhões a um depósito à razão de 2,8 caminhões/hora. Determine a probabilidade de chegarem três ou mais caminhões:
   a. num período de 30 minutos
   b. num período de 1 hora
   c. num período de 2 horas

4. Uma mesa telefônica recebe chamadas à razão de 4,6 chamadas por minuto. Determine a probabilidade de cada uma das ocorrências abaixo, num intervalo de 1 minuto:
   a. exatamente 2 chamadas b. ao menos 2 chamadas
   c. 0 chamada d. 2 a 6 chamadas
5. Os acidentes numa grande fábrica têm aproximadamente a distribuição de Poisson, com média de 3 acidentes/mês. Determine a probabilidade de que, em dado mês, haja:
   a. 0 acidente b. 1 acidente c. 3 ou 4 acidentes
6. Se 3% dos habitantes de uma grande cidade são empregados do governo, determine a probabilidade de não haver nenhum empregado do governo numa amostra aleatória de 50 habitantes. Qual a probabilidade de encontrar 3 ou menos empregados do governo na amostra?
7. Dois por cento das cartas expedidas de certa localidade têm selagem incorreta. Em 400 dessas cartas:
   a. Quantas com selagem incorreta podemos esperar?
   b. Qual a probabilidade de ocorrência de 5 ou menos cartas com selagem incorreta?
   c. Qual a probabilidade de mais de 5 com selagem incorreta?
   d. Qual a probabilidade de 5 ou mais com selagem incorreta?
8. Estima-se em 0,01 a probabilidade de vender uma apólice de seguro a pessoas que respondem a um anúncio especial. Nessa base, se 1.000 pessoas respondem ao anúncio, qual é a probabilidade de que:
   a. Nenhuma compre uma apólice?
   b. Ao menos uma compre uma apólice?
   c. Mais de 10 comprem apólices?
9. No Exercício 7, quais seriam suas respostas se a percentagem de cartas com selagem incorreta fosse 0,4%?

OUTRAS DISTRIBUIÇÕES DISCRETAS

Há duas outras distribuições que merecem destaque – ambas variantes da distribuição binomial.

A *distribuição multinomial*, usada em situações onde há *mais de dois* resultados mutuamente excludentes. Tal como na binomial, exige-se que as provas sejam independentes, com probabilidade constante. Exemplo de distribuição multinomial é a jogada de um dado, que tem seis resultados possíveis. Em contraste com os exemplos prévios, em que este caso foi tratado classificando-se os resultados em *duas* categorias, o processo multinomial dará de três a seis categorias, dependendo de como os resultados são categorizados. Podemos, por exemplo, ter as três classes seguintes: 1 e 2, 3 e 4, 5 e 6. Outro exemplo é a extração de bolas de uma urna, com muitas cores diferentes. Cada tipo de cor pode ser tratado como uma categoria, ou então certas cores podem ser grupadas (p. ex., vermelho e verde podem constituir uma única categoria).

A probabilidade multinomial de que, em n observações, o resultado E_1 ocorra x_1 vezes, E_2 ocorra x_2 vezes, ... , e E_k ocorra x_k vezes é dada pela fórmula

$$\frac{n!}{n_1!\, n_2! \cdots n_k!} (P_1^{n_1} P_2^{n_2} \cdots P_k^{n_k})$$

com

$$n = \sum_{i=1}^{k} n_i$$

e P_i é a probabilidade do evento E_i em cada observação.

Exemplo 6 Um administrador toma conhecimento de que 80% da produção de uma máquina é aceitável, 15% necessita de algum reparo, e 5% é imprestável. Numa amostra de $n = 10$ itens, qual é a probabilidade de obter 8 itens bons, 2 que necessitem de reparos, e nenhum imprestável?

$$\frac{10!}{8!\,2!\,0!}(0{,}80)^8(0{,}15)^2(0{,}05)^0 = 0{,}17$$

A *distribuição hipergeométrica* refere-se a situações com dois ou mais resultados, em que a probabilidade de sucesso *varia* de uma prova para outra. Por exemplo, suponhamos 10 nomes, um escrito em cada uma de 10 fichas, e colocadas estas numa urna. Seu nome está numa dessas fichas. Misturam-se as fichas e extrai-se uma. A probabilidade de ela conter o seu nome é $\frac{1}{10}$. Acontece, entretanto, que o nome não é o seu. Extrai-se então uma segunda ficha, das 9 restantes. A probabilidade de ela conter o seu nome é agora $\frac{1}{9}$, enquanto que na prova anterior era $\frac{1}{10}$. Logo, a probabilidade deste resultado na segunda extração é *condicional*, ou seja, depende do resultado da primeira extração. Assim é que se o primeiro nome extraído tivesse sido o seu, a probabilidade de seu nome na segunda extração seria zero (admitindo que as fichas não sejam repostas após as extrações).

Em geral, as probabilidades hipergeométricas podem ser obtidas da fórmula

$$P(x|N, r, n) = \frac{\binom{N-r}{n-x}\binom{r}{x}}{\binom{N}{n}}$$

onde N é o tamanho da população, n é o tamanho da amostra, r é o número de sucessos na população, e x é o número de sucessos na amostra.

Exemplo 7 Numa caixa com 10 fusíveis, 2 são defeituosos. Extraída uma amostra de 4, qual a probabilidade de (a) nenhum defeituoso, (b) 1 defeituoso, (c) 1 ou menos defeituoso?

Solução:

Temos $N = 10$, $r = 2$, e $n = 4$.

(a) $$P(x = 0) = \frac{\binom{10-2}{4-0}\binom{2}{0}}{\binom{10}{4}} = \frac{\binom{8}{4}\binom{2}{0}}{\binom{10}{4}} = 0{,}333$$

(b) $$P(x = 1) = \frac{\binom{10-2}{4-1}\binom{2}{1}}{\binom{10}{4}} = \frac{\binom{8}{3}\binom{2}{1}}{\binom{10}{4}} = 0{,}533$$

(c) $$P(x \leqslant 1) = P(0) + P(1) = 0{,}333 + 0{,}533 = 0{,}866$$

A Tabela 4.8 relaciona os modelos de probabilidade estudados até agora e as situações em que são mais úteis.

Tabela 4.8 Aplicações de Distribuições Discretas de Probabilidade

Distribuição		Exemplos	Hipóteses
binomial	dois resultados	jogada de uma moeda teste V ou F defeituoso, não-defeit.	observações independentes; probabilidade constante
de Poisson	só ocorrências	acidentes/ano defeitos/jarda chamadas/minuto	observações independentes; probabilidade constante
hipergeométrica	dois ou mais resultados	amostragem sem reposição	observações dependentes
multinomial	mais de dois resultados	teste de múltipla escolha	observações independentes; probabilidade constante

EXERCÍCIOS

1. Recente pesquisa de âmbito nacional revelou que, às 9 horas da noite de domingo, 40% dos telespectadores estavam com o canal *A* ligado, 30% com o canal *B* e 30% com o canal *C*.
   a. Numa amostra aleatória de 10 telespectadores, quantos podemos esperar que estejam com cada um dos canais ligado?
   b. Qual a probabilidade de todos estarem com o canal *A* ligado?
   c. Qual a probabilidade de 4 estarem com o canal *A* ligado, 3 com o canal *B* e 3 com o canal *C*?
2. Três vendedores fornecem peças de substituição. O vendedor *A* fornece 50% das peças, *B* 40% e *C* 10%. Escolhem-se ao acaso 10 peças, que são inspecionadas à procura de defeitos.
   a. Qual a probabilidade de todas as cinco terem sido fornecidas por *A*?
   b. Qual a probabilidade de duas terem sido fornecidas por *A*, duas por *B* e uma por *C*?
3. Trinta por cento dos estudantes de uma universidade são calouros, 30% do segundo ano, 20% do terceiro e 20% do quarto ano. Toma-se uma amostra aleatória de oito estudantes. Determine a probabilidade de cada um dos resultados seguintes:
   a. dois de cada ano
   b. três calouros, três do segundo ano, dois do terceiro e nenhum do quarto ano
4. Oito componentes elétricos devem ser ligados em série num sistema, de tal modo que a falha de um acarrete a falha de todo o sistema. Dois componentes falharam.
   a. Qual a probabilidade de a primeira peça inspecionada ser uma das que falharam?
   b. Inspecionando-se quatro componentes, qual a probabilidade de os dois que falharam estar entre eles?
   c. Quantos componentes devem ser inspecionados para que haja 70% de probabilidade de encontrar os dois componentes defeituosos?
5. Sete estudantes ainda não fizeram suas exposições em aula. O professor deve escolher dois estudantes para a aula de hoje. Entretanto, um dos sete estudantes pediu para ser dispensado, alegando doença. O professor concordou, mas não consegue lembrar qual foi esse estudante. Qual a probabilidade de esse particular estudante *não* ser escolhido, admitindo escolha aleatória entre os sete estudantes?

QUESTÕES PARA RECAPITULAÇÃO

1. Explique o que é distribuição de probabilidades e sua utilidade na obtenção de probabilidades.
2. Indique as hipóteses da distribuição binomial.
3. Indique as hipóteses da distribuição de Poisson.
4. Quais os parâmetros da distribuição binomial?
5. Quais os parâmetros da distribuição de Poisson?
6. Compare a significação do termo "sucesso" quando aplicado à distribuição binomial, com a significação do mesmo termo quando aplicado à distribuição de Poisson.
7. Compare e contraste tabelas de probabilidades individuais e acumuladas.
8. Em que condições se deve preferir uma fórmula a uma tabela de probabilidades?
9. Explique como as distribuições de probabilidades podem servir de modelo.

EXERCÍCIOS SUPLEMENTARES

1. Dez por cento das mudas de tomateiro adquiridas de um entreposto local morrem antes de dar fruto.
   a. Em 10 mudas adquiridas, qual é a probabilidade de no máximo 1 morrer antes de dar fruto?
   b. Qual o menor número de mudas que devem ser adquiridas para se ter no mínimo 95% de certeza de que 10 ou mais sobreviverão até dar fruto?
2. A probabilidade de um bilhete de loteria dar um prêmio é 1/1000. Uma pessoa deseja comprar 50 bilhetes.
   a. Qual a probabilidade de nenhum dar prêmio?
   b. Qual a probabilidade de ao menos um ser premiado?
3. Sabe-se que os defeitos em rolos de papel de parede seguem aproximadamente a distribuição de Poisson, com média de 2 defeitos por rolo de 10 metros. Compra-se meio rolo. Determine as seguintes probabilidades:
   a. 0 defeito b. 1 defeito c. mais de 1 defeito
4. Suponha que 5% das faturas expedidas por uma companhia contenham erros nas especificações ou nas referências. Examina-se cuidadosamente um lote de 15 faturas.
   a. Quantas podemos esperar conter tais erros?
   b. Qual a probabilidade de encontrar 1 ou menos erro?
5. De acordo com as estimativas de uma companhia de seguros, a probabilidade de incêndio numa casa é de 1% ao ano. A firma segura 400 casas.
   a. Se muitos dos segurados vivem em casas adjacentes, por que tal circunstância pode invalidar o uso da distribuição binomial ou da de Poisson?
   b. Suponha que os segurados morem em casas distantes umas das outras. Qual a probabilidade de 0 incêndio? De 1 incêndio?
6. Responda a parte *b* do Exercício 5 para uma probabilidade de incêndio de 0,1%.
7. O número médio de revelações defeituosas num rolo de 12 filmes é 1.
   a. Determine a probabilidade de 0 falha.
   b. De 2 ou mais falhas.
   c. De 3 ou mais falhas.
8. Refaça o exercício anterior admitindo que a taxa de falha seja de 1 em 20.

9. Uma fábrica produz tecidos com a média de 2,2 defeitos por jarda quadrada. Determine as seguintes probabilidades:
   a. não mais de 4 defeitos numa jarda quadrada
   b. nenhum defeito numa jarda quadrada
   c. ao menos 2 defeitos numa jarda quadrada
   d. exatamente 1 defeito em duas jardas quadradas
   e. nenhum defeito em 2 jardas quadradas
   f. duas jardas quadradas cada uma com 2 defeitos
10. Seja 2% a percentagem de habitantes de uma grande cidade que possuem bônus municipais.
    a. Determine a probabilidade de que, numa amostra de 10 habitantes, nenhum tenha bônus municipais.
    b. Determine a probabilidade de que, numa amostra de 100, mais de 2% tenham bônus.
11. Devido à natureza destrutiva dos testes, apenas pequena percentagem de determinadas peças é inspecionada. Se num lote de 20 peças há 1 defeituosa, qual a probabilidade de ela se encontrar numa amostra de 4 peças?
12. Suponha-se a seguinte distribuição dos adultos de uma grande cidade dos EUA: 20% nasceram na cidade; 25% nasceram no estado mas fora da cidade; 40% nasceram nos EUA mas fora do estado, e o resto nasceu fora dos EUA. Toma-se uma amostra de 4 adultos. Determine a probabilidade de que:
    a. Nenhum tenha nascido na cidade.
    b. Cada uma das quatro categorias esteja representada na amostra.
    c. Nenhum tenha nascido nem na cidade nem no estado.
13. As estimativas de custos para três partes de um projeto de remodelação e seus desvios padrões são μ_a = \$3000 e σ_a = \$400, μ_b = \$6000 e σ_b = \$1000, μ_c = \$8000 e σ_c = \$800. Determine o custo esperado para essas três partes e o desvio padrão do referido custo.
14. A probabilidade de incêndio numa casa de certa área é 0,002. O dano médio causado por um incêndio é \$20.000. Quanto esperará um proprietário pagar de prêmio por uma apólice-incêndio para sua casa?

CAPÍTULO 5

distribuições contínuas de probabilidade

Objetivos do Capítulo

Após terminar o estudo deste capítulo, o leitor deve ser capaz de:

1. Explicar as diferenças básicas entre distribuições contínuas e distribuições discretas de probabilidades
2. Explicar por que as probabilidades contínuas estão relacionadas com *áreas*
3. Descrever as principais características da distribuição normal
4. Transformar uma distribuição normal arbitrária em uma normal padronizada
5. Usar a tabela de áreas sob a distribuição normal para obter probabilidades
6. Determinar a área sob uma curva normal entre dois pontos
7. Utilizar a distribuição normal como aproximação da distribuição binomial
8. Resolver problemas que envolvam as distribuições uniforme e exponencial

Esboço do Capítulo

Introdução
A Distribuição Uniforme
Distribuições Normais
  Características das distribuições normais
  A distribuição normal como modelo
  A distribuição normal padronizada
  A tabela normal padronizada
  A distribuição normal como aproximação da binomial
A Distribuição Exponencial
Resumo

INTRODUÇÃO

Quando uma variável aleatória discreta apresenta um grande número de resultados possíveis, ou quando a v.a. em questão é contínua, não se podem usar distribuições discretas como a de Poisson ou a binomial para obter probabilidades. Uma variável discreta com muitos resultados possíveis exigiria uma tabela por demais extensa ou um esforço monumental na utilização de uma fórmula para obtenção de probabilidades. Como uma variável contínua inclui, em seus resultados, valores tanto inteiros como não-inteiros, não pode ser adequadamente descrita por uma distribuição discreta.

O ponteiro da Figura 5.1 ilustra o conceito de variável contínua. Uma vez tenha sido posto a girar, o ponteiro pode parar em qualquer posição ao longo do círculo. Não se pode esperar que venha a parar exatamente num dos valores inteiros do círculo. Mesmo levando-se em conta as limitações na mensuração feita ao longo do círculo, ainda assim há um número extremamente grande de pontos de parada possíveis.

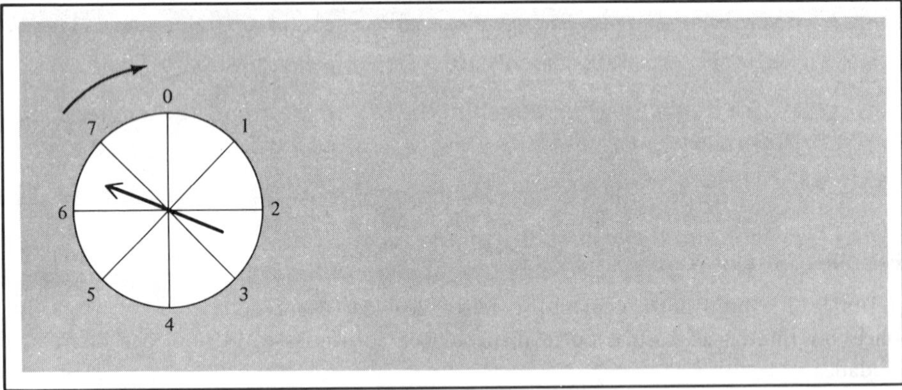

Figura 5.1 O ponteiro pode parar em qualquer dentre um número ilimitado de posições.

Imaginemos, por exemplo, o círculo dividido em 8.000 partes iguais, em lugar das 8 partes da figura. Se cada posição constitui um ponto de parada tão provável quanto qualquer outra, somos levados à seguinte conclusão: Como há tantos resultados possíveis, a probabilidade de o ponteiro parar em *qualquer* valor particular é tão pequena, para fins práticos, que deve ser considerada aproximadamente igual a zero.* Na realidade, a tecnologia moderna nos permite identificar ao menos 1 milhão de posições diferentes, de modo que a probabilidade de o ponteiro parar exatamente numa delas seria de 1/1.000.000 ou 0,000001.

Em face dessa peculiaridade, é realmente sem sentido falar-se da probabilidade de um resultado *específico*, tal como fizemos no estudo das distribuições discretas. Assim é que a análise das variáveis contínuas tende a focalizar a probabilidade de uma variável aleatória tomar um valor *num determinado intervalo*. Então, enquanto a probabilidade de o ponteiro parar no ponto 3, ou no 4, é aproximadamente zero, a de ele parar *entre* esses dois números *não* é zero.

---

* A implicação é que é virtualmente impossível predizer o ponto exato de parada do ponteiro.

Como o círculo está dividido em 8 setores iguais, parece razoável atribuir a probabilidade $\frac{1}{8}$ ao resultado "parar entre 3 e 4", tal como se ilustra na Figura 5.2. Além disso, como $P(x = 3)$ e $P(x = 4)$ são ambas aproximadamente iguais a zero, não é preciso fazer distinção entre $3 < x < 4$ e $3 \leqslant x \leqslant 4$, como fizemos com as variáveis discretas.

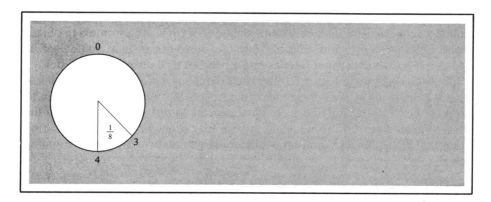

Figura 5.2 A probabilidade de o ponteiro parar entre dois pontos é igual à percentagem da área entre esses pontos.

Analogamente, atribuiríamos uma probabilidade de 25% ao evento "parar entre os pontos 4 e 6 ($\frac{1}{4}$ do círculo)". E não há razão para limitarmos os intervalos a números inteiros, a não ser por conveniência. Por exemplo, a probabilidade de observarmos um valor entre 3,217 e 4,217 (note-se que $4{,}217 - 3{,}217 = 1$) seria também $\frac{1}{8}$, e a probabilidade de um valor entre 3,5 e 4 [isto é, $4 - 3{,}5 = 0{,}5$] seria $\frac{1}{16}$ [ou seja, $\frac{0{,}5}{8}$]. Assim, a probabilidade de o ponteiro parar entre dois pontos quaisquer é igual à percentagem da *área* do círculo (setor) delimitada por esses pontos. Ver a Figura 5.3. Além disso, um círculo com o dobro do tamanho do da nossa ilustração daria precisamente as mesmas probabilidades, desde que seu perímetro fosse subdividido da

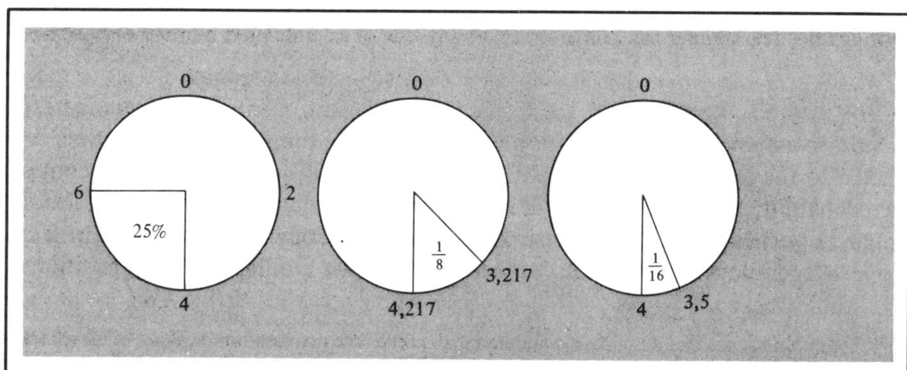

Figura 5.3 Outros exemplos de probabilidade e área entre dois pontos.

mesma maneira. Ver a Figura 5.4. Logo, com uma variável aleatória contínua, a probabilidade fica determinada como percentagem da área entre dois valores.

Discutiremos a seguir três distribuições contínuas de probabilidade: a distribuição uniforme, a normal e a exponencial.

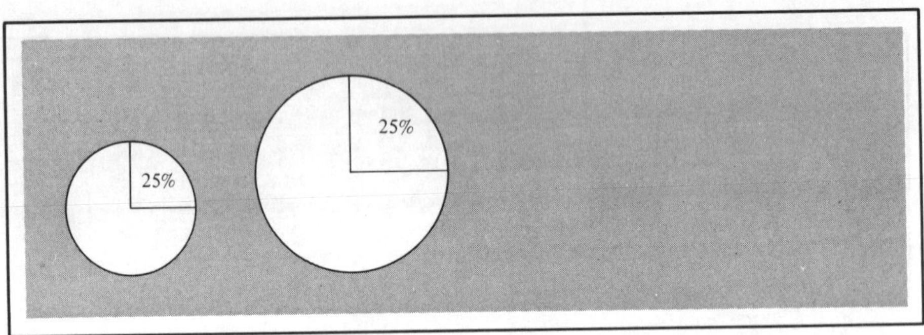

Figura 5.4 O *tamanho* do círculo é irrelevante.

A DISTRIBUIÇÃO UNIFORME

Quando uma variável aleatória pode tomar qualquer valor numa escala contínua entre dois pontos, de tal maneira que nenhum valor seja mais provável que outro, então as probabilidades associadas à variável podem ser descritas pela distribuição uniforme. O exemplo precedente do ponteiro se enquadra nessa categoria: todos os pontos ao longo da circunferência são igualmente prováveis. Graficamente, a distribuição uniforme é representada como um retângulo limitado por dois pontos a e b, que representam o âmbito, ou intervalo, de resultados possíveis. Ver a Figura 5.5(a). A altura do retângulo é considerada como sendo 1, e a área é considerada como 100%. Conseqüentemente, a *área* sob o retângulo, entre dois pontos c e d, é igual à percentagem da área total compreendida entre c e d:

$$P(c \leq x \leq d) = \frac{d - c}{b - a}$$

Ver a Figura 5.5(b).

Por exemplo, suponhamos que um vendedor compareça ao escritório de sua firma diariamente entre 3:00 e 4:00 horas, e que nenhum momento seja mais provável que qualquer outro nesse intervalo de tempo. Como o tempo é medido em escala contínua, a probabilidade do comparecimento entre dois pontos no tempo é igual à razão daquele intervalo para o intervalo de 1 hora. Daí, a probabilidade de o comparecimento ocorrer entre 3:00 e 3:15 é $\frac{15}{60} = 0{,}25$. A probabilidade de o comparecimento ocorrer precisamente às 3:15 é considerada aproximadamente igual a zero. Quando dizemos que a probabilidade de ocorrência de um evento exatamente às 3:15 é zero, não pretendemos afirmar que tal ocorrência seja impossível, e sim que, com um âmbito infinito de possibilidades, seria impossível *predizer* tal ocorrência num momento exato do tempo. Ver a Figura 5.5(c).

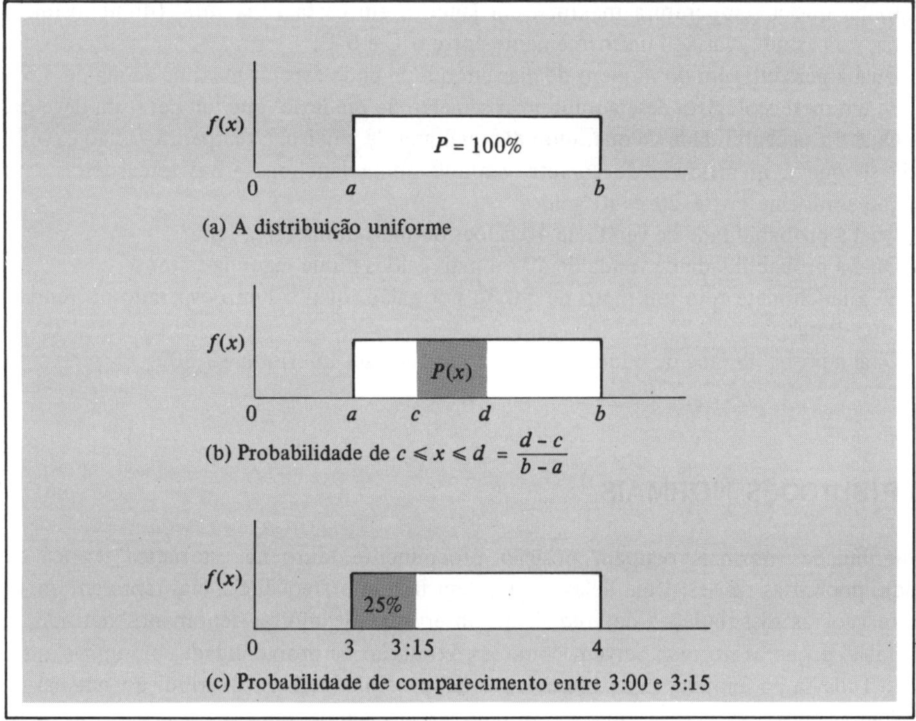

Figura 5.5 .

Em certas aplicações, é necessário utilizar a média e a variância de uma distribuição de probabilidades. A média de uma distribuição uniforme com extremos a e b é

$$\mu = \frac{a+b}{2}$$

e a variância é

$$\sigma^2 = \frac{(b-a)^2}{12}$$

EXERCÍCIOS

1. As vendas de gasolina num depósito de atacado acusam a média de 40.000 galões diários, com um mínimo de 30.000 galões. Supondo adequada a distribuição uniforme
   a. Determine a venda diária máxima.
   b. Qual a percentagem do número de dias em que a venda excede 34.000 galões?
2. Uma pequena firma corta e vende lenha para lareiras. O comprimento dos toros varia uniformemente entre 2 e 3 pés.
   a. Qual o comprimento médio de um toro?
   b. Qual a probabilidade de um toro
      (1) Ser maior que 2,6 pés?
      (2) Ter mais de 3 pés?
      (3) Ser inferior à média?
      (4) Ter exatamente 2 pés?
      (5) Ter entre 2 e 3 pés?

3. Suponha que a temperatura máxima, em janeiro, em certa zona rural (do hemisfério norte), tenha, no passado, variado uniformemente entre 0°C e 6°C.
   a. Qual a percentagem do número de dias em que se pode esperar máxima acima de 3,5°C?
   b. Se um meteorologista deseja minimizar seu erro de predição, que temperatura deve prever?
   c. Qual é a probabilidade de que, num dia qualquer de janeiro, a temperatura não exceda 1°C?
4. Sabe-se que a quantidade de sorvete vendida numa lanchonete nas terças-feiras tem distribuição uniforme entre 20 e 50 galões.
   a. Qual a probabilidade de venda de 40 galões ou mais numa terça-feira?
   b. Qual a probabilidade de venda de 40 ou mais galões numa segunda-feira?
   c. Se a lanchonete tem um lucro de $0,30 por galão, qual o lucro esperado na venda de uma terça-feira?
   d. Qual a probabilidade de o lucro de uma terça-feira ser inferior a $7,50?

DISTRIBUIÇÕES NORMAIS

As distribuições normais ocupam posição proeminente tanto na estatística teórica como na aplicada, por várias razões. Uma delas é que, com bastante freqüência, elas representam, com boa aproximação, as distribuições de freqüência observadas de muitos fenômenos naturais e físicos. Outra razão é que as normais servem como aproximação de probabilidades binomiais, quando n é grande. Todavia, o motivo mais importante da proeminência da distribuição normal é que as distribuições tanto das médias como das proporções em grandes amostras tendem a ser distribuídas normalmente, o que tem relevante implicação na amostragem.

As distribuições normais foram "descobertas" no século XVIII. Astrônomos e outros cientistas observaram, não sem certa surpresa, que mensurações repetidas de uma mesma quantidade (como a distância da Lua ou a massa de um objeto) tendiam a variar, e quando se coletava grande número dessas mensurações, dispondo-as numa distribuição de freqüência, elas se apresentavam repetidamente com uma forma análoga à da Figura 5.6. E como essa forma gráfica

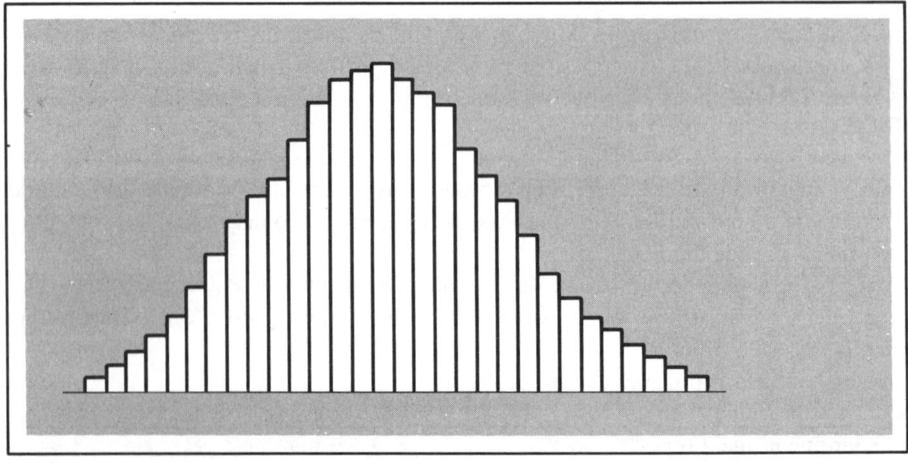

Figura 5.6 As distribuições de freqüência de observações freqüentemente acusavam a mesma forma.

vinha associada aos erros de mensuração, a nossa distribuição cedo começou a ser conhecida como "distribuição normal dos erros", ou simplesmente "distribuição normal". Constatou-se subseqüentemente que a distribuição podia ser bem aproximada por uma distribuição matemática como a da Figura 5.7. A distribuição normal costuma designar-se também pelo nome de distribuição Gaussiana, em razão da contribuição de Karl F. Gauss (1777-1855) à sua teoria matemática.

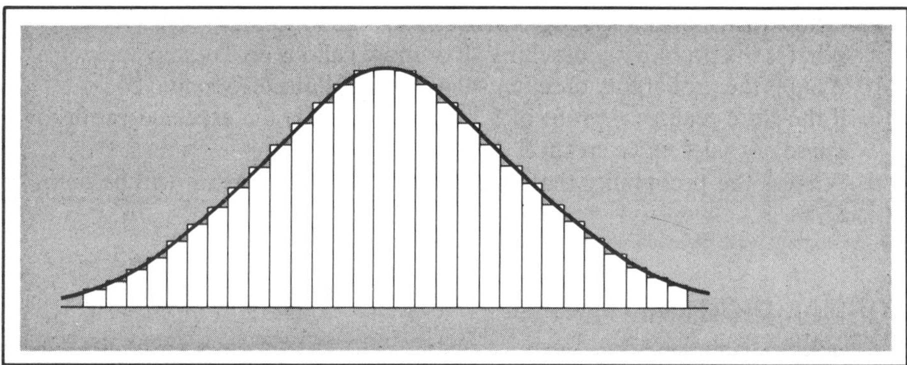

Figura 5.7 Uma curva contínua que aproxima a distribuição de freqüências observadas.

Características das Distribuições Normais

As curvas normais apresentam algumas características bastante especiais em termos de sua forma, de como se especificam e de como são utilizadas para obtenção de probabilidades.

O gráfico de uma distribuição normal se assemelha muito a um sino. É suave, unimodal, e simétrico em relação à sua média. Menos óbvio é o fato de que a curva se prolonga indefinidamente em qualquer das direções, a partir da média. Tende cada vez mais para o eixo horizontal à medida que aumenta a distância a contar da média, mas nunca chega a tocar o eixo. Teoricamente, os valores possíveis vão de $-\infty$ a $+\infty$. Ver a Figura 5.8.

Outra característica importante é que uma distribuição normal fica completamente especificada por dois parâmetros: sua média e seu desvio padrão. Em outras palavras, existe uma única distribuição normal para cada combinação de uma média e um desvio padrão. Diferentes combinações de média e desvio padrão originam curvas normais distintas. Como médias e desvios padrões são medidos em escala *contínua*, segue-se que o número de distribuições normais é ilimitado. A Figura 5.9 ilustra algumas dessas possibilidades.

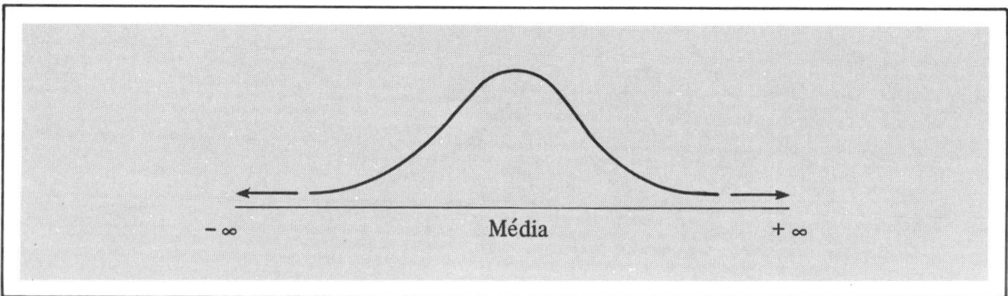

Figura 5.8 Uma curva normal típica.

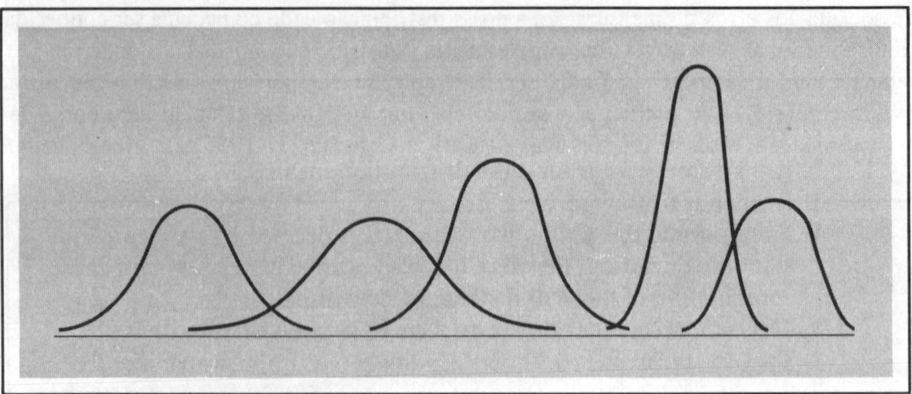

Figura 5.9 As combinações de média e desvio padrão são em número ilimitado.

A área total sob qualquer curva normal representa 100% da probabilidade associada à variável. Além disso, como a curva é simétrica em relação à sua média, a probabilidade de observar um valor inferior à média é 50%, como o é também a probabilidade de observar um valor acima da média. A probabilidade de predizer exatamente um valor é 0, pois a escala de mensuração é contínua. Logo, a probabilidade de observar um valor exatamente igual à média é zero.

A probabilidade de uma variável aleatória distribuída normalmente tomar um valor entre dois pontos quaisquer é igual à área sob a curva normal compreendida entre aqueles dois pontos. Ver a Figura 5.10.

> A probabilidade de uma variável aleatória tomar um valor entre dois pontos quaisquer é igual à área sob a curva normal entre aqueles pontos.

Uma conseqüência importante do fato de uma curva normal poder ser completamente especificada por sua média e seu desvio padrão é que a área sob a curva entre um ponto qualquer e a média é função somente do número de desvios padrões que aquele ponto dista da média. *Esta é a chave que nos permite calcular probabilidades para a curva normal.*

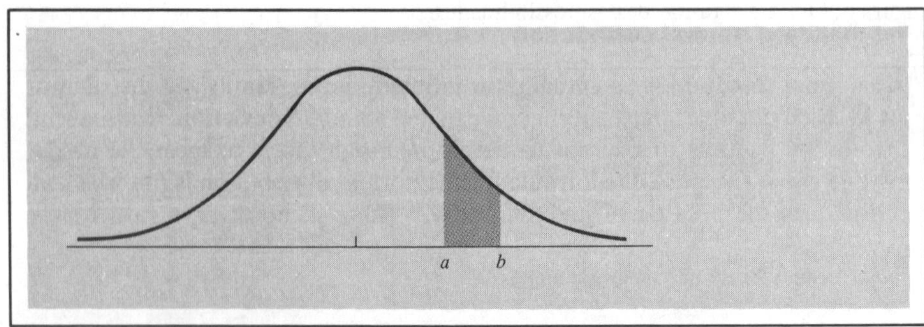

Figura 5.10 $P(a < x < b)$ = área sob a curva entre *a* e *b*.

Em resumo, eis as características das curvas normais:

1. A curva normal tem forma de sino.
2. É simétrica em relação à média.
3. Prolonga-se de $-\infty$ a $+\infty$.
4. Cada distribuição normal fica completamente especificada por sua média e seu desvio padrão; há uma distribuição normal distinta para cada combinação de média e desvio padrão.
5. A área total sob a curva normal é considerada como 100%.
6. A área sob a curva entre dois pontos é a probabilidade de uma variável normalmente distribuída tomar um valor entre esses pontos.
7. Como há um número ilimitado de valores no intervalo de $-\infty$ a $+\infty$, a probabilidade de uma variável aleatória distribuída normalmente tomar *exatamente* determinado valor é aproximadamente zero. Assim, as probabilidades se referem sempre a *intervalos de valores.*
8. A área sob a curva entre a média e um ponto arbitrário é função do número de desvios padrões entre a média e aquele ponto.

A Distribuição Normal como Modelo

É essencial reconhecer que uma distribuição normal é uma distribuição teórica. Para mensurações físicas grupadas numa distribuição de freqüência, é uma distribuição ideal; nenhum conjunto de valores efetivos se adaptará exatamente a ela. Assim é que, por exemplo, os valores reais não variam entre $-\infty$ e $+\infty$. E as limitações do instrumental de mensuração eliminam efetivamente muitos outros valores potenciais. Não obstante, tais deficiências são amplamente contrabalançadas pela facilidade de utilização da distribuição normal na obtenção de probabilidades, e pelo fato de que a referida distribuição ainda constitui uma boa aproximação de dados reais. Assim, quando se diz que uma variável aleatória (física) é distribuída normalmente, a afirmação deve ser interpretada como uma implicação de que a distribuição de freqüência de seus resultados possíveis pode ser satisfatoriamente bem aproximada pela distribuição normal de probabilidades. Logo, a curva normal é um *modelo*.

A Distribuição Normal Padronizada

A distribuição normal constitui, na realidade, uma "família" infinitamente grande de distribuições – uma para cada combinação possível de média e desvio padrão. Conseqüentemente, seria inútil procurar elaborar tabelas que atendessem a todas as necessidades. Além disso, a expressão da distribuição normal não é conveniente para tal objetivo, em vista de sua complexidade.* Há, entretanto, uma alternativa bastante simples que contorna o problema. Conceitualmen-

* A fórmula da distribuição normal é $f(x) = \frac{1}{\sqrt{2\pi}\sigma} e^{-\frac{1}{2}(\frac{x-\mu}{\sigma})^2} = \frac{1}{\sqrt{2\pi}\sigma} \exp\left[-\frac{1}{2}(\frac{x-\mu}{\sigma})^2\right]$.

te é análoga à determinação de probabilidades no caso do "ponteiro". Vimos ali que o *tamanho* do círculo não influía; era a *forma* o que interessava. Desde que considerássemos a área total do círculo como 100%, qualquer tamanho de círculo daria exatamente as mesmas probabilidades. Isto é o que se passa com a distribuição normal: o fato de considerarmos a área total sob a curva como 100% padroniza a curva.

Se uma variável tem distribuição normal, cerca de 68% de seus valores cairão no intervalo de um desvio padrão a contar de cada lado da média; cerca de 95,5% no intervalo de dois desvios padrões a contar da média, e cerca de 99,7% dentro de três desvios padrões a contar da média. A Figura 5.11 ilustra a idéia. Além do mais, isto é verdade quaisquer que sejam a média e o desvio padrão de uma distribuição normal particular; é válido para *todas* as distribuições normais.

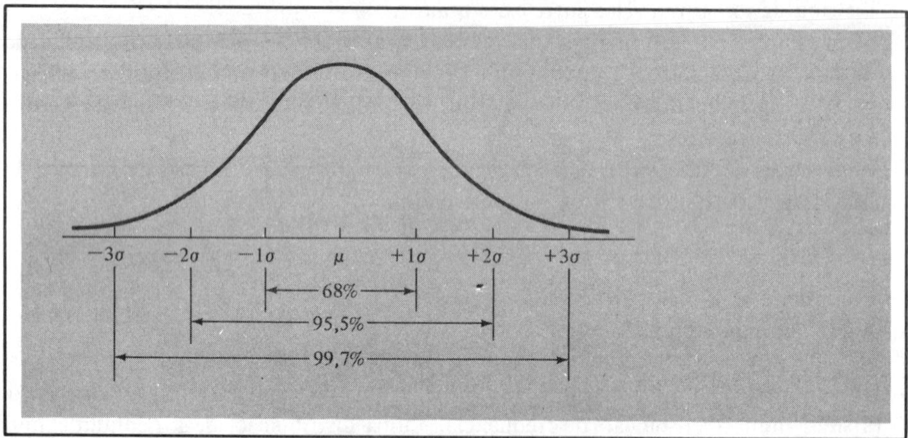

Figura 5.11 Área sob uma curva normal a 1, 2 e 3 desvios padrões a contar de cada lado da média.

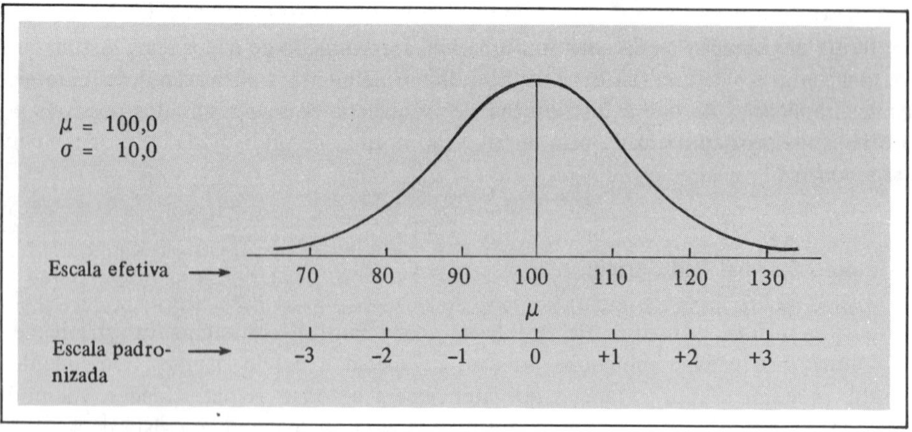

Figura 5.12 Comparação entre as escalas efetiva e padronizada.

Pouco mais adiante aprenderemos como determinar estas e outras percentagens. Por ora, reflitamos um pouco sobre a significação deste fato. A implicação é que o problema de lidar com uma família infinita de distribuições normais pode ser completamente evitado desde que queiramos trabalhar com valores *relativos*, ao invés de com valores reais. Isto equivale a tomar a média como ponto de referência (origem) e o desvio padrão como medida de afastamento a contar daquele ponto (unidade de medida). Esta nova escala é comumente conhecida como *escala* z.

Consideremos uma distribuição normal com média 100,0 e desvio padrão de 10,0, conforme a Figura 5.12. Podemos converter esta escala efetiva numa escala relativa substituindo os valores efetivos por "números de desvios padrões a contar da média da distribuição".

Embora a Figura 5.12 ilustre apenas uns poucos valores, o mesmo conceito pode ser aplicado a qualquer valor da distribuição. Assim é que o valor 90 está a -10 abaixo da média; ou $-\frac{10}{10} = -1$ desvio padrão; 120 está a +20 acima da média, ou $\frac{20}{10} = 2$ desvios padrões, etc. 95 está a -0,5 desvio padrão abaixo da média e 107 está a +0,7 desvio padrão acima da média.

Podemos resumir este processo da seguinte maneira: converta-se a diferença efetiva entre a média e algum outro valor da distribuição para uma diferença relativa exprimindo-a em termos do número de desvios padrões a contar da média. Algebricamente, pode-se escrever

$$z = \frac{x - \mu}{\sigma}$$

onde

z = número de desvios padrões a contar da média
x = valor arbitrário
μ = a média da distribuição normal
σ = o desvio padrão

Note-se que z tem sinal negativo para valores de x inferiores à média e sinal positivo para valores superiores à média.

Eis alguns exemplos de conversão das diferenças efetivas entre média e um outro valor, para distância relativa em termos do número de desvios padrões:

μ Média	σ Desvio padrão	x Valor considerado	$x - \mu$ Diferença	$(x - \mu)/\sigma = z$ Diferença relativa
40	1	42	2	2
25	2	23	-2	-1
30	2,5	37,5	7,5	3
18	3	13,5	-4,5	-1,5
22	4	22	0	0

É também necessário sabermos trabalhar em sentido inverso, passando dos valores z para os valores efetivos. Por exemplo, podemos querer saber que valor corresponde a $z = 2$. Supondo conhecidos a média e o desvio padrão e que estejamos lidando com uma distribuição *normal*, a conversão toma a forma

$$\text{valor efetivo} = \mu + z\sigma$$

Eis alguns exemplos

μ Média	σ Desvio padrão	z	$\mu + z\sigma$ Cálculo	Valor efetivo
20	1	3	20 + 3(1)	23
50	3	-1	50 - 1(3)	47
60	2	-2	60 - 2(2)	56
72	5	0,3	72 + 0,3(5)	73,5

Há uma grande vantagem em podermos pensar e trabalhar com valores relativos. É que, em vez de lidarmos com uma família infinita de distribuições normais, precisamos de apenas uma distribuição normal para todos os problemas. Podemos converter qualquer valor de qualquer distribuição normal em um valor z, ou escore z, que nos diz a quantos desvios padrões o valor considerado dista da média. Isto nos permite determinar todas as probabilidades da curva normal utilizando uma *única tabela padronizada*, elaborada exclusivamente com esse propósito.

A Tabela Normal Padronizada

As áreas sob a curva de qualquer distribuição normal podem ser achadas utilizando-se uma tabela normal padronizada, após fazer a conversão da escala original para a escala em termos de desvios padrões. A média passa a servir como ponto de referência (origem) e o desvio padrão como unidade de medida. A tabela padronizada é construída de modo que pode ser lida em unidades de z – número de desvios padrões a contar da média. A tabela dá a área sob a curva (isto é, a probabilidade de um valor cair naquele intervalo) entre a média e valores escolhidos de z. A porção sombreada da Figura 5.13 corresponde à área sob a curva que pode ser lida diretamente na tabela. Note-se que a média da distribuição agora é 0, pois a média está à distância 0 de si mesma.

Como a distribuição normal é simétrica em torno de sua média, a metade esquerda da área sob a curva é a imagem reflexa da metade direita. Em razão de tal simetria, costuma-se dar apenas a metade da distribuição numa tabela. Em outras palavras, para cada segmento à esquerda existe um

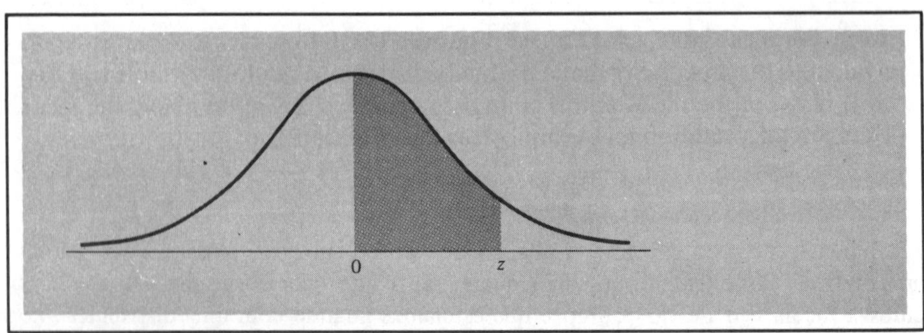

Figura 5.13 Área sob uma curva normal em escala padronizada.

segmento correspondente à direita. É comum apresentar a tabela para a *metade direita* da distribuição. Então, se se necessita de uma porção da metade esquerda, basta considerar como desvios positivos os valores ali constantes. Por exemplo, a área sob a curva entre a média e +1 desvio padrão é exatamente igual à área sob a curva entre a média e -1 desvio padrão, conforme se vê na Figura 5.14.

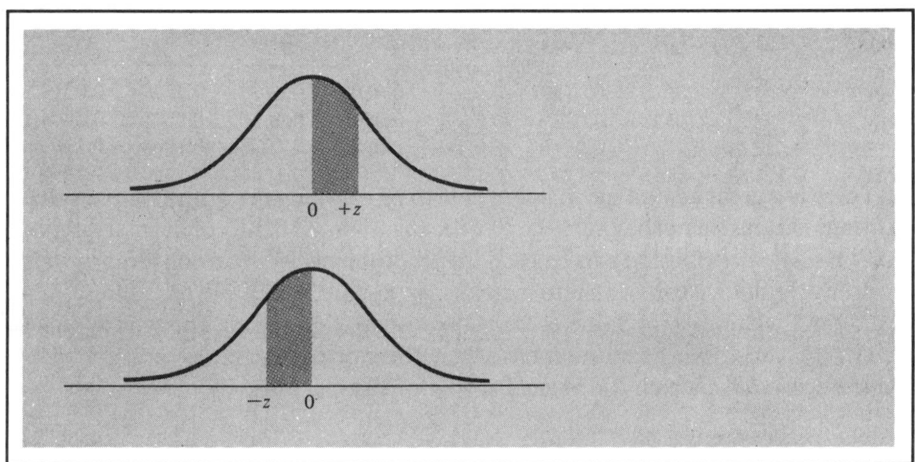

Figura 5.14 A área sob a curva entre a média e $+z$ é igual à área sob a curva entre a média e $-z$.

Podemos agora voltar nossa atenção à tabela em si. A Tabela 5.1 será usada em nossos estudos; a Tabela G do Apêndice é idêntica à Tabela 5.1. A tabela vem dada em termos de valores de z com duas decimais, tais como 2,78, 1,04, 2,45, etc. Uma peculiaridade é que os valores de z vêm decompostos em duas partes (o que pode causar certa confusão a quem estuda o assunto pela primeira vez, mas é de real vantagem na apresentação gráfica): os valores da parte inteira e da primeira decimal integram a *coluna à esquerda*, enquanto que a segunda decimal aparece na *linha* horizontal do *topo*. Determinemos algumas áreas entre a média e z para ilustrar o uso da tabela.

Suponhamos que queiramos determinar a área entre a média e $z = 1{,}25$. Devemos primeiro localizar 1,2 na coluna à esquerda e, em seguida, 0,05 na linha horizontal do topo. A área será então dada pelo número formado pela interseção da linha $z = 1{,}2$ e da coluna 0,05. O valor 0,3944 é a percentagem da área sob a curva normal entre a média 0 e $z = 1{,}25$. Ver a Figura 5.15. Naturalmente, tal percentagem nada mais é do que a *probabilidade* de uma variável aleatória normal tomar um valor z entre a média e um ponto situado a 1,25 desvios padrões acima da média.

Eis mais alguns exemplos. Ver também a Figura 5.16.

z	Área entre a média e z
1,00	0,3413
1,50	0,4332
2,13	0,4834
2,77	0,4972

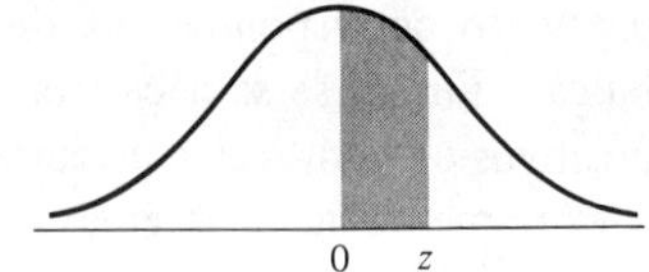

Tabela 5.1 Áreas para a Distribuição Normal Padronizada

z	0,00	0,01	0,02	0,03	0,04	0,05	0,06	0,07	0,08	0,09
0,0	0,0000	0,0040	0,0080	0,0120	0,0160	0,0199	0,0239	0,0279	0,0319	0,0359
0,1	0,0398	0,0438	0,0478	0,0517	0,0557	0,0596	0,0636	0,0675	0,0714	0,0753
0,2	0,0793	0,0832	0,0871	0,0910	0,0948	0,0987	0,1026	0,1064	0,1103	0,1141
0,3	0,1179	0,1217	0,1255	0,1293	0,1331	0,1368	0,1406	0,1443	0,1480	0,1517
0,4	0,1554	0,1591	0,1628	0,1664	0,1700	0,1736	0,1772	0,1808	0,1844	0,1879
0,5	0,1915	0,1950	0,1985	0,2019	0,2054	0,2088	0,2123	0,2157	0,2190	0,2224
0,6	0,2257	0,2291	0,2324	0,2357	0,2389	0,2422	0,2454	0,2486	0,2518	0,2549
0,7	0,2580	0,2612	0,2642	0,2673	0,2704	0,2734	0,2764	0,2794	0,2823	0,2852
0,8	0,2881	0,2910	0,2939	0,2967	0,2995	0,3023	0,3051	0,3078	0,3106	0,3133
0,9	0,3159	0,3186	0,3212	0,3238	0,3264	0,3289	0,3315	0,3340	0,3365	0,3389
1,0	0,3413	0,3438	0,3461	0,3485	0,3508	0,3531	0,3554	0,3577	0,3599	0,3621
1,1	0,3643	0,3665	0,3686	0,3708	0,3729	0,3749	0,3770	0,3790	0,3810	0,3830
1,2	0,3849	0,3869	0,3888	0,3907	0,3925	0,3944	0,3962	0,3980	0,3997	0,4015
1,3	0,4032	0,4049	0,4066	0,4082	0,4099	0,4115	0,4131	0,4147	0,4162	0,4177
1,4	0,4192	0,4207	0,4222	0,4236	0,4251	0,4265	0,4279	0,4292	0,4306	0,4319
1,5	0,4332	0,4345	0,4357	0,4370	0,4382	0,4394	0,4406	0,4418	0,4429	0,4441
1,6	0,4452	0,4463	0,4474	0,4484	0,4495	0,4505	0,4515	0,4525	0,4535	0,4545
1,7	0,4554	0,4564	0,4573	0,4582	0,4591	0,4599	0,4608	0,4616	0,4625	0,4633
1,8	0,4641	0,4649	0,4656	0,4664	0,4671	0,4678	0,4686	0,4693	0,4699	0,4706
1,9	0,4713	0,4719	0,4726	0,4732	0,4738	0,4744	0,4750	0,4756	0,4761	0,4767
2,0	0,4772	0,4778	0,4783	0,4788	0,4793	0,4798	0,4803	0,4808	0,4812	0,4817
2,1	0,4821	0,4826	0,4830	0,4834	0,4838	0,4842	0,4846	0,4850	0,4854	0,4857
2,2	0,4861	0,4864	0,4868	0,4871	0,4875	0,4878	0,4881	0,4884	0,4887	0,4890
2,3	0,4893	0,4896	0,4898	0,4901	0,4904	0,4906	0,4909	0,4911	0,4913	0,4916
2,4	0,4918	0,4920	0,4922	0,4925	0,4927	0,4929	0,4931	0,4932	0,4934	0,4936
2,5	0,4938	0,4940	0,4941	0,4943	0,4945	0,4946	0,4948	0,4949	0,4951	0,4952
2,6	0,4953	0,4955	0,4956	0,4957	0,4959	0,4960	0,4961	0,4962	0,4963	0,4964
2,7	0,4965	0,4966	0,4967	0,4968	0,4969	0,4970	0,4971	0,4972	0,4973	0,4974
2,8	0,4974	0,4975	0,4976	0,4977	0,4977	0,4978	0,4979	0,4979	0,4980	0,4981
2,9	0,4981	0,4982	0,4982	0,4983	0,4984	0,4984	0,4985	0,4985	0,4986	0,4986
3,0	0,4986	0,4987	0,4987	0,4988	0,4988	0,4989	0,4989	0,4989	0,4990	0,4990
4,0	0,49997									

Como a metade esquerda é essencialmente a mesma da direita, se cada um dos valores de z na tabela acima tivesse antes de si um sinal "menos", as áreas sob a curva ainda seriam as mesmas.

A tabela normal pode também ser usada para determinar a área sob a curva *além* de um dado valor de z. A chave aqui é que a área de uma das metades é 50%, logo a área além de z é 50% - valor tabelado. Por exemplo, se o valor tabelado é 30%, a área além de z é 50% - 30% = 20%. A área além de $z = +1$ será 0,5 - 0,3413 = 0,1587, pois a área *entre* a média e $z = +1$ é 0,3413. A Figura 5.17 ilustra o conceito.

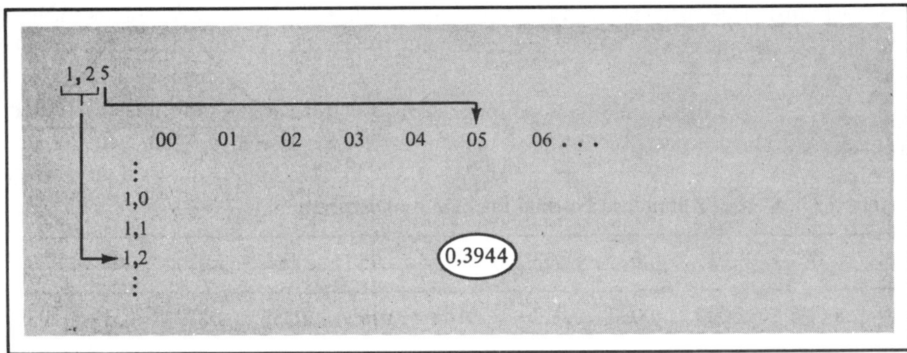

Figura 5.15 Área sob a curva normal entre a média e $z = 1{,}25$.

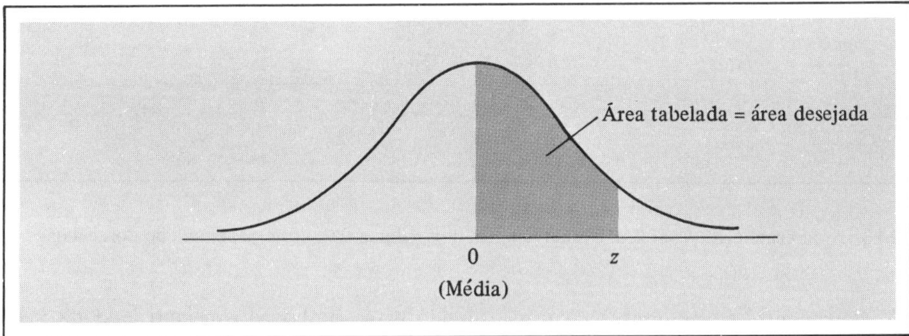

Figura 5.16 Uma tabela normal dá a área sob a curva normal padronizada entre a média e um valor de z.

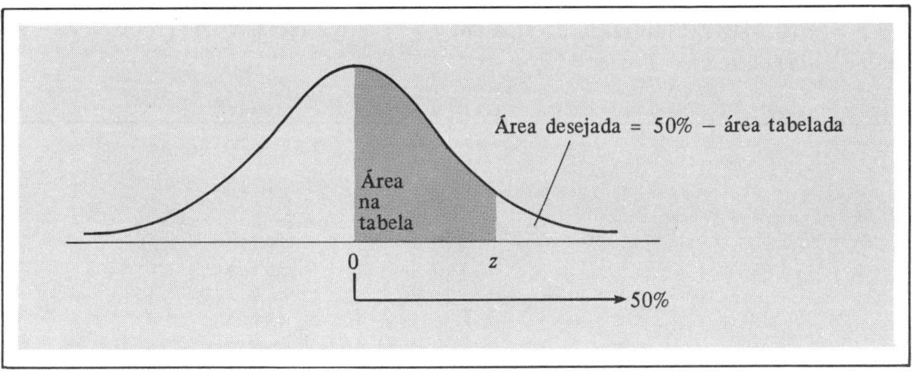

Figura 5.17 A área além de z se obtém subtraindo de 0,5 a área entre a média e z.

Eis alguns exemplos:

z	$P(0 < x < z)$	$P(x > z) = 0{,}5 - P(0 < x < z)$
1,65	0,4505	0,0495
1,96	0,4750	0,0250
2,33	0,4901	0,0099

Não estamos necessariamente confinados a situações limitadas pela média. Quando um intervalo ou seu complemento não é limitado pela média da distribuição, a determinação da área sob a curva é um processo de dois estágios. Por exemplo, seja determinar a área sob a curva entre $z = -1$ e $z = 1$. Como a média é sempre o ponto de referência, devemos determinar a área entre a média e cada um dos dois limites. Acabamos de ver que a área entre a média e $z = 1$ é 0,3413. Analogamente, a área entre a média e $z = -1$ é 0,3413. Combinando os dois valores, temos a área total: 0,6826. Isso é ilustrado na Figura 5.18.

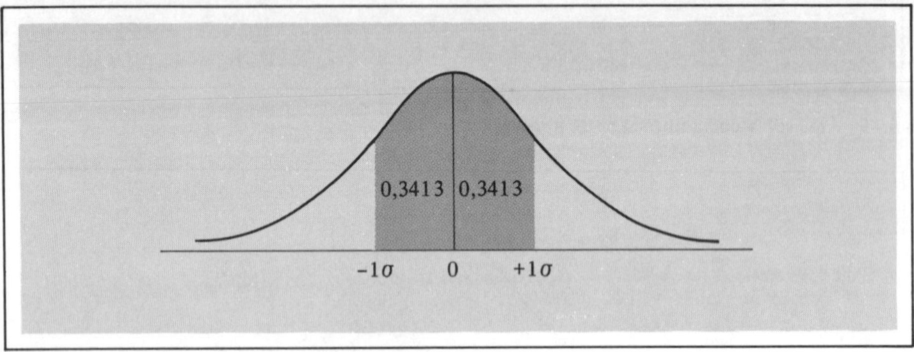

Figura 5.18 A determinação da área sob a curva entre dois valores de z é um problema de dois estágios.

Analogamente, se os limites de um intervalo estão ambos do mesmo lado da média, e se queremos achar a área sob a curva entre esses dois limites, novamente deveremos determinar a área entre a média e cada um deles. Mas nesse caso necessitamos da *diferença* entre as duas áreas. Por exemplo, se queremos a área entre $z = 1$ e $z = 2$ (Figura 5.19), devemos achar a área entre a média e $z = 1$ (0,3413) e subtraí-la da área entre $z = 2$ e a média (0,4772): $0{,}4772 - 0{,}3413 = 0{,}1359$ é a área entre $z = 1$ e $z = 2$.

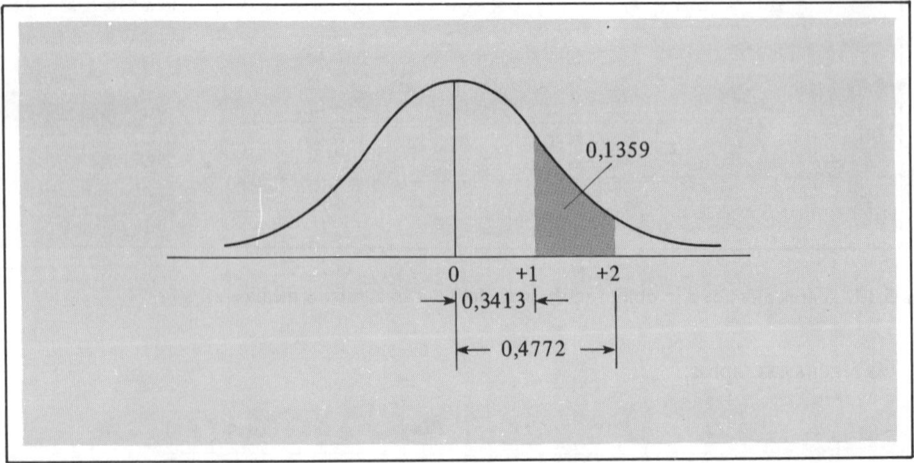

Figura 5.19 Quando dois valores de z têm o mesmo sinal e queremos achar a área *entre* eles, devemos achar a área entre a média e cada um deles e então subtrair o menor do maior.

A Distribuição Normal como Aproximação da Binomial

Muitas situações da vida real podem ser convenientemente descritas pela distribuição binomial. O problema é que as tabelas binomiais raramente vão além de $n = 20$, simplesmente pelo fato de que há tantos resultados que as tabelas se tornariam proibitivamente longas. Há tabelas mais extensas, mas não se encontram facilmente. Podem-se utilizar fórmulas, desde que se disponha de um computador; fora disso, os cálculos são por demais trabalhosos.

Em alguns casos a distribuição normal pode ser usada como aproximação bastante satisfatória das probabilidades binomiais; e acabamos de ver que a distribuição normal não oferece praticamente nenhuma dificuldade de manejo. No Capítulo 4 vimos que, sob certas circunstâncias, a distribuição de Poisson podia ser usada para aproximar probabilidades binomiais quando n é grande e a probabilidade de sucesso está próxima de 0 ou de 100%. Já a aproximação normal funciona melhor quando a probabilidade de sucesso está próxima de 0,50, melhorando à medida que n cresce [e já então a necessidade de se ter P(sucesso) próxima de 0,5 diminui]*. A Figura 5.20 ilustra o conceito.

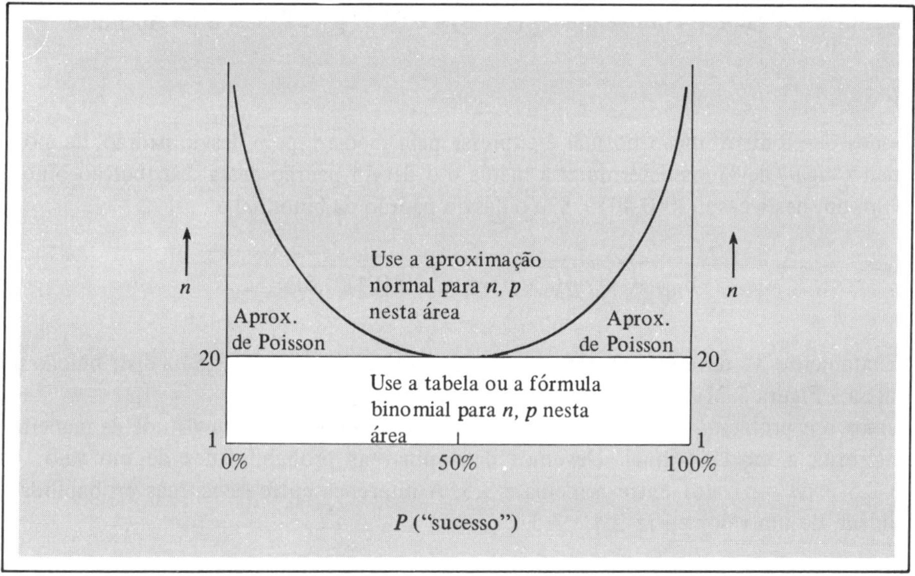

Figura 5.20 A decisão quanto ao uso de uma distribuição binomial ou de uma das aproximações – de Poisson ou normal – é função tanto da probabilidade de "sucesso" como do número de provas ou observações.

O uso da normal para aproximar probabilidades binomiais apresenta uma dificuldade de caráter conceitual, que não se fez presente no caso da aproximação de Poisson. A distribuição normal é contínua, enquanto que tanto a de Poisson como a binomial são discretas. A transição do caso discreto para o contínuo envolve a consideração de valores não-inteiros associados às variáveis

* Uma regra prática é que np ou $n(1 - p)$ – o que for menor – deve ser $\geqslant 5$ para que seja válida a aproximação normal.

contínuas mas não às variáveis discretas. Por exemplo, o valor 3,4523 pode ser consistente com uma variável contínua, mas provavelmente não com uma variável discreta, já que esta em geral envolve inteiros apenas. As distribuições discretas apresentam acumulações de probabilidades nos inteiros, mas nada *entre* os inteiros. Já as distribuições contínuas são "suaves", não apresentando acumulações, porque todos os valores têm probabilidades associadas a eles.

O problema se resolve atribuindo intervalos da distribuição contínua para representar valores inteiros comuns às variáveis discretas. Em essência, os valores não-inteiros de uma variável contínua são *arredondados* para o inteiro mais próximo, e as probabilidades associadas a valores não-inteiros são consideradas como probabilidades de inteiros. Por exemplo, os valores contínuos do intervalo 2,5 a 3,5 ficariam relacionados com o valor discreto, ou inteiro, 3, os valores contínuos de 6,5 a 7,5 se associariam ao inteiro 7, etc. Assim, para determinar a probabilidade binomial de exatamente 7 sucessos, deveríamos usar uma aproximação normal baseada na probabilidade (área sob a curva normal) entre 6,5 e 7,5.

Consideremos alguns exemplos.

Exemplo 1 Sejam $n = 20$ e $p = 0{,}40$. Podemos facilmente utilizar uma tabela binomial para determinar diversos valores. Por exemplo, $P(x = 3)$ é 0,0124 pela Tabela B do Apêndice.

Solução:

Recordemos que a distribuição normal é expressa pela média e pelo desvio padrão, de modo que, em primeiro lugar, devemos determinar a média e o desvio padrão desta distribuição binomial. A média é np, ou, neste caso, $20(0{,}40) = 8$, e o desvio padrão da binomial é

$$\sigma_{np} = \sqrt{np(1-p)} = \sqrt{20(0{,}4)(0{,}6)} = 2{,}2$$

"Exatamente 3" deve ser interpretado como o intervalo de 2,5 a 3,5 na distribuição normal, como ilustra a Figura 5.21.

Temos um problema com dois estágios, conforme já indicamos, em virtude da maneira como está construída a tabela normal. Devemos determinar as probabilidades de um valor entre a média e 2,5 e de um valor entre a média e 3,5. A diferença entre essas duas probabilidades é a probabilidade de um valor entre 2,5 e 3,5.

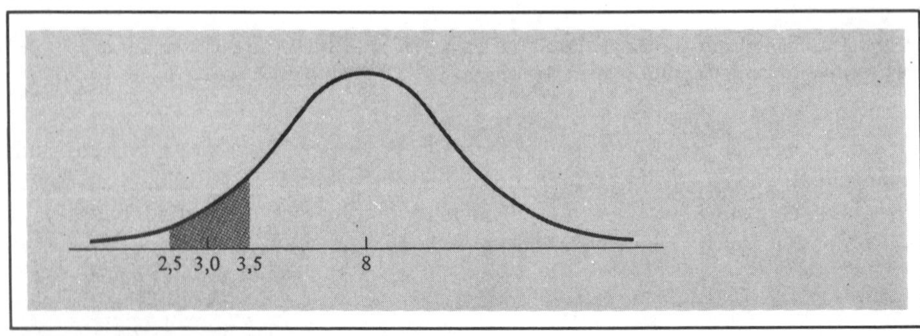

Figura 5.21 Aproximação normal da probabilidade de "exatamente 3".

Temos:

$$z_1 = \frac{2,5 - 8}{2,2} = \frac{-5,5}{2,2} = -2,50 \qquad P_1 = 0,4938$$

$$z_2 = \frac{3,5 - 8}{2,2} = \frac{-4,5}{2,2} = -2,05 \qquad P_2 = 0,4798$$

$$P(x = 3) = P_1 - P_2 = 0,0140$$

Note-se que 0,0140 está bastante próximo do verdadeiro valor 0,0124; o erro é de apenas 0,0016, bem pequeno.

A aproximação normal pode ser usada também para determinar a probabilidade de um *conjunto* de resultados.

Exemplo 2 Usando os mesmos valores de n e p do Exemplo 1, temos $n = 20$ e $p = 0,40$.

a. Determine a probabilidade de $x \geqslant 10$.

b. Determine a probabilidade de $x = 9$, 10 ou 11.

(Nota: A média é 8 e o desvio padrão é 2,2, conforme determinado no Exemplo 1.)

Solução:

a. $x \geqslant 10$ realmente implica (para uma aproximação contínua) que $x > 9,5$. A probabilidade de um valor nesse intervalo se determina subtraindo de 0,5 a probabilidade de observar um valor entre a média e 9,5, conforme ilustra a Figura 5.22(a).

$$P(\mu \leqslant x \leqslant 9,5)\colon z = \frac{9,5 - 8}{2,2} = \frac{1,5}{2,2} = 0,68$$

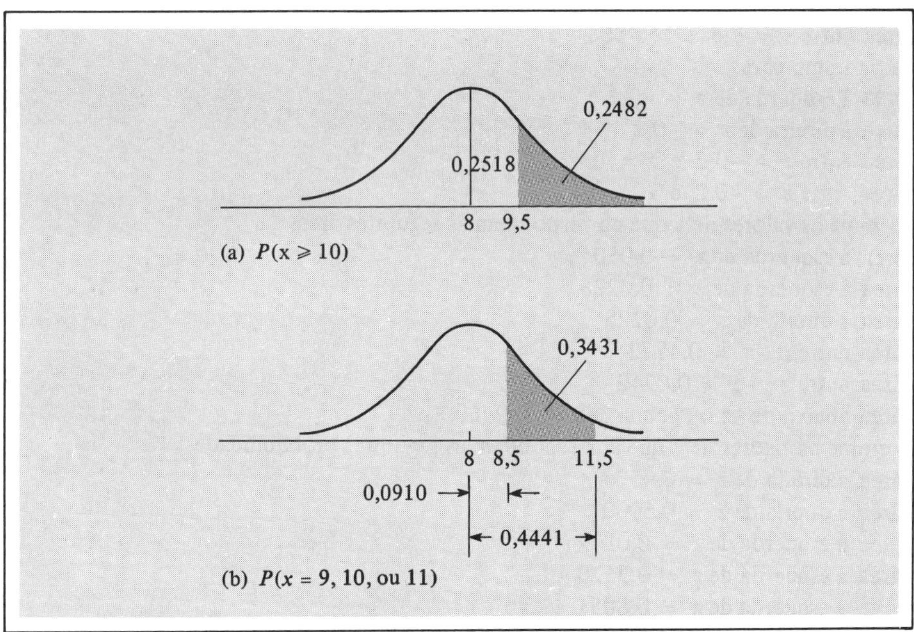

Figura 5.22 $P(x \geqslant 10) = 0,2472$. (b) $P(x = 9, 10 \text{ ou } 11) = 0,3431$.

Da tabela normal, obtemos que $z = 0{,}68$ corresponde a uma probabilidade de 0,2518. Portanto,

$$P(x > 9{,}5) = 0{,}5000 - 0{,}2518 = 0{,}2482$$

b. 9, 10 ou 11 corresponde ao intervalo contínuo de 8,5 a 11,5:

$$z_1 = \frac{11{,}5 - 8}{2{,}2} = \frac{3{,}5}{2{,}2} = 1{,}59 \qquad P_1 = 0{,}4441$$

$$z_2 = \frac{8{,}5 - 8}{2{,}2} = \frac{0{,}5}{2{,}2} = 0{,}23 \qquad P_2 = 0{,}0910$$

$$P(8{,}5 \leqslant x \leqslant 11{,}5) = P_1 - P_2 = 0{,}3531$$

Isso é ilustrado na Figura 5.22(b).

EXERCÍCIOS

1. Trace uma curva normal e sombreie a área desejada, obtendo então a informação.
   a. área à direita de $z = 1{,}0$
   b. área à esquerda de $z = 1{,}0$
   c. área à direita de $z = -0{,}34$
   d. área entre $z = 0$ e $z = 1{,}5$
   e. área entre $z = 0$ e $z = -2{,}88$
   f. área entre $z = -0{,}56$ e $z = -0{,}20$
   g. área entre $z = -0{,}49$ e $z = 0{,}49$
   h. área entre $z = 2{,}5$ e $z = 2{,}8$
2. Faça o mesmo para:
   a. área à esquerda de $z = -0{,}2$
   b. área à direita de $z = -0{,}2$
   c. área entre $z = -0{,}2$ e $z = 0$
   d. área entre $z = -0{,}2$ e $z = 0{,}4$
3. Determine os valores de z que correspondem às seguintes áreas:
   a. área à esquerda de $z = 0{,}0505$
   b. área à esquerda de $z = 0{,}0228$
   c. área à direita de $z = 0{,}0228$
   d. área entre 0 e $z = 0{,}4772$
   e. área entre z e $-z = 0{,}0240$
   f. área abaixo de $-z$ ou acima de $z = 0{,}9760$
4. Determine os valores de z que correspondem às seguintes probabilidades:
   a. área à direita de $z = 0{,}0505$
   b. área à direita de $z = 0{,}5000$
   c. área à esquerda de $z = 0{,}0107$
   d. área à esquerda de $z = 0{,}3520$
   e. área à esquerda de $z = 0{,}8051$
   f. área entre z e $-z = 0{,}9544$
   g. área entre z e $-z = 0{,}6826$

5. Dado que uma população com média 25 e desvio padrão 2 tem distribuição normal, determine os valores de z para os seguintes valores da população:
   a. 23,0 b. 23,5 c. 24,0 d. 25,2 e. 25,5
6. Uma população normal tem média 40 e desvio padrão 3. Determine os valores correspondentes aos seguintes valores de z:
   a. 0,10 b. 2,00 c. 0,75 d. -2,53 e. -3,00 f. -3,20
7. Uma distribuição normal tem média 50 e desvio padrão 5. Que percentagem da população está em cada um dos intervalos seguintes:
   a. de 40 a 50 b. de 49 a 50 c. de 40 a 45
   d. de 56 a 60 e. de 40 a 65 f. de 45 a 55
8. Após 28 dias de curagem, o cimento Portland comum tem uma resistência compressiva média de 4000 psi. Suponha que essa resistência tenha distribuição normal com desvio padrão de 120 psi. Determine as probabilidades seguintes para uma resistência compressiva de 28 dias:
   a. < 3900 b. < 3850 c. > 3850 d. > 3880
9. Suponha que a renda média de uma grande comunidade possa ser razoavelmente aproximada por uma distribuição normal com média de \$15.000 e desvio padrão de \$3.000.
   a. Que percentagem da população terá renda superior a \$18.600?
   b. Numa amostra de 50 assalariados, quantos podemos esperar que tenham menos de \$10.500 de renda?
10. Um fornecedor de ferro alega que seu produto apresenta resistência à tensão aproximadamente normal com média de 50.000 psi e variância de 8.100 psi. Supondo verdadeira a hipótese, que percentagem de mensurações dará resultado
    a. superior a 50.000 psi
    b. inferior a 49.550 psi
    c. a mais de ± 1.350 psi a contar de 50.000 psi
11. Um avaliador do governo calcula que sua capacidade de estimar custos de projetos tem distribuição normal em torno do custo verdadeiro, com desvio padrão de \$10.000. Em tal caso, em que percentagem das vezes sua estimativa estará:
    a. dentro de \$15.000 do verdadeiro custo b. dentro de \$20.000 c. dentro de \$27.000
12. Um processo industrial produz canos com diâmetro médio de 2,00" e desvio padrão de 0,01". Os canos com diâmetros que variem de mais de 0,03" a contar da média são considerados defeituosos. Suponha normalidade.
    a. Qual a percentagem de canos defeituosos?
    b. Qual a probabilidade de encontrar duas peças defeituosas em seqüência?
    c. Qual a probabilidade de encontrar duas peças perfeitas em seqüência?
13. Os peixes pescados por uma traineira têm peso médio de 4,5 lb e desvio padrão de 0,5 lb.
    a. Qual é a percentagem de peixes que pesam menos de 4 lb?
    b. Qual é a percentagem de peixes cujo peso está a 1 lb do peso médio?
    c. Escolhidos ao acaso dois peixes, qual a probabilidade de um pesar mais e o outro menos que a média?
    d. Qual é a probabilidade de dois peixes pesarem ambos menos que a média?
14. Joga-se uma moeda equilibrada 64 vezes. Determine as probabilidades seguintes:
    a. de o número de caras ser igual ao de coroas
    b. mais de 34 caras
    c. menos de 32 caras
    d. número de caras entre 30 e 36 (extremos excluídos)
    e. número de caras entre 30 e 36 (extremos incluídos)

15. Admite-se que cerca de 30% dos adultos que vivem na Cidade de Nova Iorque possuem ações de empresas privadas. Admitindo essa suposição, determine as seguintes probabilidades para uma amostra aleatória de nova-iorquinos:
    a. Menos de 20 numa amostra de 40 possuírem ações.
    b. Doze ou menos numa amostra de 50 possuírem ações.
    c. Doze ou menos numa amostra de 70 possuírem ações.
16. Sabe-se que o conteúdo de cerveja numa lata de 12 oz da fábrica Super Suds Beverages, Inc., tem distribuição aproximadamente normal com média de 12 oz e desvio padrão de 0,25 oz.
    a. Que percentagem de latas terá menos de 11,6 oz?
    b. Que percentagem apresentará variação não superior a 0,3 oz em relação à média?
    c. Qual a probabilidade de, numa amostra de 4 latas, todas as quatro terem conteúdo inferior a 12 oz?

A DISTRIBUIÇÃO EXPONENCIAL

A distribuição exponencial envolve probabilidades ao longo do tempo ou da distância entre ocorrências num intervalo contínuo. Por exemplo, a exponencial é usada como modelo do tempo entre falhas de equipamento elétrico, tempo entre a chegada de clientes a um supermercado, tempo entre chamadas telefônicas, etc. Há estreita relação entre a distribuição exponencial e a de Poisson. Na verdade, se um processo de Poisson tem média de λ ocorrências durante um intervalo, o espaço (ou tempo, etc.) *entre* ocorrências naquele intervalo é de $1/\lambda$. Por exemplo, se as chamadas telefônicas ocorrem em média à razão de 6 por hora, então o tempo médio *entre* as chamadas será de 1/6 de hora, ou 10 minutos.

As probabilidades exponenciais se exprimem em termos de tempo ou distância até que um evento ou ocorrência se verifique. Ver a Figura 5.23. Podemos, por exemplo, querer determinar a probabilidade de não haver chamadas num período de 2 horas ($t = 2$) se a taxa média (λ) é 1,5 chamadas/hora. Podemos usar a fórmula:

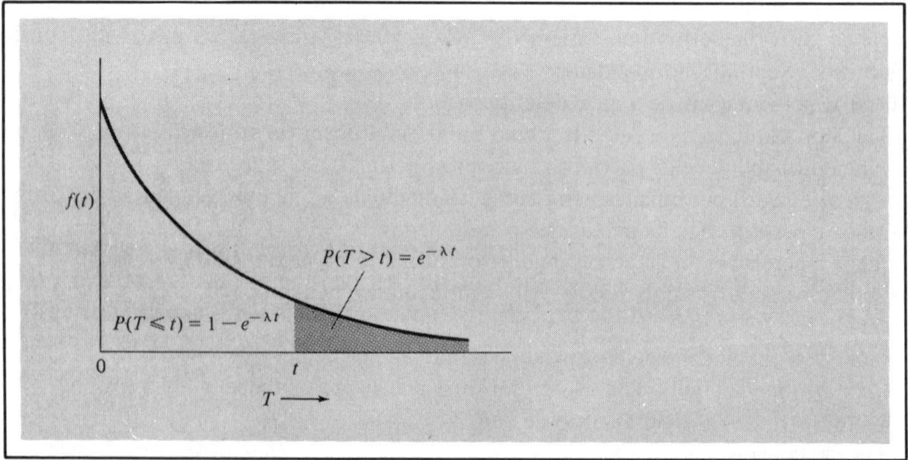

Figura 5.23 A distribuição exponencial. As probabilidades se exprimem em termos da probabilidade de uma ocorrência antes, ou após, determinado ponto *t*.

$$P(T > t) = e^{-\lambda t}$$

Com o emprego desta fórmula, podemos calcular a probabilidade de que o espaço (ou tempo) antes da primeira ocorrência seja maior que um dado espaço (ou tempo) t.

A probabilidade de uma ocorrência em t ou antes de t é dada por

$$P(T \leqslant t) = 1 - e^{-\lambda t}$$

Exemplo 3 Suponha que o tempo médio entre o pedido e o atendimento num grande restaurante seja de 10 minutos. Suponha ainda que esse tempo tenha distribuição exponencial.

a. Determine a probabilidade de espera superior a 10 minutos.
b. Determine a probabilidade de espera não superior a 10 minutos.
c. Determine a probabilidade de espera não superior a 3 minutos.

Solução:

Dos dados do problema, temos que $\lambda = \frac{1}{10} = 0{,}1$ por minuto.

a.

$$P(T > 10) = e^{-\lambda t} = e^{-0,1(10)} = e^{-1} = 0{,}368$$

(Nota: O valor de e^{-1} encontra-se na Tabela F do Apêndice.)

b.

$$P(T \leqslant 10) = 1 - e^{-\lambda t} = 1 - e^{-1} = 1 - 0{,}368 = 0{,}632$$

c.

$$P(T \leqslant 3) = 1 - e^{-\lambda t} = 1 - e^{-0,1(3)} = 1 - e^{-0,3} = 1 - 0{,}741 = 0{,}259$$

Exemplo 4 Aplicação importante da distribuição exponencial é aos problemas de confiabilidade. Suponha que uma máquina falhe em média uma vez cada dois anos ($1/\lambda = 2$, de modo que $\lambda = 0{,}5$). Determine a probabilidade de a máquina não falhar durante o próximo ano.

Solução:

Usando a Tabela F do Apêndice, temos:

$$P(T > 1) = e^{-\lambda t} = e^{-0,5(1)} = e^{-0,5} = 0{,}607$$

EXERCÍCIOS

1. Os defeitos em fios de náilon têm distribuição de Poisson com média λ igual a 1 defeito/metro. Determine a probabilidade de um intervalo de ao menos 3 metros entre ocorrências.

2. O tempo de atendimento numa oficina é bem aproximado por uma distribuição exponencial com média de 4 minutos. Qual é a probabilidade de:
   a. espera superior a 4 minutos
   b. inferior a 4 minutos
   c. exatamente de 4 minutos
3. Sabe-se que as chamadas de emergência nas primeiras horas da manhã das segundas-feiras seguem um padrão exponencial com tempo médio de 1 hora entre as chamadas.
   a. Determine a probabilidade de um período de 2 horas sem chamadas.
   b. Determine a probabilidade de um período de 3 horas sem chamadas.
4. Um satélite de comunicações tem uma única fonte de energia. Determine a probabilidade de o satélite operar durante pelo menos 20.000 horas antes de se verificar uma falha de energia, se o tempo médio entre falhas ($1/\lambda$) é:
   a. 10.000 b. 20.000 c. 40.000

RESUMO

As distribuições contínuas de probabilidade são usadas tanto para descrever variáveis aleatórias contínuas como para aproximar variáveis discretas em certos exemplos. O presente capítulo considerou três distribuições contínuas: a uniforme, a normal e a exponencial. A normal supera de muito em importância as outras duas, porque é extensamente usada em problemas de inferência.

As probabilidades de distribuições contínuas são dadas em termos de área sob uma curva entre dois pontos. A probabilidade de exatamente um determinado valor é aproximadamente zero, em face do número infinitamente grande de valores potenciais que uma variável contínua pode assumir.

A distribuição uniforme se aplica quando uma variável contínua pode tomar qualquer valor num intervalo e todos os valores são igualmente prováveis. A distribuição exponencial é útil para a determinação de probabilidades de tempo ou espaço entre ocorrências, quando a taxa de ocorrência tem distribuição de Poisson.

A distribuição normal é uma distribuição em forma de sino que (teoricamente) se prolonga de $-\infty$ a $+\infty$. A distribuição é, na realidade, uma série de distribuições, cada combinação de média e desvio padrão representando uma única distribuição. Expressando os valores de uma variável aleatória normal em termos do número de desvios padrões que determinado valor dista da média, e trabalhando com os escores z resultantes, simplifica-se grandemente o processo de obtenção de probabilidades.

Uma aplicação importante da distribuição normal é a aproximação de probabilidades binomiais. A aproximação começa a funcionar muito bem quando $P(\text{sucesso}) = 0{,}5$ e $n = 20$.

QUESTÕES PARA RECAPITULAÇÃO

1. Por que há necessidade de distribuições contínuas de probabilidade?
2. Quais os três conceitos ilustrados no exemplo do ponteiro?
3. Quais foram as três distribuições contínuas discutidas neste capítulo?
4. Relacione cinco características das curvas normais.
5. Que é um escore z e como se calcula?

6. Qual é a razão principal do uso de escores z ao lidarmos com distribuições normais?
7. Qual é a relação entre probabilidade e área para distribuições contínuas?
8. Por que a tabela da distribuição normal só dá as áreas para a metade direita da curva?
9. Que ponto de referência deve sempre ser usado quando se trabalha com os escores z para determinar probabilidades?
10. Em que tipos de situação a distribuição exponencial é útil?
11. Como está a distribuição exponencial relacionada com a de Poisson?

EXERCÍCIOS SUPLEMENTARES

1. Um pequeno *stand* vende entre 5 e 15 quilolitros de café num período de sete dias. A quantidade efetivamente vendida varia uniformemente durante tal período.
   a. Qual é a venda média em sete dias?
   b. Qual é a probabilidade de a venda média superar 12 quilolitros em sete dias?
   c. Se o lucro é de $20 por quilolitro, qual é o lucro esperado em sete dias?
   d. Qual é a probabilidade de o lucro esperado no período ser inferior a $140?
2. A quantidade de refresco num copo varia uniformemente entre 4 e 5 oz.
   a. Determine a probabilidade de obter um copo com menos de 4,3 oz.
   b. Qual o conteúdo médio de um copo?
   c. Determine o desvio padrão desta distribuição.
3. Na distribuição normal padronizada, determine a percentagem dos valores que excedem z, se z é igual a:
   a. -1,645 b. 1,645 c. 2,33 d. 2,0 e. 1,96
4. Através de documentação e observação cuidadosas, constatou-se que o tempo médio para se fazer um teste padrão de matemática é aproximadamente normal com média de 80 minutos e desvio padrão de 20 minutos.
   a. Que percentagem de candidatos levará menos de 80 minutos?
   b. Que percentagem não terminará o teste se o tempo máximo concedido é de 2 horas?
   c. Se 100 pessoas fazem o teste, quantas podemos esperar que o terminem na primeira hora?
5. Suponha que 5% de certo modelo de calculadora manual acuse defeito dentro de 60 dias, devendo ser devolvida ao vendedor para conserto. Uma firma compra 190.
   a. *Grosso modo*, quantas falharão nos primeiros 60 dias?
   b. Determine a probabilidade de mais de 6 apresentarem defeito.
   c. Qual é a probabilidade de nenhuma acusar defeito?
   d. Determine a probabilidade de 10 ou mais apresentarem defeito.
6. Cinqüenta por cento dos residentes de uma comunidade em idade de votar não são eleitores inscritos.
   a. Numa amostra de 100 pessoas em idade de votar, quantos eleitores podemos esperar encontrar?
   b. Qual é a probabilidade de ao menos 60% dos escolhidos na amostra não serem eleitores inscritos?
7. A vida média útil de lavadoras de pratos automáticas é de 1,5 anos, com desvio padrão de 0,3 anos. Se os defeitos se distribuem normalmente, que percentagem das lavadoras vendidas necessitará de conserto antes de expirar o período de garantia de 1 ano?

8. O número de pessoas que almoçam num restaurante suburbano é aproximadamente normal, com média 250 e desvio padrão de 20 por dia.
   a. Qual a probabilidade de haver ao menos 200 clientes em determinado dia?
   b. Determine a probabilidade de comparecerem entre 225 e 275 clientes.
   c. Se o preço médio pago por cada cliente é \$4,00, qual é a receita diária esperada?
   d. Qual é a probabilidade de a receita exceder \$1.100?
9. Grandes anéis de engrenagem devem ser cortados a fogo de chapas de aço de 3 polegadas. O controle indica que as engrenagens resultantes têm diâmetros com distribuição normal com desvio padrão de 0,0025". Que percentagem de engrenagens fabricadas podemos esperar estar:
   a. a menos de 0,005" da medida nominal (média)?
   b. a mais de 0,0075 da medida nominal?
10. Sabe-se que a vida de lâmpadas elétricas tem distribuição aproximadamente exponencial, com vida média de 1000 horas. Determine a percentagem das lâmpadas que queimarão antes de:
    a. 500 horas b. 1000 horas c. 1500 horas d. 2000 horas
11. No Exercício 10, após quantas horas ter-se-ão queimado 50% das lâmpadas?
12. Os clientes chegam a uma barbearia nas manhãs dos dias úteis à razão de 3 por hora (Poisson). Use a distribuição exponencial para determinar a probabilidade de não chegar nenhum cliente durante um período de 45 minutos.

CAPÍTULO 6

amostragem

Objetivos do Capítulo

Ao terminar o estudo deste capítulo, o leitor deverá ser capaz de:

1. Enumerar as situações em que a amostragem é preferível ao censo e vice-versa
2. Relacionar os termos "amostra" e "população"
3. Explicar o que significa a expressão "amostragem aleatória simples"
4. Descrever os diversos métodos de obtenção de amostras aleatórias
5. Descrever as características importantes das tabelas de números aleatórios
6. Explicar as diferenças entre amostragem probabilística e amostragem por julgamento
7. Discutir as variações de amostragem aleatória simples e dar exemplos de sua utilização

Esboço do Capítulo

Introdução
Amostras e Populações
  Amostragem de uma população finita
  Amostragem *versus* censo
Amostragem Aleatória
  Obtenção de uma amostra aleatória
  Tabelas de números aleatórios
Outros Planos de Amostragem
  Amostragem probabilística *versus* amostragem não-probabilística
  Amostragem por julgamento
  Amostragem probabilística
Resumo

INTRODUÇÃO

A inferência estatística envolve a formulação de certos julgamentos sobre um todo após examinar apenas uma parte, ou *amostra*, dele. Assim é que podemos receber uma amostra de um novo produto alimentício num supermercado; o leitor certamente queimará a língua se tentar provar um pedaço de torta recém-saída do forno; o cozinheiro prova a sopa para ver se precisa de um pouco mais de sal. Analogamente, quando passamos os olhos sobre um novo livro ou uma revista, ou experimentamos uma roupa nova, ou vemos um programa de TV por uns poucos minutos para decidir se mudamos ou não de canal – na realidade estamos fazendo amostragem.

A amostragem estatística é semelhante a cada um dos exemplos acima, embora seus métodos sejam mais formais e precisos e incluam tipicamente uma afirmação probabilística. A probabilidade e a amostragem estão estreitamente relacionadas e, juntas, formam o fundamento da teoria da inferência.

Neste capítulo examinaremos os conceitos básicos da amostragem. Exploraremos as razões que justificam a amostragem, bem como diversos planos para ela. Devotaremos especial atenção à *amostragem aleatória* simples em razão de sua importância na análise estatística. Embora *nenhum* plano de amostragem possa garantir que a amostra seja *exatamente* semelhante à população da qual foi extraída, uma amostra aleatória permite estimar o valor do erro possível, isto é, dizer "quão próxima" está a amostra da população, em termos de representatividade. As amostras não-aleatórias não apresentam esta característica.

Você não precisa beber todo o ponche para saber que gosto ele tem!

AMOSTRAS E POPULAÇÕES

Um *censo* envolve um exame de todos os elementos de um dado grupo, ao passo que a *amostragem* envolve o estudo de apenas uma parte dos elementos. A finalidade da amostragem é fazer generalizações sobre todo um grupo sem precisar examinar cada um de seus elementos.

A parcela do grupo examinada é chamada *amostra*, e o grupo todo – do qual se extrai a amostra – é designado como *população* ou *universo*. Os elementos que compõem uma população podem ser indivíduos, firmas, produtos manufaturados, inventários, escolas, notas de aula, preços, ou qualquer coisa que possa ser *mensurada, contada* ou *ordenada* segundo *postos*.

Os termos "população" e "amostra" se referem a um conjunto específico de circunstâncias. Ou seja, em determinado caso os alunos de uma sala de aula podem ser considerados como uma população, da qual iremos extrair amostras para análise. Já em outra situação, aqueles mesmos alunos podem ser considerados como uma amostra de todos os alunos do colégio, ou de toda a universidade. Como o propósito da amostragem é fazer generalizações sobre a população básica, é axiomático que a *população alvo* seja estabelecida de modo que se possam fazer generalizações válidas.

As populações limitadas em tamanho dizem-se *finitas*, enquanto que as não limitadas em tamanho se chamam *infinitas*. Os alunos de uma sala de aula, os produtos num supermercado, os livros de uma biblioteca, os automóveis da Califórnia – tudo isso são exemplos de populações finitas. As populações infinitas, por outro lado, consistem tipicamente em um *processo* que gera itens, como a jogada de uma moeda, onde o número de itens (caras e coroas) que podemos obter é ilimitado. Outros exemplos de processos de população infinita são a produção futura de uma máquina, as extrações, com reposição, de bolas de uma urna, os nascimentos de insetos (ou de qualquer outra espécie). Do ponto de vista prático, a consideração importante é se a remoção de um item ou de um pequeno número de itens terá qualquer influência discernível nas probabilidades relativas.

Amostragem de uma População Finita

A questão da reposição do item examinado na população, antes de se proceder à observação seguinte, surge em relação às populações finitas, porque a probabilidade de incluir numa amostra itens da população depende de estarmos fazendo amostragem *com* ou *sem reposição*.

Se o tamanho da amostra é pequeno em relação ao da população, a não-reposição do item examinado terá efeito desprezível nas probabilidades dos itens restantes, e a amostragem sem reposição não causará dificuldades sérias. Por outro lado, amostras relativamente grandes tendem a distorcer as probabilidades dos itens restantes no caso de amostragem sem reposição. Uma regra prática geralmente aceita é fazer a reposição quando o tamanho da amostra excede 5% do tamanho da população.

Embora possa não parecer óbvio, a extração de toda uma amostra de uma só vez equivale à amostragem sem reposição. Na amostragem com reposição, é possível extrair o mesmo item mais de uma vez, o que não é possível quando se extrai toda a amostra de uma só vez.

Há várias razões que justificam, na prática, a amostragem sem reposição:

1. Como já dissemos, os efeitos são desprezíveis, e ela pode ser mais conveniente.
2. Se o teste tem caráter destrutivo, é impossível repor os itens examinados.
3. Na amostragem industrial, pode ser difícil convencer os inspetores não treinados em estatística a reporem na população os itens examinados, especialmente os itens defeituosos.
4. Quando se repõe um item examinado na população, há chance de ele ser novamente escolhido em extração futura. Assim, alguns itens são examinados mais de uma vez. Se o processo de amostragem é dispendioso, é conveniente evitar o exame repetido de um ou mais itens.

No caso de a amostragem sem reposição ser necessária ou conveniente, quando o tamanho da amostra é relativamente grande em relação ao tamanho da população, o cálculo das probabilidades relevantes se faz pela distribuição *hipergeométrica*. Os cálculos podem tornar-se bastante complexos, por isso aqui apenas mencionamos o problema. Outros livros mais avançados estudam a distribuição hipergeométrica.

Amostragem *Versus* Censo

Uma amostra usualmente envolve o estudo de uma parcela dos itens de uma população, enquanto que um censo requer o exame de todos os itens. Embora concentremos nossa atenção nas amostras, na estatística indutiva, é conveniente e instrutivo considerar também a alternativa do censo.

À primeira vista pode parecer que a inspeção completa ou total de todos os itens de uma população seja mais conveniente do que a inspeção de apenas uma amostra deles. Na prática, o contrário é que é quase sempre válido: a amostragem é preferível ao censo. Exploremos esta última afirmação em termos de situações onde a amostragem é mais vantajosa.

1. A população pode ser *infinita*, e então o censo se tornaria impossível. Como as populações infinitas são processos que nunca terminam, obviamente não seria possível examinar todos os itens da população.

2. Uma amostra pode ser mais *atualizada* do que um censo. Se se necessita de uma informação rapidamente, um estudo de toda a população – mormente no caso de itens muito numerosos ou muito dispersos – pode consumir demasiado tempo e perder utilidade. Durante o tempo necessário para examinar todo um carregamento de morangos, o produto poderia começar a deteriorar-se, a ponto de não ser mais comerciável. Além disso, se uma população tende a modificar-se com o tempo, um censo poderá, na realidade, combinar várias populações. Numa grande comunidade, uma pesquisa das pessoas que tenham contraído certa doença contagiosa pode levar tanto tempo que, ao término da pesquisa, quando se começarem a adotar as providências de caráter médico, o mal já se tenha alastrado a ponto de exigir uma atuação diferente. Na realidade, os próprios agentes pesquisadores podem ser veículos da propagação da doença. Assim, o estudo pode recomendar a aplicação de uma vacina disponível no local, mas o mal pode ter se alastrado além de qualquer controle, exigindo então doses maciças da vacina.

3. *Testes destrutivos*. Os testes podem apresentar caráter destrutivo, ou seja, os itens examinados são destruídos no próprio ato do experimento. Itens como lâmpadas, munição e dispositivos de segurança freqüentemente devem ser destruídos como parte do processo de teste. Então o censo nos daria um panorama preciso de uma população que não mais existe.

4. O *custo* de um censo pode ser proibitivo, mormente se o custo individual é elevado e se existem muitos itens na população. O custo de um censo da população dos EUA é enorme; o censo só se realiza a cada dez anos. Como outro exemplo, consideremos o caso do censo do peso de cada peixe num dos Grandes Lagos, ou a contagem do número de peixes no lago. A população é tão grande e móvel, e os problemas de mensuração (tais como o cuidado de contar cada peixe uma só vez) são tão difíceis que excluem de imediato a hipótese de um censo.

5. A *precisão* pode sofrer no caso de um censo de uma grande população. A amostragem envolve menor número de observações e, conseqüentemente, menor número de coletores de dados. Com grande número de agentes, há menor coordenação e controle, aumentando a chance de erros. A amostragem pode revelar maior uniformidade nos métodos de coleta de dados, e maior comparabilidade entre os dados, do que um censo.

6. Finalmente, o *tipo de informação* pode depender da utilização de uma amostra ou de um censo. Freqüentemente, as despesas com coleta de dados sofrem restrições orçamentárias. Existe também a premência do tempo. Se nos decidimos por um censo, os problemas de custo e de tempo podem conduzir a uma limitação do censo a apenas uma ou a poucas características por item. Uma amostra, com o mesmo custo e mesmo tempo, poderia proporcionar resultados mais aprofundados sobre um menor número de itens. Note-se que, se todos os elementos de uma população fossem idênticos, bastaria uma amostra de um elemento para nos dar todas as informações sobre a população, e pouco ou nada lucraríamos com a alternativa do censo. Embora se

trate de uma situação extrema, há, na realidade, muitos casos em que os itens de uma população são muito semelhantes. Em tais casos, um censo completo acrescentaria muito pouco aos resultados de uma amostragem, ainda que pequena.

Não obstante, *há* certas situações em que é mais vantajoso examinar todos os itens de uma população (ou seja, fazer um censo). Entre essas situações, temos:

1. A *população pode ser tão pequena* que o custo e o tempo de um censo sejam pouco maiores que para uma amostra. Tal seria o caso de uma sala de aula com vinte alunos.

2. Se *o tamanho da amostra é grande em relação ao da população*, o esforço adicional requerido por um censo pode ser pequeno. Por exemplo, se há grande variabilidade entre os itens de uma população, uma amostra deverá ser bastante grande para ser representativa. Se a população não é muito maior do que a amostra, o censo eliminará a variabilidade amostral.

3. Se se exige *precisão completa*, então o censo é o único método aceitável. Em face da variabilidade amostral, nunca podemos ter certeza de quais sejam os verdadeiros parâmetros da população. Um censo nos dará essa informação, embora erros na coleta dos dados e outros tipos de tendenciosidade possam afetar a precisão do resultado. Um banco não faria amostragem de seus guichês para saber quanto dinheiro há em todos eles; procederia a uma contagem (censo) geral. É claro que isto não evita erros aritméticos na soma das quantias, mas evita problemas de decisão sobre se determinado guichê é representativo de todos.

4. Ocasionalmente, *já se dispõe de informação completa*, de modo que não há necessidade de amostra.

AMOSTRAGEM ALEATÓRIA

Há vários métodos para extrair uma amostra. Talvez o mais importante – sobre o qual concentraremos nossa atenção – seja o da amostragem aleatória. De fato, a maior parte dos testes estatísticos que estudaremos se baseia na amostragem aleatória. Freqüentemente se designa por "amostragem aleatória simples", para distinguir de outros planos de amostragem que incorporam elementos de amostragem aleatória.*

De modo geral, a amostragem aleatória exige que cada "elemento" da população tenha a mesma oportunidade de ser incluído na amostra. Isto pode ser interpretado como segue:

> Para *populações discretas*, uma amostra aleatória é aquela em que cada item da população tem a mesma chance de ser incluído na amostra.
> Para *populações contínuas*, uma amostra aleatória é aquela em que a probabilidade de incluir na amostra qualquer intervalo de valores é igual à percentagem da população que está naquele intervalo.

Uma amostra aleatória de uma população discreta é, então, uma amostra em que a probabilidade de extrair qualquer dos N itens numa única prova é igual a $1/N$. Isto implica também que *grupos* de itens tenham a mesma chance de ser incluídos na amostra que outros grupos *do*

---

* Daqui por diante, a expressão "amostragem aleatória" designará a amostragem aleatória *simples*, a menos que se indique expressamente o contrário.

mesmo tamanho. Por exemplo, a probabilidade de incluir dois itens quaisquer deve ser a mesma para todos os grupos possíveis de dois itens. Uma extensão deste conceito é que a probabilidade de incluir um item que seja membro de um subgrupo da população numa amostra aleatória é proporcional ao tamanho do subgrupo. Grandes subgrupos têm maior probabilidade de ter um ou mais itens na amostra do que pequenos subgrupos, enquanto que subgrupos de igual tamanho têm probabilidades iguais. Por isso é que a amostragem aleatória tende a produzir amostras *representativas*.

Note-se que, quando se extrai uma amostra aleatória, o que é aleatório é *o processo* de escolha, e não os itens em si. Além disso, o processo não é do tipo "acerta-ou-erra"; não devemos associar a aleatoriedade com o azar, pois o azar não satisfaz necessariamente a condição de igual probabilidade.

Obtenção de uma Amostra Aleatória

Se a população alvo é *infinita*, tal como toda a produção futura de uma máquina, podemos considerá-la como um processo probabilístico. Simplesmente anotando os itens *na ordem em que ocorrem*, podemos obter uma amostra representativa do processo (isto é, uma amostra *aleatória*). Enquanto o processo se mantiver estável durante o período em que fazemos nossas observações (de modo que a probabilidade de cada resultado possível permaneça constante), podemos considerar como aleatórios o processo e a amostra dele resultante. Esta é precisamente a maneira como encaramos os sucessivos lances de moeda ou de dado.

Exemplos de processos geralmente considerados aleatórios são: a chegada de carros a um posto de pedágio, as chamadas telefônicas numa grande mesa de operação, a chegada de clientes aos caixas de um supermercado; tempo de serviço em estações de pedágio; guichês; a produção de qualquer processo mecânico.

Se a população alvo é *finita*, há essencialmente duas maneiras de escolher uma amostra aleatória. Um método envolve a compilação de uma lista de todos os elementos da população, aplicando-se então à listagem um método aleatório para selecionar os itens que comporão a amostra. O segundo método é usado quando os elementos da população não são claramente identificáveis, o que torna impossível a listagem. Por exemplo, no processamento de alimentos, ou na eliminação de resíduos, ou no controle da poluição, em geral não há o conceito de itens que possam constituir uma amostra. A alternativa seria então selecionar *locações* em lugar de itens, como, por exemplo, "4 polegadas acima e 7 abaixo". Consegue-se isto encarando a população como se fosse composta de cubos, e selecionando cubos para a amostra. Outra alternativa seria o emprego de um processo de mistura, tal como a mistura de bolas numa urna. É claro que há o perigo de a mistura não ser completa, resultando numa amostra não-representativa. Assim, é da máxima importância dar cuidadosa atenção à maneira como se escolhem os itens, bem como se eles são igualmente prováveis.

A viabilidade de obter uma amostra verdadeiramente aleatória é muito maior quando os itens podem ser listados. Alguns exemplos de elementos que podem ser listados são os empregados de uma firma, as ações negociadas numa Bolsa de Valores, os veículos registrados em determinada cidade, os estudantes que fazem determinado curso, revistas existentes numa biblioteca, os membros de uma associação, as leituras de temperatura às 6 horas da manhã em diversos lugares de um país, etc. Note-se que a listagem dos itens de uma população não constitui por si um censo, mas apenas um meio de identificação. As características de interesse serão obtidas através de amostragem. Assim é que uma relação de jornais nada nos diz sobre o conteúdo deles; uma lista de cinemas não indica a receita de cada um em determinado dia; uma relação dos estudantes de um curso não nos diz quantos exercem atividade nas férias; e uma lista de ações não nos revela o ativo de cada companhia. *O único propósito de uma listagem é permitir selecionar itens da população para estudo ulterior.*

O processo de seleção exige que se atribuam números consecutivos aos itens listados, escolhendo-se depois, aleatoriamente, os números dos itens que comporão a amostra. Conceitualmente, podemos usar cartas, dados, ou fichas numeradas para gerar números aleatórios correspondentes aos números de nossa listagem. Por exemplo, se nossa população consistisse de 46 itens, colocaríamos numa urna 46 bolas numeradas de 1 a 46, e escolheríamos uma a uma até perfazer o número de itens desejados para a amostra. Os números nas bolas nos indicariam os itens a selecionar.

Na prática, tais dispositivos são empregados raramente, por várias razões. Uma delas é que cada dispositivo deixa algo a desejar; os métodos não são perfeitamente aleatórios. As cartas, por exemplo, podem aderir umas às outras, impedindo um embaralhamento perfeito. As arestas de um dado podem estar desgastadas. E sempre há o perigo de as bolas numa urna não terem sido convenientemente misturadas. Além do mais, no caso de grandes ou freqüentes amostras mediante listagem, tais processos tornam-se tediosos. Em vista disso, e porque a amostragem aleatória é vital para a inferência estatística, existem tabelas especialmente elaboradas, chamadas *tabelas de números aleatórios*, que são utilizadas em conjunto com algumas formas de amostragem aleatória.

Tabelas de Números Aleatórios

As tabelas de números aleatórios contêm os dez algarismos 0, 1, 2, ... , 7, 8, 9. Esses números podem ser lidos isoladamente ou em grupos; podem ser lidos em qualquer ordem, como por colunas, num sentido ou noutro, por linhas, diagonalmente, etc., e podem ser considerados aleatórios. As tabelas se caracterizam por duas coisas que as tornam particularmente bem adaptadas à amostragem aleatória. Uma característica é que os algarismos estão dispostos de tal maneira que a probabilidade de qualquer deles aparecer em determinado lugar numa seqüência é igual à probabilidade do aparecimento de qualquer outro. A outra característica é que combinações de algarismos têm a mesma probabilidade de ocorrência que qualquer outra combinação. Note-se que essas duas condições satisfazem as exigências prévias da amostragem aleatória. A primeira condição significa que, numa seqüência de números, a probabilidade de qualquer algarismo aparecer em qualquer ponto da seqüência é $\frac{1}{10}$. A segunda condição afirma que todas as combinações de dois algarismos são igualmente prováveis, como também o são todas as de três algarismos, etc.

Conceitualmente, poderíamos construir uma tabela de números aleatórios numerando dez bolinhas com os algarismos 0 a 9, colocando-as numa urna, misturando bem e extraindo uma de cada vez, com reposição; anotaríamos os resultados até que tivéssemos observado grande número de algarismos. Na realidade, há métodos mais eficientes para gerar números aleatórios, muitos dos quais utilizam computadores ou outros dispositivos eletrônicos. As tabelas obtidas por tais processos foram exaustivamente testadas, de forma a assegurar sua aleatoriedade. Mas nossa preocupação não é com a *construção*, e sim com a *utilização* de tais tabelas.

A título de ilustração, suponhamos que um grande magazine queira selecionar aleatoriamente 15 clientes de uma lista de 830. A finalidade da amostragem pode ser estimar a freqüência das compras, determinar o valor médio de cada compra, ou registrar queixas contra o sistema.

Os clientes podem ser listados alfabeticamente ou pelas datas em que abriram suas contas. Não importa. Atribuiríamos consecutivamente aos elementos da lista os números 000 a 829, do primeiro ao último. Como a identificação exige números de três algarismos, será necessário

Humm, vejamos ...

lermos números de três algarismos numa tabela de números aleatórios, de modo a assegurar correspondência entre os números aleatórios e os itens da lista. *Qualquer* seqüência de três algarismos lida numa tabela de números aleatórios servirá. Utilizemos a Tabela 6.1 e leiamos os *três primeiros algarismos* da *última coluna* da tabela, percorrendo a coluna *de cima abaixo*. Os números são 473, 828, 920, 923, 380, 272, ... Quando chegamos a um número como 920, simplesmente o desprezamos porque nossa população só vai até 829. Desprezaremos também as repetições. O processo continua até que tenhamos lido quinze números (diferentes), os quais vão corresponder aos itens de nossa população. Podemos então tomar a lista e selecionar os 15 itens para estudo.

Em resumo, para usar uma tabela de números aleatórios:

1. Faça uma lista dos itens da população.
2. Numere consecutivamente os itens na lista, a começar do zero (0, 00, 000, etc.).
3. Leia os números na tabela de números aleatórios de modo que o número de algarismos em cada um seja igual ao número de algarismos do último número da sua listagem. Assim, se o último número é 56, ou 72, devem ser lidos números de dois algarismos.
4. Despreze quaisquer números que não correspondam a números da lista ou que sejam repetições de números lidos anteriormente. Continue o processo até ter o número desejado de observações.
5. Use os números assim escolhidos para identificar os itens da lista a serem incluídos na amostra.

Dispondo-se de uma lista precisa dos itens da população, é relativamente simples escolher uma amostra aleatória com auxílio de uma tabela de números aleatórios. Na realidade, a lista não precisa conter necessariamente todos os itens. As locações dos itens podem constituir uma alternativa, como por exemplo os quarteirões de uma cidade, ou os arquivos de uma firma, etc.

Há, entretanto, situações em que o uso de listas pode ser enganador, mormente se a listagem é incompleta ou atrasada. Quando alguns itens da população não figuram na lista, nem todos os itens da população têm a mesma probabilidade de ser incluídos na amostra (os excluídos têm probabilidade zero). Isto, é claro, viola uma das exigências da amostragem aleatória.

Em certos casos, pode não se dispor de uma lista, sendo demasiado custosa a elaboração de uma. Assim é que não existe uma listagem de todos os habitantes dos EUA, ou de todos os fumantes da cidade de Nova Iorque, ou de todos os compradores de Atlanta. Seria ridículo tentar compilar uma listagem para tais casos. Usam-se então outros planos de amostragem. Na seção seguinte consideraremos várias alternativas para a amostragem aleatória simples.

Tabela 6.1 Números Aleatórios

3690	2492	7171	7720	6509	7549	2330	5733	4730
0813	6790	6858	1489	2669	3743	1901	4971	8280
6477	5289	4092	4223	6454	7632	7577	2816	9202
0772	2160	7236	0812	4195	5589	0830	8261	9232
5692	9870	3583	8997	1533	6466	8830	7271	3809
2080	3828	7880	0586	8482	7811	6807	3309	2729
1039	3382	7600	1077	4455	8806	1822	1669	7501
7227	0104	4141	1521	9104	5563	1392	8238	4882
8506	6348	4612	8252	1062	1757	0964	2983	2244
5086	0303	7423	3298	3979	2831	2257	1508	7642
0092	1629	0377	3590	2209	4839	6332	1490	3092
0935	5565	2315	8030	7651	5189	0075	9353	1921
2605	3973	8204	4143	2677	0034	8601	3340	8383
7277	9889	0390	5579	4620	5650	0210	2082	4664
5484	3900	3485	0741	9069	5920	4326	7704	6525
6905	7127	5933	1137	7583	6450	5658	7678	3444
8387	5323	3753	1859	6043	0294	5110	6340	9137
4094	4957	0163	9717	4118	4276	9465	8820	4127
4951	3781	5101	1815	7068	6379	7252	1086	8919
9047	0199	5068	7447	1664	9278	1708	3625	2864
7274	9512	0074	6677	8676	0222	3335	1976	1645
9192	4011	0255	5458	6942	8043	6201	1587	0972
0554	1690	6333	1931	9433	2661	8690	2313	6999
9231	5627	1815	7171	8036	1832	2031	6298	6073
3995	9677	7765	3194	3222	4191	2734	4469	8617
2402	6250	9362	7373	4757	1716	1942	0417	5921
5295	7385	5474	2123	7035	9983	5192	1840	6176
5177	1191	2106	3351	5057	0967	4538	1246	3374
7315	3365	7203	1231	0546	6612	1038	1425	2709
5775	7517	8974	3961	2183	5295	3096	8536	9442
5500	2276	6307	2346	1285	7000	5306	0414	3383
3251	8902	8843	2112	8567	8131	8116	5270	5994
4675	1435	2192	0874	2897	0262	5092	5541	4014
3543	6130	4247	4859	2660	7852	9096	0578	0097
3521	8772	6612	0721	3899	2999	1263	7017	8057
5573	9396	3464	1702	9204	3389	5678	2589	0288
7478	7569	7551	3380	2152	5411	2647	7242	2800
3339	2854	9691	9562	3252	9848	6030	8472	2266
5505	8474	3167	8552	5409	1556	4247	4652	2953
6381	2086	5457	7703	2758	2963	8167	6712	9820

Fonte: Donald B. Owen, *Handbook of Statistical Tables*, Reading, Mass: Addison--Wesley, 1962. (Cortesia de U.S. Energy Research and Development Adm.)

EXERCÍCIOS

1. Uma lista numerada contém 7000 nomes e endereços, numerados consecutivamente a partir de 1. Descreva rapidamente como usaria uma tabela de números aleatórios para selecionar uma amostra de 25 nomes.
   a. Quantos algarismos devem ser lidos para cada nome?
   b. Como começaria seu trabalho na tabela?
   c. Qual o efeito sobre seu trabalho se os nomes só fossem associados a números pares (2, 4, ...)?
2. Um treinador duma confederação esportiva deseja selecionar 20 times para começar um torneio. Descreva como ele poderia usar uma tabela de números aleatórios para determinar os pares de times para os jogos iniciais. Poderia ele usar a tabela para os pares dos jogos subseqüentes? Como?
3. Um grupo industrial deseja determinar a reação do público à rotulagem dos produtos. Numa parte da cidade, há 40 quarteirões, com 10 casas por quarteirão.
   a. Esboce um plano de amostragem aleatória de dois estágios, selecionando primeiro 10 quarteirões e, em seguida, 1 casa em cada quarteirão. (O total é 10 casas.)
   b. Suponha que se queira usar um plano de um estágio (p. ex., selecionar 10 casas diretamente).
      (1) Que problemas poderiam surgir na escolha das casas?
      (2) Como utilizaria uma tabela de números aleatórios?
4. Cinco por cento dos parafusos fabricados por uma máquina são inaceitáveis, devendo ser refeitos.
   a. Como se poderia usar uma tabela de números aleatórios para simular observações neste processo?
   b. Use a Tabela 6.1 e simule 15 observações. Comece na base da primeira coluna e leia de baixo para cima, usando os dois primeiros algarismos.
5. Os empregados de uma firma têm etiquetas de identificação numeradas consecutivamente de 101 a 873. Deve-se escolher um comitê de segurança de 10 pessoas, selecionadas aleatoriamente. Use a tabela de números aleatórios para escolher os números das etiquetas. Comece na segunda coluna e leia de cima para baixo.

OUTROS PLANOS DE AMOSTRAGEM

Além da amostragem aleatória simples, há muitos outros planos de amostragem úteis para coligir informação amostral. Mencionaremos alguns deles para ilustrar algumas extensões da amostragem simples e dar uma perspectiva adicional à amostragem aleatória. Uma palavra de cautela: É preciso conhecimento e um planejamento muito cuidadoso para determinar quais itens da população devem compor a amostra e como interpretar os resultados amostrais.

Amostragem Probabilística *Versus* Amostragem Não-probabilística

Os planos de amostragem probabilística são delineados de tal modo que se conhece a probabilidade de todas as combinações amostrais possíveis. Em razão disso, pode-se determinar a quantidade de variabilidade amostral numa amostragem aleatória. Sob tais condições a amostragem é objetiva, podendo-se obter prontamente uma estimativa do erro amostral. A amostragem aleatória é um exemplo da amostragem probabilística. A amostragem não-probabilística é a amostragem subjetiva, ou por julgamento, onde a variabilidade amostral não pode ser estabelecida com precisão. Conseqüentemente, não é possível nenhuma estimativa do erro amostral (isto é, da variabilidade amostral). A verdade é que, sempre que possível, deve-se usar a amostragem probabilística. Há, não obstante, alguns casos em que a amostragem não-probabilística proporciona uma alternativa útil para a amostragem probabilística.

Amostragem por Julgamento

Se o tamanho da amostra é bem pequeno; digamos, de um a cinco itens, a amostragem aleatória pode dar resultados totalmente não-representativos, ao passo que uma pessoa familiarizada com a população pode especificar quais os itens mais representativos da população. Por exemplo, uma cadeia de restaurantes pode querer experimentar uma nova técnica de serviço, empregando bandejas com aquecimento. Problemas de custo podem fazer que a experiência se limite a dois restaurantes, os quais podem diferir consideravelmente em termos de tamanho, localização, clientela e lucratividade. Ao invés de uma seleção aleatória dos dois locais a ser usados como teste, será melhor confiar no conhecimento da administração para fazer tal escolha.

Ocasionalmente os itens amostrais se apresentam convenientemente grupados. Uma pesquisa médica deve trabalhar com os pacientes disponíveis, ou talvez com condenados que se apresentem como voluntários para o estudo. Nenhum desses grupos pode ser considerado como uma amostra aleatória do público em geral, e seria perigoso tentar tirar conclusões gerais com base em tal estudo. Todavia, os resultados poderiam proporcionar uma base para a elaboração de um plano de amostragem aleatória para validar os resultados básicos. Os perigos inerentes à pesquisa médica, bem como a outros tipos de pesquisa, freqüentemente obrigam a limitar a pesquisa inicial a um pequeno grupo de voluntários. Outros exemplos similares seriam portadores de doenças fatais, cadáveres, animais, etc.

Finalmente, a amostragem por julgamento pode ser mais rápida e menos custosa porque não é preciso construir uma listagem dos itens da população.

Tenha-se em mente que a amostragem por julgamento não permite a avaliação objetiva do erro amostral, de modo que é conveniente usar a amostragem probabilística sempre que possível.

Amostragem Probabilística

Consideremos três planos de amostragem probabilística: sistemática, estratificada e por conglomerado.

A *amostragem sistemática* é, de fato, muito semelhante à amostragem aleatória simples. Requer uma lista dos itens da população e, assim, padece das mesmas restrições já mencionadas em relação à listagem na amostragem simples. Se os itens da lista não se apresentam numa ordem determinada, a amostragem sistemática pode dar uma amostra realmente aleatória, escolhendo-se cada k-ésimo item da lista, onde k se obtém dividindo o tamanho da população pelo tamanho da amostra (isto é, $k = N/n$). Assim, se $N = 200$ e $n = 10$, então $k = \frac{200}{10} = 20$. Significa isto que será escolhido um item em cada seqüência de 20. Pode-se consultar uma tabela de números aleatórios para determinar onde começar no primeiro grupo, selecionando então cada k-ésimo item após aquele. Por exemplo, se a tabela deu 09, escolheremos o 9º item, o 29º, o 49º, o 69º, etc. É preciso ter cuidado no caso de os itens da lista se apresentarem grupados ou com caráter periódico. Assim é que os nomes escolhidos alfabeticamente podem estar grupados porque vários nomes étnicos começam com certas letras ou combinações de letras. A escolha de casas quando a lista se baseia na ordem das casas numa rua também pode não ser aleatória porque um número igual de casas em cada quarteirão pode fazer que uma casa de esquina, ou de meio de quarteirão, seja sempre o k-ésimo item. Uma casa de esquina pode ter maior valor, pagar maior imposto, sofrer mais ruído, e seu ocupante pode ter salário mais alto, ser mais preocupado com a estrutura dos impostos, etc., enquanto que as casas de meio de quarteirão podem apresentar características bem diferentes.

A *amostragem estratificada* pressupõe a divisão da população em subgrupos (estratos) de itens similares, procedendo-se então à amostragem em cada subgrupo. A lógica do processo é que, dispondo os itens da população em subgrupos *homogêneos*, a variabilidade é menor que a da população global, o que leva à necessidade de um menor tamanho de amostra. Podemos ver isto considerando um caso extremo: Suponhamos idênticos os itens em cada estrato. Em tal caso, basta uma única observação de cada subgrupo para dizer do seu comportamento. Assim, pois, quanto maior a semelhança entre os elementos de cada estrato, menor o tamanho da amostra necessária.

Em geral, procede-se à amostragem aleatória em cada estrato, mas, às vezes, é útil um censo em cada subgrupo. Por exemplo, num estudo de sistemas de inventário, não é raro acontecer que apenas 10% dos *itens* em estoque no depósito de uma firma representem mais de 60% do *valor* do inventário, e que os restantes 90% não representem nem 40% do valor. Como há tão poucos itens na categoria, ou estrato, de custo alto, sem dúvida teria sentido proceder-se a um censo completo de tais itens, fazendo-se então amostragem aleatória nos outros subgrupos com grande número de itens de baixo custo.

Alguns outros exemplos de amostragem estratificada: estudo do tempo que os indivíduos de várias categorias de renda despendem com o lazer, ou percentagem de seus salários gasta em recreação, ou tipo e duração de suas férias, etc. Um estudo do volume de vendas comparado com os gastos com propaganda pode prestar-se também a uma amostragem estratificada, desde que haja muitas firmas incluídas no estudo.

A *amostragem por conglomerado* pressupõe a disposição dos itens de uma população em *subgrupos heterogêneos* representativos da população global. Idealmente, cada conglomerado pode ser encarado como uma minipopulação. Na verdade, se a formação dos conglomerados foi perfeita, cada conglomerado sendo exatamente semelhante a outro (e, assim, semelhante à população básica) bastaria examinar apenas um conglomerado para fazer inferências sobre a população. Todavia, isto raramente ocorre na prática, porque os conglomerados são, em geral, grupos de itens que se acham em estreito contato físico, como casas, quarteirões, bairros, etc. As mais das vezes, tais subgrupos são quase homogêneos e são escolhidos mais por facilidade administrativa e economia de custo do que por suas características heterogêneas. Em geral, não é prático ou mesmo possível dispor os itens em subgrupos heterogêneos. Conseqüentemente, deve-se selecionar um número maior de conglomerados para obviar essa limitação.

A amostragem por conglomerados tem duas vantagens muito distintas sobre a amostragem aleatória. Uma é que, se os itens da população se acham muito dispersos, uma amostra aleatória pode acarretar considerável despesa, viagens, etc., para ser bem extraída, ao passo que os itens de cada conglomerado estão próximos uns dos outros. Suponhamos, por exemplo, que a população de interesse consistisse dos proprietários de automóveis no Texas. Sem dúvida, uma amostra aleatória simples incluiria proprietários em localidades demasiadamente afastadas no estado, o que dificultaria a coordenação e a padronização na coleta de dados. Por outro lado, os conglomerados de condados ou cidades conteriam proprietários de carros em áreas concentradas, reduzindo o custo e facilitando a coordenação. Além disso, selecionando aleatoriamente conglomerados em todo o estado, provavelmente se obterá uma amostra mais representativa da população. Dentro de cada conglomerado, a amostragem poderia ser aleatória, estratificada, ou ainda por conglomerado, pois o número de proprietários de carro mesmo num condado ou numa cidade pode ser demasiado grande para permitir um censo.

Uma segunda vantagem da amostragem por conglomerado é que não é necessário uma listagem dos itens da população. Basta uma lista dos conglomerados. Assim, não é possível obter uma listagem de todos os proprietários de imóveis dos EUA, mas pode-se obter uma lista de condados, ou mesmo de cidades. Ou então os conglomerados podem ser quarteirões. Embora não possamos dispor de uma listagem das casas de uma cidade, os quarteirões podem, em geral, ser identificados, fazendo-se a seleção por meio de mapas. Então os quarteirões escolhidos podem ser visitados, identificando-se as casas que comporão a amostra.

Freqüentemente, um plano de amostragem incorpora vários desses tipos. Por exemplo, os itens da população podem ser as pessoas que vivem em determinado estado. O estado pode ser dividido em condados (conglomerados), fazendo-se então uma seleção aleatória de condados para estudo. Os condados escolhidos seriam divididos (estratificados) em áreas rurais e urbanas. As áreas urbanas poderiam ainda ser estratificadas em residenciais e comerciais, ou em áreas centrais e suburbanas. Os diversos estratos podem então ser submetidos a amostragem aleatória, ou divididos em conglomerados, ou novamente estratificados e então submetidos a amostragem ou a um censo. Naturalmente, o processo pode tornar-se bastante complicado.

A Tabela 6.2 apresenta uma comparação dos planos de amostragem probabilística.

Tabela 6.2 Comparação de Planos de Amostragem Probabilística

Tipo	Caracterizado por
aleatória	lista de itens
sistemática	lista aleatória de itens
estratificada	subgrupos homogêneos
por conglomerado	itens fisicamente próximos uns dos outros

RESUMO

A finalidade da amostragem é permitir fazer inferências sobre uma população após inspeção de apenas parte dela. Fatores como custo, tempo, ensaios destrutivos e populações infinitas tornam a amostragem preferível a um estudo completo (censo) da população. Naturalmente, espera-se que a amostra *represente* a população de que foi extraída. Potencialmente, este objetivo é atingido quando a amostragem é aleatória. Para populações discretas, o termo "aleatório" significa que cada item da população tem a mesma chance de ser incluído na amostra; no caso de populações contínuas, significa que a probabilidade de incluir qualquer valor de um dado intervalo de valores é igual à proporção da população com valores naquele intervalo. As amostras aleatórias podem ser obtidas (a) através de um processo de mistura, como o embaralhamento de cartas, (b) pela utilização de um *processo* mecânico, ou (c) utilizando-se uma tabela de números aleatórios para proceder à seleção de uma lista.

Em certas condições, podem ser mais eficientes variantes da amostragem aleatória simples, tais como amostragem sistemática (periódica), estratificada (subgrupos homogêneos), ou amostragem por conglomerados (subgrupos convenientes). A principal vantagem da amostragem aleatória é que se pode determinar o grau de variabilidade amostral, o que é essencial na inferência estatística. À amostragem não-probabilística falta esta característica, muito embora possa ser utilizada por outras razões.

QUESTÕES PARA RECAPITULAÇÃO

1. Em que circunstâncias é a amostragem preferível a um censo completo?
2. Quando se deve preferir um censo a uma amostra?
3. Defina "amostra aleatória".
4. Descreva os vários métodos de obtenção de uma amostra aleatória. Como escolher o método a ser usado em determinada situação?
5. Que é tabela de números aleatórios? Como é ela utilizada em relação à amostragem aleatória?
6. Explique rapidamente as características:
   a. da amostragem por conglomerado
   b. da amostragem estratificada
   c. da amostragem sistemática
7. Que é amostragem por julgamento e em que circunstâncias deve ser usada?
8. Que é amostragem probabilística e quando deve ser usada?

EXERCÍCIOS SUPLEMENTARES

1. Explique o significado de "amostra aleatória" quando a população é:
   a. contínua   b. discreta
2. Explique por que cada uma das amostras seguintes *não* pode ser considerada aleatória:
   a. Para avaliar a reação de uma comunidade em relação a um problema escolar, cada criança recebe um questionário para ser preenchido pelos pais.
   b. Para avaliar a reação do público ante a última declaração presidencial, um repórter entrevista 25 pessoas numa esquina do centro da cidade, ao meio-dia.
   c. Escolhem-se aleatoriamente 10 nomes da lista de membros da Câmara dos Deputados, para predizer como os diversos estados reagirão quanto à elevação do teto da dívida pública pela terceira vez numa semana.
3. Joga-se 15 vezes para o ar uma moeda equilibrada, e aparece cara 6 vezes. Responda:
   a. Qual é a proporção amostral?
   b. Qual é o tamanho da amostra?
   c. Qual é a proporção populacional?
   d. Qual é a população?
   e. Qual é o tamanho da população?
   f. Qual era o número esperado de caras antes das jogadas?
4. Joga-se uma moeda 30 vezes e aparece cara 15 vezes. Não se sabe se a moeda é equilibrada. Responda:
   a. Qual é a proporção amostral?
   b. Qual é a proporção populacional?
   c. Que se pode dizer sobre o número esperado de caras?

CAPÍTULO 7

distribuições amostrais

Objetivos do Capítulo

Ao terminar este capítulo, o leitor deverá ser capaz de:

1. Explicar o que é "distribuição amostral"
2. Descrever como os parâmetros populacionais influenciam as estatísticas amostrais
3. Dizer como o tamanho da amostra influencia a dispersão de uma distribuição amostral
4. Explicar por que a amostragem aleatória é importante e qual sua relação com uma distribuição amostral
5. Explicar o que é o Teorema do Limite Central e sua importância
6. Contrastar raciocínio dedutivo e indutivo
7. Dizer qual a relação que existe entre (a) a média de uma população e a média de uma distribuição amostral e (b) o desvio padrão de uma população e o desvio padrão de uma distribuição amostral
8. Dizer como se modificam as fórmulas do desvio padrão de distribuições amostrais quando se trata de amostragem de populações finitas

Esboço do Capítulo

Introdução
Efeito dos Parâmetros Populacionais sobre uma Distribuição Amostral
Efeito do Tamanho da Amostra sobre uma Distribuição Amostral
Distribuições de Médias Amostrais
    O teorema do limite central
Distribuições de Proporções Amostrais
Distribuição Amostral do Número de Ocorrências
Amostragem de uma População Finita
Resumo

INTRODUÇÃO

A finalidade da amostragem é obter uma indicação do valor de um ou mais parâmetros de uma população, tais como a média, o desvio padrão populacional, ou a proporção de itens que possuem determinada característica. As estatísticas amostrais que correspondem a esses parâmetros populacionais são usadas para aproximar os valores desconhecidos daqueles parâmetros. Assim é que a média amostral é usada para estimar a média da população, o desvio padrão amostral é usado para estimar o desvio padrão populacional, e a proporção amostral serve para estimar a proporção na população.

Uma das realidades da amostragem aleatória é que, quando se extraem repetidas amostras da mesma população, há uma tendência de a estatística amostral variar de uma amostra para outra, e também em relação ao verdadeiro valor do parâmetro, simplesmente em razão de fatores casuais relacionados com a amostragem. Essa tendência é conhecida como *variabilidade amostral*. (Por esta razão, quase sempre podemos estar certos de que determinada estatística amostral não é igual ao correspondente parâmetro populacional.) Obviamente, então, qualquer tentativa para fazer inferências sobre uma população deve levar em conta a variabilidade amostral.

De modo geral, pode parecer difícil lidar, de maneira racional, com a variabilidade amostral. No caso da amostragem *aleatória*, entretanto, demonstra-se matematicamente que a variabilidade pode ser descrita por distribuições de probabilidades tais como a normal e a binomial. Quando as distribuições de probabilidade são usadas desta maneira, são conhecidas como *distribuições amostrais*. E como essas distribuições só podem ser utilizadas quando se trata de amostras aleatórias, é essencial usar somente amostras aleatórias para fazer inferência estatística.

A questão a responder para cada amostra é: *Quão próxima* está a estatística amostral do verdadeiro valor do parâmetro populacional? A resposta depende de três fatores. Um é a estatística que está sendo considerada. Para descrever a variabilidade associada a diferentes estatísticas amostrais, usam-se diferentes distribuições de probabilidade. Outro fator é o tamanho da amostra. Há menor variabilidade entre estatísticas de grandes amostras do que entre estatísticas de pequenas amostras. E o terceiro fator é a variabilidade existente na própria população submetida a amostragem. Populações com muita variabilidade produzem estatísticas amostrais com maior variabilidade do que populações com pequena variação entre os valores populacionais.

Para entender como se podem usar estatísticas amostrais para fazer inferências sobre parâmetros populacionais, começaremos estudando populações com parâmetros *conhecidos* e observaremos as estatísticas amostrais que elas tendem a produzir (raciocínio dedutivo). Feito isto, estaremos em condições de aprender como as características de uma única amostra podem ser usadas para fazer inferências sobre o(s) parâmetro(s) de uma população (raciocínio indutivo).

> Uma *distribuição amostral* é uma distribuição de probabilidades que indica até que ponto uma estatística amostral tende a variar devido a variações casuais na amostragem aleatória.

Inicialmente é difícil assimilar o conceito de distribuição amostral. Examinemos por isso uma distribuição amostral simples. Suponhamos que um fazendeiro deseja vender alguns porcos. Para simplicidade, limitemos a população a 5 porcos. Para nossos propósitos, suponhamos sejam conhecidos os pesos dos porcos (embora o fazendeiro não os conheça). Os pesos constam da Tabela 7.1.

Tabela 7.1 População de Cinco Porcos

Porco	Peso (lb)
A	200
B	203
C	206
D	209
E	212
	1030

Suponhamos que qualquer porco com menos de 205 lb de peso seja considerado magro, não podendo ser vendido a preço razoável. Vemos que 2 deles, ou seja, $\frac{2}{5}$ da população, estão nessa categoria. O fazendeiro quer agora estimar a proporção de seus porcos que estão abaixo do peso. Como é muito trabalhoso pesar todos os animais, ele resolve tomar uma amostra de 2 e usar a proporção amostral para estimar a proporção populacional. As perguntas que devemos responder são: Que proporções amostrais são possíveis e quão viável é cada uma? Em outras palavras, queremos a distribuição amostral da situação.

Como uma distribuição amostral deve indicar os resultados possíveis, comecemos por identificá-los. Presumivelmente, o fazendeiro faria amostragem sem reposição, pois não desejaria pesar o mesmo porco duas vezes. A Tabela 7.2 ilustra os resultados amostrais possíveis. Os mesmos resultados acham-se ilustrados na Figura 7.1.

Tabela 7.2 Combinações Amostrais de Dois Porcos

Tamanho da amostra	Número de amostras possíveis	Combinação amostral	Pesos amostrais	Proporção abaixo de 205 lb
2	$\binom{5}{2} = 10$	*A, B*	200, 203	$\frac{2}{2}$
		A, C	200, 206	$\frac{1}{2}$
		A, D	200, 209	$\frac{1}{2}$
		A, E	200, 212	$\frac{1}{2}$
		B, C	203, 206	$\frac{1}{2}$
		B, D	203, 209	$\frac{1}{2}$
		B, E	203, 212	$\frac{1}{2}$
		C, D	206, 209	$\frac{0}{2}$
		C, E	206, 212	$\frac{0}{2}$
		D, E	209, 212	$\frac{0}{2}$

A distribuição amostral mostra que as proporções amostrais possíveis são $\frac{0}{2}$, $\frac{1}{2}$ e $\frac{2}{2}$. Mostra também *quão provável* é cada proporção, sob a hipótese de que cada porco tenha a mesma chance de ser incluído na amostra (isto é, amostragem *aleatória*). Por exemplo, há uma probabilidade de 0,6 de a proporção amostral ser $\frac{1}{2}$, o que está próximo da proporção real (como são usadas amostras de 2, seria impossível termos uma proporção *amostral* de $\frac{2}{5}$). Se escolhêssemos a distribuição para amostras de 3 observações para a mesma população, a distribuição da proporção de porcos com deficiência de peso seria a da Figura 7.2. Note-se que neste último caso os resultados são diferentes dos do caso de amostras de tamanho 2.

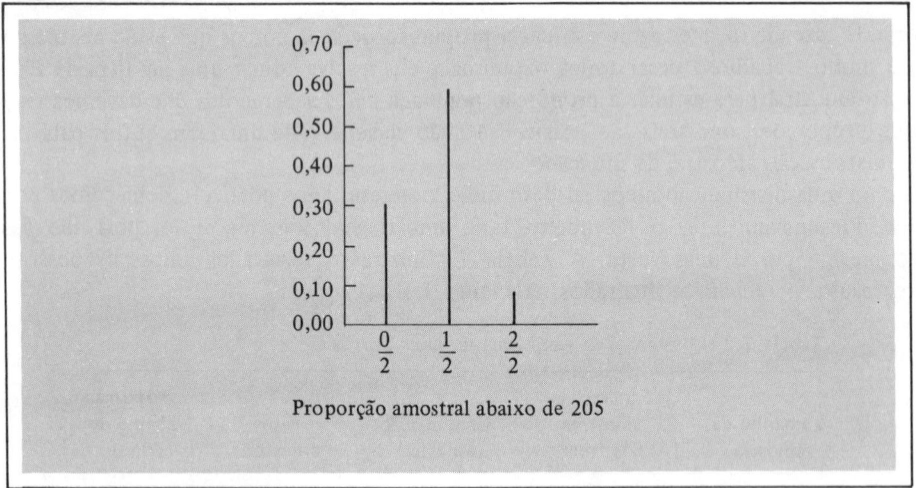

Figura 7.1 Distribuição das proporções amostrais de porcos com peso deficiente para amostras de tamanho 2, extraídas de uma população de 5, com uma proporção populacional de $\frac{2}{5}$.

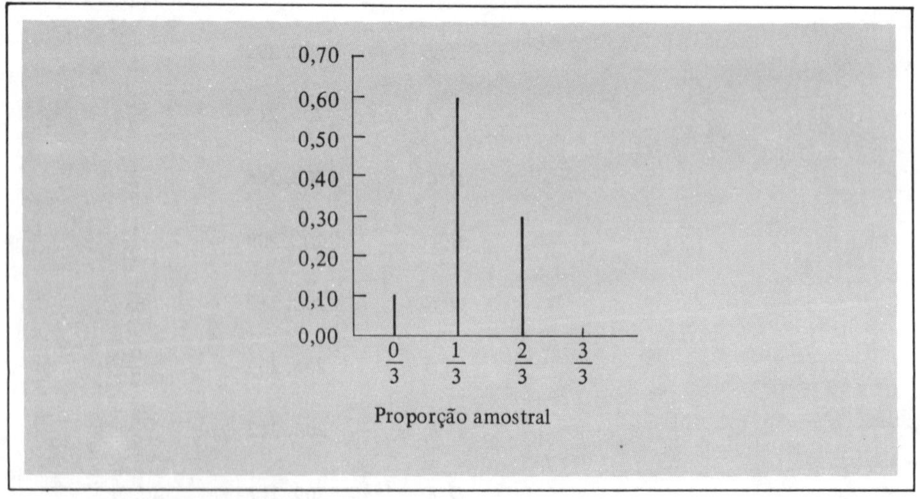

Figura 7.2 Distribuição amostral da proporção de porcos com deficiência de peso, com $n = 3$, $p = \frac{2}{5}$.

Conquanto esta abordagem empírica das distribuições amostrais não seja prática, pois exige a listagem de todos os resultados possíveis, permite, não obstante, considerar em pequena escala o que uma distribuição amostral realmente é. Na prática, as distribuições amostrais são deduzidas matematicamente e colocadas à disposição dos analistas sob forma de tabelas e gráficos. Duas das distribuições amostrais mais usadas são a binomial e a normal, com as quais o leitor já deve estar familiarizado. Vamos agora explorar algumas formas como uma população pode influenciar uma distribuição amostral.

EFEITO DOS PARÂMETROS POPULACIONAIS SOBRE UMA DISTRIBUIÇÃO AMOSTRAL

Já dissemos que as distribuições amostrais tendem a produzir estatísticas amostrais representativas dos parâmetros populacionais. Isto é, apesar do fato de tenderem a apresentar certa variabilidade, podemos dizer que as estatísticas amostrais devem *aproximar* parâmetros populacionais de forma bastante satisfatória. Esta característica de ser representativa resulta em estatísticas amostrais que tendem a se acumular na vizinhança dos verdadeiros valores populacionais.

Podemos explorar esta afirmação de várias maneiras. Talvez a mais simples consista em focalizar nossa atenção numa distribuição amostral para o número de ocorrências. Suponhamos que tenhamos sido encarregados de fazer amostragem em grandes *containers* de geléia para verificar a percentagem que se apresenta demasiado licorosa. Podemos ter uma idéia de como a percentagem na população (um grande *container*) pode influenciar a percentagem amostral considerando várias proporções populacionais (parâmetros) e examinando as distribuições amostrais relacionadas. Suponhamos, por exemplo, 10 observações, para determinar o número de licorosos na amostra. A situação pode ser adequadamente descrita por uma distribuição binomial com $n = 10$, dicotomizando o produto em licoroso e não-licoroso. Devemos admitir que a população seja tão grande que a probabilidade de obter uma unidade licorosa permaneça praticamente constante de uma para outra observação, mas isto não parece fora de propósito.

Pode-se usar uma tabela da distribuição binomial para obter as probabilidades dos vários resultados (0, 1, 2, ..., 10 licorosos) possíveis. A conversão desses resultados em percentagens mostra como as proporções populacionais influenciam as proporções amostrais. A Figura 7.3 ilustra uma sucessão de distribuições amostrais (probabilidades), cada uma com uma percentagem diferente de licorosos na população. A primeira exibe a probabilidade de cada proporção amostral (0, 1, ..., 10) para uma população com 5% de licorosos, a segunda mostra as mesmas probabilidades para uma população com 10% licorosos, etc. Note-se que, em cada caso, a distribuição de proporções amostrais parece refletir a proporção populacional. Isto é, os resultados com maior probabilidade são os que estão mais próximos da proporção populacional. A implicação é que, quando a amostragem é aleatória, há uma elevada probabilidade de que a estatística amostral se aproxime do parâmetro populacional. Assim, populações com pequenas percentagens de determinado item tendem a gerar amostras com pequenas percentagens do item; populações com percentagem moderada tenderão a gerar amostras com percentagens moderadas do item; e populações com elevadas percentagens gerarão tipicamente amostras com grandes percentagens. Note-se, todavia, que sempre há certo grau de variação; as estatísticas amostrais não são necessariamente iguais ao parâmetro populacional.

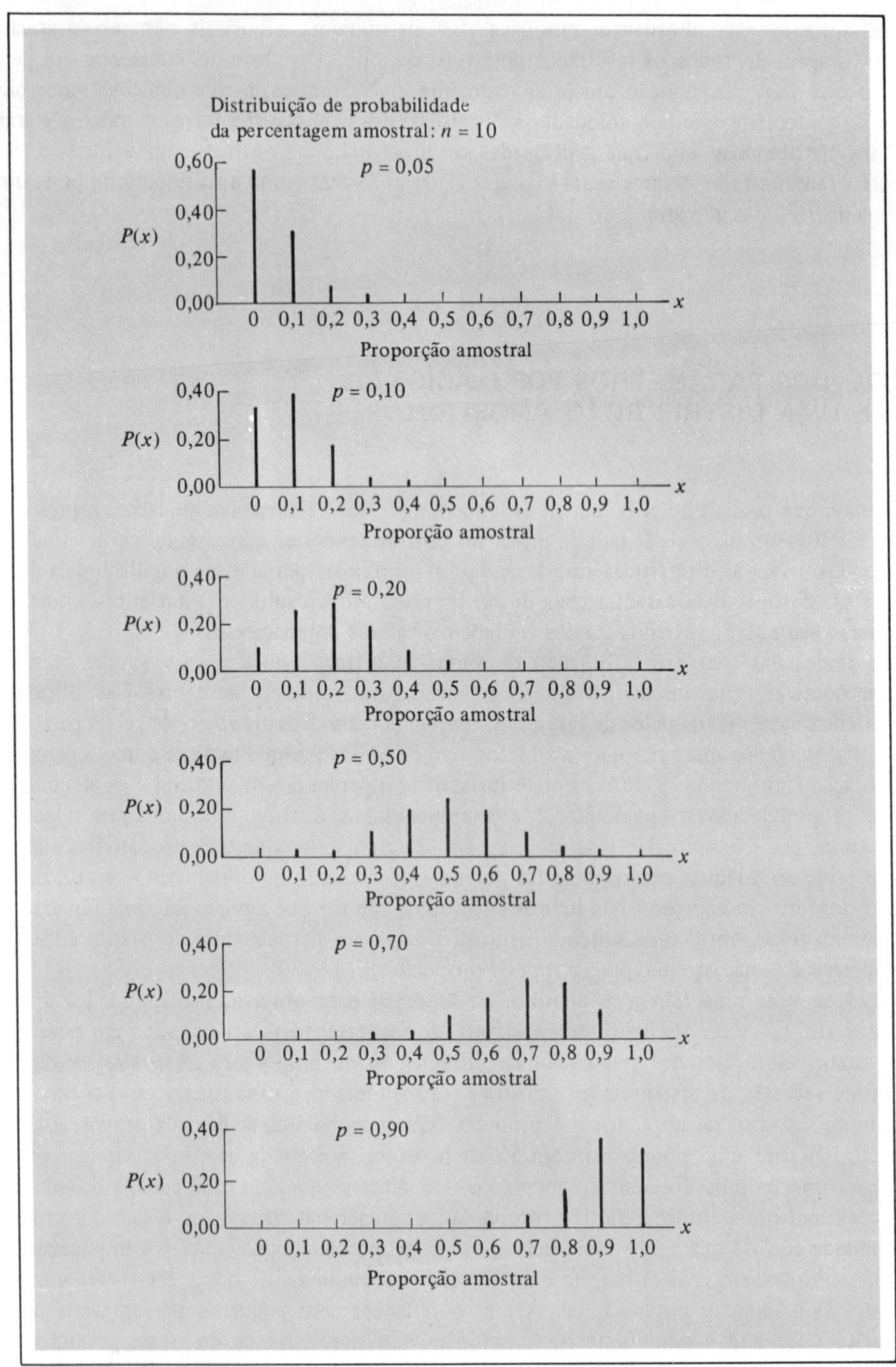

Figura 7.3 A distribuição das proporções amostrais é influenciada pela proporção populacional; as proporções amostrais com maiores probabilidades estão mais próximas de p.

EFEITO DO TAMANHO DA AMOSTRA SOBRE UMA DISTRIBUIÇÃO AMOSTRAL

A distribuição binomial também proporciona um método conveniente para ilustrar a *relação básica entre tamanho da amostra e variabilidade* na distribuição amostral. Isto pode ser observado diretamente escolhendo-se uma proporção única (probabilidade de sucesso) e comparando as probabi-

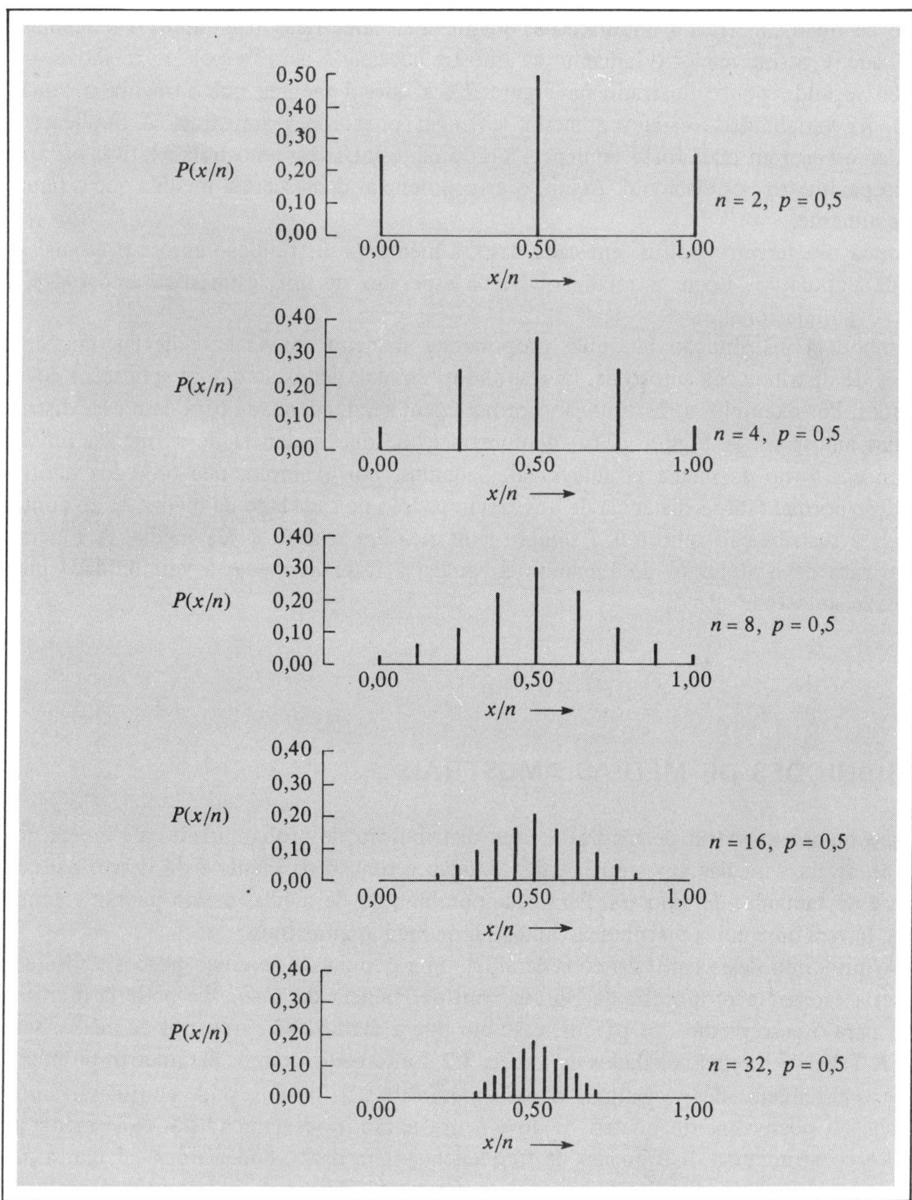

Figura 7.4 Uma série de gráficos ilustra o fato de que, à medida que aumenta o tamanho da amostra, (1) a distribuição amostral das proporções tende para a normalidade e (2) a variabilidade amostral decresce. Note-se que a média da distribuição amostral é sempre igual à proporção da população.

lidades dos resultados para vários tamanhos de amostra. Novamente aqui, as probabilidades são tiradas de uma tabela de probabilidades binomiais individuais convertidas em percentagem de sucesso. A série de gráficos na Figura 7.4 ilustra a distribuição das proporções amostrais para amostras de $n = 2, 4, 8, 16, 32$ para a situação em que a proporção de licorosos na população é de 50%.

Há três pontos muito importantes ilustrados na Figura 7.4. Um é que, na medida em que o tamanho da amostra aumenta, a distribuição dos resultados amostrais tende para a forma da distribuição normal. A razão segundo a qual a distribuição amostral tende para a normalidade depende de quão simétrica a população é: quanto mais simétrica, mais rápida a tendência para a normalidade (e, assim, menor o tamanho da amostra necessário para "supor" normalidade).

Um segundo ponto ilustrado na Figura 7.4 é que, à medida que aumenta o tamanho da amostra, há variabilidade cada vez menor entre as proporções amostrais. A implicação é que grandes amostras têm mais forte tendência a produzir estatísticas amostrais relativas próximas, em valor, do parâmetro populacional. Assim, o erro potencial decrescerá à medida que o tamanho da amostra aumente.

Ainda um terceiro ponto: em cada caso, a média da distribuição amostral é igual ao parâmetro da população. Logo, a média ou valor esperado de uma estatística amostral é igual à proporção populacional.

Embora a distribuição binomial proporcione maneira conveniente de ilustrar certas propriedades de distribuições amostrais, os resultados são mais gerais do que as aplicações envolvendo proporções. Por exemplo, a distribuição normal é, em geral, adequada para descrever distribuições de médias amostrais. A Figura 7.5(a) demonstra a mesma tendência de as médias amostrais se gruparem em torno da média populacional. Sabemos, por exemplo, que 68% dos valores numa distribuição normal estão à distância de um desvio padrão de cada lado da média. E, ao contrário da binomial, a distribuição amostral é sempre simétrica em relação a sua média. A Figura 7.5(b) ilustra o fato de o aumento do tamanho da amostra fazer decrescer a variabilidade inerente à distribuição amostral.

DISTRIBUIÇÕES DE MÉDIAS AMOSTRAIS

Uma distribuição amostral de médias é uma distribuição de probabilidade que indica quão prováveis são diversas médias amostrais. A distribuição é função da média e do desvio padrão da população e do tamanho da amostra. Para cada combinação de média, desvio padrão e tamanho de amostra, haverá uma única distribuição amostral de médias amostrais.

No princípio deste capítulo consideramos uma população de cinco porcos e um fazendeiro que queria estimar a proporção de porcos com deficiência de peso. Ele poderia muito bem ter apelado para o peso médio dos porcos, caso em que a distribuição amostral de médias seria apropriada. A Tabela 7.3 repete os dados da Tabela 7.2, juntamente com os parâmetros populacionais.

Se o fazendeiro deseja estimar o peso médio de seus porcos, pode considerar amostras de dois, três, ou possivelmente quatro. E novamente então, poderíamos listar cada média amostral possível e construir uma distribuição de freqüência. Além disso, poderíamos calcular a média e o desvio padrão de cada distribuição amostral. Como já dissemos, entretanto, é preferível usar processos matemáticos a esse processo empírico. Não obstante, os resultados do método empírico revelam algumas propriedades interessantes das distribuições amostrais. A Tabela 7.4 exibe os resultados.

Tabela 7.3 População de Cinco Porcos

Porco	Peso (lb)	Parâmetros
A	200	média $= \frac{1030}{5} = 206$
B	203	desvio padrão $= 4{,}24$
C	206	
D	209	
E	212	
	1030	

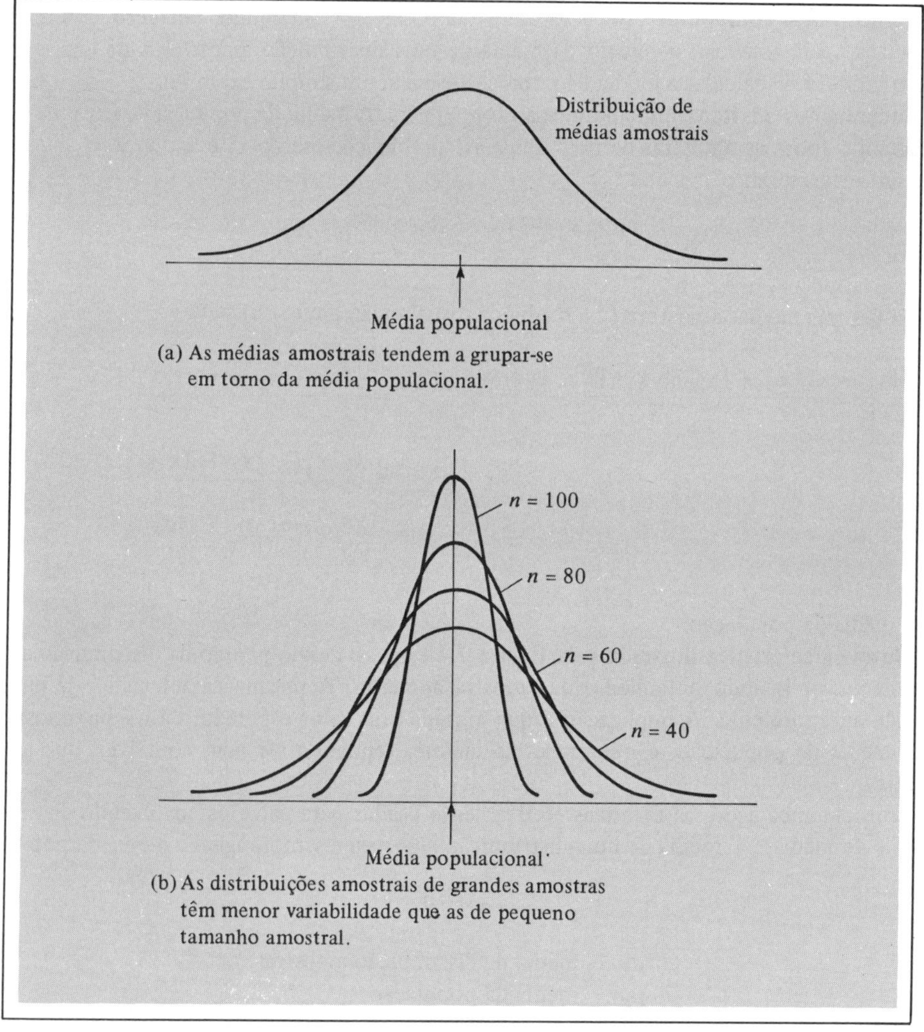

Figura 7.5 (a) As médias amostrais tendem a grupar-se em torno da média populacional. (b) A variabilidade das distribuições amostrais tende a decrescer com o aumento do tamanho da amostra.

Tabela 7.4 Resumo dos Parâmetros de Distribuições Amostrais de Médias e População de Cinco Porcos

	Média	Desvio padrão
População	206	4,24
Distribuições amostrais:		
$n = 2$	206	2,60
$n = 3$	206	1,73
$n = 4$	206	1,06

A Tabela 7.4 ilustra várias coisas. Uma é que a média da distribuição amostral parece sempre igualar a média populacional. E o fato de que a média de uma distribuição amostral é sempre exatamente igual à média populacional não é coincidência. Resulta do fato de que uma distribuição amostral se compõe de "todas as amostras possíveis", incluindo, portanto, todos os itens da população. Em essência, o cálculo da média de uma distribuição amostral nada mais é que um processo indireto de calcular a média da população. Basta um simples exemplo.

Suponhamos três itens numa população: x_1, x_2 e x_3. A média da população é $(x_1 + x_2 + x_3)/3$. Considerando todas as amostras de dois itens, as combinações serão x_1 e x_2, x_1 e x_3, x_2 e x_3. As médias amostrais seriam

$$\frac{x_1 + x_2}{2} \qquad \frac{x_1 + x_3}{2} \qquad \frac{x_2 + x_3}{2}$$

A média das três médias amostrais (e a média da distribuição amostral) seria

$$\frac{[(x_1 + x_2)/2] + [(x_1 + x_3)/2] + [(x_2 + x_3)/2]}{3} = \frac{\frac{1}{2}(x_1 + x_2 + x_1 + x_3 + x_2 + x_3)}{3}$$

$$= \frac{\frac{1}{2}(2x_1 + 2x_2 + 2x_3)}{3}$$

$$= \frac{x_1 + x_2 + x_3}{3}$$

que é a média da população.

Outra característica ilustrada pela Figura 7.4 é que o desvio padrão da distribuição amostral parece decrescer quando o tamanho da amostra aumenta. A mesma característica já havia sido observada anteriormente. A implicação é que a média, ou valor esperado, da média amostral será igual à média da população, e que amostras maiores tendem a ser mais confiáveis que amostras menores.

Consideremos agora as fórmulas efetivamente usadas para cálculos envolvendo distribuições amostrais de médias. A média de uma distribuição amostral é sempre igual à média da população.*

Assim

$$\mu_{\bar{x}} = \mu_x$$

onde $\mu_{\bar{x}}$ = média da distribuição amostral

μ_x = média da população

* Em razão disso, o símbolo μ_x será usado daqui por diante para designar tanto a média da população como a média da distribuição amostral.

Quando a população é muito grande ou infinita, o desvio padrão da distribuição amostral de média é

$$\sigma_{\bar{x}} = \frac{\sigma_x}{\sqrt{n}}$$

onde

$\sigma_{\bar{x}}$ = desvio padrão da distribuição amostral
σ_x = desvio padrão da população
n = tamanho da amostra

A fórmula do desvio padrão nos diz, com efeito, que a quantidade de dispersão na distribuição amostral depende de duas coisas:

1. A dispersão na população.
2. A raiz quadrada do tamanho da amostra.

Por exemplo, em qualquer população, o aumento do tamanho das amostras extraídas resultará em menor variabilidade entre as possíveis médias amostrais. E se o mesmo tamanho de amostra é usado com diferentes populações, as populações com maior quantidade de dispersão (σ_x) tenderão a gerar a maior quantidade de variabilidade entre as médias de amostras extraídas delas.

O Teorema do Limite Central

A capacidade de usar amostras para fazer inferências sobre parâmetros populacionais depende do conhecimento da distribuição amostral. Acabamos de ver como se determinam a média e o desvio padrão, mas precisamos ainda de outra informação: a forma da distribuição amostral. Já dissemos antes que há uma tendência para as distribuições de médias e de proporções se apresentarem aproximadamente normais. No caso das médias amostrais, pode-se demonstrar matematicamente que, se uma população tem distribuição normal, a distribuição das médias amostrais extraídas da população também tem distribuição normal, para qualquer tamanho de amostra. Além disso, mesmo no caso de uma distribuição não-normal, a distribuição das médias amostrais será aproximadamente normal, desde que a amostra seja grande. Este é um resultado notável, na verdade, pois nos diz que não é necessário conhecer a distribuição de uma população para podermos fazer inferências sobre ela a partir de dados amostrais. A única restrição é que o tamanho da amostra seja grande. Uma regra prática muito usada é que a amostra deve consistir de 30 ou mais observações.

Estes resultados são conhecidos como o Teorema do Limite Central e representam talvez o conceito mais importante na inferência estatística.

O TEOREMA DO LIMITE CENTRAL

1. Se a população sob amostragem tem distribuição normal, a distribuição das médias amostrais também será normal para todos os tamanhos de amostra.
2. Se a população básica é não-normal, a distribuição de médias amostrais será aproximadamente normal para grandes amostras.

Em sentido estrito, o Teorema do Limite Central só se aplica a médias amostrais. Não obstante, o leitor deve recordar que, exceto para valores muito pequenos ou muito grandes de p, a distribuição normal constitui aproximação razoável das probabilidades binomiais para grandes amostras. Logo, a distribuição normal pode ser utilizada para médias e proporções em grandes amostras.

A Figura 7.6 ilustra graficamente o Teorema do Limite Central.

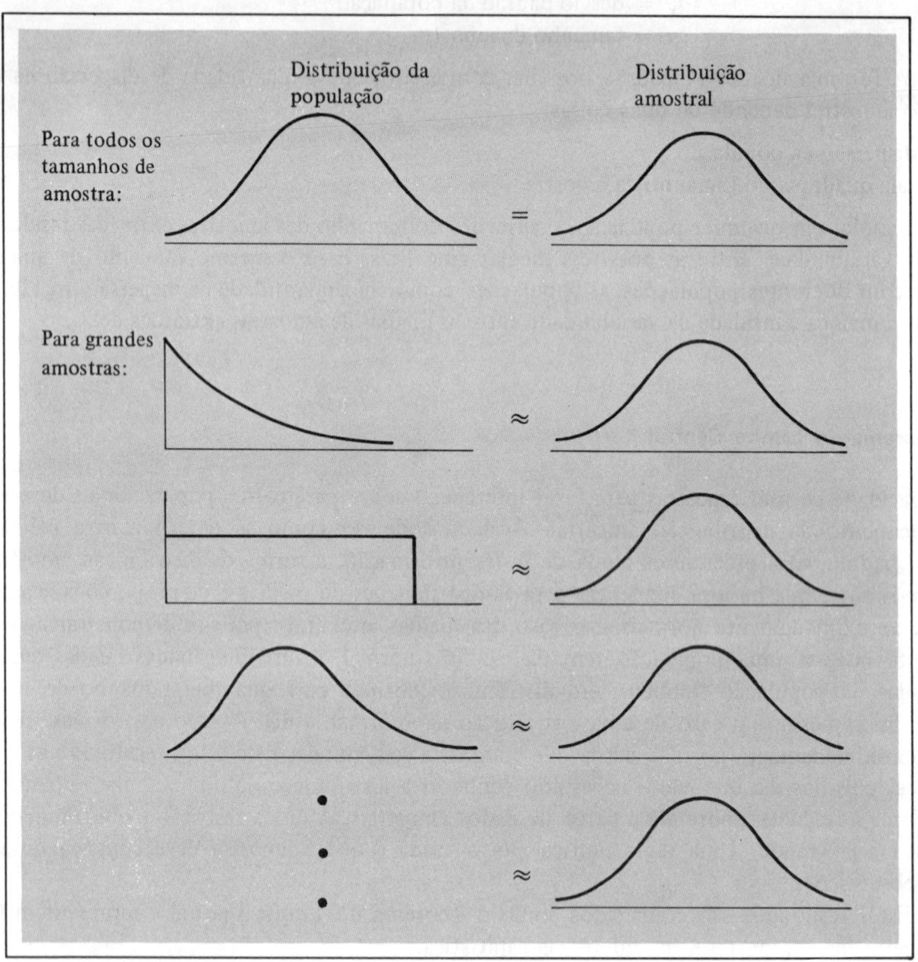

Figura 7.6 O Teorema do Limite Central.

Vejamos como aplicar essa informação para obter probabilidades de várias estatísticas amostrais para amostras extraídas de populações conhecidas.

Exemplo 1 Uma população muito grande tem média 20,0 e desvio padrão 1,4. Extrai-se uma amostra de 49 observações. Responda:

a. Qual a média da distribuição amostral?
b. Qual o desvio padrão da distribuição amostral?

c. Qual a percentagem das possíveis médias amostrais que diferirão por mais de 0,2 da média da população?

Solução:

Como $n > 30$, podemos supor normal a distribuição amostral.

a. A média da distribuição amostral é sempre igual à média da população. Logo, $\mu_{\bar{x}} = 20{,}0$.
b. O desvio padrão da distribuição amostral é

$$\sigma_{\bar{x}} = \frac{\sigma_x}{\sqrt{n}} = \frac{1{,}4}{\sqrt{49}} = \frac{1{,}4}{7} = 0{,}2$$

c. A percentagem de médias amostrais que diferem por mais de 0,2 da média populacional (ver a Figura 7.7) é

$$\frac{20{,}2 - 20}{0{,}2} = +1\sigma_{\bar{x}} \qquad \text{proporção: } 0{,}1587$$

$$\frac{19{,}8 - 20}{0{,}2} = -1\sigma_{\bar{x}} \qquad \text{proporção: } 0{,}1587$$

total: 0,3174

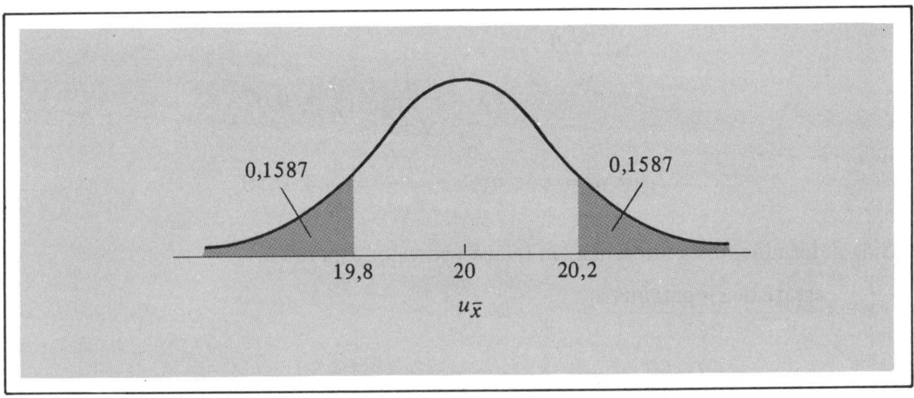

Figura 7.7 As porções sombreadas são iguais à probabilidade de uma média amostral inferior a 19,8 ou superior a 20,2.

Exemplo 2 Um fabricante de baterias alega que seu artigo de primeira categoria tem uma vida esperada (média) de 50 meses. Sabe-se que o desvio padrão correspondente é de 4 meses. Que percentagem de amostras de 36 observações acusará vida média no intervalo de 1 mês em torno de 50 meses, admitindo ser de 50 meses a verdadeira vida média das baterias? Qual será a resposta para uma amostra de 64 observações?

Solução:

Sabemos que, como $n > 30$, a distribuição de médias amostrais será aproximadamente normal, com média igual à média populacional e desvio padrão igual ao desvio padrão populacional dividido pela raiz quadrada do tamanho da amostra. A Figura 7.8 ilustra a probabilidade desconhecida.

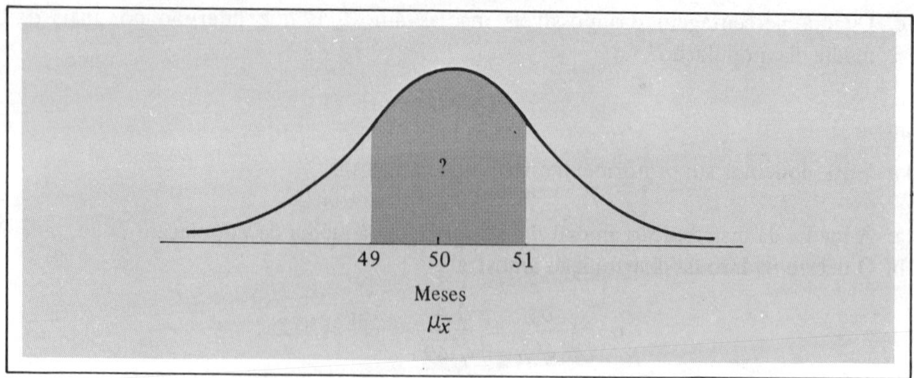

Figura 7.8 O problema exige a determinação da área sombreada da distribuição amostral.

A solução envolve a determinação do número de desvios padrões que 49 e 51 meses distam da média; recorrendo a uma tabela de áreas sob a curva normal, obtemos as probabilidades procuradas.

Determinemos primeiro o desvio padrão da distribuição amostral:

$$\sigma_{\bar{x}} = \frac{\sigma_x}{\sqrt{n}}$$

$$\text{para } n = 36: \ \sigma_{\bar{x}} = \frac{4}{\sqrt{36}} = \frac{4}{6} = 0{,}67$$

$$\text{para } n = 64: \ \sigma_{\bar{x}} = \frac{4}{\sqrt{64}} = \frac{4}{8} = 0{,}50$$

Em seguida determinemos a diferença em relação ao valor esperado:

$$z = \frac{\text{estatística - parâmetro}}{\sigma_{\bar{x}}}$$

$$\text{para } n = 36: \ \frac{49 - 50}{0{,}67} = \frac{-1}{0{,}67} = -1{,}5\sigma_{\bar{x}} \qquad \frac{51 - 50}{0{,}67} = \frac{1}{0{,}67} = 1{,}5\sigma_{\bar{x}}$$

$$\text{para } n = 64: \ \frac{49 - 50}{0{,}50} = \frac{-1}{0{,}50} = -2\sigma_{\bar{x}} \qquad \frac{51 - 50}{0{,}50} = \frac{1}{0{,}50} = 2\sigma_{\bar{x}}$$

Finalmente determinemos as áreas com auxílio da Tabela G do Apêndice:

$$\text{para } n = 36: \ z = 1{,}5 \qquad \text{área} = 0{,}4332$$

$$P(49 < \bar{x} < 51) = 0{,}4332 + 0{,}4332 = 0{,}8664$$

$$\text{para } n = 64: \ z = 2{,}0 \qquad \text{área} = 0{,}4773$$

$$P(49 < \bar{x} < 51) = 0{,}4773 + 0{,}4773 = 0{,}9546$$

Note-se que, mesmo permanecendo constante o intervalo de 49 a 51, as respostas para as amostras de tamanhos 36 e 64 são diferentes. A probabilidade de obter uma média amostral no intervalo dado é maior para amostras de 64 observações do que para amostras de 36 observações, devido ao fato de o desvio padrão da distribuição amostral *decrescer* quando n aumenta.

Exemplo 3 Usando a informação contida no Exemplo 2, qual seria a probabilidade de obter uma média amostral inferior a 49,8 meses com uma amostra de 100 observações?

Solução:

A Figura 7.9 ilustra a área desconhecida sob a curva normal.

$$\sigma_{\bar{x}} = \frac{\sigma_x}{\sqrt{n}} = \frac{4}{10} = 0,4$$

$$\frac{49,8 - 50}{0,4} = -0,5\sigma_{\bar{x}}$$

A área abaixo de $-0,5\sigma_{\bar{x}}$ é 0,3085.

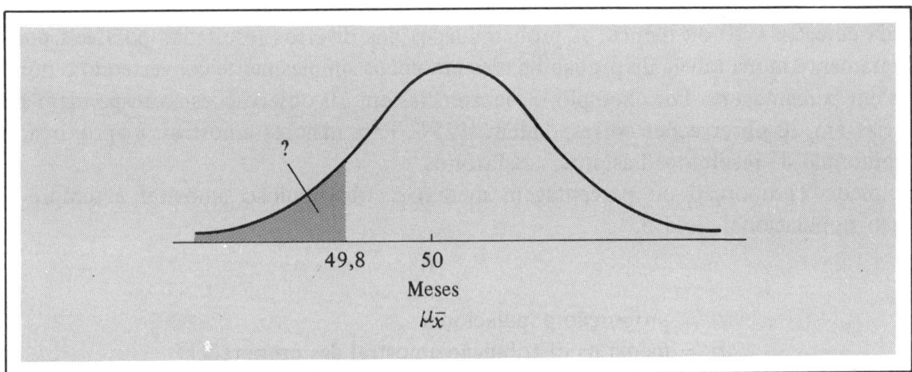

Figura 7.9 A porção sombreada representa $P(\bar{x} \leqslant 49,8)$.

EXERCÍCIOS

1. Se se extrai uma amostra de uma distribuição normal, qual a probabilidade de a média amostral estar compreendida em cada um dos intervalos abaixo?
   a. $\mu_x \pm 1,96\sigma_{\bar{x}}$ b. $\mu_x \pm 2,00\sigma_{\bar{x}}$ c. $\mu_x \pm 2,33\sigma_{\bar{x}}$
2. A média de uma distribuição amostral de médias é 50,0 e seu desvio padrão é 10,0. Suponha normal a distribuição amostral.
   a. Que percentagem de médias amostrais estará entre 45,0 e 55,0?
   b. Que percentagem de médias amostrais estará entre 42,5 e 57,5?
   c. Que percentagem de médias amostrais será menor que a média populacional?
   d. Que percentagem de médias amostrais será igual à média populacional?
3. Determine a média da distribuição de médias amostrais, dada cada uma das seguintes médias *populacionais*:
   a. 5,01 b. 18,41 c. 199,5 d. 0,008
4. Calcule o desvio padrão da distribuição amostral de médias para cada um dos casos seguintes:
   a. $\sigma_x = 5$, $n = 6$ b. $\sigma_x = 1$, $n = 36$ c. $\sigma_x = 2$, $n = 40$
   d. $\sigma_x = 6,2$, $n = 100$ e. $\sigma_x = 3,2$, $n = 44$

5. Deve-se extrair uma amostra de 36 observações de uma máquina que cunha moedas comemorativas. A espessura média das moedas é de 0,2 cm, com desvio padrão de 0,01 cm.
a. É preciso saber que a população é normal para determinar a percentagem de médias amostrais que estão dentro de certos intervalos? Explique.
b. Que percentagem de médias amostrais estará no intervalo 0,20 ± 0,004 cm?
c. Qual a probabilidade de se obter uma média amostral que se afaste por mais de 0,005 cm da média do processo?

DISTRIBUIÇÕES DE PROPORÇÕES AMOSTRAIS

Uma distribuição de proporções amostrais indica quão provável é determinado conjunto de proporções amostrais, dados o tamanho da amostra e a proporção populacional. Quando o tamanho da amostra é 20 ou menos, as probabilidades dos diversos resultados possíveis podem ser lidas diretamente numa tabela de probabilidades binomiais simplesmente convertendo o número de sucessos em percentagens. Por exemplo, 3 ocorrências em 10 observações correspondem a 30%, 5 ocorrências em 20 observações correspondem a 25%. Para maiores amostras, a aproximação normal da binomial dá resultados bastante satisfatórios.

A média (proporção ou percentagem média) da distribuição amostral é sempre igual à proporção populacional. Isto é,

$$\bar{p} = p$$

onde

p = proporção populacional
$\bar{p}$ = média da distribuição amostral das proporções

Quando a população é muito grande ou infinita, o desvio padrão da distribuição amostral se calcula pela fórmula

$$\sigma_p = \sqrt{\frac{p(1-p)}{n}}$$

Exemplo 4 Um varejista compra copos diretamente da fábrica em grandes lotes. Os copos vêm embrulhados individualmente. Periodicamente o varejista inspeciona os lotes para determinar a proporção dos quebrados ou lascados. Se um grande lote contém 10% de quebrados ou lascados, qual a probabilidade de o varejista obter uma amostra de 100 copos com 17% ou mais defeituosos?

Solução:

A distribuição amostral se centrará em 10%, que é a percentagem populacional de defeituosos. A Figura 7.10 ilustra a percentagem desconhecida. O primeiro passo é calcular o desvio padrão da população:

$$\sigma_p = \sqrt{\frac{p(1-p)}{n}} = \sqrt{\frac{(0{,}10)(0{,}90)}{100}} = \frac{0{,}3}{10} = 0{,}03$$

Podemos usar esse resultado para determinar a variação relativa:

$$\frac{17\% - 10\%}{3\%} = \frac{7\%}{3\%} = 2{,}33\sigma_p = z$$

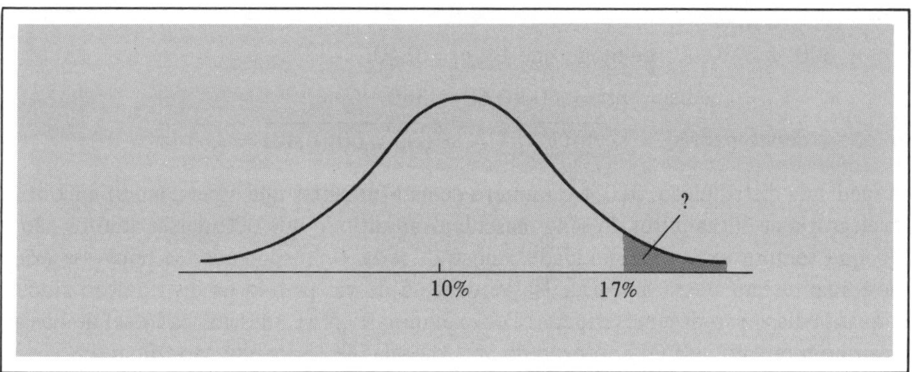

Figura 7.10 $P(x/n \geqslant 17\%)$.

A área além de $2{,}33\sigma_p$ é 0,0099, conforme a Tabela G, com $z = 2{,}33$.

Teoricamente, deveríamos usar uma correção de continuidade, pois estamos usando a distribuição normal para aproximar probabilidades binomiais. Do ponto de vista prático, entretanto, isto é desnecessário, sendo especialmente verdadeiro para grandes amostras e valores de $z \geqslant 2$ ou mais.

DISTRIBUIÇÃO AMOSTRAL DO NÚMERO DE OCORRÊNCIAS

As distribuições amostrais de proporções e do número de ocorrências são essencialmente as mesmas. Ambas dizem respeito à contagem de dados, e não a mensurações; ambas envolvem o uso das tabelas binomiais para as probabilidades desejadas quando o tamanho da amostra é menor que 20, e ambas podem ser aproximadas pela normal para amostras maiores. A única diferença é que, na distribuição amostral de proporções, os valores vêm expressos como percentagens, enquanto que nas distribuições amostrais do número de ocorrências os valores se apresentam como contagens. A Tabela 7.5 dá uma comparação das fórmulas para a média e para o desvio padrão de cada uma.

Tabela 7.5 Comparação de Fórmulas para as Distribuições Amostrais de Proporções e de Número de Ocorrências

Distribuição amostral	Média	Desvio padrão
proporções	p	$\sigma_p = \sqrt{\dfrac{p(1-p)}{n}}$
número de ocorrências	np	$\sigma_{np} = \sqrt{np(1-p)}$

Exemplo 5 Suponha que uma pesquisa recente tenha revelado que 60% de uma população de adultos do sexo masculino consista de não-fumantes. Tomada uma amostra de 600, calcule e interprete a média e o desvio padrão da distribuição amostral.

Solução:

Temos $n = 600$, $p = 0{,}60$, de modo que $1 - p = 0{,}40$.

$$\text{média} = np = 600(0{,}60) = 360$$

$$\text{desvio padrão} = \sqrt{np(1-p)} = \sqrt{600(0{,}60)(0{,}40)} = \sqrt{144} = 12$$

A média da distribuição, 360, é o número de não-fumantes que esperaríamos encontrar numa amostra aleatória de 600 adultos do sexo masculino, admitindo que 60% desses adultos não fumem. Sabendo que sempre existe variabilidade amostral, seria de surpreender se houvesse *exatamente* 360 não-fumantes em nossa amostra. Na verdade, o desvio padrão da distribuição amostral, 12, nos diz quanta dispersão devemos esperar. Por exemplo, 95,5% (2 desvios padrões) de tais amostras devem cair no intervalo de ± 24 em torno de 360, ou seja, de 336 a 384 não-fumantes.

EXERCÍCIOS

1. Determine a média da distribuição de proporções amostrais, quando a proporção na população é:
   a. 30% b. 43% c. 50% d. 72,3%
2. Determine o desvio padrão da distribuição amostral de proporções para $n = 100$ e uma proporção populacional de:
   a. 10% b. 20% c. 40% d. 50%
   e. 60% f. 80% g. 90%
3. Explique por que, ao trabalhar com proporções, a distribuição normal é usada para 20 ou mais observações, quando a binomial seria teoricamente correta. Quando é a binomial preferível à normal?
4. Supondo uma amostra suficientemente grande, determine a percentagem de proporções amostrais que poderemos esperar nesses intervalos:
   a. $p + 1\sigma_p$ b. $p \pm 1{,}96\sigma_p$ c. $p \pm 2\sigma_p$ d. $p \pm 2{,}33\sigma_p$
5. Determine z, se a percentagem de proporções amostrais que podemos esperar no intervalo $p \pm z\sigma_p$ é:
   a. 90% b. 95% c. 99% d. 99,7%
6. Se vamos extrair amostras de $n = 100$ observações de uma população muito grande, em que a proporção populacional é 20%, que percentagem de proporções amostrais poderemos esperar nos intervalos abaixo?
   a. 16% a 24%
   b. maior que 24%
   c. 12% a 28%
   d. menos de 12% ou mais de 28%

AMOSTRAGEM DE UMA POPULAÇÃO FINITA

A maior parte da amostragem se faz sem reposição, seja por motivos psicológicos, seja por razões de conveniência e custo. Enquanto o tamanho da amostra for pequeno em relação ao da população, a amostragem sem reposição dará entre as amostras essencialmente a mesma variabilidade da amostragem com reposição. Entretanto, se o tamanho da amostra representa percentagem apreciável da população (digamos, mais de 5%), já os resultados dos dois tipos de amostragem começam a diferir. Isto porque, na amostragem sem reposição, a probabilidade de extração de itens varia de uma para outra extração. Em tais condições, a distribuição adequada é a distribuição hipergeométrica.

As fórmulas do desvio padrão das médias amostrais e do desvio padrão das proporções amostrais devem ser modificadas de modo a refletirem a probabilidade, se o tamanho da amostra é superior a 5% da população. Felizmente, a modificação hipergeométrica tem uma forma simples:

$$\sqrt{\frac{N-n}{N-1}}$$

onde

N = tamanho da população
n = tamanho da amostra

Essa fórmula é designada como *fator de correção finita*, ou, às vezes, *multiplicador de população finita*, já que multiplica as expressões usuais do desvio padrão.

O desvio padrão das médias amostrais se torna

$$\sigma_{\bar{x}} = \frac{\sigma_x}{\sqrt{n}} \sqrt{\frac{N-n}{N-1}}$$

O desvio padrão das proporções amostrais fica

$$\sigma_p = \sqrt{\frac{p(1-p)}{n}} \sqrt{\frac{N-n}{N-1}}$$

e o desvio padrão do número de ocorrências se escreve

$$\sigma_{np} = \sqrt{np(1-p)} \sqrt{\frac{N-n}{N-1}}$$

Exemplo 6 Uma máquina para recobrir cerejas com chocolate é regulada para produzir um revestimento de 3 mm de espessura. O processo tem distribuição normal, com desvio padrão de 1 mm. Se o processo funciona conforme o esperado (isto é, média de 3 mm e desvio padrão de 1 mm), qual seria a probabilidade de extrair uma amostra de 25 de um lote de 169 cerejas e encontrar uma média amostral superior a 3,4 mm?

Solução:

A Figura 7.11 ilustra a probabilidade desconhecida de obter uma média amostral superior a 34 mm.

Como a população é finita e a amostra é maior do que 5% (n/N = 25/169 = 0,15), cabe aplicar o fator de correção finita. A solução exige a determinação de quão afastado da média está o valor 3,4 mm (em termos de desvios padrões), usando-se o valor para obter a possibilidade na tabela da curva normal.

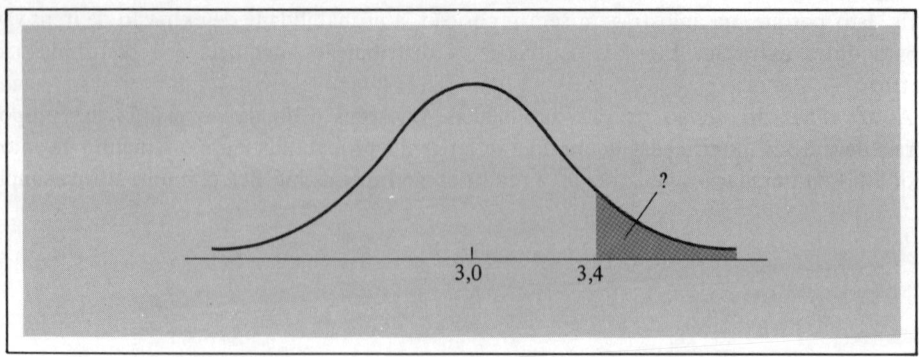

Figura 7.11 $P(\bar{x} \geqslant 3{,}4)$.

$$\sigma_{\bar{x}} = \frac{\sigma_x}{\sqrt{n}} \sqrt{\frac{N-n}{N-1}} = \frac{1}{\sqrt{25}} \sqrt{\frac{169-25}{168}} = \frac{1}{5}(0{,}92) = 0{,}185$$

$$\frac{\bar{x}-\mu}{\sigma_{\bar{x}}} = \frac{3{,}4-3{,}0}{0{,}185} = \frac{0{,}4}{0{,}185} \approx 2{,}2\sigma_{\bar{x}}$$

A área sob a curva normal além de $\mu + 2{,}2\sigma_{\bar{x}}$ é 0,0139. Assim, $P(x > 3{,}4) = 1{,}39\%$.

Exemplo 7 Um processo de encher garrafas de cola dá em média 10% mal cheias. Extraída uma amostra de 225 garrafas de uma seqüência de produção de 625, qual a probabilidade de que a proporção amostral de garrafas mal cheias esteja entre 9% e 11%?

Solução:

A Figura 7.12 ilustra o problema.

Como o tamanho da amostra é grande em relação ao da população (n/N é 225/625, ou 36%), necessitamos do fator de correção finita. Determinando, em desvios padrões, a distância de 9% e 11% em relação à média do processo, podemos determinar a probabilidade procurada.

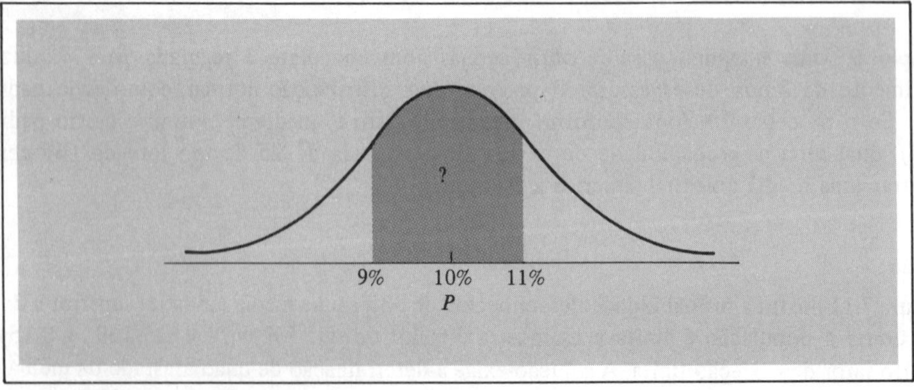

Figura 7.12 $P(9\% \leqslant x/n \leqslant 11\%)$.

$$\sigma_p = \sqrt{\frac{p(1-p)}{n}}\sqrt{\frac{N-n}{N-1}} = \sqrt{\frac{(0,10)(0,90)}{225}}\sqrt{\frac{625-225}{625-1}} \approx \frac{0,3}{15}\cdot\frac{20}{25} = 0,016$$

$$z_1 = \frac{0,09-0,10}{0,016} = -0,625$$

$$z_2 = \frac{0,11-0,10}{0,016} = 0,625$$

A área sob a curva no intervalo z_1 a z_2 é 2(0,2340) = 0,4680.

RESUMO

As distribuições amostrais são distribuições de probabilidade para estatísticas amostrais. Logo, indicam quão prováveis são os diversos valores possíveis de uma estatística amostral. Este capítulo considerou distribuições de médias amostrais, de proporções, e de números de ocorrência. Há outras distribuições importantes, que estudaremos mais adiante.

Nunca é demais salientar a extrema importância das distribuições amostrais para a inferência estatística. A finalidade da amostragem é permitir conhecer algo sobre uma população sem precisar examinar uma grande parcela sua, ou sua totalidade. As distribuições amostrais dão a base para isto. Quando a amostragem é aleatória, as distribuições amostrais possuem certas características fundamentais que resultam em amostras representativas. Uma característica é que a média de uma distribuição amostral (e, conseqüentemente, a média esperada de uma amostra) é igual à média da população. Outra característica é que os valores amostrais que têm maior probabilidade são os que estão mais próximos do verdadeiro valor populacional. E uma terceira característica é que, quanto maior a amostra, menor a dispersão entre os valores possíveis da amostra.

As distribuições amostrais são freqüentemente distribuições de probabilidade familiares, tais como a binomial, a hipergeométrica, ou a de Poisson; mas é fora de dúvida que a distribuição mais importante é a normal. Isto devido ao Teorema do Limite Central, que afirma que grandes amostras tendem a produzir distribuições amostrais aproximadamente normais, mesmo quando a população básica não é normal, enquanto que qualquer tamanho de amostra de uma população normal dará distribuição amostral normal.

A amostragem sem reposição exige uma modificação das fórmulas usuais para o cálculo do desvio padrão de uma distribuição amostral, se a amostra representa mais de 5% da população. A Tabela 7.6 apresenta um resumo das fórmulas discutidas neste capítulo.

Tabela 7.6 Resumo das Fórmulas de Distribuições Amostrais

		Desvio padrão	
Distribuição amostral	Média	População infinita	População finita
médias	$\mu_{\bar{x}}$	$\sigma_{\bar{x}} = \frac{\sigma_x}{\sqrt{n}}$	$\sigma_{\bar{x}} = \frac{\sigma_x}{\sqrt{n}}\sqrt{\frac{N-n}{N-1}}$
proporções	$\bar{p}$	$\sigma_p = \sqrt{\frac{p(1-p)}{n}}$	$\sigma_p = \sqrt{\frac{p(1-p)}{n}}\sqrt{\frac{N-n}{N-1}}$
número de ocorrências	np	$\sigma_{np} = \sqrt{np(1-p)}$	$\sigma_{np} = \sqrt{np(1-p)}\sqrt{\frac{N-n}{N-1}}$

QUESTÕES PARA RECAPITULAÇÃO

1. Defina "distribuição amostral".
2. Qual a relação que existe entre amostragem aleatória e distribuições amostrais?
3. Que efeito tem sobre a variabilidade (dispersão) de uma distribuição amostral de médias:
   a. o tamanho da amostra? b. a média populacional?
4. Contraste o efeito do aumento do tamanho da amostra sobre distribuições amostrais de proporções com distribuições amostrais do número de ocorrências.
5. Que efeito tem a média populacional sobre as médias amostrais?
6. Qual a essência do Teorema do Limite Central?
7. Por que é importante o Teorema do Limite Central?
8. Por que é que repetidas amostras extraídas da mesma população tendem a variar entre si?
9. Que efeito tem a amostragem de uma população finita sobre a variabilidade de uma distribuição amostral?
10. Contraste raciocínio indutivo e raciocínio dedutivo. Que tipo de raciocínio usamos neste capítulo? Que tipo será usado em capítulos futuros?
11. Indique a relação existente entre:
    a. a média de uma população e a média de uma distribuição amostral de médias
    b. o desvio padrão de uma população e o desvio padrão de uma distribuição amostral de médias
12. À vista do Teorema do Limite Central, quando é necessário saber, ou supor, que uma população de mensurações tem distribuição normal?

EXERCÍCIOS SUPLEMENTARES

1. Cerca de 10% dos armazéns de propriedade de famílias em certa região oferecem cupões de crédito a seus clientes. Determine a probabilidade de, numa amostra aleatória de 100 armazéns, (a) 16% oferecerem cupões, (b) de 6% a 16% oferecerem cupões, (c) mais de 18%.
2. O departamento de compras de uma companhia rejeita rotineiramente remessas de peças se uma amostra aleatória de 100, extraída de um lote de 10.000 peças, acusa 10 ou mais defeituosas. Determine a probabilidade de um lote ser rejeitado se tem uma percentagem de defeituosas de:
   a. 3% b. 4% c. 5% d. 18% e. 20%
3. Se a vida média de operação de um "flash" é 24 horas, com distribuição normal e desvio padrão de 3 horas, qual é a probabilidade de uma amostra aleatória de 100 "flashes" apresentar vida média que difira por mais de 30 minutos da média?
4. Qual seria sua resposta ao Exercício 3 se não se conhecesse a média populacional? Qual é, então, a implicação do desconhecimento da média populacional, em termos do desvio das médias amostrais em relação à verdadeira média?
5. Constatou-se que as faturas de certa firma têm desvio padrão de $45. Tomada uma amostra de 225 faturas, qual a probabilidade de a média amostral se afastar por $7,50 ou mais da média de todas as 20.000 faturas?
6. Qual seria sua resposta ao Exercício 5 se a população consistisse de 2000 faturas?
7. Uma agência do governo extrai uma amostra aleatória de 400 operários de uma grande fábrica, para ter uma indicação dos que favorecem o sindicalismo. Determine a probabilidade de obter uma proporção amostral que difira por mais de 3% da verdadeira proporção de operários que apóiam o sindicalismo, se esta proporção é:
   a. 10% b. 20% c. 50% d. 80% e. 90%

CAPÍTULO 8

estimação

Objetivos do Capítulo

Após terminar este capítulo, o leitor deve ser capaz de:

1. Discutir o significado do termo "estimação"
2. Descrever e comparar estimativas intervalares e pontuais
3. Dizer por que é conveniente associar uma afirmação probabilística a uma estimativa intervalar
4. Explicar como se usam as distribuições amostrais na estimação
5. Construir intervalos de confiança para médias e proporções populacionais utilizando dados amostrais
6. Utilizar gráficos para construir intervalos para proporções
7. Indicar como o tamanho da amostra, a dispersão amostral e o nível de confiança afetam o erro possível de uma estimativa

Esboço do Capítulo

Introdução
Estimativas Pontuais e Intervalares
Os Fundamentos Lógicos da Estimação
Estimação da Média de uma População
- Desvio padrão populacional conhecido
- Erro de estimação
- Determinação do tamanho da amostra
- Estimação de médias quando σ_x é desconhecido: a distribuição t
- Amostragem de pequenas populações: o fator de correção finita
- Intervalos de confiança unilaterais

Estimação da Proporção numa População
- Intervalos de confiança: uso da fórmula
- Erro
- Determinação do tamanho da amostra
- Amostragem de populações finitas
- Intervalos de confiança: o método gráfico

Resumo

INTRODUÇÃO

A estimação é o processo que consiste em utilizar dados amostrais para estimar os valores de parâmetros populacionais desconhecidos. Essencialmente, qualquer característica de uma população pode ser estimada a partir de uma amostra *aleatória*. Entre os mais comuns, estão a média e o desvio padrão de uma população e a proporção populacional.

Há inúmeras aplicações da estimação. Os políticos, por exemplo, costumam estimar a proporção de seus eleitores que esposam vários pontos de vista sociais ou econômicos. As fábricas devem continuamente estimar a percentagem de defeituosas num lote de peças. As características de bom desempenho de um produto devem ser delineadas levando em conta considerações como resistência média, peso, duração média, etc. Os grandes magazines devem prever a procura de seus diversos artigos. A avaliação de inventários, a estimação do custo de projetos, a avaliação de novas fontes de energia, predições sobre a realização de empreendimentos, estimativas de tempo médio – todas essas situações envolvem a estimação.

"Vem cá, não é muito fundo."

> A *estimação* é o processo que consiste em utilizar dados amostrais para estimar parâmetros populacionais desconhecidos.

ESTIMATIVAS PONTUAIS E INTERVALARES

As estatísticas amostrais são utilizadas como estimadores de parâmetros populacionais. Assim, uma média amostral é usada como estimativa de uma média populacional; um desvio padrão amostral serve de estimativa do desvio padrão da população; e a proporção de itens numa amostra, com determinada característica, serve para estimar a proporção da população que apresenta aquela característica. Tais estimativas chamam-se *estimativas pontuais*, porque originam uma única estimativa do parâmetro. Mas já sabemos que a amostragem aleatória apresenta tendência a gerar amostras em que a média amostral, por exemplo, não é igual à média da população, embora os dois valores em geral sejam próximos. Em virtude da variabilidade amostral, é usual incluir uma "estimativa intervalar" para acompanhar a estimativa pontual. Essa nova estimativa proporciona um intervalo, ou âmbito, de possíveis valores do parâmetro populacional. A Tabela 8.1 dá alguns exemplos de cada tipo de estimativa.

Estimativa pontual: Estimativa única de um parâmetro populacional.

Estimativa intervalar: Dá um intervalo de valores possíveis, no qual se admite esteja o parâmetro populacional.

Tabela 8.1 Exemplos de Estimativas

	Tipo de estimativa	
Parâmetro populacional	Pontual	Intervalar
Média	1. O americano médio consome 40 lb de carne por ano. 2. Um carro típico de 6 cilindros faz 15 milhas por galão.	1. O consumo médio de carne no país está entre 30 e 50 lb por pessoa por ano. 2. Um carro típico de 6 cilindros faz entre 12 e 18 milhas por galão.
Proporção	1. Vinte e dois por cento da população se opõe a um aumento do limite de velocidade. 2. A proporção de estudantes fumantes é 43%.	1. Entre 18% e 26% da população há oposição a um aumento do limite da velocidade. 2. A proporção de estudantes fumantes está entre 37% e 49%.
Desvio padrão	1. O desvio padrão da quilometragem de um pneu radial é de 2.000 milhas. 2. O desvio padrão da temperatura numa piscina não aquecida é da ordem de 5°F.	1. O desvio padrão da quilometragem de um pneu radial está entre 1.500 e 2.500 milhas. 2. O desvio padrão da temperatura numa piscina não aquecida está entre 2°F e 8°F.

OS FUNDAMENTOS LÓGICOS DA ESTIMAÇÃO

A capacidade de estimar parâmetros populacionais por meio de dados amostrais está ligada diretamente ao conhecimento da distribuição amostral da estatística que está sendo usada como *estimador*. Podemos encarar a estatística amostral como uma observação daquela distribuição amostral. Suponhamos, por exemplo, que tenhamos extraído uma amostra de alunos graduados, tendo-se observado a idade média de 24,2 anos. Sabemos que este é um dos valores da distribuição amostral, mas a questão é: *qual* deles? Isto é, quão próximo *está* 24,2 da média da população?

Ao formular a resposta a esta pergunta, devemos levar em conta as características da distribuição amostral. Vimos, por exemplo, no Capítulo 7 que a distribuição das médias amostrais é normal ou aproximadamente normal em muitos casos. Suponhamos, por um momento, que este seja o caso aqui. Sabemos então que cerca de 68% da estatística amostral está a menos de 1 desvio padrão de cada lado da média da distribuição amostral (que é igual à média da população) e que 95% das médias amostrais estarão dentro de 1,96 desvios padrões a contar da média. Da mesma forma, sabemos que 32% das médias amostrais possíveis estarão *além* de 1 desvio padrão a contar da média (1,00 - 0,68) e que cerca de 5% das médias amostrais estarão a mais de 1,96 desvios padrões além da média.

Conseqüentemente, se fizermos a afirmativa que a média de uma amostra está a menos de 1,96 desvios padrões a contar da média verdadeira, podemos esperar estar certos 95% das vezes,e errados 5% das vezes. Assim, dizer que 24,2 está a menos de 1,96 desvios padrões da média acarreta um *risco* de erro de 5%. Na verdade, a média amostral pode estar muito mais próxima da verdadeira média do que 1,96 – ou muito mais afastada. Como nunca saberemos ao certo, devemos contentar-nos com essa *atribuição probabilística* do intervalo em que o verdadeiro valor possa estar. Tal intervalo é chamado *intervalo de confiança*, e nossa "confiança" é 1 - P(erro). Logo, um intervalo de confiança de 95% leva consigo um risco de 5% de erro; 5% dos intervalos assim fixados não incluirão a média populacional. Analogamente, se dizemos que uma média amostral está a 2,33 desvios padrões da média, o risco de não estar é de cerca de 2%, o que nos dá um intervalo de confiança de 98%. Note-se que o risco diminui à medida que aumenta o valor de z; um intervalo com 2,33 tem menor risco que um intervalo com limites de 1,96.* Por outro lado, para reduzir o risco, é necessário fixar um âmbito maior para os possíveis valores da média da população.

Ora, independentemente do nível de confiança que adotemos, ainda não podemos dizer se determinada média amostral é *menor*, ou *maior*, do que o valor desconhecido da média populacional. Por exemplo, a média amostral pode ter sido gerada na cauda superior da distribuição amostral (isto é, a média amostral pode ser muito maior que a média real). Ou pode ter sido gerada também na cauda inferior da distribuição amostral. Obviamente, não temos meios de saber se determinada estatística amostral é muito alta, muito baixa, em relação ao valor real, ou quase igual a ele. Conseqüentemente, estabelecemos um intervalo de valores possíveis, onde achamos que o verdadeiro valor do parâmetro possa estar, tendo sempre presente o erro máximo que estejamos querendo aceitar. A Figura 8.1 ilustra esse conceito.

Nosso intervalo de confiança tem a forma $\bar{x} \pm z\sigma_{\bar{x}}$; um intervalo de 95% para a média com $\bar{x} = 24{,}2$ seria $24{,}2 \pm 1{,}96\sigma_{\bar{x}}$. O valor de nossa amostra é duplo. Por um lado, serve de ponto médio de nosso intervalo de confiança. Por outro lado, serve de estimativa pontual da média real. Recorde o leitor que a média amostral tem valor esperado igual à média populacional. Logo, *em média*, o valor amostral será "igual" ao parâmetro da população.

A Figura 8.2 ilustra o fato de que um intervalo de confiança de 95% só não inclui a média da população para 5% das médias amostrais. Note-se, entretanto, que usualmente basta tomar *uma* amostra; as cinco amostras são exibidas apenas para fins ilustrativos.

---

* A esta altura parece natural cogitarmos de um intervalo de confiança de 100%. Mas como a distribuição normal vai de $-\infty$ a $+\infty$, seria virtualmente impossível especificar limites que incluíssem todos os valores amostrais possíveis.

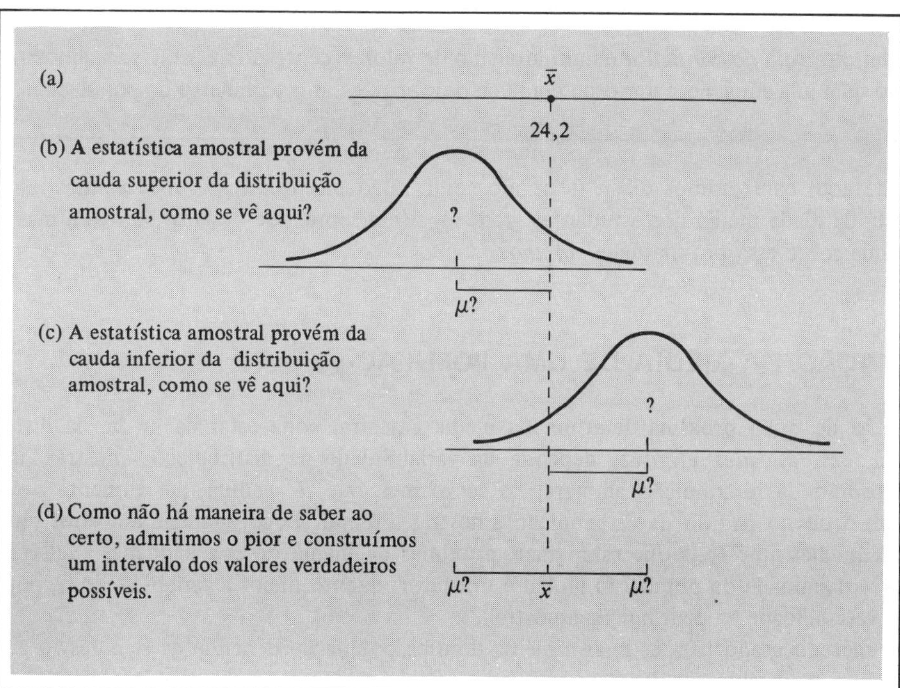

Figura 8.1 O conceito de intervalo de estimação.

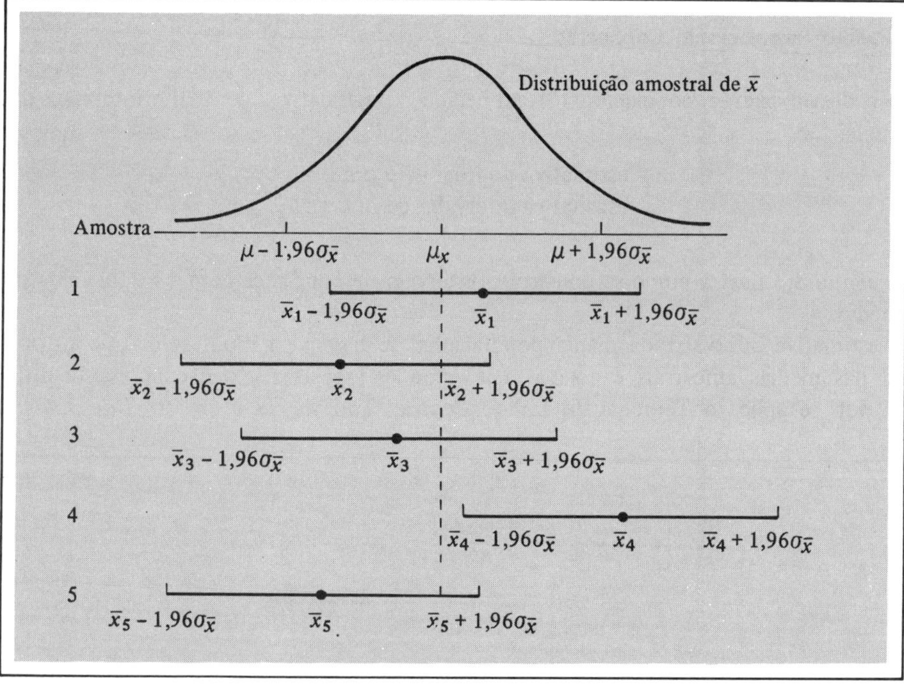

Figura 8.2 Nem todos os intervalos de estimação baseados nas médias de amostras repetidas contêm o verdadeiro valor. Para fins de ilustração, exibimos intervalos de confiança de 95% ($z = 1,96$).

Um *intervalo de confiança* dá um intervalo de valores, centrado na estatística amostral, no qual julgamos, com um risco conhecido de erro, estar o parâmetro da população.

Até aqui conseguimos dizer, de modo geral, quão próxima nossa média amostral de 24,2 anos está da idade média dos estudantes graduados (em termos de desvios padrões), mas nada se disse ainda sobre essa proximidade *em anos*.

ESTIMAÇÃO DA MÉDIA DE UMA POPULAÇÃO

A questão de quão próxima determinada média amostral pode estar da média da distribuição amostral, *em unidades efetivas*, depende da variabilidade na distribuição amostral (isto é, o desvio padrão da distribuição amostral). Recordemos que, à medida que aumenta o tamanho amostral, o desvio padrão da distribuição amostral diminui. Logo, grandes amostras tenderão a produzir médias amostrais que estão mais próximas da média do que pequenas amostras. Além disso, a variabilidade da população global é um fator; quanto maior a variabilidade na população, maior a variabilidade na distribuição amostral.

O método usado para estimar a média de uma população depende de se o desvio padrão da população é conhecido ou deve ser estimado com base nos dados amostrais. Consideremos primeiro o caso em que o desvio padrão da população é conhecido.

Desvio Padrão Populacional Conhecido

Quando o desvio padrão populacional é conhecido, as estimativas pontual e intervalar da média populacional são:

$$\text{estimativa pontual de } \mu_x: \bar{x}$$
$$\text{estimativa intervalar de } \mu: \bar{x} \pm z\sigma_{\bar{x}}$$

onde $\sigma_{\bar{x}} = \sigma_x/\sqrt{n}$.

A Figura 8.3 ilustra como se constrói o intervalo de confiança com a média amostral como ponto médio.

A estimativa intervalar da média populacional se baseia na hipótese de que a distribuição amostral das médias amostrais é normal. Para grandes amostras isto não apresenta dificuldade especial, pois se aplica o Teorema do Limite Central. Todavia, *para amostras de 30 ou menos*

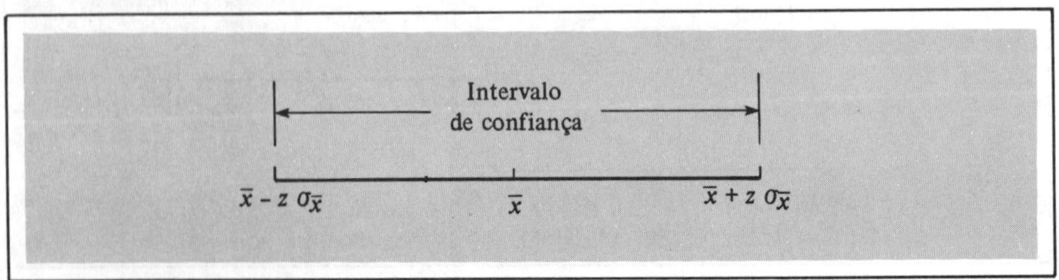

Figura 8.3 O intervalo de confiança tem centro na média amostral.

observações, é importante saber que a população submetida a amostragem tem distribuição normal, ou ao menos aproximadamente normal. De outra forma essas técnicas não podem ser utilizadas.

Podemos agora construir alguns intervalos de confiança para a idade média dos estudantes graduados usando nossa média amostral de 24,2. Para isso, devemos conhecer o tamanho da amostra e o desvio padrão populacional. Suponhamos $n = 36$ e $\sigma_x = 3{,}0$. A Tabela 8.2 ilustra os cálculos de intervalos de 90%, 95% e 99% de confiança.

Tabela 8.2 Intervalos de Confiança para μ_x Quando se Conhece σ_x

Tamanho amostral = 36, $\sigma_x = 3$, $\bar{x} = 24{,}2$

Confiança desejada	z	Fórmula	Cálculo	e	Intervalo
90%	1,65	$\bar{x} \pm 1{,}65 \dfrac{\sigma_x}{\sqrt{n}}$	$24{,}2 \pm 1{,}65 \dfrac{3}{\sqrt{36}}$	$24{,}2 \pm 0{,}825$	23,375 a 25,025
95%	1,96	$\bar{x} \pm 1{,}96 \dfrac{\sigma_x}{\sqrt{n}}$	$24{,}2 \pm 1{,}96 \dfrac{3}{\sqrt{36}}$	$24{,}2 \pm 0{,}980$	23,220 a 25,180
99%	2,58	$\bar{x} \pm 2{,}58 \dfrac{\sigma_x}{\sqrt{n}}$	$24{,}2 \pm 2{,}58 \dfrac{3}{\sqrt{36}}$	$24{,}2 \pm 1{,}290$	23,110 a 25,690

Note-se que, como $n > 30$, não importa se a população é ou não normal.

Erro de Estimação

O erro num intervalo de estimação diz respeito ao desvio (diferença) entre a média amostral e a verdadeira média da população. Como o intervalo de confiança tem centro na média amostral, o *erro máximo provável* é igual à metade da amplitude do intervalo. Logo, o intervalo

$$\bar{x} \pm z \frac{\sigma_x}{\sqrt{n}}$$

pode escrever-se como

$$\bar{x} \pm \text{erro}$$

o erro e sendo dado por

$$e = z \frac{\sigma_x}{\sqrt{n}}$$

A Figura 8.4 ilustra o intervalo de confiança em termos de erro.

A fórmula do erro revela que há efetivamente três determinantes do tamanho ou quantidade de erro: (1) a confiança desejada, representada pelo valor de z; (2) a dispersão na população, σ_x; e (3) o tamanho da amostra, n. Os fatores no numerador têm efeito direto no erro, pois um aumento dessas variáveis faz que e aumente. Isto é, quanto maior o coeficiente de confiança ou a dispersão da população, maior o erro potencial. O tamanho da amostra, figurando no denominador, tem efeito inverso no erro. Maiores amostras significam menor potencial de erro. O efeito

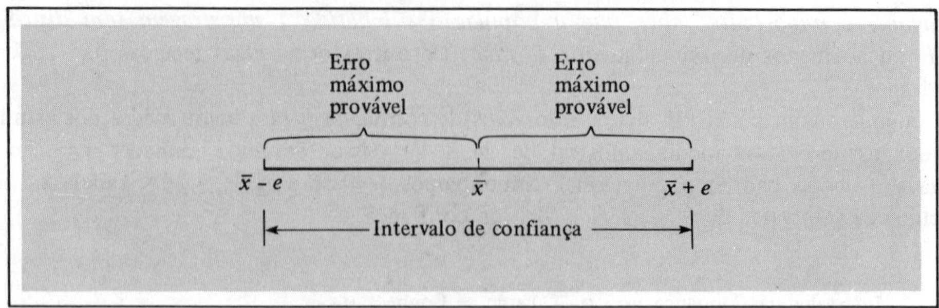

Figura 8.4 Erro $= \frac{1}{2}$ (amplitude do intervalo de confiança).

líquido depende dos valores das três variáveis. Todavia, pode ser instrutivo considerar rapidamente os efeitos individuais de cada variável (ver a Figura 8.5).

A Figura 8.5(a) mostra que o aumento do grau de confiança resulta numa ampliação do intervalo. A Figura 8.5(b) indica que um aumento do tamanho da amostra ocasiona uma redução do intervalo. Note-se, entretanto, que, como o fator no denominador é a raiz quadrada de n, e não n apenas, a amplitude do intervalo é menos sensível a modificações no tamanho da amostra. Assim é que seria preciso tomar 4 vezes n para se ter uma redução de um meio na amplitude do intervalo ($1/\sqrt{4} = \frac{1}{2}$). A Figura 8.5(c) ilustra como a dispersão numa população pode afetar o intervalo; quanto maior a dispersão, maior o intervalo.

(a) Efeito do coeficiente de confiança	Confiança	z	Amplitude do Intervalo
	68%	1,00	
	95%	1,96	
	99%	2,58	

(b) Efeito do tamanho da amostra	Tamanho da Amostra	Amplitude do Intervalo
	8	
	16	
	32	
	64	

(c) Efeito da dispersão da população	σ_x	Amplitude do Intervalo
	5	
	10	
	15	
	20	

Figura 8.5 Fatores que influem na amplitude de um intervalo de confiança: (a) coeficiente de confiança; (b) tamanho da amostra; (c) dispersão da população.

Se atentarmos para a coluna "*e*" na Tabela 8.2, veremos que o erro máximo aumenta à medida que o nível de confiança aumenta.

Com a fórmula anterior, podemos determinar a quantidade de erro associada à dispersão de uma população, o tamanho da amostra e o nível de confiança. Entretanto, às vezes podemos querer *especificar* um erro *tolerável* e talvez achar o tamanho de amostra necessário para gerar aquele erro para determinado nível de confiança e um desvio padrão populacional conhecido. Ou podemos querer determinar um nível de confiança, dadas as outras três variáveis. Interessante é o fato de a mesma equação básica poder ser usada para determinar qualquer variável desconhecida, mediante simples manipulação algébrica. Na seção que segue daremos especial atenção a uma dessas variáveis – o tamanho da amostra.

Determinação do Tamanho da Amostra

Uma das perguntas mais freqüentes em estatística é: "Qual é o tamanho da amostra que devemos tomar?" A fórmula do erro pode ser resolvida em relação a n. Assim

$$e = z\frac{\sigma_x}{\sqrt{n}}, \qquad \sqrt{n} = z\frac{\sigma_x}{e}, \qquad n = \left(z\frac{\sigma_x}{e}\right)^2$$

Logo, o tamanho da amostra necessária dependerá de (1) o grau de confiança desejado, (2) a quantidade de dispersão entre os valores individuais da população, e (3) certa quantidade específica de erro tolerável.

Exemplo 1 Que tamanho de amostra será necessário para produzir um intervalo de 90% de confiança para a verdadeira média populacional, com erro de 1,0 em qualquer dos sentidos, se o desvio padrão da população é 10,0?

Solução:

Sabemos que $\sigma_x = 10{,}0$ e $e = 1{,}0$ e queremos um intervalo de 90% de confiança, o que implica um valor de z de 1,65. Temos assim

$$n = \left[z\,\frac{\sigma_x}{e}\right]^2 = \left[1{,}65\,\frac{10{,}0}{1{,}0}\right]^2 = 16{,}5^2 = 272{,}25 \rightarrow 273$$

Note-se que, ao resolver em relação a n, sempre arredondamos a resposta para o próximo inteiro *superior*.

Até agora nossa investigação da estimação de médias populacionais tem focalizado exclusivamente situações em que o desvio padrão populacional é conhecido. Na prática, é mais comum encontrar situações em que a dispersão da população não é conhecida. Uma conseqüência do desconhecimento do desvio padrão da população é que a distribuição normal já não é a distribuição adequada. A seção que segue aborda esses aspectos.

Estimação de Médias Quando σ_x é Desconhecido: a Distribuição *t*

Quando o desvio padrão da população não é conhecido (o que é o caso, geralmente), usa-se o desvio padrão da amostra como estimativa, substituindo-se σ_x por s_x nas equações para intervalos de confiança e erros. Isto não acarreta maiores dificuldades, pois o desvio padrão amostral dá uma aproximação bastante razoável do verdadeiro valor, na maioria dos casos. Além disso, pelo Teorema do Limite Central, sabemos que, quando o tamanho da amostra é superior a 30, a distribuição das médias é aproximadamente normal. Todavia, para amostras de 30 ou menos observações, a aproximação normal não é adequada. Devemos então usar a *distribuição t**, que é a distribuição correta quando se usa s_x.

A forma da distribuição t é bastante parecida com a normal. A Figura 8.6 apresenta uma comparação entre as distribuições t e normal. A principal diferença entre as duas distribuições é que a distribuição t tem maior área nas caudas. Isto significa que, para um dado nível de confiança, o valor t será um pouco maior que o correspondente valor z.

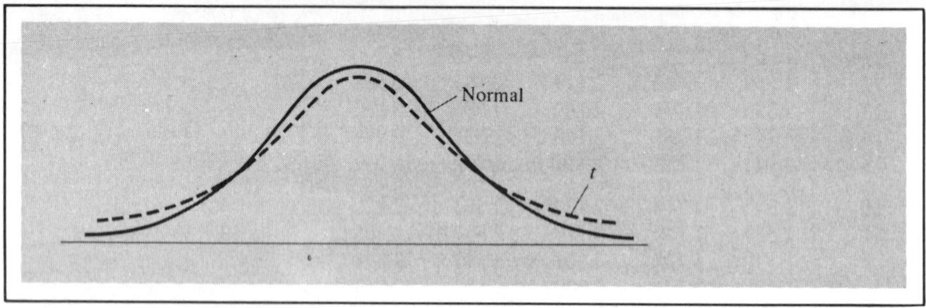

Figura 8.6 Comparação das distribuições normal e t. Note-se que a distribuição tem mais área nas caudas.

Mas o aspecto interessante (e, de certo modo, complicado) sobre a distribuição t é que ela não é uma distribuição padronizada no mesmo sentido em que a distribuição normal o é: há uma distribuição t ligeiramente diferente para cada amostra. Assim, enquanto a distribuição normal é essencialmente independente do tamanho da amostra, a distribuição t não o é. Para amostras de pequeno tamanho (digamos, 30 observações ou menos), a distribuição t é mais sensível ao tamanho da amostra, embora para maiores amostras essa sensitividade diminua. Na verdade, para grandes amostras, é razoável usar valores z para aproximar valores t, muito embora *a distribuição t seja sempre teoricamente correta quando não se conhece o desvio padrão da população, independentemente do tamanho da amostra.*

O Apêndice dá uma Tabela H de valores de t, tal como dá uma tabela de valores de z. E os dois conjuntos de valores são usados praticamente da mesma maneira. Mas como existe uma distribuição t para cada tamanho de amostra, não seria prático tentar construir tabelas completas das distribuições. Em vez disso, tabelam-se apenas os principais valores.

Para usar uma tabela t, devemos conhecer duas coisas: o nível de confiança desejado, e o número de *graus de liberdade*. O número de graus de liberdade está relacionado com a maneira como se calcula o desvio padrão:

$$s_x = \sqrt{\frac{\sum (x - \bar{x})^2}{n - 1}}$$

* O criador da distribuição t foi W. S. Gossett, empregado de uma cervejaria irlandesa no princípio do século XX. A firma não gostava que seus empregados publicassem trabalhos em seu próprio nome, de modo que Gossett adotou o pseudônimo de Student em seus trabalhos sobre a distribuição t. Por isso é que ela tomou o nome de distribuição de Student t.

Tabela 8.3 Valores de t para Probabilidades Escolhidas

Exemplo:

Número de graus de liberdade = 6

Área acima de $t = 1{,}440$ *ou* abaixo de $t = -1{,}440$ representa 10% da área sob a curva.

A área considerada acima de $t = 1{,}440$ *e* abaixo de $t = -1{,}440$ representa 20% da área sob a curva.

	Probabilidades (ou áreas sob a curva da distribuição t)				
Área numa cauda	0,10	0,05	0,025	0,01	0,005
Área em duas caudas	0,20	0,10	0,05	0,02	0,01
Graus de liberdade	Valores de t				
1	3,078	6,314	12,706	31,821	63,657
2	1,886	2,920	4,303	6,965	9,925
3	1,638	2,353	3,182	4,541	5,841
4	1,533	2,132	2,776	3,747	4,604
5	1,476	2,015	2,571	3,365	4,032
6	1,440	1,943	2,447	3,143	3,707
7	1,415	1,895	2,365	2,998	3,499
8	1,397	1,860	2,306	2,896	3,355
9	1,383	1,833	2,262	2,821	3,250
10	1,372	1,812	2,228	2,764	3,169
11	1,363	1,796	2,201	2,718	3,106
12	1,356	1,782	2,179	2,681	3,055
13	1,350	1,771	2,160	2,650	3,012
14	1,345	1,761	2,145	2,624	2,977
15	1,341	1,753	2,131	2,602	2,947
16	1,337	1,746	2,120	2,583	2,921
17	1,333	1,740	2,110	2,567	2,898
18	1,330	1,734	2,101	2,552	2,878
19	1,328	1,729	2,093	2,539	2,861
20	1,325	1,725	2,086	2,528	2,845
21	1,323	1,721	2,080	2,518	2,831
22	1,321	1,717	2,074	2,508	2,819
23	1,319	1,714	2,069	2,500	2,807
24	1,318	1,711	2,064	2,492	2,797
25	1,316	1,708	2,060	2,485	2,787
26	1,315	1,706	2,056	2,479	2,779
27	1,314	1,703	2,052	2,473	2,771
28	1,313	1,701	2,048	2,467	2,763
29	1,311	1,699	2,045	2,462	2,756
30	1,310	1,697	2,042	2,457	2,750
40	1,303	1,684	2,021	2,423	2,704
60	1,296	1,671	2,000	2,390	2,660
120	1,289	1,658	1,980	2,358	2,617
∞	1,282	1,645	1,960	2,326	2,576

Fonte: Ronald A. Fisher: *Statistical Methods for Research Workers*, 14th ed., copyright © 1970 University of Adelaide.

onde

$$s_x = \text{desvio padrão amostral}$$
$$n - 1 = \text{graus de liberdade}$$

Assim, o número de graus de liberdade é igual a $n - 1$, ou ao tamanho da amostra menos um.

Eis uma explicação intuitiva do número de graus de liberdade: suponhamos uma sala de aula com 20 carteiras vazias, que logo se encherá de 20 alunos. À medida que os estudantes vão chegando, cada um escolhe um lugar. Naturalmente, o primeiro aluno tem 20 escolhas de assentos, o segundo tem 19 escolhas, e assim por diante, até que chegue o último. Então, não há mais escolha, e o estudante ocupa o lugar restante. Assim é que 20 alunos têm 19, ou $n - 1$, graus de liberdade.

Consideremos um segundo exemplo. Suponhamos que queiramos três números cuja soma seja 10. O primeiro número pode ser tudo (mesmo negativo); o segundo número também. Mas o terceiro número está *limitado* à condição que a soma dos três deve ser 10. Escolhidos os dois primeiros valores, o terceiro está essencialmente determinado; não existe grau de liberdade para o terceiro valor. Por exemplo, o primeiro número poderia ser +3, e o segundo poderia ser -1, para um total de +2. Para que os três números somem 10, o terceiro deve ser 8. Há três números em jogo, mas liberdade só para dois. (Mais adiante veremos que o número de graus de liberdade depende de mais alguma coisa, de forma que seria errado supor que o número de graus de liberdade sempre fosse $n - 1$, tal como um número mágico.)

A verdade é que se exige que a soma dos desvios em relação à média amostral seja zero, o que exige um arredondamento do menor valor. Logo, o número de graus de liberdade é igual a $n - 1$.

O Apêndice inclui uma tabela dos valores t (Tabela H); há aqui também uma tabela dos mesmos valores (Tabela 8.3). Note-se que essa tabela está disposta de forma um pouco diferente das tabelas normais. As áreas (ou percentagens ou probabilidades) aparecem no topo e não no corpo da tabela; os valores de t são dados no corpo da tabela; e os graus de liberdade estão relacionados ao lado da tabela.

Para usar a tabela, o leitor deve especificar a área nas caudas da distribuição (risco) e os graus de liberdade.

A Tabela 8.4 dá alguns exemplos de valores t para certos tamanhos amostrais e riscos.

Tabela 8.4 Valores de t para 95% de Confiança (0,025 em cada cauda)

Tamanho da amostra n	Graus de liberdade $n - 1$	Valor t
8	7	2,365
13	12	2,179
23	22	2,074
28	27	2,052

O intervalo de confiança para uma média amostral quando se usa s_x é muito semelhante ao intervalo quando se usa σ_x. O intervalo é

$$\bar{x} \pm t \frac{s_x}{\sqrt{n}}$$

Um último ponto. A distribuição t só é teoricamente adequada quando a distribuição é normal. Na prática, quando n aumenta, indo além de 30 observações, a necessidade de admitir a normalidade diminui.

A distribuição t supõe que a população submetida a amostragem seja normal. Essa hipótese é particularmente importante para $n \leqslant 30$.

A Tabela 8.5 ilustra intervalos de confiança com o emprego de t.

Tabela 8.5 Intervalos de Confiança com Valores de t

Média amostral 20,0
Desvio padrão amostral 1,5
Tamanho da amostra 25 (graus de liberdade $n - 1 = 24$)

Confiança desejada	t	Fórmula	Cálculo	Intervalo
90%	1,711	$\bar{x} \pm t \dfrac{s_x}{\sqrt{n}}$	$20{,}0 \pm 1{,}711 \dfrac{1{,}5}{\sqrt{25}}$	$20{,}0 \pm 0{,}5133$
95%	2,064	$\bar{x} \pm t \dfrac{s_x}{\sqrt{n}}$	$20{,}0 \pm 2{,}064 \dfrac{1{,}5}{\sqrt{25}}$	$20{,}0 \pm 0{,}6192$
99%	2,797	$\bar{x} \pm t \dfrac{s_x}{\sqrt{n}}$	$20{,}0 \pm 2{,}797 \dfrac{1{,}5}{\sqrt{25}}$	$20{,}0 \pm 0{,}8391$

Note-se que, para amostras de 30 ou menos, tanto z como t exigem que a população seja normal, ou ao menos aproximadamente normal. Para amostras maiores, essa restrição já não é necessária. Dada uma população normal, já dissemos que se usa z quando se conhece σ_x e que só se usa t quando só se conhece s_x. Se $n > 30$, o valor de t pode ser aproximado por z.

Amostragem de Pequenas Populações: O Fator de Correção Finita

Quando a população é finita e a amostra constitui mais de 5% da população, devemos aplicar o fator de correção finita para modificar os desvios padrões das fórmulas:

	Intervalo de Confiança	*Erro*
σ_x conhecido:	$\bar{x} \pm z \dfrac{\sigma_x}{\sqrt{n}} \sqrt{\dfrac{N-n}{N-1}}$	$z \dfrac{\sigma_x}{\sqrt{n}} \sqrt{\dfrac{N-n}{N-1}}$
σ_x desconhecido:	$\bar{x} \pm t \dfrac{s_x}{\sqrt{n}} \sqrt{\dfrac{N-n}{N-1}}$	$t \dfrac{s_x}{\sqrt{n}} \sqrt{\dfrac{N-n}{N-1}}$

Exemplo 2 Determine um intervalo de 95% de confiança para estas duas situações:

a. $\bar{x} = 15{,}0$ b. $\bar{x} = 15{,}0$
$\sigma_x = 2{,}0$ $s_x = 2{,}0$
$n = 100$ $n = 16$
$N = 1000$ $N = 200$

Solução:

a.

$$\frac{n}{N} = \frac{100}{1000} = 10\%$$

Portanto, devemos utilizar o fator de correção finita. A fórmula para o intervalo de confiança é

$$\bar{x} \pm z \frac{\sigma_x}{\sqrt{n}} \sqrt{\frac{N-n}{N-1}}$$

Com os dados do problema, temos:

$$15{,}0 \pm 1{,}96 \frac{2{,}0}{\sqrt{100}} \sqrt{\frac{1000-100}{999}} = 15{,}0 \pm 1{,}96(0{,}2)\sqrt{0{,}901}$$
$$= 15{,}0 \pm 0{,}372$$

b.

$$\frac{n}{N} = \frac{16}{200} = 8\%$$

Com σ_x desconhecido *e* $n \leqslant 30$, cabe utilizar a distribuição t (supondo normal a população), e a fórmula para o intervalo de confiança é

$$\bar{x} \pm t \frac{s_x}{\sqrt{n}} \sqrt{\frac{N-n}{N-1}}$$

Os dados do problema dão (15 graus de liberdade)

$$15{,}0 \pm 2{,}131 \frac{2}{\sqrt{16}} \sqrt{\frac{200-16}{200-1}} = 15{,}0 \pm 2{,}131(0{,}5)\sqrt{0{,}925}$$
$$= 15{,}0 \pm 1{,}025$$

Devemos também modificar a fórmula para determinar o tamanho da amostra necessário para obter um intervalo com um erro máximo e um nível de confiança específicos, quando se trata de amostragem de população finita. Há duas fórmulas – uma, quando o desvio padrão da população é conhecido, e outra quando não é:

$$\sigma_x \text{ conhecido: } n = \frac{z^2 \sigma_x^{\,2} N}{z^2 \sigma_x^{\,2} + e^2(N-1)}$$

$$\sigma_x \text{ desconhecido: } n = \frac{t^2 s_x^{\,2} N}{t^2 s_x^{\,2} + e^2(N-1)}$$

A não utilização dessas fórmulas, quando for apropriado fazê-lo, pode resultar numa amostra que exceda o tamanho da população.

Intervalos de Confiança Unilaterais

Às vezes, a finalidade da amostragem é determinar se um parâmetro populacional é *menor que* algum padrão mínimo, sem que nos interesse o limite superior. Por exemplo, uma estação de águas pode querer uma informação sobre a despesa média por hóspede, e saber se a média é demasiadamente baixa para proporcionar lucro. Analogamente, existem outras situações em que o que importa é um limite máximo, e não mínimo. Assim, uma empresa aérea tem o problema da superlotação de um vôo, enquanto que um avião não completamente lotado deve fazer a viagem, independentemente do número de passageiros.

Em casos como esses, o risco se concentra numa *única* cauda, ao invés de se repartir igualmente pelas duas. Damos a seguir as fórmulas para intervalos de confiança unilaterais para médias.

	σ_x CONHECIDO	σ_x DESCONHECIDO
limite superior somente:	$\bar{x} + z\sigma_{\bar{x}}$	$\bar{x} + ts_{\bar{x}}$
limite inferior somente:	$\bar{x} - z\sigma_{\bar{x}}$	$\bar{x} - ts_{\bar{x}}$

Exemplo 3 Uma amostra aleatória de 100 observações tem média 30,0 e desvio padrão 5.

a. Determine, com 95% de confiança, uma cota superior para a média.

b. Qual é a probabilidade (risco) de ser $\mu > 31{,}0$?

Solução:

a. Usando $\bar{x} + ts_{\bar{x}}$, obtemos

$$30{,}0 + 1{,}65 \frac{5}{\sqrt{100}} = 30{,}825$$

b.

$$t = \frac{31 - 30}{5/\sqrt{100}} = 2{,}0$$

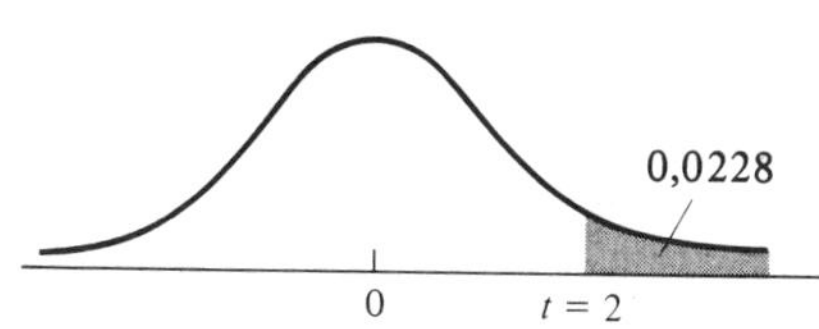

Usando $z \approx t$, da Tabela G do Apêndice, vemos que a área além de $z = 2{,}0$ é 0,0228.

EXERCÍCIOS

Para os exercícios seguintes, suponha a amostragem de uma população normal.

1. Determine intervalos de 95% de confiança para cada um dos seguintes casos:

	Média amostral	σ	Tamanho da amostra
a.	16,0	2,0	16
b.	37,5	3,0	36
c.	2,1	0,5	25
d.	0,6	0,1	100

2. Construa intervalos de 99% de confiança para a média populacional de cada um dos casos do Exercício 1. Os intervalos são mais amplos ou mais restritos? Por quê?
3. Repita o Exercício 1, supondo que os desvios padrões dados se refiram a amostras e não a populações.
4. Os intervalos do Exercício 3 serão mais amplos ou mais restritos que os encontrados no Exercício 1? Por quê?
5. Numa tentativa de melhorar o esquema de atendimento, um médico procurou estimar o tempo médio que gasta com cada paciente. Uma amostra aleatória de 49 pacientes, colhida num período de três semanas, acusou uma média de 30 minutos, com desvio padrão de 7 minutos.
   a. Construa um intervalo de 95% de confiança para o verdadeiro tempo médio de consulta.
   b. Qual é o erro provável máximo associado à sua estimativa na parte a?
   c. Qual é a probabilidade de a verdadeira média exceder 33 minutos?
6. A polícia rodoviária fez recentemente uma pesquisa secreta sobre as velocidades desenvolvidas na rodovia no período de 2 às 4 horas da madrugada. No período de observação, 100 carros passaram por um aparelho de radar a uma velocidade média de 70 mph, com desvio padrão de 15 mph.
   a. Estime a verdadeira média (estimativa pontual) da população.
   b. Descreva a população.
   c. Construa um intervalo de 98% de confiança para a média da população.
   d. Qual o erro máximo associado ao intervalo achado na parte c?
7. Uma amostra aleatória de 40 contas não-comerciais na filial de um banco acusou saldo médio diário de $140 com desvio padrão de $30.
   a. Construa um intervalo de 95% de confiança para a verdadeira média.
   b. Construa um intervalo de 99% de confiança para a verdadeira média.
   c. Que se pode dizer, com 95% de confiança, sobre o tamanho máximo do erro na estimativa da parte a?
8. Refaça o Exercício 7, para uma amostra de 15, média de $140 e desvio padrão de $30, com intervalo de confiança de 95%. Suponha a amostragem de uma população normal e explique por que tal suposição é necessária.
9. Uma firma emprega 200 vendedores. Numa amostra aleatória de 15 notas de despesa numa semana em dezembro, um auditor constatou uma despesa média de $220, com desvio padrão de $20.
   a. Qual é a estimativa pontual da quantia média?
   b. Qual é a estimativa pontual do *total* para todos os 200 vendedores?
   c. Construa um intervalo de 99% de confiança para a quantia média.
10. Solicitou-se a 100 estudantes de um colégio que anotassem suas despesas com alimentação e bebidas no período de uma semana. Há 500 estudantes no colégio. O resultado foi uma despesa média de $40 com um desvio padrão de $10.

a. Construa um intervalo de 95% de confiança para a verdadeira média.
b. Qual é a importância de uma amostra aleatória nesse caso?

11. Determine o número de observações necessário para estimar o tempo médio de serviço de atendimento a chamadas de um bombeiro hidráulico, se o erro máximo deve ser de 0,6 hora para um nível de confiança de 95%, sabendo-se que o tempo de atendimento tem um desvio padrão de 1 hora. É necessário supor a normalidade da população?
12. Como seria a resposta do Exercício 11 se o erro máximo fosse de apenas 0,3 hora?
13. Qual o tamanho da amostra necessária para estimar o tempo médio que um vendedor de uma loja de móveis gasta com cada cliente, a menos de 2 minutos, para obter um nível de confiança de 99%? Suponha $\sigma_x = 12$ minutos.
14. Para o Exercício 1, determine os valores que serão *excedidos* pela verdadeira média, com 98% de confiança.
15. Para o Exercício 10, determine um valor tal que haja 99% de confiança de não ser excedido pela verdadeira média.

ESTIMAÇÃO DA PROPORÇÃO NUMA POPULAÇÃO

Que percentagem de peças numa grande remessa apresenta defeito? Que proporção de bolas numa urna são vermelhas? Que proporção de eleitores aprova determinado projeto? Qual é a probabilidade de um aluno do curso primário não ser vacinado? Essas perguntas e outras análogas podem ser respondidas utilizando-se dados amostrais para *estimar* o parâmetro populacional. Tal como antes, as estimativas serão pontuais e intervalares.

A estimativa de proporções populacionais é muito semelhante à de médias populacionais. Por exemplo, intervalos de confiança para grandes amostras se baseiam numa distribuição amostral que é aproximadamente normal, usando-se a estatística amostral (neste caso a proporção amostral) como estimativa pontual do verdadeiro parâmetro (proporção populacional). Há uma exceção digna de nota. A distribuição t não é usada, e assim evita-se completamente o problema *t versus z*. E há ainda um outro aspecto: a construção de intervalos de confiança tanto de 95% como de 99% é grandemente simplificada pelo uso de gráficos especiais. Não obstante, será necessário considerar não só o uso da fórmula para a construção de intervalos de confiança (um processo análogo ao usado para intervalos de confiança para médias) como o uso de gráficos, porque a fórmula é usada sempre que se desejem intervalos que não sejam de 95% ou 99%.

Intervalos de Confiança: Uso da Fórmula*

O valor esperado de uma proporção amostral (isto é, a média de uma distribuição amostral de proporções amostrais) é sempre igual à verdadeira proporção da população. Usa-se, portanto, a proporção amostral como estimativa pontual da verdadeira proporção:

$$\text{estimativa pontual de } p\text{: } p = \frac{x}{n}$$

A estimativa intervalar do parâmetro populacional (para grandes amostras) é simétrica em relação à proporção amostral, tal como ocorre com o intervalo para a média populacional em

---

* Esse processo está limitado a grandes amostras (digamos, $n > 40$). Para pequenas amostras é adequado o processo gráfico (para intervalos de 95% e 99% de confiança).

relação à média amostral. A principal diferença entre a estimativa de médias e a de proporções está nos desvios padrões das distribuições amostrais. O desvio padrão de uma proporção se baseia na distribuição binomial. A estimativa de σ_p é dada abaixo.

$$\sigma_{x/n} = \sqrt{\frac{(x/n)[1 - (x/n)]}{n}}$$

onde

x = número de itens na amostra
z = desvio padrão normal
n = tamanho da amostra

$$\text{estimativa intervalar de } p\text{: } \frac{x}{n} \pm z \sqrt{\frac{(x/n)[1 - (x/n)]}{n}}$$

Exemplo 4 Determine um intervalo de 98% de confiança para a verdadeira proporção populacional, se $x = 50$ e $n = 200$.

Solução:

Um intervalo de 98% de confiança implica $z = 2{,}33$.

$$\text{estimativa} = \frac{x}{n} \pm z \sqrt{\frac{(x/n)[1 - (x/n)]}{n}}$$

$$= 0{,}25 \pm 2{,}33 \sqrt{\frac{(0{,}25)(0{,}75)}{200}}$$

$$= 0{,}25 \pm 0{,}07 \text{ ou } 0{,}18 \text{ a } 0{,}32$$

Erro

Novamente aqui, a quantidade de erro numa estimativa nada mais é que a metade da amplitude do intervalo de confiança. Logo, a equação

$$\frac{x}{n} \pm z \sqrt{\frac{(x/n)[1 - (x/n)]}{n}}$$

pode ser encarada como

$$\frac{x}{n} \pm e$$

onde e é

$$z \sqrt{\frac{(x/n)[1 - (x/n)]}{n}}$$

Os dois fatores, z e n, têm exatamente o mesmo efeito que no caso de erros de estimativas de médias populacionais. Isto é, quanto maior for z (isto é, quanto maior a confiança) maior o erro possível, ao passo que, quanto maior o tamanho da amostra, menor o erro.

O efeito da proporção amostral, entretanto, pode não ser tão óbvio, simplesmente porque x/n e $1 - (x/n)$ são complementares um do outro. Assim, quando um aumenta, o outro diminui. A Figura 8.7 exibe o efeito global da proporção amostral sobre a amplitude de um intervalo de confiança. Note-se que o intervalo é máximo quando $p = 0{,}50$, decrescendo quando p aumenta ou diminui em razão do efeito sobre o produto de p por $(1 - p)$. De fato, sob condições de completa incerteza, pode-se admitir inicialmente $p = 0{,}50$, o que revelará a maior quantidade de erro possível. Por outro lado, se se dispõe de alguma informação sobre o tamanho da proporção amostral, digamos, de uma pequena amostra-piloto, então será possível reduzir o tamanho do intervalo ou o tamanho necessário da amostra.

Exemplo 5 Uma amostra de 200 observações acusou 20 baterias defeituosas numa remessa. Usando uma confiança de 99%, determine o erro de estimação.

Solução:

A proporção amostral é $\frac{20}{200} = 0{,}10$. Um nível de confiança de 99% exige $z = 2{,}58$.

$$e = z\sqrt{\frac{(x/n)[1 - (x/n)]}{n}} = 2{,}58\sqrt{\frac{(0{,}10)(0{,}90)}{200}} = 0{,}055$$

p	$p(1-p)$	Tamanho relativo do intervalo (= $2e$)
0,10	0,09	
0,20	0,16	
0,30	0,21	
0,40	0,24	
0,50	0,25	
0,60	0,24	
0,70	0,21	
0,80	0,16	
0,90	0,09	

Figura 8.7 O intervalo de confiança para uma proporção é máximo quando $x/n = 0{,}50$.

A Tabela 8.6 relaciona alguns exemplos de intervalos de confiança para proporções.

Tabela 8.6 Exemplos de Intervalos de Confiança para Proporções

n	x	Confiança desejada	z	x/n	Erro	Intervalo de confiança
40	8	90%	1,65	$\frac{8}{40} = 0{,}20$	$1{,}65\sqrt{\frac{0{,}20(0{,}80)}{40}} = 0{,}104$	0,096 a 0,304
80	20	95%	1,96	$\frac{20}{80} = 0{,}25$	$1{,}96\sqrt{\frac{0{,}25(0{,}75)}{80}} = 0{,}095$	0,155 a 0,345
100	30	98%	2,33	$\frac{30}{100} = 0{,}30$	$2{,}33\sqrt{\frac{0{,}30(0{,}70)}{100}} = 0{,}107$	0,193 a 0,417

Determinação do Tamanho da Amostra

Uma das aplicações mais freqüentes da fórmula do erro é para determinar o tamanho da amostra necessária para se obter determinado grau de precisão na éstimativa de proporções. A fórmula do erro,

$$e = z\sqrt{\frac{(x/n)[1 - (x/n)]}{n}}$$

pode ser usada para estabelecer uma fórmula para o tamanho da amostra. Elevando ambos os membros ao quadrado, temos:

$$e^2 = z^2\left\{\frac{(x/n)[1 - (x/n)]}{n}\right\}$$

Podemos resolver em relação a n permutando n e e^2:

$$n = z^2\left\{\frac{(x/n)[1 - (x/n)]}{e^2}\right\}$$

Exemplo 6 Qual o tamanho da amostra necessário para obter um intervalo de 95% de confiança para a proporção populacional, se o erro tolerável é 0,08?

Solução:

Como o enunciado do problema não contém informação sobre o tamanho possível da proporção populacional, os cálculos devem basear-se no intervalo mais amplo possível, o que ocorre quando o valor amostral é igual a 0,50. Como queremos um intervalo de 95%, usamos $z = 1,96$. Assim

$$n = z^2\left[\frac{p(1 - p)}{e^2}\right]$$

se torna

$$n = 1,96^2\left[\frac{(0,5)(0,5)}{0,08^2}\right] = 3,84\left[\frac{0,25}{0,0064}\right] = 149,9 \text{ ou } 150$$

Exemplo 7 Determine o tamanho da amostra necessário para estimar a verdadeira percentagem populacional a menos de 4%, usando um intervalo de confiança de 90%. É razoável suspeitar que o verdadeiro valor seja 0,30 *ou menos*.

Solução:

Trinta por cento dariam o intervalo máximo; usa-se então $p = 0,30$. Um intervalo de 90% de confiança implica $z = 1,65$. Assim

$$n = z^2\left[\frac{p(1 - p)}{e^2}\right]$$

se torna

$$n = 1,65^2\left[\frac{(0,3)(0,7)}{0,04^2}\right] = 2,72\left[\frac{0,21}{0,0016}\right] = 357,3 \text{ ou } 358$$

(arredonda-se *para cima* a fim de obter *ao menos* a precisão desejada.)

Amostragem de Populações Finitas

Quando o tamanho da amostra é mais que 5% da população, devemos modificar a fórmula para a estimativa intervalar da proporção populacional. Como se pode ver, a modificação é idêntica à feita no caso de médias amostrais:

$$\text{estimativa intervalar}: \frac{x}{n} \pm z\sqrt{\frac{(x/n)[1-(x/n)]}{n}} \cdot \sqrt{\frac{N-n}{N-1}}$$

Exemplo 8 Determine um intervalo de confiança de 95% para a percentagem populacional de defeituosos para os seguintes dados:

$$N = 2000 \qquad n = 400 \qquad \frac{x}{n} = 0{,}10$$

Solução:

Como $n/N = 400/2000 = 20\%$, é necessário introduzir o fator de correção finita.

$$10\% \pm 1{,}96\sqrt{\frac{(0{,}10)(0{,}90)}{400}}\sqrt{\frac{2000-400}{2000-1}} = 10\% \pm 1{,}96\sqrt{\frac{0{,}09}{400}}\sqrt{\frac{1600}{1999}}$$

$$= 10\% \pm 1{,}96\left(\frac{0{,}3}{20}\right)(0{,}9)$$

$$= 10\% \pm 2{,}65\% \text{ ou } 7{,}35\% \text{ a } 12{,}65\%$$

A fórmula para o tamanho da amostra no caso de populações finitas é

$$n = \frac{z^2(x/n)[1-(x/n)](N)}{(N-1)e^2 + z^2(x/n)[1-(x/n)]}$$

Intervalos de Confiança: O Método Gráfico

Para intervalos de 95% e 99% de confiança, elaboraram-se gráficos que permitem obter rapidamente intervalos de confiança para proporções. Veja a Tabela K do Apêndice. As fórmulas proporcionam tipicamente maior *precisão* que os gráficos, em termos do número de casas decimais que se podem obter, e podem ser usadas para qualquer tamanho de amostra. Entretanto, os gráficos são superiores porque as fórmulas sempre dão intervalos de confiança simétricos, quando, de fato, a distribuição binomial só é simétrica para $p = 0{,}50$. Além disso, a facilidade com que se podem determinar os intervalos e o fato de que os gráficos se prestam tanto a pequenas como a grandes amostras, torna-os extremamente atraentes.

A Figura 8.8 ilustra parte de um gráfico típico ampliada. As linhas curvas representam tamanhos amostrais, e há duas linhas para cada tamanho amostral. Uma é usada para determinar o extremo inferior do intervalo de confiança, a outra para determinar o extremo superior. Os tamanhos possíveis de amostra acham-se relacionados ao longo do topo e da base da carta; proporções amostrais de 0% a 50% figuram ao longo da base, e os valores de 50% a 100% ao longo do topo. Para usar o gráfico, procure o ponto, no topo ou na base, que corresponde à proporção desejada.

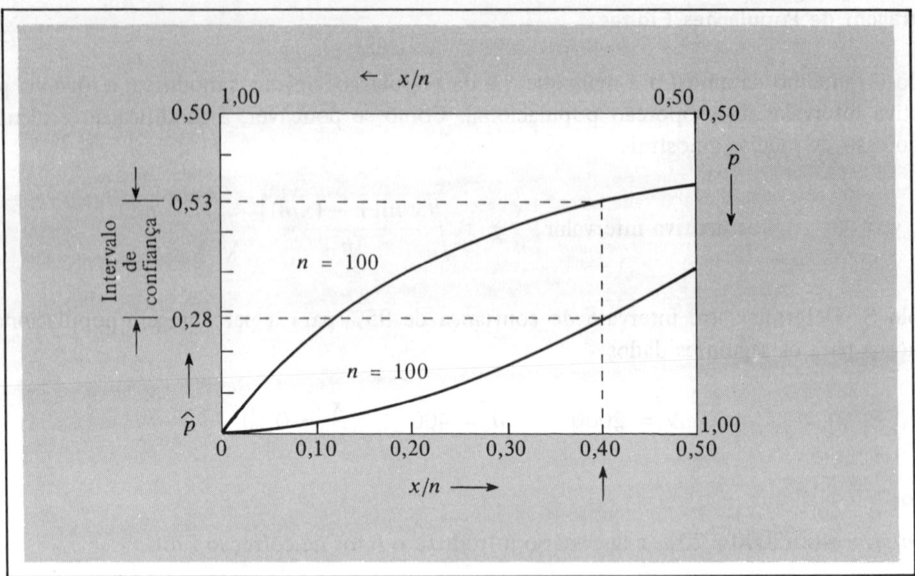

Figura 8.8 Utilização do gráfico para obter os extremos do intervalo de confiança quando x/n é lido ao longo da escala da base.

Em seguida, trace uma *vertical* e observe onde ela intercepta as duas linhas para o tamanho amostral usado. Finalmente, trace duas horizontais, a partir das interseções, para a direita ou para a esquerda do gráfico (esquerda se $x/n \leqslant 0{,}5$ e direita se $x/n \geqslant 0{,}50$) para obter os extremos do intervalo de confiança. Note que os verdadeiros valores se obtêm utilizando a Tabela K, as Figuras 8.8 e 8.9 apenas ilustram *como* ler os valores no gráfico.

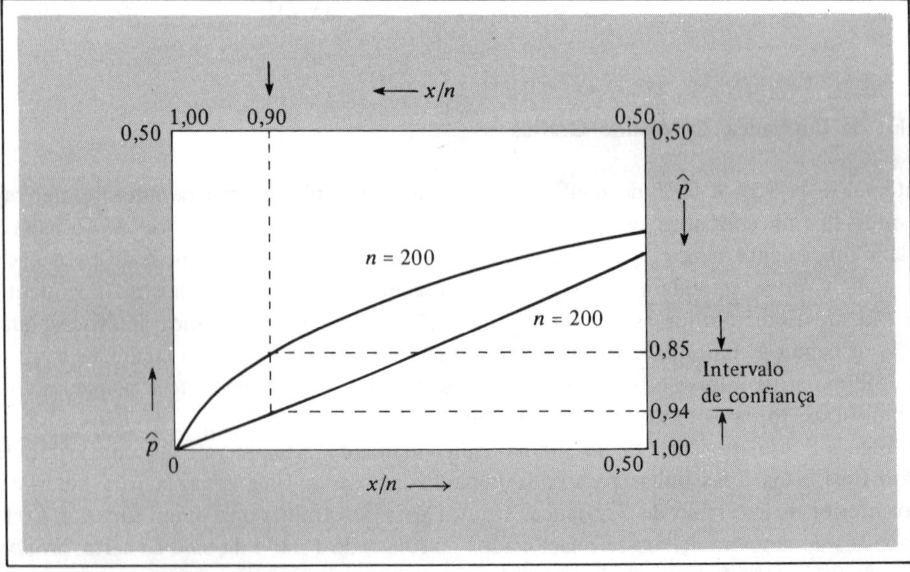

Figura 8.9 Obtenção do intervalo de confiança quando x/n se encontra ao longo da escala superior.

Suponha que tenhamos achado uma proporção amostral $x/n = 0{,}40$, usando uma amostra de tamanho 100, e que queiramos agora construir um intervalo de 95% de confiança para a verdadeira proporção populacional. O primeiro passo é localizar a proporção amostral ao longo da escala (topo ou base) de proporções amostrais. Em nosso caso encontramos 0,40 ao longo da base. Em seguida, tracemos a vertical por esse ponto (0,40) até os dois pontos em que ela intercepta o tamanho da amostra – no caso 100. Em seguida, lemos horizontalmente para a esquerda para obter os extremos do intervalo.

A Figura 8.8 ilustra o fato de que uma proporção amostral de 0,40 baseada numa amostra de 100 observações tem um intervalo de confiança que vai de 0,28 a 0,53. Podemos então dizer que a verdadeira proporção populacional está entre esses dois valores, com 95% de confiança.

Para valores de x/n maiores que 50% lê-se o gráfico a partir do topo, traçando uma vertical para baixo até as duas interseções, e se lêem a partir da direita do gráfico os extremos do intervalo de confiança. Por exemplo, suponhamos que, com uma amostra de $n = 200$, tenhamos $x/n = 0{,}90$. A Figura 8.9 mostra que o intervalo de confiança vai de 85% a 94%.

Note-se que, com o uso da fórmula, os intervalos de confiança serão sempre simétricos. Entretanto, a distribuição amostral só é efetivamente simétrica quando $p = 0{,}5$, embora seja aproximadamente simétrica sobre um intervalo maior para grandes tamanhos de amostra. O processo gráfico é mais sensível a essa assimetria, sendo, assim, preferível ao uso da fórmula, nesse particular.

EXERCÍCIOS

1. Construa um intervalo de 95% de confiança para a proporção populacional em cada uma das seguintes proporções amostrais. O tamanho da amostra é 100 em todos os casos.
   a. 0,10 b. 0,20 c. 0,50 d. 0,80 e. 0,90
2. Tendo em vista as respostas do Exercício 1, qual é a influência da proporção amostral na amplitude do intervalo de confiança?
3. Construa intervalos de 99% de confiança para cada uma das proporções amostrais do Exercício 1. Os intervalos de 99% são mais amplos ou mais restritos que os de 95%? Por quê?
4. Use a fórmula de aproximação para grandes amostras para construir os seguintes intervalos de confiança:
   a. $x/n = 0{,}20$, $n = 50$, intervalo de 95% de confiança
   b. $x/n = 0{,}10$, $n = 100$, intervalo de 92% de confiança
5. Por que a Tabela 8.5 não é adequada para o Exercício 4a? Por quê a Tabela 8.5 não seria adequada para o Exercício 4b?
6. Determine intervalos de 95% de confiança para a proporção populacional, usando primeiro a Tabela K do Apêndice e, em seguida, a fórmula de aproximação para grandes amostras:
   a. $x/n = 50\%$: $n = 400$, $n = 100$, $n = 25$, $n = 16$
   b. $x/n = 10\%$: $n = 400$, $n = 100$, $n = 25$, $n = 16$
7. Tendo em vista as respostas do Exercício 6, que regras gerais é possível formular quanto à precisão da fórmula para:
   a. x/n próximo de 0,5 *versus* s/n não próximo de 0,5
   b. n grande *versus* n pequeno

8. Em recente pesquisa levada a efeito junto a 200 habitantes de uma grande cidade, 40 se mostraram favoráveis ao restabelecimento da pena de morte.
   a. Construa um intervalo de 99% de confiança para a verdadeira proporção dos habitantes daquela cidade favoráveis à pena capital.
   b. Que se pode dizer quanto ao tamanho do erro máximo para esse intervalo de confiança?
9. Uma amostra aleatória de 100 fregueses da parte da manhã de um supermercado revelou que apenas 10 não incluem leite em suas compras.
   a. Qual seria a estimativa pontual da percentagem dos que compram leite?
   b. Construa um intervalo de 90% de confiança para a verdadeira proporção dos que compram leite.
   c. Que se pode dizer quanto ao erro possível associado ao intervalo de confiança da parte b?
10. Um grupo de pesquisa de mercado constatou que 25% dos 200 fregueses recentemente entrevistados num grande *shopping center* suburbano residem a mais de 15 milhas do local. Suponha que foi tomada uma amostra aleatória.
    a. Construa um intervalo de 95% de confiança para a percentagem efetiva de fregueses que moram a mais de 15 milhas do *shopping center*.
    b. Qual é o erro provável máximo associado ao intervalo da parte a?
    c. Que significa neste caso o termo "amostra aleatória"?
    d. Por que é importante obter uma amostra aleatória?
11. Uma amostra aleatória de 40 homens trabalhando num grande projeto de construção revelou que 6 não estavam usando capacetes protetores.
    a. Construa um intervalo de 98% de confiança para a verdadeira proporção dos que não estão usando capacetes nesse projeto.
    b. Se há 1000 operários trabalhando no projeto, converta o intervalo de confiança de percentagens para números de operários.
    c. Que se pode dizer quanto ao tamanho máximo do erro associado ao intervalo na parte a? Na parte b?
12. De um grupo de 20 secretárias de uma grande firma de advocacia, escolhidas aleatoriamente, cinco não se mostram satisfeitas com o trabalho que vêm executando. Há 50 secretárias empregadas na firma.
    a. Construa um intervalo de 90% de confiança para a proporção de secretárias insatisfeitas.
    b. Converta o intervalo da parte a em *número* de secretárias.
13. De 48 pessoas escolhidas aleatoriamente de uma longa fila de espera de um cinema, 25% acharam que o filme principal continha demasiada violência.
    a. Qual deveria ser o tamanho da fila, a partir do qual se pudesse desprezar o fator de correção finita?
    b. Construa um intervalo de 98% de confiança para a verdadeira proporção, se há 100 pessoas na fila.
    c. Construa um intervalo de 98% de confiança para o caso de haver 500 pessoas na fila.
14. Uma biblioteca pública deseja estimar a percentagem de livros de seu acervo publicados até 1970. Qual deve ser o tamanho da amostra aleatória para se ter 90% de confiança de ficar a menos de 5% da verdadeira proporção?
15. Um fabricante de *flashes* deseja estimar a probabilidade de um *flash* funcionar. Como se trata de teste destrutivo, ele deseja manter o tamanho da amostra o menor possível. Determine o número de observações que devem ser feitas para estimar a probabilidade a menos de 0,04 com 95% de confiança, se:
    a. Ele não tem idéia da percentagem de defeituosos.
    b. Ele crê que a percentagem de defeituosos não supere 6%.

RESUMO

A estimação envolve a avaliação do valor de algum parâmetro populacional com base em dados amostrais. As estimativas podem ser univalentes (estimativas pontuais) ou especificar um intervalo de valores em que se julga que o parâmetro populacional possa estar (estimativa intervalar). Os intervalos de confiança são estimativas intervalares que incluem uma afirmação probabilística que indica a percentagem de intervalos que podemos esperar abranger o verdadeiro valor do parâmetro em seus limites. A amplitude de um intervalo de confiança depende de quatro coisas: a dispersão dos valores populacionais, o nível de confiança indicado, o erro tolerável e o tamanho da amostra.

As distribuições amostrais proporcionam a base para a estimação. As estimativas pontuais utilizam o fato de que o valor esperado amostral é igual ao parâmetro populacional. As estimativas

Tabela 8.7 Resumo de Fórmulas

	População	
	Infinita	Finita
A. Estimativa de médias		
Pontual	$\bar{x}$	$\bar{x}$
Intervalar		
σ_x conhecido	$\bar{x} \pm z \dfrac{\sigma_x}{\sqrt{n}}$	$\bar{x} \pm z \dfrac{\sigma_x}{\sqrt{n}} \sqrt{\dfrac{N-n}{N-1}}$
σ_x desconhecido	$x \pm t \dfrac{s_x}{\sqrt{n}}$	$\bar{x} \pm t \dfrac{s_x}{\sqrt{n}} \sqrt{\dfrac{N-n}{N-1}}$
Tamanho da amostra		
σ_x conhecido	$n = \dfrac{z^2 \sigma_x{}^2}{e^2}$	$n = \dfrac{z^2 \sigma_x{}^2 N}{z^2 \sigma_x{}^2 + e^2(N-1)}$
σ_x desconhecido	$n = \dfrac{z^2 s_x{}^2}{e^2}$	$n = \dfrac{t^2 s_x{}^2 N}{t^2 s_x{}^2 + e^2(N-1)}$
Erro		
σ_x conhecido	$e = z \dfrac{\sigma_x}{\sqrt{n}}$	$e = z \dfrac{\sigma_x}{\sqrt{n}} \sqrt{\dfrac{N-n}{N-1}}$
σ_x desconhecido	$e = t \dfrac{s_x}{\sqrt{n}}$	$e = t \dfrac{s_x}{\sqrt{n}} \sqrt{\dfrac{N-n}{N-1}}$
B. Estimativa de proporções		
Pontual	$\dfrac{x}{n}$	$\dfrac{x}{n}$
Intervalar	$\dfrac{x}{n} \pm z \sqrt{\dfrac{(x/n)[1-(x/n)]}{n}}$	$\dfrac{x}{n} \pm z \sqrt{\dfrac{(x/n)[1-(x/n)]}{n}} \sqrt{\dfrac{N-n}{N-1}}$
Tamanho da amostra	$n = z^2 \left\{ \dfrac{(x/n)[1-(x/n)]}{e^2} \right\}$	$n = \dfrac{z^2 (x/n)[1-(x/n)](N)}{(N-1)e^2 + z^2 (x/n)[1-(x/n)]}$
Erro	$e = z \sqrt{\dfrac{(x/n)[1-(x/n)]}{n}}$	$e = z \sqrt{\dfrac{(x/n)[1-(x/n)]}{n}} \sqrt{\dfrac{N-n}{N-1}}$

intervalares dependem do Teorema do Limite Central e do fato de que a dispersão numa distribuição amostral é função do tamanho da amostra. Analogamente, as estimativas intervalares de proporções utilizam a tendência de grandes amostras a produzir distribuição amostral normal, assim como o fato de que a dispersão é função do tamanho da amostra. Quando o tamanho da amostra é superior a 5% da população, as fórmulas para as estimativas intervalares tanto para médias como para proporções devem ser modificadas com fatores de correção finita.

A Tabela 8.7 apresenta um resumo das fórmulas de estimação.

QUESTÕES PARA RECAPITULAÇÃO

1. Contraste estimativa pontual e estimativa intervalar.
2. Para dada situação, que efeito tem o aumento do tamanho da amostra no erro máximo quando se estima uma média populacional?
3. Qual é a relação entre erro máximo e amplitude de um intervalo de confiança?
4. Qual é a relação entre o erro padrão de uma estimativa e o desvio padrão de uma distribuição amostral?
5. Qual é o efeito do aumento do nível de confiança sobre a amplitude do intervalo de confiança resultante em dada situação?
6. Em que condições é necessário saber que uma distribuição populacional é aproximadamente normal?
7. Em que condições é aplicável a distribuição t? Quando se pode usar o valor z normal como aproximação do valor t?
8. Por que uma estimativa intervalar de proporções é máxima quando a proporção amostral é igual a 50%?
9. Qual é a finalidade do fator de correção finita? Quando deve ser usado?
10. Num intervalo de confiança para a média populacional, qual é a influência do desvio padrão da população (ou da amostra) sobre a amplitude do intervalo?
11. Qual é a diferença entre um intervalo de confiança unilateral e um intervalo bilateral para uma média populacional?

EXERCÍCIOS SUPLEMENTARES

1. O tempo de reação a uma injeção intravenosa é em média de 2,1 minutos, com desvio padrão de 0,1 minutos, para um grupo de 28 pacientes.
   a. Construa um intervalo de 90% de confiança para o tempo médio para toda a população dos pacientes submetidos ao tratamento.
   b. É necessário admitir a normalidade dos tempos de reação? Explique.
2. Uma firma está convertendo as máquinas que aluga a uma versão mais moderna. Até agora foram convertidas 40 máquinas. O tempo médio de conversão foi de 24 horas com desvio padrão de 3 horas.
   a. Determine um intervalo de 98% de confiança para o tempo médio de conversão.
   b. Qual é o erro provável máximo associado ao intervalo da parte a?
   c. Determine um intervalo de confiança unilateral de 98% para o limite superior do verdadeiro tempo médio de conversão.

3. Seis dentre 48 terminais *time-sharing* de computador dão respostas incorretas. Uma firma tem 800 desses terminais.
   a. Estime a percentagem dos terminais que erram.
   b. Construa um intervalo de confiança de 95% para a proporção dos terminais da firma que apresentam defeito.
   c. É preciso admitir a normalidade da população? Explique.
4. Uma amostra de 50 bicicletas, de um estoque de 400, acusou 7 com pneus vazios.
   a. Estime o número de bicicletas com pneus vazios.
   b. Construa um intervalo de 99% de confiança para a proporção de bicicletas com pneus vazios.
   c. Se o reparo de cada pneu vazio leva 15 minutos, qual seria o tempo esperado de reparo dos pneus vazios?
5. Quarenta dentre 52 pessoas que responderam a um questionário indicam terem tido dificuldade em conseguir que um novo revendedor corrigisse deficiências em seus carros novos.
   a. Construa um intervalo de 98% de confiança para a verdadeira proporção da população, da qual se pode esperar resposta semelhante a tal pergunta.
   b. Determine um intervalo de 95% de confiança para a proporção.
   c. Qual o erro provável máximo associado ao intervalo da parte a? Da parte b?
6. A Brite Manufacturing deseja estimar a vida média de suas lâmpadas de 60 watts, a menos de 25 horas. Sabe-se que a vida média das lâmpadas tem desvio padrão de 100 horas, e a firma deseja um intervalo de 95,5% de confiança para a estimativa. Qual o tamanho da amostra necessário? Qual seria sua resposta se a população consistisse de 300 lâmpadas?
7. Um gerente de restaurante deseja estimar o tempo médio que os fregueses levam para comer a salada. Ele acha que o desvio padrão é de 4 minutos, com base em *amostra* anterior, e deseja estimar a média a menos de 1 minuto, usando um intervalo de confiança de 90%. Qual o tamanho da amostra necessária?
8. Qual seria sua resposta ao Exercício 7, supondo que o gerente estimasse o desvio padrão entre 3 e 5 minutos?
9. A inspeção de 100 rolamentos escolhidos aleatoriamente de um lote de 10.000 acusou 5 inaceitáveis.
   a. Estime o número de rolamentos inaceitáveis no lote.
   b. Construa um intervalo de 95% de confiança para o número de inaceitáveis no lote.
   c. Qual é o erro provável máximo associado ao intervalo na parte b?
10. Qual é o tamanho da amostra que o Departamento de Trânsito de uma grande cidade deve tomar para estimar a percentagem de parquímetros defeituosos, se o objetivo é ter 95% de confiança de não errar por mais de 10%?
11. Refaça o Exercício 10 para a hipótese em que a percentagem de defeituosos está entre 10% e 20%, com base em experiência passada.

CAPÍTULO 9

testes de significância

Objetivos do Capítulo

Ao terminar este capítulo, o leitor deverá ser capaz de:

1. Explicar o que é um teste de significância, bem como a diferença entre teste de significância e estimação
2. Definir termos como hipótese nula, hipótese alternativa, nível de significância, erro Tipo I, erro Tipo II, valores críticos
3. Descrever como os testes de significância utilizam as distribuições amostrais
4. Explicar em que consiste uma "partição da distribuição amostral"

Esboço do Capítulo

Introdução
Variação Casual ou Variação Real?
Testes Unilaterais e Testes Bilaterais
Erros Tipo I e Tipo II
Resumo

INTRODUÇÃO

A finalidade deste capítulo é *apresentar a lógica* dos testes de significância, sem descer a muitos detalhes de testes específicos. A razão disso é que os conceitos são praticamente os mesmos para todos os testes. Os Capítulos 10 a 13 e parte do 14 abordam esses detalhes. Todavia, é fácil ficar tão envolvido com detalhes específicos, que o tema geral dos testes de significância acaba não se tornando claro.

O teste de significância e a estimação são dois ramos principais da inferência estatística. Enquanto que o objetivo da estimação é estimar algum parâmetro populacional, o objetivo dos testes de significância é decidir se determinada afirmação sobre um parâmetro populacional é verdadeira. Por exemplo, podemos querer determinar se são verdadeiras afirmações como:

1. O tempo médio para realização deste teste é de 80 minutos.
2. Três por cento da produção é defeituosa.
3. A moeda é equilibrada (isto é, $P(K) = P(C) = 0{,}50$).

Ocasionalmente, poderemos ter de avaliar uma afirmação que não envolva o valor específico do parâmetro em questão:

4. A percentagem de desempregados em duas cidades vizinhas é igual.
5. A quilometragem por litro de combustível é a mesma para três marcas de gasolina.

A *finalidade dos testes de significância* é avaliar afirmações sobre os valores de parâmetros populacionais.

De nosso estudo da estimação sabemos que estatísticas amostrais como médias e proporções podem servir de estimativas pontuais dos correspondentes parâmetros populacionais. Vimos também que, em razão da variabilidade inerente à amostragem aleatória, as estatísticas amostrais tendem a *aproximar*, ao invés de *igualar*, os parâmetros da população. Isto deve ser levado em consideração na análise de uma afirmação relativa ao valor de um parâmetro populacional utilizando dados amostrais.

Daí, o ponto capital no teste de significância é se a diferença entre o valor alegado de um parâmetro populacional e o valor de uma estatística amostral pode ser razoavelmente atribuído à variabilidade amostral ou se a discrepância é demasiado grande para ser encarada assim.

O processo básico para testar a significância poderá ser melhor apreciado através de um problema simples. Considere-se a seguinte situação: Inspeciona-se uma amostra de 142 peças de uma grande remessa, encontrando-se 8% defeituosas. O fornecedor garante que não haverá mais de 6% de peças defeituosas em cada remessa. O que devemos responder, com auxílio dos testes de significância, é se a afirmação do fornecedor é verdadeira.

O primeiro passo consiste em formular duas hipóteses sobre a afirmação. As hipóteses são explicações potenciais (teorias) que procuram levar em conta fatos observados em situações onde existem algumas incógnitas. A incógnita em nosso exemplo é a verdadeira percentagem de peças defeituosas. O fato conhecido é que uma amostra aleatória acusou 8% de defeituosas. Uma hipótese a ser testada é que a percentagem efetiva de defeituosas em todo o lote é maior que 6%. Outra hipótese seria a de que a afirmação do fornecedor é verdadeira. E se a afirmação do fornecedor é verdadeira, qual será a razão de uma amostra ter acusado 8% de defeituosas? Uma possibilidade é que a variação amostral tenha sido responsável.

Nesta altura procuremos definir de maneira um pouco mais formal os dois tipos de hipóteses que deveremos formular. A que sugere que a afirmação é verdadeira chama-se *hipótese nula* e se designa pelo símbolo H_0; a que sugere que a afirmação é falsa chama-se *hipótese alternativa* e se designa pelo símbolo H_1.

> A *hipótese nula* H_0 é uma afirmação que diz que o parâmetro populacional é tal como especificado (isto é, a afirmação é verdadeira).
>
> A *hipótese alternativa* H_1 é uma afirmação que oferece uma alternativa à alegação (isto é, o parâmetro é maior (ou menor) que o valor alegado).

Em nosso exemplo, a hipótese nula é que a verdadeira percentagem de defeituosas é 6%, o que se pode escrever da seguinte maneira:

$$H_0 : p = 6\%$$

Nossa alternativa é que a percentagem de defeituosas p é maior que 6%, o que se escreve:

$$H_1 : p > 6\%$$

Se, após a análise, a decisão é aceitar H_0, a implicação é que a discrepância entre a percentagem observada de defeituosas na amostra e a percentagem alegada pelo fornecedor para todo o lote é mais provavelmente devida à variação casual na amostra. Por outro lado, a decisão de rejeitar H_0 implicaria que a variação entre o valor observado e o valor alegado é demasiado grande para ser devida apenas ao acaso.

VARIAÇÃO CASUAL OU VARIAÇÃO REAL?

O "teste" consiste em verificar se uma estatística amostral observada pode razoavelmente provir de uma população com o parâmetro alegado. Logo, o que queremos levar em conta é a variabilidade amostral que pode ocorrer quando se tem uma população tal como a alegada.

O segundo passo no processo de teste de significância consiste em identificar a distribuição amostral adequada, pois ela descreverá completamente a variação. Em nosso exemplo, como estamos lidando com proporções amostrais e com um grande tamanho de amostra ($n = 142$), a distribuição amostral adequada é a distribuição normal com média p e desvio padrão

$$\sigma_p = \sqrt{\frac{p(1-p)}{n}}$$

onde

p = proporção populacional
n = tamanho da amostra

Assim, *se* a afirmação do fornecedor é verdadeira, nossa proporção amostral de 8% provém de uma distribuição amostral com média de 6% e desvio padrão

$$\sigma_p = \sqrt{\frac{(0{,}06)(0{,}94)}{142}} = 0{,}02$$

Podemos agora ver que nossa discrepância de 2% está a um desvio padrão acima do valor esperado, supondo que 0,06 seja a verdadeira proporção populacional:

$$z = \frac{0{,}08 - 0{,}06}{0{,}02} = +1{,}0$$

Além disso, a probabilidade de obter uma discrepância *superior a* 8% com uma amostra de 142 extraída de uma população com proporção de 6% é de cerca de 16%, como se vê na Figura 9.1. Isso parece sugerir que a discrepância *pode* ser devida apenas ao acaso. Não é preciso dizer que *não podemos* afirmar, em definitivo, que a população tenha realmente uma percentagem de 6% de defeituosas, mas em vista da distribuição amostral de tal população e da estatística amostral observada, a afirmação parece verdadeira.

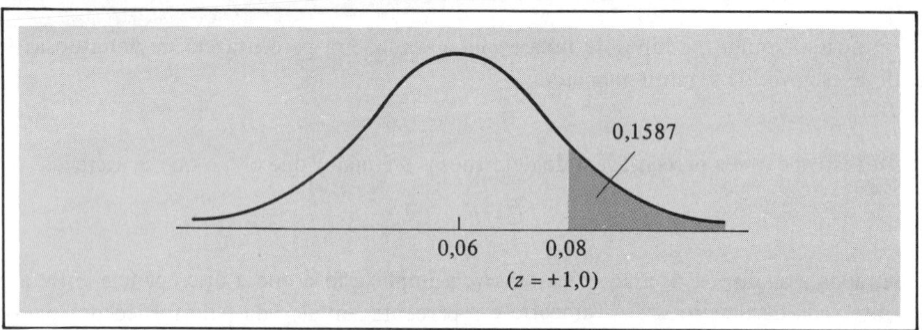

Figura 9.1 Probabilidade de uma proporção amostral maior que 8% para uma proporção populacional de 6%: 0,1587.

Por outro lado, se tivéssemos uma proporção amostral, digamos, de 19%, então

$$z = \frac{0{,}19 - 0{,}06}{0{,}02} = +6{,}5$$

e parece muito pouco provável que tal estatística amostral provenha de uma população com o parâmetro alegado de 6%. Em tal caso estaríamos mais inclinados a rejeitar H_0. A Figura 9.2 ilustra uma comparação entre as duas possibilidades.

É claro que nem todas as situações são tão óbvias que possam ser tratadas "a olho" como a presente. É preciso um método mais rigoroso para abordar o problema. A questão é: onde

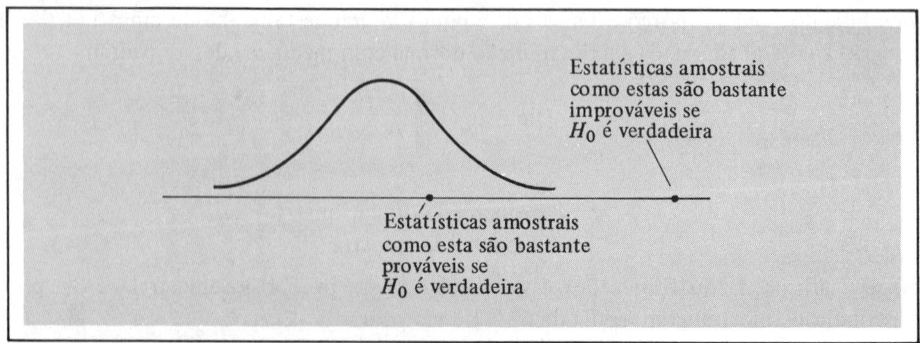

Figura 9.2 Estatísticas amostrais próximas do ponto médio da distribuição amostral tendem a corroborar a afirmação; estatísticas afastadas do ponto médio sugerem que a afirmação é falsa.

podemos traçar a linha divisória entre o que pode ser razoavelmente considerado como "variação casual" e o que deve ser considerado como "variação significativa"?

Ao procurar responder a esta pergunta, consideremos o seguinte: Aproximadamente 5% da estatística amostral numa distribuição normal produz um z maior que $+1{,}65$ (veja a Figura 9.3). Assim, embora o valor amostral *esperado* seja 6%, 5% das estatísticas amostrais possíveis terão valores que excedem $p + 1{,}65\sigma_p$. Logo, se aceitamos $z = +1{,}65$ como linha divisória, há um risco de 5% de rejeitar H_0 quando ela é de fato verdadeira. Outra possibilidade consistiria em usar $z = +2{,}33$ como nosso "valor crítico", pois então haveria apenas cerca de 1% de chance de observar uma estatística amostral mais extrema que aquela quando H_0 é verdadeira. Naturalmente, a distribuição amostral teórica se estende até o infinito, de modo que devemos traçar a linha em algum lugar. Além disso, já concordamos que certos valores pareceriam tão improváveis que poderíamos descartá-los logo de início. Comumente os valores críticos escolhidos para os testes de significância são os que dão riscos de 5%, 2,5% ou 1% de rejeitar H_0 quando ela é verdadeira. A probabilidade de rejeitar uma hipótese nula quando ela é verdadeira chama-se *nível de significância* do teste e se designa pela letra grega α (alfa).

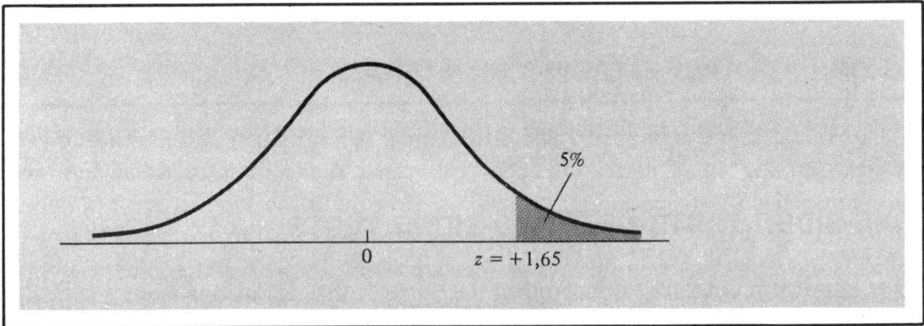

Figura 9.3 Cerca de 5% das estatísticas amostrais darão um valor de z que excede +1,65 quando a hipótese nula é verdadeira.

> O *nível de significância* de um teste é a probabilidade de uma hipótese nula ser rejeitada, quando verdadeira.

Daí, o terceiro passo num teste de significância consiste em escolher um nível de significância aceitável. Isto, por seu turno, indicará um valor crítico correspondente que servirá de padrão de comparação, em relação ao qual julgaremos uma "estatística de teste" observada (p. ex., a proporção amostral de 8% tem um z_{teste} de 1,0).

A essência de um teste de significância consiste então em particionar uma distribuição amostral – com base na suposição de H_0 ser verdadeira – em uma região de aceitação e uma região de rejeição para H_0. Escolhe-se um valor crítico com base numa probabilidade específica (que o analista está disposto a aceitar) de rejeitar uma hipótese verdadeira H_0. Calcula-se uma estatística de teste com base nos dados amostrais e no valor esperado (alegado) que é então comparado com o valor crítico. Uma estatística teste que excede o valor crítico sugere a rejeição de H_0 (isto é, que não é só a variabilidade amostral que responde pela estatística teste observada), enquanto que uma estatística teste inferior ao valor crítico sugere que H_0 seja aceita. A Figura 9.4 ilustra o conceito global.

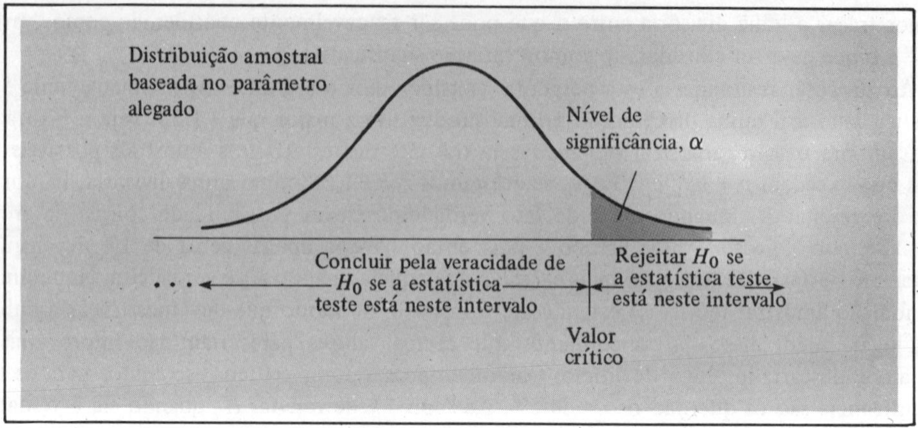

Figura 9.4 A distribuição amostral é particionada em regiões de aceitação e de rejeição, com o valor crítico como ponto divisório.

TESTES UNILATERAIS E TESTES BILATERAIS

Nosso interesse em detectar desvios não-aleatórios (isto é, significativos) de determinado parâmetro pode envolver desvios em ambas as direções ou apenas numa direção. Assim, em sucessivas jogadas de uma moeda, esta pode ser considerada não-equilibrada se aparece um número muito grande, ou muito pequeno, de caras. A hipótese alternativa seria simplesmente "a moeda não é equilibrada", e investigaríamos então desvios em ambas as direções. Entretanto, se estivéssemos apostando, digamos, em caras, então nossa preocupação seria somente com um número muito pe-

"Isto parece significativo? ..."

queno de caras. A hipótese alternativa seria "aparecem muito poucas caras" (isto é, a probabilidade de cara é inferior a 0,50), e só estaríamos interessados então nesse tipo de desvio não-aleatório do número esperado de caras.

Essencialmente, a hipótese alternativa é usada para indicar qual o aspecto da variação não-aleatória que nos interessa. Há três casos possíveis: (1) concentrar *em ambas as direções*; (2) concentrar nos desvios *abaixo* do valor esperado; ou (3) concentrar nos desvios *acima* do valor esperado. Simbolicamente, no caso da jogada de uma moeda, esses três casos poderiam escrever-se:

$$H_0 : p = 0{,}50$$

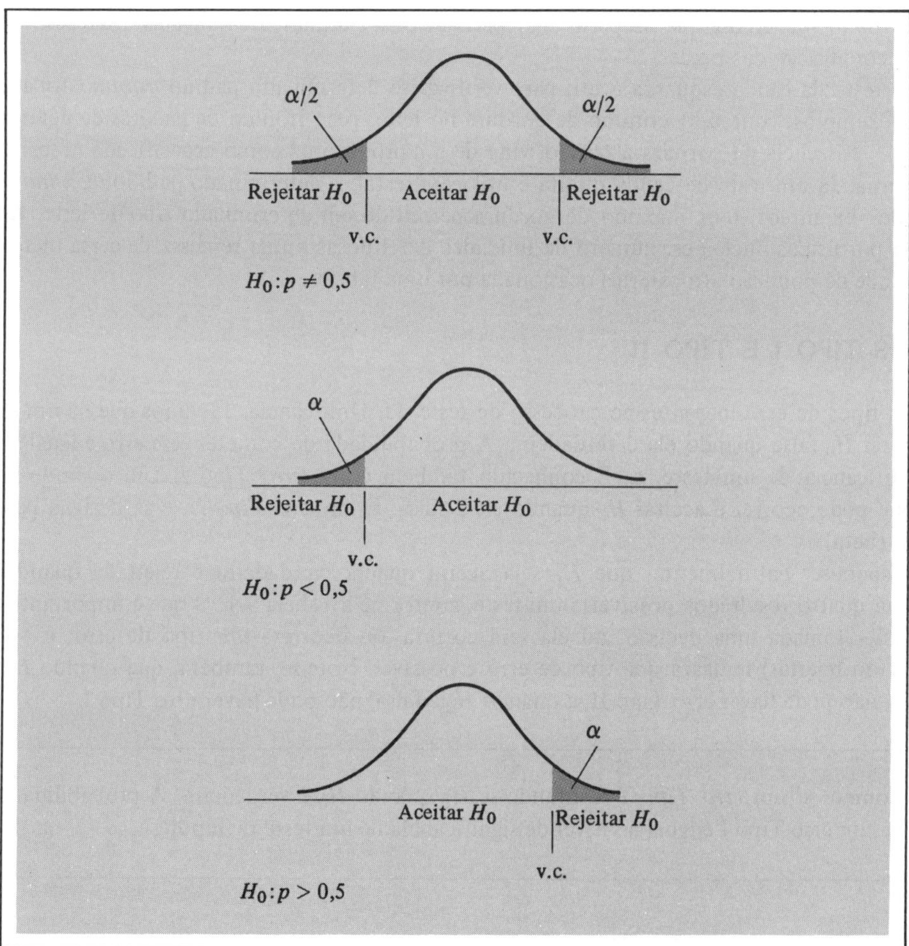

Figura 9.5 Comparação da partição de uma distribuição amostral para testes unilaterais e bilaterais. Note-se, nos testes unilaterais, que o sinal > ou o sinal < aponta para a cauda utilizada.

Caso 1. $H_1 : p \neq 0{,}50$ (ambas as direções: muito ou muito poucos).
Caso 2. $H_1 : p < 0{,}50$ (desvio abaixo: muito poucas caras).
Caso 3. $H_1 : p > 0{,}50$ (desvio acima: muitas caras).

Note-se que a hipótese nula se escreve sempre da mesma maneira, independentemente da hipótese alternativa.* A Figura 9.5 ilustra a distinção entre esses casos. Note-se que, para um teste bilateral, a área em cada cauda é $\alpha/2$. No primeiro caso, ou um valor muito acima, ou um valor muito abaixo do valor esperado levará à rejeição da hipótese nula. No segundo caso, entretanto, só um valor muito abaixo do esperado levaria à rejeição. No terceiro caso ocorre o contrário, pois só valores muito acima do esperado acarretam rejeição.

Na prática, os testes bilaterais se usam sempre que a divergência crítica é em *ambas* as direções, tal como ocorreria na fabricação de roupas, onde as camisas muito grandes ou muito pequenas não correspondem a determinado padrão. Outro exemplo é o caso em que peças devem ajustar-se uma a outra, como parafuso e porca. Uma variação excessiva ocasionará seja um ajuste muito frouxo, de modo que as peças não permanecerão unidas, ou um ajuste excessivo, impedindo a conjugação das peças.

O teste da cauda esquerda é útil para verificar se determinado padrão *mínimo* foi atingido. Alguns exemplos: conteúdo mínimo de gordura no leite, peso líquido de pacotes de determinado produto, resistência de correias à tensão, vida de um produto tal como especificada no certificado de garantia. Já um teste de cauda direita é útil para testar se determinado padrão *máximo* não foi excedido. Exemplos: teor máximo de gordura permitido em determinado tipo de leite, radiação emitida por usinas nucleares, número de unidades defeituosas numa remessa de certa mercadoria, quantidade de poluição atmosférica ocasionada por uma fábrica.

ERROS TIPO I E TIPO II

Há dois tipos de erro inerentes ao processo de teste de significância. Já vimos que há um risco de considerar H_0 falsa quando ela é verdadeira. A probabilidade de cometer esse erro é igual ao nível de significância de um teste, α. É conhecido também como *erro Tipo I*. Um segundo tipo de erro que pode ocorrer é aceitar H_0 quando ela é falsa. É um *erro Tipo II*, e se designa pela letra grega β (beta).

Espera-se, naturalmente, que H_0 seja aceita quando verdadeira e rejeitada quando falsa. Logo, há quatro resultados possíveis num teste, conforme a Tabela 9.1. O que é importante entender é que, tomada uma decisão, ou ela será correta, ou ocorrerá *um* tipo de erro, e a decisão (aceitar ou rejeitar) indicará que tipo de erro é possível. Note-se, também, que quando H_0 é verdadeira, não pode haver erro Tipo II, e quando H_0 é falsa, não pode haver erro Tipo I.

> Comete-se um *erro Tipo I* rejeitando-se H_0 quando H_0 é verdadeira. A probabilidade de um erro Tipo I é igual ao nível de significância de um teste de hipótese.

> Comete-se um *erro Tipo II* aceitando-se H_0 quando ela não é verdadeira.

---

* Efetivamente, para efeito de completude, para um teste unilateral a hipótese nula deveria aplicar-se a uma série de valores. Por exemplo, H_1 é $p < 0{,}5$, então H_0 deveria ser $p \geqslant 0{,}5$, e para $H_1: p > 0{,}5$, H_0 deveria ser $p \leqslant 0{,}5$. Mas a base para a distribuição amostral usada para teste não pode ser uma série de valores; deve ser um *único* valor. Por isso é que, neste livro, especificaremos um único valor para H_0.

Tabela 9.1 Erros Tipo I e Tipo II

		Se H_0 é	
		Verdadeira	Falsa
Ação	Aceitar H_0	Decisão Correta	Erro Tipo II β
	Rejeitar H_0	Erro Tipo I α	Decisão Correta

Já dissemos que a probabilidade de rejeitar erroneamente H_0 pode ser reduzida escolhendo-se valores críticos extremos (isto é, que deixam pequena área na(s) cauda(s) de uma distribuição). Mas há uma relação inversa entre os erros Tipo I e Tipo II: a redução da probabilidade de um erro Tipo I conforme acima aumentará a probabilidade de um erro Tipo II.* O ideal é minimizar o saldo do *custo* de um erro Tipo I *versus* um erro Tipo II, muito embora, na prática, seja costume escolher níveis tradicionais de erro Tipo I e ignorar os erros Tipo II.

RESUMO

Este capítulo introduziu o conceito geral de teste de significância sem entrar em muitos detalhes. Os capítulos subseqüentes apresentarão uma variedade de tais testes. Todavia, os conceitos fundamentais serão essencialmente os mesmos que os apresentados neste capítulo.

Os testes de significância são usados para avaliar afirmações sobre parâmetros populacionais. O processo geral consiste no seguinte:

1. Formular a hipótese nula e a hipótese alternativa.
2. Escolher a distribuição amostral adequada.
3. Escolher um nível de significância (e, assim, valores críticos).
4. Calcular a estatística teste e compará-la com o(s) valor(es) crítico(s).
5. Rejeitar a hipótese de nulidade se a estatística teste excede o(s) valor(es) crítico(s); caso contrário, aceitá-la.

De capital importância em todo o processo é uma distribuição amostral baseada na premissa de que a afirmação é verdadeira. Indica até onde os resultados amostrais podem variar simplesmente em conseqüência de variação casual na amostra. A distribuição amostral é particionada em uma região que sugere a aceitação de H_0 e uma região (testes unilaterais) ou duas regiões (testes bilaterais) que sugerem a rejeição de H_0. A probabilidade de cometer um erro Tipo I é o nível de significância do teste e é igual à área da região de rejeição. Ocorre um erro Tipo II se se aceita H_0 quando falsa.

Neste capítulo usamos um teste que exige que a distribuição amostral seja normal. Capítulos ulteriores ilustrarão testes que utilizam outras distribuições. A escolha da distribuição amostral depende de fatores tais como tipo de dados analisados (medidas, postos, ou categorias), tamanho

* A determinação da probabilidade de um erro Tipo II é menos direta que a determinação da probabilidade de um erro Tipo I. Abordaremos o assunto no fim do próximo capítulo.

da amostra, e se se justificam certas hipóteses sobre a população básica (p. ex., normalidade). Os capítulos seguintes se dispõem segundo as linhas do tipo de dados analisados. Por exemplo, o capítulo seguinte trata do teste de médias, que se aplica a dados sob forma de mensurações.

QUESTÕES PARA RECAPITULAÇÃO

1. Defina sumariamente:
   a. hipótese
   b. nível de significância
   c. erro Tipo I
   d. valor crítico
2. Qual é a finalidade do teste de hipóteses?
3. Qual é a diferença entre teste de hipóteses e estimação? Em que se assemelham?
4. Contraste:
   a. erro Tipo I e erro Tipo II
   b. hipótese nula e hipótese alternativa
   c. teste unilateral e teste bilateral
   d. nível de 0,05 e nível de 0,01
   e. teste da cauda esquerda e teste da cauda direita
5. Explique a relação existente entre:
   a. amostragem aleatória e distribuição amostral
   b. distribuição amostral e teste de significância
   c. probabilidade de um erro Tipo I e área numa cauda
   d. valor crítico e área numa cauda
6. Explique o significado de "participação da distribuição amostral".
7. Que significa rejeitar a hipótese nula?
8. A aceitação de H_0 significa que ela seja correta? Por quê?

EXERCÍCIOS SUPLEMENTARES

1. Determine quais dos seguintes testes são bilaterais, e quais são unilaterais. No caso unilateral, indique se se trata de teste da cauda esquerda ou da direita.
   a. $H_1 : \mu \neq 4{,}10$
   b. $H_1 : \mu < 4{,}10$
   c. $H_1 : \mu > 81$
   d. $H_1 : \mu > 0{,}66$
   e. $H_1 : \mu \neq 1{,}90$
   f. $H_1 : \mu < 3$
2. Um fornecedor de mancais comprometeu-se a enviar para uma firma lotes que não contenham mais de 2% de defeituosos. O comprador extrai amostras ao receber a remessa, para verificar a qualidade.
   a. Indique H_0 e H_1.
   b. O fornecedor não deseja remeter lotes com elevado risco de devolução em razão de número excessivo de unidades defeituosas, mas também não deseja remeter lotes com percentagem de defeituosos muito menor que a estabelecida, de modo que ele também, fornecedor, faz seu teste antes de proceder à remessa. Indique H_0 e H_1.
3. Suponha o leitor que dispõe da seguinte informação:

$$H_0 : p = 35\% \qquad H_1 : p \neq 35\%$$

   a. Explique por que a probabilidade de um erro Tipo II é zero se a proporção populacional é 35%.
   b. Explique por que a probabilidade de um erro Tipo I é zero se a proporção populacional é diferente de 35%.

CAPÍTULO 10

teste de significância de médias

Objetivos do Capítulo

Ao terminar este capítulo, o leitor deve estar em condições de:

1. Explicar a finalidade geral do teste de significância para médias
2. Indicar três tipos distintos de afirmações que se podem fazer em relação a médias
3. Esboçar o processo para aplicação de um teste de significância
4. Usar dados amostrais para testar afirmações (isto é, resolver problemas típicos)

Esboço do Capítulo

Introdução
Teste de uma Amostra para Médias
    σ_x Conhecido
    σ_x Desconhecido
Testes de duas Amostras para Médias
Cálculo da Probabilidade de um Erro Tipo II
Resumo

INTRODUÇÃO

O objetivo dos testes de significância para médias é avaliar afirmações feitas a respeito de médias populacionais. Os diversos testes exigem *dados quantitativos*, isto é, dados contínuos ou discretos.

Há basicamente três tipos de afirmação que se podem fazer acerca de médias populacionais, e cada tipo requer um tipo diferente de avaliação. Uma afirmação pode dizer respeito à média de uma *única* população: a avaliação envolve então um teste de *uma amostra*. Ou pode-se afirmar que as médias de *duas* populações são iguais; tem-se então um teste de *duas amostras*. Finalmente, pode-se afirmar que as médias de *mais de duas* populações são todas iguais, o que envolve um teste de *k amostras*. Este capítulo aborda os dois primeiros testes; o teste de k amostras será estudado no capítulo seguinte.

No capítulo precedente discutimos o processo básico dos testes de significância. Resumidamente, tais testes compreendem os seguintes estágios:

1. Estabelecer a hipótese nula e a hipótese alternativa.
2. Identificar uma distribuição amostral adequada. A maior parte dos testes envolve a distribuição normal ou a distribuição t.
3. Particionar a distribuição amostral em regiões de aceitação (variação provavelmente casual) e de rejeição (variações provavelmente não casuais). Veja a Figura 10.1.
4. Calcular uma estatística teste.
5. Comparar a estatística amostral com o valor crítico. Rejeitar H_0 se for maior que o valor crítico.

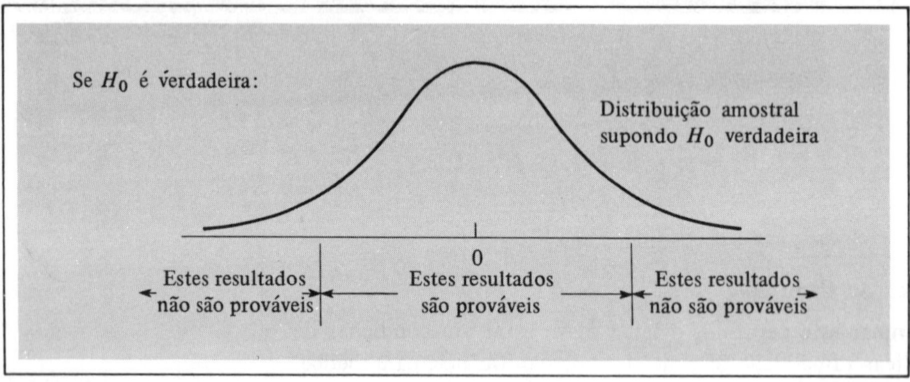

Figura 10.1 Conceito geral de um teste de significância bilateral.

TESTE DE UMA AMOSTRA PARA MÉDIAS

Utiliza-se um teste de uma amostra para testar uma afirmação sobre uma única média populacional. Extrai-se uma amostra de n observações e calcula-se a média amostral. Compara-se então o desvio entre o valor alegado e esta média amostral com a variabilidade da distribuição amostral baseada na afirmação. Grandes desvios sugerem que a afirmação é falsa; pequenos desvios corroboram a afirmação.

Por exemplo, suponha-se que queiramos avaliar a afirmação de um fabricante, de que seus pneus radiais suportam uma quilometragem de 40.000 milhas. A hipótese nula é

$$H_0 : \mu = 40.000 \text{ milhas}$$

Para ilustrar, consideremos as três hipóteses alternativas possíveis, muito embora, na prática, só uma delas seja considerada. As três são:

$$H_1 : \mu \neq 40.000 \qquad H_1 : \mu > 40.000 \qquad H_1 : \mu < 40.000$$

Nossa avaliação de qualquer dessas hipóteses deve levar em conta até que ponto uma estatística amostral pode variar, ou se desviar do valor alegado do parâmetro, em conseqüência de variação casual na amostra. Isto será descrito por uma distribuição amostral com média igual ao valor alegado do parâmetro. A distribuição amostral será normal para amostras extraídas de uma população normal com desvio padrão conhecido, e terá distribuição t quando o desvio padrão é estimado com base no desvio padrão amostral s_x. Para tamanhos de amostra superiores a 30, pode-se relaxar a hipótese de normalidade da população.

Conceitualmente, os valores críticos podem ser expressos em termos de valores que se relacionam especificamente com um dado problema. Por exemplo, em nosso caso os valores críticos podem ser 39.000 e 41.000 milhas. Entretanto, é muito mais fácil trabalhar com estatísticas padronizadas e valores críticos padronizados, pois quase todas as tabelas de probabilidade são dadas em termos de valores padronizados, conforme indicamos no capítulo precedente.

É importante estabelecer um nível de significância (que, por seu turno, conduz a um valor crítico) *antes* de se proceder à amostragem. De outra forma, há a possibilidade de o pesquisador escolher um nível de significância que conduza a uma decisão que corresponda à sua noção preconcebida de qual "deva" ser o resultado do teste.

Escolhido o nível de significância, podem-se coletar os dados amostrais e calcular a estatística teste.

$$\text{estatística teste} = \frac{\text{média amostral} - \text{média alegada}}{\text{desvio padrão da distribuição amostral}}$$

Se o desvio padrão da população é conhecido, a estatística é*

$$z_{\text{teste}} = \frac{\bar{x} - \mu_0}{\sigma_x / \sqrt{n}}$$

Se σ_x é desconhecido, a estatística é

$$t_{\text{teste}} = \frac{\bar{x} - \mu_0}{s_x / \sqrt{n}}$$

σ_x Conhecido

Quando se conhece o desvio padrão da população, a distribuição amostral adequada é a distribuição normal. Se a população é normal, a distribuição amostral será normal para *todos* os tamanhos de amostra. Se a população é não-normal, ou se sua forma é desconhecida, pode-se usar um teste de uma amostra só para tamanhos de amostra superiores a 30 observações. Assim, *pequenas amostras de populações não-normais não podem ser tratadas por este processo.*

* μ_0 = média alegada.

Consideremos com maior detalhe o exemplo do fabricante que alega que seus pneus suportam uma quilometragem de 40.000 milhas no mínimo. Suponhamos que os resultados de um teste tenham sido: amostra de $n = 49$, com média amostral = 38.000 milhas. Sabe-se que a população (quilometragem de todos os pneus) tem desvio padrão de 3.500 milhas. Procederemos como segue:

1. Estabelecer as hipóteses nula e alternativa:

$$H_0: \mu = 40.000 \text{ milhas}$$

Suponhamos que o teste esteja sendo feito por um grupo de consumidores. Naturalmente esse grupo está empenhado em que os compradores não venham a receber pneus com menor resistência, de modo que a hipótese alternativa é:

$$H_1: \mu < 40.000 \text{ milhas}$$

2. Escolher um nível de significância e particionar a distribuição amostral apropriada. Suponhamos que o grupo deseje aceitar um risco de 5% de rejeitar H_0 quando ela é verdadeira. Assim, $\alpha = 0{,}05$. Como σ_x é conhecido e o tamanho da amostra é grande, usa-se a distribuição normal. O valor de z que deixa 0,05 na cauda é $-1{,}65$.

3. Calcular a estatística teste:

$$z_{\text{teste}} = \frac{\bar{x} - \mu_0}{\sigma_x / \sqrt{n}} = \frac{38.000 - 40.000}{3.500/\sqrt{49}} = \frac{-2.000}{500} = -4{,}0$$

4. Comparar a estatística teste com o valor crítico. Como $-4{,}0$ excede $-1{,}65$, rejeita-se H_0. A Figura 10.2 ilustra esta situação. Concluímos, assim, que a vida média dos pneus é inferior a 40.000 milhas. (Não precisamos, assim, testar $\mu > 40.000$.)

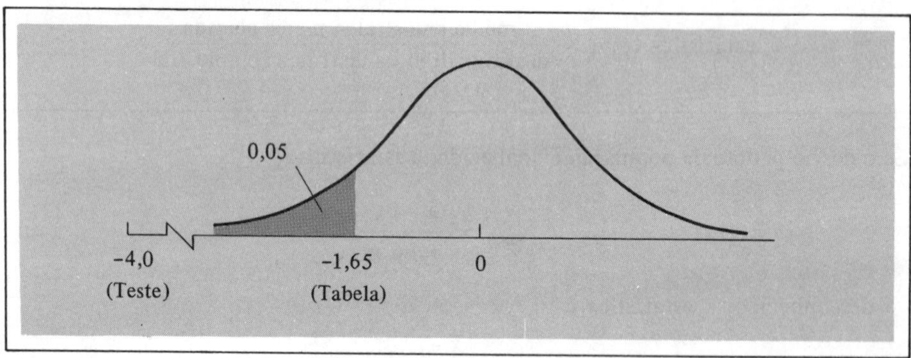

Figura 10.2 H_0 é rejeitada porque a estatística teste excede o valor crítico (tabela).

Note-se que este resultado *não* garante que a afirmação seja falsa. Poderemos estar cometendo um erro Tipo I. Assim é que, sempre que se rejeita H_0, isto significa que a evidência amostral *sugere* que H_0 é falsa; não há maneira de se estar *absolutamente certo* se a afirmação é verdadeira ou não, a menos que se proceda a um censo completo.

Como decidimos que a média verdadeira não é 40.000 milhas, uma pergunta lógica é: qual *é* a verdadeira vida média dos pneus? Uma forma de responder a esta pergunta é usar os dados amostrais para estimar a média. Usando um nível de confiança de $(1 - \alpha)$, ou seja, 95%, temos

$$\bar{x} \pm 1{,}96 \frac{\sigma_x}{\sqrt{n}} = 38.000 \pm 1{,}96(500) = 38.000 \pm 980$$

Suponhamos agora que seja o fabricante que está fazendo o teste. Ele poderá utilizar um teste de duas caudas, porque deseja, por um lado, precaver-se contra a entrega de pneus muito pouco duráveis (o que desmentiria sua propaganda, entre outras coisas), e, por outro lado, não deseja aprimorar demais a qualidade, já que ele vende também pneus com 45.000 milhas de vida média a preço mais alto. Temos então os seguintes fatos:

$$\bar{x} = 38.000 \text{ milhas}$$
$$n = 49$$
$$\sigma_x = 3.500 \text{ milhas}$$

A análise se processa como segue:

1. Fixar H_0 e H_1:

$$H_0 : \mu = 40.000$$
$$H_1 : \mu \neq 40.000$$

2. Escolher α e particionar a distribuição amostral. Tomando $\alpha = 0{,}05$, os valores críticos de z são $\pm 1{,}96$.
3. Calcular a estatística teste. Como estamos usando os mesmos dados, o valor da estatística teste permanece o mesmo:

$$z_{\text{teste}} = \frac{38.000 - 40.000}{3.500/\sqrt{49}} = -4{,}0$$

4. Como $-4{,}0$ excede o valor crítico inferior, o fabricante rejeitará H_0 e concluirá que a vida média é inferior a 40.000.

A Figura 10.3 ilustra o teste.

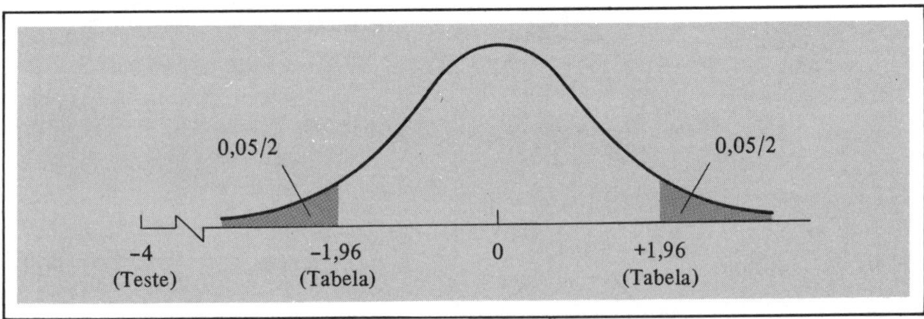

Figura 10.3 H_0 é rejeitada.

σ_x Desconhecido

Quando não se conhece o desvio padrão da população, deve-se estimá-lo a partir dos dados amostrais usando o desvio padrão amostral. Quando isto ocorre (na maioria das situações reais σ_x é desconhecido), a distribuição t é a distribuição amostral adequada. Na prática, entretanto, só se exige o uso da distribuição t quando o tamanho da amostra é igual ou inferior a 30, pois, para maiores valores do tamanho da amostra, os valores de t e z são aproximadamente os mesmos, podendo-se então usar a distribuição z em lugar da t.*

---

* Entretanto, a estatística teste é sempre referida como t quando se usa s_x, independentemente do tamanho da amostra.

Voltemos ao exemplo dos pneus com vida média de 40.000 milhas. Consideraremos agora o desvio padrão populacional como sendo desconhecido. Desejamos também comparar a análise para grandes amostras com os casos de pequenas amostras.

Como antes, tomemos como nossa hipótese nula H_0 "a verdadeira média é 40.000 milhas". Além disso, testemos novamente as três hipóteses alternativas:

1. $H_1 : \mu_x < 40.000$
2. $H_1 : \mu_x > 40.000$
3. $H_1 : \mu_x \neq 40.000$

Exemplo 1 Grandes amostras. Suponhamos uma amostra de 36 observações com média 41.200 e desvio padrão amostral 3.000. Usemos $\alpha = 0,05$. Ora, como n é maior que 30, podemos usar o valor de z de uma tabela normal para aproximar o valor de t. Logo, o valor crítico é $+1,65$ ou $-1,65$, para um teste unilateral, e $\pm 1,96$ para um teste bilateral. Para qualquer teste a estatística é

$$z_{\text{teste}} = \frac{\bar{x} - \mu_0}{s_x/\sqrt{n}} = \frac{41.200 - 40.000}{3.000/\sqrt{36}} = +2,40$$

As três hipóteses alternativas possíveis são testadas na Figura 10.4. Note-se que a finalidade dos três testes é ilustrar as várias possibilidades; na prática, só seria utilizada *uma* alternativa.

Exemplo 2 Pequena amostra. Quando o tamanho da amostra é 30 ou menos, acha-se o valor de t numa tabela da distribuição t. Note-se que, com pequenas amostras, a população deve ter distri-

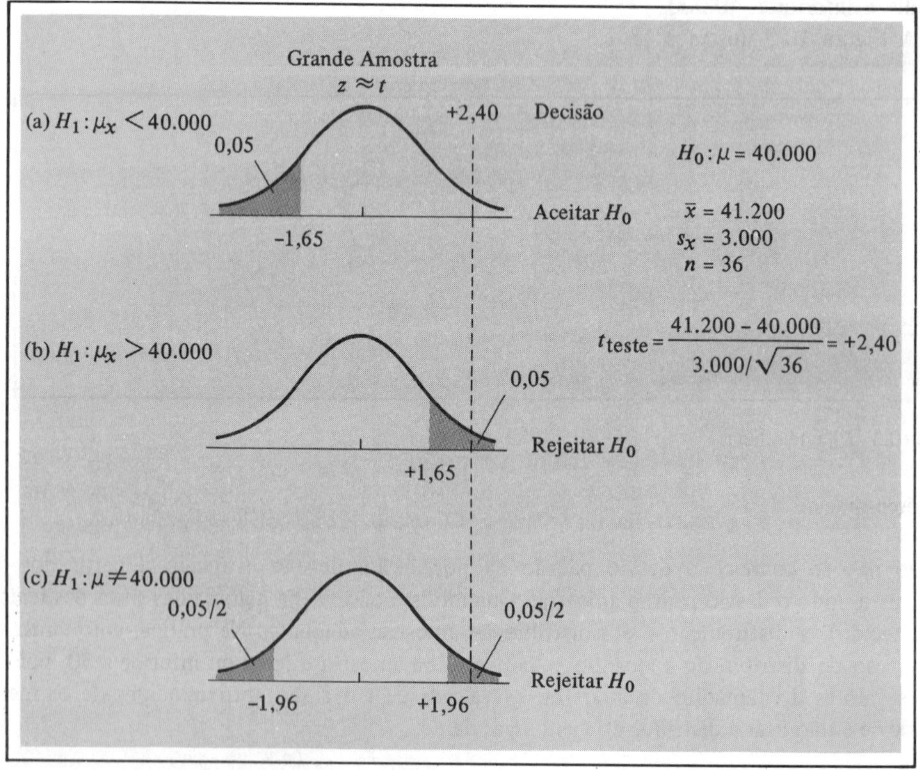

Figura 10.4 Comparação das três alternativas em termos de avaliação dos dados amostrais para uma grande amostra.

buição normal, pois, do contrário, não se pode usar esta técnica. Suponhamos uma amostra de $n = 25$, com os resultados

$$\bar{x} = 41.100 \text{ milhas} \qquad s_x = 2.750 \text{ milhas}$$

Usando $\alpha = 0{,}05$ e $25 - 1 = 24$ graus de liberdade, o valor crítico de t é $+1{,}71$ ou $-1{,}71$ para um teste unilateral, e $\pm 2{,}07$ para um teste bilateral. A estatística é

$$t_{\text{teste}} = \frac{\bar{x} - \mu_0}{s_x/\sqrt{n}} = \frac{41.100 - 40.000}{2.750/\sqrt{25}} = +2{,}0$$

A Figura 10.5 ilustra os três testes possíveis e as conclusões. Novamente, só uma das alternativas seria considerada, na prática.

Estatística para um teste de uma amostra para médias

a. σ_x conhecido

$$z = \frac{\text{média amostral - média alegada}}{\sigma_x/\sqrt{n}}$$

b. σ_x desconhecido

$$t = \frac{\text{média amostral - média alegada}}{s_x/\sqrt{n}}$$

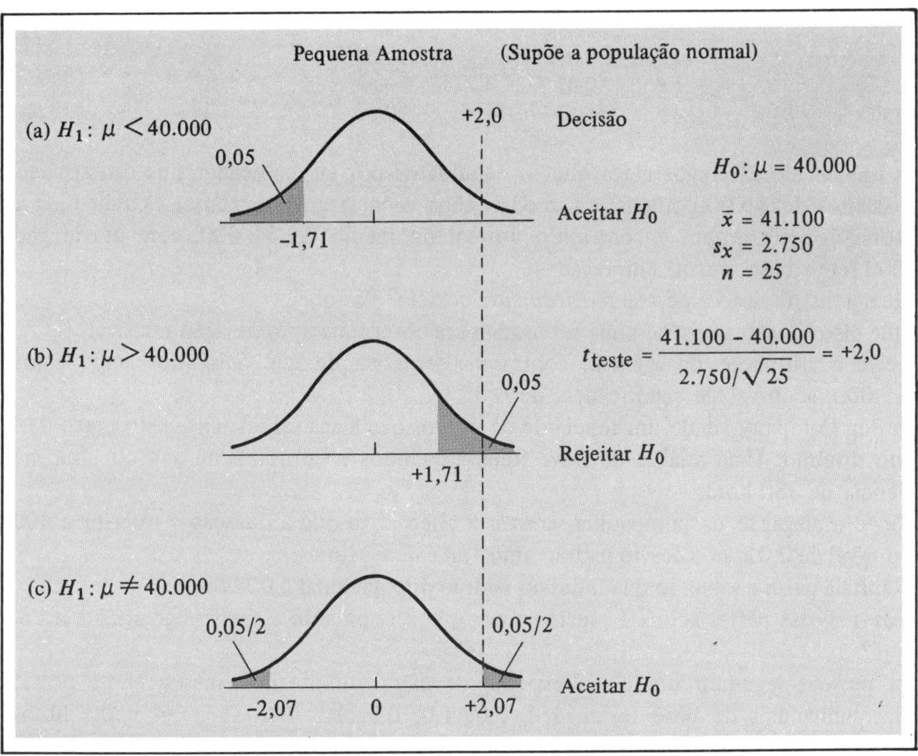

Figura 10.5 Três hipóteses alternativas ilustradas para uma pequena amostra.

EXERCÍCIOS

1. Para cada um dos casos seguintes, decida se é adequado um teste unilateral ou um teste bilateral, e trace uma curva normal para ilustrar cada teste. Indique a área na(s) cauda(s).
   a. $H_0: \mu = 10$, $H_1: \mu \neq 10$, $\alpha = 0{,}02$
   b. $H_0: \mu = 0{,}037$, $H_1: \mu > 0{,}037$, $\alpha = 0{,}05$
   c. $H_0: \mu = 3{,}2$, $H_1: \mu < 3{,}2$, $\alpha = 0{,}01$
   d. $H_0: \mu = 17{,}45$, $H_1: \mu > 17{,}45$, $\alpha = 0{,}05$
   e. $H_0: \mu_1 = \mu_2$, $H_1: \mu_1 \neq \mu_2$, $\alpha = 0{,}02$
2. Indique as hipóteses nula e alternativa para cada uma das seguintes situações:
   a. Uma organização de teste de produtos duvida da afirmação de um fabricante de que suas pilhas tenham uma vida média de 25 horas sob operação contínua.
   b. Tubos galvanizados devem ter uma média de 2 polegadas para ser aceitáveis.
   c. Novas técnicas de instrução não serão implementadas a menos que se prove que a taxa média de aprendizagem melhorará em comparação com a técnica atualmente em uso.
   d. Um fabricante de conservas deseja evitar excesso no enchimento de potes de 12 oz de geléia.
   e. O fabricante do item d deseja evitar deficiência e excesso no enchimento dos potes.

3. Com referência às quatro afirmações nas partes de a a d do Exercício 1, teste cada uma ao nível especificado, à luz das seguintes informações adicionais. Estabeleça um intervalo de confiança de $(1 - \alpha)$ para qualquer caso em que H_0 seja rejeitada.

	a.	b.	c.	d.
Média amostral	12,2	0,04	3,3	19,05
s_x	1,8	0,01	0,2	3,5
Tamanho da amostra	13	81	25	50

4. Uma agência de empregos alega que os candidatos por ela colocados nos últimos seis meses têm salários de \$9.000 anuais, em média. Uma agência governamental extraiu uma amostra aleatória daquele grupo, encontrando um salário médio de \$8.000, com desvio padrão de \$1.000, com base em 50 empregados.
   a. Qual a distribuição amostral *teoricamente* correta? Por quê?
   b. Que distribuição amostral pode ser usada para obter uma aproximação razoável?
   c. Teste a afirmação da agência, contra a alternativa de que o salário médio é inferior a \$9.000, ao nível de significância de 0,05.
5. A DeBug Company vende um repelente de insetos que alega ser eficiente pelo prazo de 400 horas no mínimo. Uma análise de nove itens escolhidos aleatoriamente acusou uma média de eficiência de 380 horas.
   a. Teste a alegação da companhia, contra a alternativa que a duração é inferior a 400 horas, ao nível de 0,01, se o desvio padrão amostral é de 60 horas.
   b. Repita a parte a sabendo que o desvio padrão populacional é 90 horas.
   c. Em qual das partes acima é preciso saber que a população é aproximadamente normal? Por quê?
6. Nove pessoas seguiram um plano especial de dieta durante dois meses. Nessa ocasião, suas perdas individuais de peso foram 1,2, 2,0, 1,0, 0,8, 1,1, 0,2, 0,5, 0,4 e 0,1 libras. Teste a hipótese nula de uma perda média real de 0 libra, contra a alternativa de uma perda maior que 0, ao nível $\alpha = 0{,}01$. Admita a normalidade da população.

7. Um processo de fabricação de arame de aço dá um produto com resistência média de 200 psi. O desvio padrão do processo é 20 psi. O engenheiro de controle de qualidade deseja elaborar um teste que indique se houve ou não variação na média do processo, usando uma amostra de 25 e um nível de significância de $\alpha = 0{,}05$. Suponha aproximadamente normal a população de resistências.
   a. Formule H_0 e H_1 para este teste.
   b. Para que âmbito de valores de resistência o processo será considerado fora de controle (isto é, pode-se concluir que a média do processo se afastou de 200 psi)?
8. Um fabricante de automóveis alega que seus carros tamanho-família, quando equipados com um tipo de pára-choque absorvente, podem suportar um choque de frente a uma velocidade de 10 mph, com um custo de conserto de no máximo $100. Uma amostra de seis carros, examinada por um escritório independente de pesquisa, revelou um custo médio de reparo de $150 por carro. O desvio padrão amostral foi de $30. Admita que a distribuição dos custos de conserto seja aproximadamente normal.
   a. Há indício suficiente para rejeitar a alegação da firma, ao nível de 0,01?
   b. É preciso saber que a população é aproximadamente normal? Por quê?
9. Uma companhia de seguros iniciará uma campanha extensa de propaganda para vender apólices de seguro de vida, se verificar que a quantia média segurada por família é inferior a $10.000. Tomou-se uma amostra aleatória de 50 famílias, que acusaram seguro médio de $9.600, com desvio padrão de $1.000.
   a. Com base na evidência amostral, a alegação deve ser aceita ou rejeitada, ao nível de 0,05?
   b. A conclusão a que se chegou, utilizando a evidência amostral, pode estar errada? Qual seria o tipo de erro? Por quê?
10. Suponhamos que se tenha a seguinte informação:

$$\begin{array}{ll} H_0: \text{média} = 75 & \alpha = 0{,}05 \\ H_1: \text{média} > 75 & n = 64 \\ \sigma_x = 8{,}0 & \end{array}$$

   a. *Antes de* extrair uma amostra, qual é P(erro Tipo I)?
   b. Se a média amostral é 76,0, qual é a probabilidade de um erro Tipo I?
   c. Se a média amostral é 77,5, qual é a probabilidade de um erro Tipo I?
11. A fim de acelerar o tempo que um analgésico leva para penetrar na corrente sangüínea, um químico analista acrescentou certo ingrediente à fórmula original, que acusava um tempo médio de 43 minutos. Em 36 observações com a nova fórmula, obteve-se um tempo médio de 42 minutos, com desvio padrão de 6 minutos. Suponha que a distribuição de tempos seja aproximadamente normal.
   a. Formule H_0 e H_1.
   b. Que se pode concluir, ao nível de 0,05, sobre a eficiência do novo ingrediente?
   c. Qual seria a resposta ao item b ao nível de 0,01?
   d. É necessário supor normal a população? Por quê?
12. A amostragem de uma população finita exige que a estimativa do erro padrão da distribuição amostral seja modificada pelo fatór de correção $\sqrt{(N-n)/(N-1)}$ se o tamanho da amostra excede 5% da população. O gerente de crédito de uma firma acredita que o saldo médio de crédito de 400 clientes não excede $75. Faça o cálculo ao nível de 0,05 para:
   a. $n = 30$, $s_x = 5$, $\bar{x} = \$77$
   b. $n = 50$, $s_x = 5{,}2$, $\bar{x} = \$76$

TESTES DE DUAS AMOSTRAS PARA MÉDIAS

Os testes de duas amostras são usados para decidir se as médias de duas populações são iguais. Exigem-se duas amostras independentes, uma de cada população.* Considere-se, por exemplo, o caso de uma pesquisa sobre duas misturas diferentes de tinta, para ver se é possível alterar o tempo de secagem da pintura de uma casa. Cada mistura é testada certo número de vezes, comparando-se então os tempos médios de secagem das duas amostras. Uma das misturas parece melhor porque seu tempo médio (amostral) de secagem é 30 minutos inferior ao tempo médio da outra.

Mas as médias reais dos tempos de secagem das duas tintas são realmente diferentes, ou a diferença amostral é apenas casual? Novamente, aqui devemos distinguir entre diferenças *casuais* e diferenças *reais*.

Os testes de duas amostras são freqüentemente usados para comparar dois métodos de ensino, duas marcas, duas cidades, dois distritos escolares, e outros casos análogos.

A hipótese nula pode ser a de que as duas populações têm médias iguais:

$$H_0: \mu_1 = \mu_2$$

As alternativas podem ser:

$$H_1: \mu_1 \neq \mu_2 \qquad H_1: \mu_1 > \mu_2 \qquad H_1: \mu_1 < \mu_2$$

(Nota: $\mu_1 > \mu_2$ é equivalente a $\mu_2 < \mu_1$.)

O teste focaliza a diferença relativa entre as médias de duas amostras, uma de cada população. Esta diferença é dividida pelo desvio padrão de uma distribuição amostral. Calcula-se primeiro o desvio padrão, supondo H_0 verdadeira. Em tal caso, as duas amostras podem ser consideradas como provenientes da *mesma* população, e mediante combinação (*pooling*) das variâncias das duas populações (ou das duas amostras, se as variâncias da população são desconhecidas), pode-se determinar a variância global da população. Quando σ_1 e σ_2 são conhecidos, a estatística é a seguinte:

$$z_{\text{teste}} = \frac{\bar{x}_1 - \bar{x}_2}{\sqrt{\dfrac{\sigma_1^2}{n_1} + \dfrac{\sigma_2^2}{n_2}}}$$

Quando H_0 é verdadeira, pode-se admitir que o verdadeiro valor de z seja distribuído normalmente com média 0 e desvio padrão 1,0 (isto é, a distribuição normal padronizada) para os casos em que a *soma* $n_1 + n_2$ é maior que 30. Para menores amostras, z só terá distribuição normal se as duas populações em estudo forem normais.

Quando os desvios padrões populacionais são desconhecidos, a estatística toma a forma:

* Uma palavra de cautela: Estes dois testes de duas amostras exigem que as amostras sejam independentes (isto é, de grupos diferentes). Isto significa que os dados antes-depois, tais como os que podem resultar do estudo de uma dieta, examinando-se o peso médio antes e depois da dieta do mesmo grupo, não podem ser avaliados dessa maneira. No Capítulo 13 discute-se um método adequado para tais casos.

$$t_{\text{teste}} = \frac{\bar{x}_1 - \bar{x}_2}{\sqrt{\dfrac{s_{x_1}^{\;2}}{n_1} + \dfrac{s_{x_2}^{\;2}}{n_2}}}$$

O valor de t, supondo H_0 verdadeira, pode ser bem aproximado por z se $n_1 + n_2$ excede 30.

Quando os tamanhos das duas amostras não são iguais e sua soma é menor que 30, a fórmula da estatística de teste é:

$$t_{\text{teste}} \approx \frac{\bar{x}_1 - \bar{x}_2}{\sqrt{\left[\dfrac{(n_1 - 1)s_1^{\;2} + (n_2 - 1)s_2^{\;2}}{n_1 + n_2 - 2}\right]\left(\dfrac{1}{n_1} + \dfrac{1}{n_2}\right)}}$$

O valor de t quando H_0 é verdadeira tem distribuição t com $n_1 + n_2 - 2$ graus de liberdade, desde que se possa admitir que ambas as populações sejam aproximadamente normais.

Os exemplos que seguem ilustram o teste de duas amostras para médias (a) para grandes amostras *versus* pequenas amostras e (b) para situações com desvio padrão conhecido e desvio padrão desconhecido.

Exemplo 3 σ_x conhecido. $\alpha = 0{,}05$.

$$H_0\colon \mu_1 = \mu_2 \qquad H_1\colon \mu_1 > \mu_2$$
$$\bar{x} = 20 \qquad \bar{x}_2 = 18$$
$$\sigma_1 = \sigma_2 = 3$$
$$n_1 = n_2 = 36$$

Calcular a estatística:

$$z_{\text{teste}} = \frac{\bar{x}_1 - \bar{x}_2}{\sqrt{\dfrac{\sigma_1^{\;2}}{n_1} + \dfrac{\sigma_2^{\;2}}{n_2}}} = \frac{20 - 18}{\sqrt{\dfrac{9}{36} + \dfrac{9}{36}}} = \frac{2}{\sqrt{0{,}5}} = \frac{2}{0{,}7} = 2{,}9$$

Como a estatística teste é maior que 1,65, rejeitaremos H_0 e concluiremos que a média da população 1 é maior que a da população 2. Ver a Figura 10.6.

Exemplo 4 σ_x desconhecido. Testar a hipótese

$$H_0\colon \mu_1 = \mu_2$$

quando a alternativa é

$$H_1\colon \mu_1 \neq \mu_2$$

Use $\alpha = 0{,}05$ e

$$s_{x_1} = 1{,}1 \qquad s_{x_2} = 1{,}2$$
$$\bar{x}_1 = 5{,}4 \qquad \bar{x}_2 = 5{,}0$$

a. Use $n_1 = n_2 = 36$.
b. Use $n_1 = 15$, $n_2 = 3$ (devemos poder supor a população normal).

Solução:

a. A estatística teste é

$$t_{\text{teste}} = \frac{\bar{x}_1 - \bar{x}_2}{\sqrt{\frac{s_{x_1}^2}{n_1} + \frac{s_{x_2}^2}{n_2}}} = \frac{5{,}4 - 5{,}0}{\sqrt{\frac{1{,}21}{36} + \frac{1{,}44}{36}}} = \frac{0{,}4}{\sqrt{0{,}2 + 0{,}24}} = \frac{0{,}4}{0{,}663} = 0{,}6$$

Como $n_1 + n_2 > 30$, $z \approx t$.

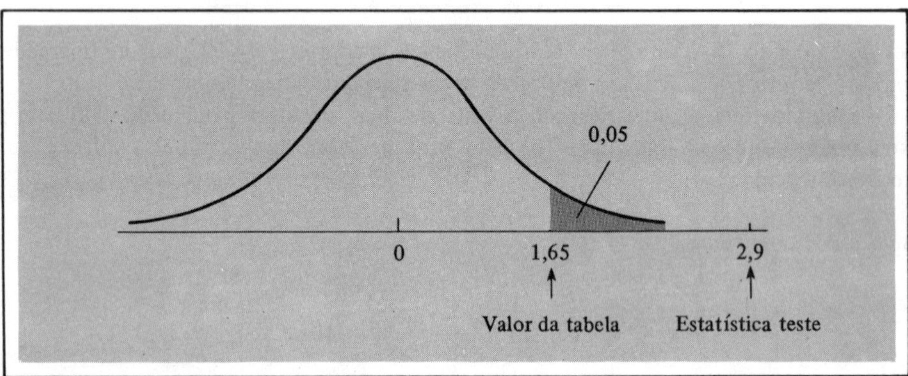

Figura 10.6 H_0 é rejeitada, pois $z_{\text{teste}} > z_{\text{tabela}}$.

Como a estatística teste está na região de aceitação, a hipótese nula não pode ser rejeitada (ver a Figura 10.7). Concluímos então que a diferença entre as duas médias amostrais é provavelmente o resultado da variação casual devida à amostragem aleatória.

b. A estatística teste é

$$t_{\text{teste}} = \frac{\bar{x}_1 - \bar{x}_2}{\sqrt{\left[\frac{(n_1 - 1)s_{x_1}^2 + (n_2 - 1)s_{x_2}^2}{n_1 + n_2 - 2}\right]\left(\frac{1}{n_1} + \frac{1}{n_2}\right)}}$$

$$= \frac{5{,}4 - 5{,}0}{\sqrt{\left[\frac{(14)1{,}1^2 + (2)1{,}2^2}{15 + 3 - 2}\right]\left(\frac{1}{15} + \frac{1}{3}\right)}} = \frac{0{,}4}{0{,}704} = 0{,}568$$

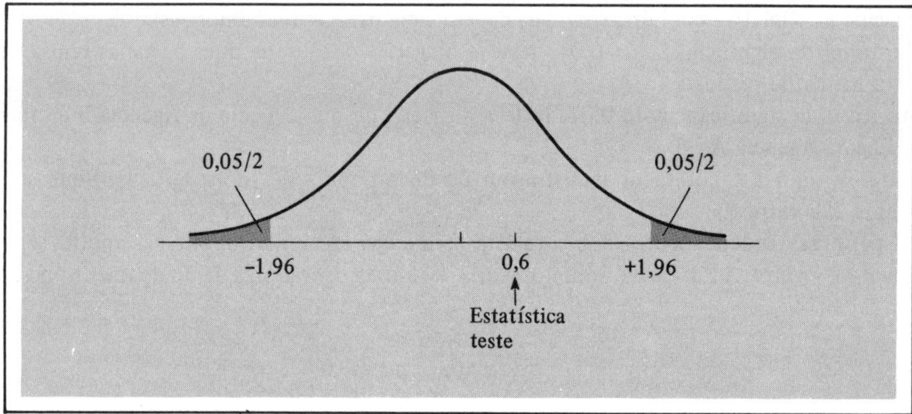

Figura 10.7 H_0 é aceita, pois t_{teste} está na região de aceitação.

Como a soma de n_1 e n_2 é menor que 30, devemos usar uma tabela t com $n_1 + n_2 - 2$ graus de liberdade, para achar o valor crítico. Na Tabela H, encontramos

$$t_{0,025;\ 16\ \text{g.l.}} = 2{,}12$$

Como a estatística teste cai na região de aceitação, não se pode concluir que as duas populações das quais foram extraídas as amostras tenham médias diferentes. Ver a Figura 10.8.

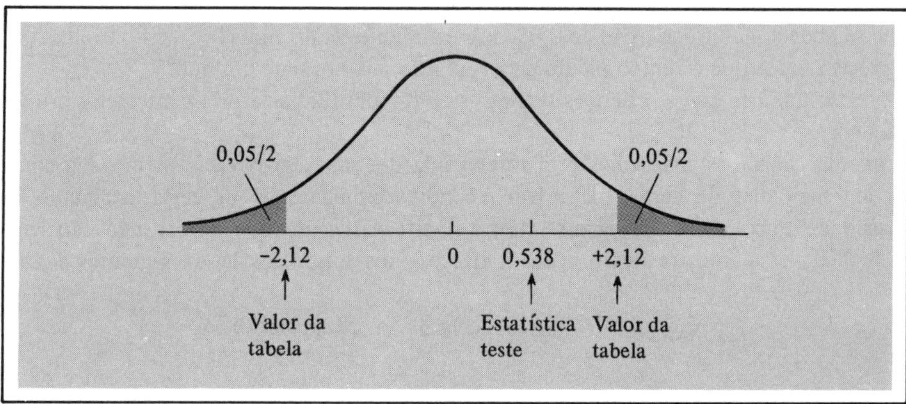

Figura 10.8 H_0 é aceita.

EXERCÍCIOS

1. Consideremos os seguintes dados sobre amostras de duas populações:

	Agência A	Agência B
Tempo médio de resposta	4 h	5 h
Desvio padrão	1 h	1,2 h
Número de observações	30	24

a. Calcule a estimativa conjunta (*pooled*) da variância para as duas amostras.
b. Ao nível de significância de 0,01, teste a alegação de que as duas agências têm a mesma taxa média de resposta.
c. Ao nível de significância de 0,01, teste a alegação de que a média da Agência B é superior à média da Agência A.
d. Exige-se aqui a hipótese de amostragem de duas populações normais? Justifique sumariamente sua resposta.

2. Duas pesquisas independentes sobre salários em duas áreas metropolitanas muito separadas revelaram a seguinte informação sobre o salário médio de operadores de equipamento pesado:

	Área	
	A	B
$\bar{x}$	\$6,50/h	\$7,00/h
s_x	\$1,50/h	\$1,00/h
n	25	25

Pode-se concluir, ao nível de 0,05, que os salários médios sejam diferentes?

3. Numa comparação de métodos de ensino, 12 crianças do pré-primário no grupo de controle montaram um quebra-cabeça num tempo médio de 3,2 minutos (s_x = 30 segundos). As 10 crianças do grupo de teste, após verem um filme sobre resolução de quebra-cabeças, completaram a mesma tarefa num tempo médio de 2,8 minutos, com s_x = 30 segundos.
   a. Cabe um teste unilateral ou um teste bilateral? Por quê?
   b. Que se pode concluir, ao nível de 0,05, sobre a eficiência do filme?
   c. É preciso supor que o tempo médio da população seja normal? Por quê?
   d. É preciso admitir que as crianças tenham sido distribuídas aleatoriamente pelos grupos? Explique.

4. Uma grande cadeia de magazines está interessada em saber se o valor médio das compras é maior em suas lojas do centro da cidade ou no *shopping center* de certa localidade. Teste a afirmação de que ambas são iguais, contra a alternativa de que ambas não são iguais, ao nível de 0,01. Uma amostra aleatória das transações nos dois locais deu os seguintes dados:

	Centro	*Shopping center*
$\bar{x}$	\$45,00	\$43,50
Tamanho da amostra	100	100

(Suponha que o desvio padrão populacional seja de \$10,00 em ambos os casos.)

5. Ao nível de significância de 0,05, determine se as resistências médias em dois lotes de fibra de náilon são iguais, com base nas seguintes observações amostrais:

Lote L	Lote N
30 psi	32 psi
28	33
27	31
28	30
32	29

CÁLCULO DA PROBABILIDADE DE UM ERRO TIPO II*

Comete-se um erro Tipo II aceitando-se a hipótese nula quando ela é falsa. Para fins de cálculo da probabilidade de tal ocorrência, é útil encarar a probabilidade como a quantidade segundo a qual a distribuição amostral, baseada na média real da população, intercepta a região da aceitação. A Figura 10.9 ilustra isso.

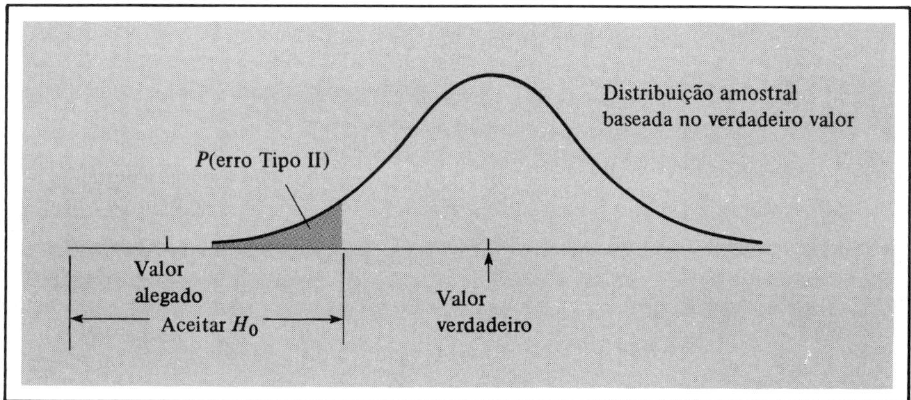

Figura 10.9 A probabilidade de um erro Tipo II é a quantidade da distribuição amostral, baseada no verdadeiro parâmetro da população, que intercepta a região de aceitação para a hipótese nula.

O processo para determinar a probabilidade de um erro Tipo II é o seguinte (ver a Figura 10.10):

1. Estabeleça a região de aceitação para H_0, utilizando (1) a média alegada (suposta) da população e (2) os dados específicos do problema (isto é, desvio padrão, tamanho da amostra, etc.) [Figura 10.10(a)].
2. Acrescente uma distribuição amostral baseada na média real da população [Figura 10.10(b)].
3. Usando o verdadeiro valor como ponto de referência, determine a área [representada por Q na Figura 10.10(c)] entre ele e a regra de decisão.
4. Some a, ou subtraia de, 50% para obter P(erro Tipo II), conforme o verdadeiro valor esteja dentro ou fora da região de aceitação. Na Figura 10.10 o verdadeiro valor está fora da região, de modo que a área Q é subtraída de 50%. A área Q deveria ser somada a 50% se o verdadeiro valor estivesse dentro da região.

Exemplo 5 Dada a seguinte informação, calcule a probabilidade de um erro Tipo II se a média real da população é 14,88.

média suposta	14,00
desvio padrão populacional	2,00
tamanho da amostra	36
nível de significância	10% (teste bilateral)

* Esta seção é opcional e pode ser omitida sem perda de continuidade.

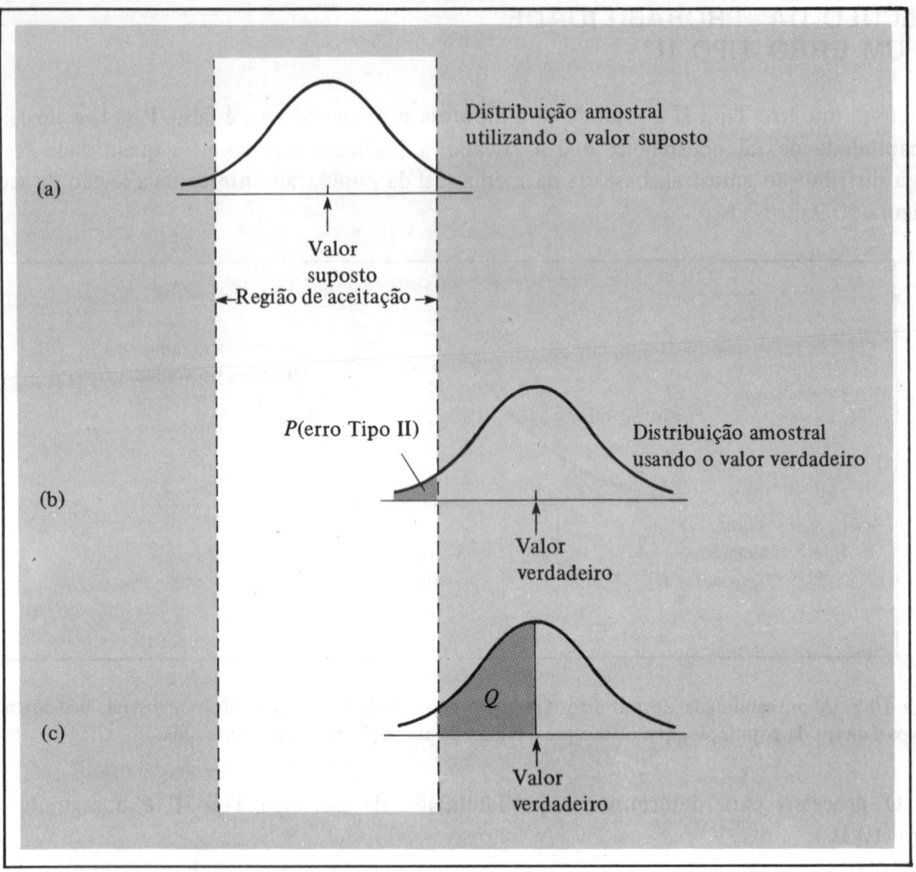

Figura 10.10 Estágios do cálculo da probabilidade de um erro Tipo II.

Solução:

Como se conhece σ_X, cabe a distribuição normal. Para um teste bilateral ao nível de 10%, z é $\pm 1{,}65$.

As regras de decisão são

$$14{,}00 \pm z \frac{\sigma_X}{\sqrt{n}} = 14{,}00 \pm 1{,}65 \frac{2}{\sqrt{36}} = 14{,}00 \pm 0{,}55, \text{ ou } 13{,}45 \text{ a } 14{,}55$$

Ver a Figura 10.11.

Se a verdadeira média é 14,88, a probabilidade de um erro Tipo II se apresentará mais ou menos como o diagrama da Figura 10.12.

Para determinar a área na cauda (que é a probabilidade de um erro Tipo II), é necessário achar quão afastada a regra de decisão (14,55) está do verdadeiro valor:

$$z = \frac{14{,}55 - 14{,}88}{2/\sqrt{36}} = \frac{-0{,}33}{0{,}33} = -1{,}0$$

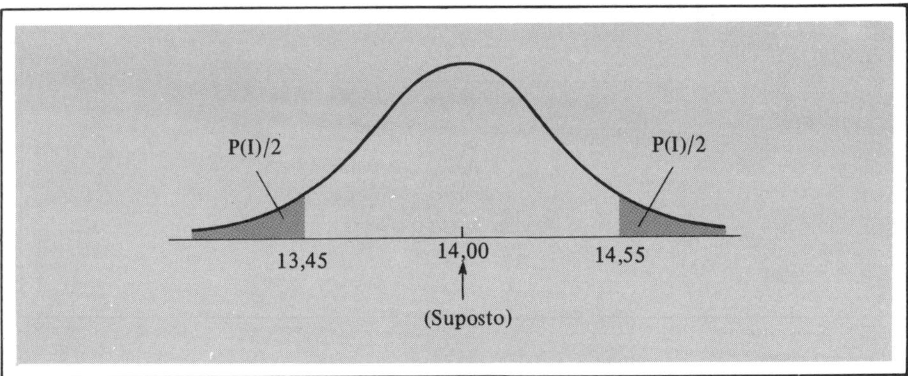

Figura 10.11 Regra de decisão.

A área sob a curva normal entre a média e 1,0 desvio padrão é 0,3413. Portanto, a área além de um desvio padrão de 1,0 é 0,5 - 0,3413 = 0,1587, que é a probabilidade de um erro Tipo II.

Exemplo 6 Usando a mesma informação do Exemplo 5, determine a probabilidade de um erro Tipo II, se o verdadeiro valor é 14,33, em lugar de 14,88.

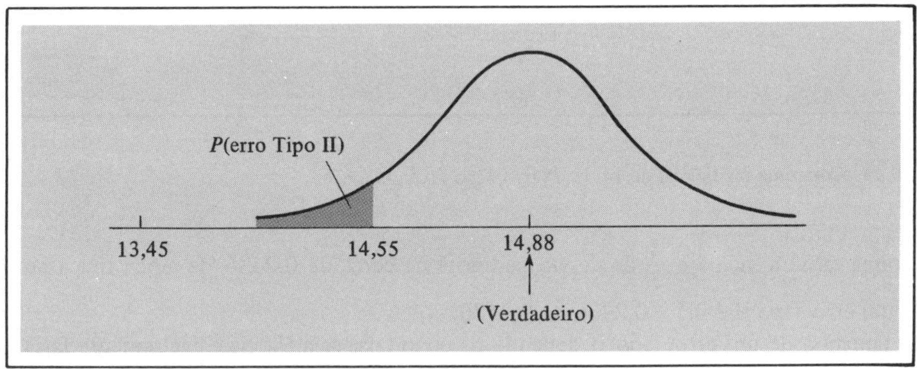

Figura 10.12 *P*(erro Tipo II) se a verdadeira média é 14,88.

Solução:

A região de aceitação seria a mesma que antes, mas agora o verdadeiro valor está dentro da região de aceitação (note-se que H_0 é ainda falsa porque o verdadeiro valor não é igual ao valor alegado). Ver a Figura 10.13.

Somando a distribuição amostral baseada na média real de 14,33, obtemos o gráfico da Figura 10.14.

A probabilidade de um erro Tipo II é obviamente superior a 50%, porque mais da metade da distribuição amostral está dentro da região de aceitação. Exatamente quanto mais de 50% dependerá de quão 14,55 esteja afastado da verdadeira média:

$$z = \frac{14{,}55 - 14{,}33}{2/\sqrt{36}} = \frac{0{,}22}{0{,}33} = \frac{2}{3}$$

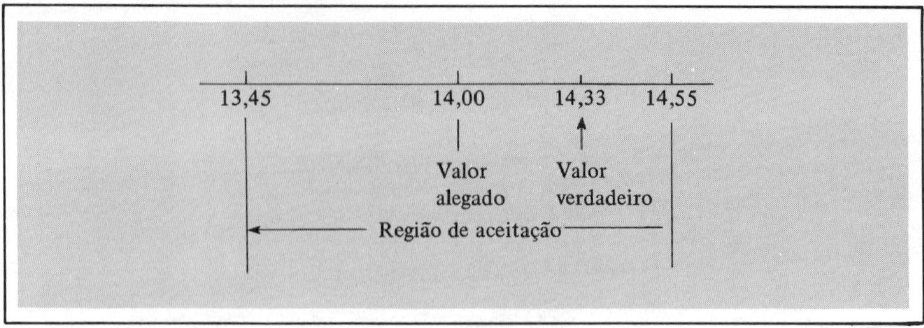

Figura 10.13 O verdadeiro valor está dentro da região de aceitação.

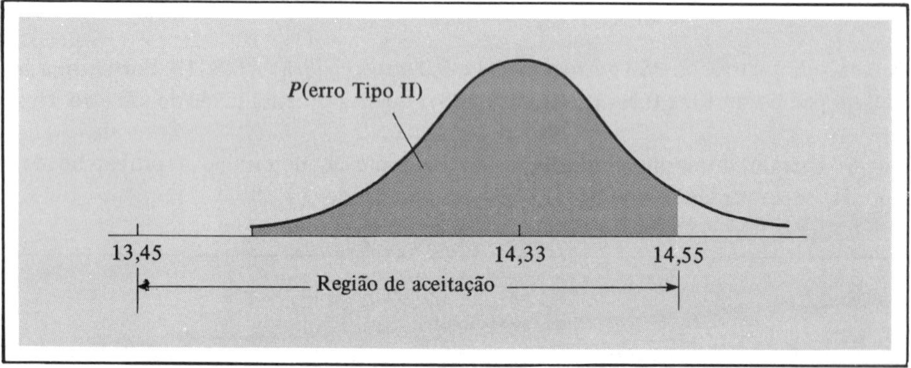

Figura 10.14 Com uma média real de 14,33, P(erro Tipo II) é grande.

A área entre a média e $\frac{2}{3}$ de desvio padrão é de cerca de 0,2486, de modo que a probabilidade de um erro Tipo II é 0,5 + 0,2486 = 0,7486.

O tamanho de um erro Tipo II depende de quão falsa seja H_0. Se é ligeiramente falsa, a probabilidade de cometer um erro Tipo II será muito maior do que quando H_0 é muito falsa (isto é, o verdadeiro valor e o valor suposto são muito diferentes). A Figura 10.15 demonstra isso. Note-se que, para calcular a probabilidade de cometer um erro Tipo II, é preciso ter um valor real particular em mente, pois cada valor verdadeiro diferente produzirá uma P(erro Tipo II) diferente.

Note-se, na Figura 10.15, que, num exemplo, a probabilidade de um erro Tipo II é zero. A razão é que a verdadeira média e a média suposta são iguais, de modo que a hipótese nula é verdadeira. Quando isso ocorre, o único tipo de erro possível é o erro Tipo I.

EXERCÍCIOS

1. a. Defina o erro Tipo I.
   b. Defina o erro Tipo II.

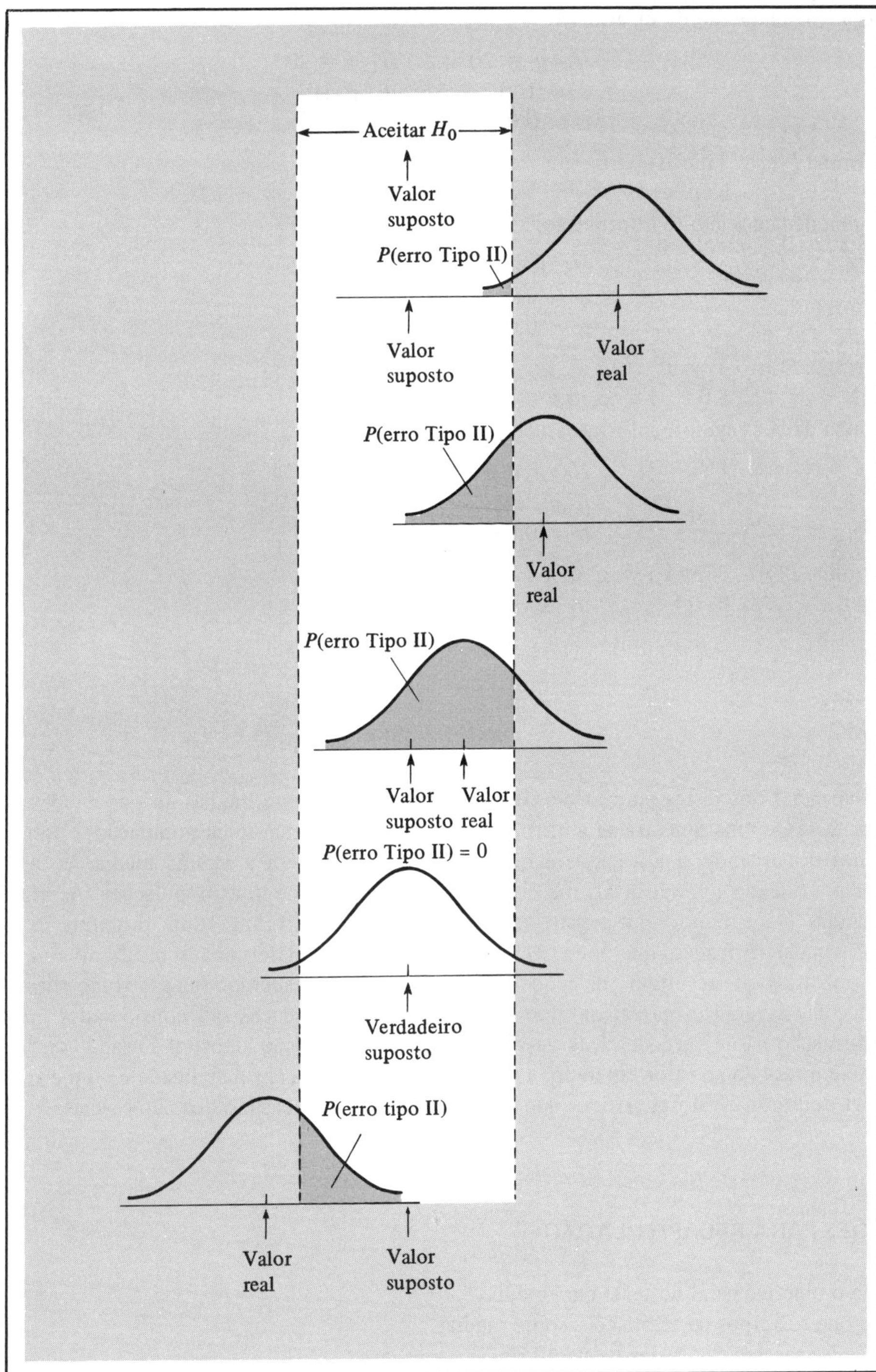

Figura 10.15 A probabilidade de um erro Tipo II depende de quão afastada a verdadeira (efetiva) média esteja da média suposta.

2. Suponha dada a seguinte informação:

$H_0: \mu = 20$ $H_1: \mu \neq 20$
$n = 100$ $\sigma_x = 10$
$\alpha = 0{,}05$

Determine P(erro Tipo II) para:
a. $\mu = 19$ b. $\mu = 19{,}5$ c. $\mu = 20$ d. $\mu = 22$

3. Suponha dada a seguinte informação:

$H_0: \mu = 5$ $H_1: \mu > 5$
$n = 25$ $\sigma_x = 1$
$\alpha = 0{,}04$

Determine P(erro Tipo II) se μ é:
a. 5,2 b. 5,0 c. 5,4 d. 6,0

4. Suponha dada a seguinte informação:

$H_0: \mu = 36$ $H_1: \mu < 25$
$n = 36$ $s_x = 3$
$\alpha = 0{,}01$

Determine P(erro Tipo II) se μ é:
a. 24,5 b. 24 c. 23,5

RESUMO

O objetivo geral dos testes para médias é avaliar afirmações sobre médias de populações. Emprega-se um teste de uma amostra se a afirmação diz respeito a uma única população; e um teste de duas amostras, quando a afirmação é que duas populações têm a mesma média. O teste de k amostras é utilizado quando a afirmação diz respeito a mais de duas populações. As afirmações são avaliadas (1) supondo que sejam verdadeiras e (2) construindo uma distribuição amostral baseada naquela afirmação, que pode (3) ser usada para avaliar determinado resultado amostral. As médias amostrais que resultam em pequenos desvios do valor esperado (alegado) são consideradas como devidas à variação casual na amostragem; grandes diferenças são consideradas indício de que a afirmação não é verdadeira. O desvio padrão da distribuição amostral é usado como medida do desvio em relação ao valor esperado, e o nível de significância (probabilidade de um erro Tipo I) serve para determinar valores críticos que separam os resultados casuais dos não-casuais.

QUESTÕES PARA RECAPITULAÇÃO

1. Qual é o objetivo geral do teste para médias?
2. Relacione três tipos de afirmações sobre médias.
3. Esboce o processo dos testes de significância.
4. Sob quais condições é necessário supor que a população submetida a amostragem tenha distribuição aproximadamente normal?
5. Quando se deve usar a distribuição t?

EXERCÍCIOS SUPLEMENTARES

Suponha as amostras extraídas de populações normais em cada um dos seguintes problemas.

1. Um processo industrial produz peças para cerca que têm uma média de 40 cm quando o processo está sob controle. O processo tem um desvio padrão *conhecido* de 2,2 cm, que permanece constante, quer o processo esteja sob controle quer não. Ao nível de significância de 0,05 determine as médias amostrais mínima e máxima que indiquem que o processo está sob controle, para amostras de:
   a. 14 b. 22

2. Determine se o número médio de ocorrências diárias é igual para estes dois escritórios:

										Totais
A	18	14	10	13	9	13	8	7	16	108
B	14	15	11	14	20	21	12	10	18	135

3. Num estudo comparativo do tempo médio de adaptação para uma amostra aleatória de 50 homens e 50 mulheres num grande complexo industrial, surgiram as seguintes estatísticas amostrais:

Homens	Mulheres
$\bar{x}$ = 3,2 anos	$\bar{x}$ = 3,7 anos
s_x = 0,8 anos	s_x = 0,9 anos

   Pode-se concluir, ao nível de 0,1, que os homens tenham tempo médio de adaptação menor do que as mulheres?
4. No passado, certo grupo de máquinas acusou tempo médio entre reparos de 200 horas de operação. Os operários do departamento acabam de completar um programa de treinamento que enfatizou a manutenção preventiva da maquinaria. Os 15 defeitos que se seguiram apresentaram um tempo intermediário médio de 210 horas, com desvio padrão de 11 horas. Isto constitui evidência de que o tempo médio entre falhas tenha aumentado (0,025)?
5. Uma firma de produtos farmacêuticos afirma que o tempo médio para certo remédio fazer efeito é de 24 minutos. Numa amostra de 19 casos, o tempo médio foi de 25 minutos, com desvio padrão de 2 minutos. Teste a alegação, contra a alternativa de que o tempo médio é superior a 24 minutos (0,01).
6. Uma companhia está procurando adquirir uma quantidade de calculadoras manuais que tenham uma vida média de 1,5 anos ou mais. Suponha que tais calculadoras tenham uma vida média com desvio padrão de 0,3 ano. Use o nível de 0,05 (uma cauda)
   a. Determine a probabilidade de a companhia aceitar H_0: μ = 1,5 com base numa amostra de 25 calculadoras (isto é, cometer um erro Tipo II) se a vida mínima efetiva é:
      (1) 1,3 anos (2) 1,4 anos (3) 1,44 anos
   b. Deve a alegação ser aceita se a amostra de 25 tem uma média de 1,6? Por quê?
7. Em quais dos problemas acima foi preciso supor que a população sujeita a amostragem fosse normal?

8. Critique as seguintes afirmações:
   a. Os erros Tipo I são mais importantes que os Tipo II.
   b. É impossível controlar ao mesmo tempo os erros Tipo I e os Tipo II, porque o decréscimo de um deles implica o aumento do outro.
   c. Se H_0 é rejeitada, a probabilidade de um erro Tipo I é igual ao nível de significância do teste.
   d. Comete-se um erro Tipo I aceitando-se falsamente H_0.
   e. Um nível de significância pequeno é sempre melhor porque acarreta pequena probabilidade de cometer um erro Tipo I.

CAPÍTULO 11

análise da variância

Objetivos do Capítulo

Após terminar a leitura deste capítulo, o estudante deve estar em condições de:

1. Definir o objetivo da análise da variância
2. Descrever tanto a analogia como as diferenças entre a análise da variância e outros testes de médias
3. Relacionar as hipóteses necessárias para o uso da análise da variância
4. Descrever as características importantes da distribuição F
5. Utilizar a análise da variância para analisar um conjunto de dados e interpretar os resultados
6. Construir uma tabela de ANOVA

Esboço do Capítulo

Introdução
Suposições
Revisão do Processo de Cálculo de uma Variância Amostral
Fundamentos Lógicos da Análise da Variância
A Razão F
    Características da distribuição F
    Determinação do número de graus de liberdade
    Utilização da tabela F
    Cálculo da razão F a partir de dados amostrais
A Tabela de Análise da Variância (ANOVA)
Comentário

INTRODUÇÃO

A análise da variância é uma técnica que pode ser usada para determinar se as médias de duas ou mais populações são iguais. O teste se baseia numa amostra extraída de cada população. Suponhamos, por exemplo, que os dados da Tabela 11.1 se refiram a um teste feito para determinar se a quilometragem é a mesma para quatro tipos principais de gasolina. Note-se que não há duas médias *amostrais* iguais. A análise da variância pode ser utilizada para determinar se as médias amostrais sugerem diferenças efetivas entre as quilometragens, ou se tais diferenças decorrem apenas da variabilidade amostral.

Tabela 11.1 Dados sobre Quilometragem

	Tipo de gasolina			
Observação	1	2	3	4
1	15,1	14,9	15,4	15,6
2	15,0	15,2	15,2	15,5
3	14,9	14,9	16,1	15,8
4	15,7	14,8	15,3	15,3
5	15,4	14,9	15,2	15,7
6	15,1	15,3	15,2	15,7
Médias amostrais	15,2	15,0	15,4	15,6
Variâncias amostrais	0,088	0,040	0,124	0,032

Podemos então formular como segue as hipóteses nula e alternativa:

H_0: As médias das populações são todas iguais.
H_1: As médias das populações não são iguais.

> Aplica-se a *análise da variância* para determinar se as médias de duas ou mais populações são iguais.

Se nosso teste estatístico (análise da variância) nos leva a aceitar a hipótese de nulidade, concluiremos que as diferenças observadas entre as médias amostrais são devidas a variações aleatórias na amostra (e, assim, que as médias populacionais dos quatro tipos são iguais). No caso de rejeição da hipótese de nulidade, concluiremos que as diferenças entre as médias amostrais são demasiadamente grandes para serem devidas apenas à chance (e, assim, que as médias das populações não são iguais).

Os dados para a análise da variância se obtêm calculando-se, para cada amostra, a média e a variância, conforme ilustra a Figura 11.1.

SUPOSIÇÕES

Há três suposições básicas que devem ser satisfeitas para que se possa aplicar a análise da variância.

1. As amostras devem ser aleatórias e independentes.
2. As amostras devem ser extraídas da populações normais.
3. As populações devem ter variâncias iguais (isto é, $\sigma_1^2 = \sigma_2^2 = \ldots = \sigma_k^2$).

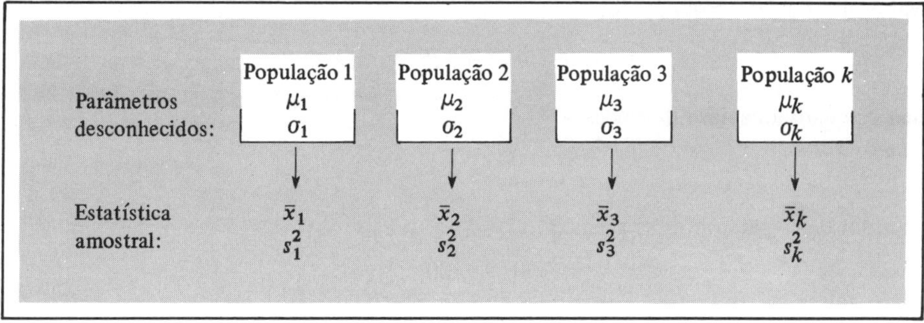

Figura 11.1 Extrai-se uma amostra de cada população e, para cada uma delas, calcula-se a média e a variância.

REVISÃO DO PROCESSO DE CÁLCULO DE UMA VARIÂNCIA AMOSTRAL

A análise da variância, como o nome indica, envolve o cálculo de variâncias. Convém, pois, fazer uma ligeira revisão desse cálculo. A variância de uma amostra é a média dos quadrados dos desvios em relação à média do grupo. Simbolicamente,

$$\text{variância} = \frac{\sum(x_i - \bar{x})^2}{n - 1}$$

Note-se que devemos usar n - 1 pois estamos lidando com dados amostrais. Então, o processo para calcular a variância amostral é o seguinte:

1. Calcular a média da amostra.
2. Subtrair a média de cada valor da amostra.
3. Elevar ao quadrado cada uma das diferenças.
4. Somar esses quadrados.
5. Dividir por n - 1.

Exemplo 1 Determinar a variância do seguinte conjunto de dados: 5, 10, 10, 15, 20, 20, 25.

Solução:

1. Calcular a média:

$$\frac{5 + 10 + 10 + 15 + 20 + 20 + 25}{7} = 15$$

2. Subtrair a média de cada valor:

$$5 - 15 = -10 \qquad 20 - 15 = 5$$
$$10 - 15 = -5 \qquad 20 - 15 = 5$$
$$10 - 15 = -5 \qquad 25 - 15 = 10$$
$$15 - 15 = 0$$

3. Elevar as diferenças ao quadrado:

$$100, 25, 25, 0, 25, 25, 100$$

4. Somar os quadrados das diferenças:

$$\sum = 300$$

5. Dividir por $n - 1$ para obter a variância:

$$\frac{300}{n-1} = \frac{300}{6} = 50$$

FUNDAMENTOS LÓGICOS DA ANÁLISE DA VARIÂNCIA

Embora possa parecer estranho, o exame das *variâncias* pode revelar se as *médias* populacionais são ou não iguais. A análise da variância utiliza dois processos um tanto diferentes para estimar as variâncias (iguais) das populações. Se as duas estimativas são aproximadamente iguais, isto tende a confirmar H_0; se uma das estimativas é muito maior que a outra, isto tende a confirmar H_1. Vejamos como se fazem as duas estimativas e por que elas devem ser aproximadamente iguais quando H_0 é verdadeira.

Se a hipótese nula é verdadeira, então todas as amostras provêm de populações com médias iguais. E como se supõe que todas as populações sejam normais e tenham variâncias iguais, quando H_0 é verdadeira isto é conceitualmente idêntico a uma situação em que todas as amostras tenham sido extraídas de uma *única* população. Tal situação é ilustrada na Figura 11.2(a). Se H_0 é falsa, então as amostras provêm de populações com médias diferentes. A Figura 11.2(b) ilustra tal situação. Note-se, entretanto, que, mesmo nesse caso, devemos ainda supor que as populações sejam normais e tenham iguais variâncias.

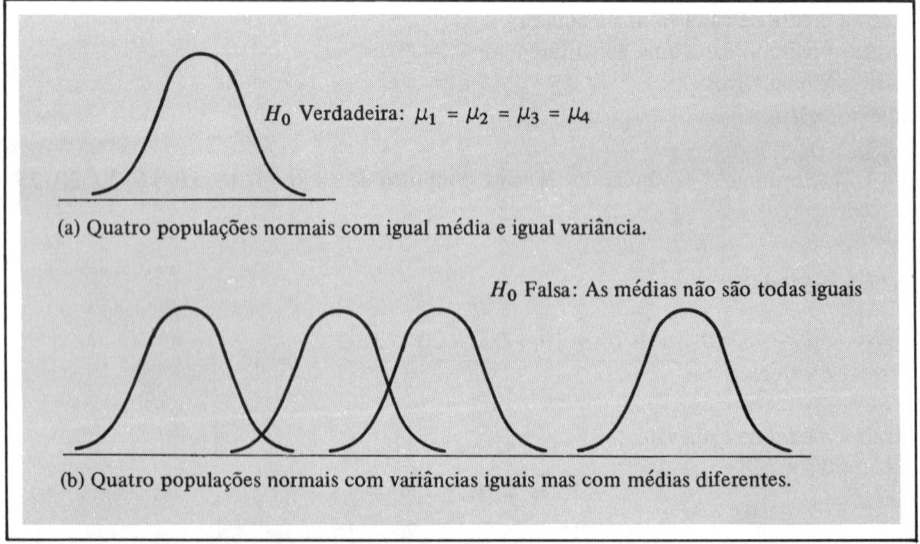

Figura 11.2 (a) Quatro populações normais com médias iguais e variâncias iguais. (b) Quatro populações normais com iguais variâncias porém com médias diferentes.

Uma forma de estimar a variância populacional é tomar a média das variâncias amostrais. Poderíamos, naturalmente, tomar *uma* qualquer das variâncias amostrais, mas a média de todas elas em geral proporciona a melhor estimativa, em virtude do maior número de observações que representa. Como cada variância amostral reflete apenas a variação *dentro* daquela amostra em particular, a estimativa da variância baseada na média das variâncias amostrais é designada *estimativa da variância "dentro"*. A estimativa "dentro" se calcula como segue:

Estimativa "dentro" da variância:

$$S_w^2 = \frac{s_1^2 + s_2^2 + s_3^2 + s_4^2 + \ldots + s_k^2}{k}$$

onde

s_1^2 = variância da amostra 1

s_2^2 = variância da amostra 2

.
.
.

s_k^2 = variância da amostra k

k = número de amostras

Para os dados da quilometragem por tipo de gasolina, a variância (dentro) média é (usando as variâncias amostrais da Tabela 11.1)

$$S_w^2 = \frac{0{,}088 + 0{,}040 + 0{,}124 + 0{,}032}{4} = \frac{0{,}284}{4} = 0{,}071$$

Como se supõe que as variâncias populacionais sejam iguais, independentemente de as médias serem ou não iguais, a estimativa "dentro" da variância *não é afetada* pela veracidade ou falsidade de H_0. Não pode, pois, ser usada, por si só, para julgar se as médias populacionais são iguais. Não obstante, serve como padrão de comparação pelo qual se pode julgar uma segunda estimativa, chamada *estimativa "entre" da variância*. Essa segunda estimativa, aliás, *é* sensível às diferenças entre as médias populacionais.

A estimativa "dentro" da variância serve de padrão de comparação para a estimativa "entre" da variância.

De certo modo, a estimativa amostral "entre" da variância determina uma estimativa das variâncias (iguais) das populações – através de uma distribuição amostral de médias. Lembremos que, se H_0 é verdadeira, isto equivale a tomar todas as amostras *da mesma* população normal. Além disso, pelo Teorema do Limite Central, sabemos que a distribuição amostral de médias de uma população normal tem distribuição normal [veja a Figura 11.3(a)] e que o desvio padrão da distribuição amostral (raiz quadrada da variância) está relacionado diretamente com o tamanho do desvio padrão da população (raiz quadrada da variância da população). Isto é,

$$\text{desvio padrão da distribuição amostral de médias} = \frac{\text{desvio padrão da população}}{\sqrt{\text{tamanho da amostra}}}$$

ou,

$$\sigma_{\bar{x}} = \frac{\sigma_x}{\sqrt{n}}$$

Elevando ambos os membros ao quadrado, temos a relação em termos de variâncias:

$$\sigma_{\bar{x}}{}^2 = \frac{\sigma_x{}^2}{n}$$

Se conhecêssemos a variância da distribuição amostral, bastaria multiplicá-la pelo tamanho da amostra para termos exatamente o valor de σ_x^2. Isto é,

$$n\sigma_{\bar{x}}{}^2 = \sigma_x{}^2$$

Infelizmente, não conhecemos $\sigma_{\bar{x}}^2$. Não obstante, é possível estimá-la. Usamos freqüentemente a variância ou o desvio padrão de uma amostra para estimar a variância ou o desvio padrão da distribuição da qual se extraiu a amostra. Logo, temos agora um conjunto de *médias* amostrais que presumivelmente (se H_0 é verdadeira) provêm da mesma distribuição *amostral*. A determinação da variância das médias amostrais nos possibilitará então estimar a variância populacional:

$$s_{\bar{x}}{}^2 = \frac{s_x{}^2}{n} \quad \text{e} \quad ns_{\bar{x}}{}^2 = s_x{}^2$$

Suponhamos agora que H_0 não seja verdadeira. Temos então uma situação como a ilustrada na Figura 11.3(b). Uma ou mais das populações terão distribuição amostral separada do resto. Quando se calcula a variância das médias, ela refletirá essa disparidade e fará parecer que a distribuição amostral de médias tenha variância um tanto maior. Isto, por seu turno, fará que nossa estimativa da variância populacional seja maior, como se as amostras tivessem sido extraídas de uma população com maior dispersão, digamos, como a representada na Figura 11.3(c).

Assim, a estimativa "entre" da variância focaliza a variância entre as médias amostrais, relacionando-a com uma estimativa da variância populacional em termos de uma distribuição amostral de médias. Para os dados da quilometragem por tipo de gasolina, a estimativa "entre" da variância, $S_b{}^2$, pode ser calculada como segue:

1. Determinar $\bar{\bar{x}}$, média das médias amostrais:

$$\bar{\bar{x}} = \frac{\sum_{j=1}^{k} \bar{x}_j}{k}$$

Assim,

$$\bar{\bar{x}} = \frac{15{,}2 + 15{,}0 + 15{,}4 + 15{,}6}{4} = 15{,}3$$

2. Determinar os quadrados dos desvios, somá-los, e dividir a soma por $k - 1$:

$$\sum_{j=1}^{k} \frac{(\bar{x}_j - \bar{\bar{x}})^2}{k-1} = s_{\bar{x}}{}^2$$

$$= \frac{(15{,}2 - 15{,}3)^2 + (15{,}0 - 15{,}3)^2 + (15{,}4 - 15{,}3)^2 + (15{,}6 - 15{,}3)^2}{4 - 1} = 0{,}067$$

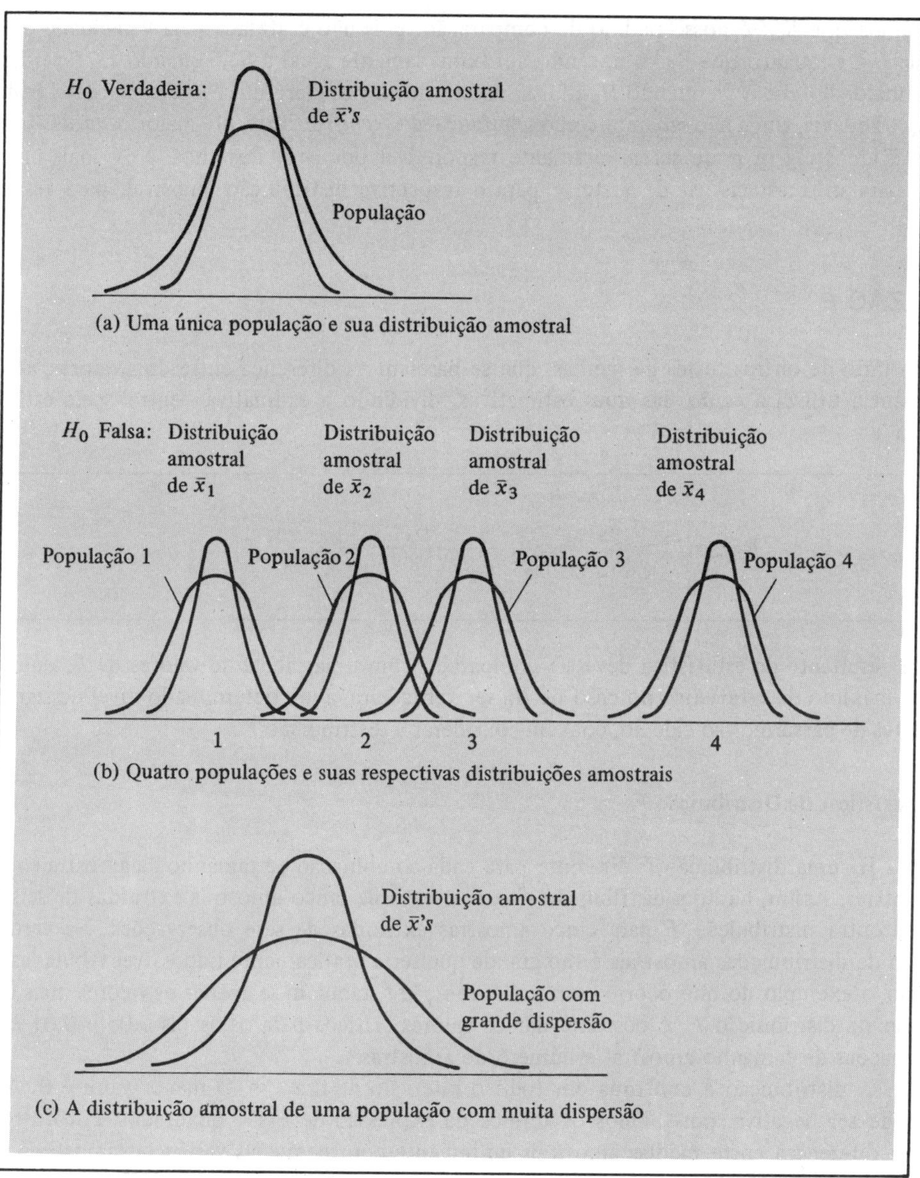

Figura 11.3 (a) Uma única população e sua distribuição amostral. (b) Quatro populações e suas respectivas distribuições amostrais. (c) Distribuição amostral para uma população com muita dispersão.

Como cada amostra consiste de 6 observações, $n = 6$, e nossa estimativa da variância populacional é

$$S_b^2 = ns_{\bar{x}}^2 = 6(0{,}067) = 0{,}402$$

Temos agora duas estimativas da variância populacional:

$$S_w^2 = 0{,}071 \quad \text{e} \quad S_b^2 = 0{,}402$$

Lembremos que S_w^2 é nosso padrão de comparação, pois não é afetada pela veracidade ou falsidade de H_0, enquanto que S_b^2 o é, sendo aproximadamente igual a S_w^2 quando H_0 é verdadeira, porém maior do que S_w^2 quando H_0 é falsa. A esta altura fica claro que S_b^2 é na verdade maior do que S_w^2. Todavia, ainda não sabemos como segurança se é *significativamente* maior; a variação casual devida à amostragem pode ser inteiramente responsável por isto. Devemos, pois, mais uma vez, apelar para uma estatística de teste, e para a respectiva distribuição amostral, para resolver a questão.

A RAZÃO *F*

Ao contrário de outros testes de médias, que se baseiam na diferença entre dois valores, a análise da variância utiliza a *razão* das duas estimativas, dividindo a estimativa "entre" pela estimativa "dentro":

$$\text{Razão } F = \frac{S_b^2}{S_w^2} = \frac{ns_{\bar{x}}^2}{(s_1^2 + s_2^2 + \cdots + s_k^2)/k}$$

O valor resultante da estatística deve ser comparado com uma tabela de valores de F, que indica o valor máximo da estatística no caso de H_0 ser verdadeira, a um determinado nível de significância. Antes de passarmos ao cálculo, convém considerar a distribuição F.

Características da Distribuição *F*

1. Há uma distribuição F diferente para cada combinação de tamanho da amostra e número de amostras. Assim, há uma distribuição F para o caso de cinco amostras extraídas de seis observações, outra distribuição F para cinco amostras extraídas de sete observações. Na verdade, o número de distribuições amostrais é tão grande que seria praticamente impossível tabulá-las todas. Por isso, a exemplo do que ocorre com a distribuição t, tabulam-se apenas os valores mais usados. No caso da distribuição F, é costume dar os valores críticos para os níveis 0,05 e 0,01 e certas combinações de tamanho amostral e número de amostras.

2. A distribuição é contínua em todo o intervalo de 0 a $+\infty$. O menor valor é 0. A razão não pode ser negativa, pois ambos os termos da expressão de F são quadrados. Por outro lado, grandes diferenças entre médias amostrais juntamente com pequenas variâncias amostrais podem resultar em valores de F extremamente grandes.

3. A forma de cada distribuição amostral teórica F depende do número de graus de liberdade associado. Tanto o numerador como o denominador têm graus de liberdade correspondentes. A Figura 11.4 ilustra algumas formas que a distribuição F pode tomar, para diversos graus de liberdade.

Determinação do Número de Graus de Liberdade

Os graus de liberdade, tanto do numerador como do denominador da razão F, se baseiam nos cálculos necessários para deduzir cada estimativa da variância populacional. A estimativa "entre" da variância (numerador) envolve a divisão da soma dos quadrados das diferenças pelo número de

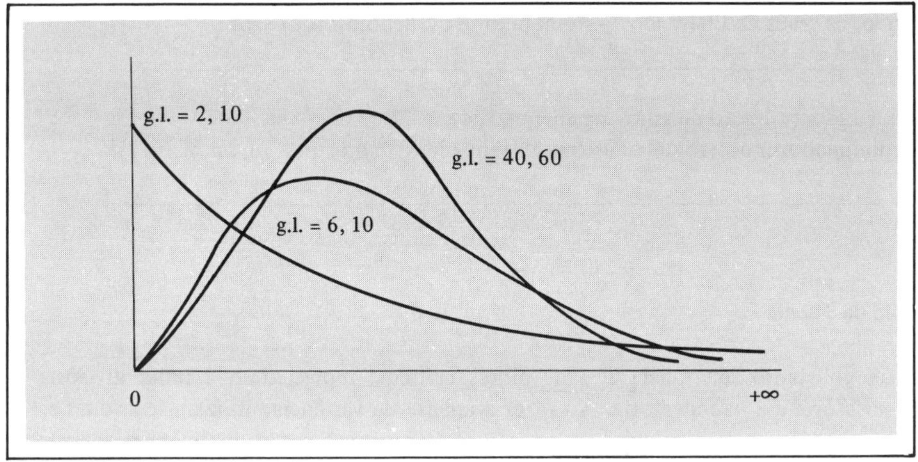

Figura 11.4 Algumas formas da distribuição F para determinados graus de liberdade do numerador e do denominador.

médias (amostrais) menos um, ou seja, $k - 1$. Assim, $k - 1$ *é o número de graus de liberdade do numerador.*

Analogamente, no cálculo de cada variância amostral, a soma dos quadrados das diferenças entre a média amostral e cada valor amostral é dividida pelo número de observações amostrais menos 1, ou seja, $n - 1$. Determina-se então a média das variâncias amostrais dividindo-se a soma das variâncias amostrais pelo número de amostras, ou seja, k. *O número de graus de liberdade do denominador é, pois,* $k(n - 1)$.

A lógica dos graus de liberdade se torna mais visível mediante um exame mais detido das fórmulas de cálculo das estimativas "entre" e "dentro" da variância. Para a estimativa "entre", temos

$$S_b^2 = ns_{\bar{x}}^2 = n\left[\frac{\sum(\bar{x}_j - \bar{\bar{x}})^2}{\underbrace{k-1}_{\substack{\uparrow \\ \text{g.l.}}}}\right]$$

Para a estimativa "dentro", temos

$$S_w^2 = \frac{s_1^2 + s_2^2 + \cdots + s_k^2}{k}$$

$$= \frac{\dfrac{\sum(x_i - \bar{x}_1)^2}{n-1} + \dfrac{\sum(x_i - \bar{x}_2)^2}{n-1} + \cdots + \dfrac{\sum(x_i - \bar{x}_k)^2}{n-1}}{k}$$

$$= \left(\frac{1}{n-1}\right)\left[\frac{\sum(x_i - \bar{x}_1)^2 + \sum(x_i - \bar{x}_2)^2 + \cdots + \sum(x_i - \bar{x}_k)^2}{k}\right]$$

$$= \underbrace{\frac{1}{k(n-1)}}_{\substack{\uparrow \\ \text{g.l.}}}\left[\sum(x_i - \bar{x}_1)^2 + \sum(x_i - \bar{x}_2)^2 + \cdots + \sum(x_i - \bar{x}_k)^2\right]$$

Em resumo, os graus de liberdade do numerador e do denominador são:

numerador: número de amostras menos 1, ou $k - 1$
denominador: número de amostras × (tamanho da amostra - 1), ou $k(n - 1)$

Utilização da Tabela *F*

Os valores constantes da tabela *F* são valores críticos: representam a linha divisória entre a variação aleatória e a não-aleatória. Ao fazer a análise da variância, utilizam-se as duas estimativas amostrais da variância para calcular uma razão *F*. Compara-se então o número resultante com um valor *F* da tabela. Se o valor calculado é *maior* que o valor tabulado, rejeita-se a hipótese nula. Se o valor calculado é *menor* do que o tabulado, a hipótese nula não pode ser rejeitada. Veja a Figura 11.5.

A Tabela 11.2 ilustra a estrutura de uma tabela *F* para o nível de significância de 0,05. (O Apêndice dá, na Tabela J, os valores de *F* tanto para 0,05 como para 0,01.) Para achar um valor *F* na tabela, é necessário determinar os graus de liberdade. O valor tabulado se encontra na interseção da coluna de graus de liberdade do numerador com a linha de graus de liberdade do denominador. É o valor crítico de *F* que corresponde à situação.

Ao nível de significância de 0,05, para 3 e 20 graus de liberdade, o valor crítico de *F* é 3,10. Ao usar a tabela *F*, é importante ter em mente que o número de graus de liberdade do numerador consta da linha superior da tabela, e que o número de graus de liberdade do denominador consta da coluna à esquerda.

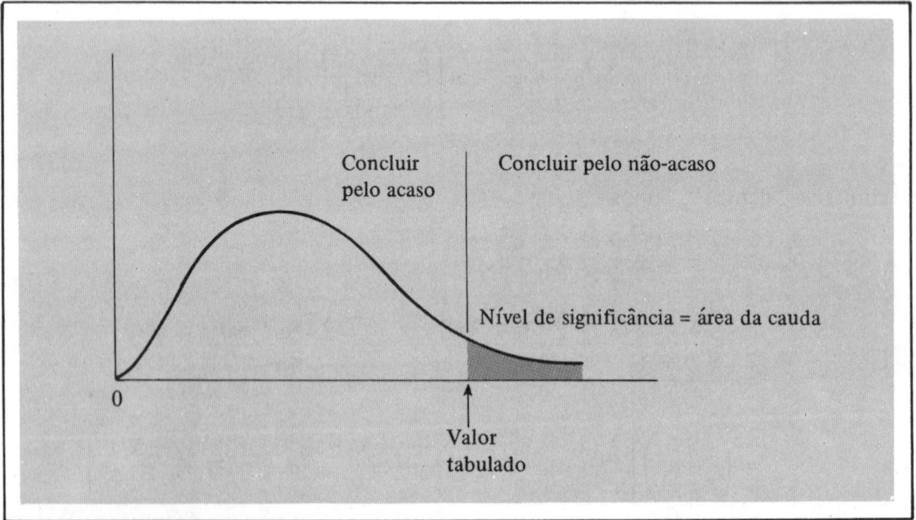

Figura 11.5 Ilustração de um teste de significância utilizando-se a tabela *F*. Se o valor calculado de *F* está à esquerda do valor tabulado de *F*, aceita-se H_0; se está à direita, rejeita-se H_0.

Tabela 11.2 Parte de uma Tabela *F*

Os graus de liberdade do numerador acham-se registrados no topo das colunas, e os graus de liberdade do denominador constam da coluna à esquerda da tabela. O primeiro valor tabulado (menor valor) é o valor na escala *F* a cuja direta estão 5% (0,05) da área sob a curva. O segundo valor tabulado (maior valor) é o valor na escala *F* a cuja direta está 1% (0,01) da área sob a curva.

	Graus de liberdade (numerador)										
	1	2	3	4	5	6	8	10	12	16	20
1	161	200	216	225	230	234	239	242	244	246	248
	4.052	4.999	5.403	5.625	5.764	5.859	5.981	6.056	6.106	6.169	6.208
2	18,51	19,00	19,16	19,25	19,30	19,33	19,37	19,39	19,41	19,43	19,44
	98,49	99,00	99,17	99,25	99,30	99,33	99,36	99,40	99,42	99,44	99,45
3	10,13	9,55	9,28	9,12	9,01	8,94	8,84	8,78	8,74	8,69	8,66
	34,12	30,82	29,46	28,71	28,24	27,91	27,49	27,23	27,05	26,83	26,69
4	7,71	6,94	6,59	6,39	6,26	6,16	6,04	5,96	5,91	5,84	5,80
	21,20	18,00	16,69	15,98	15,52	15,21	14,80	14,54	14,37	14,15	14,02
5	6,61	5,79	5,41	5,19	5,05	4,95	4,82	4,74	4,68	4,60	4,56
	16,26	13,27	12,06	11,39	10,97	10,67	10,27	10,05	9,89	9,68	9,55
6	5,99	5,14	4,76	4,53	4,39	4,28	4,15	4,06	4,00	3,92	3,87
	13,74	10,92	9,78	9,15	8,75	8,47	8,10	7,87	7,72	7,52	7,39
7	5,59	4,74	4,35	4,12	3,97	3,87	3,73	3,63	3,57	3,49	3,44
	12,25	9,55	8,45	7,85	7,46	7,19	6,84	6,62	6,47	6,27	6,15
8	5,32	4,46	4,07	3,84	3,69	3,58	3,44	3,34	3,28	3,20	3,15
	11,26	8,65	7,59	7,01	6,63	6,37	6,03	5,82	5,67	5,48	5,36
9	5,12	4,26	3,86	3,63	3,48	3,37	3,23	3,13	3,07	2,98	2,93
	10,56	8,02	6,99	6,42	6,06	5,80	5,47	5,26	5,11	4,92	4,80
10	4,96	4,10	3,71	3,48	3,33	3,22	3,07	2,97	2,91	2,82	2,77
	10,04	7,56	6,55	5,99	5,64	5,39	5,06	4,85	4,71	4,52	4,41
11	4,84	3,98	3,59	3,36	3,20	3,09	2,95	2,86	2,79	2,70	2,65
	9,65	7,20	6,22	5,67	5,32	5,07	4,74	4,54	4,40	4,21	4,10
12	4,75	3,88	3,49	3,26	3,11	3,00	2,85	2,76	2,69	2,60	2,54
	9,33	6,93	5,95	5,41	5,06	4,82	4,50	4,30	4,16	3,98	3,86
13	4,67	3,80	3,41	3,18	3,02	2,92	2,77	2,67	2,60	2,51	2,46
	9,07	6,70	5,74	5,20	4,86	4,62	4,30	4,10	3,96	3,78	3,67
14	4,60	3,74	3,34	3,11	2,96	2,85	2,70	2,60	2,53	2,44	2,39
	8,86	6,51	5,56	5,03	4,69	4,46	4,14	3,94	3,80	3,62	3,51
15	4,54	3,68	3,29	3,06	2,90	2,79	2,64	2,55	2,48	2,39	2,33
	8,68	6,36	5,42	4,89	4,56	4,32	4,00	3,80	3,67	3,48	3,36
16	4,49	3,63	3,24	3,01	2,85	2,74	2,59	2,49	2,42	2,33	2,28
	8,53	6,23	5,29	4,77	4,44	4,20	3,89	3,69	3,55	3,37	3,25
17	4,45	3,59	3,20	2,96	2,81	2,70	2,55	2,45	2,38	2,29	2,23
	8,40	6,11	5,18	4,67	4,34	4,10	3,79	3,59	3,45	3,27	3,16
18	4,41	3,55	3,16	2,93	2,77	2,66	2,51	2,41	2,34	2,25	2,19
	8,28	6,01	5,09	4,58	4,25	4,01	3,71	3,51	3,37	3,19	3,07
19	4,38	3,52	3,13	2,90	2,74	2,63	2,48	2,38	2,31	2,21	2,15
	8,18	5,93	5,01	4,50	4,17	3,94	3,63	3,43	3,30	3,12	3,00
20	4,35	3,49	3,10	2,87	2,71	2,60	2,45	2,35	2,28	2,18	2,12
	8,10	5,85	4,94	4,43	4,10	3,87	3,56	3,37	3,23	3,05	2,94
25	4,24	3,38	2,99	2,76	2,60	2,49	2,34	2,24	2,16	2,06	2,00
	7,77	5,57	4,68	4,18	3,86	3,63	3,32	3,13	2,99	2,81	2,70
30	4,17	3,32	2,92	2,69	2,53	2,42	2,27	2,16	2,09	1,99	1,93
	7,56	5,39	4,51	4,02	3,70	3,47	3,17	2,98	2,84	2,66	2,55
40	4,08	3,23	2,84	2,61	2,45	2,34	2,18	2,07	2,00	1,90	1,84
	7,31	5,18	4,31	3,83	3,51	3,29	2,99	2,80	2,66	2,49	2,37

Fonte: Reproduzido com permissão de *Statistical Methods* by George W. Snedecor e William G. Cochran, 6th ed., copyright © 1967 by Iowa State University Press, Ames, Iowa 50010.

Exemplo 2 Para cada um dos seguintes conjuntos de condições, determine os valores F aos níveis de significância de 0,01 e 0,05.

Nº de amostras, k	4	3	6	4	2
Tamanho da amostra, n	11	4	6	6	11

Solução:

Nº de amostras k	G.l.num. $k - 1$	Tamanho da amostra n	G.l.den. $k(n - 1)$	Valor tabulado 0,05	0,01
4	3	11	4(10) = 40	2,84	4,31
3	2	4	3(3) = 9	4,26	8,02
6	5	6	6(5) = 30	2,53	3,70
4	3	6	4(5) = 20	3,10	4,94
2	1	11	2(10) = 20	4,35	8,10

Outro exemplo: consideremos os dados referentes à gasolina. Há quatro ($k = 4$) amostras de seis observações cada uma ($n = 6$), de forma que os graus de liberdade são

$$\text{numerador: } k - 1 = 3$$
$$\text{denominador: } k(n - 1) = 4(5) = 20$$

Ao nível de 0,05, o valor de F tabulado é 3,10.

Cálculo da Razão F a Partir de Dados Amostrais

A razão F é a razão da estimativa da variância baseada em médias amostrais para a estimativa da variância baseada em variâncias amostrais. Ou seja, a estatística teste é

$$F_{teste} = \frac{\text{estimativa "entre" da variância}}{\text{estimativa "dentro" da variância}}$$
$$= \frac{\text{(tamanho da amostra)} \times \text{(variância das médias amostrais)}}{\text{média das variâncias amostrais}}$$
$$= \frac{n \cdot s_{\bar{x}}^2}{(\Sigma s_k^2)/k}$$

Para os dados do consumo de gasolina, temos

$$F_{\text{teste}} = \frac{S_b^2}{S_w^2} = \frac{0{,}402}{0{,}071} = 5{,}70$$

Como este valor é maior que o tabulado, rejeita-se H_0. Conseqüentemente, concluímos que provavelmente as amostras não provêm de populações com médias iguais, e que, assim, a quilometragem por galão não é a mesma para todos os tipos de gasolina. A Figura 11.6 ilustra a comparação do valor F de teste e do valor tabulado.

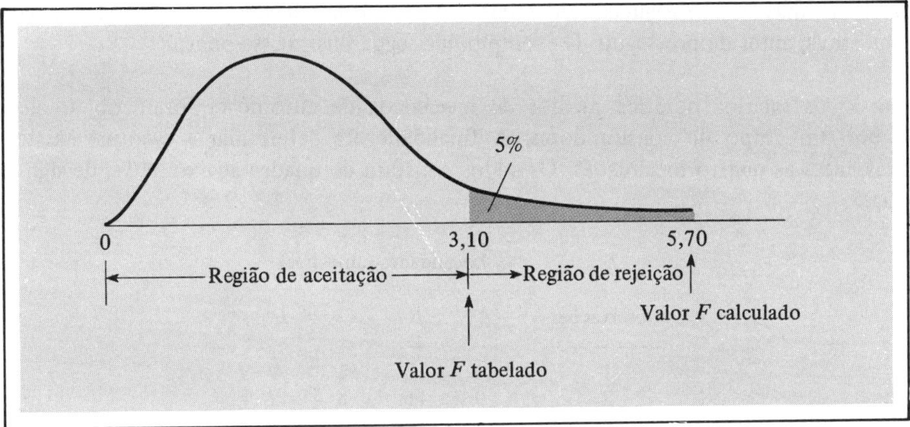

Figura 11.6 Rejeição da hipótese nula no exemplo da gasolina.

Para calcular F, siga o processo abaixo:

ESTIMATIVA "DENTRO" (DENOMINADOR)

1. Calcular a variância de *cada* amostra, utilizando a fórmula

$$\text{variância} = s^2 = \frac{\Sigma(x_i - \bar{x})^2}{n - 1}$$

2. Determinar a variância amostral média, pela fórmula

$$S_w^2 = \frac{s_1^2 + s_2^2 + s_3^2 + \dots + s_k^2}{k} = \frac{\Sigma s^2}{k}$$

onde

k = número de amostras
S_w^2 = estimativa "dentro" da variância

ESTIMATIVA "ENTRE" (NUMERADOR)

3. Calcule a variância das médias amostrais. Para isso, some primeiro as médias amostrais e divida pelo número de amostras para obter $\bar{\bar{x}}$, média global. Use então a fórmula

$$\text{variância das médias} = s_{\bar{x}}^2 = \frac{\Sigma(\bar{x} - \bar{\bar{x}})^2}{k - 1}$$

4. Multiplique a variância das médias amostrais por n:

$$n \cdot s_{\bar{x}}^2$$

5. Razão F:

$$\frac{\text{resultado de 4}}{\text{resultado de 2}} \quad \text{ou} \quad \frac{n s_{\bar{x}}^2}{(\Sigma s^2)/k}$$

Se as médias e as variâncias amostrais não são dadas, devem ser calculadas a partir dos dados amostrais, antes de prosseguir. O exemplo que segue ilustra esse ponto.

Exemplo 3 Os salários horários médios de mecânicos de automóvel foram objeto de estudo recente por um grupo de consumidores. A finalidade era determinar a eventual existência de diferenças entre as quatro localidades. Os dados constam do quadro abaixo. Nível de significância usado: 0,05.

	Localidades (amostras)			
Observações	*A*	*B*	*C*	*D*
1	6	12	11	9
2	9	11	8	7
3	9	10	12	10
4	6	8	9	10
5	5	9	10	9
Totais	35	50	50	45

Solução:

Primeiro calculamos a estimativa entre médias da variância. Para isso, calculam-se as médias amostrais:

$$\bar{x}_k = \frac{\sum x_i}{n}$$

$$\bar{x}_A = \frac{35}{5} = 7 \qquad \bar{x}_C = \frac{50}{5} = 10$$

$$\bar{x}_B = \frac{50}{5} = 10 \qquad \bar{x}_D = \frac{45}{5} = 9$$

Em seguida, calculamos a média das médias amostrais:

$$\bar{\bar{x}} = \frac{\sum \bar{x}}{k} = \frac{7 + 10 + 10 + 9}{4} = 9$$

Calculando agora a soma de quadrados, $\Sigma(\bar{x}_j - \bar{\bar{x}})^2$:

j	Média	$\bar{\bar{x}}$	$(\bar{x}_j - \bar{\bar{x}})$	$(\bar{x}_j - \bar{\bar{x}})^2$
1	7	9	−2	4
2	10	9	1	1
3	10	9	1	1
4	9	9	0	0
			$\sum = 0$	$\sum = 6$

Calculemos a estimativa "entre":

$$S_b{}^2 = \frac{n \sum(\bar{x}_j - \bar{\bar{x}})^2}{k - 1} = \frac{5(6)}{4 - 1} = 10$$

O próximo passo é calcular a estimativa "dentro" da variância. Para isso, calculamos a soma de quadrados para cada amostra:

A

Observação	x_i	$\bar{x}_A$	$(x_i - \bar{x}_A)$	$(x_i - \bar{x}_A)^2$
1	6	7	−1	1
2	9	7	2	4
3	9	7	2	4
4	6	7	−1	1
5	5	7	−2	4
			$\sum = 0$	$\sum = 14$

B

Observação	x_i	$\bar{x}_B$	$(x_i - \bar{x}_B)$	$(x_i - \bar{x}_B)^2$
1	12	10	2	4
2	11	10	1	1
3	10	10	0	0
4	8	10	−2	4
5	9	10	−1	1
			$\sum = 0$	$\sum = 10$

C

Observação	x_i	$\bar{x}_C$	$(x_i - \bar{x}_C)$	$(x_i - \bar{x}_C)^2$
1	11	10	1	1
2	8	10	−2	4
3	12	10	2	4
4	9	10	−1	1
5	10	10	0	0
			$\sum = 0$	$\sum = 10$

D

Observação	x_i	$\bar{x}_D$	$(x_i - \bar{x}_D)$	$(x_i - \bar{x}_D)^2$
1	9	9	0	0
2	7	9	−2	4
3	10	9	1	1
4	10	9	1	1
5	9	9	0	0
			$\sum = 0$	$\sum = 6$

Calculemos agora as variâncias amostrais:

$$s_k^2 = \frac{\sum(x_i - \bar{x}_j)^2}{n - 1}$$

$$s_A{}^2 = \frac{14}{4} \qquad s_B{}^2 = \frac{10}{4} \qquad s_C{}^2 = \frac{10}{4} \qquad s_D{}^2 = \frac{6}{4}$$

Calculando a estimativa "dentro":

$$S_w{}^2 = \frac{\sum s_j{}^2}{k} = \frac{\frac{14}{4} + \frac{10}{4} + \frac{10}{4} + \frac{6}{4}}{4}$$

$$= \frac{1}{4}\left(\frac{40}{4}\right) = \frac{40}{16} = 2{,}5$$

Finalmente, calcula-se a razão F:

$$\frac{S_b^2}{S_w{}^2} = \frac{10{,}0}{2{,}5} = 4{,}0$$

O valor tabulado de $F_{0,05}$ é 3,24 (g.l. do numerador = 3, g.l. do denominador = 16). Como o valor F calculado é maior que o tabulado, ao nível de significância escolhido, podemos concluir que as diferenças entre as localidades têm outra causa além da chance.

A Figura 11.7 ilustra a comparação dos dois valores F.

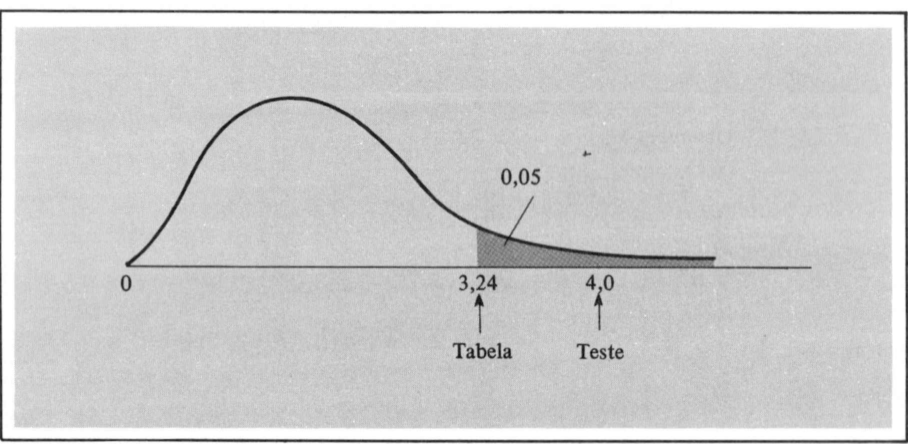

Figura 11.7 Rejeita-se a hipótese nula.

A TABELA DE ANÁLISE DA VARIÂNCIA (ANOVA)

É usual, e muitas vezes conveniente, dispor as diversas partes componentes da análise da variância em forma tabular. Isto não só nos dá uma visão da fonte de variação, como também proporciona um meio de verificar os cálculos.

A Tabela 11.3 ilustra a notação simbólica dos dados, e a Tabela 11.4 ilustra uma tabela de ANOVA, dando as fórmulas apropriadas. A única diferença é que, agora, as somas dos quadrados das diferenças se acham separadas dos respectivos graus de liberdade.

Tabela 11.3 Representação Simbólica de Dados para Análise da Variância

	Amostra				
	1	2	3	...	k
Observações	x_1	x_1	x_1	...	x_1
	x_2	x_2	x_2	...	x_2
	x_3	x_3	x_3	...	x_3
	$\vdots$	$\vdots$	$\vdots$		$\vdots$
	x_n	x_n	x_n	...	x_n
Médias amostrais	$\bar{x}_1$	$\bar{x}_2$	$\bar{x}_3$	...	$\bar{x}_k$

Tabela 11.4 Representação Simbólica da Tabela de Análise da Variância

Fonte de variação	Soma de quadrados		G.l.		Variância	Razão F
entre médias	$n \sum_{j=1}^{k} (\bar{x}_j - \bar{\bar{x}})^2$	$\div$	$k - 1$	$=$	S_b^2	$\dfrac{S_b^2}{S_w^2} = F$
dentro de amostras	$\sum_{j=1}^{k} \left[\sum_{i=1}^{n} (x_i - \bar{x}_j)^2 \right]$	$\div$	$k(n - 1)$	$=$	S_w^2	
total	$\sum_{j=1}^{k} \left[\sum_{i=1}^{n} (x_i - \bar{\bar{x}})^2 \right]$		$nk - 1$			

k = número de amostras

n = número de observações em cada amostra

nk = número total de observações

Nota: i se refere às linhas, e j às colunas.

Exemplo 4 Extraíram-se dez amostras aleatórias de seis observações cada uma, de 10 populações diferentes. A Tabela 11.5 dá os resultados dos cálculos das somas de quadrados e dos graus de liberdade.

Tabela 11.5 Análise da Variância

Fonte de variação	Soma de quadrados	G.l.	Variância estimada	F calculado
entre médias	630	9	70	$\dfrac{70}{70} = 1{,}0$
dentro das amostras	3500	50	70	
total	4130	59	70	

A tabela acima ilustra três pontos importantes:

1. Há efetivamente *três* maneiras diferentes de estimar a verdadeira variância populacional, se a hipótese nula é verdadeira.

2. Os cálculos foram deliberadamente delineados para mostrar o que acontece quando as estimativas da variância da população são *exatamente* as mesmas (muito embora, na prática, tal ocorrência seja bastante rara).
3. O total de graus de liberdade pode servir para uma conferência rápida dos valores dos graus de liberdade "dentro" e "entre". Teoricamente, a soma total dos quadrados pode também servir para conferência das somas de quadrados "dentro" e "entre", mas, do ponto de vista prático, os cálculos são trabalhosos, de modo que se evita o total, a menos que os cálculos sejam feitos por computador.

COMENTÁRIO

Quando as hipóteses básicas da análise da variância são satisfeitas*, esta técnica é extremamente poderosa para testar a igualdade de médias amostrais. De fato, desde que as distribuições das quais se extraem as amostras não sejam muito assimétricas, a exigência de normalidade não precisa ser estritamente satisfeita. Analogamente, se as variâncias populacionais são aproximadamente iguais, a hipótese de variâncias iguais é razoavelmente satisfeita.

Note-se, entretanto, que a análise da variância não testa a hipótese de igualdade entre as variâncias populacionais. Assim, quando as variâncias amostrais parecem diferir consideravelmente, deve-se fazer um teste diferente para sua igualdade.** Se tal teste indica que são prováveis diferenças extremas entre as variâncias populacionais, então *não* se deve usar o teste F. Em seu lugar, deve-se usar um método alternativo, como o teste de Kruskal-Wallis, que não implica hipóteses estritas. (Veja o Capítulo 13.)

A discussão e os exemplos deste capítulo envolvem k *amostras* independentes *de igual tamanho*. Há situações, entretanto, em que, por uma razão ou outra, se torna necessário considerar amostras de tamanhos desiguais. Devemos, então, modificar convenientemente as fórmulas apresentadas neste capítulo, para podermos efetuar os cálculos. Assim é que a fórmula para a estimativa "entre" da variância se torna:

$$S_b^2 = \frac{n_1(\bar{x}_1 - \bar{\bar{x}})^2 + n_2(\bar{x}_2 - \bar{\bar{x}})^2 + \cdots + n_k(\bar{x}_k - \bar{\bar{x}})^2}{k - 1}$$

onde

n_1 = número de observações na amostra 1
n_2 = número de observações na amostra 2
n_k = número de observações na amostra k
$\bar{x}_1$ = média da amostra 1
$\bar{x}_2$ = média da amostra 2
$\bar{x}_k$ = média da amostra k
k = número de amostras
$\bar{\bar{x}}$ = média das médias amostrais

---

* As hipóteses são: *amostras independentes* extraídas de *populações normais* com *variâncias iguais*.

** Uma regra prática é que a maior variância amostral não deve exceder dez vezes a menor variância amostral.

Para a estimativa "dentro" da variância, cada *soma de quadrados* amostrais é ajustada (ponderada) pelo respectivo tamanho amostral:

$$S_w{}^2 = \frac{n_1 \sum_{i=1}^{n_1} (x_i - \bar{x}_1)^2 + n_2 \sum_{i=1}^{n_2} (x_i - \bar{x}_2)^2 + \cdots + n_k \sum_{i=1}^{n_k} (x_i - \bar{x}_k)^2}{n_1 + n_2 + \cdots + n_k - k}$$

QUESTÕES PARA RECAPITULAÇÃO

1. Qual a finalidade da análise da variância?
2. Enuncie as hipóteses nula e alternativa usadas na análise da variância.
3. Indique as três hipóteses básicas da análise da variância.
4. A que se referem as expressões 'estimativa "entre" da variância' e 'estimativa "dentro" da variância'?
5. Dado o desvio padrão de cada amostra, descreva como determinar a estimativa "dentro" da variância.
6. Dadas as médias amostrais, descreva como determinar a estimativa "entre" da variância.
7. Que é a razão F?
8. Descreva rapidamente as características da razão F.
9. Em que aspectos a distribuição F é semelhante à distribuição t? Em que aspectos são diferentes?
10. Que significa a expressão "soma de quadrados"?
11. Em que um teste de médias de k amostras difere dos testes de médias de uma e de duas amostras?

EXERCÍCIOS

1. Determine os graus de liberdade do numerador e do denominador em cada caso:

	Número de amostras	Tamanho da amostra
a.	5	6
b.	7	4
c.	8	10
d.	4	12

2. Obtenha os valores F tabulados, aos níveis de 0,01 e 0,05, para cada caso:
   a. 8 amostras, cada qual com 6 observações
   b. 4 amostras, cada qual com 7 observações
   c. 5 amostras, cada qual com 7 observações
   d. 3 amostras, cada qual com 10 observações
   e. 4 amostras, cada qual com 12 observações
3. Determine se se deve aceitar ou rejeitar a hipótese nula com base nas estatísticas do teste abaixo. Teste aos níveis de 0,01 e 0,05 usando as respostas do Exercício 2.

	Estatística teste	k	n
a.	4,22	8	6
b.	2,10	4	7
c.	3,89	5	7
d.	21,40	3	10
e.	2,01	4	12

4. Determine a variância de cada um dos seguintes conjuntos de dados:
   a. 10, 20, 15, 10, 20
   b. 1, 8, 5, 6, 3, 7
   c. 65, 70, 50, 55, 75, 45
   d. 2, -1, 0,5, -2, -1,5, 2

5. Use a análise da variância para testar a eficiência de quatro planos de dieta. Vinte e quatro pessoas foram aleatoriamente submetidas aos planos – seis pessoas para cada plano. A tabela abaixo dá a perda média de peso e a variância para cada grupo. Faça o teste ao nível de 0,05.

Plano	Perda média de peso (lb)	Variância
1 alta proteína, exercício rigoroso	3,0	1,8
2 líquidos somente	2,5	1,9
3 ausência de "grapefruit" ou queijo	2,6	2,0
4 enlatados	5,9	2,3

6. Um repórter está procurando determinar se há diferença real entre os tempos médios de reparo e devolução de um aparelho de TV por cinco oficinas diferentes. Que se pode concluir sobre o tempo médio de reparo?

Oficina	Tempo médio de reparo (dias)	Desvio padrão
A	37	3
B	40	4
C	33	3
D	20	6
E	45	5

7. Uma organização de consumidores está interessada numa comparação de preços de venda de carros novos, e tomou uma amostra aleatória em cinco localidades metropolitanas. Em cada localidade anotou-se o preço médio de 10 carros com equipamento análogo. Use o nível de 0,01 para decidir se os preços médios de venda diferem significativamente entre as cinco localidades.

Localidade	Preço médio (dólares)	Variância
A	42,5	6
B	44,0	5
C	48,0	7
D	46,0	4
E	44,5	8

8. A Tru-Green Tree Nursery deseja estudar três tipos de certo enxerto para ver se todos apresentam o mesmo crescimento anual. Que se pode concluir dos dados abaixo?

Enxerto		
1	2	3
14,4	10,8	11,1
14,8	12,2	9,5
12,7	11,2	10,8
12,2	12,8	12,7
10,9	13,0	10,9

9. Os dados abaixo dão a vida observada dos pneus de quatro caminhões distribuidores de sorvete, conforme a posição. Supondo comparáveis os caminhões e os motoristas, poderemos afirmar que a duração média é independente da posição do pneu no veículo (use o nível de 0,01)? Disponha os cálculos numa tabela de ANOVA semelhante à Tabela 11.5. Qual a importância da comparabilidade dos motoristas e veículos?

	Posição do pneu			
	Dianteiro direito	Dianteiro esquerdo	Traseiro direito	Traseiro esquerdo
Vida (em meses)	17	25	22	26
	19	27	21	24
	20	18	19	30
	24	22	26	28

EXERCÍCIOS SUPLEMENTARES

1. Suponha que o valor crítico de F na análise da variância seja 1,99 ao nível de 0,05. Veja a Figura 11.8.
   a. Como interpretaria uma estatística teste maior que 1,99?
   b. Como interpretaria uma estatística teste menor que 1,99?

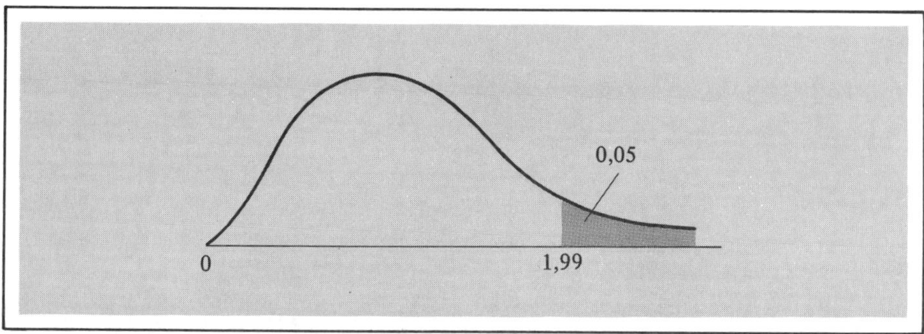

Figura 11.8 Uma distribuição F hipotética.

2. Verifique as cifras dadas para as variâncias amostrais no exemplo dos quatro tipos de gasolina do início deste capítulo.

3. Dá-se o mesmo exame final a três turmas de Estatística I. Há 20 alunos em cada turma. Encarando os escores do exame como uma *amostra aleatória* dos escores que poderiam resultar (p. ex., se o exame tivesse sido dado em outro dia, em hora diferente, se as questões tivessem sido outras, etc.), poderemos afirmar que as turmas são comparáveis? Use o nível de significância de 0,01.

	Escore médio	Variância
8 horas	76	48
9 horas	80	40
11 horas	87	47

4. Duas turmas de pilotos de corrida de automóvel estão sendo treinadas para uma grande corrida no domingo próximo. Cada turma faz cinco provas de troca dos quatro pneus num carro. As turmas são equivalentes, ou uma delas é superior? Se uma é superior, qual é ela? Teste ao nível de significância de 0,05 e construa uma tabela de ANOVA exibindo os resultados.

Turma	Tempos (min.)				
A	0,8	1,0	0,8	0,7	0,7
B	0,8	0,6	0,6	0,5	0,5

5. Refaça os dados no Exercício 3 e construa uma tabela de ANOVA.

CAPÍTULO 12

testes de significância para proporções

Objetivos do Capítulo

Após terminar o estudo deste capítulo, o leitor deve estar em condições de:

1. Explicar a finalidade dos testes de proporções
2. Explicar os objetivos dos testes de proporções de uma amostra, duas amostras e *k* amostras
3. Resolver problemas típicos utilizando as técnicas deste capítulo
4. Discutir rapidamente a distribuição qui-quadrado, comparando-a e contrastando-a com distribuições estudadas anteriormente
5. Utilizar a tabela qui-quadrado para obter probabilidades

Esboço do Capítulo

Introdução
Teste de uma Amostra para Proporções
Teste de Duas Amostras para Proporções
Teste de *k* Amostras para Proporções
  A distribuição amostral qui-quadrado
  Análise de uma tabela *r* por *k*
Teste χ^2 de Aderência
  Graus de liberdade
  Avaliação da estatística teste
  Utilização de dados amostrais para obter freqüências esperadas
Resumo

INTRODUÇÃO

Os testes para proporções são adequados quando os dados sob análise consistem de contagens ou freqüências de itens em duas ou mais classes. A finalidade de tais testes é avaliar afirmações sobre a proporção (ou percentagem) de uma população. Os testes se baseiam na premissa de que uma proporção amostral (isto é, x ocorrências em n observações, ou x/n) será igual à verdadeira proporção populacional, a menos da variabilidade amostral. Os testes focalizam geralmente as diferenças entre um número esperado de ocorrências (supondo-se verdadeira uma afirmação) e o número efetivamente observado. A diferença é então comparada com a variabilidade prescrita por uma distribuição amostral baseada na hipótese de que H_0 é realmente verdadeira.

Em muitos aspectos, os testes para proporções se assemelham grandemente aos testes para médias; apenas, nos testes para proporções, os dados amostrais se apresentam em termos de contagens, ao invés de medidas. Por exemplo, os testes tanto para médias como para proporções podem ser usados para avaliar alegações sobre (1) um parâmetro de uma única população (teste de uma amostra), (2) a igualdade de parâmetros de duas populações (teste de duas amostras) e (3) a igualdade de parâmetros de mais de duas populações (teste de k amostras). Além disso, para grandes amostras, a distribuição amostral apropriada para testes de proporções de uma e duas amostras é aproximadamente normal, tal como no caso de testes para médias de uma e duas amostras.

A apresentação dos testes de significância para proporções amostrais se divide em duas partes. A primeira diz respeito aos testes de uma e de duas amostras. A segunda se refere aos testes de mais de duas proporções e utiliza uma distribuição amostral que ainda não foi estudada.

TESTE DE UMA AMOSTRA PARA PROPORÇÕES

Quando a finalidade da amostragem é julgar a validade de uma alegação acerca de uma proporção populacional, é apropriado um teste de uma amostra. A metodologia depende de ser o número de observações amostrais grande ou pequeno. Para amostras de mais de 20 observações, a distribuição normal é aceitável; para tamanhos amostrais menores, deve-se usar a distribuição binomial. Consideraremos primeiro o caso de grandes amostras, discutindo em seguida o caso das pequenas amostras.

Conforme salientamos, os testes de grandes amostras tanto para médias como para proporções são bastante parecidos. Assim, as estatísticas teste para ambos medem o desvio de uma estatística amostral em relação a um valor teórico (alegado). E ambos os testes repousam na distribuição normal padronizada para os valores críticos. Talvez a única distinção real entre os dois testes esteja na maneira de obter o desvio padrão da distribuição amostral. O leitor se recordará de que a média e o desvio padrão de uma distribuição amostral de médias não estão relacionados, mas isto não é verdade quanto à média (p) e o desvio padrão ($\sigma_p = \sqrt{p(1-p)/n}$) de uma distribuição amostral de proporções. Todavia, ao contrário da técnica usada na estimação, onde a proporção *amostral* foi introduzida na fórmula, o valor de p usado para calcular o desvio padrão se baseia no valor indicado em H_0.

Por exemplo, a hipótese nula pode ser

$$H_0: p_0 = 0{,}20$$

Deve-se então usar o valor 0,20, juntamente com o tamanho amostral n, para calcular σ_{p0}. Suponhamos $n = 100$. Então

$$\sigma_{p_0} = \sqrt{\frac{(0,2)(1 - 0,2)}{100}} = 0,04$$

O símbolo p_0 é usado para denotar o valor especificado em H_0. O teste requer o cálculo da estatística teste z:

$$z = \frac{\text{proporção amostral - proporção alegada}}{\text{desvio padrão da proporção}} = \frac{(x/n) - p_0}{\sqrt{p_0(1 - p_0)/n}}$$

Compara-se então o valor calculado de z com o valor de z de uma tabela normal ao nível de significância escolhido.

Tal como no caso de testes de uma amostra para médias, os testes para proporções podem ser unilaterais ou bilaterais. O tipo do teste reflete H_1. Por exemplo, há três possibilidades para H_1:

$$H_1 \colon p > p_0 \qquad H_1 \colon p < p_0 \qquad H_1 \colon p \neq p_0$$

A primeira alternativa sugere um teste unilateral na cauda direita, a segunda um teste unilateral na cauda esquerda e a terceira, um teste bilateral. Os três exemplos que seguem demonstram esses testes.

Exemplo 1 Um fabricante afirma que uma remessa de pregos contém menos de 1% de defeituosos. Uma amostra aleatória de 200 pregos acusa 4 (isto é, 2%) defeituosos. Teste a afirmação ao nível de 0,01.

Solução:

A hipótese nula é

$$H_0 : p_0 = 1\%$$

A hipótese alternativa razoável poderá ser

$$H_1 : p_0 > 1\%$$

pois desejamos evitar a aceitação de uma remessa com mais de 1% de defeituosos, mas nada há a objetar quanto ao fato de a remessa apresentar qualidade melhor que a alegada. Assim, usaremos um teste unilateral, com a linha divisória entre a aceitação de H_0 e a rejeição de H_0 na cauda direita.

O desvio padrão da distribuição amostral — se H_0 é realmente verdadeira — é

$$\sigma_{p_0} = \sqrt{\frac{p_0(1 - p_0)}{n}} = \sqrt{\frac{0,01(0,99)}{200}} = 0,007$$

Podemos agora calcular a estatística teste:

$$z = \frac{0,02 - 0,01}{0,007} \approx +1,43$$

O valor tabulado, utilizando o nível 0,01 e a tabela normal, é $z = +2{,}33$. Conseqüentemente, aceitamos H_0, conforme ilustrado na Figura 12.1.

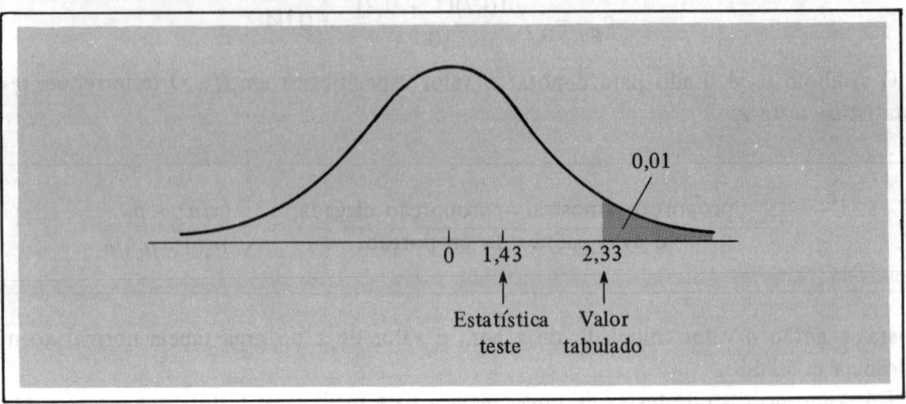

Figura 12.1 O cálculo da estatística teste resultou na aceitação de H_0.

Exemplo 2 Uma pesquisa conclui que 9 em 10 médicos (isto é, 90%) recomendam aspirina a pacientes que têm filhos. Teste a afirmação, ao nível de significância de 0,05, contra a alternativa de que a percentagem é inferior a 90%, se, numa amostra aleatória de 100 médicos, 80% recomendam aspirina.

Solução:

$$H_0 : p_0 = 90\%$$
$$H_1 : p_0 < 90\%$$

O desvio padrão da distribuição amostral – supondo H_0 verdadeira – é

$$\sigma_{p_0} = \sqrt{\frac{0{,}90(0{,}10)}{100}} = 0{,}03$$

A estatística teste é

$$z = \frac{0{,}80 - 0{,}90}{0{,}03} = \frac{-0{,}10}{0{,}03} = -3{,}33$$

O valor da tabela da curva normal (nível de 5%) é $z = -1{,}65$. Portanto, rejeitamos H_0 e concluímos que a percentagem dos médicos que recomendam aspirina é *inferior a* 90%. Veja a Figura 12.2.

Exemplo 3 Um jornal afirma que aproximadamente 25% dos adultos em sua área de circulação são analfabetos segundo os padrões governamentais. Teste essa afirmação contra a alternativa de que a verdadeira percentagem não é 25%, e use a probabilidade de 5% de um erro Tipo I. Uma amostra de 740 pessoas indica que apenas 20% seriam considerados analfabetos segundo os mesmos padrões.

Solução:

$$H_0 : p_0 = 25\%$$
$$H_1 : p_0 \neq 25\%$$

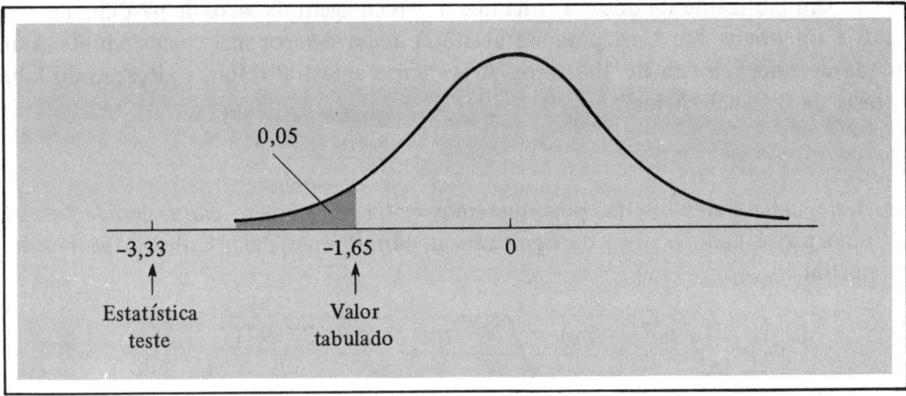

Figura 12.2 A hipótese de nulidade é rejeitada.

O desvio padrão da distribuição amostral é

$$\sigma_{p_0} = \sqrt{\frac{p_0(1 - p_0)}{n}} = \sqrt{\frac{0{,}25(0{,}75)}{740}} \approx 0{,}016$$

A estatística teste é

$$z = \frac{0{,}20 - 0{,}25}{0{,}016} = \frac{-0{,}05}{0{,}016} = -3{,}1$$

O valor tabulado normal para o nível de 0,05 e um teste bilateral é ±1,96. Conseqüentemente, somos levados a rejeitar H_0 e concluímos que a percentagem efetiva é inferior a 25%, como se vê na Figura 12.3.

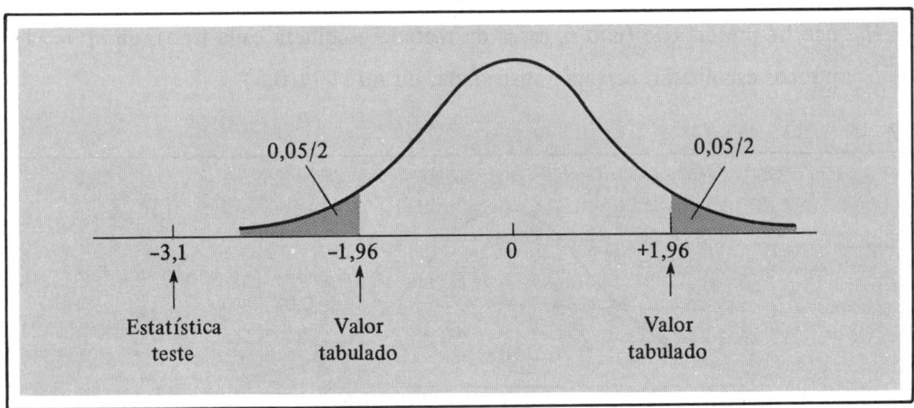

Figura 12.3 A hipótese de nulidade é rejeitada.

Ao fazermos amostragem numa população finita (e $n/N > 5\%$), devemos usar o fator de correção finita $\sqrt{(N - n)/(N - 1)}$.

Exemplo 4 Um fabricante de doces afirma que a percentagem de sacos de pastilhas de chocolate mal cheios é inferior a 3%. Uma pesquisa aleatória acusa 4 sacos mal cheios em 50. A amostra foi extraída de uma remessa de 400 sacos. A evidência amostral refuta a alegação do fabricante (isto é, mais de 3% mal cheios)?

Solução:

Cabe um teste unilateral à direita, pois queremos evitar um número *muito grande* de sacos mal cheios. Como não é dado o nível de significância, admitiremos 0,05. O desvio padrão da distribuição amostral é

$$\sigma_p = \sqrt{\frac{p_0(1 - p_0)}{n}} \sqrt{\frac{N - n}{N - 1}} = \sqrt{\frac{0,03(0,97)}{50}} \sqrt{\frac{350}{399}}$$

$$= \sqrt{0,00058} \sqrt{0,877} \approx 0,023$$

A estatística teste é

$$z = \frac{(x/n) - p_0}{\sigma_p} = \frac{\frac{4}{50} - 0,03}{0,023} = \frac{0,08 - 0,03}{0,023} = 2,17$$

H_0 é rejeitada, conforme se vê na Figura 12.4.

Quando o número de observações não supera 20, podemos usar a tabela binomial acumulada para calcular os dados amostrais. Consideremos este exemplo. O proprietário de um bar quer saber se seus fregueses regulares sabem distinguir o chope da cerveja engarrafada. Para isto, escolhe aleatoriamente 11 fregueses e dá a cada um dois copos, sem qualquer indicação um contendo chope, o outro cerveja. Pede então que cada um indique sua preferência. O proprietário acha que há uma preferência pelo chope. No caso de não haver preferência, é de esperar que cerca da metade escolha o chope, e a outra metade cerveja engarrafada. Se, entretanto, a suposição do proprietário é valida, poucos deverão escolher a cerveja engarrafada. Nossa hipótese serão então

H_0: não há preferência (isto é, cerca da metade escolherá cada tipo), ou $np = 11(0,5)$

H_1: poucos escolherão cerveja engarrafada, ou $np < 11(0,5)$

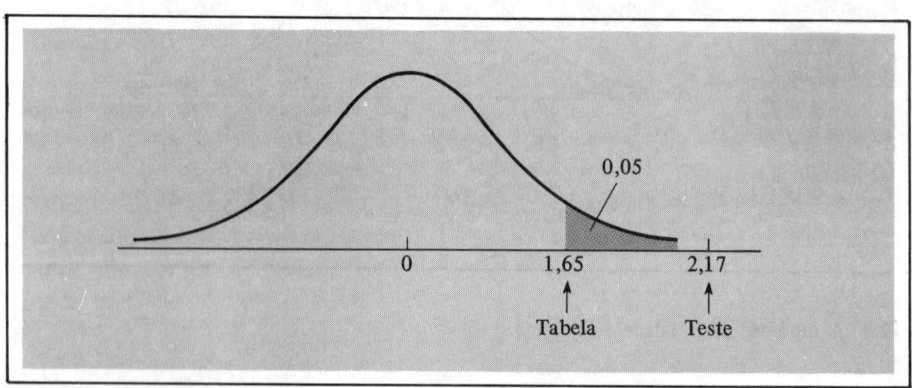

Figura 12.4 Rejeita-se H_0.

Suponhamos que 4 clientes escolham cerveja engarrafada e o restante escolha o chope. O proprietário deseja fazer o teste ao nível de 0,05. A evidência apóia H_0 ou H_1?

Ao contrário dos testes anteriores, não utilizaremos aqui um valor crítico. Em lugar disso, trabalharemos com probabilidades nas caudas. A razão disso é que as distribuições discretas tendem a se apresentar "incompletas". Teríamos de escolher um valor crítico como 1, 2 ou 3, e tais valores usualmente não proporcionam o nível de significância desejado. Note-se, por exemplo, da tabela parcial de probabilidades acumuladas apresentada abaixo (com $n = 11$ e $p = 0{,}50$) que $P(x \leqslant 2) = 0{,}0327$. Conseqüentemente, um valor crítico de "2 ou menos escolherem cerveja engarrafada" resultaria em uma P(erro Tipo I) menor do que a especificada. Por outro lado, um valor crítico de 3 deixaria 0,1133 na cauda, o que é muito elevado. No entanto, não há escolha possível entre esses dois valores. Assim, a escolha de um valor crítico baseada nos resultados possíveis levaria à fixação de um nível de significância diferente do que seria ordinariamente escolhido. Além disso, cada teste precisaria passar por este processo.

x	P(x ou menos)
0	0,0005
1	0,0059
2	0,0327
3	0,1133
4	0,2744
5	0,5000
.	.
.	.
.	.

Como alternativa, notemos simplesmente que se rejeitamos neste caso, com 4 escolhendo cerveja engarrafada, a probabilidade de rejeitar uma H_0 verdadeira (pela tabela) é 0,2744, que excede $\alpha = 0{,}05$. Portanto, deveríamos aceitar H_0. Entretanto, se apenas 1 cliente tivesse escolhido cerveja engarrafada, a probabilidade de rejeitar H_0 [$P(x \leqslant 1) = 0{,}0059$] teria sido bastante pequena. Podemos, então, formular as seguintes regras gerais:

> Uma probabilidade de cauda não superior a α leva à rejeição de H_0.
>
> Uma probabilidade de cauda maior que α leva à aceitação de H_0.

Note-se que, no caso de um teste bilateral, o valor de α nas regras supra deve ser substituído por $\alpha/2$. Além disso, devemos estar certos de incluir, como parte da área da cauda, a probabilidade do resultado amostral. Em outras palavras, se encontramos 4 defeituosos numa amostra, a área da cauda é $P(x \leqslant 4)$ e não $P(x < 4)$.

EXERCÍCIOS

1. Para cada um dos seguintes casos, esboce a distribuição amostral apropriada (grandes amostras) e indique, no esboço, se o teste é unilateral ou bilateral e mostre a área na(s) cauda(s):
   a. $H_0 : p = 35\%$, $H_1 : p > 35\%$, $\alpha = 0{,}05$
   b. $H_0 : p = 1\%$, $H_1 : p < 1\%$, $\alpha = 0{,}05$

c. $H_0 : p = 22{,}5\%$, $H_1 : p < 22{,}5\%$, $\alpha = 0{,}01$
d. $H_0 : p = 30\%$, $H_1 : p \neq 30\%$, $\alpha = 0{,}05$

2. Um fabricante alega que apenas 2% das peças que ele fornece estão abaixo das condições ordinárias de utilização. Em 200 peças escolhidas aleatoriamente de uma remessa de 5.000 encontraram-se 10 falhas.
   a. Enuncie H_0 e H_1.
   b. A alegação do fabricante parece aceitável ao nível de 0,05?
3. Joga-se 144 vezes uma moeda supostamente honesta, aparecendo "cara" 90 vezes. Acha que a moeda é realmente honesta? Explique.
4. Um senador afirma que no máximo 20% dos eleitores de seu estado são favoráveis a um projeto em estudo pelo governo. Numa amostra aleatória de 100 eleitores, 11 são favoráveis ao projeto.
   a. Supondo verdadeira a afirmação do senador, quantos eleitores favoráveis poderíamos esperar numa amostra de 100?
   b. Enuncie H_1.
   c. Teste ao nível de 0,01.
5. O governo alega que no máximo 15% das famílias de certa área percebem renda inferior ao nível considerado como de pobreza. Numa amostra aleatória de 60 famílias, encontraram-se 12 em tais condições. Teste a alegação, contra a alternativa $p > 15\%$.
6. Um artigo de jornal sugere que 40% dos eleitores com idade de 18 a 21 anos deixaram de votar na última eleição geral. Suponhamos que, numa amostra de oito eleitores daquele grupo de idade, dois deixaram de votar. Teste $H_0 = 0{,}4$ contra cada uma das seguintes alternativas ao nível de 0,01:
   a. $H_1 : p \neq 0{,}4$ b. $H_1 : p > 0{,}4$ c. $H_1 : p < 0{,}4$
7. Se um novo remédio não produz nenhum efeito sobre os pacientes que o tomam, alguns dirão que o resultado foi bom, alguns dirão que se sentiram pior, e outros dirão que não sentiram diferença. Se o remédio é eficiente, um número maior acusará melhoria; se o remédio tem contra-indicações, um número maior se sentirá pior. Suponhamos que, em 20 pacientes que tomaram o remédio, 11 se sintam melhor, 3 se sintam pior, e 6 não acusem modificação em seu estado. Ignore esses últimos 6 (isto é, use $n = 14$). Teste $H_0 : p = 0{,}5$ contra as alternativas abaixo, ao nível de 0,05:
   a. O remédio tem efeito positivo. b. O remédio tem efeito negativo.

TESTE DE DUAS AMOSTRAS PARA PROPORÇÕES

A finalidade de um teste de duas amostras é decidir se as duas *amostras independentes* foram extraídas de duas populações, ambas com a mesma proporção de elementos com determinada característica. O teste focaliza a diferença relativa (diferença dividida pelo desvio padrão da distribuição amostral) entre as duas proporções amostrais. Pequenas diferenças implicam apenas variação casual devida à amostragem (aceitação de H_0), enquanto que grandes diferenças implicam precisamente o contrário (rejeição de H_0). A estatística teste (diferença relativa) é comparada com um valor tabulado da distribuição normal, a fim de decidir pela aceitação ou rejeição de H_0. Novamente aqui, este teste se assemelha muito ao teste de duas amostras para médias.

A hipótese nula num teste de duas amostras é

$$H_0 : p_1 = p_2$$

As hipóteses alternativas possíveis são

$$H_1 : p_1 \neq p_2 \qquad H_1 : p_1 > p_2 \qquad H_1 : p_1 < p_2$$

Como de costume, a técnica é supor inicialmente H_0 verdadeira e então usar uma distribuição amostral baseada nessa hipótese para fazer o teste. Todavia, ao contrário do teste de uma amostra, não há indicação do parâmetro populacional em H_0. Portanto, o valor de p a ser usado vai ser obtido de forma um pouco diferente. Note-se que se p_1 é de fato igual a p_2, então as duas amostras, extraídas de duas populações, podem ser encaradas como duas amostras da *mesma* população. Então, cada proporção amostral pode ser considerada como uma estimativa da mesma proporção populacional. Além disso, pareceria razoável (devido ao tamanho maior da amostra) que a combinação das duas amostras daria uma estimativa ainda melhor do verdadeiro valor da proporção populacional. A estimativa combinada ("pooled") de p pode ser calculada como segue:

$$p = \frac{x_1 + x_2}{n_1 + n_2}$$

onde

x_1 = número de sucessos na amostra 1
x_2 = número de sucessos na amostra 2
n_1 = número de observações na amostra 1
n_2 = número de observações na amostra 2

Este valor de p é usado para calcular o desvio padrão da proporção, que é semelhante às fórmulas prévias, exceto quanto ao fato de que, agora, ele deve ser "ponderado" pelos dois tamanhos de amostra:

$$\sigma_p = \sqrt{p(1 - p)[1/n_1) + (1/n_2)]}$$

Exemplo 5 Consideremos a situação seguinte. Pergunta-se aos eleitores de duas cidades se eles são contra ou a favor de determinada lei em curso na legislatura do estado. Para determinar se os eleitores das duas cidades diferem em termos da percentagem dos que favorecem a lei, toma-se uma amostra de 100 eleitores em cada cidade. Numa delas, 30 são a favor da lei, na outra, apenas 20.

Estabeleçamos primeiro as hipóteses nula e alternativa:

$$H_0 : p_1 = p_2 \qquad H_1 : p_1 \neq p_2 \qquad \alpha = 0{,}01$$

(Exige-se um teste bilateral porque o problema não explicita a suposição de que a percentagem numa cidade seja maior do que a percentagem na outra.)

A estatística teste é

$$z = \frac{(x_1/n_1) - (x_2/n_2)}{\sqrt{p(1 - p)[(1/n_1) + (1/n_2)]}} \quad \text{onde} \quad p = \frac{x_1 + x_2}{n_1 + n_2}$$

Temos então

$$p = \frac{30 + 20}{100 + 100} = 0{,}25$$

$$z = \frac{0{,}30 - 0{,}20}{\sqrt{0{,}25(0{,}75)[(1/100) + (1/100)]}} = \frac{0{,}10}{\sqrt{0{,}00375}} = 1{,}63$$

Como a estatística teste z tem seu valor dentro da região de aceitação, não podemos concluir que as duas cidades difiram em termos da percentagem dos que são favoráveis à aprovação do projeto. Veja a Figura 12.5

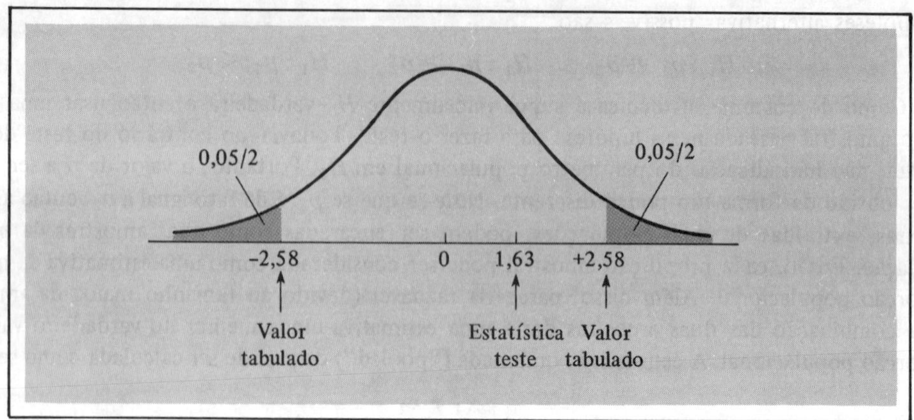

Figura 12.5 H_0 é aceita.

Exemplo 6 Suponhamos, no exemplo precedente, estabelecida a hipótese (H_1) de que $p_1 > p_2$. O teste teria sido conduzido da seguinte maneira:

$$H_0 : p_1 = p_2 \qquad H_1 : p_1 > p_2 \qquad \alpha = 0{,}05$$

Utilizando os mesmos valores amostrais, z seria ainda igual a 1,63. Logo, aceitaríamos H_0 ao nível de 0,05 e *não poderíamos* concluir que a primeira cidade tivesse maior percentagem de eleitores favoráveis ao projeto. Veja Figura 12.6.

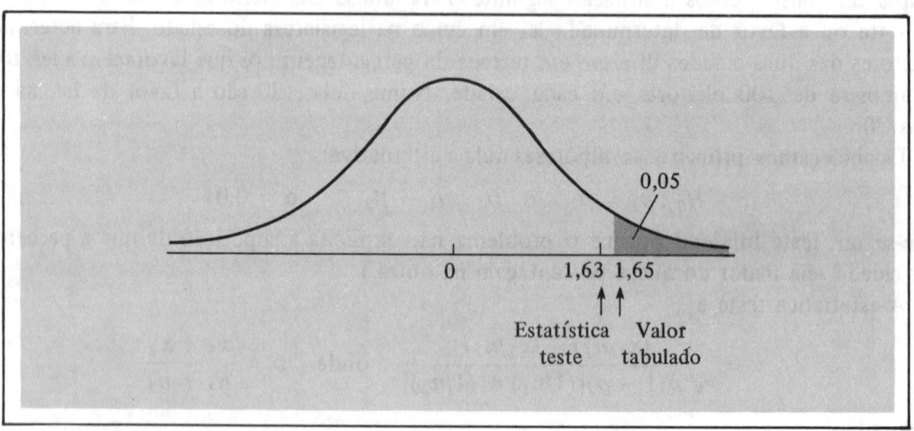

Figura 12.6 Aceitar H_0.

Exemplo 7 Suponhamos que, no Exemplo 6, a alternativa tivesse sido $p_1 < p_2$. Graficamente, o teste seria conduzido como na Figura 12.7.

Como a estatística teste z é positiva, novamente aqui aceitaríamos H_0.

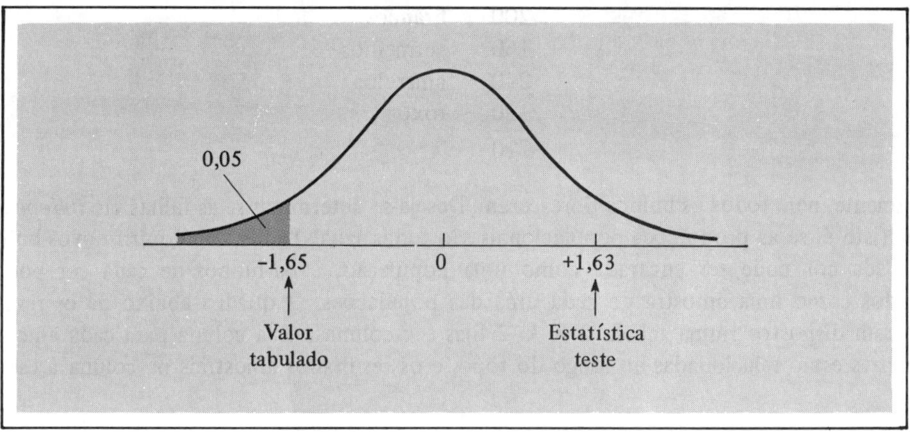

Figura 12.7 Aceitar H_0.

EXERCÍCIOS

1. Um fabricante deseja saber se um revestimento especial aplicado às placas de licença de automóveis lhes aumenta a resistência à ferrugem. Distribuem-se 20.000 placas tratadas com tal revestimento, juntamente com 20.000 placas não-tratadas. Uma amostra aleatória das placas tratadas, extraída um ano depois, indica que, de 400, 360 estão em perfeito estado, enquanto que, de uma amostra de 225 placas não-tratadas, 195 estão em ótimas condições. Pode-se concluir que as placas tratadas são superiores às não-tratadas?
2. Uma amostra aleatória de 200 eleitores registrados em cada um de dois distritos eleitorais acusou o seguinte resultado: de 200 eleitores urbanos, 45 apóiam determinado projeto, enquanto que de 200 eleitores suburbanos, 55 apóiam o projeto. Que se pode dizer da proporção de eleitores favoráveis ao projeto nesses dois distritos?
3. Estão em teste dois métodos potenciais para fechar garrafas. Numa seqüência de 1.000, a máquina A gera 30 rejeições, enquanto que a máquina B acusa apenas 20 rejeições. Pode-se concluir, ao nível de 0,05, que as duas máquinas sejam diferentes?

TESTE DE k AMOSTRAS PARA PROPORÇÕES

A finalidade de um teste de k amostras é avaliar a alegação de que k amostras independentes provenham de populações que contenham a mesma proporção de determinado item. Conseqüentemente, as hipóteses nula e alternativa são

H_0: As proporções populacionais são todas iguais.

H_1: As proporções populacionais não são iguais.

Consideremos, por exemplo, esta situação. Um *shopping center* comprou e plantou, para sua ornamentação, 720 bulbos de tulipa de quatro cores:

200	brancos
160	vermelhos
240	amarelos
120	roxos
720	

Infelizmente, nem todos os bulbos floresceram. Deseja-se determinar se as falhas são *independentes* da cor (isto é, se as proporções populacionais são todas iguais) antes de adquirir novos bulbos.

Cada cor pode ser encarada como uma população, e os bulbos de cada cor podem ser encarados como uma amostra de cada uma das populações. O quadro abaixo dá os resultados, que foram dispostos numa tabela 2 × k: 2 filas e k colunas, uma coluna para cada amostra. As k amostras estão relacionadas ao longo do topo, e os resultados amostrais na coluna à esquerda:

	Amostras				
Resultados amostrais	Brancos	Vermelhos	Amarelos	Roxos	Totais
floresceram	176	136	222	114	648
não floresceram	24	24	18	6	72
total plantado	200	160	240	120	720

Se a hipótese nula é, de fato, verdadeira, então as variações entre as amostras são devidas apenas ao acaso. Suponhamos inicialmente que seja esse o caso (isto é, que H_0 é verdadeira). Então as quatro amostras podem ser encaradas como quatro amostras da mesma população. Combinando os resultados amostrais, obteremos uma estimativa da verdadeira proporção populacional de bulbos que tendem a florescer. Obtemos então:

$$p = \frac{176 + 136 + 222 + 114}{200 + 160 + 240 + 120} = 90\%$$

Podemos agora utilizar esta estimativa da percentagem populacional para determinar o número esperado de "sucessos" em cada categoria, admitindo H_0 verdadeira. Esses valores esperados servirão então como base de comparação para os resultados observados (amostrais). Se as diferenças entre os dois são pequenas, parece razoável concluir que elas sejam devidas apenas ao acaso. Grandes diferenças, entretanto, sugeririam que as taxas de sobrevivência sejam diferentes para as diversas cores.

Pode-se obter o número esperado de sucessos em cada categoria multiplicando-se o número total de bulbos plantados pela percentagem estimada na população:

$$p \times \text{número plantado} = \text{número esperado}$$

Assim

brancos:	90% × 200 = 180
vermelhos:	90% × 160 = 144
amarelos:	90% × 240 = 216
roxos:	90% × 120 = 108

Podemos determinar também da mesma maneira o número de falhas em cada cor (isto é, determinando primeiro a percentagem total de falhas e multiplicando em seguida essa percentagem pelo número de cada cor). Todavia, como conhecemos o número esperado de sucessos para cada cor, bem como o total de cada cor, mediante uma simples subtração podemos obter o número esperado de falhas:

Cor	Número plantado	-	Florescimentos esperados	=	Falhas esperadas
brancos:	200		180		20
vermelhos:	160		144		16
amarelos:	240		216		24
roxos:	120		108		12

Em geral, é conveniente incluir tanto as freqüências esperadas como as observações numa única tabela para fins de análise. As freqüências esperadas costumam figurar entre parênteses.

	Brancos	Vermelhos	Amarelos	Roxos
Floresceram	(180) 176	(144) 136	(216) 222	(108) 114
Falharam	(20) 24	(16) 24	(24) 18	(12) 6

É importante que a freqüência *esperada* de cada quadrado, ou "cela", seja no mínimo igual a 5, para que seja válida a técnica que acabamos de estabelecer. Se tal condição não se verifica, devemos grupar uma ou mais linhas (ou colunas), a fim de obter a freqüência esperada mínima. Em nosso exemplo, a freqüência esperada mínima é 12, de modo que não precisamos preocupar-nos com o problema. Mas se, digamos, as duas últimas colunas acusassem baixas freqüências esperadas em algumas celas, poderíamos considerar a categoria "amarelo e roxo" como uma única coluna, combinando então as respectivas freqüências observadas e esperadas.

O grau de diferença entre os dois conjuntos de freqüência pode ser medido pela seguinte estatística:

$$\chi^2 = \sum \left[\frac{(\text{freq. observada} - \text{freq. esperada})^2}{\text{freq. esperada}}\right]$$

Do ponto de vista da execução, isto corresponde a (1) subtrair a freqüência esperada da freqüência observada para cada cela, (2) elevar ao quadrado cada uma dessas diferenças, (3) "padronizar" os quadrados das diferenças dividindo cada um pela freqüência esperada da cela, e finalmente (4) somar todos os termos para obter o valor total. Este total é chamado *estatística teste qui-quadrado* (χ^2). Para o nosso caso, a estatística χ^2 seria calculada como segue:

$$\begin{aligned}\chi^2 &= \frac{(176-180)^2}{180} + \frac{(136-144)^2}{144} + \frac{(222-216)^2}{216} + \frac{(114-108)^2}{108}\\ &+ \frac{(24-20)^2}{20} + \frac{(24-16)^2}{16} + \frac{(18-24)^2}{24} + \frac{(6-12)^2}{12}\\ &= 0{,}09 + 0{,}44 + 0{,}17 + 0{,}33 + 0{,}80 + 4{,}00 + 1{,}50 + 3{,}00\\ &= 10{,}33\end{aligned}$$

Devemos agora comparar esta estatística teste com um valor crítico (tabulado) da distribuição amostral qui-quadrado, para decidir pela aceitação ou rejeição de H_0.

A Distribuição Amostral Qui-Quadrado

Tal como as distribuições t e F, a distribuição qui-quadrado tem uma forma que depende do número de graus de liberdade associado a determinado problema. A Figura 12.8 ilustra várias

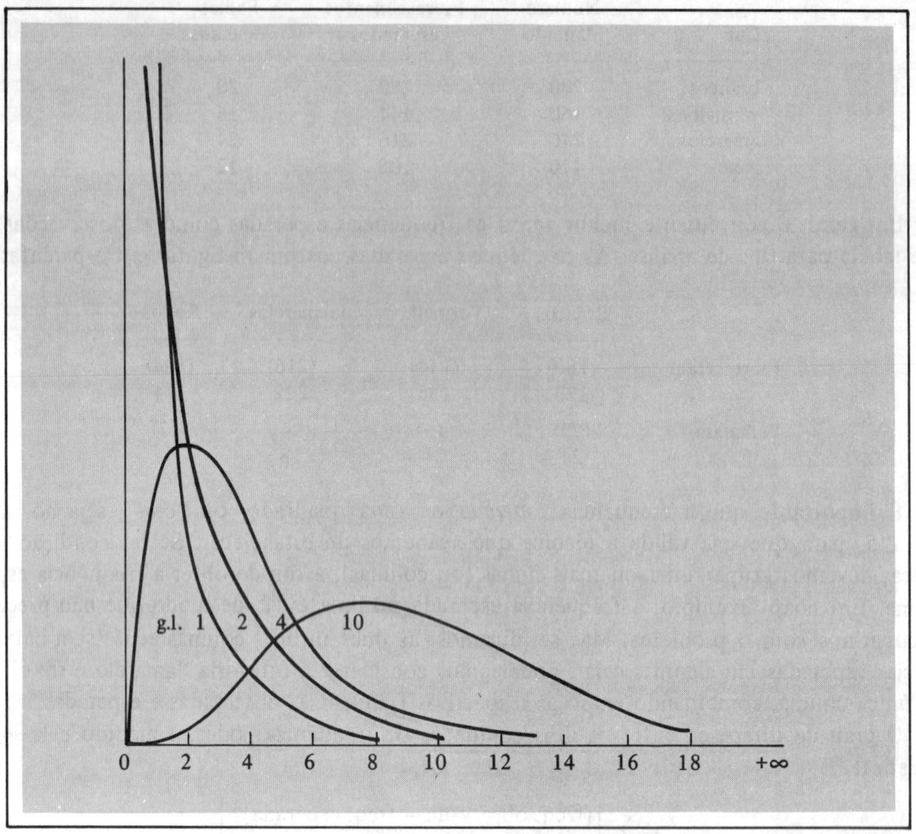

Figura 12.8 A forma da distribuição qui-quadrado depende do número de graus de liberdade.

dessas curvas. Em virtude dessa tendência, o valor crítico (valor que deixa certa percentagem da área na cauda) será função dos graus de liberdade. Assim, para obter um valor crítico de uma tabela qui-quadrado, devemos escolher o nível de significância e determinar o número de graus de liberdade associado ao problema em estudo.

Os graus de liberdade são função do número de celas numa tabela $2 \times k$. Isto é, os graus de liberdade refletem o tamanho da tabela. O leitor deve lembrar-se de que, no cálculo das freqüências esperadas das linhas e das colunas, o valor esperado da última cela se obtinha simplesmente subtraindo-se a soma das outras freqüências esperadas naquela linha ou coluna, do total da linha ou coluna. As freqüências esperadas ficam, assim, obrigadas a ter sua soma igual ao total, e esse fato foi utilizado para obtermos as freqüências finais. Em razão disso, diz-se que cada coluna perde um grau de liberdade. Assim, os graus de liberdade das colunas são o número de linhas (categorias) menos 1, ou $r - 1$. Analogamente, como os totais das linhas são também conhecidos, qualquer valor esperado em cada linha pode ser obtido pela diferença entre o total da linha e a soma das outras freqüências na linha. Assim, a cada linha corresponde um número de graus de liberdade igual ao número de colunas (amostras) menos 1, ou $k - 1$. O efeito líquido é que o número de graus de liberdade para a tabela é o produto de (número de linhas - 1) × (número de colunas - 1), ou $(r - 1)(k - 1)$. Logo, com 2 linhas e 4 colunas temos $(2 - 1)(4 - 1) = 3$ graus de liberdade.

A Tabela I do Apêndice dá valores críticos da distribuição qui-quadrado para diversos graus de liberdade e níveis de significância.

O teste exige a comparação do valor qui-quadrado calculado com um valor obtido da tabela de valores críticos de qui-quadrado, para o número apropriado de graus de liberdade. Se a estatística teste é menor que o valor tabulado, a hipótese nula é aceita; caso contrário, H_0 é rejeitada. A Figura 12.9 ilustra isso. (Note-se que um valor de qui-quadrado nunca pode ser menor que zero, pois é calculado mediante quadrados de desvios.)

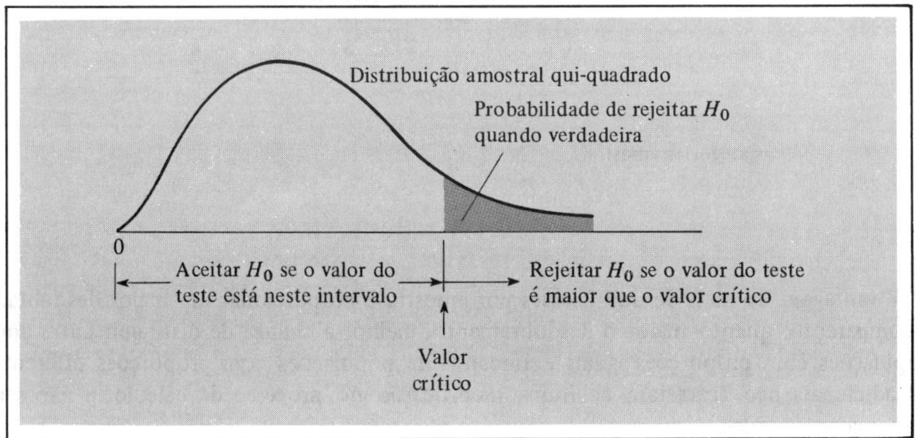

Figura 12.9 Um valor calculado de qui-quadrado não superior ao valor crítico é considerado como evidência de variação apenas casual; H_0 é aceita.

Comparando nosso valor calculado de χ^2 com um valor obtido da tabela de valores críticos (veja a Tabela I no Apêndice) ao nível, digamos, de 0,01, vemos que a variação entre proporções amostrais pode ser devida ao acaso, pois a estatística teste (10,33) está na região de aceitação. Logo, não podemos concluir que as proporções populacionais não sejam todas iguais. A Figura 12.10 ilustra o teste.

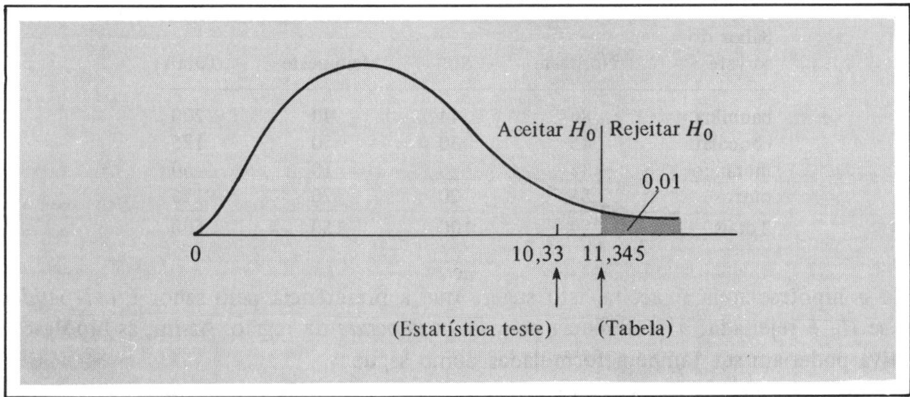

Figura 12.10 A hipótese nula é aceita ao nível de 0,01.

Análise de uma Tabela *r* por *k*

A análise de uma tabela $r \times k$ é uma extensão da análise de uma tabela $2 \times k$. Cada tabela ainda tem k colunas, mas agora há mais de duas linhas. A implicação é que os resultados amostrais são classificados em *mais de duas* categorias. Assim, as populações são tratadas como *multinomiais*. O formato da tabela é o apresentado a seguir:

		Amostras				
		1	2	3	...	k
	1					
	2					
Categorias amostrais	3					
	⋮					
	r					

A vantagem de mais de duas classes por amostra é proporcionar um maior desdobramento para comparação; quanto maior o desdobramento, melhor a chance de distinguir entre amostras de populações com proporções iguais e amostras de populações com proporções diferentes. As linhas adicionais não acarretam nenhuma modificação no processo de cálculo, a não ser pelo número maior de celas.

Tal como no teste $2 \times k$, as hipóteses nula e alternativa são

H_0: As proporções populacionais são iguais.

H_1: As proporções populacionais não são iguais.

Consideremos este exemplo. Em recente estudo para determinar se as preferências por sabor variam conforme a região, foram coletados os seguintes dados. Determine se as três regiões são comparáveis, ao nível de significância de 0,05.

Freqüências observadas

	Região			
Sabor do sorvete	Nordeste	Sul	Meio-oeste	Totais
baunilha	86	44	70	200
chocolate	45	30	50	125
morango	34	6	10	50
outros	85	20	20	125
Totais	250	100	150	500

Se a hipótese nula é aceita, isto sugere que a preferência pelo sabor é *independente* da região; se H_0 é rejeitada, a preferência pelo sabor *depende* da região. Assim, as hipóteses nula e alternativa poderiam ser também formuladas como segue:

H_0: A preferência pelo sabor é *independente* da região.

H_1: A preferência pelo sabor depende da região.

A hipótese nula pode ser interpretada da seguinte maneira: As percentagens de cada população na categoria 1 são todas iguais; as percentagens de cada população na categoria 2 são todas iguais; as percentagens de cada população na categoria 3 são todas iguais; e assim por diante. Isto é,

		população 1		2		3 ...		k
categoria	1	$p_{1,1}$	=	$p_{1,2}$	=	$p_{1,3}$	=	$p_{1,k}$
	2	$p_{2,1}$	=	$p_{2,2}$	=	$p_{2,3}$	=	$p_{2,k}$
	⋮	⋮		⋮		⋮		⋮
	r	$p_{r,1}$	=	$p_{r,2}$	=	$p_{r,3}$	=	$p_{r,k}$

O processo de teste novamente exige a determinação das freqüências esperadas das celas sob a hipótese de H_0 ser verdadeira, e o cálculo de uma estatística teste que reflita os quadrados dos desvios entre cada par de freqüências observado e esperado. Ou também podem-se utilizar as percentagens de linhas ou de colunas para obter as freqüências esperadas. Os resultados serão os mesmos em qualquer caso; a escolha de um ou outro processo depende de quais freqüências (totais de linhas ou totais de colunas) sejam mais fáceis de trabalhar.

As percentagens das linhas se obtêm calculando-se a razão do total da linha para o número total de observações:

$$p_{\text{lin}} = \frac{\text{total da linha}}{\text{número total de observações}}$$

Analogamente, cada percentagem de coluna se calcula como

$$p_{\text{col}} = \frac{\text{total da coluna}}{\text{número total de observações}}$$

As freqüências esperadas das celas individuais se obtêm calculando

$$p_{\text{lin}} \times \text{total coluna} \qquad \text{ou} \qquad p_{\text{col}} \times \text{total linha}$$

A soma dos desvios das celas dependerá, de certa forma, do tamanho da tabela, que é refletido pelos graus de liberdade:

graus de liberdade = $(r - 1)(k - 1)$

onde

r = número de linhas
k = número de colunas

Os cálculos do exemplo da preferência pelo sabor se fazem como segue: Primeiro determinam-se as percentagens de linhas:

$$\text{linha 1 (baunilha): } \frac{200}{500} = 0{,}40 = p_1$$

$$\text{linha 2 (chocolate): } \frac{125}{500} = 0{,}25 = p_2$$

$$\text{linha 3 (morango): } \frac{50}{500} = 0{,}10 = p_3$$

$$\text{linha 4 (outros): } \frac{125}{500} = 0{,}25 = p_4$$

Usamos agora as percentagens das linhas para obter as freqüências esperadas de cada cela:

	Número esperado de respostas		
Sabores	Nordeste	Sul	Meio-oeste
baunilha	250 × 0,40 = 100	100 × 0,40 = 40	150 × 0,40 = 60
chocolate	250 × 0,25 = 62,5	100 × 0,25 = 25	150 × 0,25 = 37,5
morango	250 × 0,10 = 25	100 × 0,10 = 10	150 × 0,10 = 15
outros	250 × 0,25 = 62,5	100 × 0,25 = 25	150 × 0,25 = 37,5
Total	250,0	100	150,0

Agora calcule a estatística teste,

$$\chi^2 = \sum\left[\frac{(o-e)^2}{e}\right]$$

$$\left.\begin{array}{l}
\frac{(86-100)^2}{100} + \frac{(44-40)^2}{40} + \frac{(70-60)^2}{60} = \frac{196}{100} + \frac{16}{40} + \frac{100}{60} = 1{,}96 + 0{,}40 + 1{,}67 \\
\frac{(45-62{,}5)^2}{62{,}5} + \frac{(30-25)^2}{25} + \frac{(50-37{,}5)^2}{37{,}5} = \frac{306{,}25}{62{,}5} + \frac{25}{25} + \frac{156{,}25}{37{,}5} = 4{,}90 + 1{,}00 + 4{,}17 \\
\frac{(34-25)^2}{25} + \frac{(6-10)^2}{10} + \frac{(10-15)^2}{15} = \frac{81}{25} + \frac{16}{10} + \frac{25}{15} = 3{,}24 + 1{,}60 + 1{,}67 \\
\frac{(85-62{,}5)^2}{62{,}5} + \frac{(20-25)^2}{25} + \frac{(20-37{,}5)^2}{37{,}5} = \frac{506{,}25}{62{,}5} + \frac{25}{25} + \frac{306{,}25}{37{,}5} = 8{,}10 + 1{,}00 + 8{,}17
\end{array}\right\} = 37{,}88$$

Em seguida determinamos o valor tabulado. O número de graus de liberdade é $(r-1)(k-1) = (4-1)(3-1) = 6$. O valor tabulado é 12,592 (veja a Tabela I do Apêndice). Finalmente, comparamos a estatística teste com o valor tabulado (veja a Figura 12.11). Como a estatística teste está na região de rejeição, o estudo parece indicar que as regiões não são comparáveis em termos de preferência por sabores. Em outras palavras, a preferência pelo sabor parece *depender* da região.

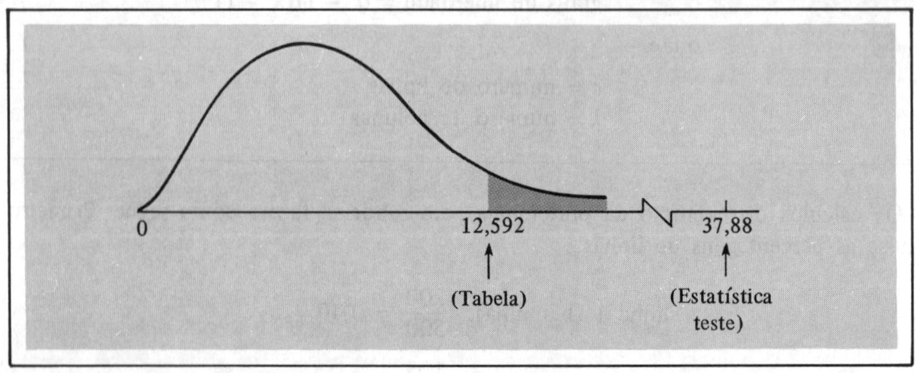

Figura 12.11 A comparação da estatística teste com o valor tabulado parece sugerir a rejeição de H_0.

EXERCÍCIOS

1. Cada uma das indicações abaixo representa o tamanho de uma tabela $r \times k$:

$$3 \times 4 \quad 4 \times 3 \quad 5 \times 5 \quad 2 \times 5 \quad 3 \times 6 \quad 4 \times 6$$

a. Determine o número de graus de liberdade para cada caso.
b. Use a tabela qui-quadrado para obter valores críticos aos níveis de 0,01 e 0,05 para cada caso.

2. Estabeleça as freqüências esperadas para esta tabela $r \times k$:

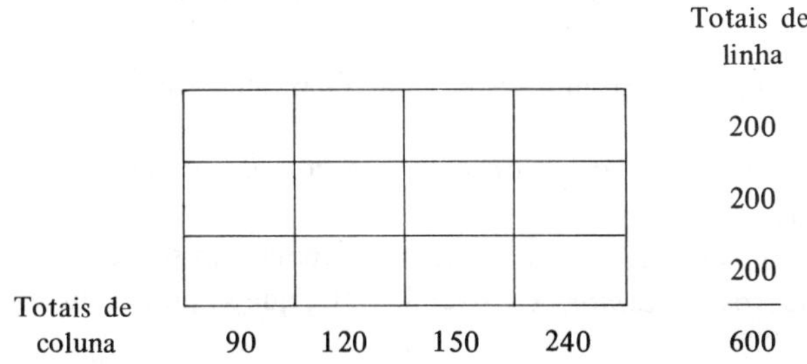

3. Num estudo para determinar se quatro construtores são comparáveis em termos de tipos de queixas registradas pelos novos proprietários de imóveis, tomou-se uma amostra de 100 casas construídas por cada um, anotando-se a queixa mais importante do proprietário. Os resultados sugerem (ao nível de 0,05) que os construtores sejam comparáveis?

Queixa principal	Construtor A	B	C	D
estrutura	12	10	33	5
aquecimento, encanamento, rede elétrica	28	5	17	30
vista	40	60	20	40
outras	20	25	30	25
	100	100	100	100

4. Quatro oficinas de automóvel foram incluídas num estudo de custo de consertos. Os dados que seguem representam uma parcela da investigação que se concentrou no custo da mão-de--obra como percentagem da fatura total. Poderemos dizer que as cinco oficinas são comparáveis nesse particular? Use o nível de 0,05.

Mão-de-obra (% do total)	Oficina A	B	C	D	E	
0 a 15	10	5	8	9	13	45
15,1 a 25	10	8	14	10	18	60
25,1 a 35	18	13	4	20	50	105
35,1 a 50	22	4	34	11	19	90
Número de carros	60	30	60	50	100	300

5. Uma amostra de 50 possuidores de cadeiras cativas e 50 compradores de entradas avulsas foi entrevistada a respeito da disposição dos assentos nos jogos de futebol, com os seguintes resultados:

	Cadeiras cativas	Entradas avulsas
Aprovam	35	25
Não aprovam	15	25

a. Teste esses resultados ao nível de 0,05, usando uma tabela de análise $r \times k$. Qual a conclusão?

b. Teste esses resultados usando um teste z de duas amostras ao nível de 0,05. Qual a conclusão?

c. Eleve ao quadrado o teste e os valores de z e compare-os com o teste qui-quadrado e respectiva tabela de valores.

6. Solicitou-se a quatro amostras de 30 estudantes que opinassem sobre a política de suas escolas sobre o problema de carros nos *campi*. Ao nível de 0,01, que se pode concluir?

	Calouros	2º-anistas	3º-anistas	Último ano
Aprovam	5	4	20	27
Não aprovam	25	26	10	3

TESTE χ^2 DE ADERÊNCIA*

Os testes de aderência são utilizados para avaliar afirmações feitas sobre a distribuição de valores numa população. Tais testes podem atender a uma diversidade de propósitos. Muitos processos estatísticos são válidos somente com certos tipos de população (p. ex., testes de médias em pequenas amostras exigem populações normais). Conseqüentemente, é vantajoso dispormos de um método que nos permita julgar se determinada população tem a distribuição exigida. Se existe alguma dúvida quanto à população, é prudente fazermos uma verificação prévia da distribuição antes de prosseguir.

Uma segunda aplicação de um teste de aderência consiste em determinar se três ou mais categorias numa população são igualmente prováveis (distribuição multinomial). Ainda uma aplicação: situações em que o método de abordar um problema pode diferir, conforme o tipo de distribuição em jogo. Por exemplo, o estudo dos problemas de espera (filas de espera nos caixas de um supermercado, paradas nos sinais de tráfego, espera nos postos de gasolina) depende da distribuição da chegada dos fregueses, assim como da distribuição dos tempos de espera. Se conseguirmos mostrar que tais fenômenos são de certa forma, poderemos aplicar equações matemáticas padronizadas. Caso contrário, podem ser necessários métodos alternativos, usualmente mais complexos (p. ex., simulação ou operações matemáticas complexas).

O teste χ^2 de aderência é uma variante do teste χ^2 discutido na seção precedente. O cálculo da estatística teste e sua avaliação são muito semelhantes em ambos os casos, embora haja algumas exceções. As principais exceções envolvem a maneira como H_0 e H_1 são formuladas, como se calculam as freqüências esperadas, e como se determinam os graus de liberdade.

* Esta seção pode ser omitida.

Como os testes de aderência se referem a distribuições, as hipóteses nula e alternativa devem necessariamente especificar um tipo de distribuição. Além disso, o teste para uma distribuição pode focalizar simplesmente certo tipo (p. ex., normal) ou um tipo mais os parâmetros (p. ex., normal com média 5,2 e desvio padrão 2,4). Assim, uma hipótese nula típica poderia ser

H_0: A distribuição da população é do tipo Poisson.

Isto nos dá apenas o tipo da distribuição; nada nos diz quanto aos parâmetros da distribuição. Ou então H_0 pode ser mais explícita, como

H_0: A população é de Poisson, com média 3,2.

A importância de tal distinção é que, quando são dados os parâmetros da distribuição, há informação suficiente para nos permitir ir diretamente a uma tabela de probabilidade (no caso, uma tabela de Poisson) e obter as freqüências esperadas relativas. Mas uma hipótese na primeira forma exige informação adicional sobre a média da população. E como a média não é indicada, teremos de utilizar dados amostrais para estimar a média populacional. Assim, a completude ou não de H_0 terá influência sobre se a estatística amostral deve ser calculada primeiro ou se podemos ir diretamente a uma tabela de probabilidades a fim de obter freqüências esperadas. Além disso, o número de graus de liberdade também influi na completude de H_0: cada estatística amostral usada para obter freqüências esperadas resulta na perda de um grau de liberdade. Assim, se devemos calcular uma média amostral, perdemos um grau de liberdade; se tivermos de calcular a média e o desvio padrão, perderemos dois graus de liberdade.

Um teste de aderência é na realidade um teste de uma amostra, em que a população foi dividida em k proporções. Difere, assim, do teste de uma amostra para proporções, estudado antes, que abrangia somente duas categorias (sucesso e falha) da população.

Consideremos, por exemplo, o teste de um dado, para ver se é equilibrado:

H_0: O dado é equilibrado.

H_1: O dado não é equilibrado.

Embora a hipótese nula não indique explicitamente os parâmetros da população, sabemos, pela natureza do problema, que, se o dado é equilibrado, as freqüências da ocorrência de cada um dos seis resultados possíveis (categorias) são igualmente prováveis. Isto é, podemos determinar diretamente as freqüências esperadas, sem precisar utilizar os dados amostrais:

Categoria	Freqüência esperada
⚀	$\frac{1}{6} \times n$
⚁	$\frac{1}{6} \times n$
⚂	$\frac{1}{6} \times n$
⚃	$\frac{1}{6} \times n$
⚄	$\frac{1}{6} \times n$
⚅	$\frac{1}{6} \times n$

Conseqüentemente, se jogássemos o dado, digamos, 180 vezes, *esperaríamos* 1/6 dos resultados em cada categoria. Logo, a freqüência esperada para cada categoria é (1/6)(180) = 30.

Suponhamos agora que as 180 jogadas do dado acusem os seguintes resultados:

Categoria	Freq. observada
1	20
2	35
3	25
4	35
5	32
6	33

Note-se que os valores variam em relação ao valor esperado de 30 para cada categoria. Naturalmente, mesmo com um dado perfeitamente equilibrado, não poderíamos esperar o aparecimento de exatamente 30 de cada face, em virtude da variação casual. Mas podemos usar um teste de aderência para determinar se as diferenças são devidas apenas a variações casuais de amostragem ou se sugerem que o dado não seja equilibrado (isto é, que as seis categorias não sejam igualmente prováveis).

O primeiro passo em nosso problema é calcular a estatística teste qui-quadrado:

$$\chi^2 = \sum\left[\frac{(o-e)^2}{e}\right]$$

onde

o = freqüência observada para cada categoria
e = freqüência esperda para cada categoria

Usando a informação acima, podemos calcular a estatística teste.

Face	Observado (dados amostrais)	Esperado $(\frac{1}{6} \times 180)$	Diferença $(o - e)$	$(o - e)^2$	$(o - e)^2/e$
1	20	30	-10	100	3,33
2	35	30	5	25	0,83
3	25	30	-5	25	0,83
4	35	30	5	25	0,83
5	32	30	2	4	0,13
6	33	30	3	9	0,30
	180	180	0		6,25

Assim, $\chi^2 = 6{,}25$.

Graus de Liberdade

Para obter um valor da tabela qui-quadrado para fins de comparação, devemos primeiro determinar os graus de liberdade. Isto, por seu turno, depende do número de *restrições* envolvidas no cálculo da estatística teste. Via de regra, o número de graus de liberdade para um teste de aderência é igual ao número k de categorias menos o número de vínculos nos dados amostrais. Há sempre pelo menos um vínculo: as freqüências esperadas devem ter soma igual ao total. Ocorrem vínculos adicionais se se utilizam estatísticas amostrais (média, desvio padrão, etc.) para estabelecer as freqüências esperadas. Para cada estatística amostral usada dessa maneira perde-se um grau de liberdade. Logo, o número de graus de liberdade num teste de aderência é

$$(k - 1) - c$$

onde

k = número de categorias ou classes

c = número de estatísticas amostrais usadas para estabelecer as freqüências esperadas

Em nosso caso do dado, havia apenas uma restrição: o total das freqüências devia ser igual a 180. O número de graus de liberdade é, pois, $k - 1$, ou $6 - 1 = 5$.

Às vezes é preciso grupar categorias a fim de obter um nível mínimo para as freqüências esperadas. Embora haja certo desacordo entre os estatísticos, uma regra prática é que nenhuma freqüência *esperada* seja inferior a 1,0 e que haja no máximo duas freqüências com esse valor. Outra regra mais conservadora é que o valor de cada freqüência esperada não seja inferior a 5. Aqui usaremos o mínimo de 1,0. A implicação é que, quando as freqüências esperadas são inferiores ao mínimo exigido, elas devem ser combinadas, ou grupadas.

Avaliação da Estatística Teste

Com 5 graus de liberdade, o valor tabulado ao nível de 0,05 é 11,07. Como a estatística teste para o problema do dado (6,25) é inferior a esse valor, concluímos que as diferenças entre as freqüências observadas e esperadas podem ser atribuídas ao acaso. Aceita-se, assim, a hipótese de o dado ser equilibrado. Veja a Figura 12.12.

Exemplo 8 Alega-se que uma máquina de encher e fechar garrafas de cerveja produz um enchimento médio de 1 litro, com desvio padrão de 0,2 litro, e que a distribuição da quantidade de cerveja por garrafa é normal. Examinam-se 100 garrafas, anotando-se o conteúdo de cerveja por garrafa. Teste a alegação, ao nível de significância de 0,025.

Solução:

A hipótese a testar é

H_0: A distribuição é normal, com média de 1 ℓ e desvio padrão de 0,2 ℓ.

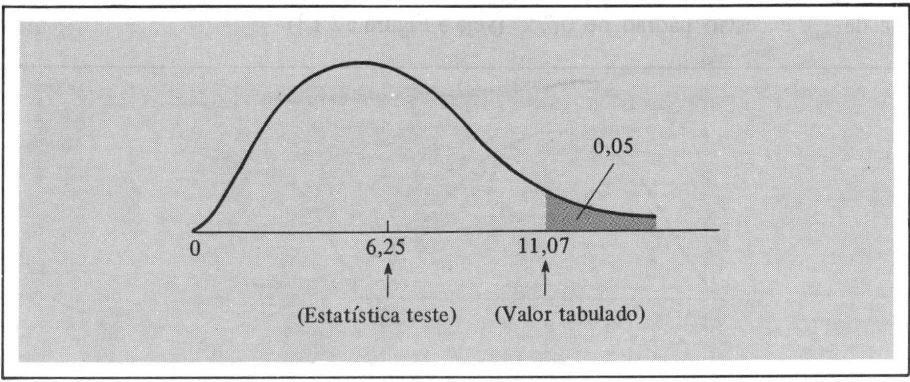

Figura 12.12 H_0 é aceita ao nível de 0,05.

A hipótese alternativa é

H_1: A distribuição é não-normal com média de 1 ℓ e desvio padrão de 0,2 ℓ.

A principal diferença entre um teste de aderência para uma distribuição contínua e um para uma distribuição discreta é que não há categorias naturais no caso contínuo. Conseqüentemente, devemos decidir quantas categorias usar. As considerações principais são: (1) quanto maior o número de categorias, maior a oportunidade de detectar diferenças entre freqüências observadas e esperadas; e (2) as freqüências esperadas não devem ser inferiores a 1,0, e a maioria das freqüências das celas deve ser maior que 5. Como regra prática, podemos tentar estabelecer entre 5 e 15 categorias. Como aqui há 100 observações, podemos tentar 10 categorias.

Uma possibilidade (há muitas) de escolha de categorias seria considerar categorias tais como as apresentadas na Tabela 12.1. As freqüências esperadas são deduzidas de uma tabela normal, e as freqüências observadas são tiradas dos dados amostrais. Isto é, os valores observados são medidas convertidas em distribuição de freqüência que se conforma com as categorias apresentadas. Note-se que as amplitudes de classe são desiguais. As classes extremas foram grupadas.

Tabela 12.1 Categoria e Dados para o Exemplo 8

Classe	Curva normal	Observado	Esperado (tabela normal × n)		$(o - e)$	$(o - e)^2$	$(o - e)^2/e$
menos que 0,96	menos que $\mu - 2\sigma$	4	0,0228 × 100 =	2,28	+1,72	2,958	1,30
0,96 a < 0,97	$\mu - 2\sigma$ a $< \mu - 1{,}5\sigma$	6	0,0442 × 100 =	4,42	+1,58	2,496	0,56
0,97 a < 0,98	$\mu - 1{,}5\sigma$ a $< \mu - 1\sigma$	4	0,0919 × 100 =	9,19	-5,19	26,936	2,93
0,98 a < 0,99	$\mu - 1\sigma$ a $< \mu - 0{,}5\sigma$	16	0,1498 × 100 =	14,98	+1,02	1,040	0,69
0,99 a < 1,00	$\mu - 0{,}5\sigma$ a < 0	20	0,1915 × 100 =	19,15	+0,85	0,722	0,04
1,00 a < 1,01	0 a $< \mu + 0{,}5\sigma$	18	0,1915 × 100 =	19,15	-1,15	1,322	0,07
1,01 a < 1,02	$\mu + 0{,}5\sigma$ a $< \mu + 1\sigma$	16	0,1498 × 100 =	14,98	+1,02	1,040	0,69
1,02 a < 1,03	$\mu + 1\sigma$ a $< \mu + 1{,}5\sigma$	10	0,0919 × 100 =	9,19	+0,81	0,656	0,07
1,03 a < 1,04	$\mu + 1{,}5\sigma$ a $< \mu + 2\sigma$	4	0,0442 × 100 =	4,42	-0,42	0,176	0,04
⩾ 1,04	$\geqslant \mu + 2\sigma$	2	0,0228 × 100 =	2,28	-0,28	0,078	0,03
		100		100,00	0,00		$\chi^2 = 6{,}42$

A análise dos dados revela que as variações observadas estão bem dentro das que poderiam ser razoavelmente atribuídas a variações casuais na amostragem. Logo, aceitamos a alegação de média de 1 ℓ e desvio padrão de 0,2 ℓ (veja a Figura 12.13).

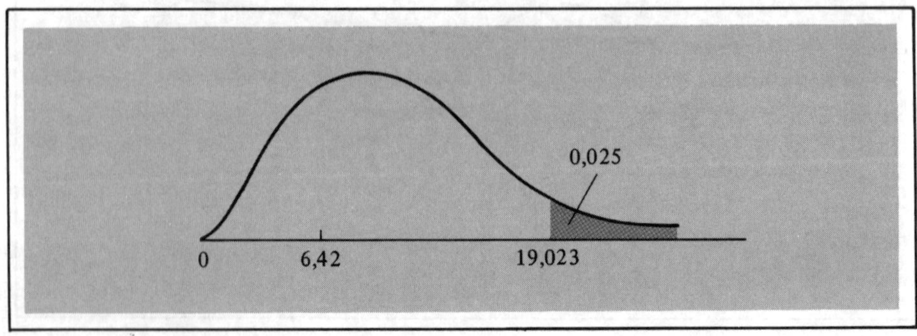

Figura 12.13 H_0 é aceita.

Se H_0 tivesse sido rejeitada, isto poderia ser devido a qualquer desses fatores: (1) a média não é 1; (2) o desvio padrão não é 0,2; (3) a distribuição não é normal; (4) uma combinação desses três fatores; ou (5) um erro Tipo I. Deveríamos aprofundar a análise para decidir qual desses fatores é mais provável.

Utilização de Dados Amostrais para Obter Freqüências Esperadas

Se as freqüências esperadas não podem ser estabelecidas sem o auxílio de dados amostrais, perde-se um número adicional de graus de liberdade, à razão de um grau para cada estatística amostral utilizada. Considere-se o exemplo seguinte, em que se utiliza uma estatística amostral, a média: Um engenheiro de tráfego deseja testar a afirmação de que os acidentes em certo trecho de uma auto-estrada têm distribuição de Poisson. Um estudo dos acidentes deu as seguintes cifras:

Número de semanas	Número de acidentes
0	86
1	114
2	70
3	60
4	32
5	16
6	9
7	4
8	5
9	4
10 ou mais	0
	400

As hipóteses nula e alternativa são

H_0: Os acidentes têm distribuição de Poisson.

H_1: Os acidentes não têm distribuição de Poisson.

Como não se dá a média da distribuição hipotética (uma distribuição de Poisson fica completamente identificada por sua média), não é possível obter diretamente as freqüências relativas. A média da população deve ser estimada com base nos dados amostrais. E isto acarreta a perda de um grau de liberdade adicional.

Podemos achar a média da distribuição de freqüência aplicando a fórmula para dados grupados:

$$\bar{x} = \frac{\sum xf}{n}$$

onde

$$n = \sum f.$$

x número	f freqüência	$x \cdot f$
0	86	0
1	114	114
2	70	140
3	60	180
4	32	128
5	16	80
6	9	54
7	4	28
8	5	40
9	4	36
	400	800

$$\text{média} = \frac{800}{400} = 2{,}0$$

Esta média amostral pode agora ser usada em conjunção com uma tabela de probabilidades individuais de Poisson para estabelecer as freqüências esperadas. As probabilidades para cada resultado, 0, 1, 2, 3, etc., são lidas diretamente da tabela e cada uma delas é depois multiplicada pela freqüência total. Por exemplo, na tabela de Poisson, $P(0) = 0{,}1353$. Multiplicando por 400, obtemos a freqüência esperada para 0, ou seja 54,12. Os valores restantes se obtêm de modo análogo. A Tabela 12.2 dá os cálculos para este exemplo. As freqüências esperadas constam da terceira coluna. A quarta, a quinta e a sexta coluna contêm os outros cálculos necessários para obter a estatística teste qui-quadrado.

Uma exigência do teste qui-quadrado é que as freqüências *esperadas* em cada categoria não sejam inferiores a 1. Como as duas últimas freqüências esperadas na Tabela 12.2 são inferiores a 1, devemos combinar algumas categorias. Combinando as duas últimas, obtemos 0,44, ainda muito pequeno. Devemos, pois, incluir pelo menos mais uma categoria. Caminhando para cima, vemos que a próxima freqüência esperada é 1,36, suficiente para satisfazer a exigência de uma freqüência esperada não inferior a 1. Ficamos então com 8 classes, e a última delas tem

Tabela 12.2 Dados e Cálculos para o Exemplo de Acidentes na Auto-estrada

Número de semanas	Freqüências observadas (número de acidentes)		Freqüências esperadas (Poisson $P \times 400$)		$(o - e)$	$(o - e)^2$	$(o - e)^2/e$
0	86		$0{,}1353 \times 400 =$ 54,12		31,88	1016,36	18,78
1	114		$0{,}2707 \times 400 =$ 108,28		5,72	32,72	0,30
2	70		$0{,}2707 \times 400 =$ 108,28		-38,28	1465,36	13,53
3	60		$0{,}1804 \times 400 =$ 72,16		-12,16	147,87	2,05
4	32		$0{,}0902 \times 400 =$ 36,08		-4,08	16,65	0,46
5	16		$0{,}0361 \times 400 =$ 14,44		1,56	2,43	0,17
6	9		$0{,}0120 \times 400 =$ 4,80		4,20	17,64	3,68
7	4	13	$0{,}0034 \times 400 =$ 1,36	1,80	11,20	125,44	69,69
8	5		$0{,}0009 \times 400 =$ 0,36				
9	4		$0{,}0002 \times 400 =$ 0,08				
	400		400,00*		0		108,66

* Total aproximado, devido a arredondamento.

uma freqüência esperada de 1,36 + 0,36 + 0,08 = 1,80. Devemos fazer um grupamento análogo nas freqüências observadas, para manter a correspondência. Assim, a freqüência observada da última classe fica 4 + 5 + 4 = 13.

Da Tabela 12.2, vemos que a estatística teste é 108,66. O número de graus de liberdade se determina por $(k - 1) - c$. Após combinar as celas, ficamos com 8 categorias, de modo que $k = 8$. Além disso, houve duas restrições: o total deve ser igual a 400, e a média foi estimada com base na amostra. Assim, $c = 1$. O número de graus de liberdade é, pois, $(8 - 1) - 1 = 6$.

A comparação da estatística teste com os valores tabulados para 6 graus de liberdade revela que a hipótese nula deve ser rejeitada, pois a estatística teste é maior até mesmo do que o valor tabulado ao nível de 0,01, como se vê na Figura 12.14.

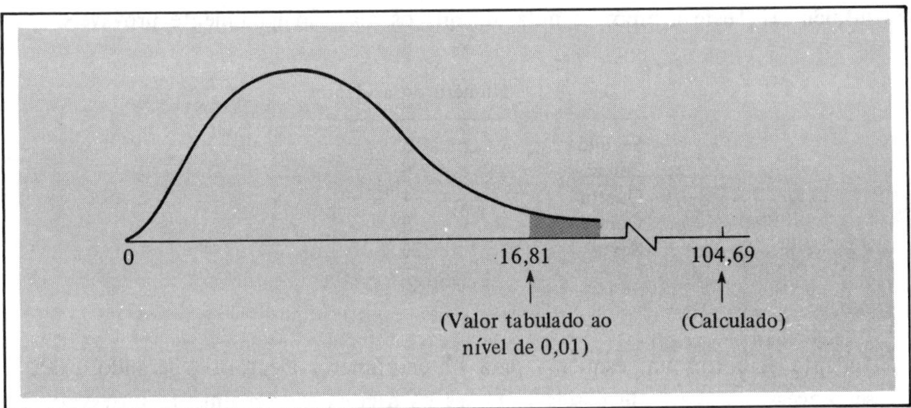

Figura 12.14 H_0 é rejeitada.

EXERCÍCIOS

1. Use um teste de aderência qui-quadrado para determinar, ao nível de 0,05, quais das seguintes freqüências amostrais estão suficientemente próximas das freqüências esperadas, de modo que a hipótese nula possa ser aceita.

a.

Classe	Freqüência observada	Freqüência esperada
0	18	20
1	20	25
2	20	20
3	20	16
4	14	12
5	14	10
6	6	9
7	9	6
8	3	4
9	0	2
10	1	1
	125	125

b.

Classe	Freqüência observada	Freqüência esperada
0	32	32,7
1	38	41,0
2	22	20,5
3	4	5,1
4	2	0,6
5	2	0,0
	100	100,0

c. Classe	Freqüência observada	Freqüência esperada
1-1,9	27	25
2-2,9	30	25
3-3,9	21	25
4-4,9	22	25
	100	100

2. No decurso de um ano, determinada firma teve 50 acidentes. Um dos aspectos de uma investigação levada a efeito pelo engenheiro de segurança diz respeito ao dia de ocorrência do acidente. Pelos dados que seguem abaixo, pode-se dizer que o dia da semana tenha alguma influência? Teste a hipótese nula, de que os dias são igualmente prováveis.

Dia	Número de acidentes
Segunda	15
Terça	6
Quarta	4
Quinta	9
Sexta	16
	50

3. Um estudante elaborou um esquema para obter números aleatórios, gerando 1.000 dígitos por esse processo, e agora ele deseja testar se os dígitos são igualmente prováveis. Teste os dados, ao nível de significância de 0,025.

Dígito	0	1	2	3	4	5	6	7	8	9	Total
Freqüência	90	94	95	103	106	99	104	102	104	103	1.000

4. A manufatura de tubos de ferro exige uma emenda soldada contínua. Os defeitos ao longo da emenda dos tubos de 2 polegadas têm sido bem aproximados, no passado, por uma distribuição de Poisson, com média de 3 defeitos/metro. Utiliza-se agora uma nova máquina de soldar. Determine se o processo se modificou.

Número de defeitos	0	1	2	3	4	5	6	7	8	9	10 ou mais	Total
Freqüência	5	14	16	20	18	17	3	2	4	0	1	100

5. Determine se os dados abaixo podem provir de um processo de Poisson. Estime a média com base nos dados amostrais.

Nascimentos/dia	0	1	2	3	4	5	6 ou mais	Total
Número de dias	3	11	4	2	2	1	2	25

6. Determine se as notas de uma grande turma de psicologia introdutória podem ser aproximadas por uma distribuição normal com média 50,5 e desvio padrão 10. Use 0,05.

< 25,5	14
26 a 30,5	18
31 a 35,5	22
36 a 40,5	20
41 a 45,5	40
46 a 50,5	30
51 a 55,5	22
56 a 60,5	20
61 a 65,5	2
66 a 70,5	6
71 a 75,5	-
76 a 80,5	4
⩾ 81	2
	200

RESUMO

Os testes de proporções envolvem a análise de dados de contagem. A finalidade de tais testes é avaliar afirmações a respeito de proporções populacionais. Usa-se um teste de uma amostra para avaliar uma proporção populacional específica, enquanto que um teste de duas amostras serve para avaliar a afirmação de que duas populações têm a mesma proporção de determinado item. Os testes de uma e de duas amostras são muito semelhantes aos testes de uma e de duas amostras para médias.

Os testes de k amostras envolvem o uso da distribuição amostral qui-quadrado, que, em muitos aspectos, é semelhante à distribuição t. Os testes de k amostras podem ser usados para testar a igualdade de k proporções populacionais.

Os testes de aderência são testes de uma amostra, empregados para testar afirmações sobre a forma de uma distribuição populacional.

QUESTÕES PARA RECAPITULAÇÃO

1. Qual é a finalidade geral de um teste de proporções?
2. Que distribuição amostral é apropriada para testes de uma e de duas amostras para proporções, quando o tamanho da amostra é pequeno? Que distribuição amostral dá uma aproximação que pode ser usada para grandes amostras?
3. Num teste de proporções, é necessário supor que a população seja aproximadamente normal? Explique.
4. Enuncie H_0 e H_1 para uma tabela $r \times k$ típica.
5. Que vantagem existe em dispor um conjunto de dados numa tabela $r \times k$ em vez de numa tabela $2 \times k$? Por que então se deve usar às vezes uma tabela $2 \times k$?
6. Qual a freqüência esperada mínima necessária para uma tabela qui-quadrado $r \times k$? Para um teste de aderência qui-quadrado?
7. Em que aspectos a distribuição qui-quadrado se assemelha à distribuição t? Em que aspectos difere dela?

8. Por que um teste qui-quadrado é usualmente unilateral?
9. Quais os dois testes qui-quadrado descritos neste capítulo?
10. Qual o objetivo de um teste de aderência?

EXERCÍCIOS SUPLEMENTARES

1. Montou-se uma mesa telefônica na suposição de que as chamadas ocorressem à razão de 2,2 por minuto, e que a distribuição chamadas/minuto pudesse ser aproximada por uma distribuição de Poisson. A observação cuidadosa de um período de 1.000 minutos deu os seguintes resultados:

Chamadas/minuto	0	1	2	3	4	5	6	7	8 ou mais	Total
Número de minutos	20	130	150	220	185	140	100	55	0	1.000

Use o teste χ^2 ao nível de 0,01 para testar a afirmação de que a distribuição é de Poisson com média de 2,2 chamadas/minuto.

2. Os dados abaixo são o resultado de um questionário:

Atitude em Relação à Política de Defesa dos EUA

	Republicanos	Democratas	Independentes
Aprovam	35	80	50
Não aprovam	45	60	80
Sem opinião	20	60	70
	100	200	200

Os dados da tabela sugerem que a atitude em relação à política de defesa seja independente da filiação política? Use $\alpha = 0{,}01$.

3. Para os dados amostrais abaixo, decida se o tempo de treinamento pode ser satisfatoriamente aproximado por uma distribuição normal com média de 7 e desvio padrão de 2 dias, para $\alpha = 0{,}05$,

Tempo	Freqüência
2,01-3	1
3,01-4	3
4,01-5	4
5,01-6	10
6,01-7	15
7,01-8	9
8,01-9	4
9,01-10	1
10,01-11	2
11,01-12	1
	50

4. Supõe-se que as chegadas de caminhões a um grande terminal tenham uma distribuição de Poisson com média de 2,4 chegadas/hora. Observações de um período de 50 horas deram os seguintes resultados:

								Total
Número de caminhões	0	1	2	3	4	5	6	
Número de horas	5	10	15	10	5	2	3	50

a. Enuncie H_0 e H_1.
b. Que se pode concluir quanto à afirmação?

5. Numa amostra aleatória de 16 donas-de-casa, 11 preferem a marca *A* e 5 preferem a marca *B*. Os dados refletem realmente uma preferência pela marca *A*? Teste ao nível de 0,02.
6. Supõe-se que uma firma de auditoria verifique pelo menos 10% das contas de uma companhia. Uma amostra aleatória de 200 contas acusou 12 verificadas. Teste a alegação de 10% contra a alternativa de "menos de 10%", ao nível $\alpha = 0{,}01$.
7. Uma pesquisa nacional indica que aproximadamente 25% das contas em grandes magazines incorrem em penalidade por atraso nos pagamentos. Se um magazine local constata 40 atrasos numa amostra de 200 contas, pode necessariamente admitir que seus clientes sejam melhores que a média nacional? Teste $H_1: p < 25\%$, ao nível de 0,05.
8. Inspeciona-se completamente uma amostra aleatória de 40 unidades de cada um de três fornecedores, anotando-se o número de defeitos. Com base nos resultados obtidos, pode-se afirmar que a percentagem de itens defeituosos seja aproximadamente igual para os três?

	Fornecedor		
	A	*B*	*C*
Número de defeituosos	6	7	3
Número de não-defeituosos	38	33	37

9. Catorze proprietários de automóveis receberam um par de limpadores de pára-brisa cada um, devendo relatar qual das duas lâminas se gasta primeiro – a do lado do motorista ou a do lado do passageiro. Onze indicaram que a lâmina do lado do passageiro se gastava primeiro. Há evidência suficiente de que a lâmina do lado do motorista dure mais? Use 0,04.
10. O departamento de vendas de uma companhia de dentifrícios deseja determinar se o sabor de um novo dentifrício que pretende lançar terá influência na venda. Cinqüenta adultos receberam cada um amostras dos novos sabores e foram convidados a dar sua opinião após usar o produto durante um mês. Há preferência por algum sabor?

	Sabor		
	Chocolate	Café	Champanha
Gostou	20	26	41
Não gostou	30	24	9

11. Dois vendedores fornecem a mesma peça. Uma amostra de duas remessas recentes acusaram 9 peças defeituosas em 200 para o vendedor *A* e 13 defeituosas em 200 para *B*. Cada remessa consistia de 10.000 peças. Teste a alternativa de que a qualidade das peças de *A* é superior à das peças de *B*.

CAPÍTULO 13

testes de significância para postos e sinais

Objetivos do Capítulo

Ao terminar o estudo deste capítulo, o leitor deve estar em condições de:

1. Indicar as circunstâncias em que são úteis os testes que utilizam postos e sinais
2. Contrastar o uso de tais testes com os que utilizam médias e proporções, em termos de vantagens e desvantagens sobre os outros testes
3. Explicar em que as amostras relacionadas diferem de amostras independentes
4. Descrever resumidamente a finalidade de cada teste
5. Usar cada uma das técnicas para resolver problemas

Esboço do Capítulo

Introdução
Testes de Duas Amostras: Amostras Relacionadas
  O teste dos sinais
  O teste de sinais por postos
Duas Amostras Independentes
  O Teste de Mann-Whitney
Um Teste de k Amostras Usando Postos
  Análise da variância de um critério de Kruskal-Wallis
Testes de Uma Amostra
  Análise de repetições
  Distribuição amostral do número de repetições
  Repetições de dois tipos de observação: dados nominais
  Repetições acima e abaixo da mediana
  Repetições para cima e para baixo
  Qual teste usar?
  Comentários
Resumo

INTRODUÇÃO

Todos os testes previamente estudados impõem certas exigências, tais como igualdade de variância das populações, distribuição normal das populações, etc. Estudaremos agora um conjunto de testes, chamados testes *não-paramétricos*, ou testes *livres de distribuição*, que não exigem tais restrições.

A par da eliminação das hipóteses restritivas, os testes não-paramétricos são em geral fáceis de aplicar, servem para pequenas amostras, e são intuitivamente atraentes. Podem, pois, ser usados quando as hipóteses exigidas por outras técnicas não são satisfeitas, ou quando não é possível verificar essas hipóteses (em razão do pequeno tamanho da amostra). Além disso, os testes usualmente envolvem dados qualitativos. Daí, enquanto um teste t ou outro teste de médias exige dados de mensurações, nossos testes não fazem tal exigência.

Mas é muito difícil obter algo a troco de nada; assim é que, quando utilizamos uma das técnicas que vamos estudar, em lugar de um teste com hipóteses mais fortes, em geral chegamos ao fim com um teste mais fraco (isto é, as hipóteses mais fracas resultam em um teste mais geral porém menos poderoso). Os testes tendem, por vezes, a perder informação. Além disso, há maior probabilidade de aceitar H_0 quando ela é falsa.

É importante notar que, mesmo que esses testes não façam nenhuma hipótese sobre a distribuição básica da *população* sujeita a amostragem, eles confiam, ou se baseiam, em certas distribuições amostrais, tais como a normal e a qui-quadrado, tal como no caso das técnicas anteriores.

Nas páginas que seguem exporemos uma variedade de testes. Há vários tipos de *testes de repetições*, que são testes de uma amostra usados para detectar padrões não-aleatórios em dados seqüenciais. Há dois tipos de *testes de duas amostras* – um para amostras *independentes* e outro para amostras *relacionadas*. E há um *teste de k amostras* para amostras *independentes*. A Tabela 13.1 esboça os testes estudados neste capítulo. Todos eles supõem contínua a variável em estudo.

Tabela 13.1 Testes Estudados no Capítulo 13

Uma amostra	Duas amostras	k amostras
repetições	sinais sinais por postos Mann-Whitney	Kruskal-Wallis

TESTES DE DUAS AMOSTRAS: AMOSTRAS RELACIONADAS

A finalidade dos testes envolvendo amostras relacionadas é avaliar o efeito de algum "tratamento" numa variável de interesse. O tratamento pode ser uma nova droga para quimioterapia, um plano de dieta, um curso de leitura dinâmica, ou algo semelhante, cuja eficiência queiramos avaliar. O processo de avaliação acarreta a formação de dois grupos: um grupo de teste, que recebe o tratamento, e um grupo de controle, que não recebe o tratamento, ou que recebe um tratamento alternativo. O grupo de controle funciona como padrão de comparação para julgar a eficiência do tratamento. Para interpretar corretamente os resultados de tal comparação, é necessário emparelhar tanto quanto possível os dois grupos, em termos de fatores importantes.

Por exemplo, o QI pode ser um fator na leitura dinâmica; então, num teste relativo a leitura dinâmica não é conveniente que um grupo tenha QI's mais elevados que o outro. Outro exemplo: algumas pessoas se dão melhor com uma dieta do que outras. O ideal é que, ao avaliar um plano de dieta, os dois grupos sejam equivalentes nesse particular.

A necessidade de emparelhar os dois grupos pode causar problemas. Uma dificuldade freqüente é a capacidade de identificar corretamente fatores importantes. Outra dificuldade é a mensuração dessas variáveis, uma vez identificadas. Ainda outra dificuldade é formar os dois grupos de modo que tenham características emparelhadas. Um método para evitar essas dificuldades é usar cada indivíduo como seu próprio controle. Dessa forma, todas as variáveis (ao menos em teoria) são emparelhadas, exceto a variável em estudo. Assim, fazem-se as mensurações iniciais, os indivíduos se sujeitam a algum tratamento, e então obtém-se um segundo conjunto de mensurações feitas sobre os mesmos indivíduos. Por exemplo: pode-se tomar o peso de um indivíduo antes de iniciar uma dieta, e após completá-la. A comparação dos dois conjuntos de mensurações dá informação quanto ao efeito do tratamento sobre os indivíduos.

O Teste dos Sinais

O teste dos sinais é usado em pares (emparelhados) para determinar se os valores de uma amostra são inferiores, iguais, ou superiores aos valores da outra amostra. O teste pode ser usado desde que os dois valores em cada par possam dispor-se em postos. O teste dos sinais não exige que cada variável seja contínua.

O nome "teste dos sinais" se deve ao fato de o teste utilizar sinais "mais" e "menos" em lugar de dados numéricos. Se existem dados numéricos, os valores são convertidos em sinais antes de iniciar o processo. Assim, desde que se possa estabelecer que o tratamento resultou em melhora (+), em piora (-), ou não causou nenhuma modificação mensurável (0), o teste pode ser usado. Os dados do teste consistem em sinais "mais" e sinais "menos", ignorando-se os zeros. A hipótese nula é a de que não há diferença entre os dois grupos, e a hipótese alternativa é a de que houve modificação. Ordinariamente usa-se um teste unilateral, pois o objetivo é determinar se algum tratamento é eficiente.

Consideremos a seguinte situação: Quarenta e seis pessoas se matriculam num curso de escrita criativa. Na primeira aula aplica-se um teste que mede a capacidade de escrever. Após sete aulas, dá-se um segundo teste. As hipóteses seriam

H_0: O curso não alterou a capacidade de escrever.

H_1: O curso melhorou a capacidade de escrever.

Note-se que H_1 indica *direção*, de modo que se usa um teste unilateral.

Suponhamos que a comparação dos dois conjuntos de escores indique que 30 alunos apresentaram melhora (30 + 's), 10 se conduziram melhor no primeiro teste (10 - 's) e 6 não apresentaram modificação (6 0's). Temos então

$$\left.\begin{array}{l} 30\ +\text{'s} \\ 10\ -\text{'s} \end{array}\right\} n = 40$$

6 0's (ignorar 0's)

Na realidade, o desempenho na escrita é indubitavelmente influenciado por muitos fatores interatuantes (p. ex., tempo do teste, ambiente, disposição, experiências recentes, etc.). Presumivelmente, a habilidade de escrever varia de um ponto para outro no tempo, mesmo independentemente de um curso. A questão é, então, se os testes sugerem mais do que uma variação simplesmente aleatória nas modificações notadas. Sugere-se a aleatoriedade quando os números de +'s e de -'s são aproximadamente iguais, ao passo que um curso eficiente se refletirá por muitos +'s e poucos -'s. O problema é, então, conceitualmente idêntico a jogar uma moeda certo número de vezes e decidir se a moeda é honesta com base nos números de caras e coroas observados. E para grandes amostras, o modelo para esta situação pode ser efetivamente a aproximação normal da binomial com $p = 0{,}5$.

Há um aspecto que deve merecer atenção: H_1 especifica tipicamente uma *direção*, que pode ser traduzida por um grande número de +'s (ou -'s), ou por um pequeno número de +'s (ou -'s). Quanto a testar os +'s, ou os -'s, é, na realidade, uma questão de pouca importância, pois a distribuição é simétrica, e o número de +'s e o de -'s somam n. Em outras palavras, obteremos o mesmo resultado em qualquer dos dois casos. Entretanto, é importante decidir se usamos um teste unilateral à direita ou à esquerda. Aqui, por exemplo, se decidimos focalizar os +'s, a observação de um número muito maior de +'s do que de -'s apoiaria H_1 (cauda direita). Mas se focalizássemos os -'s, a observação de poucos -'s (cauda esquerda), apoiaria H_1. A Figura 13.1 ilustra esse aspecto do problema.

Suponhamos focalizado o número de +'s. Devemos comparar o número observado de +'s com o número esperado e calcular um valor de z. Usando as fórmulas para o número de ocorrências, temos

número esperado de +'s: $np = 40(0{,}50) = 20$

desvio padrão do número de +'s: $\sqrt{np(1-p)} = \sqrt{40(0{,}50)(0{,}50)} = 3{,}16$

Determinação de z:

$$z = \frac{\text{observado - esperado}}{\text{desvio padrão}} = \frac{30 - 20}{3{,}16} = 3{,}16$$

Como este z excede o z da tabela (+1,65), ao nível de 0,05 e com um teste unilateral, rejeitamos H_0, conforme ilustrado na Figura 13.2.

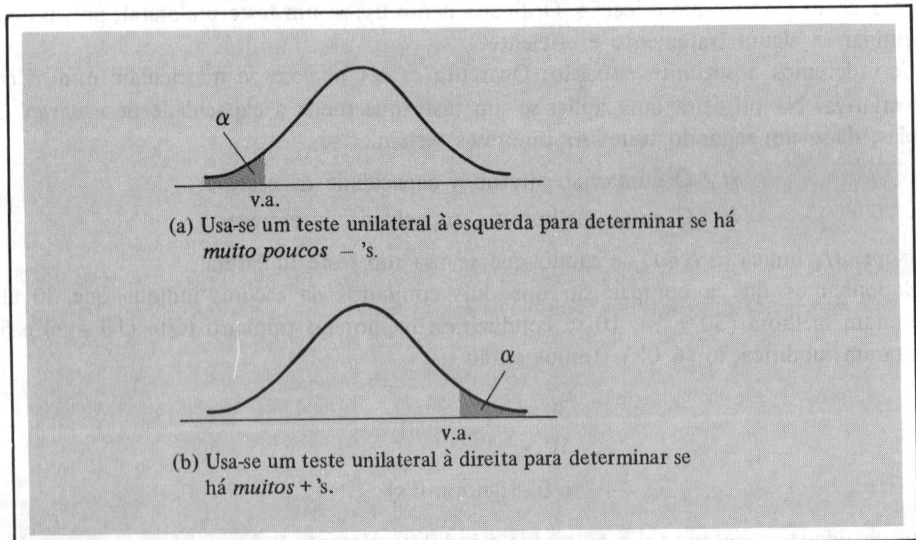

Figura 13.1 Usa-se um teste à esquerda para decidir se há *muito poucos* -'s (ou *muito poucos* +'s); e um teste à direita para decidir se há *muitos* + 's (ou *muitos* – 's).

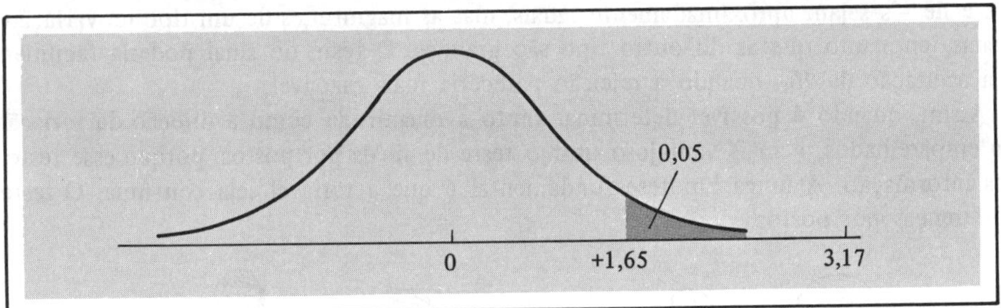

Figura 13.2 O número de t's é demasiado grande para que aceitemos H_0 ao nível de 0,05.

Note-se que, como $p = 1 - p = 1/2$ sempre, a fórmula do desvio padrão pode ser escrita como $\frac{1}{2}\sqrt{n}$, e que o número esperado é igual a $\frac{1}{2}n$. Temos, assim, o seguinte resultado:

$$z = \frac{x - \frac{1}{2}n}{\frac{1}{2}\sqrt{n}}$$

Pode-se estranhar não termos usado a correção de continuidade, especialmente tendo utilizado a aproximação normal da binomial. A explicação é que o esforço adicional é desnecessário, a menos que tenhamos um caso de fronteira. Se tal ocorre, teremos então de refazer parte do problema. De outra forma, sempre poderemos evitar trabalhar com o fator de correção.

Quando n é 20 ou menos, podemos utilizar tabelas binomiais para determinar se a probabilidade de observar um resultado tão extremo quanto, ou mais extremo que, o observado na amostra é menor que o valor escolhido de alfa.* Por exemplo, suponhamos que, em outro curso de escrita, tenhamos observado os seguintes resultados:

$$\left.\begin{array}{r} 12\ +\text{'s} \\ 3\ -\text{'s} \end{array}\right\} n = 15$$
$$2\ 0\text{'s}$$

Novamente focalizando os +'s, verificamos, pela tabela binomial acumulada, que a probabilidade de 12 ou mais +'s em $n = 15$ observações com $p = 0{,}5$ é 0,0176. Como esse valor é menor que $\alpha = 0{,}05$, rejeitamos H_0.

O Teste de Sinais por Postos

Quando os dados emparelhados não representam mensurações, há pouca alternativa, a não ser o uso do teste dos sinais para avaliar o efeito de um tratamento. Todavia, quando *dispomos de* mensurações, a utilização do teste dos sinais pode levar a uma decisão incorreta. A razão é que o teste dos sinais perde informação, porque não leva em conta a *magnitude* da variação; mede apenas a *direção* da variação. Conseqüentemente, pode ocorrer uma situação em que os números

* A técnica dos testes binomiais para pequenas amostras foi abordada com detalhe no Capítulo 12.

de +'s e de −'s sejam aproximadamente iguais, mas as magnitudes de um tipo de variação sejam pequenas, enquanto que as do outro tipo são grandes. O teste do sinal poderia facilmente sugerir a aceitação de H_0, quando a rejeição pareceria mais razoável.

Assim, quando é possível determinar tanto a magnitude como a direção da variação para dados emparelhados, é mais vantajoso usar o teste de sinais por postos, porque esse teste perde menos informação. A única hipótese fundamental é que a variável seja contínua. O teste focaliza diferenças por postos.

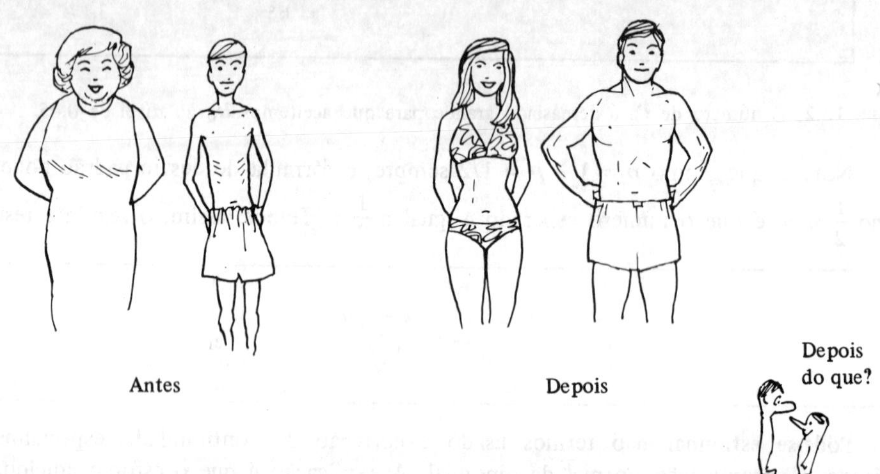

Figura 13.3 A estatística não-paramétrica tem larga aplicação.

Por exemplo, um químico alega ter descoberto um aditivo para gasolina, B-21, que em suas próprias palavras, "revolucionará o rendimento dos automóveis". Para avaliar a afirmação, testaram-se 18 carros, com e sem o aditivo. Os resultados constam da seguinte tabela:

	Milhas/Galão	
Carro	Sem aditivo	Com aditivo
1	10,4	10,9
2	16,3	16,2
3	15,1	15,8
4	9,2	10,0
5	10,3	10,2
6	8,4	7,9
7	9,7	9,6
8	8,6	9,9
9	11,0	11,9
10	13,2	13,0
11	18,1	18,1
12	7,5	8,1
13	9,5	9,8
14	10,9	10,9
15	8,7	10,3
16	15,1	16,2
17	13,4	13,0
18	12,3	13,8

Hipóteses:

H_0: O aditivo não produz efeito.
H_1: O aditivo tem influência positiva.

O teste envolve o cálculo das diferenças de quilometragem para cada par e a disposição dessas diferenças em postos, independentemente de se tratar de diferenças "mais" ou "menos". Se convencionamos atribuir o sinal + aos aumentos de quilometragem e o sinal - às reduções, é de esperar que os postos baixos, médios e altos se distribuam equilibradamente entre diferenças + e diferenças -, se H_0 é verdadeira. A atribuição de postos é sempre de baixo para cima, isto é, atribuímos posto 1 ao menor valor. Postos elevados (melhoramento real) associados no mais das vezes a aumentos (+'s) tendem a apoiar H_1. Ignoram-se as variações zero. O processo do teste é esboçado na discussão que segue.

Primeiro formamos a diferença para cada par. Em seguida, dispomos as diferenças em postos, *independentemente dos sinais*, ignorando os zeros. Os empates recebem posto igual à média dos postos que os valores receberiam se fossem ligeiramente diferentes. Por exemplo, há três 0,1's. Como são os valores mais baixos, todos receberão o posto (1 + 2 + 3)/3 = 2. Analogamente, há dois valores 0,5. Se fossem ligeiramente diferentes, receberiam os postos 7 e 8, mas como estão empatados, cada um recebe o posto (7 + 8)/2 = 7,5. Note-se que não usamos os postos 7 e 8.

A seguir, a cada posto atribuímos o sinal da diferença associada.

Determinamos agora a soma dos postos com menor número de sinais iguais. Há 6 "menos" e 10 "mais", de modo que achamos a soma dos postos "menos". (Na realidade, pode-se usar qualquer total, que o resultado será o mesmo; é apenas questão de facilidade de cálculo.) A soma T dos postos negativos é 23,5. Os estágios do cálculo constam da tabela que segue.

	Milhas/galão					
Carro	Sem	Com	Aumentos	Posto	Decréscimos	Posto
1	10,4	10,9	+0,5	7,5		
2	16,3	16,2			-0,1	2
3	15,1	15,8	+0,7	10		
4	9,2	10,0	+0,8	11		
5	10,3	10,2			-0,1	2
6	8,4	7,9			-0,5	7,5
7	9,7	9,6			-0,1	2
8	8,6	9,9	+1,3	14		
9	11,0	11,9	+0,9	12		
10	13,2	13,0			-0,2	4
11	18,1	18,1	0	(ignorar)		
12	7,5	8,1	+0,6	9		
13	9,5	9,8	+0,3	5		
14	10,9	10,9	0	(ignorar)		
15	8,7	10,3	+1,6	16		
16	15,1	16,2	+1,1	13		
17	13,4	13,0			-0,4	6
18	12,3	13,8	+1,5	15		
						T = 23,5

Se a hipótese nula é verdadeira, é de esperar que os postos se repartam igualmente entre valores + e - e que as duas somas sejam aproximadamente iguais. O que devemos determinar, então, é se a soma de postos escolhida difere demais da soma esperada para ser apenas atribuível ao acaso.

A soma total de postos, quando se dispõem N objetos consecutivamente em postos, começando com 1 e terminando com N, é

$$\text{soma dos postos} = \frac{N(N+1)}{2}$$

Por exemplo, para os postos 1, 2, 3, 4, teríamos

$$\text{soma de postos} = 1 + 2 + 3 + 4 = \frac{4(5)}{2} = 10$$

Se H_0 é verdadeira, a soma U_t, seja dos -'s ou dos +'s, deve ser igual à metade do total.

Soma esperada dos postos (+'s e -'s):

$$U_t = \frac{1}{2}\left[\frac{N(N+1)}{2}\right] = \frac{N(N+1)}{4}$$

Em nosso caso, com dois zeros, $N = 18 - 2 = 16$, e U_t é

$$U_t = \frac{16(16+1)}{4} = 68$$

Supondo H_0 verdadeira, a diferença entre U_t e o resultado observado para amostras de oito ou mais é aproximadamente normal, com desvio padrão σ_t dado por

$$\sigma_t = \sqrt{\frac{N(N+1)(2N+1)}{24}}$$

Em nosso caso,

$$\sigma_t = \sqrt{\frac{16(16+1)(32+1)}{24}} = 19{,}34$$

Se H_0 é verdadeira, a estatística teste z será aproximadamente normal com média 0 e desvio padrão 1,0.

$$z = \frac{\text{observado} - \text{esperado}}{\text{desvio padrão}} = \frac{T - U_t}{\sigma_t}$$

Em nosso exemplo z é

$$z = \frac{23{,}5 - 68}{19{,}34} = -2{,}30$$

Em circunstâncias ordinárias, o teste seria unilateral. Ao nível de significância de 0,01, por exemplo, apenas aceitaríamos H_0, pois o valor crítico de z para 0,01 (unilateral) é -2,33 e nossa estatística é -2,30. A Figura 13.4 ilustra o teste. Como em qualquer teste unilateral, deve-se ter cuidado de que os resultados apontem para uma direção que possa conduzir à rejeição de H_0.

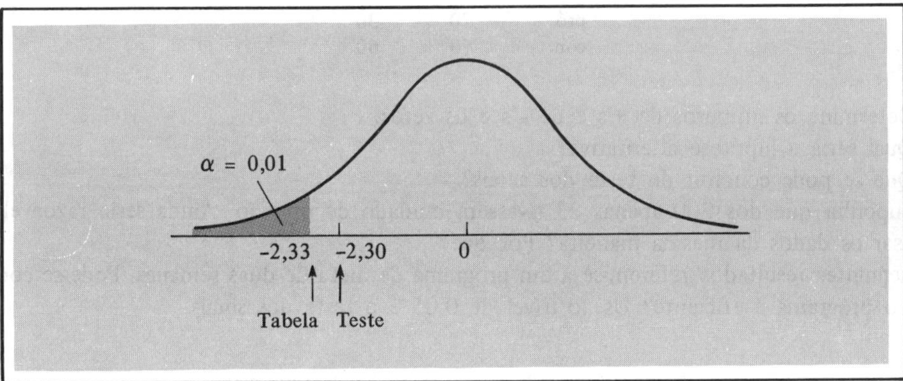

Figura 13.4 A hipótese nula é apenas aceita.

EXERCÍCIOS

1. Visando reduzir custos de transporte, a Central Táxi expediu instruções competentes a cada um de seus 24 motoristas de táxi. Teste os resultados usando o nível de 0,05 e o teste dos sinais.

	Milhas/galão			Milhas/galão	
Motorista	Antes	Depois	Motorista	Antes	Depois
1	15,2	15,2	13	15,4	15,8
2	14,3	14,7	14	15,8	15,8
3	13,8	15,0	15	13,2	13,1
4	17,1	17,0	16	13,1	14,4
5	16,4	16,9	17	15,0	16,5
6	15,1	15,7	18	16,4	16,5
7	15,1	16,2	19	13,9	14,0
8	16,2	16,4	20	14,8	15,5
9	16,7	16,4	21	14,4	16,2
10	14,2	15,0	22	15,5	16,1
11	17,2	17,4	23	14,5	14,2
12	16,8	16,0	24	16,0	16,2

2. Verifique, nos dois exemplos (p. 309 e p. 311) que a utilização do número de –'s em lugar do número de +'s conduz aos mesmos resultados.
3. Uma agência de publicidade deseja determinar a eficiência de uma campanha que está fazendo para induzir os eleitores a aprovar a construção de calçadas numa área suburbana. Duzentos moradores foram escolhidos aleatoriamente e entrevistados sobre o assunto, antes do início da campanha, e foram novamente entrevistados três semanas após o início da campanha, com os seguintes resultados:

	Após	
Antes	pró	con.
pró	20	30
con.	90	60

   a. Determine os números de +'s e de –'s e os zeros.
   b. Qual seria a hipótese alternativa?
   c. Que se pode concluir do teste dos sinais?
   d. Suponha que dos 200 apenas 23 tivessem mudado de opinião. Ainda seria razoável analisar os dados da mesma maneira? Por quê?
4. Os seguintes resultados referem-se a um programa de dieta de duas semanas. Pode-se concluir que o programa é eficiente? Use o nível de 0,05 e o teste dos sinais.

Indivíduo	Peso pré-dieta	Peso pós-dieta
1	132,1	134,3
2	129,0	125,2
3	130,4	127,5
4	127,8	128,9
5	149,0	146,5
6	141,5	140,9
7	137,8	132,3
8	128,7	130,8
9	122,7	125,3
10	151,9	147,0
11	188,1	186,1
12	135,3	130,0
13	142,0	141,5
14	144,4	145,4
15	126,0	123,0
16	98,1	98,1

5. Analise o resultado do teste do aditivo para gasolina B-21 utilizando a soma de postos positivos e compare seus resultados com os obtidos com a soma de postos negativos.
6. Refaça o Exercício 1 usando o teste dos sinais por postos. Compare suas conclusões com as obtidas pelo teste dos sinais.
7. Refaça o Exercício 4 usando o teste dos sinais por postos e compare o resultado com o do teste dos sinais. Que se pode concluir? Por quê?
8. O teste dos sinais por postos não pode ser usado para analisar os dados do Exercício 3. Explique por quê.

9. Avalie o resultado deste programa de cinco semanas de dieta utilizando o teste dos sinais por postos.

Indivíduo	Peso pré-dieta	Peso pós-dieta
1	202	204
2	189	177
3	149	154
4	186	169
5	149	140
6	200	200
7	220	214
8	190	189
9	164	167
10	161	150
11	162	155
12	171	172
13	193	183
14	163	158
15	187	184
16	178	192
17	218	210
18	181	166
19	140	143
20	168	164

DUAS AMOSTRAS INDEPENDENTES

O Teste de Mann-Whitney

O teste de Mann-Whitney é usado para testar se duas amostras independentes provêm de populações com médias iguais. Pode ser aplicado como alternativa do teste de duas amostras para médias, estudado anteriormente, e que exigia que as populações tivessem a mesma variância. O teste de Mann-Whitney não faz tal exigência. De fato, a única hipótese é que o nível de mensuração seja numa escala contínua, e mesmo essa hipótese não é absolutamente rígida. Apesar do enfraquecimento das hipóteses, o teste de Mann-Whitney é quase tão forte quanto o de duas amostras para médias.

O teste se baseia numa soma de postos. Dispõem-se os dados em postos, como se todas as observações fizessem parte de uma única amostra. Se H_0 é verdadeira, os postos baixos, médios e altos devem distribuir-se equilibradamente entre as duas amostras. Se H_1 é verdadeira, uma amostra tenderá a ter mais postos baixos (e, assim, uma soma de postos menor) enquanto que a outra tenderá a ter maior soma de postos. Uma forma de analisar essa tendência é focalizar a soma de postos de uma das amostras e compará-la com a soma esperada de postos, supondo iguais as médias. Pode-se testar qualquer dos dois conjuntos de postos. Todavia, é importante reconhecer que, se um conjunto de postos é *mais alto* do que se espera, o outro deve ser *mais baixo* que o esperado. Suponhamos, por exemplo, que uma amostra tenha uma soma de postos 10,5 inferior ao esperado. Então a outra amostra deve ter uma soma 10,5 superior ao esperado. Este fator é especialmente importante no teste unilateral, porque devemos interpretar H_1 em termos da soma de postos do grupo testado.

Suponha-se, por exemplo, que tenhamos

$$H_1: \mu_a > \mu_b$$

Então a soma dos postos do Grupo A deve ser *maior* que a soma de postos do Grupo B se H_1 é correta (isto é, maior que a soma esperada sob H_0). Isto equivale a dizer que a soma dos postos do Grupo B deve ser *menor que* a do Grupo A (isto é, menor que a soma esperada sob H_0).

O processo que vamos explicar se aplica quando cada amostra tem 10 ou mais observações.* Novamente, a soma total dos postos (ambas as colunas combinadas) deve ser $N(N+1)/2$. Se as duas amostras têm igual tamanho, a soma esperada de qualquer coluna sob H_0 é

$$\frac{1}{2}\left[\frac{N(N+1)}{2}\right] = \frac{N(N+1)}{4}$$

Se os tamanhos das amostras são diferentes, a soma dos postos deve ser dividida proporcionalmente aos tamanhos das amostras. Usam-se geralmente a seguintes fórmulas.

A soma esperada de postos para cada coluna é

$$E(R_1) = \frac{n_1}{N}\left[\frac{N(N+1)}{2}\right] \qquad E(R_2) = \frac{n_2}{N}\left[\frac{N(N+1)}{2}\right]$$

onde

n_1 = tamanho da amostra do Grupo 1
n_2 = tamanho da amostra do Grupo 2
$E(R_1)$ = soma esperada de postos do Grupo 1
$E(R_2)$ = soma esperada de postos do Grupo 2
N = número total de observações = $n_1 + n_2$

A distribuição amostral é aproximadamente normal e tem desvio padrão dado por:

$$\sigma_u = \sqrt{\frac{n_1 n_2(n_1 + n_2 + 1)}{12}}$$

A estatística teste z é

$$z = \frac{R - E(R)}{\sigma_u}$$

onde R é a soma dos postos que está sendo testada.

* Para amostras pequenas, consulte Siegel (veja as referências) quanto a procedimento e tabelas.

Exemplo 1 Compare as velocidades médias de dois alunos de escola de comércio, em datilografia. O Grupo I aprendeu datilografia por um método tradicional, enquanto que o Grupo 2 aprendeu pelo método "cego". Teste a afirmação de que o resultado dos alunos do método "cego" foi pior (nível $\alpha = 0{,}05$).

Grupo 1 Palavras/min.	Grupo 2 Palavras/min.
36	38,2
32,5	40,1
41,3	29,8
40,1	30,3
50,8	32,8
39,2	40,4
41,2	37,2
29,7	34,1
32,5	36,2
37,8	41,5
46,6	35,5
	42,5
	44,9

Solução:

Se a afirmação (H_1) é verdadeira, o segundo grupo deve acusar um total maior de postos (e, portanto, o primeiro grupo deve acusar um total menor), o que indica média mais alta para o Grupo 2.

Antes de passar aos postos, dispomos ambos os grupos em ordem crescente. Então, atribuímos os postos como se todos os dados formassem um único grupo; aos empates atribuímos o posto médio.

Em seguida somamos os postos para cada grupo.

Grupo 1 (postos)	Grupo 2 (postos)
29,7 (1)	29,8 (2)
32,5 (4,5)	30,3 (3)
32,5 (4,5)	32,8 (6)
36,0 (9)	34,1 (7)
37,8 (12)	35,5 (8)
39,2 (14)	36,2 (10)
40,1 (15,5)	37,2 (11)
41,2 (18)	38,2 (13)
41,3 (19)	40,1 (15,5)
46,6 (23)	40,4 (17)
50,8 (24)	41,5 (20)
	42,5 (21)
	44,9 (22)
$\Sigma R_1 = 144{,}5$	$\Sigma R_2 = 155{,}5$
$n_1 = 11$	$n_2 = 13$

Em seguida calculamos a soma esperada dos postos para um (qualquer) dos grupos e a comparamos com a soma observada de postos para aquele grupo. Consideremos o Grupo 1.

$$E(R_1) = \frac{n_1}{N}\left[\frac{N(N+1)}{2}\right] = \frac{11}{24}\left[\frac{24(25)}{2}\right] = 137{,}5$$

Calculando o desvio padrão da distribuição amostral:

$$\sigma_u = \sqrt{\frac{n_1 n_2(n_1 + n_2 + 1)}{12}} = \sqrt{\frac{11(13)(11 + 13 + 1)}{12}} = \sqrt{297{,}9} = 17{,}26$$

Finalmente calculamos z (veja a Figura 13.5):

$$z = \frac{R_1 - E(R_1)}{\sigma_u} = \frac{144{,}5 - 137{,}5}{17{,}26} = \frac{7}{17{,}26} = 0{,}406$$

Se tivéssemos optado pelo Grupo 2, a soma esperada de postos seria

$$E(R_2) = \frac{n_2}{N}\left[\frac{N(N+1)}{2}\right] = \frac{13}{24}\left[\frac{24(25)}{2}\right] = 162{,}5$$

O desvio padrão permanece o mesmo. Logo (veja a Figura 13.6)

$$\sigma_u = 17{,}26$$

$$z = \frac{R_2 - E(R_2)}{\sigma_u} = \frac{155 - 162{,}5}{17{,}26} = -\frac{7}{17{,}26} = -0{,}406$$

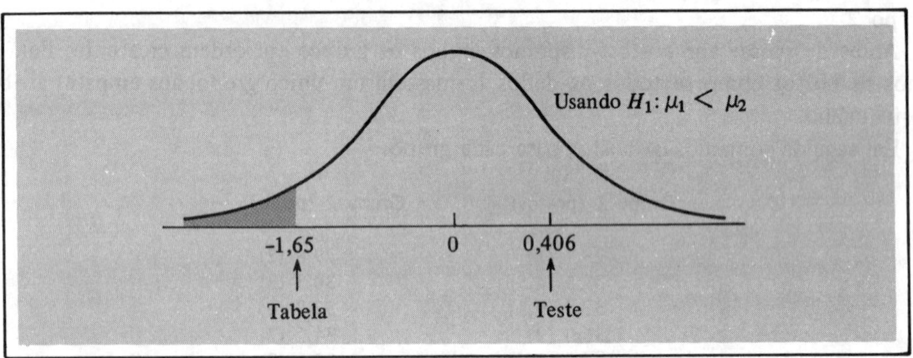

Figura 13.5 Não podemos concluir que os dois métodos sejam diferentes quanto à velocidade média de escrita datilográfica.

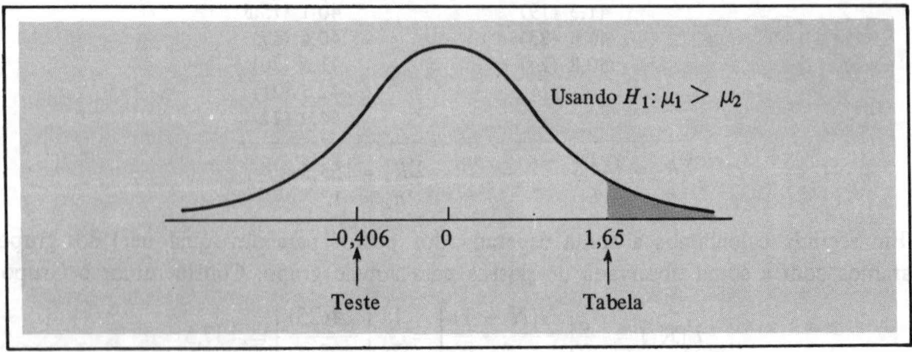

Figura 13.6 Ainda concluímos que H_0 é verdadeira.

EXERCÍCIOS

1. Aplique os testes de Mann-Whitney para determinar se a média do Grupo *A* é maior que a média do Grupo *B*. Use $\alpha = 0{,}01$.

A	5,2	5,9	6,3	6,8	7,0	8,1	8,2	8,9	9,5	10,0
B	4,5	5,0	5,1	5,6	5,9	6,3	6,8	7,2	7,8	8,1

2. Determine se as vendas médias desses dois armazéns são diferentes:

Armazém 30	Armazém 25
$10,50	$22,25
18,71	17,65
9,16	15,62
8,75	9,10
2,00	10,80
11,53	6,78
4,56	8,75
3,88	12,34
9,16	8,99
12,34	9,90
10,75	
16,41	

3. Doze pneus selecionados aleatoriamente de cada um de dois fabricantes de pneus foram postos à prova quanto à duração. Pode-se dizer que a vida média seja diferente, para as populações de onde provieram os pneus? Teste ao nível de 0,05.

Fabricante 1	Fabricante 2
35.500	33.400
25.400	29.650
24.605	25.500
25.670	27.900
30.645	24.570
27.850	23.800
24.570	27.890
31.800	30.100
27.760	28.865
28.875	27.700
21.900	24.450
26.560	32.300

4. Qual seria o efeito no resultado do Exercício 2 se se duplicasse cada valor? Explique.

UM TESTE DE *k* AMOSTRAS USANDO POSTOS

Análise da Variância de um Critério de Kruskal-Wallis

A análise da variância clássica (teste *F*) exige algumas hipóteses bastante fortes quanto aos dados amostrais. Por exemplo, é preciso admitir que as amostras tenham sido extraídas de *populações normais* com *variâncias iguais*. O pesquisador pode não querer ater-se a essas hipóteses, e o número de observações pode ser demasiado pequeno para se testar a normalidade. Prosseguir em tais circunstâncias pode invalidar os resultados.

Um método alternativo para testar se três ou mais amostras independentes foram extraídas de populações com médias iguais é o teste de Kruskal-Wallis. É um teste de análise da variância de um critério que emprega postos em lugar de mensurações, e suas hipóteses quanto aos dados são relativamente fracas. Por exemplo, enquanto tanto o teste *F* como o teste de Kruskal-Wallis (K-W) exigem amostras aleatórias independentes, a única exigência adicional para o teste K-W é que a variável básica tenha distribuição contínua.

O processo do teste consiste em converter cada observação em um posto. Consegue-se isso tratando-se todas as observações como se pertencessem a uma única amostra. O menor valor recebe posto 1, o próximo posto 2, etc., até que todas as observações tenham sido consideradas. Aos empates atribui-se como posto a média dos valores que lhes caberiam se fossem ligeiramente diferentes. Por exemplo, se há empate no posto mais baixo, ao invés de receberem postos 1 e 2, as observações recebem cada uma o posto 1,5.

Utilizam-se a soma dos postos em cada amostra, os tamanhos das amostras e o número total de observações para computar a estatística *H*, onde

$$H = \frac{12}{N(N+1)} \sum_{j=1}^{k} \frac{(R_j)^2}{n_j} - 3(N+1)$$

e

N = número total de observações
k = número de amostras
n_j = número de observações na *j*-ésima amostra
R_j = soma dos postos da *j*-ésima amostra

Se a hipótese nula, de igualdade de médias, é verdadeira, os postos devem ficar bem dispersos entre as amostras. Os quadrados das somas de postos divididos pelos respectivos tamanhos amostrais devem ser aproximadamente iguais. A estatística *H* terá distribuição qui-quadrado com $k - 1$ graus de liberdade. Logo, o valor calculado de *H* pode ser comparado a um valor tabulado de qui-quadrado e a hipótese nula será rejeitada se o valor calculado for maior que o valor tabulado, ao nível de significância escolhido.

Se o número de empates é grande, isto afetará o valor de *H*. Conseqüentemente, pode ser necessário ajustar o valor de *H* dividindo-o pela quantidade

$$1 - \frac{\sum(t^3 - t)}{N^3 - N}$$

onde *t* é o número de empates num grupo de empates.

Como exemplo de situação em que se pode aplicar o teste K-W, consideremos o seguinte: Para avaliar o mérito de três métodos de ensino diferentes, cada um de um grupo de 16 estudantes foi aleatoriamente matriculado em uma de três seções, cada uma das quais, por sua vez, utilizou uma técnica diferente dentre as três em estudo. Após uma sessão de duas horas, pediu-se a cada estudante que resolvesse o mesmo problema. Os tempos respectivos (em minutos) constam do seguinte quadro.

Leitura	Materiais programados	*Video-tapes*
15	10	11
12	21	19
18	16	17
20	13	22
10	14	24
	9	

O processo é o seguinte: Primeiro atribuímos um posto a cada valor. Isto se torna mais fácil ordenando-se primeiro os valores em cada amostra:

Leitura	Posto	Programada	Posto	Vídeo	Posto
10	2,5	9	1	11	4
12	5	10	2,5	17	10
15	8	13	6	19	12
18	11	14	7	22	15
20	13	16	9	24	16
		21	14		
	39,5		39,5		57

Determina-se então a soma de postos para cada coluna (veja a tabela). Assim, R_1 = 39,5, R_2 = 39,5 e R_3 = 57.

A estatística teste H é

$$H = \frac{12}{16(16+1)}\left[\frac{39{,}5^2}{5} + \frac{39{,}5^2}{6} + \frac{57^2}{5}\right] - 3(16+1) = 2{,}90$$

Se H_0 é verdadeira, então H terá distribuição qui-quadrado com $k - 1 = 2$ graus de liberdade. Comparando o valor calculado com os valores tabulados vê-se que se deve aceitar H_0, pois H é menor que o valor tabulado, mesmo ao nível de 0,1. Houve apenas dois empates, de modo que não se fez necessário nenhum ajustamento. Ver a Figura 13.7.

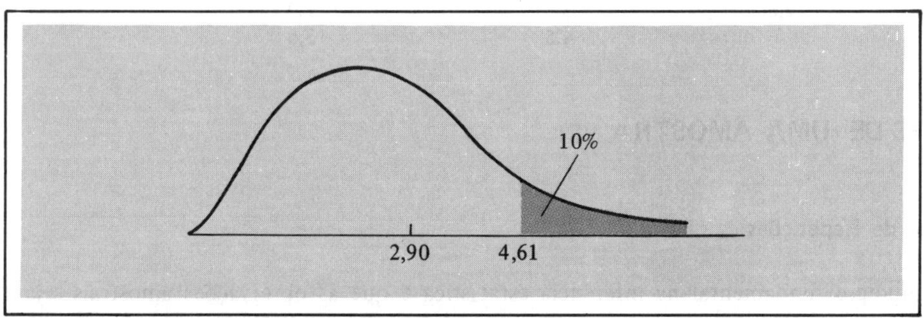

Figura 13.7 A hipótese nula é aceita.

EXERCÍCIOS

1. Testaram-se quatro diferentes misturas de tintas para averiguar se há diferença entre os tempos médios de secagem, obtendo-se os seguinte resultados:

Mistura *A*	14,3	18,7	15,0	17,2	18,1	17,6	15,8
Mistura *B*	10,8	12,4	11,6	16,1	13,4	13,8	
Mistura *C*	14,5	14,8	15,3	14,0	16,3	10,8	
Mistura *D*	16,0	17,2	17,7	13,3	16,8		

Teste ao nível de significância de 0,025.

2. A cada uma de 16 pessoas com excesso de peso atribuiu-se aleatoriamente um dentre três planos de dieta. As perdas de peso foram as seguintes:

Plano 1	1,3	5,1	2,8	0,5	3,0
Plano 2	4,5	3,2	3,4	2,8	3,2
Plano 3	10,0	4,9	1,0	2,2	0,0

Use o nível de 0,01 para testar esses resultados.

3. Compararam-se cinco marcas de lâmpadas fluorescentes para determinar se havia diferença entre suas respectivas vidas médias. Teste ao nível de 0,05.

Marca *A*	1010	905	989	859	910	1035	875	888
Marca *B*	690	850	824	856	915	734	799	700
Marca *C*	1203	978	918	816	992	1021	666	873
Marca *D*	752	709	717	921	761	991	809	981
Marca *E*	591	723	672	924	881	1038	604	704

4. Num estudo de prevenção e predição de acidentes, obtiveram-se os tempos de reação de várias categorias de motoristas. Parece existir diferença significativa entre eles?

Motoristas de táxi	Motoristas de ônibus	Motoristas de caminhão
3,5	4,6	3,7
3,4	4,0	3,0
2,0	2,9	2,1
3,2	3,2	2,9
2,6	3,8	1,9
	4,5	3,6

TESTES DE UMA AMOSTRA

Análise de Repetições

Uma hipótese fundamental na inferência estatística é que as observações amostrais sejam aleatórias. Pareceria lógico, portanto, procurarmos desenvolver métodos para testar a presença da aleatoriedade. Um desses métodos envolve a análise das repetições.

Para nossos propósitos, define-se como repetição uma seqüência ininterrupta de observações que apresentam uma característica semelhante. Suponhamos que a característica de interesse seja a cor, e que tenhamos observado a seqüência verde, verde, verde, vermelho, vermelho, verde. Por conveniência, substituiremos cada cor por um símbolo. Assim, nossa série é GGGRRG (G para verde, R para vermelho). Há três repetições: GGG RR G (não importando o tamanho).

As repetições focalizam a atenção na seqüência ou *ordem de ocorrência* das observações. As repetições podem constituir uma seqüência temporal (ordenada no tempo) ou uma seqüência espacial (ordenada por posição). Exemplos de seqüências temporais: registro diário das temperaturas máximas numa localidade, ordem de saída em determinado processo industrial, volume diário de negócios na Bolsa de Nova Iorque. Exemplos de seqüências espaciais: colocações finais em certo evento esportivo, colocação numa fila, posição numa estante, etc. Os dados podem ser categorias nominais, como verdadeiro-ou-falso, masculino-ou-feminino, etc., ou mensurações, como altura, peso, QI, etc. Independentemente da natureza efetiva dos dados, as observações podem ser transformadas numa série de símbolos em que se possa contar o número de repetições.

> Uma *repetição* é uma seqüência ininterrupta de observações que possuem uma característica comum.

Usa-se o teste de repetições para detectar padrões não-aleatórios em dados quando se conhece a ordem das observações. Uma seqüência pode ser não-aleatória de diversas maneiras. Eis alguns exemplos de padrões identificáveis:

A B A B A B A B A B A B A B A B A B A B A B

Note-se que há como que um movimento para a frente e para trás. Isto sugeriria um ciclo.

AAAAAAAAAAA BBBBBBBBBB

Verifica-se uma tendência de *A* para *B* nos dados.

AAAA BBBBBB AAAAAA BBBB AAA

Aqui verificam-se aglomerados de elementos semelhantes.

A Figura 13.8 ilustra alguns gráficos de padrões não-aleatórios.

Naturalmente, esses são casos extremos, e os padrões são de localização muito fácil. Na prática, os padrões podem ser mais difíceis de identificar. Conseqüentemente, convém dispormos de um método mais rigoroso do que a simples inspeção visual.

Distribuição Amostral do Número de Repetições

O número de repetições numa série de *n* observações tende a variar de amostra para amostra, tal como qualquer outra estatística. Assim, um conjunto de tais dados é encarado como uma amostra, mesmo quando não seja viável selecionar outra amostra.

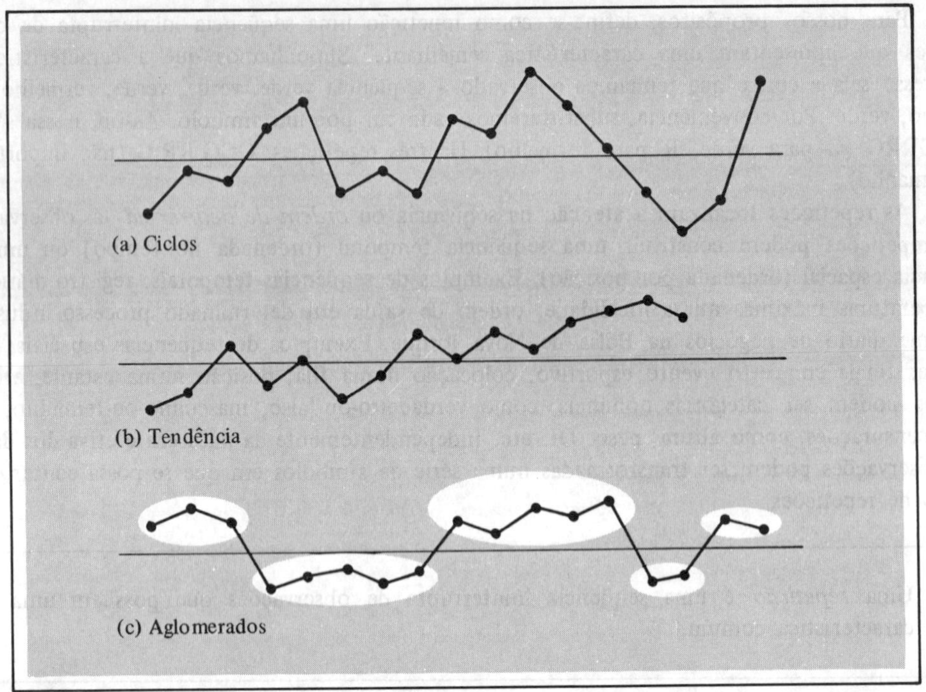

Figura 13.8 Exemplos de alguns padrões não-aleatórios.

Para podermos dizer que uma série de observações apresenta as características de um processo aleatório, é preciso primeiro ter uma idéia daquilo que um processo aleatório pode produzir. Isto servirá então de padrão de julgamento de uma situação efetiva. A distribuição amostral proporciona uma definição de aleatoriedade indicando o número esperado (médio) de repetições e revelando qual o grau de variabilidade razoável (para uma série aleatória) entre os números de repetições esperado e observado.

Quando a série em estudo envolve um grande número de observações (digamos 30 ou mais)* a distribuição amostral do número de repetições é bem aproximada pela distribuição *normal*.

A hipótese nula num teste de repetições é que a diferença entre o número esperado de repetições e o número efetivamente observado é o resultado de variação aleatória na amostragem (isto é, a seqüência de observações é aleatória). A hipótese alternativa é que a diferença entre o número observado e o número esperado de repetições é demasiado grande para ser devida só ao acaso. Testa-se a diferença comparando-a com a variabilidade esperada das repetições, supondo que haja somente aleatoriedade nos dados. Isto é, divide-se a diferença entre os números observado e esperado de repetições pelo desvio padrão da distribuição adequada. Temos assim

$$z = \frac{\text{número observado de repetições - número esperado de repetições}}{\text{desvio padrão das repetições}}$$

ou

$$z = \frac{r - R}{\sigma_R}$$

* O número exato variará, dependendo do tipo de dados.

Pequenos valores de z (digamos, menos de 1,96 para $\alpha = 0{,}05$) sugerem que a seqüência é aleatória, enquanto que grandes valores sugerem o contrário.

Ordinariamente usa-se um teste bilateral, embora ocasionalmente se trabalhe com teste unilateral.

Teoricamente, dever-se-ia usar uma correção de continuidade, porque estamos empregando uma distribuição contínua (normal) para aproximar dados discretos (número de repetições). Para fazer a correção de continuidade, reduzimos de 0,5 o valor absoluto do numerador na expressão precedente. Na prática, aplica-se a correção somente se H_0 é rejeitada por muito pequena margem. Em tal caso, a correção de continuidade pode retificar a margem e resultar na aceitação da hipótese de aleatoriedade.

Repetições de Dois Tipos de Observação: Dados Nominais

Quando os dados em estudo consistem de itens atribuídos a uma de duas categorias mutuamente excludentes, tais como verdadeiro-falso, bom-mau, etc., dizemos que os dados são dicotomizados (duas categorias). Por exemplo, podemos ter uma seqüência como TFTTFTTFFF e gostaríamos de saber se ela é aleatória. Para tomar uma decisão, é preciso contar o número de repetições nos dados e compará-lo então com o número esperado de repetições.

A distribuição amostral para o número de repetições com dois tipos de observação é aproximadamente normal para grandes amostras (cada tipo de observação maior que 20). Lidaremos apenas com grandes amostras. O número esperado de repetições é

$$R = \frac{2n_1n_2}{N} + 1$$

onde

R = número esperado de repetições
n_1 = número de observações de um tipo
n_2 = número de observações do outro tipo
N = número total de observações

Note-se que n_1 e n_2 são contagens de elementos de cada tipo, e não repetições de cada tipo. Outrossim, $n_1 + n_2 = N$.

O desvio padrão da distribuição amostral do número de repetições é

$$\sigma_R = \sqrt{\frac{2n_1n_2(2n_1n_2 - n_1 - n_2)}{(n_1 + n_2)^2(n_1 + n_2 - 1)}}$$

Felizmente, é possível reduzir esta expressão a uma forma bem mais simples:

$$\sigma_R = \sqrt{\frac{(R-1)(R-2)}{N-1}}$$

Exemplo 2 Alinham-se quarenta estudantes no campo de um ginásio aguardando o início de um torneio de basquete. Poderíamos dizer que a seqüência é aleatória?

Solução:

Seja V a designação de um estudante de Valley High e C a de um estudante de Central High. A seqüência é:

$$\underline{CCCCC}\ \underline{VV}\ \underline{CC}\ \underline{VV}\ \underline{CCCC}\ \underline{VVV}\ \underline{CCCCCC}\ \underline{VVVVV}\ \underline{C}\ \underline{VVV}\ \underline{CCCCCC}\ \underline{V}$$

As repetições estão sublinhadas. Chamando n_1 o número de C's e n_2 o número de V's, vemos que $n_1 = 24$ e $n_2 = 16$. Há 12 repetições ($r = 12$). O número esperado de repetições é

$$R = \frac{2n_1n_2}{N} + 1 = \frac{2(24)(16)}{40} + 1 = 19{,}2 + 1 = 20{,}2$$

O desvio padrão é

$$\sigma_R = \sqrt{\frac{(R-1)(R-2)}{N-1}} = \sqrt{\frac{(19{,}2)(18{,}2)}{39}} = 2{,}99$$

Usando o desvio padrão como medida da diferença relativa entre o número efetivo e o número esperado de repetições, vemos que

$$z = \frac{r - R}{\sigma_R} = \frac{12 - 20{,}2}{2{,}99} = \frac{-8{,}2}{2{,}99} \approx -2{,}7$$

Como se vê na Figura 13.9, a diferença está acima do que poderia ser considerado chance; concluímos então que a seqüência não é aleatória. De fato, a probabilidade de obter uma diferença maior do que -8,2 (isto é, 12 - 20,2) num processo aleatório seria de 0,0035 (área da cauda da distribuição normal padronizada além de z = -2,7 desvios padrões).

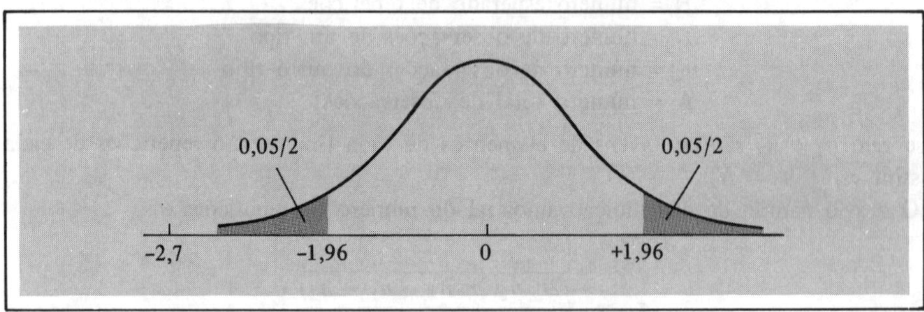

Figura 13.9 Nosso teste revela que há muito poucas repetições; rejeita-se H_0.

Repetições Acima e Abaixo da Mediana

Quando os dados em estudo são numéricos em vez de simbólicos, um método comum de teste da aleatoriedade de uma seqüência focaliza quaisquer padrões que se possam formar em relação à mediana amostral. Isto é, cada observação é rotulada como acima (A) ou abaixo (B) da mediana amostral. Ignoram-se os valores que coincidem com a mediana. Contam-se então os números de repetições de A's e B's.

A conversão de cada valor para A ou para B reduz os dados a dois tipos de observação, podendo-se então aplicar as fórmulas anteriores a esses dados, tal como no caso precedente. Todavia, como o número de A's igualará o de B'S (por definição, metade das observações está acima da mediana, metade abaixo), as fórmulas anteriores tomam uma expressão mais simples:

$$R = \frac{N}{2} + 1 \qquad \sigma_R \approx \sqrt{\frac{N-1}{4}}$$

onde N é o número total de observações.

Para grandes amostras (digamos, $N \geqslant 40$), a distribuição amostral do número de repetições acima e abaixo da mediana é bem aproximado pela distribuição normal. Para amostras menores, há tabelas facilmente acessíveis.*

Exemplo 3 A Divisão de Saúde de uma cidade do Centro-Oeste registra a quantidade de dióxido de enxofre na atmosfera como medida da quantidade de poluição do ar. Com os dados que seguem, registrados em 44 dias sucessivos na localidade, que se pode concluir quanto à aleatoriedade da seqüência? Pelos registros históricos, sabe-se que a mediana é 0,050.

Dia	SO_2		Dia	SO_2	
1	0,057	A	23	0,051	A
2	0,040	B	24	0,063	A
3	0,059	A	25	0,060	A
4	0,063	A	26	0,049	B
5	0,061	A	27	0,040	B
6	0,040	B	28	0,044	B
7	0,009	B	29	0,058	A
8	0,003	B	30	0,032	B
9	0,031	B	31	0,018	B
10	0,067	A	32	0,017	B
11	0,071	A	33	0,017	B
12	0,083	A	34	0,030	B
13	0,081	A	35	0,053	A
14	0,093	A	36	0,054	A
15	0,065	A	37	0,085	A
16	0,023	B	38	0,081	A
17	0,029	B	39	0,041	B
18	0,018	B	40	0,037	B
19	0,001	B	41	0,063	A
20	0,010	B	42	0,073	A
21	0,055	A	43	0,055	A
22	0,056	A	44	0,048	B

Solução:

Os dados mostram que há 14 repetições. Se a seqüência é aleatória, devemos esperar

$$R = \frac{N}{2} + 1 = \frac{44}{2} + 1 = 23 \text{ repetições}$$

* Consulte, por exemplo, os textos de Bradley, Duncan ou Siegel nas referências.

e o desvio padrão da distribuição amostral correpondente será

$$\sigma_R = \sqrt{\frac{N-1}{4}} = \sqrt{\frac{43}{4}} = \sqrt{10,75} \approx 3,28$$

A questão é, então, saber se um processo realmente aleatório pode ocasionar apenas 14 repetições, quando o número esperado é 23. Usando o desvio padrão como medida da diferença entre os dois, encontramos

$$z = \frac{r - R}{\sigma_R} = \frac{14 - 23}{3,28} = \frac{-9,0}{3,28} \approx -2,74$$

Ao nível de 0,01 H_0 seria rejeitada e concluiríamos que a seqüência não é aleatória. A Figura 13.10 ilustra isso.

Sem dúvida, há muitas explicações para esse resultado. Uma delas é que a poluição pode permanecer no ar durante dias quando o ar está parado, enquanto que, outras vezes, vento e chuva podem reduzir a poluição. Além disso, agentes poluidores como automóveis, fábricas, etc., podem seguir padrões, ou esquemas, definidos em relação aos dias da semana, fins de semana, férias, feriados, etc.

Quando trabalharmos com dados grafados (não dispondo das cifras), se os dados estão grafados em torno da mediana, o número de repetições pode ser contado como o número de vezes que os segmentos que ligam os pontos cruzam a mediana, mais 1. Se a linha central é a média em lugar da mediana, desde que a distribuição seja simétrica (p. ex., uniforme ou normal), a média e a mediana coincidirão, de modo que ainda aqui podemos usar o teste da mediana. Caso contrário, deve-se usar a forma mais geral para dois tipos de observações.

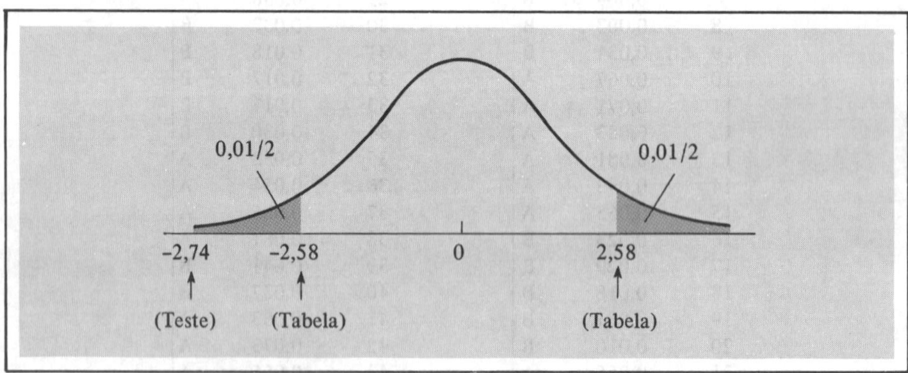

Figura 13.10 Rejeita-se H_0.

Repetições para Cima e para Baixo

Outro teste de repetições utiliza as repetições para cima e para baixo como medida da aleatoriedade. Mede-se cada valor da seqüência em relação ao valor anterior. Cada valor numérico é substituído por U (para cima) ou por D (para baixo), isto em relação ao valor anterior. Por exemplo, a seqüência

28	29	31	25	24
	U	U	D	D

daria duas repetições: uma repetição de 2 para cima, e uma repetição de 2 para baixo. Ao primeiro valor não se atribui símbolo, pois não tem antecedente.

Aqui também a distribuição amostral do número de repetições para cima e para baixo tem distribuição normal para grandes amostras ($N \geqslant 40$), dispondo-se de tabelas para tamanhos menores de amostra.* As fórmulas da média e do desvio padrão da distribuição amostral não são as mesmas, entretanto. A razão é que os dois testes anteriores envolveram elementos com probabilidade *constante*. Por exemplo, a probabilidade de obter um valor de um ou de outro lado da mediana é sempre 0,5 e não depende do valor da observação anterior. Não é o caso das repetições para cima e para baixo. Se a seqüência é realmente aleatória, a probabilidade de um valor alto ser seguido por outro ainda mais alto é muito menor que 0,5, e a probabilidade de um valor elevado ser seguido por um menor é maior que 0,5. As fórmulas levam em conta esse aspecto de probabilidade "posicional".

O número esperado de repetições para cima e para baixo é

$$R = \frac{2N - 1}{3}$$

onde N é o total de observações. O desvio padrão do número de repetições para cima e para baixo é

$$\sigma_R = \sqrt{\frac{16N - 29}{90}}$$

Exemplo 4 A seguinte seqüência de números foi produzida por um "gerador" de números aleatórios. Use um teste de repetições para cima e para baixo para testar os padrões de não-aleatoriedade.

76	88	01	35	34	49	17	89	19	41	14	99	13	23	79	40	15	19	01	66
	U	D	U	D	U	D	U	D	U	D	U	D	U	U	D	D	U	D	U

33	31	15	16	54	03	11	93	78	87	50	23	46	14	27	12	38	12	20	15
D	D	D	U	U	D	U	U	D	U	D	D	U	D	U	D	U	D	U	D

Solução:

Há 40 números de dois algarismos. Se a seqüência é aleatória, o número esperado de repetições para cima e para baixo será

$$R = \frac{2N - 1}{3} = \frac{2(40) - 1}{3} = \frac{79}{3} \approx 26$$

* Ver, por exemplo, Bradley ou Duncan, nas referências.

com desvio padrão de

$$\sigma_R = \sqrt{\frac{16N - 29}{90}} = \sqrt{\frac{16(40) - 29}{90}} = \sqrt{\frac{611}{90}} \approx \sqrt{6,79} \approx 2,61$$

O número observado de repetições, r, é 32, de modo que a diferença entre o número esperado e o observado é 6. A diferença relativa é

$$z = \frac{r - R}{\sigma_R} = \frac{32 - 26}{2,61} = \frac{6,0}{2,61} = +2,30$$

Ao nível de 0,05 rejeitaríamos H_0, mas aceitaríamos H_0 ao nível de 0,01, conforme é ilustrado na Figura 13.11.

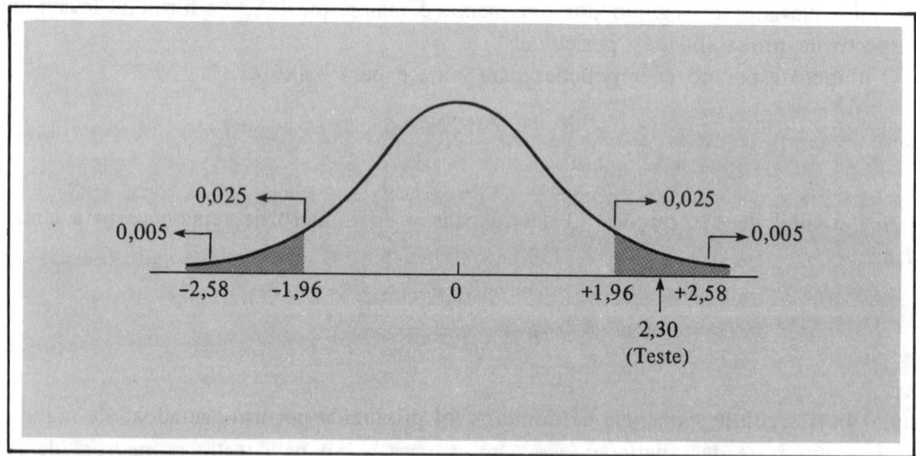

Figura 13.11 H_0 seria rejeitada ao nível de 0,05 mas aceita ao nível de 0,01.

Qual Teste Usar?

Surge uma situação interessante quando submetemos os dados tanto a um teste de repetições para cima e para baixo como a um teste de repetições acima e abaixo da mediana, se um dos testes indica um padrão não-aleatório de variabilidade, enquanto que o outro indica o contrário. "Em qual deles devemos acreditar?" Além disso, há a tentação de coletar material adicional para resolver o impasse. E ocasionalmente, o impasse é completamente evitado usando-se apenas um dos testes.

Cada uma das "soluções" que acabamos de apontar ignora o problema real. O fato é que cada tipo de teste de repetições é sensível a diferentes tipos de padrões não-aleatórios. Em outras palavras, uma seqüência de observações pode ser não-aleatória de diversas maneiras. Algumas dessas maneiras revelam-se mais facilmente em testes de repetições para cima e para baixo, enquanto que outras são mais sensíveis a testes de repetições acima e abaixo da mediana. Conseqüentemente, se se aplicam ambos os tipos de teste e um deles indica que a seqüência não é aleatória, não há realmente nenhum conflito, a seqüência é não-aleatória de alguma forma.

Comentários

Nesta seção focalizamos o número de repetições com grandes amostras. Bradley, Siegel e Duncan (relacionados nas Referências) abordam os testes para pequenas amostras e as tabelas apropriadas. Um teste de repetições muito útil é o que envolve o tamanho, ou *comprimento*, da maior repetição, em lugar do *número* de repetições. Bradley e Duncan contêm boas discussões desses testes. O conceito básico é que as repetições muito grandes constituem outro indicador de não-aleatoriedade numa seqüência de observações.

Para problemas com mais de dois tipos de observação, Wallis e Roberts (veja Referências) dão as fórmulas necessárias e exemplos simples.

Embora os testes de repetições não sejam dos mais fortes testes não-paramétricos, eles apresentam vantagens importantes:

1. São fáceis de aplicar e de interpretar.
2. Com grande quantidade de dados, o risco de aceitar uma H_0 falsa diminui.
3. As hipóteses necessárias são relativamente fracas.

EXERCÍCIOS

1. O departamento de controle de qualidade de uma firma aplicou um processo de esmerilagem durante as últimas semanas, registrando as médias amostrais na ordem em que foram tomadas:

Observação	Média	Observação	Média
1	3,21	21	3,83
2	3,49	22	3,47
3	3,91	23	3,92
4	3,77	24	4,13
5	3,67	25	4,20
6	3,88	26	3,86
7	3,51	27	3,42
8	3,40	28	3,59
9	3,89	29	3,99
10	3,43	30	3,81
11	3,22	31	3,78
12	3,35	32	4,06
13	3,60	33	3,65
14	4,02	34	3,72
15	3,61	35	3,38
16	3,90	36	4,01
17	4,23	37	3,69
18	3,91	38	3,95
19	3,41	39	4,03
20	3,67		

a. Grafe os dados.
b. Analise os dados com um teste de repetições da mediana.
c. Analise os dados com um teste de repetições para cima e para baixo.
d. As médias são aleatórias?

2. Durante o mês de maio foram expedidas as seguintes citações a motoristas de uma cidade:

Dia	1	2	3	4	5	6	7	8	9	10	11	12	13	14	15	
Número	34	37	44	59	20	28	24	25	35	48	52	22	27	30	22	
Dia	16	17	18	19	20	21	22	23	24	25	26	27	28	29	30	31
Número	32	49	53	23	29	30	18	34	46	51	21	30	29	60	40	50

a. Analise os dados por meio de um teste de repetições para cima e para baixo, ao nível de 0,01.
b. Analise os dados com um teste da mediana, ao nível de 0,01.

3. Teste cada um dos gráficos da Figura 13.12 para determinar a existência ou não de padrões não-aleatórios. Use $\alpha = 0{,}05$. Há 40 observações em cada gráfico.

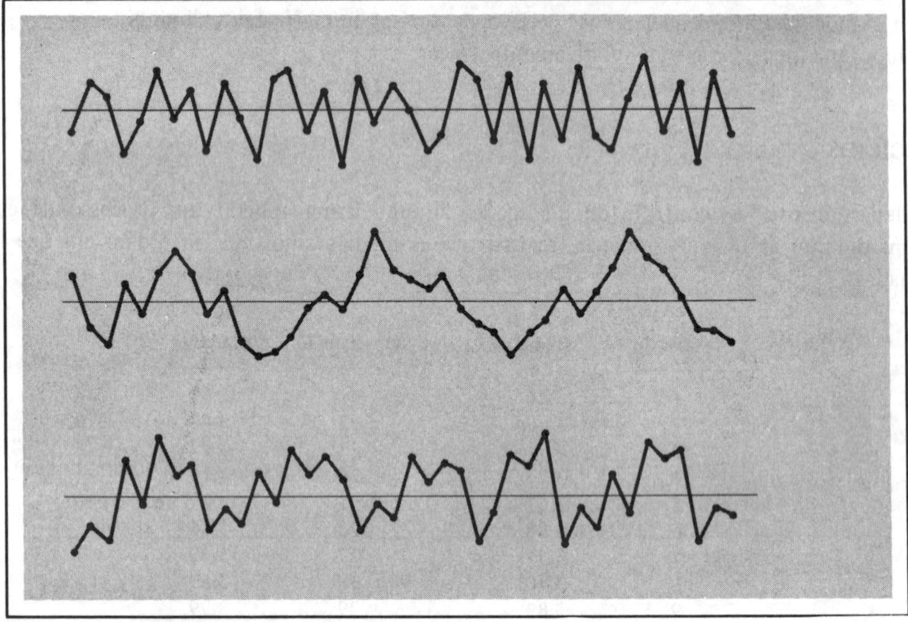

Figura 13.12 Dados para o Exercício 3.

4. A produção de uma máquina automática de fabricação de parafusos é inspecionada para localização de peças defeituosas (D). As peças perfeitas são designadas por G. Determine se a seqüência abaixo é aleatória em termos da localização das séries defeituosas.

GGGGGGG D GGGGG DD GGGGGG D GGGGGG D G D GGGGGGGGGG

RESUMO

Os testes estudados neste capítulo constituem alternativas úteis de alguns testes estudados em capítulos anteriores, testes que consideram certas hipóteses sobre as populações ou sobre os respectivos parâmetros. Os testes não-paramétricos são um tanto menos eficientes e menos discriminatórios que os testes anteriores, mas a única hipótese que exigem é que as variáveis em estudo sejam contínuas. Os testes são também úteis quando as variáveis não podem ser mensuradas numa escala quantitativa.

A Tabela 13.2 dá um resumo dos testes discutidos neste capítulo.

Tabela 13.2 Fórmulas Não-paramétricas

Teste	Estatística teste	Comentário
sinais	$z = \dfrac{x - \frac{1}{2}n}{\frac{1}{2}\sqrt{n}}$	n = nº de +'s e –'s
sinais por postos	$z = \dfrac{T - [N(N+1)/4]}{\sqrt{N(N+1)(2N+1)/24}}$	N = nº de variações T = soma dos postos de +'s ou de –'s
Mann-Whitney	$z = \dfrac{R_1 - (n_1/N)[N(N+1)/2]}{\sqrt{n_1 n_2 (n_1 + n_2 + 1)/12}}$	$N = n_1 + n_2$ R_1 = soma dos postos da amostra 1
Kruskal-Wallis	$\chi^2 = \dfrac{12}{N(N+1)} \times \left[\dfrac{(\Sigma R_1)^2}{n_1} + \ldots + \dfrac{(\Sigma R_k)^2}{n_k}\right] - 3(N+1)$	$N = n_1 + n_2 + \ldots + n_k$
repetições		
dados nominais	$z = \dfrac{r - [(2n_1 n_2/N) + 1]}{\sqrt{(R-1)(R-2)/(N-1)}}$	$N = n_1 + n_2$ r = nº observado de repetições $R = (2n_1 n_2/N) + 1$
mediana	$z = \dfrac{r - [(N/2) + 1]}{\sqrt{(N-1)/4}}$	N = nº total de observações r = nº observado de repetições
para cima e para baixo	$z = \dfrac{r - [(2N-1)/3]}{\sqrt{(16N - 29)/90}}$	N = nº total de observações r = nº observado de repetições

QUESTÕES PARA RECAPITULAÇÃO

1. Em que diferem dos anteriores os testes estudados neste capítulo?
2. Qual é a hipótese exigida pela maioria dos testes não-paramétricos?
3. Em que diferem dos testes para amostras independentes os testes para amostras relacionadas?
4. Por que não é possível haver um teste de uma amostra relacionada?
5. Indique rapidamente a finalidade de cada um dos testes:
   a. repetições
   b. Kruskal-Wallis
   c. Mann-Whitney
   d. sinais
   e. sinais por postos
6. Contraste o teste dos sinais com o teste dos sinais por postos. Qual é o melhor?

Inverno	Total	Inverno	Total
1902-03	79,6	1942-43	76,5
1903-04	112,6	1943-44	66,5
1904-05	54,4	1944-45	128,7
1905-06	59,4	1945-46	67,8
1906-07	91,6	1946-47	110,6
1907-08	93,2	1947-48	75,8
1908-09	93,2	1948-49	76,6
1909-10	87,5	1949-50	104,2
1910-11	98,9	1950-51	92,8
1911-12	72,1	1951-52	100,5
1912-13	57,7	1952-53	77,5
1913-14	57,7	1953-54	85,9
1914-15	66,2	1954-55	101,4
1915-16	102,0	1955-56	146,8
1916-17	90,7	1956-57	76,1
1917-18	101,4	1957-58	141,1
1918-19	64,4	1958-59	137,2
1919-20	101,3	1959-60	134,8
1920-21	43,7	1960-61	130,5
1921-22	77,6	1961-62	77,3
1922-23	90,3	1962-63	116,5
1923-24	53,9	1963-64	83,3
1924-25	91,7	1964-65	97,3
1925-26	97,5	1965-66	118,8
1926-27	82,7	1966-67	83,0
1927-28	87,1	1967-68	81,2
1928-29	76,6	1968-69	127,9
1929-30	43,6	1969-70	125,5
1930-31	45,3	1970-71	157,2
1931-32	81,8	1971-72	133,7
1932-33	37,6	1972-73	81,2
1933-34	73,2	1973-74	123,2
1934-35	59,5	1974-75	105,5
1935-36	87,0	1975-76	103,0*
1936-37	79,8		
1937-38	60,7		
1938-39	102,5		
1939-40	112,7		
1940-41	93,7		
1941-42	84,7		

* Até o fim de fevereiro. (Cortesia: U.S. Weather Bureau)

EXERCÍCIOS SUPLEMENTARES

1. Dezenove pratos servidos por três restaurantes foram relacionados em postos em relação ao paladar e à aparência pelos membros de um Clube de Gourmets. Podemos dizer que são comparáveis (nível de 0,01)?

Restaurante	*A*	*B*	*B*	*C*	*A*	*B*	*A*	*A*	*A*	*B*	*C*	*B*	*A*	*C*	*B*	*B*	*C*	*C*	*C*
Posto	1	2	3	4	5	6	7	8	9	10	11	12	13	14	15	16	17	18	19

2. Vinte e oito vendedores foram classificados por seu desempenho e em seguida assistiram a um filme sobre treinamento em vendas. Cada um deles foi então classificado uma segunda vez. Decida se o filme teve impacto positivo nas classificações (nível de 0,05).

	Classificação após o filme	
Classificação antes do filme	Aceitável	Não-aceitável
aceitável	5	4
não-aceitável	13	6

3. Resolva o Exercício 9, Capítulo 11, p. 273 usando o teste de Kruskal-Wallis (0,01).
4. Vinte e quatro estudantes fizeram um exame de meio de período e um exame final. Use os dados abaixo para determinar se houve qualquer modificação nas notas para os dois testes ao nível de 0,01 (trate o problema como de grande amostra).
   a. Use o teste dos sinais. b. Use o teste dos sinais por postos.
   c. Diante dos resultados dos dois testes, a que conclusão podemos chegar?

Melhoras						Decréscimos												
+1	+2	+3	+4	+6	+8	-2	-3	-5	-6	-7	-8	-9	-10	-11	-12	-13	-14	-15

(5 não acusaram modificação)

5. Analise os dados do Exercício 2, Capítulo 10, p. 251, usando o teste não-paramétrico apropriado (nível 0,01).
6. Use o teste de Mann-Whitney para determinar se um novo processo de treinamento resulta numa redução do tempo médio de conserto (nível de 0,05).

Regular	15,0	15,1	15,3	15,5	15,6	15,6	16,0	16,2
Novo	15,1	15,2	15,7	15,8	15,9			

7. A tabela que segue dá a queda anual de neve em Syracuse, N.I., para os invernos, começando em 1902-1903 e terminando em 1975-1976. A queda de neve de 1975-1976 se refere ao período até fevereiro apenas; o leitor poderá querer levar isso em conta.
   a. Analise os dados, usando um teste de repetições para cima e para baixo e um teste de repetições acima e abaixo da mediana. (Sugestão: Use 90 polegadas como mediana.)
   b. Grafe os dados e compare visualmente o gráfico com os resultados dos testes de repetições.

REFERÊNCIAS

1. Bradley, James V., *Distribution-Free Statistical Tests*, Englewood Cliffs, N.J.: Prentice-Hall, Inc., 1968.
2. Duncan, Acheson J., *Quality Control and Industrial Statistics*, Homewood, Ill.: Richard D. Irwin, Inc., 1965, 3d ed.
3. Siegel, Sidney, *Nonparametric Statistics for the Behavioral Sciences*, New York: McGraw-Hill, 1956.
4. Wallis, W. Allen, e Harry V. Roberts, *Statistics: A New Approach*, New York: The Free Press, 1956.
5. Wonnacott, Thomas H. e Ronald J. Wonnacott, *Introductory Statistics*, New York: John Wiley & Sons, 1972, 2d ed.

CAPÍTULO 14

regressão e correlação

Objetivos do Capítulo

Ao terminar o estudo deste capítulo, o leitor deve estar em condições de:

1. Indicar a finalidade de uma análise de regressão
2. Indicar a finalidade de uma análise de correlação
3. Relacionar as hipóteses fundamentais de cada uma das três técnicas de correlação
4. Relacionar as hipóteses fundamentais para o uso da análise de regressão
5. Contrastar a regressão linear com a regressão curvilínea, bem como a regressão simples com a regressão múltipla
6. Explicar as vantagens e os pontos fracos da análise de correlação e regressão múltipla, em contraste com a regressão e correlação simples
7. Determinar retas de regressão e coeficientes de correlação para problemas análogos aos apresentados neste capítulo
8. Interpretar coeficientes de correlação e equações de regressão
9. Estabelecer intervalos de confiança e testes de significância para coeficientes de regressão e correlação
10. Explicar intuitivamente o que a análise de correlação faz

Esboço do Capítulo

Introdução
Regressão Linear
    A equação linear
    Decisão por um tipo de relação

Determinação da Equação Matemática
O Método dos Mínimos Quadrados
Inferências em Análise de Regressão
O erro padrão da estimativa
Inferências sobre o coeficiente angular da reta de regressão
O coeficiente de determinação, r^2
Análise da variância para regressão simples
Intervalos de predição para análise de regressão
Análise de Regressão Linear Múltipla
Análise de Correlação
Dados Contínuos: O Coeficiente *r* de Pearson
Características de *r*
Correlação momento-produto: conceituação
Interpretação de *r*
Processo prático para o cálculo de *r*
Inferências sobre o Coeficiente de Correlação
Um intervalo de confiança para a correlação da população
Um teste de significância de *r*
Advertência
Dados Por Postos: O Coeficiente *r* de Spearman
Dados Nominais: O Coeficiente de Contingência
Correlação Múltipla
Correlação e Causalidade
Resumo

INTRODUÇÃO

A **regressão** e a correlação são duas técnicas estreitamente relacionadas que envolvem uma forma de estimação. A diferença entre essas técnicas e o tipo de estimação discutido anteriormente é que aquelas técnicas anteriores foram utilizadas para estimar um *único parâmetro populacional*, enquanto que as técnicas apresentadas neste capítulo se referem à estimação de uma *relação* que possa existir na população.

Mais especificamente, a *análise da correlação e regressão* compreende a análise de dados amostrais para saber se e *como duas ou mais variáveis estão relacionadas uma com a outra numa população*. Nosso objetivo será principalmente o estudo de situações de duas variáveis. A análise de *correlação* dá um número que *resume* o *grau de relacionamento* entre duas variáveis; a análise de *regressão* tem como resultado uma *equação matemática* que *descreve* o relacionamento. A equação pode ser usada para estimar, ou *predizer*, valores futuros de uma variável quando se conhecem ou se supõem conhecidos valores da outra variável. A análise de *correlação* é útil em trabalho exploratório, quando um pesquisador ou analista procura determinar quais variáveis são potencialmente importantes e o interesse está basicamente no grau ou *força do relacionamento*. Em educação e psicologia, freqüentemente se dá maior ênfase ao grau ou força do relacionamento. Em outras áreas, como administração, economia, pesquisa médica, agricultura, focaliza-se mais a *natureza* do relacionamento (isto é, a equação de predição), e a análise de *regressão* é o instrumento principal.

A *correlação* mede a força, ou grau, de relacionamento enrre duas variáveis; a *regressão* dá uma equação que descreve o relacionamento em termos matemáticos.

Os dados para a análise de regressão e correlação provêm de observações de *variáveis emparelhadas*. Para um problema de duas variáveis, isto significa que cada observação origina dois valores, um para cada variável. Por exemplo, um estudo que envolva características físicas pode focalizar a idade e a altura de cada indivíduo. As duas variáveis de interesse – idade e altura de cada pessoa – são então emparelhadas. Para um problema de três variáveis, cada observação origina três valores. Por exemplo, além da idade e altura de cada pessoa, podemos incluir também o peso na análise.

Iniciaremos nossa investigação das relações existentes numa população pela análise de regressão. A análise de correlação será abordada mais adiante.

REGRESSÃO LINEAR

A regressão linear simples constitui uma tentativa de estabelecer uma equação matemática linear (linha reta) que descreva o relacionamento entre duas variáveis.

Há diversas maneiras em que as equações de regressão são utilizadas. Uma é em situações em que as duas variáveis medem aproximadamente a mesma coisa, mas uma delas é relativamente dispendiosa, ou difícil de lidar, enquanto que a outra não. Por exemplo, a resistência e a dureza de um metal podem estar relacionadas, de modo que conhecendo-lhe a dureza podemos estimar-lhe a resistência. Se o teste de resistência destrói o metal, enquanto que o teste de dureza não o destrói, uma pessoa interessada em estimar a resistência obviamente preferirá confiar nos resultados do teste de dureza para estimar a resistência. A finalidade de uma equação de regressão seria então *estimar* valores de uma variável, com base em valores conhecidos da outra.

Outra utilização das equações de regressão é explicar valores de uma variável em termos da outra. Isto é, podemos suspeitar de uma relação de causa e efeito entre duas variáveis. Por exemplo, um economista pode tentar explicar as variações na procura de automóveis usados em termos de desemprego. Um agricultor pode suspeitar que a quantidade de fertilizante por ele usada tenha influenciado a safra. A distância de freagem de um carro é influenciada por sua velocidade. Deve-se notar, entretanto, que a lógica de uma relação causal deve provir de teorias externas ao âmbito da estatística. A análise de regressão apenas indica qual relacionamento matemático pode existir, se existir algum. Em outras palavras, nem a regressão nem a correlação podem mostrar que uma variável tenda a "causar" certos valores de outra variável.

Ainda uma terceira aplicação da regressão: predizer valores *futuros* de uma variável. Por exemplo, costuma-se aplicar testes a empregados ou estudantes potenciais, para avaliar o potencial de sucesso na escola ou no emprego. É de presumir que haja um relacionamento matemático entre o resultado do teste e o potencial futuro.

Embora tais relações possam assumir uma grande diversidade de formas, nossa discussão se limitará às equações lineares. As equações lineares (de uma linha reta) são importantes porque servem para aproximar muitas relações da vida real, e porque são relativamente fáceis de lidar e de interpretar. Outras formas da análise de regressão, tais como regressão múltipla (mais de duas variáveis) e regressão curvilínea (não-linear) envolvem extensões dos mesmos conceitos usados na regressão linear simples.

A Equação Linear

Duas importantes características da equação linear são (1) o coeficiente angular da reta e (2) a cota da reta em determinado ponto. Uma equação linear tem a forma

$$y = a + bx$$

onde a e b são valores que se determinam com base nos dados amostrais; a é a cota da reta em $x = 0$, e b é o coeficiente angular. A variável y é a variável que deve ser predita, e x é o valor preditor.

A Figura 14.1 ilustra a relação entre o gráfico de uma reta e sua equação. A reta, com equação $y = a + bx$, intercepta o eixo dos y's no ponto $y = a$. Este ponto é chamado intercepto-y. O coeficiente angular da reta, b, indica a variação de y por unidade de variação de x, ou $\Delta y/\Delta x$.

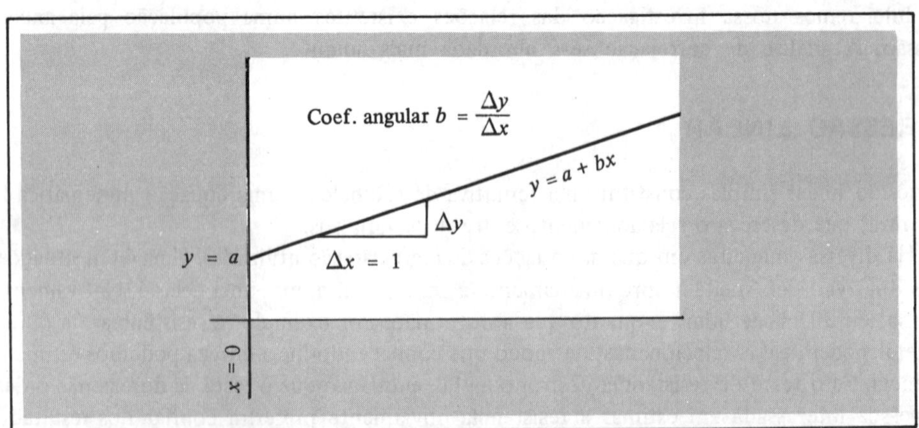

Figura 14.1 A equação $y = a + bx$ representa uma reta com coeficiente angular b e intercepto-a.

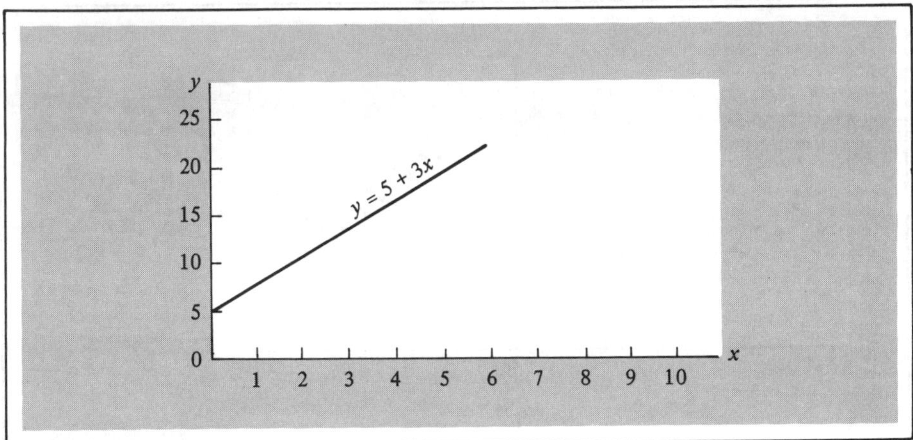

Figura 14.2 A reta $y = 5 + 3x$ tem coeficiente angular 3 e intercepto-y igual a 5.

Consideremos a equação linear $y = 5 + 3x$, ilustrada na Figura 14.2. A reta intercepta o eixo dos y's no ponto em que $y = 5$. O coeficiente angular da reta é 3, o que significa que a cada unidade de variação de x, correspondem 3 unidades de variação de y. Podemos usar a equação para determinar valores de y correspondentes a valores de x, como se vê na tabela que segue. A técnica de levar valores de x na equação matemática e resolver em relação a y é usualmente preferível à leitura de valores no gráfico, porque proporciona um grau de precisão muito mais elevado. Não obstante, os gráficos são importantes porque criam uma imagem mental do relacionamento. Além disso, na fase inicial da análise, podem auxiliar a decidir se determinada relação linear é apropriada.

Valor de x	$y = 5 + 3x$ Valor calculado de y
2	$5 + 3(2) = 11$
3,1	$5 + 3(3{,}1) = 14{,}3$
7,2	$5 + 3(7{,}2) = 26{,}6$

Decisão por um Tipo de Relação

É importante ter em mente que nem todas as situações são bem aproximadas por uma equação linear. Por isso, em geral é necessário desenvolver um trabalho preliminar para determinar se um modelo linear é adequado. O processo mais simples consiste em grafar os dados e ver se uma relação linear parece razoável. Observem os gráficos da Figura 14.3 e decidam por si mesmos se os das Figuras 14.3(b) e 14.3(c) são lineares.

Quando os dados não podem ser aproximados por um modelo linear, as alternativas são procurar um modelo *não-linear** conveniente, ou transformar os dados para a forma linear. Por exemplo, a conversão de uma ou de ambas as escalas em logaritmos dá por vezes um modelo linear. Isto provavelmente ocorreria com os dados da Figura 14.3(a).

* Estes serão mencionados rapidamente aqui. Maiores detalhes poderão ser encontrados em livros mais avançados.

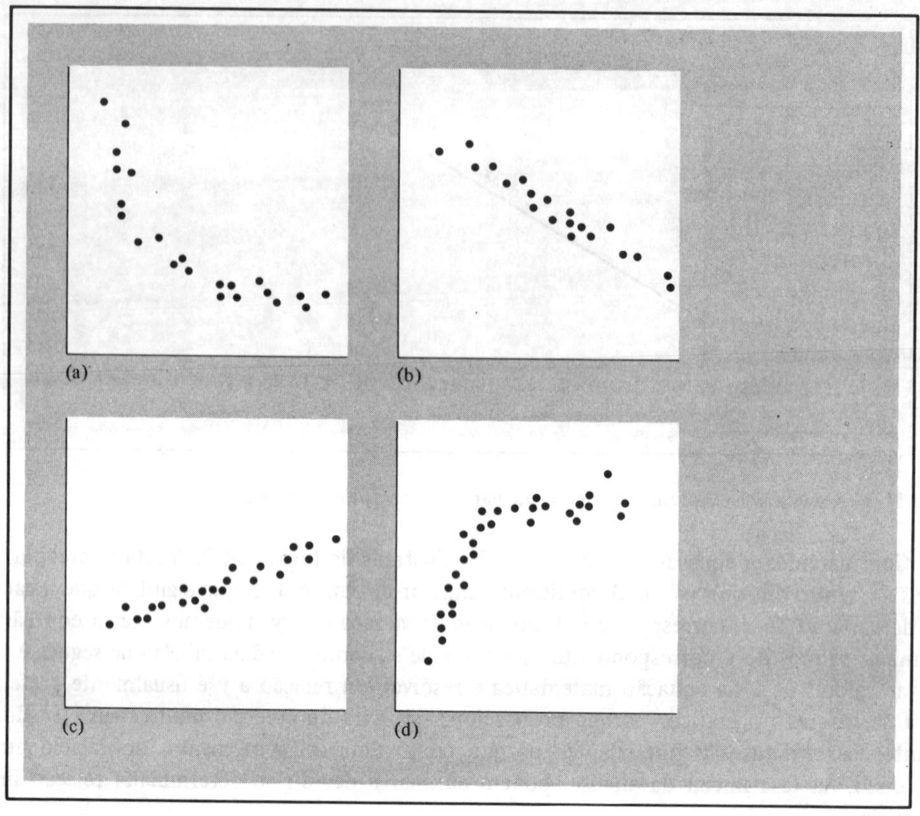

Figura 14.3 Nem toda relação entre duas variáveis é linear. Os pontos em (b) e (c) parecem dispor-se segundo um padrão linear, o que não ocorre com (a) e (d).

EXERCÍCIOS

1. Qual é a equação da reta com as seguintes características?
   a. coef. angular 10,2, intercepto-y 5,0
   b. coef. angular 55, intercepto-y 0
   c. coef. angular 27, intercepto-y −2
   d. coef. angular −13, intercepto-y 200
   e. coef. angular 0, intercepto-y 2,4
2. Estime os valores de a e b na equação linear $y_c = a + bx$ com base nos gráficos da Figura 14.4.

DETERMINAÇÃO DA EQUAÇÃO MATEMÁTICA

Voltemos agora nossa atenção para a mecânica da determinação da equação de uma reta que melhor descreva um conjunto de observações. Por exemplo, suponha-se que queiramos determinar

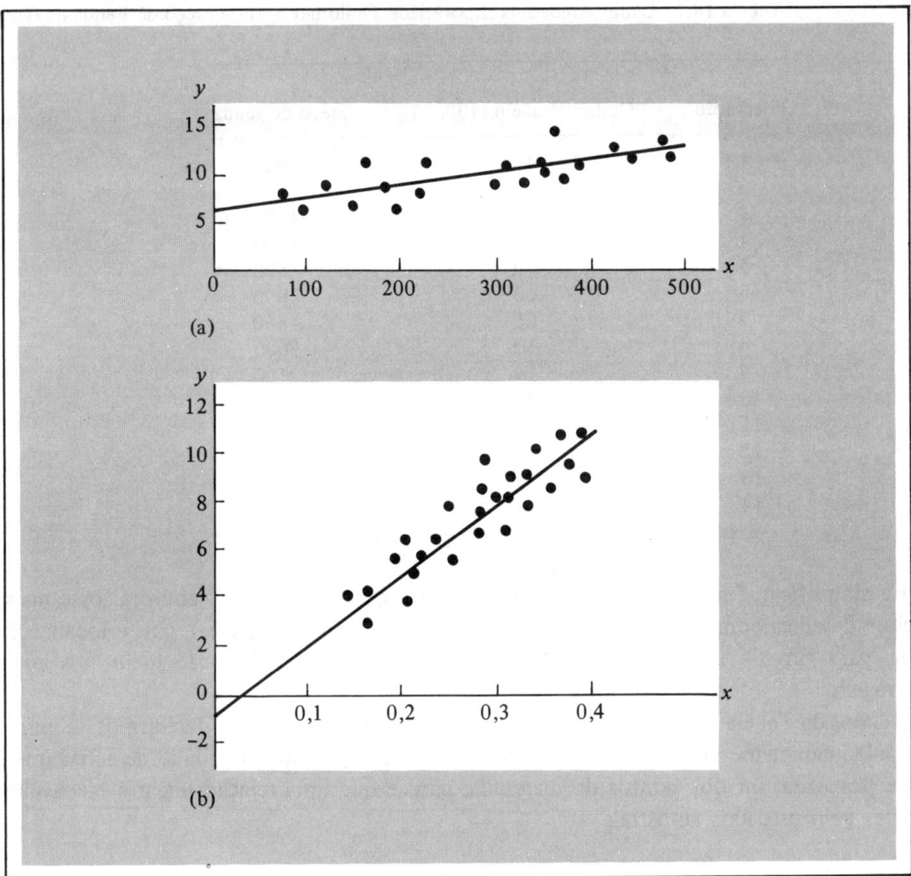

Figura 14.4

se há alguma relação entre a quilometragem de um carro usado e seu preço de venda. Isto é, queremos saber se o preço depende da quilometragem do carro. Em linguagem de regressão, a quilometragem seria a variável *independente*, ou "explanatória", e o preço de venda a variável *dependente*, ou "explicada". É tradicional usar o símbolo x para representar valores da variável independente e o símbolo y para valores da variável dependente.

> Na regressão, os valores y são preditos com base em valores dados ou conhecidos de x. A variável y é chamada variável *dependente*, e a variável x variável *independente*.

Suponha-se que tenhamos coligido dados de vendedores de carros da área, sobre quilometragem e preços de carros de 1975 de certa marca e com determinado equipamento (condicionamento de ar, toca-fitas, etc.). Os dados *amostrais*, que poderiam se originar de uma amostra aleatória de vendedores da região, se apresentariam mais ou menos como os dados da Tabela 14.1.

Tabela 14.1 Dados Amostrais Hipotéticos: Quilometragem e Preço de Venda de Carros

i Observação	x_i Quilometragem (1000's)	y_i Preço de venda
1	40	$1000
2	30	1500
3	30	1200
4	25	1800
5	50	800
6	60	1000
7	65	500
8	10	3000
9	15	2500
10	20	2000
11	55	800
12	40	1500
13	35	2000
14	30	2000

Para simplificar, foram arredondados a quilometragem e o preço. E embora fosse mais realista incluir detalhes como condição do carro (ferrugem, amassados, etc.), cor, e localização do vendedor, para fins de ilustração da técnica de determinação da equação incluímos apenas a quilometragem.

Os dados da Tabela 14.1 estão grafados na Figura 14.5 a fim de decidirmos se uma reta descreve adequadamente os dados. Conquanto seja evidente a impossibilidade de achar uma reta que passe por cada um dos pontos do diagrama, parece que uma relação linear é razoavelmente consistente com os dados amostrais.

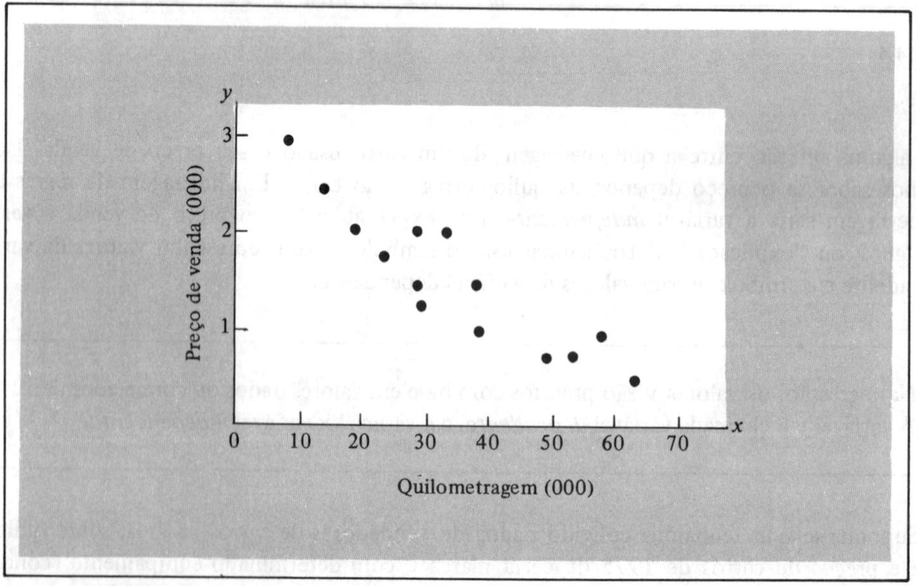

Figura 14.5 Os dados parecem sugerir uma relação linear entre quilometragem e preço de venda.

O MÉTODO DOS MÍNIMOS QUADRADOS

O método mais usado para ajustar uma linha reta a um conjunto de pontos é conhecido como técnica dos *mínimos quadrados*. A reta resultante tem duas características importantes: (1) a soma dos desvios *verticais* dos pontos em relação à reta é zero, e (2) a soma dos quadrados desses desvios é mínima (isto é, nenhuma outra reta daria menor soma de quadrados de tais desvios). Simbolicamente, o valor que é minimizado é

$$\sum(y_i - y_c)^2$$

onde

y_i = um valor observado de y

y_c = o valor calculado de y utilizando-se a equação de mínimos quadrados com o valor de x correspondente a y_i

Os valores de a e b para a reta $y_c = a + bx$ que minimiza a soma dos quadrados dos desvios são as soluções das chamadas "*equações normais*":

$$\sum y = na + b(\sum x)$$
$$\sum xy = a(\sum x) + b(\sum x^2)$$

onde n é o número de pares de observações. Assim, obtendo-se as quantidades Σx, Σxy, etc., poderíamos resolver essas equações simultâneas em relação a a e b. Todavia, as equações podem ser resolvidas algebricamente em relação a a e b, e isto proporciona uma forma muito mais simples. O resultado consiste em duas fórmulas, uma para a e uma para b, usadas para fins de cálculo:

$$b = \frac{n(\sum xy) - (\sum x)(\sum y)}{n(\sum x^2) - (\sum x)^2}$$

$$a = \frac{\sum y - b\sum x}{n}$$

Podemos usar o método dos mínimos quadrados para obter uma reta para o exemplo quilometragem *versus* preço de venda. Das equações acima é evidente que, para determinar a equação linear, devemos primeiro calcular Σx, Σy, Σx^2 e Σxy. Tais valores se determinam a partir dos dados amostrais. Calcula-se também uma quantidade adicional Σy^2, para uso posterior. Note-se que n = 14 pares de observações. A Tabela 14.2 dá os cálculos.

Da Tabela 14.2, temos

$$b = \frac{14(640.000) - (505)(21.600)}{14(21.825) - (505)^2} = \frac{8.960.000 - 10.908.000}{305.550 - 255.025} = \frac{-1.948.000}{50.525} = -38{,}56$$

$$a = \frac{\Sigma y - b(\Sigma x)}{n} = \frac{21.600 - (-38{,}56)(505)}{14} = \frac{40.979{,}4}{14} = 2.934$$

Tabela 14.2 Cálculos para os Dados da Tabela 14.1

Observação	Quilometragem (em 1.000) x	Preço de venda y	xy	x^2	y^2
1	40	\$1.000	40.000	1600	1.000.000
2	30	1.500	45.000	900	2.250.000
3	30	1.200	36.000	900	1.440.000
4	25	1.800	45.000	625	3.240.000
5	50	800	40.000	2500	640.000
6	60	1.000	60.000	3600	1.000.000
7	65	500	32.500	4225	250.000
8	10	3.000	30.000	110	9.000.000
9	15	2.500	37.500	225	6.250.000
10	20	2.000	40.000	400	4.000.000
11	55	800	44.000	3025	640.000
12	40	1.500	60.000	1600	2.250.000
13	35	2.000	70.000	1225	4.000.000
14	30	2.000	60.000	900	4.000.000
	$\Sigma x = 505$	$\Sigma y = 21.600$	$\Sigma xy = 640.000$	$\Sigma x^2 = 21.825$	$\Sigma y^2 = 39.960.000$

A equação de regressão resultante, $y_c = a + bx$, é então

$$y_c = 2.934 - 38{,}56x$$

A equação pode ser interpretada da seguinte maneira. O preço de venda esperado para um carro 1975 é \$2.934 menos \$38,56 para cada mil milhas que o carro tenha rodado. Por exemplo, para um carro com 20.000 milhas rodadas, a equação sugere um preço de venda de \$2.934 - 38,56(20) = \$2.163.

É importante reconhecermos certos fatos relativos à equação de regressão. Um é que se trata de uma relação *média*; assim, um carro com determinada quilometragem não obterá necessariamente o preço de venda *exato* indicado pela equação. Outro ponto importante é que seria muito arriscado extrapolar essa equação para preços e quilometragens fora do âmbito dos dados. Em outras palavras, embora tenhamos ficado razoavelmente convencidos, mediante uma rápida inspeção dos dados, de que a relação era linear, isso não nos autoriza a supor que carros com maior ou menor quilometragem apresentem a mesma relação entre preço e quilometragem. A Figura 14.6 ilustra o que pode acontecer.

A reta de regressão tem a interessante propriedade de passar sempre pelo ponto $(\bar{x}, \bar{y})$. Essa informação é útil para certos tipos de problema.

EXERCÍCIOS

1. Suponhamos que uma cadeia de supermercados tenha financiado um estudo dos gastos com mercadoria para famílias de quatro pessoas. A investigação se limitou a famílias com renda líquida entre \$8.000 e \$20.000. Obteve-se a seguinte equação:

$$y_c = -200 + 0{,}10x$$

onde

y_c = despesa anual estimada com mercadorias
x = renda líquida anual

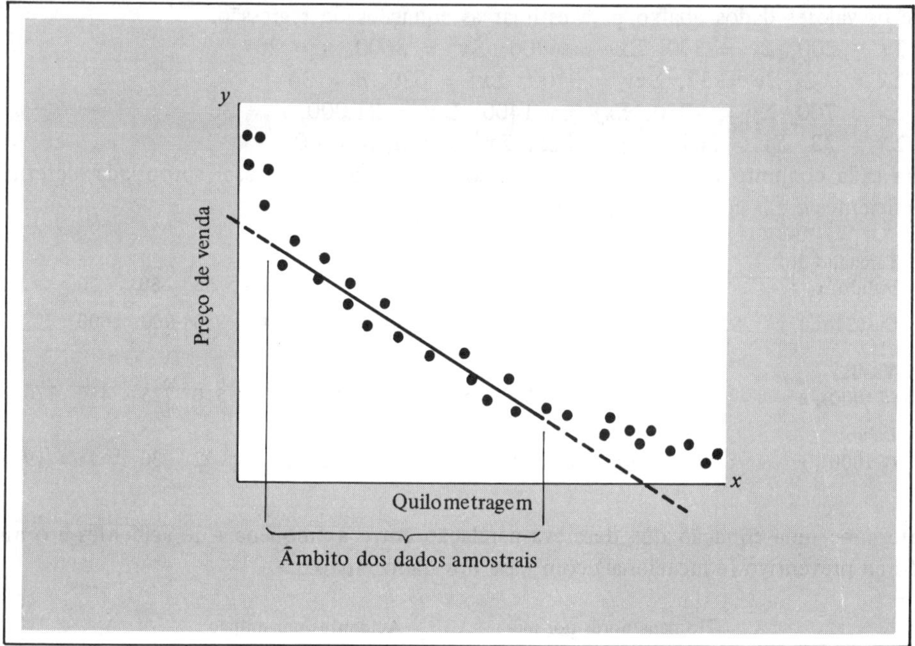

Figura 14.6 O perigo de extrapolar para fora do âmbito dos dados amostrais é que a mesma relação possa não mais se verificar.

Suponha que a equação proporcione um ajustamento razoavelmente bom e que os dados tenham sido obtidos por métodos de amostragem aleatória.

a. Estime a despesa de uma família de quatro com renda anual de \$15.000.
b. Um dos vice-presidentes da firma ficou intrigado com o fato de a equação aparentemente sugerir que uma família com \$2.000 de renda não gaste nada em mercadorias. Qual a explicação?
c. Explique rapidamente por que a equação acima *não poderia* ser usada nos casos seguintes:
   (1) Estimação das despesas com mercadorias para famílias de cinco.
   (2) Estimação das despesas com mercadorias para famílias com renda líquida de \$20.000 a \$35.000.
d. Grafe a equação numa folha de papel milimetrado.

2. Uma equipe de engenheiros consultores estabeleceu a seguinte relação para a quilometragem urbana de carros americanos de seis cilindros no âmbito de peso de 1.500 a 3.000 lb (motorista com 150 lb):

$$y_c = 30 - 0{,}002x$$

onde

y = estimativa das milhas por galão
x = peso do carro

a. Grafe a relação em papel milimetrado.
b. Estime a quilometragem para um carro que pese:
   (1) 2000 lb (2) 1500 lb (3) 2500 lb
   (Use seu gráfico e confira as respostas usando a equação.)

3. Use os valores dados abaixo para estimar as equações de regressão:
   a. $\Sigma x = 200$, $\Sigma y = 300$, $\Sigma xy = 6200$, $\Sigma x^2 = 3600$, $n = 20$
   b. $\Sigma x = 7{,}2$, $\Sigma y = 37$, $\Sigma xy = 3100$, $\Sigma x^2 = 620$, $n = 36$
   c. $\Sigma x = 700$, $\Sigma y = -250$, $\Sigma xy = -1400$, $\Sigma x^2 = 21.000$, $n = 30$
   d. $\Sigma x = 33$, $\Sigma y = 207$, $\Sigma xy = 525$, $\Sigma x^2 = 750$, $n = 40$
4. Para cada conjunto de dados faça o gráfico e, se uma reta parecer apropriada, determine os coeficientes *a* e *b* com base nos dados.

a.

Tamanho do pedido, *x*	25	20	40	45	22	63	70	60	55	50	30
Custo total, *y*	$2000	3500	1000	800	3000	1300	1500	1100	950	900	1600

b.

Vendas ($1000), *x*	201	225	305	380	560	600	685	735	510	725	450	370	150
Lucro ($1000), *y*	17	20	21	23	25	24	27	27	22	30	21	19	15

5. Determine uma equação que descreva a relação entre a freqüência de acidentes e o nível de esforço preventivo (educacional) com base nos dados abaixo:

Homens/horas por mês para educação	Acidentes por milhão de homens/horas
200	7,0
500	6,4
450	5,2
800	4,0
900	3,1
150	8,0
300	6,5
600	4,4

6. Uma companhia com 15 magazines suburbanos compilou dados sobre a área de vendas (em pés quadrados) *versus* lucro mensal. Grafe os dados e, se uma relação linear parecer justificada, determine a equação de regressão.

Armazém	Lucro mensal (em $1000)	Pés quadrados (em 1000)
A	45	55
B	115	200
C	120	180
D	95	110
E	75	90
F	170	260
G	110	140
H	140	215
I	130	200
J	75	85
K	80	90
L	105	180
M	200	300
N	95	130
O	60	80

7. Refaça o Exercício 5 utilizando "acidentes/mês" como variável x e "nível educacional" como variável y. Compare a equação resultante com a obtida no Exercício 5.
8. Com base nos dados abaixo:
   a. Calcule os coeficientes da equação de regressão.
   b. Duplique cada valor de x e recalcule os coeficientes.
   c. Duplique os x's e os y's originais e recalcule os coeficientes.
   d. Use os x's originais mas some 2 a cada valor y original e recalcule os coeficientes.

								Totais
x	1	2	3	4	5	6	7	28
y	2	4	5	6	7	7	9	40

9. Determine uma equação preditora do montante de seguro em função da renda anual, com base nos seguintes dados:

Renda anual (em $1000)	Seguro
20	10
25	12
26	15
18	10
16	15
17	20
32	30
13	5
38	40
40	50
42	40

INFERÊNCIAS EM ANÁLISE DE REGRESSÃO

Os dados amostrais usados para calcular uma reta de regressão podem ser encarados como um número relativamente pequeno de observações possíveis provenientes de uma população infinita de pares de valores. Nesse sentido, a reta de regressão calculada pode ser encarada como uma *estimativa* da relação real, porém desconhecida, que existe entre as duas variáveis na população. Logo, os coeficientes de regressão a e b servem como estimativas pontuais dos dois parâmetros populacionais correspondentes, A e B, e a equação

$$y_c = a + bx$$

é uma estimativa da relação populacional $y = A + Bx + e$, onde e representa a dispersão na população. A Figura 14.7 ilustra o conceito de uma população de pares de valores. Note-se que, mesmo na população, os valores não se dispõem segundo uma única linha reta, mas tendem a apresentar certo grau de dispersão. De fato, se não houvesse dispersão na população, todas as observações amostrais estariam sobre uma reta, e não haveria necessidade de fazer inferência quanto aos verdadeiros valores populacionais. Infelizmente, na vida real, há poucos exemplos de população em que não haja dispersão.

A esta altura é razoável perguntar: "Por que existe dispersão?" A resposta está no fato de não existir um relacionamento perfeito entre as duas variáveis na população. Há outras variáveis que influenciam os valores da variável dependente, talvez mesmo um número surpreendentemente

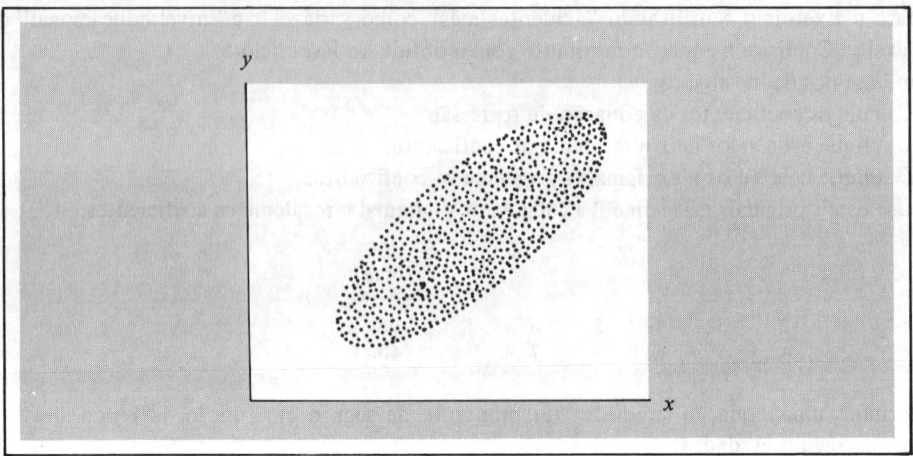

Figura 14.7 População de possíveis valores, com relação $y = A + B + e$.

grande de outras variáveis que não entram na análise de regressão. No caso do preço de venda, além da quilometragem, há outros fatores que podem influir no preço de venda, como as condições gerais do carro, a localização do vendedor em relação a outros vendedores e em relação à residência ou ao local de trabalho do possível comprador, a reputação do vendedor, propaganda, habilidade do vendedor, hora, condições do tempo, necessidade que o comprador tem do carro, etc. É de perguntar se essas outras variáveis não estariam incluídas no estudo. A resposta é que a influência de cada uma delas provavelmente é pequena, e o custo da inclusão de tais fatores no estudo supera o benefício que poderia decorrer de tal inclusão. Além disso, um ou dois fatores geralmente respondem por quase toda a variação da variável dependente, de modo que pouco se ganha procurando explicar completamente como se determina o preço de venda. E o que é mais importante, o número de variáveis explanatórias potenciais é tão grande que seria sem dúvida impossível – ou altamente improvável – obter uma descrição perfeita. Uma conseqüência disso é que sempre haverá alguma dispersão. E tal dispersão significa que as estatísticas amostrais tendem a diferir dos parâmetros efetivos da população. Assim é que há muitas equações de regressão diferentes, que poderiam concebivelmente ser obtidas, conforme sugere a Figura 14.8.

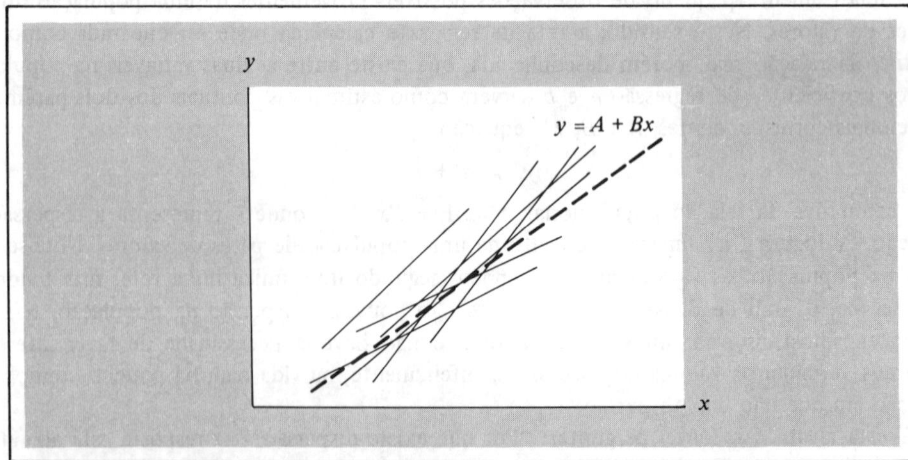

Figura 14.8 Algumas das possíveis retas de regressão que podem resultar dos dados amostrais.

A dispersão na população significa que, para qualquer valor de x, haverá muitos valores possíveis de y. Assim, se se vende certo número de carros com a mesma quilometragem, os preços para essa quilometragem variarão, conforme ilustra a Figura 14.9.

A análise de regressão supõe que, para cada valor possível de x, há uma distribuição de y's potenciais que segue a lei *normal*. É a chamada distribuição *condicional* (isto é, dado x). A distribuição condicional equivale a uma fina fatia vertical da população tomada em dado valor de x. A média de cada distribuição condicional é igual ao valor médio de y na população para esse particular x: $y = A + Bx$ é estimada por $y_c = a + bx$. Veja a Figura 14.10. Admite-se, além

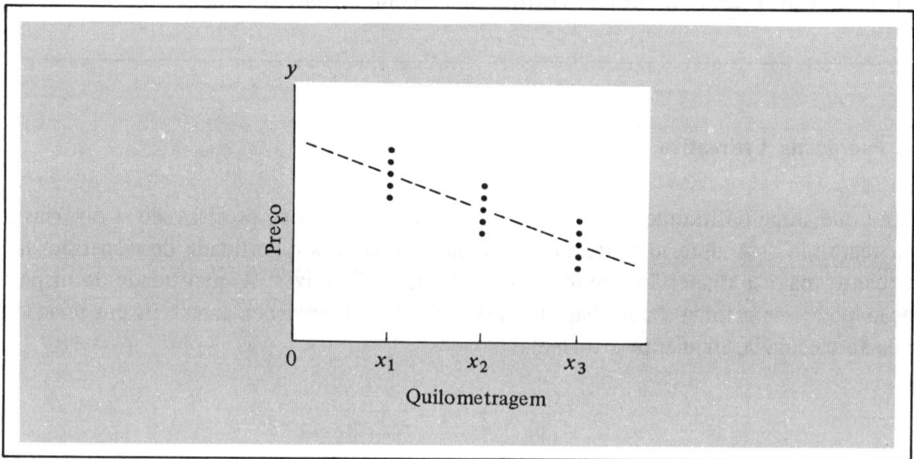

Figura 14.9 Repetidas observações para qualquer valor de x tendem a produzir valores de y ligeiramente diferentes. Exibem-se três x's possíveis.

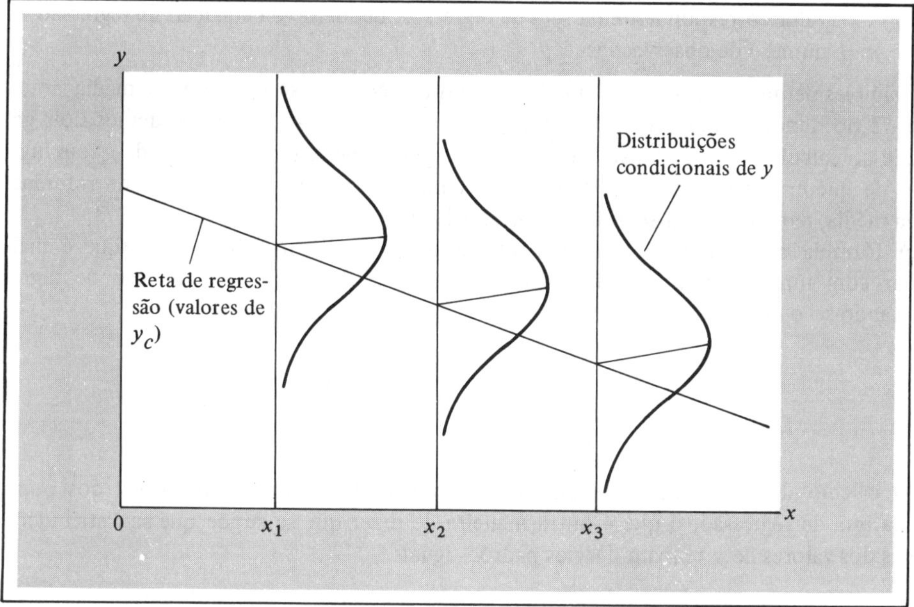

Figura 14.10 A análise de regressão supõe que, para cada valor possível de x, haja uma distribuição normal de y's possíveis. Exibimos três x's possíveis.

disso, que todas as distribuições condicionais tenham o mesmo desvio padrão e que y seja uma variável aleatória (isto é, os x's podem ser pré-selecionados, mas não os y's). Assim, as hipóteses da análise de regressão são as seguintes:

1. Existem dados de mensurações tanto para x como para y.
2. A variável dependente é aleatória.
3. Para cada valor de x há uma distribuição condicional de y's que é normal.
4. Os desvios padrões de todas as distribuições condicionais são iguais.

O Erro Padrão da Estimativa

A questão que surge naturalmente na análise de regressão é: "Quão precisas são as diversas estimativas de regressão?" A determinante principal da precisão é a quantidade de dispersão na população: quanto maior a dispersão, menor a precisão das estimativas. A quantidade de dispersão na população pode ser estimada com base na dispersão das observações amostrais em relação à reta de regressão calculada, mediante a fórmula

$$s_e = \sqrt{\frac{\sum(y_i - y_c)^2}{n-2}}$$

onde

y_i = cada valor de y
y_c = valor correspondente da reta de regressão, deduzido da equação de regressão
n = número de observações

Isto é simplesmente o cálculo de um desvio padrão, com y_c substituindo a média amostral e com $n - 2$ no denominador em lugar de $n - 1$. A razão para $n - 2$ é que perdemos dois graus de liberdade ao calcular as duas constantes a e b na equação de regressão. O uso de y_c em lugar de $\bar{y}$ decorre de querermos usar a reta de regressão como nosso centro, ou ponto de referência, ao invés da média, para medir a *dispersão em relação à reta*.

A fórmula acima não é ordinariamente usada para cálculos efetivos, porque é mais fácil trabalhar com uma fórmula abreviada (obtida substituindo-se y_c pela equação de regressão e completando-se o quadrado):

$$s_e = \sqrt{\frac{\sum y^2 - a\sum y - b\sum xy}{n-2}}$$

O cálculo do erro padrão se baseia na hipótese de dispersão uniforme* dos pontos em torno da reta de regressão, o que é outra maneira de dizer que se supõe que as distribuições condicionais dos valores de y tenham desvios padrões iguais.

* O nome técnico para isso é "homoscedasticidade".

O erro padrão da estimativa para os dados da quilometragem *versus* preço de venda seria calculado como segue:*

$$S_e = \sqrt{\frac{\Sigma y^2 - a\Sigma y - b\Sigma xy}{n-2}}$$

$$= \sqrt{\frac{39.960.000 - 2.934(21.600) - (-38{,}56)(640.000)}{14-2}}$$

$$= \sqrt{\frac{39.960.000 - 63.374.400 + 24.678.400}{12}} = \sqrt{105.333} = 324{,}55$$

Este é o desvio padrão da distribuição de pontos em torno da reta de regressão. Nas páginas seguintes aprenderemos como esta informação pode ser usada para construir intervalos de confiança e para avaliar a aderência da reta.

Inferências sobre o Coeficiente Angular da Reta de Regressão

Mesmo quando há pouco ou nenhum relacionamento entre as variáveis numa população, é ainda possível obter valores amostrais que façam as variáveis parecerem relacionadas. Por exemplo, a Figura 14.11(a) ilustra uma *população* em que x e y são não-relacionados, tal como é evidenciado pela disposição de pontos no gráfico. A Figura 14.11(b) exibe algumas observações *amostrais* possíveis da mesma população. Note-se que parece de fato haver uma relação, pois podemos facilmente imaginar uma reta que se ajustaria aos pontos. O que acontece é que fatores aleatórios na amostragem produziram um "relacionamento" onde nenhum existe.

É, pois, importante testar os resultados de tais cálculos a fim de decidir se são significativos (isto é, se os verdadeiros parâmetros não são nulos). O que queremos é distinguir entre situações em que as variáveis são relacionadas, e situações em que não o são. Se não há relacionamento, é de esperar um coeficiente angular zero. Devemos então testar a hipótese nula

$$H_0: B = 0$$

contra a alternativa

$$H_1: B \neq 0$$

A significância do coeficiente de regressão pode ser testada comparando-o com seu desvio padrão s_b. Isto é, **

$$t = \frac{\text{valor amostral - valor esperado}}{\text{desvio padrão}} = \frac{b-0}{s_b} = \frac{b}{s_b}$$

Se a razão é relativamente pequena, isto tende a implicar que o verdadeiro valor possa efetivamente ser zero, enquanto que se a razão é relativamente grande, a implicação é a contrária.

---

* Utilizando cifras obtidas anteriormente no capítulo. A resposta exata dependerá do grau de arredondamento.

** É possível também testar a hipótese $b = B$; isto é, que o coeficiente angular tenha certo valor. A fórmula para t se escreve então

$$t = \frac{b - B}{s_b}$$

e a alternativa pode ser unilateral ou bilateral.

y

x

(a)

y

x

(b)

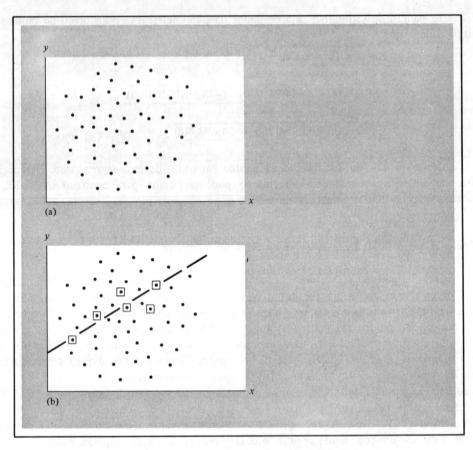

Figura 14.11 (a) Uma população sem relacionamento entre duas variáveis. (b) Observações amostrais hipotéticas da população tornam aparente uma relação.

A Figura 14.12 ilustra esse conceito. A distribuição amostral da diferença relativa é uma distribuição t com $n - 2$ graus de liberdade. Usa-se, assim, o valor crítico obtido de uma tabela t para determinar se o tamanho relativo de b é grande ou pequeno.

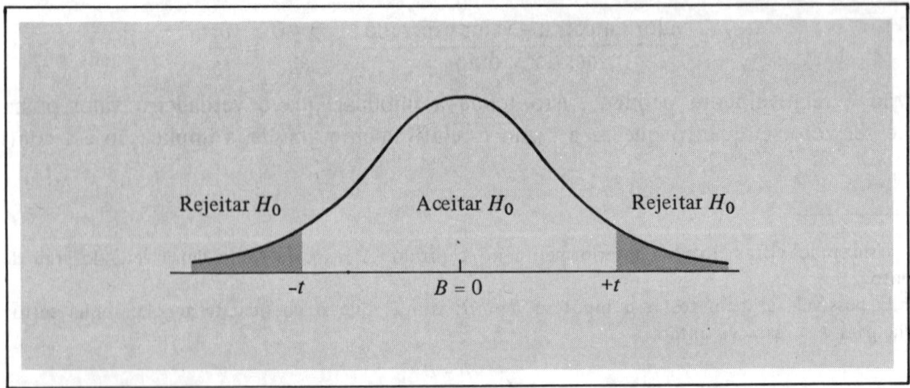

Figura 14.12 O coeficiente angular é diferente de zero se t_{teste} excede $\pm\, t_{\text{tabela}}$.

O desvio padrão da distribuição amostral do coeficiente angular é calculado pela fórmula

$$s_b = s_e \sqrt{\frac{1}{\sum x^2 - [(\sum x)^2/n]}}$$

Para o exemplo da quilometragem, utilizando valores já determinados,

$$s_e = 324{,}55 \qquad \Sigma x^2 = 21.825 \qquad (\Sigma x)^2 = 255.025$$

obtemos

$$s_b = 324{,}55 \sqrt{\frac{1}{21.825 - (255.025/14)}} = 324{,}55 \sqrt{\frac{1}{3608{,}9}} = 5{,}40$$

Usando $b = -38{,}56$ e $n = 14$, a estatística teste é

$$t_{\text{teste}} = \frac{b - 0}{s_b} = \frac{-38{,}56}{5{,}4} = -7{,}14$$

Tal como ilustrado na Figura 14.13, este valor é significante ao nível de 0,01 (com 12 graus de liberdade, $t_{0{,}005} = 3{,}055$). Logo, há alguma relação; o coeficiente angular não é zero. A Tabela 14.3 dá alguns exemplos adicionais de teste de significância.

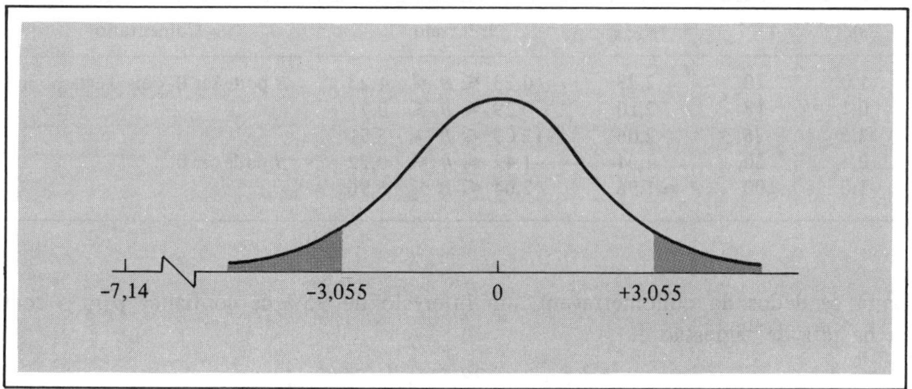

Figura 14.13 Conclui-se que o coeficiente angular não é zero.

Tabela 14.3 Exemplos de Testes de Significância para o Coeficiente Angular de uma Reta

Dado			Calcular	Da tabela t	Decisão
b	s_b	$n-2$	b/s_b	$t_{0{,}025}$	Conclusão
2,0	1,0	10	2,0	2,23	Aceitar H_0
0,5	0,1	18	5,0	2,10	Rejeitar H_0
-9,0	1,5	25	-6,0	2,06	Rejeitar H_0
-0,6	0,4	30	-1,5	2,04	Aceitar H_0
4,0	1,0	100	4,0	$\approx$1,96	Rejeitar H_0

Nota: H_0: $B = 0$ e H_1: $B \neq 0$.

Pode ser mais informativo estabelecer um intervalo de confiança para o verdadeiro valor de B do que simplesmente testar a significância de b. Isto é, o teste pode indicar que o verdadeiro valor provavelmente não é zero. A pergunta natural é, então, "Qual *é* o verdadeiro valor?" Isso nos leva de volta ao intervalo de confiança para B. O intervalo de confiança é $b \pm ts_b$, ou, alternativamente,

$$b - ts_b \leqslant B \leqslant b + ts_b$$

Na realidade, o intervalo de confiança atende a uma finalidade dupla. A saber, indica o intervalo provável em que o verdadeiro valor pode estar, mas também pode ser usado para testar a significância de um coeficiente angular amostral. Por exemplo, se um intervalo de confiança para B inclui o zero, isso equivaleria a um teste de significância em que H_0: $B = 0$ não pudesse ser rejeitada. Se H_0 especifica algum valor diferente de zero, e este valor está incluído no intervalo de confiança, então a alegação não pode ser rejeitada. A razão principal para considerarmos o teste de significância para o coeficiente angular é ser esse teste típico da análise de regressão num computador.

A Tabela 14.4 exibe alguns exemplos com intervalos de confiança de 95% que usam os dados da Tabela 14.3. Note-se que para intervalos que abrangem $B = 0$, nosso teste de significância anterior indica que deveríamos aceitar H_0.

Tabela 14.4 Intervalos de Confiança de 95% para o Coeficiente Angular de uma Reta de Regressão

b	s_b	$n - 2$	$t_{0,025}$	Intervalo	Comentário
2,0	1,0	10	2,23	$0,23 \leqslant B \leqslant 4,23$	B pode ser 0, pois 0 está no intervalo
0,5	0,1	18	2,10	$0,29 \leqslant B \leqslant 0,71$	
-9,0	1,5	25	2,06	$-12,09 \leqslant B \leqslant -5,91$	
-0,6	0,4	30	2,04	$-1,42 \leqslant B \leqslant 0,22$	B pode ser 0
4,0	1,0	100	$\approx 1,96$	$2,04 \leqslant B \leqslant 5,96$	

Para os dados da quilometragem, um intervalo de 95% de confiança para o coeficiente angular da reta de regressão é

$$b \pm ts_b = -38,56 \pm 2,179(5,4)$$

ou

$$-26,79 \text{ a } -50,33$$

O Coeficiente de Determinação, r^2

Uma medida útil, associada à reta de regressão, é o grau em que as predições baseadas na equação de regressão superam as predições baseadas em $\bar{y}$. Isto é, se as predições baseadas na reta não são melhores que as baseadas no valor médio de y, então não adianta dispormos de uma equação de regressão. Um teste de significância para B indicará se o coeficiente angular é, ou não, diferente de zero, mas é difícil traduzir isto numa medida que reflita até que ponto os valores de y estão relacionados com os de x. Por outro lado, o coeficiente de determinação, r^2, está diretamente relacionado ao assunto. Consideremos, por exemplo, a dispersão de pontos na Figura 14.14(a) em torno de $\bar{y}$, em oposição à dispersão (vertical) de pontos em torno da reta de regressão tal como ilustra a Figura 14.14(b). Se a dispersão (erro) associada à reta é muito menor que a dispersão (erro)

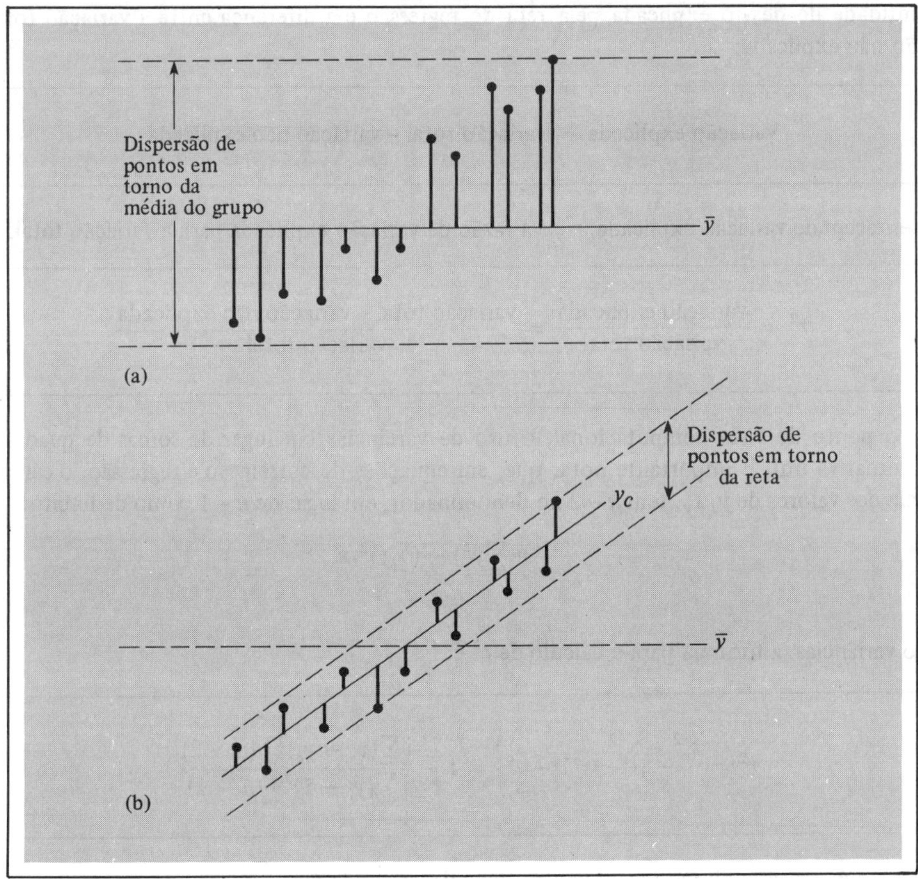

Figura 14.14 Comparação da dispersão de y's em torno da reta de regressão com a dispersão de y's em torno de $\bar{y}$, indicando até que ponto as predições baseadas na reta são superiores às baseadas em $\bar{y}$.

associada a $\bar{y}$, as predições baseadas na reta serão melhores que as baseadas em $\bar{y}$. A variação de pontos em torno de $\bar{y}$ é chamada variação *total* e se calcula como uma soma de desvios elevados ao quadrado:

$$\text{variação total} = \sum(y_i - \bar{y})^2$$

Os desvios verticais dos y_i's em relação à reta de regressão chamam-se "variação não-explicada", porque não podem ser explicadas somente pelo valor de x (isto é, *ainda* há uma dispersão mesmo depois de se levar em conta a reta). A variação não-explicada se calcula como a soma de quadrados de desvios em relação à reta:

$$\text{variação não-explicada} = \sum(y_i - y_c)^2$$

A quantidade de desvio explicada pela reta de regressão é a diferença entre a variação total e a variação não-explicada:

$$\text{variação explicada} = \text{variação total} - \text{variação não-explicada}$$

A percentagem de variação explicada, r^2, é a razão da variação explicada para a variação total:

$$r^2 = \frac{\text{variação explicada}}{\text{variação total}} = \frac{\text{variação total} - \text{variação não-explicada}}{\text{variação total}}$$

Do ponto de vista computacional, o uso de variâncias em lugar de somas de quadrados é uma alternativa útil. É importante notar que, em equações de correlação e regressão, o cálculo da variância dos valores de y, s_y, tem $n - 2$ no denominador, em lugar de $n - 1$ como de hábito:

$$s_y{}^2 = \frac{n(\sum y^2) - (\sum y)^2/n}{n - 2}$$

Usando variâncias, a fórmula para o cálculo de r^2 é:

$$r^2 = \frac{s_y{}^2 - s_e{}^2}{s_y{}^2} = 1 - \frac{s_e{}^2}{s_y{}^2} = 1 - \frac{[\sum(y_i - y_c)^2]/(n-2)}{[\sum(y_i - \bar{y})^2]/(n-2)}$$

Para o exemplo quilometragem *versus* preço de venda, temos:

$$s_y^2 = \frac{39.960.000 - 21.600^2/14}{14 - 2} = 552.857,1$$

$$r^2 = 1 - \frac{s_e^2}{s_y^2} = 1 - \frac{(324,55)^2}{552.857,1} = 0,81$$

O valor de r^2 pode variar de 0 a 1. Quando a variação não-explicada constitui uma grande percentagem da variação total (isto é, a variação explicada é uma percentagem pequena), r^2 será pequeno. Inversamente, quando a dispersão em torno da reta de regressão é pequena em relação à variação total dos valores de y em torno de sua média, isto significa que a variação explicada responde por uma grande percentagem da variação total, e r^2 estará muito mais próximo de 1,00.

Logo, o fato de ser $r^2 = 0,81$ em nosso exemplo indica que aproximadamente 81% da *variação* no preço de venda de carros 1975 estão relacionados com a variação na quilometragem rodada. Em outras palavras, 19% da variação não são explicados pela quilometragem. Isso significa que as predições baseadas na equação de regressão se aproximarão satisfatoriamente dos preços efetivos. Assim, o fato de r^2 não estar próximo de zero sugere que a equação é melhor que a média $\bar{y}$ como preditor. O problema aqui não parece ser o de usar uma equação linear quando talvez uma equação não-linear se ajustasse melhor, pois esse ponto já foi verificado antes de iniciar os cálculos. O que parece mais razoável supor é que outras variáveis não incluídas no estudo sejam importantes. Quando se analisam mais de duas variáveis usando técnicas de regressão, usa-se a expressão "análise de regressão múltipla". Mais adiante abordaremos rapidamente esse tópico.

Análise da Variância para Regressão Simples*

A significância da reta de regressão pode ser testada usando-se as técnicas da análise de regressão. O leitor se recordará de que o teste F é válido desde que se possa supor que as k amostras *independentes* foram extraídas de populações normais com variâncias iguais (homoscedasticidade). Fazemos então essa suposição e testamos a *independência* entre as k (= 2) variáveis.

A forma do teste F é:

$$F = \frac{\text{estimativa "entre" da variância}}{\text{estimativa "dentro" da variância}}$$

Em termos de análise de regressão,

$$F = \frac{\sum(y_c - \bar{y})^2/1}{\sum(y_i - y_c)^2/(n-2)}$$

ou

$$F = \frac{(\text{soma de quadrados "entre"})/1}{(\text{soma de quadrados "dentro"})/(n-2)}$$

Note-se que a soma total de quadrados é igual à soma de quadrados "entre" mais a soma de quadrados "dentro" (SQE + SQD). Ordinariamente, as quantidades SQT e SQD se obtêm facilmente, obtendo-se por subtração SQE. Assim, para o exemplo quilometragem *versus* preço de venda, temos

$$\text{SQE} = 6.634.286{,}9 - 1.263.992 = 5.370.295$$

e

$$F = \frac{5.370.295/1}{1.263.992/12} = 50{,}98$$

Os cálculos estão resumidos na Tabela 14.5 e os resultados ilustrados na Figura 14.15. Como o

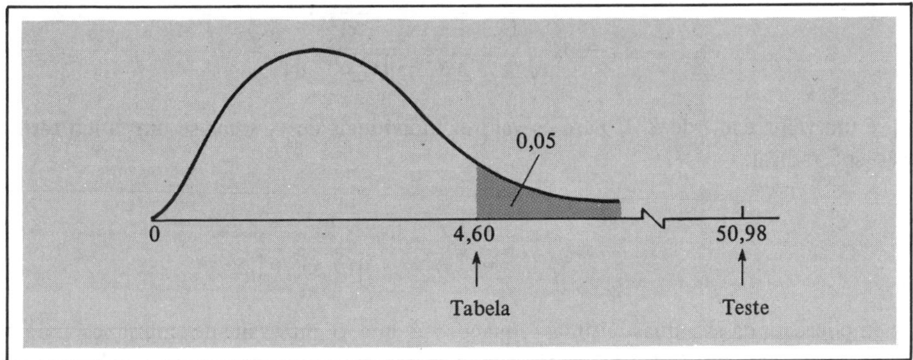

Figura 14.15 Rejeita-se H_0; há um relacionamento.

* Esta seção pode ser omitida sem prejuízo da continuidade.

valor tabulado de F (nível 0,05, 1 g.l. no numerador e 12 g.l. no denominador) é muito menor que o valor calculado, rejeita-se a hipótese de nulidade, conforme ilustra a Figura 14.15.

Vale notar que o valor de teste de F é exatamente igual ao quadrado do valor encontrado quando testamos a significância do coeficiente angular da reta [isto é, $t = -7{,}14$, $t^2 = (-7{,}14)^2 = 50{,}98$]. Isto não é mera coincidência. O teste F com 1 grau de liberdade no numerador é igual a um teste t.

Tabela 14.5 Resumo dos Cálculos da Análise da Variância para o Exemplo da Quilometragem *Versus* Preço de Venda

Fonte de variação	Soma de quadrados	Graus de liberdade	Quadrado médio
reta de regressão (entre)	$SQE = \Sigma(y_c - \bar{y})^2 = 5.370.295$	1	$\Sigma(y_c - \bar{y})^2/1 = 5.370.295$
erro (dentro)	$SQD = \Sigma(y_i - y_c)^2 = 1.263.992$	$n - 2 = 12$	$\Sigma(y_i - y_c)^2/(n-2) = s_e^2 = 105.333$
total	$SQT = \Sigma(y_i - \bar{y})^2 = 6.634.286{,}9$	$n - 1 = 13$	$s_y^2 = 510.330$

$$F = \frac{\text{quadrado médio (entre)}}{\text{quadrado médio (dentro)}} = \frac{5.370.295}{105.333} = 50{,}98$$

Intervalos de Predição para Análise de Regressão

O valor predito de y, obtido da equação de regressão para um valor específico de x, pode ser encarado de duas maneiras. Pode-se referir ao valor *médio* de y para um dado x, ou então pode referir-se a um valor individual esperado de y. Em ambos os casos o valor é o mesmo, mas o intervalo de confiança para a predição depende do ponto de vista adotado. Por exemplo, a associação local de vendedores de automóveis pode querer estimar o preço *médio* de venda de um carro com 18.000 milhas; um vendedor em particular pode querer estimar o preço que ele espera receber por um automóvel *determinado*.

Os intervalos de confiança para essas predições se baseiam no desvio padrão de suas respectivas quantidades. Para o valor médio de y, o desvio padrão de y_c é

$$s_{y_c} = s_e \sqrt{\frac{1}{n} + \frac{(x_g - \bar{x})^2}{\sum x^2 - [(\sum x)^2/n]}}$$

onde x_g é um valor dado de x. E para os valores individuais de y, soma-se um único termo, 1, à expressão sob radical:

$$s_{y_i} = s_e \sqrt{1 + \frac{1}{n} + \frac{(x_g - \bar{x})^2}{\sum x^2 - [(\sum x)^2/n]}}$$

A implicação dessas duas últimas equações é que o intervalo de confiança para valores individuais de y para um dado x é ligeiramente maior que o intervalo para o valor médio de y. Os valores individuais são análogos a uma *população* de valores, enquanto que os valores médios são análogos a uma *distribuição amostral de médias* daquela população. Este último sempre tenderá a ter um desvio padrão menor que o desvio padrão da população.

Como é visível, das fórmulas do desvio padrão, que a amplitude dos intervalos de confiança para y_c e y_i é diferente para diferentes valores de x_g, é necessário escolher algum valor de x_g para fins de ilustração. Suponha-se que queiramos intervalos de confiança para $x = 20$ (isto é, 20.000) milhas. Então, $x_g = 20$. Lembremos também que $\bar{x} = 505/14 = 36{,}07$. Os erros padrões são

$$s_{y_c} = 324{,}55\sqrt{\frac{1}{14} + \frac{(x_g - \bar{x})^2}{3608{,}9}} = 324{,}55\sqrt{0{,}071 + \frac{258{,}25}{3608{,}9}}$$

$$= 324{,}55\sqrt{0{,}071 + 0{,}072} = 324{,}55\sqrt{0{,}143} = 324{,}55(0{,}378) = 122{,}68$$

$$s_{y_i} = 324{,}55(1{,}069) = 346{,}98$$

Em resumo, podemos computar desvios padrões para o valor médio de y para um dado valor de x e para o valor individual de y para aquele mesmo x. Usando $x = 20$, temos:

y médio quando $x = 20$: $s_{y_c} = 122{,}68$
y individual quando $x = 20$: $s_{y_i} = 346{,}98$
y_c quando $x = 20$: $y_c = 2934 - 38{,}56(20) = 2163$
$t_{0,025}$ com $n - 2 = 12$ g.l.: 2,179

Os intervalos de 95% de confiança correspondentes são

y médio: $y_c \pm ts_{y_c} = 2163 \pm 2{,}179(122{,}68)$ ou \$1896 a \$2430
y individual: $y_i \pm ts_{y_i} = 2163 \pm 2{,}179(346{,}98)$ ou \$1407 a \$2919

Se pudéssemos calcular intervalos de confiança para todos os valores possíveis de x, o resultado seria um par de *faixas de confiança* em torno da reta de regressão, tal como ilustra a Figura 14.16. Note-se que as faixas (e, portanto, os intervalos de confiança) são mais estreitas quando $x_g = \bar{x}$, e que eles se vão alargando progressivamente à medida que aumenta a distância de x_g em relação à média.

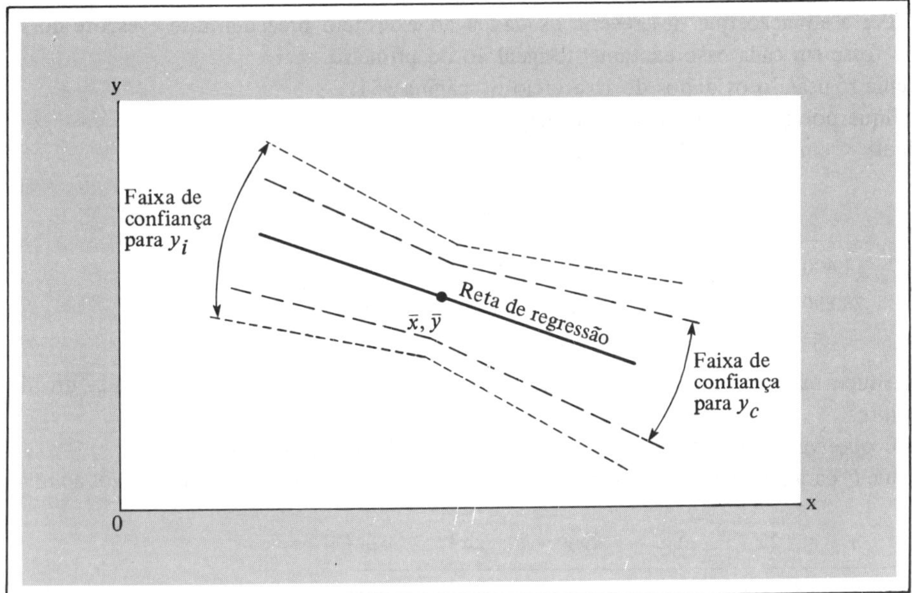

Figura 14.16 As faixas de confiança para y_i e $\bar{y}$ para um dado x aumentam à medida que aumenta a distância em relação a $\bar{x}$.

EXERCÍCIOS

1. Determine quais coeficientes angulares para os dados abaixo são significativos ao nível de 0,05.

	a.	b.	c.	d.	e.	f.
b	4	-0,15	1,2	0,6	-212	0,015
s_b	1	0,10	0,6	0,2	38	0,001
n	12	20	25	31	50	100

2. Determine intervalos de 99% de confiança para cada um dos seguintes coeficientes de regressão e indique quais coeficientes são significativos:

	a.	b.	c.	d.	e.
b	8,2	0,13	5,213	145	-7,1
s_b	4,1	0,04	1,50	40	3,0
n	50	30	20	66	9

3. Use os dados abaixo para o seguinte:
   a. Calcule a equação de regressão.
   b. Calcule s_e e depois s_b.
   c. Determine se b é significativo usando um intervalo de confiança com $\alpha = 0{,}05$.

Escores dos testes	*A*	*B*	*C*	*D*	*E*	*F*	*G*	*H*	*I*	*J*	Totais
1º teste	80	95	88	98	94	74	81	86	90	69	855
2º teste	78	90	85	98	90	76	80	78	89	62	826

4. Escreva a equação que descreveria os dados do exercício precedente se o escore do segundo teste fosse em cada caso exatamente igual ao do primeiro.
5. Calcule r^2 usando os dados do Exercício 8, página 351.
6. Explique por que r^2 nunca pode ser negativo.
7. Calcule r^2 em cada um dos casos seguintes:

	a.	b.	c.	d.	e.
s_e^2	14.400	14.400	2.025	2.025	606
s_y^2	28.800	57.600	2.500	2.200	6.060

8. Determine os graus de liberdade para a avaliação "entre" e "dentro" em cada um dos casos seguintes:
   a. 40 observações emparelhadas b. 23 observações emparelhadas
9. Calcule F para cada um dos casos abaixo e determine quais valores são significativos ao nível 0,01.

	n	Σx	Σy	Σxy	Σx^2	Σy^2
a	25	60	52	200	400	592
b	50	15	20	146	204,5	400
c	100	+20	25	-3,5	5	125

10. Use a análise da variância para analisar as estatísticas (a) a (e) do Exercício 7, utilizando $\alpha = 0{,}05$ e $n = 42$. Suponha $n - 1$ para calcular s_y^2.
11. Use a seguinte informação para os cálculos:

$$y_c = 13 + 2x \qquad s_e = 3 \qquad n = 10$$
$$\Sigma x = 40 \qquad \Sigma x^2 = 600$$

   a. Determine um intervalo de 95% de confiança para o valor médio (esperado) de y, se x_g é:
      (1) 1,0 (2) 4,0 (3) 8,0
   b. Calcule um intervalo de 95% de confiança para um valor individual de y quando x_g é:
      (1) 1,0 (2) 4,0 (3) 8,0
12. Quando x_g é igual a 0, o intervalo de confiança resultante para a média de y coincide com o intervalo para o intercepto-y, a.
   a. Determine um intervalo de 95% de confiança para a no Exercício 11.
   b. Obtenha intervalos de 95% e de 99% de confiança para a para o exemplo da página 347.

ANÁLISE DE REGRESSÃO LINEAR MÚLTIPLA

A regressão múltipla envolve três ou mais variáveis. Há ainda uma única variável dependente, porém duas ou mais variáveis independentes (explanatórias). A teoria é uma extensão da análise de regressão linear simples. Novamente aqui, a análise tem por objetivo estabelecer uma equação que possa ser usada para predizer valores de y para valores dados das diversas variáveis independentes. A finalidade das variáveis independentes adicionais é melhorar a capacidade de predição em confronto com a regressão linear simples. A técnica de cálculo, entretanto, é bastante complicada, e ultrapassa o âmbito do presente livro. Portanto, limitar-nos-emos a descrever rapidamente a análise de regressão múltipla.

Utilizam-se as técnicas dos mínimos quadrados para obter a equação de regressão, embora, do ponto de vista prático, sejam convenientes soluções por computador, devido ao fato de tais cálculos serem laboriosos mesmo para problemas de vulto moderado. A equação de regressão tem a forma

$$y_c = a + b_1x_1 + b_2x_2 + \cdots + b_kx_k$$

onde

a = intercepto-y
b_i = coeficientes angulares
k = número de variáveis independentes

Enquanto uma regressão simples de duas variáveis resulta na equação de uma *reta*, um problema de três variáveis implica um *plano*, e um problema de k variáveis implica um *hiperplano*. O hiperplano de k variáveis não se presta a uma representação gráfica, mas como o plano de três variáveis admite tal representação, e porque os *conceitos* são idênticos, focalizaremos aqui o problema de três variáveis.

A Figura 14.17 ilustra um *plano* de regressão.* Os dados pontuais se apresentariam dispersos em torno do plano, ao invés de em redor de uma reta de regressão. Aqui também, quanto menor a dispersão, melhor a aderência e, assim, maior a precisão nas predições.

---

* O leitor pode ter a idéia de um plano de regressão utilizando um livro para representá-lo, e imaginando todas as posições que ele pode assumir, digamos, em relação a um canto da sala.

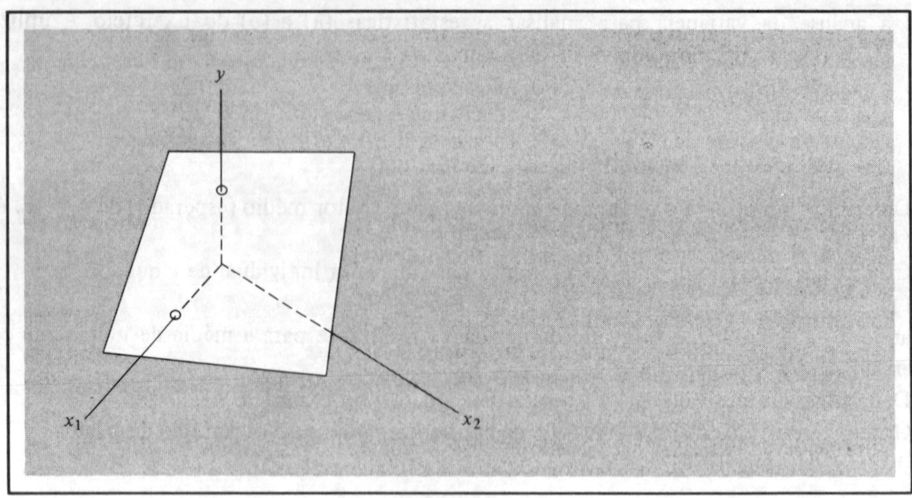

Figura 14.17 Quando um problema envolve duas variáveis independentes e uma variável dependente, o resultado é um plano de regressão, em vez de uma reta de regressão.

Conquanto, em muitas situações, uma regressão linear simples dê uma equação preditora satisfatória, vimos, ao estimar os preços de venda de automóveis com base na quilometragem apenas, que uma única variável independente não era satisfatória. Se estamos razoavelmente seguros de que a relação não é curvilínea, o próximo passo então será procurar variáveis adicionais que possam influir no preço de venda. A condição geral da carroceria é provavelmente um fator importante, embora difícil de quantificar. Uma forma de contornar o problema seria estabelecer uma escala em que se atribuísse a cada carro um número de dois algarismos de 0 a 1 (p. ex., 0,65), com o escore 1 representando um carro em perfeitas condições, e 0 um carro em péssimas condições.

A equação resultante seria

$$y_c = 2900 - 40x_1 + 800x_2$$

onde

$$x_1 = \text{quilometragem}$$
$$x_2 = \text{classificação da carroceria}$$

Podemos usar essa equação para estimar o preço de venda de um carro com 20.000 milhas, e com uma classificação de 0,80 para a carroceria:

$$y_c = 2900 - 40(20) + 800(0{,}80) = \$2.540$$

Antes de utilizar efetivamente a equação, conviria considerar a dispersão em torno do plano de regressão, avaliada da mesma maneira que no caso da regressão simples.

A Tabela 14.6 dá alguns outros exemplos em que múltiplas variáveis independentes podem proporcionar melhores estimativas do que variáveis independentes únicas.

Um problema que surge freqüentemente na análise de regressão múltipla é como escolher entre as muitas variáveis explanatórias possíveis que poderiam ser usadas. O ideal é obter o mais alto relacionamento explanatório com o mínimo de variáveis independentes, sobretudo em virtude do custo na obtenção de dados para muitas variáveis e também pela necessidade de observações adicionais para compensar a perda de graus de liberdade decorrente da introdução de mais

Tabela 14.6 Exemplo de Situações em que é Conveniente a Regressão Múltipla

Variável dependente	Possíveis variáveis preditoras (independentes)
safra	quantidade de fertilizante, chuva, tipo do solo
salário anual	anos de serviço, escolaridade
dureza do aço	tempo de endurecimento, conteúdo de carbono, taxa de resfriamento
força de compressão do concreto	composição, tempo de curagem, temperatura média de curagem
distância de freagem de um carro	velocidade, coeficiente de atrito da estrada e dos pneus, tempo de reação
volume de vendas	gasto com propaganda, preço
procura pela carne de galinha	preço do bife, preço da carne de porco, preço do frango

variáveis independentes. A técnica de regressão *passo a passo*, amplamente utilizada em computação, acrescenta variáveis à equação de regressão uma de cada vez, começando com a variável de maior força preditora. As restantes variáveis são então introduzidas, uma de cada vez, sempre começando pela mais forte. A cada passo indicam-se a equação revisada e o valor de r^2. Isto permite ao analista estabelecer uma compensação entre o acréscimo de novas variáveis para melhorar o grau de predição e o custo e trabalho adicionais necessários.

EXERCÍCIOS

1. Dada a equação de regressão múltipla, $y_c = -420 + 50x_1 + 2{,}5x_2$, determine y_c para:
   a. $x_1 = 15,\ x_2 = 3000$
   b. $x_1 = 10,\ x_2 - 2000$
   c. $x_1 = 20,\ x_2 = 1000$
2. Dada a equação de regressão múltipla, $y_c = 0{,}40 + 3x_1 - 2x_2 - x_3$, determine y_c para:
   a. $x_1 = 1,\quad x_2 = 0{,}5,\ x_3 = 1{,}4$
   b. $x_1 = 0{,}6,\ x_2 = 0{,}4,\ x_3 = 2$
   c. $x_1 = 0,\quad x_2 = 0,\quad x_3 = 0$

ANÁLISE DE CORRELAÇÃO

O objetivo do estudo correlacional é a determinação da força do relacionamento entre duas observações emparelhadas. O termo "correlação" significa literalmente "co-relacionamento", pois indica até que ponto os valores de uma variável estão relacionados com os de outra. Há muitos casos em que pode existir um relacionamento entre duas variáveis. Consideremos, por exemplo, questões como estas:

1. A idade e a resistência física estão correlacionadas?
2. Pessoas de maior renda tendem a apresentar melhor escolaridade?
3. O sucesso num emprego pode ser predito com base no resultado de testes?
4. A temperatura parece influenciar a taxa de criminalidade?
5. Estudantes com maior capacidade de leitura tendem a obter melhores resultados em cursos de matemática?

Problemas como esses se prestam à análise de correlação. O resultado de tal análise é um coeficiente de correlação – um valor que quantifica o grau de correlação. Nas páginas que seguem, o leitor aprenderá (1) as características importantes dos coeficientes correlacionais, (2) processos computacionais, e (3) como usar tais coeficientes para fazer inferências sobre relações numa população. Consideraremos três técnicas de correlação: uma para mensuração de dados, uma para dados por postos, e uma para classificações nominais.

DADOS CONTÍNUOS: O COEFICIENTE *r* DE PEARSON

A forma mais comum de análise de correlação envolve dados contínuos. O grau de relacionamento entre duas variáveis contínuas é sintetizado por um coeficiente de correlação conhecido como "*r de Pearson*", em homenagem ao grande matemático Karl Pearson, que desenvolveu a técnica. Essa técnica só é válida se pudermos levantar certas hipóteses um tanto rígidas. As hipóteses são:

1. Tanto x como y são variáveis *aleatórias* contínuas. Isto é, ao contrário da análise de regressão, não se aceita selecionar certos valores de x e depois avaliar y: *tanto y como x* devem variar livremente (isto é, ser considerados "como são").
2. A distribuição de freqüência conjunta (isto é, a distribuição de valores dos pares x, y) é normal. É o que se chama *distribuição normal bivariada* e acha-se ilustrada na Figura 14.18.

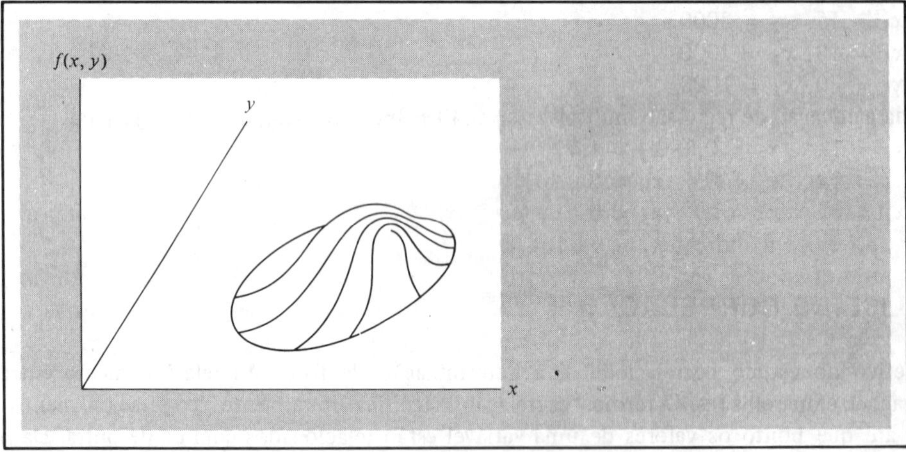

Figura 14.18 A análise de correlação supõe que x e y tenham uma distribuição conjunta de freqüência que é normal.

Características de *r*

O coeficiente de correlação tem duas propriedades que caracterizam a natureza de uma relação entre duas variáveis. Uma é o seu sinal (+ ou -) e a outra é sua magnitude. O sinal é o mesmo que o do coeficiente angular de uma reta imaginária que se "ajustasse" aos dados se fosse traçada num diagrama de dispersão, e a magnitude de r indica quão próximos da "reta" estão os pontos individuais. Por exemplo, valores de r próximos de $-1{,}00$ ou $+1{,}00$ indicam que os valores estão muito próximos da reta, ou mesmo sobre a reta, enquanto que os valores mais próximos do 0 sugerem maior dispersão. A Figura 14.9 ilustra esses conceitos.

Mais precisamente, podemos dizer:

1. O valor de r varia de $-1{,}00$ a $+1{,}00$: $-1{,}00 \leqslant r \leqslant 1{,}00$.
2. Um relacionamento *positivo* (r é +) entre duas variáveis indica que a valores altos (baixos) de uma das variáveis, correspondem valores altos (baixos) da outra.
3. Um relacionamento *negativo* (r é -) significa que a valores altos (baixos) de uma variável correspondem valores baixos (altos) da outra.
4. Um relacionamento *zero* ($r \approx 0$) indica que alguns valores altos estão em correspondência com valores baixos e outros estão em correspondência com valores altos.
5. O sinal de r é sempre o mesmo sinal de b, o coeficiente angular de uma reta imaginária ajustada aos dados. Note-se que *não* é necessário calcular essa reta.

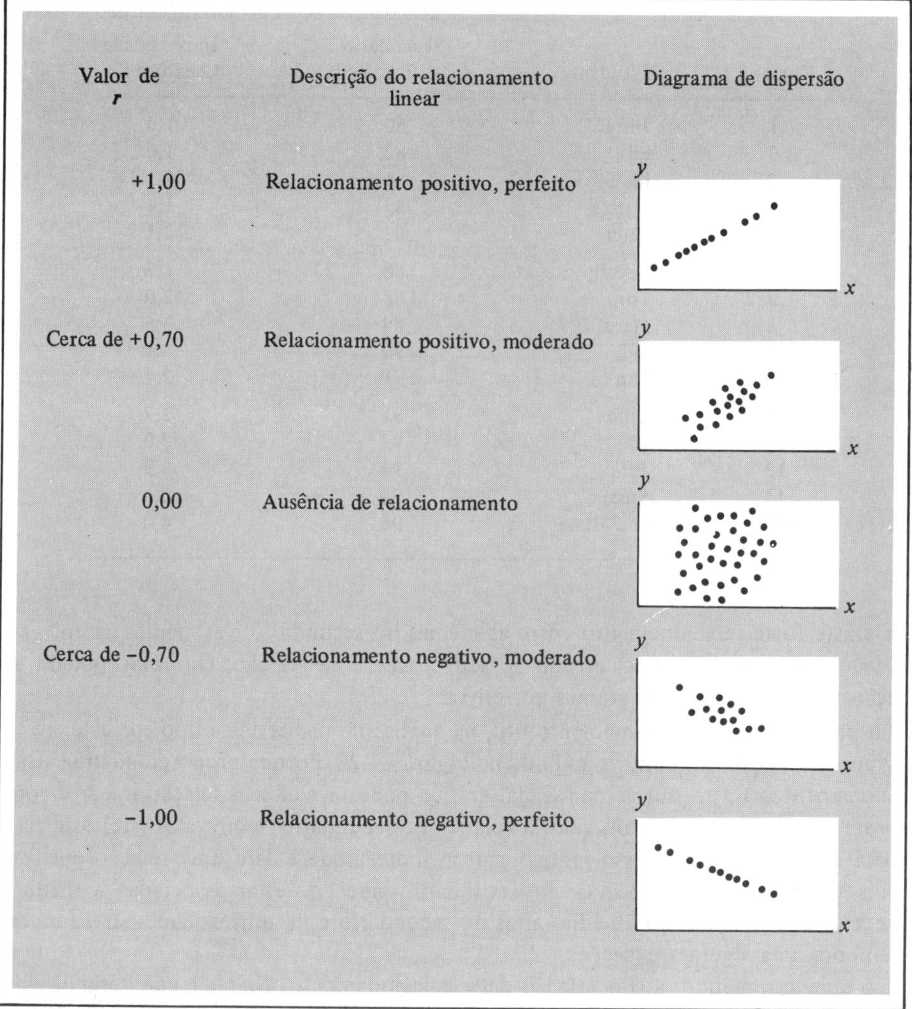

Figura 14.19 Vários diagramas de dispersão e os valores correspondentes do coeficiente de correlação.

Correlação Momento-Produto: Conceituação

O termo "momento-produto" descreve a maneira em que se combinam dados emparelhados para obter o coeficiente de correlação. Para demonstrar o conceito, consideremos o seguinte exemplo hipotético. Suponha-se que estejamos interessados em saber se o desempenho do estudante na universidade está relacionado com seu desempenho no curso secundário. Parece razoável que os estudantes obtenham na universidade aproximadamente as mesmas notas que obtiveram no curso secundário. Para avaliar isto, imaginemos 15 universitários escolhidos aleatoriamente numa grande universidade, e comparemos suas médias na universidade e no secundário. Os dados se apresentariam como os exibidos na Tabela 14.7.

Tabela 14.7 Dados Hipotéticos – Médias de 15 Estudantes no Curso Secundário e na Universidade

Número	Estudante	Secundário Classificação (%)	Universidade Classificação
1	Jim C.	80	1,0
2	Ed	82	1,0
3	Karen	84	2,1
4	Marcia	85	1,4
5	Peter	87	2,1
6	Beverly	88	1,7
7	Tom	88	2,0
8	Marc	89	3,5
9	Sid	90	3,1
10	Jim L.	91	2,4
11	Linda	91	2,7
12	Al	92	3,0
13	John	94	3,9
14	Susan	96	3,6
15	Ann Marie	98	4,0

Se existe forte relacionamento entre as médias no secundário e as médias na universidade, a universidade pode incorporar tal estudo ao seu processo de seleção. Ou então poderá utilizar a informação para estabelecer programas corretivos.

Um primeiro passo, extremamente útil, na análise de dados desse tipo consiste em construir um diagrama de dispersão, como o exibido na Figura 14.20, porque proporciona uma visualização do relacionamento. Entre outras coisas, tal gráfico pode revelar se a relação linear é concebível. Constrói-se o gráfico tomando um valor x (classif. no secundário) e um valor y (classif. na universidade) para cada estudante. Nosso gráfico parece indicar que existe uma relação positiva moderada, pois em geral médias baixas no secundário parecem estar associadas a médias baixas na universidade, enquanto que médias altas no secundário e na universidade parecem corresponder-se, embora haja algumas exceções.

Não é de surpreender a constatação desse relacionamento. Na realidade, seria de esperar um relacionamento ainda mais forte. Detenhamo-nos, pois, por um momento, para refletir por que não há um relacionamento positivo *perfeito*. Entre as explicações mais plausíveis estão as seguintes:

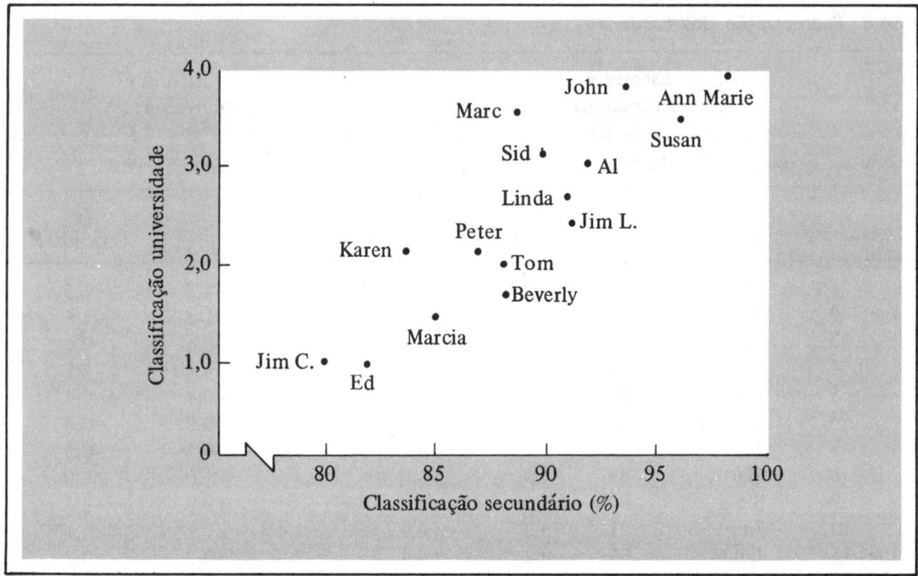

Figura 14.20 Diagrama de dispersão das classificações de 15 estudantes no secundário e na universidade.

1. Os estudantes quase certamente provêm de diferentes cursos secundários, com diferentes critérios de avaliação.
2. A motivação e a capacidade podem modificar-se com o decorrer do tempo.
3. Os programas universitários diferem, tanto na dificuldade como nos critérios de avaliação.
4. Há, sem dúvida, alguma variação aleatória.

É prudente construir um diagrama de dispersão dos dados sempre que for possível. A visualização é especialmente útil na exploração dos dados. Não obstante, a menos que haja perfeito relacionamento entre as duas variáveis, é necessário apelar para os métodos de cálculo, a fim de obter uma estatística que *sintetize* o grau do relacionamento.

Nosso objetivo é saber se a situação relativa de um estudante num grupo está relacionada com sua situação relativa no outro grupo de escores. É possível medir a posição relativa de qualquer escore num grupo de escores em termos da média e do desvio padrão do grupo. Isto é, subtraindo-se a média do grupo e dividindo-se pelo desvio padrão do grupo, obtemos a posição de cada valor em relação aos outros valores do grupo. Isto, na realidade, padroniza os escores e tem a propriedade de tornar comparáveis os grupos de escores, mesmo que as médias ou desvios padrões grupais sejam diferentes. A Tabela 14.8 ilustra o processo de padronização para nossos dois conjuntos de escores.

Esses escores padronizados podem agora ser usados para determinar uma cifra que meça a situação combinada (isto é, posição relativa em *ambos* os grupos), calculando-se o produto dos dois escores padronizados para cada estudante. Por exemplo, se existe um relacionamento positivo entre os dois conjuntos de escores, então escores elevados serão emparelhados com escores elevados, e escores baixos com escores baixos. Além disso, o produto desses pares refletirá um relacionamento positivo, pois eles tendem a ser positivos. Se há um relacionamento negativo, o emparelhamento se dará entre escores altos e baixos, dando produtos negativos. Tudo isso pode ser visto na Figura 14.21.

Tabela 14.8 Padronização dos Escores

		Escores x (secundário) $\bar{x} = 89$ $s_x = 5$			Escores y (universidade) $\bar{y} = 2,5$ $s_y = 1,0$		
Número	Estudante	x_i	$(x_i - \bar{x})$	z_x $(x_i - \bar{x})/s_x$	y_i	$(y_i - \bar{y})$	z_y $(y_i - \bar{y})/s_y$
1	Jim C.	80	-9	-1,8	1,0	-1,5	-1,5
2	Ed	82	-7	-1,4	1,0	-1,5	-1,5
3	Karen	84	-5	-1,0	2,1	-0,4	-0,4
4	Marcia	85	-4	-0,8	1,4	-1,1	-1,1
5	Peter	87	-2	-0,4	2,1	-0,4	-0,4
6	Beverly	88	-1	-0,2	1,7	-0,8	-0,8
7	Tom	88	-1	-0,2	2,0	-0,5	-0,5
8	Marc	89	0	0	3,5	+1,0	+1,0
9	Sid	90	+1	+0,2	3,1	+0,6	+0,6
10	Jim L.	91	+2	+0,4	2,4	-0,1	-0,1
11	Linda	91	+2	+0,4	2,7	+0,2	+0,2
12	Al	92	+3	+0,6	3,0	+0,5	+0,5
13	John	94	+5	+1,0	3,9	+1,4	+1,4
14	Susan	96	+7	+1,4	3,6	+1,1	+1,1
15	Ann Marie	98	+9	+1,8	4,0	+1,5	+1,5
			0			0	

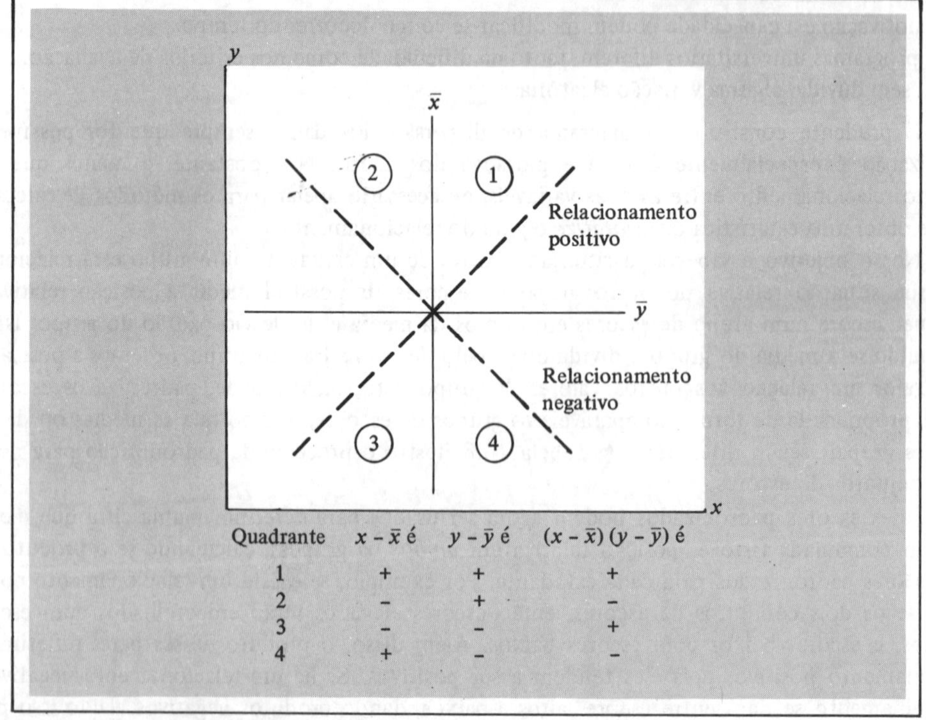

Quadrante	$x - \bar{x}$ é	$y - \bar{y}$ é	$(x - \bar{x})(y - \bar{y})$ é
1	+	+	+
2	–	+	–
3	–	–	+
4	+	–	–

Figura 14.21 O sinal de r.

O coeficiente de correlação será a média desses produtos. Logo, o processo é o seguinte:

1. Converter os escores de cada grupo em escores padronizados.
2. Determinar o produto de cada par de escores padronizados.
3. Somar os produtos.
4. Determinar o produto médio.

A média se obtém somando-se os produtos e dividindo-se a soma por $n - 1$ em lugar de n, pela mesma razão que determina que se utilize $n - 1$ no desvio padrão. Nossa fórmula será então

$$r = \frac{\sum z_x z_y}{n - 1}$$

A Tabela 14.9 ilustra os cálculos necessários para os escores de curso secundário e universidade.

Tabela 14.9 Cálculos para *r* Usando os Escores Padronizados

Número	Estudante	z_y	z_x	$z_x z_y$
1	Jim C.	-1,5	-1,8	+2,70
2	Ed	-1,5	-1,4	+2,10
3	Karen	-0,4	-1,0	+0,40
4	Marcia	-1,1	-0,8	+0,88
5	Peter	-0,4	-0,4	+0,16
6	Beverly	-0,8	-0,2	+0,16
7	Tom	-0,5	-0,2	+0,10
8	Marc	+1,0	0	0,00
9	Sid	+0,6	+0,2	+0,12
10	Jim L.	-0,1	+0,4	-0,04
11	Linda	+0,2	+0,4	+0,08
12	Al	+0,5	+0,6	+0,30
13	John	+1,4	+1,0	+1,40
14	Susan	+1,1	+1,4	+1,54
15	Ann Marie	+1,5	+1,8	+2,70
				12,60

$$z = \frac{\Sigma z_x z_y}{n - 1} = \frac{+12{,}60}{14} = +0{,}90$$

Interpretação de *r*

Nosso objetivo ao calcular o valor de *r* foi determinar se havia algum relacionamento estatístico entre a situação do estudante no curso secundário e sua situação na universidade. Encontramos $r = +0{,}90$. O sinal + nos diz que existe um relacionamento positivo entre os dois conjuntos de escores. Como sabemos que *r* tem um limite superior de +1,00, o resultado parece sugerir que as duas variáveis estejam estreitamente relacionadas. Todavia, o valor de *r* pode ser enganoso. Na realidade, uma estatística mais significativa é r^2, o coeficiente de determinação,* que dá a percentagem de variação numa variável que é "explicada" estatisticamente pela variação na outra variável. Por exemplo, neste caso, com $r = +0{,}90$, $r^2 = 0{,}81$, o que significa que 81% da variação dos pontos em torno das duas médias grupais pode-se explicar pelo relacionamento entre as duas variáveis. Inversamente, $1 - r^2$, ou 19% da variação, não se pode explicar pelo

* É o mesmo r^2 mencionado em relação à variação explicada numa reta de regressão.

relacionamento, e assim devemos considerá-los como devidos a outros fatores não incluídos no estudo. Algumas possibilidades são a motivação, métodos de avaliação, etc.

Processo Prático para o Cálculo de r

A discussão precedente do coeficiente de correlação nos deu uma base intuitiva para a correlação. Todavia, do ponto de vista prático, a técnica de padronização das observações não é útil em vista do tempo necessário para os cálculos, especialmente a subtração das médias grupais de cada observação e sua elevação ao quadrado. Felizmente, há uma versão mais conveniente da fórmula, que simplifica os cálculos, embora, à primeira vista, possa parecer trabalhosa:

$$r = \frac{n(\sum xy) - (\sum x)(\sum y)}{\sqrt{n(\sum x^2) - (\sum x)^2} \cdot \sqrt{n(\sum y^2) - (\sum y)^2}}$$

Os cálculos necessários para a determinação de r por esse processo constam da Tabela 14.10. Mesmo com esta fórmula, os cálculos são bastante longos.

Tabela 14.10 Cálculos para Obtenção de r

Número	Estudante	x_i (secund.)	y_i (univers.)	$x_i y_i$	x_i^2	y_i^2
1	Jim C.	80	1,0	80,0	6.400	1,00
2	Ed	82	1,0	82,0	6.724	1,00
3	Karen	84	2,1	176,4	7.056	4,41
4	Marcia	85	1,4	119,0	7.225	1,96
5	Peter	87	2,1	182,7	7.569	4,41
6	Beverly	88	1,7	149,6	7.744	2,89
7	Tom	88	2,0	176,0	7.744	4,00
8	Marc	89	3,5	311,5	7.921	12,25
9	Sid	90	3,1	279,0	8.100	9,61
10	Jim L.	91	2,4	218,4	8.281	5,76
11	Linda	91	2,7	245,7	8.281	7,29
12	Al	92	3,0	276,0	8.464	9,00
13	John	94	3,9	366,6	8.836	15,21
14	Susan	96	3,6	345,6	9.216	12,96
15	Ann Marie	98	4,0	392,0	9.604	16,00
		$\Sigma x_i = 1.335$	$\Sigma y_i = 37,5$	$\Sigma xy = 3.400,5$	$\Sigma x_i^2 = 119.155$	$\Sigma y_i^2 = 107,75$

$$r = \frac{15(3.400,5) - 1.335(37,5)}{\sqrt{15(119.155) - (1.335)^2} \cdot \sqrt{15(107,75) - (37,5)^2}} = +0,90$$

As calculadoras de bolso e de mesa eliminam boa parte do trabalho, mas o processo mais realista para o cálculo de r consiste em utilizar programas de computador, quando pudermos dispor deles.

Há, com efeito, *três* maneiras alternativas de obter o valor de r: padronizar cada conjunto de escores e achar o produto médio, usar a fórmula, ou calcular o coeficiente de determinação r^2 e achar a raiz quadrada. Para certo conjunto de dados, todos os três métodos dão o mesmo valor de r. Não obstante, cada processo acrescenta algo ao nosso entendimento do significado do termo "correlação". A Tabela 14.11 dá uma rápida comparação dos três métodos.

Tabela 14.11 Três Métodos Alternativos para a Obtenção de r

Método	Comentário
$r = \sqrt{1 - (s_e^2/s_y^2)}$	A correlação em termos de regressão. O sinal de r é o mesmo sinal de b. A correlação está relacionada inversamente com a dispersão em torno da reta: quanto menor a dispersão, mais alta a correlação. Utilizar $n - 2$ no cálculo de s_y^2.
Valores padronizados	A correlação mede o relacionamento entre duas variáveis com a média e o desvio padrão de cada variável "equalizados".
$r = \dfrac{n\,\Sigma xy - \Sigma x\,\Sigma y}{\sqrt{n(\Sigma x^2) - (\Sigma x)^2} \cdot \sqrt{n(\Sigma y^2) - (\Sigma y)^2}}$	Mais adequado para o cálculo mecânico.

EXERCÍCIOS

1. Padronize cada conjunto de escores e calcule o coeficiente de correlação.

a.

x	y
34	21
30	22
40	25
34	28
39	15
35	24
42	24
45	22
43	17
$\bar{x} = 38$	$\bar{y} = 22$
$s_x = 5$	$s_y = 4$

b.

x	y
3,9	46
4,6	46
6,0	52
2,8	50
3,1	48
3,4	40
4,2	42
4,0	44
$\bar{x} = 4$	$\bar{y} = 46$
$s_x = 1$	$s_y = 4$

2. Recalcule r para o Exercício 1-a considerando os x's como y's e os y's como x's. Justifique a resposta em termos da fórmula de r.
3. Com referência aos dados do Exercício 1-a:
   a. Duplique cada valor de x e recalcule a média e o desvio padrão dos x's.
   b. Padronize os valores de x.
   c. Compare esses valores padronizados com os obtidos para os x's no Exercício 1-a.
   d. Qual o efeito sobre r da duplicação dos x's?
   e. Pode explicar por quê?
4. Ainda com referência aos dados do Exercício 1-a.
   a. Some 12 a cada valor de x e subtraia 2 de cada valor de y.
   b. Calcule a média e o desvio padrão de cada conjunto utilizando os valores obtidos na parte a.
   c. Padronize os valores e compare-os com os valores padronizados obtidos no Exercício 1-a.
   d. Qual o efeito sobre r da adição ou subtração de uma constante dos valores de x ou dos valores de y?
   e. Pode explicar por quê?

5. Determine o coeficiente de correlação para os dois conjuntos de escores seguintes:

Estudante	Primeiro exame	Segundo exame
1	82	92
2	84	91
3	86	90
4	83	92
5	88	87
6	87	86
7	85	89
8	83	90
9	86	92
10	85	90
11	87	91
	$\bar{x} = 85$	$\bar{y} = 90$

6. Dados os seguintes conjuntos, calcule o valor de r:

	n	Σx	Σy	Σxy	Σx^2	Σy^2
a.	25	60	52	200	400	592
b.	50	15	20	146	204,5	400
c.	100	-20	25	-3,5	5	12,5

7. Dão-se abaixo os escores de linguagem e de matemática dos exames de sete candidatos a uma universidade.
   a. Divida cada escore por 100.
   b. Calcule o coeficiente de correlação.

Estudante	1	2	3	4	5	6	7
Linguagem	420	450	410	360	320	440	400
Matemática	550	600	520	400	410	425	475

8. Determine o coeficiente de correlação para os dados do Exercício 5, p. 350.
9. Com os dados abaixo, sobre crimes violentos e a temperatura média entre 21 e 2 horas das noites de sábado numa grande comunidade, grafe os dados e calcule o coeficiente de correlação.

Crimes violentos/1000 residentes	Temperatura média (°F)
5,0	87
2,2	50
4,1	75
5,4	90
2,8	55
3,0	54
3,6	68
4,9	85
4,1	82
4,2	80
2,0	45
2,7	58
3,1	66

10. Determine o coeficiente de correlação entre as horas de estudo de 11 estudantes e as respectivas notas num teste.

Horas de estudo	2,5	3	6	4	6	4,5	7	10	5,5	5	8,5
Notas	89	95	80	82	85	90	75	70	91	93	74

11. a. Seria de admirar se os cálculos para um dado conjunto de observações emparelhadas desse $r = +0,9$ e $b = -0,9$? Por quê?
b. Seria de admirar se ambos os conjuntos de dados abaixo tivessem uma correlação positiva? Explique.
c. Seria de surpreender se ambos dessem $r = +1,00$? Explique.

Conjunto 1		Conjunto 2	
x	y	x	y
1	0	0	1
5	8	10	4

12. Para cada uma das situações seguintes, indique qual é mais adequada: a análise de correlação ou a análise de regressão. Por quê?
a. Uma equipe de pesquisadores deseja determinar se as classificações na universidade sugerem êxito na profissão escolhida.
b. Estime o número de milhas que um pneu radial possa rodar antes de ter de ser substituído.
c. Preveja quanto tempo será necessário para uma pessoa completar determinada tarefa, com base no número de semanas de treinamento.
d. Decida se o número de semanas de treinamento é uma variável importante para avaliar o tempo necessário para realizar uma tarefa.
e. Um gerente deseja estimar as vendas semanais com base nas vendas de segunda-feira e de terça-feira.

INFERÊNCIAS SOBRE O COEFICIENTE DE CORRELAÇÃO

Um Intervalo de Confiança para a Correlação da População

O valor do coeficiente de correlação amostral pode ser usado como estimativa do verdadeiro coeficiente de correlação, ρ, da população. A menção de r como valor isolado pode dar a impressão errônea de que se trata do valor efetivo. Por isso, em geral é mais conveniente incluir um intervalo de confiança para o verdadeiro valor juntamente com a estatística amostral. Há vários processos para obter um intervalo de confiança para ρ, mas talvez o mais direto seja utilizar uma carta como a da Figura 14.22. Calculado r, pode-se utilizar a carta para determinar os valores superior e inferior do intervalo para o tamanho de amostra utilizado.

Examinando a carta, vemos que o intervalo de valores potenciais (desconhecidos) de ρ é apresentado na escala vertical, que os possíveis r's amostrais se apresentam ao longo da escala da base, e que uma série de curvas representam valores amostrais selecionados. Note-se que há duas curvas para cada tamanho de amostra. A carta é usada da seguinte maneira. Suponha-se que uma amostra de 50 observações ($N = 50$) dê $r = +0,80$. Localize o valor de $r = +0,80$ na

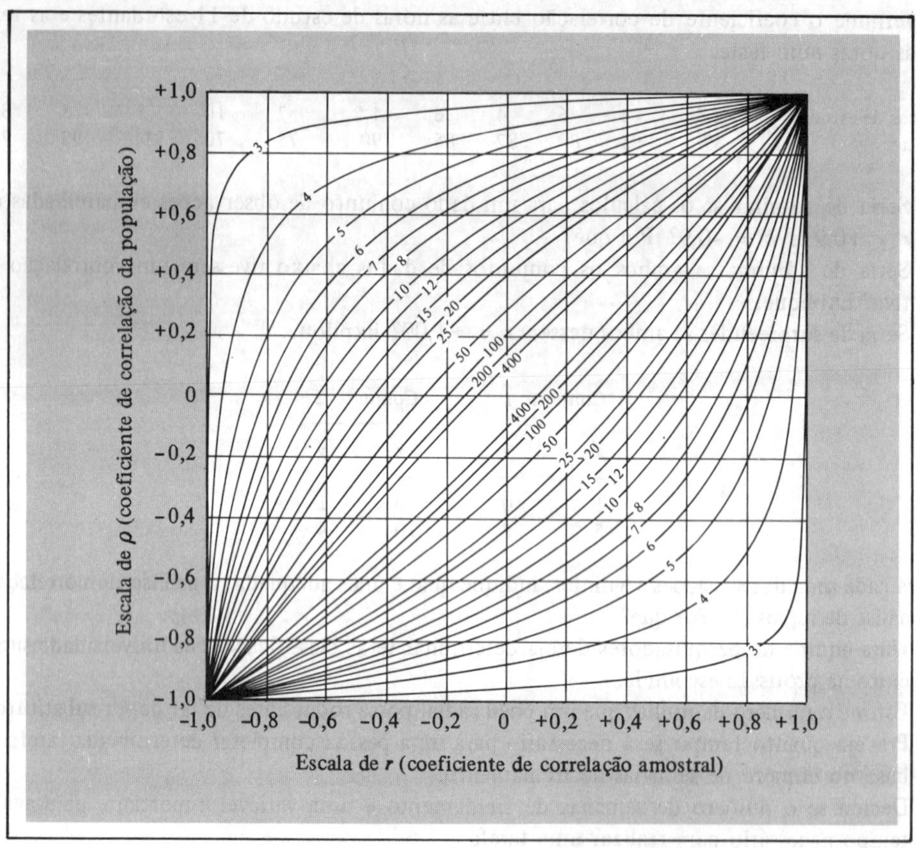

Figura 14.22 Faixas de confiança para o coeficiente de correlação da população (95%).
Fonte: E. S. Pearson e H. O. Hartley, *Biometrika Tables for Statisticians*, Vol. 1 (1962), p. 140. Com permissão dos Curadores de *Biometrika*.

escala vertical e siga a vertical aí até que ela intercepte a primeira curva para $N = 50$. Leia agora horizontalmente através da carta. Encontraremos $p = +0,68$. Este é o limite inferior do intervalo de confiança. O limite superior se determina da mesma forma, apenas considerando-se a interseção da vertical por $+0,80$ com a segunda curva para $N = 50$. Lendo através da carta, encontraremos 0,88 para o limite superior do intervalo. Logo, o intervalo de confiança é

$$0,68 \leqslant \rho \leqslant 0,88$$

Note-se que o intervalo não é simétrico. Isto porque a distribuição amostral de ρ só é simétrica quando a verdadeira correlação na população é aproximadamente 0.

Um Teste de Significância de *r*

Pode ser necessário avaliar uma afirmação sobre o valor de ρ. A maneira mais simples é construir um intervalo de confiança para r e observar se o valor alegado está ou não incluído no intervalo. Em caso afirmativo, aceita-se H_0; em caso negativo, rejeita-se H_0 e aceita-se a alternativa. Por exemplo, suponhamos $H_0: \rho = 0,3$ e $H_1: \rho \neq 0,3$. Se obtivermos um intervalo de confiança de $+0,05$ a $+0,26$, rejeitaremos H_0 porque $+0,3$ não está no intervalo.

Se um intervalo de confiança para p inclui o valor 0, dizemos então que r não é significativo, significando que ρ pode ser 0 e que o valor de r pode ser devido apenas à variabilidade amostral.

A Tabela 14.12 dá alguns exemplos de como a Figura 14.22 pode ser usada para determinar intervalos de confiança para o coeficiente de correlação populacional.

Tabela 14.12 Exemplos de Intervalos de Confiança para o Coeficiente de Correlação Populacional

r amostral	Tamanho amostra	Intervalo de confiança (da Figura 14.22)	Comentário
0,60	20	$0{,}21 \leqslant \rho \leqslant 0{,}82$	Pequenos tamanhos de amostra produzem grandes intervalos de confiança.
0,70	100	$0{,}58 \leqslant \rho \leqslant 0{,}78$	
0,50	40	$0{,}20 \leqslant \rho \leqslant 0{,}70$	É necessário interpolar no gráfico para obter os limites.
-0,20	50	$-0{,}46 \leqslant \rho \leqslant 0{,}08$	Como o intervalo inclui 0, há a possibilidade de o verdadeiro valor ser 0.

Outro processo que se pode usar para testar a significância de um r amostral é mediante a fórmula

$$t = \frac{r - 0}{\sqrt{(1 - r^2)/(n - 2)}}$$

Este processo obviamente exige alguns cálculos, que o processo da carta evita. Além disso, só é útil no teste da hipótese nula de que $\rho = 0$. Por outro lado, podem-se empregar outros níveis de significância, e a fórmula se adapta virtualmente a qualquer tamanho amostral, sem necessidade de interpolação.

Exemplo 1 Uma amostra de 24 observações dá $r = 0{,}50$. Queremos saber se r é significativo ao nível de 0,01. A estatística teste é

$$t = \frac{0{,}50 - 0}{\sqrt{(1 - 0{,}50^2)/(24 - 2)}} = 5{,}42$$

O valor bilateral de t, com $n - 2$ (observe o $n - 2$ na fórmula) graus de liberdade para o nível 0,01 é 2,819. Podemos, assim, concluir que $r \neq 0$, conforme ilustra a Figura 14.23.

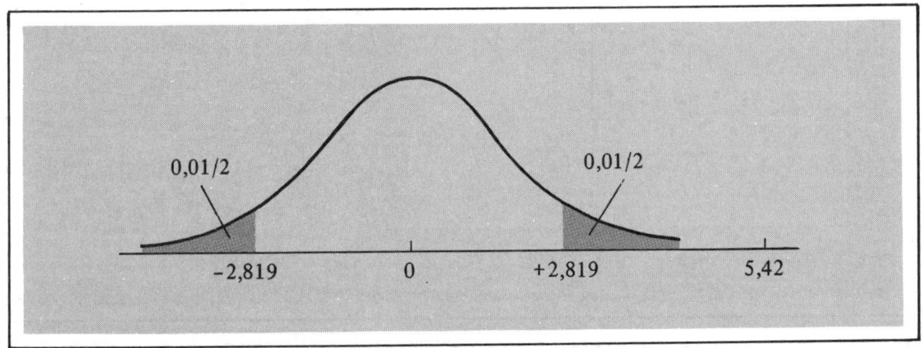

Figura 14.23 Rejeita-se H_0; $\rho \neq 0$.

Advertência

É necessário cuidado ao examinar o relacionamento entre duas variáveis com base em dados amostrais. Assim é que, embora r seja não-significativo, isto não implica necessariamente que as duas variáveis não sejam relacionadas. Detenhamo-nos um pouco mais neste aparente paradoxo.

A Figura 14.24(a) ilustra uma situação em que o relacionamento entre as duas variáveis é perfeito, porém *não-linear*. As fórmulas precedentes, que só medem a *correlação linear*, dariam $r = 0$. A Figura 14.24(b) ilustra ainda outra possibilidade. Embora pareça haver forte relacionamento global, os dados dentro do quadrado sugerem o contrário (os dados do quadrado são dados amostrais). A menos que se tomem precauções para assegurar a *aleatoriedade da amostra*, não restringindo o âmbito de valores potenciais, pode ocorrer uma tal situação. Assim, um estudo cujo objetivo seja predizer os resultados no curso da universidade com base no exame vestibular pode incluir apenas uma pequena porção dos escores possíveis de todos os estudantes do curso secundário (isto é, somente os que continuam estudando na universidade) e, assim, pode parecer indicar pequeno ou nenhum relacionamento.

Na primeira hipótese, o gráfico dos dados ajuda a evitar ignorar relações curvilíneas. Na segunda, o perigo de obter dados provenientes de um âmbito restrito é mais sutil e, assim, mais difícil de detectar.

Inversamente, quando $r \neq 0$, ainda pode haver um problema. Por exemplo, os dados podem não estar dispersos aleatoriamente em torno da reta de regressão (supondo que a reta tenha se baseado nos dados), tal como ilustrado na Figura 14.25. A conclusão é óbvia: *grafe os dados*.

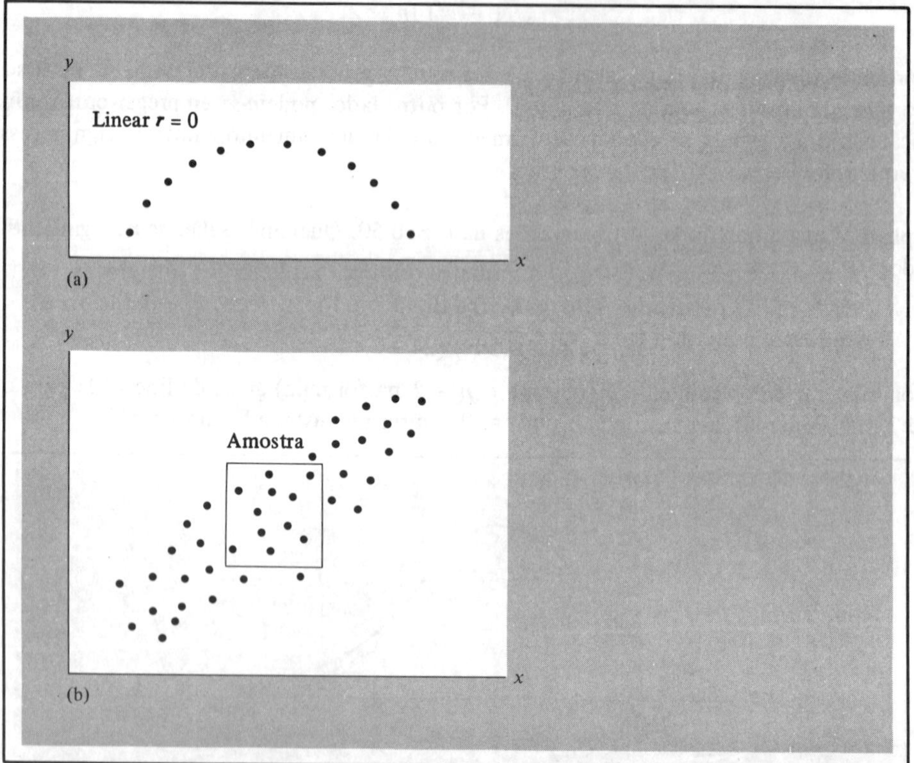

Figura 14.24 Um relacionamento não-linear pode dar $r = 0$, enquanto que a amostragem de apenas pequena parte da população pode dar a impressão de inexistência de relacionamento entre duas variáveis.

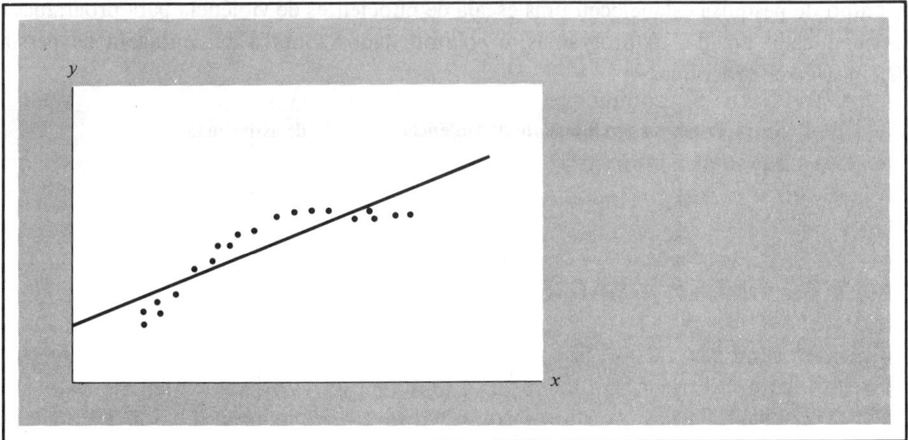

Figura 14.25 Os dados não estão dispersos aleatoriamente em torno da reta.

EXERCÍCIOS

1. Para cada coeficiente de correlação amostral, obtenha um intervalo de 95% de confiança, usando a Figura 14.22, para o coeficiente de correlação da população e decida então se o r amostral é significativamente diferente de zero.

	a.	b.	c.	d.	e.
r	0,80	0,10	-0,30	-0,30	-0,30
n	15	15	25	50	100

2. Obtenha intervalos de 95% de confiança para a verdadeira correlação populacional para cada um dos três casos, e depois decida, ao nível de 0,05, quais r's não são significativos:

	a.	b.	c.	d.	e.	f.
r	0,10	0,10	0,10	0,70	-0,70	0,00
n	20	50	200	50	50	25

3. Use a fórmula

$$t = \frac{r - 0}{\sqrt{(1 - r^2)/(n - 2)}}$$

e o nível de 0,01 para decidir quais são significativos:
a. os dados do Exercício 5, p. 376
b. os dados do Exercício 9, p. 376
c. os dados do Exercício 10, p. 377
4. Use um intervalo de 95% de confiança, obtido da Figura 14.22, para avaliar cada uma das seguintes afirmações:
a. $H_0: \rho = +0,6$, $H_1: \rho \neq +0,6$, quando $r = +0,4$ e $n = 50$
b. $H_0: \rho = +0,9$, $H_1: \rho \neq +0,9$, quando $r = +0,8$ e $n = 25$
c. $H_0: \rho = -0,5$, $H_1: \rho \neq -0,5$, quando $r = -0,4$ e $n = 400$

5. Um grupo de pesquisa estabeleceu uma escala de quocientes de violência para programas de TV, classificou cada um de 10 programas, e coletou dados sobre a percentagem de pessoas que assistem a cada programa.

Programa	Quociente de violência	% de assistência
1	10	15
2	20	16
3	30	20
4	40	24
5	40	25
6	50	30
7	55	30
8	65	35
9	70	35
10	70	35
	450	265

a. Estabeleça uma equação de predição da assistência potencial em termos de quociente de violência.
b. Determine a percentagem da variação explicada.
c. Calcule, ou determine de outra maneira, o coeficiente de correlação.
d. Que hipóteses se fizeram para a parte a? E para a parte c?
e. b é significativo? r é significativo? (Use 0,05.)
f. Qual será um intervalo de 95% de confiança para a percentagem de assistência de um novo programa Gotcha, que tem um quociente de violência de 60?

6. Use um intervalo de confiança para avaliar esta afirmação: H_0: $\rho = -0{,}45$, H_1: $\rho \neq -0{,}45$, $\alpha = 0{,}05$, $n = 200$, $r = -0{,}5$.

DADOS POR POSTOS: O COEFICIENTE r DE SPEARMAN

A correlação por postos de Spearman é uma técnica não-paramétrica para avaliar o grau de relacionamento entre observações emparelhadas de duas variáveis, quando os dados se dispõem em postos. Dados preferenciais são muito comuns em áreas como de teste de alimentos, eventos competitivos (concursos de beleza, exibições artísticas, competições atléticas) e estudos de atitudes. O objetivo do cálculo de um coeficiente de correlação nesses casos é determinar até que ponto dois conjuntos de postos concordam ou discordam. A técnica pode ser estendida também a outros tipos de mensuração, desde que possam ser convertidos em postos.

Consideremos este exemplo simples: Dois provadores devem julgar 12 vinhos. Cada um atribuirá postos denotando a preferência, desde 1 (mais alta) até 12 (mais baixa). A Tabela 14.13 apresenta os dados. Se os provadores estão essencialmente de acordo, é de esperar que os postos por eles atribuídos aos vários tipos de vinho sejam aproximadamente os mesmos. Se estão em desacordo, haverá emparelhamento de postos altos e baixos. Uma medida do grau de concordância é o quadrado das diferenças entre os dois conjuntos de postos. Se a soma é pequena, isso sugere concordância; se for grande, indica discordância. O cálculo da correlação utiliza a fórmula

$$r_{sp} = 1 - \frac{6 \sum d^2}{n(n^2 - 1)}$$

onde n é o número de observações e Σd^2 é a soma dos quadrados das diferenças entre os postos. O coeficiente de correlação por postos assim obtido chama-se "r de Spearman". A Tabela 14.13 dá os cálculos necessários. Note-se que a soma das diferenças é zero. Isto serve para conferência dos cálculos, embora não seja necessário na fórmula. A fórmula momento-produto de Pearson aplicada aos dados *por postos* daria exatamente o mesmo coeficiente de correlação que a fórmula de Spearman.* Não obstante, deve ser evidente que os cálculos aqui são bem mais fáceis que os necessários para a fórmula de Pearson, especialmente porque, aqui, são necessárias apenas duas informações – o tamanho amostral e a soma dos quadrados das diferenças.

O processo é o seguinte:

1. Determinar a diferença de postos para cada par de observações.
2. Como verificação, a soma das diferenças deve ser 0.
3. Elevar as diferenças ao quadrado.
4. Somar os quadrados das diferenças, obtendo Σd^2.
5. Calcular r_{sp}.

Tabela 14.13 Exemplo Ilustrativo do Cálculo de r_{sp}

	Preferências		Diferença	(Diferença)^2
Vinho	Juiz 1	Juiz 2	d	d^2
1	1	3	+2	4
2	5	4	−1	1
3	2	1	−1	1
4	7	5	−2	4
5	4	2	−2	4
6	8	9	+1	1
7	3	7	+4	16
8	6	6	0	0
9	9	8	−1	1
10	12	10	−2	4
11	11	11	0	0
12	10	12	+2	4
			$\sum d = 0$	$\sum d^2 = 40$

$$r_{sp} = 1 - \frac{6\sum d^2}{n(n^2-1)} = 1 - \frac{6(40)}{12(144-1)} = +\ 0{,}86$$

O coeficiente de correlação por postos de Spearman pode variar de -1,00 a +1,00, tal como o r de Pearson. Assim, o valor de 0,86 calculado na tabela implica que os juízes são consistentes (concordantes) em seus julgamentos. Se o resultado tivesse sido -0,86, a implicação seria que os juízes foram discordantes em seus julgamentos. Quando r_{sp} está próximo de 1,00, isto indica que os dois conjuntos de postos são muito semelhantes, enquanto que se r_{sp} está próximo de -1,00, os conjuntos de postos são bastante diferentes. Se há acordo em alguns itens e discordância em outros, r_{sp} fica próximo de 0, o que sugere ausência de relacionamento entre os dois conjuntos.

* A recíproca não é válida; a conversão em postos dos dados de mensuração e o cálculo de r_{sp} em geral dão valor diferente do valor de Pearson para dados *não em postos*.

Como os dados amostrais invariavelmente apresentam alguma diferença devida a chance, há sempre a possibilidade de obter o que se afigura um relacionamento, quando, de fato, tal não existe. Conseqüentemente, convém testar a significância de r_{sp}, particularmente se o tamanho amostral é pequeno ou se o valor de r_{sp} é pequeno. Para situações em que n é maior que 10, a hipótese nula $r_{sp} = 0$ pode ser testada pela fórmula

$$t = \frac{r_{sp} - 0}{\sqrt{(1 - r_{sp}^2)/(n-2)}}$$

com $n - 2$ graus de liberdade. Usando os cálculos precedentes, que deram $r_{sp} = +0{,}86$, encontramos

$$t = \frac{+0{,}86}{\sqrt{(1 - 0{,}86^2)/(12-2)}} = 4{,}53$$

Como seria preciso usar o nível 0,001 para aceitar H_0, parece seguro concluir que o valor +0,86 é significativo neste exemplo.

EXERCÍCIOS

1. Teste a significância de cada coeficiente de correlação ao nível de 0,5, com H_0: $\rho = 0$, H_1: $\rho \neq 0$
   a. $r_{sp} = +0{,}60$, $n = 17$
   b. $r_{sp} = -0{,}45$, $n = 22$
   c. $r_{sp} = 0{,}91$, $n = 11$
   d. $r_{sp} = 0{,}25$, $n = 32$
2. a. Calcule r_{sp} para o Exercício 7, página 376. (Não esqueça de atribuir postos aos dados antes do cálculo.) Os resultados concordam com o valor obtido com o emprego do r de Pearson? Por quê?
   b. Que método – Pearson ou Spearman – constitui a melhor técnica de correlação? Explique rapidamente.
3. Calcule o coeficiente de correlação por postos para os seguintes dados e teste a significância ao nível de 0,01:

	1	2	3	4	5	6	7	8	9	10	11	12	13	14
Número 1	3	2	4	1	9	5	6	10	8	11	7	14	12	13
Número 2	1	2	3	5	6	4	7	11	9	10	8	12	13	14

4. Escreva os postos de 1 a 6, em ordem, e emparelhe-os com os postos de 1 a 6 na ordem oposta. Calcule r_{sp}. Calcule r_{sp} para o caso em que os dois conjuntos de postos (de 1 a 6) estão na mesma ordem. Tente depois redispor os dados de modo que r_{sp} seja aproximadamente zero.
5. Solicita-se a dois gerentes que classifiquem em postos 11 empregados de acordo com seu potencial gerencial. Determine o grau de concordância, ou discordância, entre os dois gerentes e decida se o relacionamento é ou não significativo.

	Posto	
Empregado	A	B
Al S.	6	9
Ed. B.	7	10
Ann D.	5	8
Ron Z.	4	7
Biff K.	9	11
Peaches	1	1
Al J.	8	6
Bob T.	2	2
Ned T.	3	4
Joan H.	11	3
Sam P.	10	5

DADOS NOMINAIS: O COEFICIENTE DE CONTINGÊNCIA

Quando ambas as variáveis são medidas em escalas nominais (isto é, categorias), a análise é facilitada pelo emprego de uma tabela de contingência análoga à usada na análise de k proporções (teste qui-quadrado). Na verdade, o processo constitui uma extensão da análise de uma tabela $r \times k$. Por exemplo, suponha-se que queiramos testar se os dados sobre renda e educação, numa grande amostra de pessoas, são correlacionados na população. Os dados poderiam ser como os da tabela seguinte.

	Renda (milhares)				
Educação	Menos de 8	De 8 a 12,9	De 13 a 18,9	19 ou mais	Total linhas
secundário	55	20	55	10	140
universidade (incompleto)	55	50	30	5	140
bacharel	60	60	10	10	140
graduado	30	70	5	35	140
Totais	200	200	100	60	560

Note-se que há duas importantes diferenças entre a tabela de contingência aqui e as tabelas $r \times k$ anteriores usadas em testes de independência. Enquanto, anteriormente, tínhamos k *amostras*, os dados de contingência envolvem *uma única amostra* em que cada observação foi classificada segundo duas variáveis separadas. Além disso, as variáveis se dispõem de baixo para cima ou de cima para baixo; há uma *direção* nas categorias.

Se há alto relacionamento positivo nos dados, os valores devem concentrar-se ao longo da diagonal, de baixa renda e educação para alta renda e educação. Se há alto relacionamento negativo, os valores devem concentrar-se ao longo da outra diagonal. Se há pequeno ou nenhum relacionamento, os valores devem apresentar-se dispersos na tabela. O primeiro passo na análise, então, é calcular o valor de qui-quadrado e compará-lo com o valor da tabela para $(r - 1)(k - 1)$ graus de liberdade. Isto indicará se há algo mais que simples dispersão casual.

A tabela que segue dá os cálculos para os dados acima, resultando em que é significativo em

$$\chi^2 = 138{,}0$$

todos os níveis apresentados na tabela de qui-quadrado. Sabemos, então, que há algum relacionamento entre as duas variáveis, mas ainda não sabemos quanto.

Percentagens de linhas	Valores esperados			
$140/560 = \frac{1}{4}$	$200\left(\frac{1}{4}\right) = 50$	$200\left(\frac{1}{4}\right) = 50$	$100\left(\frac{1}{4}\right) = 25$	$60\left(\frac{1}{4}\right) = 15$
$140/560 = \frac{1}{4}$	$200\left(\frac{1}{4}\right) = 50$	$200\left(\frac{1}{4}\right) = 50$	$100\left(\frac{1}{4}\right) = 25$	$60\left(\frac{1}{4}\right) = 15$
$140/560 = \frac{1}{4}$	$200\left(\frac{1}{4}\right) = 50$	$200\left(\frac{1}{4}\right) = 50$	$100\left(\frac{1}{4}\right) = 25$	$60\left(\frac{1}{4}\right) = 15$
$140/560 = \frac{1}{4}$	$200\left(\frac{1}{4}\right) = 50$	$200\left(\frac{1}{4}\right) = 50$	$100\left(\frac{1}{4}\right) = 25$	$60\left(\frac{1}{4}\right) = 15$

$$\chi^2 = \Sigma \frac{(o-e)^2}{e} = \frac{(55-50)^2}{50} + \frac{(20-50)^2}{50} + \frac{(55-25)^2}{25} + \frac{(10-15)^2}{15} = 0{,}5 + 18 + 36 + 1{,}67$$

$$+ \frac{(55-50)^2}{50} + \frac{(50-50)^2}{50} + \frac{(30-25)^2}{25} + \frac{(5-15)^2}{15} = 0{,}5 + 0 + 1 + 6{,}67$$

$$+ \frac{(60-50)^2}{50} + \frac{(60-50)^2}{50} + \frac{(10-25)^2}{25} + \frac{(10-15)^2}{15} = 2 + 2 + 9 + 1{,}67$$

$$+ \frac{(30-50)^2}{50} + \frac{(70-50)^2}{50} + \frac{(5-25)^2}{25} + \frac{(35-15)^2}{15} = 8 + 8 + 16 + 26{,}67$$

$$= 137{,}68 \approx 138$$

Uma medida do relacionamento consiste em calcular o *coeficiente de contingência C*, onde

$$C = \sqrt{\frac{\chi^2}{\chi^2 + N}}$$

Característica interessante de uma tabela de qui-quadrado é que o valor máximo de χ^2 possível é função de N, número de observações, e do tamanho da tabela. Para tabelas de *quadrados*, isto nos conduz a um valor máximo de C de

$$C_{\text{máx}} = \sqrt{\frac{k-1}{k}}$$

onde k é o número de linhas ou colunas. Comparando C com $C_{\text{máx}}$, pode-se obter uma indicação do grau de associação entre as duas variáveis.

Ao contrário de outras medidas de correlação, $C_{\text{máx}}$ não varia entre −1,00 e +1,00: seu menor valor é 0, e seu maior valor é menor que 1,00, pois a razão $(k-1)/k$ deve ser sempre menor que 1,00.* Isso limita, de certa forma, o coeficiente de contingência, pois só se podem comparar tabelas de igual tamanho (e somente tabelas de quadrados). Além disso, é fácil interpretar erroneamente o grau de associação. Por exemplo, com uma tabela 3 × 3, $C = 0{,}60$ *versus* $C_{\text{máx}}$ de

* À medida que o tamanho (número de linhas e colunas) aumenta, $C_{\text{máx}}$ se torna cada vez mais próximo de 1,00.

$\sqrt{\frac{2}{3}} \approx$ 0,82, o que representa uma correlação bastante alta, ao passo que, com uma tabela 8 X 8, o mesmo valor $C = 0{,}60$ *versus* $C_{máx}$ de $\sqrt{\frac{7}{8}} \approx$ 0,94 já não é tão forte.

$$C = \sqrt{\frac{\chi^2}{\chi^2 + N}} = \sqrt{\frac{138}{138 + 540}} \approx 0{,}45 \qquad C_{máx} = \sqrt{\frac{k-1}{k}} = \sqrt{\frac{3}{4}} = 0{,}87$$

Isto representa um relacionamento apenas moderado. A interpretação exata do grau depende, em parte, da natureza dos dados e resultados comparáveis de outros estudos, de modo que é difícil estabelecer valores para forte, fraco, etc.

Note-se que a fórmula não dá automaticamente o *sinal* do coeficiente de contingência. Logo, nem sempre é óbvio se existe relacionamento positivo ou negativo. É necessário um exame visual cuidadoso dos dados para determinar isto, e recomendamos vivamente ao leitor que grafe os dados como parte integrante da análise, sempre que tiver de usar esta técnica.

Resumimos abaixo algumas das mais importantes vantagens e limitações desta técnica.

VANTAGENS

1. Não são necessárias hipóteses quanto à forma da população.
2. Exigem-se apenas mensurações nominais (isto é, categorias).

LIMITAÇÕES

1. O limite superior de C é menor que 1,00, mesmo no caso de correlação perfeita.
2. O limite superior depende do tamanho da tabela, de modo que os coeficientes de contingência de tabelas de tamanhos diferentes não são comparáveis.
3. O coeficiente de contingência não é diretamente comparável com outras medidas de correlação, tais como o r de Pearson ou o r de Spearman, ou mesmo com outras tabelas de contingência de tamanhos diferentes.
4. Cada cela deve ter uma freqüência esperada de pelo menos 5.
5. $C_{máx}$ só pode ser computado para tabelas de quadrados de valores.

EXERCÍCIOS

1. Para cada um dos seguintes casos, determine se há relacionamento significativo entre as duas variáveis e, em caso afirmativo, determine o grau desse relacionamento.

	Tamanho da tabela	χ^2	N	α
a.	4×4	150	200	0,02
b.	5×5	40	200	0,05
c.	3×3	250	250	0,01
d.	6×6	130	150	0,05
e.	4×4	16	100	0,05

2. Coletaram-se as notas em leitura e em matemática para alunos do 5º período, com os seguintes resultados. Determine se há algum relacionamento entre os dois conjuntos.

	Notas em matemática				
Notas em leitura	*A*	*B*	*C*	*D*	Totais
A	20	40	30	0	90
B	30	60	20	10	120
C	50	50	80	60	240
D	0	50	70	30	150
Totais	100	200	200	100	600

3. Explique em que a tabela de contingência qui-quadrado e o teste de independência qui-quadrado (Capítulo 12) diferem em relação ao número de amostras e à maneira de rotular linhas e colunas.
4. Uma firma está estudando a possibilidade de oferecer a seus empregados uma compensação monetária para abandonar ou reduzir o fumo, se houver uma correlação direta entre o fumo e o absenteísmo. Analise os dados fornecidos pela firma e decida se o incentivo deve ou não ser oferecido.

Dias de ausência por ano	Não-fumantes	Pouco	Moderadamente	Muito	Totais
0 – 2	10	10	55	65	140
3 – 4	5	50	30	55	140
5 – 6	10	70	10	50	140
7 ou mais	35	70	5	30	140
Totais	60	200	100	200	560

CORRELAÇÃO MÚLTIPLA

Quando se usa mais de uma variável independente (ou preditora) numa análise de correlação, aplica-se o termo "análise de correlação múltipla". Conquanto se aplique à correlação múltipla a mesma teoria básica da correlação simples, os cálculos são mais longos e a interpretação dos resultados mais complexa. Além disso, a inclusão de variáveis adicionais aumenta os dados necessários e pode aumentar substancialmente o custo do estudo. As principais razões para se passar da análise de uma variável para duas ou mais variáveis independentes são: (1) existe um relacionamento lógico e (2) uma única variável independente não dá coeficiente de correlação suficientemente alto para ser julgado satisfatório. Por exemplo, a capacidade de predizer o desempenho na universidade pode ser reforçada se as notas do vestibular são incluídas como terceira variável.

A discussão completa da análise de correlação múltipla ultrapassa o âmbito do presente livro. A apresentação sumária que damos destina-se apenas a ampliar a perspectiva da análise de correlação simples.

Ao passo que o coeficiente de determinação r^2 serve de medida de associação, ou "variação explicada", na correlação simples, o coeficiente de determinação múltipla, R^2, serve de medida da associação coletiva para todas as variáveis independentes consideradas em conjunto na correlação múltipla. Além disso, o cálculo de *coeficientes de correlação parcial* pode trazer novas luzes ao estudo. Tais coeficientes exibem a correlação entre a variável dependente e cada uma das variáveis independentes, quando se remove a influência das outras. Em outras palavras, isola-se a quantidade de variação explicada por cada variável independente.

CORRELAÇÃO E CAUSALIDADE

Pai para filho: "Pra que aquela figura de rato na janela do seu quarto?"
Filho para o pai: "É pra espantar os dragões".
Pai: "Mas não há dragões por aqui".
Filho: "Então a coisa funciona mesmo!..."

Quando duas variáveis são correlacionadas, é possível predizer valores de uma delas com base no conhecimento da outra. Isso leva freqüentemente à conclusão errônea de que uma variável é *causa* da outra. E isso é particularmente verdadeiro quando a variável "causal" precede a outra variável no tempo. Entretanto, o fato de haver um relacionamento matemático entre duas variáveis nada nos diz quanto a causa e efeito. Logo, há três explanações possíveis para a obtenção de uma correlação: existe uma relação de causa e efeito; ambas as variáveis se acham relacionadas com uma terceira; ou a correlação é devida ao acaso.

O caso da "terceira variável" é exemplificado pelas folhas que caem das árvores pouco antes de começar a nevar em muitas partes do norte dos EUA. Pode-se concluir que a queda das folhas tenha causado a queda de neve, ou ambas as ocorrências estão relacionadas com a mudança de estações? Estatísticas têm demonstrado acentuada correlação entre o consumo de álcool e a elevação dos salários dos professores. É de concluir que os professores estejam consumindo seus aumentos de salários para "afogar as mágoas", ou será mais lógico admitir que, à medida que aumenta o nível geral dos salários (inclusive dos professores), haja também um aumento do consumo de bens em geral, inclusive de bebidas?

Há muitos exemplos interessantes de relacionamentos espúrios, ou sem sentido. Por exemplo, um estudo recente revelou alta correlação entre o movimento de preços na Bolsa de Nova Iorque e a variação no comprimento de saias das mulheres. Outro estudo revelou correlação entre os nascimentos na Inglaterra e a produção de ferro gusa nos Estados Unidos.

É que, para estabelecer relações válidas, é preciso mais que simplesmente emparelhar qualquer tipo de dados até achar alguma correlação. Em vez disso, usam-se estudos correlacionais como pesquisas exploratórias iniciais a fim de identificar futuras áreas de pesquisa. Resultados que parecem promissores com base na lógica ou na teoria devem ser submetidos a maior análise (tal como experimentos controlados) para determinar se existe uma relação de causa e efeito.

O verdadeiro perigo na utilização de relações para fins preditivos que não tenham sido validadas em termos de causa e efeito é que as "relações" podem se modificar, ou que modificações deliberadas na variável "causal" possam não conduzir às modificações esperadas na variável "efeito".

A Tabela 14.14 resume os métodos de análise correlacional discutidos neste capítulo.

Tabela 14.14 Resumo da Análise de Correlação

Forma dos dados	mensurações	categorias	postos
Técnica	Pearson momento-produto	contingência	correlação dos postos de Spearman
Método	1. Dados x y 1 2 3 . . . n	1. tabela $r \times k$	1. dados por postos Nº 1 Nº 2 1 2 3 . . . n
	2. calcular r 3. intervalo de confiança para ρ	2. calcular χ^2 3. Se χ^2 é significativo, calcular C_{tabela} e comparar com $C_{\text{máx}}$	2. calcular r 3. intervalo de confiança para ρ
Hipóteses	1. x e y são variáveis *aleatórias, contínuas* 2. x e y têm distribuição de freqüência conjunta aprox. *normal*	1. As duas variáveis são *contínuas* e *aleatórias*	1. As duas variáveis são *contínuas* e *aleatórias* 2. Os dados podem dispor-se em postos

RESUMO

A regressão e a correlação são técnicas destinadas a estimar o relacionamento entre duas ou mais variáveis. A correlação sintetiza o grau de relacionamento, enquanto que a regressão equaciona matematicamente o relacionamento. A equação pode ser usada para *predizer* valores de uma variável, dados os valores da outra. Este capítulo aborda principalmente as relações lineares entre duas variáveis. As relações lineares são importantes porque os cálculos necessários são relativamente simples, são fáceis de interpretar e servem de aproximação para muitas relações da vida real.

As equações de regressão linear têm a forma $y_c = a + bx$, onde y_c é a variável dependente, ou predita, x é a variável independente, ou preditora, e a e b indicam o intercepto e o coeficiente angular, respectivamente, da reta. A técnica mais usada para determinar a equação de regressão é a técnica dos *mínimos quadrados*; a denominação provém do fato de a reta resultante minimizar a soma dos quadrados dos desvios dos pontos em relação à reta. A obtenção da equação da reta é simplificada pelo uso de duas fórmulas. A reta descreve o relacionamento entre duas variáveis, e pode ser usada para predizer valores da variável dependente (y) com base em valores dados da variável independente (x) no âmbito da amostra.

A análise de regressão envolve inferências quanto ao verdadeiro relacionamento existente na população. Exige que x e y sejam variáveis contínuas e que para cada x a distribuição dos valores possíveis de y seja normal. A inferência envolve tanto testes de significância como a construção de intervalos de confiança. Além disso, pode-se calcular um valor de r^2 que sirva de medida de quão bem a reta "se ajusta" ao conjunto de pontos.

A análise de regressão múltipla envolve o uso de duas ou mais variáveis independentes. Conceitualmente, a regressão múltipla nada mais é que uma extensão da regressão linear simples. Todavia, os cálculos são consideravelmente mais complexos e, tipicamente, são efetuados com o auxílio de um programa de computador.

O capítulo abrange três tipos de análise de correlação: um para dados sob forma de mensurações, um para dados por postos, e um para dados nominais. Todos os três métodos se referem a relações lineares, com duas variáveis, e todos exigem que ambas as variáveis sejam aleatórias. A inferência pode envolver tanto testes de significância como a construção de intervalos de confiança.

Tabela 14.15 Fórmulas de Correlação e Regressão

Equação de mínimos quadrados

$$y_c = a + bx$$

$$b = \frac{n\Sigma xy - \Sigma x \Sigma y}{n\Sigma x^2 - (\Sigma x)^2} \qquad a = \frac{\Sigma y - b\Sigma x}{n}$$

Erro padrão

$$\text{de estimativa, } s_e = \sqrt{\frac{\Sigma y^2 - a\Sigma y - b\Sigma xy}{n-2}}$$

$$\text{de coef. angular, } s_b = s_e \sqrt{\frac{1}{\Sigma x^2 - [(\Sigma x)^2/n]}}$$

Coef. angular

teste de significância (H_0: $B = 0$) $\qquad t_{\text{teste}} = \dfrac{b}{s_b}$

intervalo de confiança $b \pm ts_b$

Intervalos de confiança para valores preditos de y, dado x_g

$$\text{individual } y_c \pm t \cdot s_e \sqrt{1 + \frac{1}{n} + \frac{(x_g - \bar{x})^2}{\Sigma x^2 - [(\Sigma x)^2/n]}}$$

$$\text{médio } y_c \pm t \cdot s_e \sqrt{\frac{1}{n} + \frac{(x_g - \bar{x})^2}{\Sigma x^2 - [(\Sigma x)^2/n]}}$$

Coeficiente de determinação

$$r^2 = 1 - \frac{s_e^2}{s_y^2}$$

Correlação

$$r \text{ de Pearson} = \frac{n\Sigma xy - \Sigma x \Sigma y}{\sqrt{n\Sigma x^2 - (\Sigma x)^2} \cdot \sqrt{n\Sigma y^2 - (\Sigma y)^2}}$$

teste de significância (H_0: $\rho = 0$) $\qquad t_{\text{teste}} = \dfrac{r}{\sqrt{(1 - r^2)/(n-2)}}$

intervalo de confiança (carta)

$$r \text{ de Spearman} = 1 - \frac{6\Sigma d^2}{n(n^2 - 1)}$$

$$\text{contingência } C = \sqrt{\frac{\chi^2}{\chi^2 + N}}$$

QUESTÕES PARA RECAPITULAÇÃO

1. Que é reta de regressão?
2. Como se usam as retas de regressão?
3. Contraste os termos "variável independente" e "variável dependente".
4. Que mede o erro padrão da estimativa?
5. Explique o que significa o termo "distribuição condicional".
6. Quais são as duas maneiras de testar a significância do coeficiente angular?
7. Que ocorre se o coeficiente angular não é significativo?
8. Que mede r^2?
9. Para que calcular um intervalo de confiança para a reta de regressão?
10. Por que a faixa de confiança para valores individuais preditos é mais ampla que a faixa para valores médios?
11. Por que se usam em geral os computadores para problemas de regressão múltipla?
12. Explique rapidamente o significado de "regressão passo a passo". Qual o critério para os "passos"?
13. Quais as vantagens de regressão múltipla sobre a regressão linear? Quais as desvantagens?
14. Como decidiria quanto à técnica (regressão simples ou múltipla) mais apropriada para determinada situação?
15. Compare a finalidade da análise de correlação com a finalidade da análise de regressão.
16. Quais são as hipóteses básicas de cada uma das técnicas?
    a. análise de regressão
    b. análise de correlação
17. Contraste os pares seguintes:
    a. variáveis independentes e dependentes
    b. s_y e s_e
    c. coeficiente angular positivo e coeficiente angular negativo
    d. r e b
18. Por que é importante fazer o gráfico do diagrama de dispersão para técnicas de correlação e regressão de duas variáveis?
19. Por que é arriscado estimar valores de y para valores de x, y que estejam fora do âmbito dos dados amostrais?
20. Contraste os pares:
    a. regressão linear e regressão curvilínea
    b. regressão simples e regressão múltipla
    c. intervalo de confiança para uma reta de regressão e intervalo de confiança para um valor individual
21. a. Uma correlação elevada implica causalidade?
    b. Uma correlação baixa sempre significa que não haja relacionamento entre duas variáveis?
22. Que vantagens a correlação múltipla tem sobre a correlação simples? Quais são as desvantagens?
23. Que mede r^2 em relação a uma reta de regressão?
24. Que implica o sinal menos antes de r? E antes de b?
25. Se os coeficientes de correlação momento-produto de Pearson e de correlação de Spearman são calculados para o mesmo conjunto de dados, e um deles é significativo enquanto que o outro não é, como decidir qual deles é válido? (Nota: Não se dispõe de maiores dados.)
26. Que significa o fato de um teste acusar um r não significativo?
27. Na maioria das aplicações à administração, que técnica – correlação ou regressão – é mais útil? Por quê?

EXERCÍCIOS SUPLEMENTARES

1. Uma cooperativa agrícola, ao estudar a relação entre safra por acre e aplicação de fertilizante, escolheu 15 acres de terra e selecionou aleatoriamente três lotes de um acre cada um, os quais receberam a mesma aplicação do fertilizante, com os seguintes resultados:

Quantidade de fertilizante por acre (lb)	200	250	300	350	400
Safra (1000 al./acre)	1; 1,5; 2	2,5; 3; 4	5,5; 6; 6	6,5; 7; 8	9; 10; 11

a. Grafe os dados.
b. Calcule a equação de regressão para estes dados.
c. Determine um intervalo de 95% de confiança para o coeficiente angular real.
d. Calcule r^2.

2. A tabulação de duas áreas de respostas numa pesquisa feita recentemente por Anonymous Friends, Inc., deu os seguintes resultados para 120 lares. Determine se há correlação positiva ou negativa e o grau dessa relação.

	Número de TV's por casa			
Renda por casa	0	1	2	3
baixa	7	11	6	0
média	4	4	3	13
acima da média	3	7	28	10
alta	1	3	8	12

3. Calcule o coeficiente de correlação para renda *versus* seguro de vida com os dados do Exercício 9, página 351, e determine se é significativo ao nível de 0,05.
4. Estabeleça uma equação preditiva para a classificação no secundário e a classificação na universidade, exemplo da página 370, e prediga a classificação universitária para um estudante da população com classificação secundária de 81.
5. Os dados seguintes se referem a uma amostra de vendas *versus* área de mostruário para livros num supermercado:

											Total
Vendas (livros/dia)	40	25	30	32	17	38	44	27	30	20	303
Área mostruário (em pés)	7,0	4,0	4,4	5,0	3,2	6,0	8,0	4,2	4,8	3,4	50,0

a. Grafe os dados.
b. Calcule a e b para uma reta de mínimos quadrados.
c. Calcule o erro padrão de estimativa.
d. Calcule r.
e. b é significativo? E r? (Use 0,05.)
f. O gerente de uma loja deseja usar uma equação de mínimos quadrados para predizer as vendas, se o espaço para mostruário/prateleiras é de 20 pés. Comente.

6. Use a análise da variância para os dados do Exercício 1. Que se pode concluir da análise quanto ao relacionamento?
7. Use a análise da variância para analisar os dados do Exercício 5. Que se pode concluir quanto ao relacionamento?
8. Calcule o coeficiente de correlação por postos para os dados do Exercício 5 e compare-o com o valor de r encontrado no Exercício 5d. São os mesmos? São em geral os mesmos? Explique.
9. Calcule r_{sp} para os dados abaixo e teste a significância ao nível de 0,01.

Peso (lb)	145	162	136	178	143	153	149	169	181	137	164	201	155
Ordem de acabamento	1	2	3	4	5	6	7	8	9	10	11	12	13

CAPÍTULO 15

números-índices

Objetivos do Capítulo

Ao completar este capítulo, o leitor deve estar em condições de:

1. Explicar o que são números-índices e como se usam
2. Explicar o que é número-índice simples e calcular números-índices de preço, quantidade e valor para um conjunto de dados
3. Explicar o que é número-índice composto e calcular números-índices de preço e quantidade, usando o método dos relativos médios e o método dos agregados
4. Relacionar e discutir rapidamente problemas e considerações especiais ligados à construção e utilização de números-índices
5. Dizer como, e por que, se muda a base de um número-índice
6. Relacionar e descrever rapidamente quatro números-índices de administração

Esboço do Capítulo

Introdução
Números-Índices Simples
Números-Índices Compostos
  O método dos agregados ponderados
  O método da média ponderada dos relativos
Considerações e Problemas Especiais
Mudança de Base de um Número-Índice
Quatro Índices Importantes em Administração e Economia
  O índice de preços do consumidor
  O índice de preços de atacado
  A média industrial Dow-Jones
  O índice de produção industrial
Deflação de uma Série Temporal
Resumo

INTRODUÇÃO

Os números-índices são um importante instrumento para sintetizar modificações em variáveis econômicas durante um período de tempo. Esses números indicam a variação relativa no preço, na quantidade, ou no valor entre um ponto anterior no tempo (período-base) e, usualmente, o período corrente. Por exemplo, quando uma família nota que o preço do pão é o dobro do que era há 10 anos, está fazendo uso de certo tipo de número-índice.

Quando só um produto está em jogo, o índice é chamado *índice simples*, enquanto que uma comparação que envolva um grupo de artigos é chamada *índice composto*. Por exemplo, além do pão, uma família pode incluir em sua observação itens como leite, manteiga, carne, verduras e enlatados. Alguns desses itens podem ter tido aumentos substanciais de preço, outros podem ter tido aumentos pequenos, e outros ainda uma redução de preço. A finalidade do índice composto é sintetizar a variação global de preços para este tipo de produtos. Mas as compras daquela família podem também ter se modificado através dos anos. Talvez tenha aumentado o consumo de leite e de carne. Isto ocorrerá se a família tiver aumentado. O consumo de manteiga, por outro lado, pode ter diminuído, particularmente por questões de peso. Logo, é preciso incluir não só variações de preço como também variações de quantidade a fim de obter um quadro mais preciso da variação global.

A administração e a indústria também se defrontam com situações que requerem o estudo de tais variações. Eles também experimentam variações de preços de matérias-primas, de produtos semi-acabados, de peças de substituição, de mão-de-obra, combustível e vendas. Os números-índices proporcionam um meio de avaliar essas variações.

> Os *números-índices* são usados para indicar variações relativas em quantidades, preços, ou valores de um artigo, durante dado período de tempo.

A rigor, os números-índices não se referem apenas a comparações entre diferentes períodos de tempo; podem também ser usados para comparações dentro do mesmo esquema de tempo. Por exemplo, a comparação de desistências entre as escolas de uma cidade, ou a comparação de taxas de criminalidade, custo de aluguéis ou de alimentação entre diversas cidades, envolvem comparações *espaciais*. Nossa ênfase, entretanto, será nas comparações entre períodos de tempo. Vale a pena notar também que o emprego de números-índices para sintetizar variações econômicas é de importância em qualquer economia, independentemente da estrutura política e social.

Há três classificações de números-índices administrativos e econômicos: índices de preço, quantidade e valor. Discutiremos a seguir a construção de cada um desses três tipos de número-índice, faremos comentários gerais sobre os problemas de sua utilização, e apresentaremos uma rápida discussão de quatro importantes índices comerciais e econômicos: o índice de preço do consumidor, o índice Dow-Jones, o índice de preços por atacado, e o índice de produção industrial.

Todos os números-índices têm certas características em comum. Uma é que eles são *razões* de quantidades no período corrente para quantidades no *período-base*. As razões são expressas como percentagens, arredondadas para o 1% ou 0,1% mais próximo, porém sem o sinal de percentagem (isto é, 123; 145,2). A quantidade referente ao período-base é em geral considerada como 100%.

Um *número-índice* é uma *razão* usada para avaliar a variação entre dois períodos de tempo.

NÚMEROS-ÍNDICES SIMPLES

Um número-índice simples avalia a variação relativa de um *único* item ou variável econômica entre dois períodos de tempo. Calcula-se como a razão do preço, quantidade ou valor em dado período para o correspondente preço, quantidade ou valor num período-base.

Consideremos, por exemplo, o preço e o volume médios para um vendedor local de automóveis novos, para determinado modelo com equipamento *standard*. A Tabela 15.1 dá os dados.

Tabela 15.1 Dados de Preço e Volume para Vendedores de Carros

(1) Ano	(2) Preço médio de venda	(3) Nº vendido	(2) × (3) Receita (em 1.000)
1972	3000	60	180,0
1973	3300	63	207,9
1974	3900	60	234,0
1975	4500	66	297,0
1976	4500	72	324,0
1977	4800	75	336,0
1978	4950	66	326,7

Podem-se calcular números-índices para os chamados *relativos* de preço, quantidade, e valor, mediante as seguintes fórmulas:

$$\text{relativo do preço} = \frac{p_n}{p_0} \times 100$$

$$\text{relativo da quantidade} = \frac{q_n}{q_0} \times 100$$

$$\text{relativo do valor} = \frac{p_n q_n}{p_0 q_0} \times 100$$

onde

p_0 = preço de um item no ano-base
q_0 = quantidade de um item no ano-base
p_n = preço de um item em determinado ano
q_n = quantidade de um item em determinado ano

Tomemos 1972 como ano-base. Isto significa que estamos considerando o preço de $3000 como sendo igual a 100% e que os preços dos outros anos serão medidos *em relação* àquele preço. Analogamente, o volume será medido tomando-se a cifra de 60 de 1972 como 100%, e a receita tomando-se $180.000 como 100%.

Os números-índices (relativos) para preço, quantidade e valor para carros de 1976 são

$$\text{preço: } \frac{p_{1976}}{p_{1972}} \times 100 = \frac{4500}{3000} \times 100 = 150$$

$$\text{quantidade: } \frac{q_{1976}}{q_{1972}} \times 100 = \frac{72}{60} \times 100 = 120$$

$$\text{valor: } \frac{(p_{1976})(q_{1976})}{(p_{1972})(q_{1972})} \times 100 = \frac{(4500)(72)}{(3000)(60)} \times 100 = 180$$

Essas cifras podem ser interpretadas da seguinte maneira. Os preços de automóveis aumentaram 50% entre 1972 e 1976, a quantidade vendida aumentou de 20%, e o valor (receita) aumentou de 80%. Para os outros anos podemos calcular os relativos da mesma maneira. Constam da Tabela 15.2.

Tabela 15.2 Índices Anuais para Preço, Quantidade e Valor para o Exemplo dos Carros, Tomando como Base as Cifras de 1972

	Preço		Quantidade		Receita	
Ano	Dólares	Índice	Unidades	Índice	Dólares	Índice
1972	3000	100	60	100	180,0	100
1973	3300	110	63	105	207,9	116
1974	3900	130	60	100	234,0	130
1975	4500	150	66	110	297,0	165
1976	4500	150	72	120	324,0	180
1977	4800	160	75	125	360,0	200
1978	4950	165	66	110	326,7	182

Os números-índices simples, que utilizam um período-base comum, chamam-se *relativos de base fixa*. Outra forma de número-índice, chamada *relativo de ligação*, focaliza a atenção nas variações anuais. Calcula-se o preço, a quantidade ou o valor de cada ano em relação às cifras do ano anterior. Os relativos de ligação podem ser calculados diretamente, usando-se os dados brutos, ou então podem ser determinados a partir de números-índices de base fixa, se deles dispusermos. Os relativos de ligação exprimem-se também como percentagens. Por exemplo, para os dados da Tabela 15.2, o relativo de ligação para quantidade para 1976 poderia ser calculado de duas maneiras. Utilizando os dados brutos, obtemos

$$\text{relativo de ligação}_{1976} \text{ para quantidade} = \frac{q_{1976}}{q_{1975}} \times 100 = \frac{72}{66} \times 100 = 109$$

Alternativamente, podemos usar os índices de 1975 e 1976:

$$\text{relativo de ligação}_{1976} \text{ para quantidade} = \frac{I_{1976}}{I_{1975}} \times 100 = \frac{120}{110} \times 100 = 109$$

Os relativos de ligação para outros anos podem ser obtidos de maneira análoga (veja o Exercício 3). Constam da Tabela 15.3.

A principal limitação dos índices simples é que eles se referem apenas a itens *isolados*, enquanto que freqüentemente necessitamos sintetizar variações para todo um *grupo* de itens. Os números-índices para grupos chamam-se números-índices *compostos*, e é para estes que agora voltamos nossa atenção.

Tabela 15.3 Relativos de Ligação para o Exemplo dos Carros

	Preço		Volume		Receita	
Ano	Efetivo	Relativo	Efetivo	Relativo	Efetivo	Relativo
1972	30.000	-	60	-	180,9	-
1973	33.000	110	63	105	207,9	116
1974	39.000	118	60	95	234,0	113
1975	45.000	115	66	110	297,0	127
1976	45.000	100	72	109	324,0	109
1977	48.000	107	75	104	260,0	111
1978	49.500	103	66	88	326,7	91

NÚMEROS-ÍNDICES COMPOSTOS

Os números-índices compostos são usados para indicar uma variação relativa no preço, na quantidade, ou no valor de um *grupo* de itens. Por exemplo, podemos inquirir se os *preços* de artigos de mercearia em geral aumentaram ou diminuíram no decorrer de certo período. Na realidade, muitos preços subiram, mas alguns podem ter baixado. Que se pode dizer, de modo geral? Para tanto, é preciso examinar alguma *combinação* de itens, em lugar de itens individuais. Analogamente, pode ser útil determinar se as quantidades de artigos de mercearia sofreram variação e, em caso afirmativo, em que direção. Consideraremos dois métodos para determinar números-índices compostos: O método dos agregados ponderados e a média dos relativos de preço.

O Método dos Agregados Ponderados

O problema de determinar *variações de preço* para um grupo de artigos é que, usualmente, além de variações nos preços, há variações nas quantidades compradas. Assim, para focalizarmos só preços, as variações nas quantidades devem ser eliminadas. Em outras palavras, queremos saber até que ponto as variações de valor são devidas a variações de preço, sem precisarmos considerar variações de quantidade. Uma forma de conseguir isto é fazer as quantidades do ano corrente iguais às quantidades do ano-base. Dessa forma, a única diferença será nos preços entre os dois anos.

Consideremos o exemplo de um comprador noturno que adquire quatro itens: cogumelos, limões, bolos e o jornal vespertino. Os dados constam da Tabela 15.4. Note-se que tanto os preços como as quantidades se modificaram de 1970 a 1978. Se quisermos saber qual foi a variação global nos preços, poderemos imaginar as quantidades como tendo permanecido inalteradas. A fórmula para um índice de preços é a seguinte:

$$\text{índice de preço (pesos do ano-base)} = \frac{\Sigma p_n q_0}{\Sigma p_0 q_0} \times 100$$

onde q_0 denota os pesos do ano-base.

Usando as cifras da tabela, encontramos

Tabela 15.4 Dados do Comprador Noturno

	1970		1978	
	Preço$_0$	Quantidade$_0$	Preço$_0$	Quantidade$_0$
cogumelos	0,80/lb	2 lb	1,20/lb	1,5 lb
limões	0,10 cada	4	0,08 cada	6
bolos	1,00/dúzia	1 dúzia	2,00/dúzia	0,5 dúzia
jornal	0,10	1	0,25	1

$$I_{\text{preço}} = \frac{\Sigma(p_{1978}q_{1970})}{\Sigma(p_{1970}q_{1970})} \times 100$$

$$= \frac{1{,}20(2{,}0) + 0{,}08(4) + 2{,}00(1) + 0{,}25(1)}{0{,}80(2{,}0) + 0{,}10(4) + 1{,}00(1) + 0{,}10(1)} \times 100 = 160$$

O índice de preço sugere que, globalmente, os preços subiram 60%.

De modo análogo, podemos calcular um índice de quantidade, mantendo constantes os preços e isolando, assim, as variações de quantidade.

$$\text{índice de quantidade (pesos do ano-base)} = \frac{\Sigma q_n q_0}{\Sigma q_0 p_0} \times 100$$

onde p_0 denota os pesos do ano-base.

Referindo-nos às cifras da Tabela 15.4, nosso índice de quantidade, utilizando os pesos do ano-base (preços), é

$$I_{\text{quant.}} = \frac{\Sigma(q_{1978}p_{1970})}{\Sigma(q_{1970}p_{1970})} \times 100$$

$$= \frac{1{,}5(0{,}80) + 6(0{,}10) + 0{,}5(1{,}00) + 1(0{,}10)}{2(0{,}80) + 4(0{,}10) + 1(1{,}00) + 1(0{,}10)} \times 100 = 77$$

O índice pode ser interpretado como indicativo de que as quantidades globais dos artigos em estudo, adquiridos por aquele comprador, declinaram 23% (isto é, 100% - 77% = 23%).

Um índice de valor teria a seguinte forma:

$$\text{índice de valor} = \frac{\Sigma p_n q_n}{\Sigma p_0 q_0} \times 100$$

Para o nosso comprador, o índice seria

$$I_{\text{valor}} = \frac{1{,}20(1{,}5) + 0{,}08(6) + 2{,}00(0{,}5) + 0{,}25(1)}{0{,}80(2) + 0{,}10(4) + 1{,}00(1) + 0{,}10(1)} \times 100 = 114$$

Não é absolutamente necessário usar preços ou quantidades do ano-base como ponderações para esses índices. Assim é que, por vezes, se usam os pesos do ano corrente. Entretanto, uma desvantagem dos pesos do ano corrente é que eles devem ser revistos cada ano. Outro processo seria utilizar pesos de algum ano intermediário entre o ano-base e o ano corrente.

O Método da Média Ponderada dos Relativos

Esse método constitui uma alternativa do método dos agregados ponderados; dá exatamente as mesmas cifras. Há considerações de ordem computacional que influem na escolha do método para determinada situação. Por exemplo, via de regra, o método dos agregados ponderados costuma exigir menos trabalho de cálculo. Entretanto, ao lidar com dados publicados, por vezes não dispomos dos preços e quantidades originais; em lugar deles, são dados os relativos, de modo que devemos trabalhar com estes. Os índices correspondentes de preço e quantidade, utilizando os relativos, são os seguintes:

$$\text{índice de preço (pesos do ano-base)} = \frac{\Sigma[(p_n/p_0)p_0q_0]}{\Sigma p_0q_0} \times 100$$

$$\text{índice de quantidade (pesos do ano-base)} = \frac{\Sigma[(q_n/q_0)p_0q_0]}{\Sigma p_0q_0} \times 100$$

Os índices para o nosso comprador são:

$$I_{\text{preço}} = \frac{\Sigma[p_{1978}/p_{1970})p_{1970}q_{1970}]}{\Sigma p_{1970}q_{1970}} \times 100$$

$$= \frac{(1{,}20/0{,}80)(0{,}80)(2) + (0{,}08/0{,}10)(0{,}10)(4) + (2{,}00/1{,}00)(1{,}00)(1) + (0{,}25/0{,}10)(0{,}10)(1)}{0{,}80(2) + 0{,}10(4) + 1{,}00(1) + 0{,}10(1)} \times 100$$

$$= 160$$

$$I_{\text{quant.}} = \frac{\Sigma[(q_{1978}/q_{1970})p_{1970}q_{1970}]}{p_{1970}q_{1970}} \times 100$$

$$= \frac{(1{,}5/2)(0{,}80)(2) + (6/4)(0{,}10)(4) + (0{,}5/1)(1{,}00)(1) + (1/1)(0{,}10)(1)}{0{,}80(2) + 0{,}10(4) + 1{,}00(1) + 0{,}10(1)} \times 100 = 77$$

que são idênticos aos calculados anteriormente com agregados ponderados.

CONSIDERAÇÕES E PROBLEMAS ESPECIAIS

Os números-índices constituem uma tentativa elementar para captar variações econômicas. Há perigos inerentes na utilização e interpretação de tais indicadores. Por exemplo, as variações de qualidade e a introdução freqüente de novos produtos (calculadoras, TV's a cores, minicomputadores, etc.) distorcem comparações durante longos períodos de tempo. Modificações de definições, tais como o que constitui um lar, ou um dependente, ou um eleitor (p. ex., reduzir a idade mínima eleitoral), também distorcem comparações. E muitas situações envolvem tantos itens que apenas um pequeno número de itens "representativos" é incluído. E a escolha dos itens a incluir abre as portas a possíveis tendenciosidades. Além disso, o problema se complica ainda mais pelo simples fato de os hábitos e preferências dos compradores se modificarem com o decorrer do tempo, de modo que a "cesta de mercado típica" de, digamos, 1977, pode diferir substancialmente do que pode ser "típico" em 1987.

A escolha de um período-base é importante. O ideal seria que a base fosse razoavelmente recente, e os preços estáveis, a fim de permitir comparações significativas. Uma forma de melhorar a estabilidade é usar uma média de dois ou três anos como período-base.

Finalmente, a escolha do índice é importante. As variações de preço são importantes? São importantes as variações de qualidade? Ou ambas? A disponibilidade de dados também pode influir. Se não dispusermos de dados semanais ou mensais, um índice trimestral ou anual será a única alternativa.

MUDANÇA DE BASE DE UM NÚMERO-ÍNDICE

Às vezes é conveniente mudar a base de um índice de um período para outro. Um dos objetivos de tal mudança pode ser o de tornar o período-base mais recente. E isto proporciona uma medida mais corrente da variação. Outro objetivo pode ser o de tornar comparáveis duas séries com bases diferentes.

O processo para a mudança de base é bastante simples, dada uma série de números-índices na base antiga. Exige apenas que cada número da série seja dividido pelo número-índice do novo período-base. O processo é ilustrado na Tabela 15.5. Note-se que os valores são dados em forma de percentagens. Por exemplo, 80/80 = 1, que representa 100%.

Tabela 15.5 Mudança de Base de um Número-Índice

Índices de custo de morada		
	Número-índice antigo (1957-59 = 100)	Número-índice novo (1973 = 100)
1973	80	80/80 = 100
1974	76	76/80 = 95
1975	84	84/80 = 105
1976	82	82/80 = 101
1977	88	88/80 = 110
1978	90	90/80 = 120

QUATRO ÍNDICES IMPORTANTES EM ADMINISTRAÇÃO E ECONOMIA

Em administração e economia, os números-índices são considerados barômetros da atividade financeira e econômica, indicando supostos períodos de inflação, recessão, ciclos de negócios e estagnação. Entre os números-índices mais usados figuram o índice de preços do consumidor, o índice de preços por atacado, a média industrial Dow-Jones e o índice de produção industrial. A imprensa, por exemplo, recorre amplamente a esses índices.

O Índice de Preços do Consumidor

Este índice é publicado mensalmente pela Seção de Estatística do Departamento do Trabalho. É o índice a que a imprensa costuma se referir como índice de custo de vida. Na realidade, ele mede as variações de preços de artigos e serviços adquiridos pela população assalariada urbana. Avalia as variações de preço de uma "cesta de mercado" típica de cerca de 400 itens, inclusive despesas com alimentação, vestuário, moradia, transporte, tratamentos médicos e análogos. Os itens da lista não devem ser interpretados como amostra aleatória. Ao contrário, são selecionados cuidadosamente como itens típicos adquiridos por famílias nos grupos mencionados.

Não é raro encontrarmos cláusulas em acordos de reajuste de salários que vinculam os aumentos salariais ao índice de preços do consumidor (IPC). Além disso, os pagamentos do Seguro Social e de alguns outros benefícios incluem provisões para reajuste com base no IPC.

Os valores do IPC são apresentados tanto como médias anuais ou como médias mensais. A Tabela 15.6 ilustra algumas médias anuais, começando com 1951. Note-se que o ano-base é 1967 (igual a 100). É visível a firme tendência ascendente do índice. A Tabela 15.7 dá um sumário mensal do índice de preços do consumidor para 1974 e proporciona um desdobramento mais refinado dos elementos que compõem o índice.

Tabela 15.6 Índice de Preço do Consumidor, Médias e Variações Anuais, 1951-76 [1967 = 100]

	Preços do consumidor					
	Todos os itens		Artigos		Serviços	
Ano	Índice	Variação percentual	Índice	Variação percentual	Índice	Variação percentual
1951	77,8	7,9	85,9	9,0	61,8	5,3
1952	79,5	2,2	87,0	1,3	64,5	4,4
1953	80,1	0,8	86,7	-0,3	67,3	4,3
1954	80,5	0,5	85,9	-0,9	69,5	3,3
1955	80,2	-0,4	85,1	-0,9	70,9	2,0
1956	81,4	1,5	85,9	0,9	72,7	2,5
1957	84,3	3,6	88,6	3,1	75,6	4,0
1958	86,6	2,7	90,6	2,3	78,5	3,8
1959	87,3	0,8	90,7	0,1	80,8	2,9
1960	88,7	1,6	91,5	0,9	83,5	3,3
1961	89,6	1,0	92,0	0,5	85,2	2,0
1962	90,6	1,1	92,8	0,9	86,8	1,9
1963	91,7	1,2	93,6	0,9	88,5	2,0
1964	92,9	1,3	94,6	1,1	90,2	1,9
1965	94,5	1,7	95,7	1,2	92,2	2,2
1966	97,2	2,9	98,2	2,6	95,8	3,9
1967	100,0	2,9	100,0	1,8	100,0	4,4
1968	104,2	4,2	103,7	3,7	105,2	5,2
1969	109,8	5,4	108,4	4,5	112,5	6,9
1970	116,3	5,9	113,5	4,7	121,6	8,1
1971	121,3	4,3	117,4	3,4	128,4	5,6
1972	125,3	3,3	120,9	3,0	133,3	3,8
1973	133,1	6,2	129,9	7,4	139,1	4,4
1974	147,7	11,0	145,5	12,0	152,0	9,3
1975	161,2	9,1	158,4	8,9	166,6	9,5
1976	170,5	5,8	165,2	4,3	180,4	8,3

Fonte: U.S. Department of Labor, Bureau of Labor Statistics, Monthly Labor Review, Vol. 100, Nºs 1 e 4.

Tabela 15.7 Índice de Preços do Consumidor, (EUA) Média, Sumário Geral e Grupos, Subgrupos e Itens Selecionados [1967 = 100 a menos que se especifique o contrário]

Resumo geral	Média anual 1975	1975		1976											
		nov.	dez.	jan.	fev.	mar.	abr.	mai.	jun.	jul.	ago.	set.	out.	nov.	dez.
Todos os itens	161,2	165,6	166,3	166,7	167,1	167,5	168,2	169,2	170,1	171,1	171,9	172,6	173,3	173,8	155
Todos os itens (1957-59 = 100)	187,5	192,6	193,4	193,9	194,4	194,8	195,6	196,7	197,9	199,0	200,0	200,8	201,5	202,1	180
Alimentação	175,4	179,8	180,7	180,8	180,0	178,7	179,2	180,0	180,9	182,1	182,4	181,6	181,6	181,1	169
em casa	175,8	180,0	180,9	180,8	179,6	177,7	178,1	178,8	179,7	180,9	181,0	179,9	179,6	178,9	170
fora de casa	174,3	179,2	180,0	180,9	181,9	182,8	183,8	184,8	185,6	186,9	187,8	188,7	189,3	190,0	167
Moradia	166,8	171,3	172,2	173,2	173,8	174,5	174,9	175,6	176,5	177,5	178,4	179,5	180,1	180,7	159
aluguel	137,3	139,9	140,6	141,2	142,1	142,7	143,2	143,8	144,4	145,0	145,6	146,2	146,9	147,5	133
casa própria	181,7	186,8	187,8	188,8	188,6	188,7	188,9	189,6	190,7	192,2	193,4	194,4	194,8	194,8	174
Vestuário e manutenção pessoal	142,3	145,5	145,2	143,3	144,0	145,0	145,7	146,8	146,9	146,5	148,1	150,2	150,9	151,9	141
Transporte	150,6	157,4	157,6	158,1	158,5	159,8	161,3	163,5	165,9	167,6	168,5	169,5	170,9	171,4	143
Saúde e recreação	153,5	156,5	157,5	158,6	159,7	160,6	161,4	162,1	162,8	163,7	164,4	165,3	166,1	167,3	147
assistência médica	168,6	173,3	174,7	176,6	178,8	180,6	181,6	182,6	183,7	185,5	186,8	187,9	188,9	191,3	159
Grupos especiais															
todos os itens menos alimentação	159,1	163,4	164,1	164,4	164,9	165,3	166,1	167,1	168,1	169,0	169,7	170,4	171,0	171,6	153
todos os itens menos alojamento	157,1	161,5	162,1	162,6	163,4	164,2	165,0	166,0	167,0	167,9	168,9	170,0	170,8	171,6	151
todos os itens menos assistência médica	160,9	165,2	165,8	166,2	166,5	166,8	167,4	168,4	169,4	170,3	171,1	171,7	172,4	172,7	155
utensílios (inclusive rádio e TV)	118,4	120,9	120,8	121,3	121,8	122,1	122,7	123,0	123,3	123,5	123,6	124,2	124,4	124,8	115
Diversos	158,4	162,2	162,7	162,4	162,3	162,3	163,1	164,2	165,2	166,0	166,6	167,0	167,4	167,7	153
não-duráveis	163,2	167,1	167,6	167,3	167,2	166,7	167,2	168,2	169,0	169,7	170,4	170,7	171,0	171,3	158
duráveis	145,5	149,2	149,3	149,0	149,3	150,4	151,9	153,5	154,7	155,8	156,4	156,9	157,8	158,0	138
Serviços	166,6	172,0	173,1	174,9	176,1	177,2	177,7	178,4	179,5	180,7	181,8	183,2	184,1	185,1	160
Diversos menos alimentação	149,1	152,6	152,8	152,3	152,7	153,3	154,2	155,5	156,5	157,1	158,0	158,9	159,6	160,3	143
não-duráveis menos alimentação	151,7	155,1	155,4	154,7	155,2	155,5	156,0	157,0	157,9	158,1	159,1	160,4	161,0	161,9	147
vestuário	141,2	144,4	143,9	141,5	142,2	143,1	143,9	145,1	145,0	144,4	146,2	148,5	149,2	150,1	141
vestuário menos calçado	140,6	144,1	143,6	140,9	141,4	142,2	142,8	144,2	144,1	143,4	145,2	147,8	148,5	149,4	141
não-duráveis menos alimentação e vestuário	157,9	161,5	162,2	162,6	162,9	162,8	163,2	164,2	165,6	166,3	166,8	167,4	168,1	169,0	151
duráveis domésticos	140,3	142,9	143,0	143,3	144,0	144,8	145,5	145,8	146,1	146,5	146,3	146,7	147,2	147,8	136
mobília	144,4	147,4	147,5	147,4	148,5	149,5	150,1	150,3	150,9	150,9	150,8	151,7	152,2	152,9	140
Serviços menos aluguel	171,9	177,7	179,0	181,0	182,2	183,4	184,0	184,7	185,8	187,2	188,4	189,8	190,8	191,8	164
serviços domésticos menos aluguel	184,7	190,7	192,0	193,7	194,4	195,1	195,4	196,1	197,3	198,7	200,1	201,5	202,3	202,6	177
serviços de transporte	152,7	161,7	163,2	167,0	168,9	171,1	171,7	172,3	173,2	174,7	175,5	177,3	178,9	180,2	146
serviços de assistência médica	179,1	184,2	185,8	188,0	190,4	192,5	193,5	194,6	195,8	197,9	199,4	200,6	201,7	204,5	168
outros serviços	152,1	155,2	155,7	156,6	157,4	158,4	159,1	159,7	160,5	161,2	162,0	163,6	164,3	165,2	147

Fonte: U.S. Department of Labor, Bureau of Labor Statistics: Monthly Labor Review, Vol. 100, Nº 4.

Há muitas aplicações de tal índice. Uma aplicação comum é avaliar o "poder aquisitivo" da unidade monetária. Isto nada mais é que a recíproca do IPC. A Tabela 15.8 ilustra como se obtêm esses valores.

Tabela 15.8 Cálculo do Poder Aquisitivo do Dólar, Usando 1967 como Ano-base

Ano	IPC	(1/IPC) × 100 = poder aquisitivo
1961	89,6	$1,12
1962	90,6	1,10
1963	91,7	1,09
1964	92,9	1,08
1965	94,5	1,06
1966	97,2	1,03
1967	100,0	1,00
1968	104,2	0,96
1969	109,8	0,91
1970	116,3	0,86
1971	121,3	0,82
1972	125,3	0,80
1973	133,1	0,75
1974	147,7	0,68
1975	161,2	0,62

O IPC também é usado para avaliar a renda "real", que é a renda ajustada em relação às variações de preço. Assim, dividindo-se o salário líquido pelo valor corrente do IPC em qualquer ano, obtém-se a renda real daquele ano. É possível também a comparação entre anos. Consideremos um operário que recebeu $10.000 líquidos em 1970 e $12.600 em 1974. Qual a variação de seu salário real? Dividindo-se o salário líquido de cada ano pelo IPC daquele ano, obtém-se o salário real, conforme se vê abaixo.

	Salário líquido	IPC	Salário real
1970	$10.000	116,3	$10.000/116,3 = $8.598
1974	$12.600	147,7	$12.600/147,7 = $8.531

Em outras palavras, a situação financeira do nosso operário piorou ligeiramente em 1974, em relação a 1970, apesar do salário líquido mais elevado, porque os preços avaliados pelo IPC subiram mais que o salário.

Em 1977 o método de cálculo do IPC passou por uma revisão, numa tentativa de modernizá-lo. Os pesos atribuídos a várias categorias, como alimentação, vestuário, assistência médica, etc., foram revistos de modo a refletirem melhor a realidade. Além disso, foram atualizadas as amostras de itens com preço marcado e estabelecimentos de varejo. Atualmente, o índice representa cerca de 80% da população, enquanto que anteriormente representava apenas cerca de 40% da população.*

* Julius Shiskin, "The Consumer Price Index: How Will the 1977 Revision Affect It?" *Statistical Reporter* (dezembro de 1975).

O Índice de Preços de Atacado

Esse índice é também publicado pelo Departamento de Estatística do Trabalho. Destina-se a avaliar as variações relativas nos preços que os fabricantes pagam por matérias-primas, e inclui todos os produtos e materiais principais utilizados na indústria norte-americana. Os contratos industriais às vezes contêm provisões relativas a ajustes de preços com base em valores futuros desse índice. Os valores do índice de preços por atacado (IPA) são publicados mensal e anualmente. A Tabela 15.9 dá alguns valores recentes.

Tabela 15.9 Índice de Preços por Atacado, 1951-76 [1967 = 100]

	Preços por atacado					
	Todos os artigos		Produtos agrícolas, alimentos processados		Artigos industriais	
Ano	Índice	Variação percentual	Índice	Variação percentual	Índice	Variação percentual
1951	91,1	11,4	106,9	13,8	86,1	10,4
1952	88,6	-2,7	102,7	-3,9	84,1	-2,3
1953	87,4	-1,4	96,0	-6,5	84,8	0,8
1954	87,6	0,2	95,7	-0,3	85,0	0,2
1955	87,8	0,2	91,2	-4,7	86,9	2,2
1956	90,7	3,3	90,6	-0,7	90,8	4,5
1957	93,3	2,9	93,7	3,4	93,3	2,8
1958	94,6	1,4	98,1	4,7	93,6	0,3
1959	94,8	0,2	93,5	-4,7	95,3	1,8
1960	94,9	0,1	93,7	0,2	95,3	0
1961	94,5	-0,4	93,7	0	94,8	-0,5
1962	94,8	0,3	94,7	1,1	94,8	0
1963	94,5	-0,3	93,8	-1,0	94,7	-0,1
1964	94,7	0,2	93,2	-0,6	95,2	0,5
1965	96,6	2,0	97,1	4,2	96,4	1,3
1966	99,8	3,3	103,5	6,6	98,5	2,2
1967	100,0	0,2	100,0	-3,4	100,0	1,5
1968	102,5	2,5	102,4	2,4	102,5	2,5
1969	106,5	3,9	108,0	5,5	106,0	3,4
1970	110,4	3,7	111,7	3,4	110,0	3,8
1971	113,9	3,2	113,8	2,0	114,0	3,6
1972	119,1	4,6	122,4	7,6	117,9	3,4
1973	134,7	13,1	159,1	30,0	125,9	6,8
1974	160,1	18,9	177,4	11,5	153,8	22,2
1975	174,9	9,2	184,2	3,8	171,5	11,5
1976	182,9	4,6	183,1	-0,6	182,3	6,3

Fonte: U.S. Department of Labor, Bureau of Labor Statistics: Monthly Labor Review, Vol. 100, N.os 1 e 4.

A Média Industrial Dow-Jones

É talvez o mais conhecido de um grupo de índices que têm por fim apresentar as variações de preço no mercado de ações. O índice Dow-Jones inclui 30 tipos de ações industriais ordinárias. Como no caso dos itens incluídos no índice de preços do consumidor, aqui também não se trata de amostra aleatória do total de cerca de 1800 ações inscritas na Bolsa de Nova Iorque. Ao contrário, as 30 ações são supostamente representativas dos preços de ações em geral, embora haja considerável dúvida quanto a essa representatividade. Outros índices de ações são o Standard and Poor's 500, o Índice Composto de Todas as Ações da Bolsa de Nova Iorque, e o Índice da Bolsa Norte-Americana.

O Índice de Produção Industrial

É publicado pelo Federal Reserve Board com base em informações compiladas por outros departamentos do governo norte-americano. Mede as variações no volume de produção industrial, mineira, e de companhias de utilidades, e inclui aproximadamente 100 componentes. Essas indústrias respondem por cerca de 70% a 80% da produção total dos EUA, de bens e serviços no setor privado. O índice é geralmente considerado indicativo das condições gerais dos negócios.

DEFLAÇÃO DE UMA SÉRIE TEMPORAL

Quando as cifras anuais são registradas em dólares, essas quantias incluem variações tanto nos preços como nas quantidades. As variações de preço, freqüentemente devidas a inflação ou deflação, podem obscurecer as variações de quantidade. Consideremos, por exemplo, os dados da Figura 15.1. Embora as vendas, em dólares, pareçam acusar substancial aumento no período, as vendas em unidades só acusam um aumento moderado. Evidentemente, os aumentos de preço respondem pela maior parte do aumento das vendas *em dólares*.

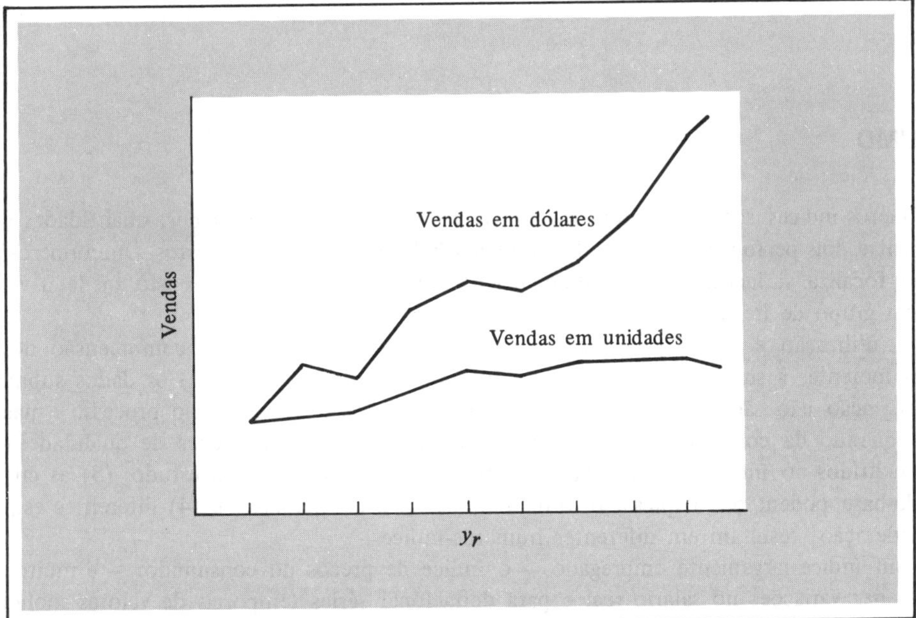

Figura 15.1 As variações em dólares freqüentemente obscurecem as variações em quantidade.

Se se trata de apenas um produto, o uso de unidades em lugar de dólares evita essa dificuldade. Todavia, a maior parte dos problemas envolve transações com múltiplos produtos. Por exemplo, as vendas de grandes magazines, supermercados, etc., são dessa natureza. Em tais casos, as vendas em unidades monetárias podem ser convertidas em quantidades, eliminando-se todas as variações globais de preço medidas por um número-índice como o IPC. As quantias originais em dólares são "deflacionadas" (divididas) pelo valor do IPC para o período correspondente. Resulta disso um quadro mais claro das variações reais.

$$\text{valor deflacionado} = \frac{\text{valor original em dólar}}{\text{índice de preço}} \times 100$$

Exemplo 1 A seguinte tabela mostra como se calculam valores deflacionados.

Ano	Vendas em $1.000	IPC	Valores deflacionados
1970	$ 880	116,3	880/116,3 × 100 = 757
1971	940	121,3	940/121,3 × 100 = 775
1972	1100	125,3	1100/125,3 × 100 = 878
1973	1450	133,1	1450/133,1 × 100 = 1089
1974	1790	147,7	1790/147,7 × 100 = 1212
1975	1825	161,2	1825/161,2 × 100 = 1132

RESUMO

Os números-índices são razões que medem a variação relativa em preços, quantidades ou valores, entre dois períodos de tempo. Há números-índices simples e compostos. Um número-índice simples focaliza variações de um único artigo; um número-índice composto mede a variação para um grupo de itens.

A utilização e a interpretação de números-índices exige alguma compreensão dos problemas inerentes à sua construção. Alguns dos principais perigos são: (1) os dados submetidos a comparação não são comparáveis, devido possivelmente a variações no processo e nas definições quando da coleta de dados, inclusão de novos itens, e variações de qualidade; (2) os itens incluídos no índice não são representativos para o problema em estudo; (3) as cifras do período-base podem ser atípicas, distorcendo, assim, a comparação; e (4) diferentes esquemas de ponderação resultam em diferentes números-índices.

Um índice largamente empregado – o índice de preços do consumidor – é muito usado para avaliar variações no salário real e para deflacionar séries temporais de valores monetários. Outros índices importantes são o índice de preços por atacado, a média industrial Dow-Jones e o índice de produção industrial.

QUESTÕES PARA RECAPITULAÇÃO

1. Qual é a finalidade de um número-índice?
2. Que significa o termo "período-base"?
3. Contraste índice de preços com índice de quantidade.
4. Contraste um índice simples com um índice composto.
5. Em que diferem os relativos de ligação dos relativos de base fixa?
6. Explique como a média dos relativos difere do método dos agregados ponderados.
7. Relacione quatro problemas ou considerações especiais geralmente associadas com a construção ou uso dos números-índices.
8. Por que às vezes é conveniente mudar a base de um número-índice?
9. Relacione quatro números-índices comumente usados.
10. Descreva algumas utilizações do índice de preços do consumidor.
11. Que ocorre com o poder aquisitivo da moeda quando aumenta o IPC? Que acontece se o IPC diminui?

EXERCÍCIOS

1. O proprietário de uma pequena confeitaria deseja comparar vendas e preços em 1976 com as vendas e preços do ano após ter adquirido o estabelecimento. Os dados representam valores para a primeira semana de junho. Calcule um índice simples de preço, um índice de quantidade e um índice de valor para esses dados, usando 1966 como 100%.

	1966	1976
Vendas	650 dúzias	600 dúzias
Preço	$0,90/dúzia	$1,40/dúzia

2. Uma firma de transporte deseja comparar preços, quantidades e valores, tomando 1970 como ano-base. Calcule números-índices convenientes.

	1970	1978
Toneladas remetidas (em 1.000)	300	360
Custo por tonelada	$50	$70

3. Compute os relativos de ligação para os dados da Tabela 15.2 e compare suas respostas com as da Tabela 15.3.
4. O gerente noturno de um armazém de laticínios mantém cuidadosos registros de preços e quantidades de seus principais produtos e agora quer fazer comparações, utilizando as cifras de agosto.

	1972		1978	
	preço	quantidade	preço	quantidade
Leite				
integral, 0,5 gal.	0,49	400.000	0,79	450.000
de segunda, qt.	0,30	80.000	0,40	100.000
chocolate, qt.	0,35	20.000	0,40	22.000
creme, 0,5 pt.	0,22	1.000	0,29	1.000
Sorvete				
econômico, gal.	1,09	30.000	1,39	40.000
de luxo, 0,5 gal.	1,49	10.000	1,79	12.000
de frutas, 0,5 kg	0,40	3.000	0,40	3.600
Ovos				
pequenos, dúzia	0,39	30.000	0,59	20.000
médios, dúzia	0,45	40.000	0,65	35.000
grandes, dúzia	0,49	60.000	0,75	80.000
extragrandes, dúzia	0,53	30.000	0,79	40.000

a. Use o método dos agregados ponderados para obter números-índices de preço, quantidade e valor para os produtos de sorvete, com pesos de 1972.
b. Use o método dos agregados ponderados para obter um índice de preço e um índice de quantidade para *todos* os produtos combinados, usando pesos de 1972.
c. Calcule os relativos de preço para *cada um* dos onze produtos, tomando 1972 = 100%.

5. O gerente de uma fábrica está revisando as cifras de produção de um de seus departamentos da divisão de plásticos. Os dados (1º trimestre de cada ano) são apresentados a seguir. Calcule índices de preço e de quantidade para 1974, 1976 e 1978, usando o método dos agregados ponderados, tomando 1972 como peso-base.

	1972		1974		1976		1978	
	Custo	Quantidade	Custo	Quantidade	Custo	Quantidade	Custo	Quantidade
Mão-de-obra, preço/hora	4,00	10.400	4,10	10.920	4,80	9.360	5,20	10.400
Materiais, preço/ton	28	12	30	15	36	10	38	14
Gerais, preço/pé^2	50	800	55	800	70	800	70	1.000

6. Refaça o Exercício 5 usando o método das médias dos relativos.
7. Obtenha o último valor mensal do IPC e o valor final da última semana do índice industrial Dow-Jones.
8. Indique cinco índices usados comumente, *que não os mencionados neste capítulo*. (Sugestão: Recorra às publicações governamentais, como *Survey of Current Business*, *Monthly Labor Review*, ou *Business Conditions Digest*.)
9. Mude para 1970 a base dos valores do IPC constantes da Tabela 15.8 e calcule o poder aquisitivo do dólar para os anos 1961 a 1975, tomando 1970 como ano-base.

CAPÍTULO **16**

análise das séries temporais

Objetivos do Capítulo

Ao terminar este capítulo, o leitor deve estar em condições de:

1. Explicar o termo "série temporal"
2. Descrever o método clássico de análise das séries temporais, identificando os quatro componentes de uma série e explicando como isolá-los
3. Resolver problemas simples usando essas técnicas
4. Contrastar os modelos aditivo e multiplicativo
5. Explicar o termo "regularização exponencial" (exponential smoothing)
6. Dizer em que o método da eliminação exponencial difere do método clássico de análise das séries temporais

Esboço do Capítulo

Introdução
O Modelo Clássico
   Modelos multiplicativo e aditivo
Tendência
   Isolamento da tendência com o uso da análise de regressão
   Médias móveis
Variações Cíclicas e Irregulares
Variações Sazonais
   O método da razão-para-a-média-móvel
Recomposição
Regularização Exponencial
   Escolha da constante de regularização
Comentários
Resumo

INTRODUÇÃO

Uma série temporal é um conjunto cronológico (ordenado no tempo) de observações. Exemplos: registros de temperaturas diárias, de vendas semanais, do PNB trimestral, da temperatura de um paciente a cada hora, testes de EEG (eletroencefalograma), etc.

A análise de tais dados tem por objetivo determinar se eles apresentam algum padrão não-aleatório. Por vezes, o que se deseja é, realmente, localizar esses padrões não-aleatórios, que podem então ser usados para predições quanto ao futuro. Por exemplo, a previsão de vendas é uma área onde os dados passados são explorados na esperança de se encontrar algo útil para a previsão da demanda futura. Outras vezes, o objetivo é constatar a ausência de padrões não-aleatórios. Nesses casos, os padrões não-aleatórios são encarados como um sinal de que determinado sistema ou processo está "fora de controle".

Por exemplo, o controle de qualidade industrial utiliza largamente dados de séries temporais no controle e ajuste de processos de fabricação. Uma máquina que esteja funcionando adequadamente produz peças com dimensões que são estatisticamente independentes umas das outras (isto é, não há relacionamento histórico entre as observações). Os valores se apresentam como observações aleatórias seguindo alguma distribuição de probabilidades, como, por exemplo, a normal. Os testes de significância de médias e proporções são úteis na avaliação de desvios em relação a uma norma (os valores críticos desses testes são tratados como "limites de controle"); mas tais testes focalizam apenas valores extremos, ignorando completamente a possibilidade de padrões não-aleatórios *dentro* dos limites de controle. A detecção desse tipo de comportamento não-aleatório exige que se dê maior atenção à *seqüência* de observações. Os testes de repetições são úteis para tais estudos. A constatação de qualquer padrão não-aleatório nos dados é encarada como evidência de que a máquina, ou o processo, está fora de controle, cabendo então medidas para fazer o processo voltar a um estado de controle estatístico.

Nesta seção, daremos ênfase às séries temporais em que há algum relacionamento *histórico* entre as observações. A finalidade da análise é determinar qual seja tal relacionamento, a fim de que possamos utilizá-lo em nossos planejamentos ou previsões. Os recibos de caixa, os preços de ações, o custo de vida, os custos de produção, e muitas outras variáveis econômicas, políticas e sociais freqüentemente apresentam padrões históricos. Às vezes, esses padrões parecem estar relacionados com variáveis *extrínsecas* (isto é, que podem ser explicadas em termos de outras variáveis). Por exemplo, as vendas de bens duráveis como refrigeradores, lavadoras de pratos, secadoras de roupa, etc., costumam ser sensíveis a fatores como planos habitacionais, níveis de emprego, etc. Assim, quanto maior o número de pessoas empregadas, ou quanto mais amplos os projetos habitacionais, maior o potencial de aquisição de bens duráveis. Modelos ecométricos, semelhantes aos modelos de regressão múltipla, podem ser úteis nessas análises, embora a discussão de tais técnicas ultrapasse o âmbito deste livro.

O estudo que segue diz respeito à análise *intrínseca*, que focaliza os dados históricos da variável de interesse. É de notar que a análise intrínseca é amplamente usada em administração e na indústria. A finalidade da análise intrínseca é *descrever*, e não *explicar* padrões históricos dos dados (isto é, identificar vários padrões). Além disso, a hipótese básica da análise intrínseca é que existe um sistema causal constante relacionado com o tempo, que exerce influência sobre os dados. Em outras palavras, os dados históricos presumivelmente refletem a influência de todos os fatores—e as refletem uniformemente através do tempo. Por exemplo, um estudo de vendas durante os últimos 14 anos pode revelar um aumento médio de cerca de 10% anualmente. A previsão de vendas futuras se fará então com base nisso admitindo que os fatores que determinaram tal comportamento continuarão a atuar no futuro.

O MODELO CLÁSSICO

O modelo, ou decomposição, clássico considera as séries temporais como sendo compostas de quatro padrões, ou elementos, básicos:

1. Tendência.
2. Variações cíclicas.
3. Variações sazonais.
4. Variações irregulares.

O termo "tendência" descreve um movimento suave, a longo prazo, dos dados, para cima ou para baixo. As tendências podem estar relacionadas com fatos tais como variações de população (influenciadas, talvez, pelo crescimento do número de aposentados ou decréscimo no número de nascimentos), introdução ou eliminação da lei de recrutamento, modificações nas preferências dos consumidores, maior ênfase na conservação de energia, etc. A Figura 16.1(a) ilustra uma tendência linear.

Existe um padrão *cíclico* quando as variações apresentam certo grau de regularidade. A Figura 16.1(b) exibe um padrão típico. Os economistas têm encontrado padrões cíclicos na demanda de bens duráveis e de produtos agrícolas, nos inventários, nos preços de ações e na prosperidade. Há também indícios de que as manchas solares, a queda das chuvas, e certas populações animais, apresentem padrões cíclicos. Os ciclos tendem a variar em termos de regularidade, uns apresentando-se muito regulares, outros mais erráticos. Ainda não há acordo completo – mesmo entre os técnicos – quanto às causas dos ciclos ou remédios para eles.

As *variações sazonais* são variações cíclicas a prazo relativamente curto (um ano ou menos), em geral relacionadas com a variação da época (tempo) ou feriados. Por exemplo, existem padrões sazonais nas vendas de artigos para recreação usados em determinada estação, como esquis, trenós, botes, anzóis, etc. Cartões de felicitações, livros didáticos, vestuário, automóveis, artigos de jardinagem, também apresentam padrões sazonais nas vendas. A Figura 16.1(c) apresenta uma série de padrões sazonais. Os padrões sazonais tendem a persistir devido à forma em que os anos se dispõem.

Finalmente, as *variações irregulares* são coisas tais como "atos de Deus", greves, e tudo quanto reste após a consideração dos três primeiros fatores.

No modelo clássico, o processo consiste em decompor uma série temporal em cada uma dessas componentes básicas de variação, analisar cada componente separadamente, e então recombinar a série a fim de descrever as variações observadas na variável de interesse. O processo de decomposição envolve a remoção sistemática de cada componente dos dados, a começar pela tendência. A Figura 16.2 ilustra como uma série temporal pode incorporar todos os componentes. Note-se que cada padrão é apresentado em sua forma ideal. Além disso, por uma questão de simplicidade, as variações aleatórias e irregulares foram excluídas. Os dados da vida real raramente originam padrões suaves desse tipo.

> O *método clássico* da análise de séries temporais procura selecionar as componentes tendência, variação cíclica, variações sazonais e variações irregulares dos dados, a fim de analisar cada componente separadamente.

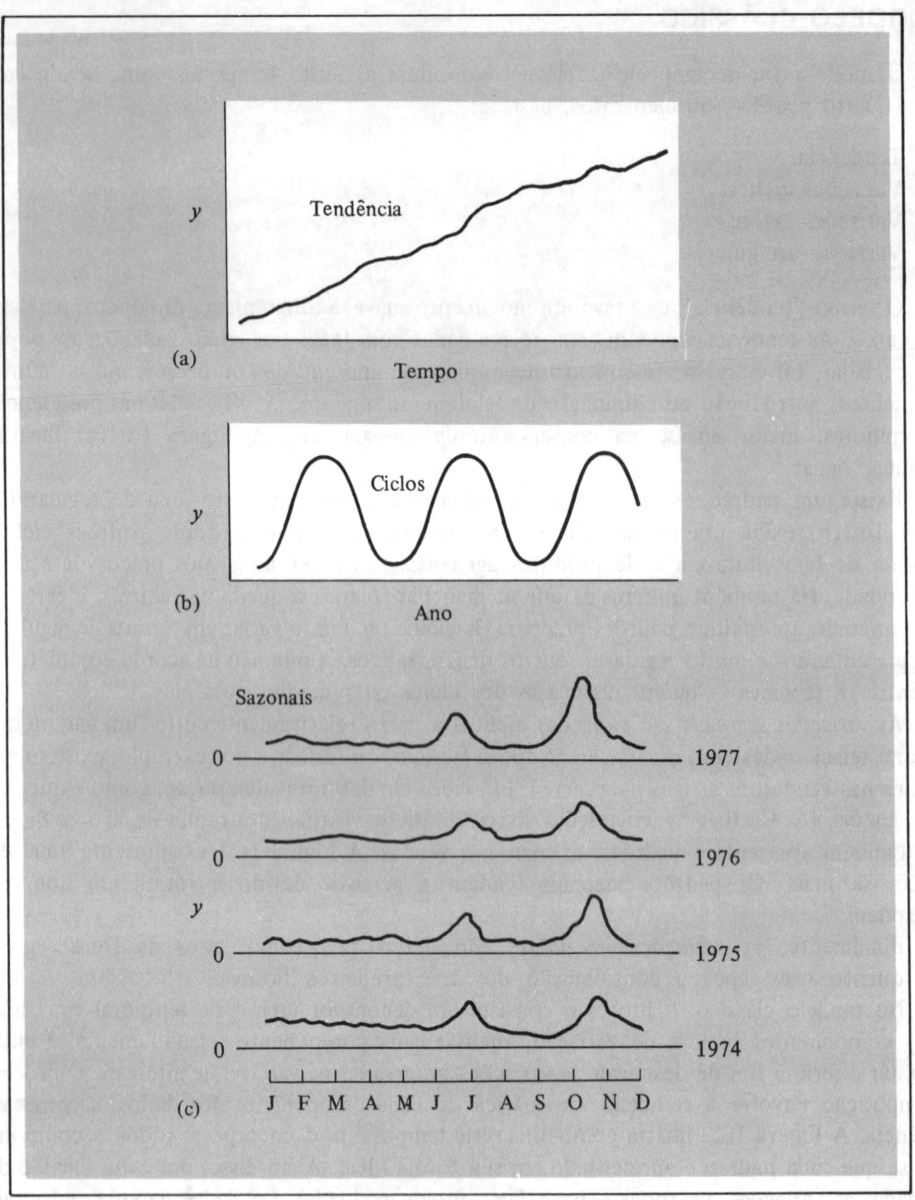

Figura 16.1 As componentes de uma série temporal podem ser exibidas separadamente.

Modelos Multiplicativo e Aditivo

Há duas variantes do modelo clássico. Uma é chamada "multiplicativa" e a outra "aditiva". A primeira considera uma série temporal como se fosse resultante do *produto* das componentes individuais, enquanto que a última considera a série temporal como a resultante da *soma* das componentes individuais. Assim, o modelo *multiplicativo* tem a forma

$$Y = T \times C \times S \times I$$

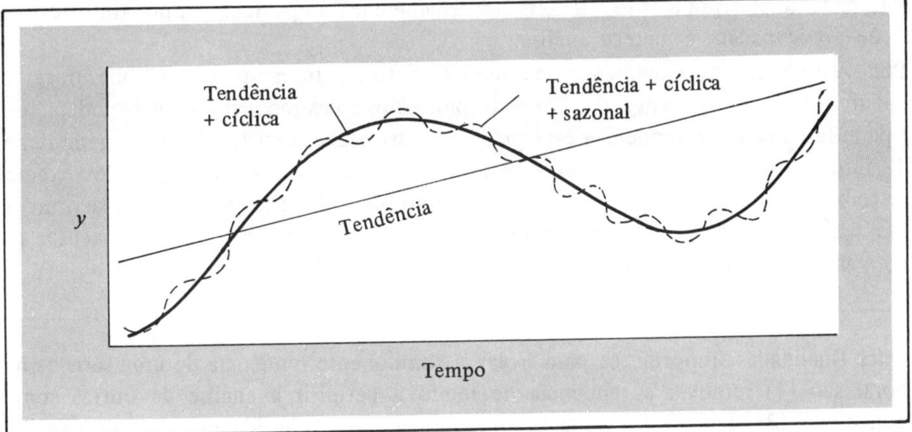

Figura 16.2 Uma série temporal pode ser composta de tendência, variações cíclicas e variações sazonais.

onde

T = componente tendência
C = componente cíclica
S = componente sazonal
I = componente irregular

e o modelo *aditivo* tem a forma

$$Y = T + C + S + I$$

Em ambos os modelos, a tendência é uma quantidade efetiva (p. ex., 20.000 alq.). No modelo aditivo, C, S e I são também quantidades efetivas, mas, no modelo multiplicativo, C, S e I são expressas em *percentagens* da tendência. Embora o modelo aditivo possa parecer um tanto mais fácil de lidar, o modelo multiplicativo é mais usado, mormente porque retrata melhor a experiência. Entretanto, o critério final para uma determinada situação é *usar o modelo que melhor convém aos dados*.

TENDÊNCIA

A tendência secular se refere ao movimento dos dados a longo prazo, para cima e para baixo. Há duas finalidades básicas ao isolar a tendência numa série temporal. Uma é identificar a tendência e usá-la, digamos, em previsões. A outra é remover a tendência, de modo a permitir o estudo das outras componentes da série. Assim, em termos de previsão, a investigação da tendência pode lançar luzes na direção de uma série a longo prazo.

A direção a longo prazo da demanda é de interesse vital para qualquer firma. Freqüentemente, a estratégia adotada por uma firma depende da expectativa da demanda – crescer, diminuir ou permanecer estacionária durante longo período. O aumento da demanda pode sugerir a necessidade de expansão das instalações, de aumento de capital, etc. Inversamente, a redução da demanda pode sugerir a necessidade de considerar esquemas promocionais e de propaganda, pesquisa de novos produtos, redução do orçamento, etc. Além disso, a tendência em variáveis como crescimento de população, déficits governamentais, impostos, tempo atmosférico, etc., é fonte de preocupação, e merece análise.

Por outro lado, os movimentos de tendência freqüentemente podem obscurecer outros componentes de uma série temporal. Por exemplo, os padrões sazonal e cíclico podem tornar-se menos patentes quando a tendência está presente. Estratégias a curto prazo em geral dependem mais de fatores sazonais e cíclicos do que de uma tendência a longo prazo. Por exemplo, as fábricas trabalham durante horas extras, ou demitem parte de seus operários, de acordo com as variações sazonais na demanda. Analogamente, o custo de empréstimos pode acusar padrões cíclicos, e uma firma pode, assim, planejar seu orçamento de acordo com isso.

Duas finalidades importantes para isolar a componente tendência de uma série temporal são (1) remover a tendência de modo a permitir a análise de outras componentes e (2) identificar a tendência de modo a permitir levá-la em conta ao planejar decisões.

Há dois métodos gerais para isolar a tendência. Um é usar modelos de regressão semelhantes aos anteriormente discutidos. O outro consiste em usar uma média móvel para eliminar os outros componentes.

Isolamento da Tendência com o Uso da Análise de Regressão

Os modelos de regressão desenvolvidos no Capítulo 14 podem ser aplicados à análise dos dados de séries temporais substituindo-se a variável independente x pelo tempo ($t = 1, 2, 3, ...$) e usando-se os correspondentes valores da série temporal como variável dependente y. O fundamento lógico é que se supõe que o sistema causal que influencia a série temporal seja uma função do tempo (varie sistematicamente com o tempo).

A tendência pode ser linear ou curvilínea. O crescimento de um produto ou de uma indústria, por exemplo, freqüentemente segue um padrão curvilíneo como o ilustrado na Figura 16.3. Mas há muitos casos em que o modelo *linear* é o adequado. De fato, nossa discussão se limitará a tendências lineares, em razão da larga aplicabilidade dos modelos lineares na prática e de sua simplicidade.

A Figura 16.4 contém dados de uma série temporal para um período de 20 anos. Note-se, no gráfico, que parece razoável uma tendência linear. Vejamos como aplicar as técnicas da regressão linear para obter uma reta de tendência.

Ano	Tonel.	Ano	Tonel.
1954	10	1964	14
1955	11	1965	10
1956	9	1966	18
1957	11	1967	16
1958	12	1968	20
1959	15	1969	22
1960	13	1970	14
1961	17	1971	21
1962	16	1972	17
1963	13	1973	21

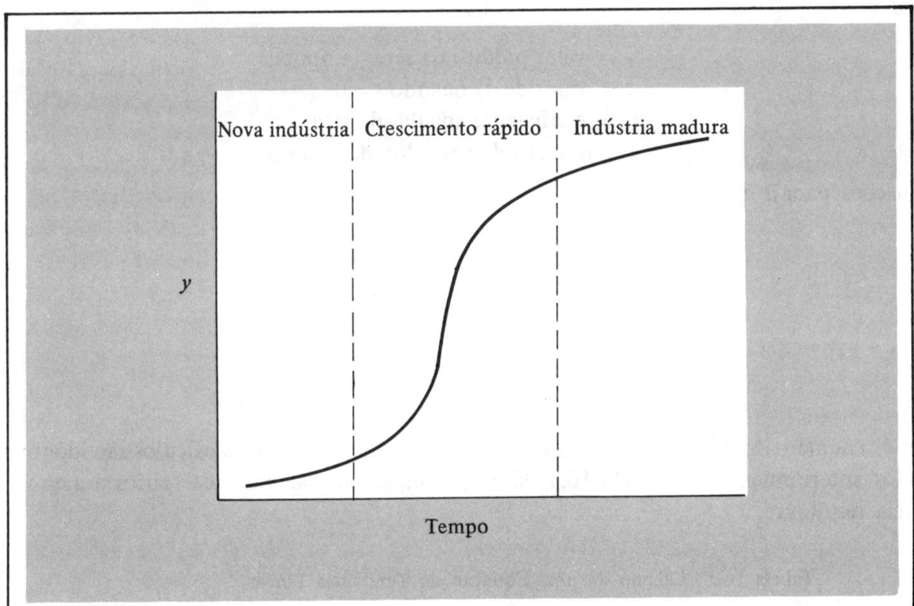

Figura 16.3 Padrão de crescimento curvilíneo típico de uma indústria.

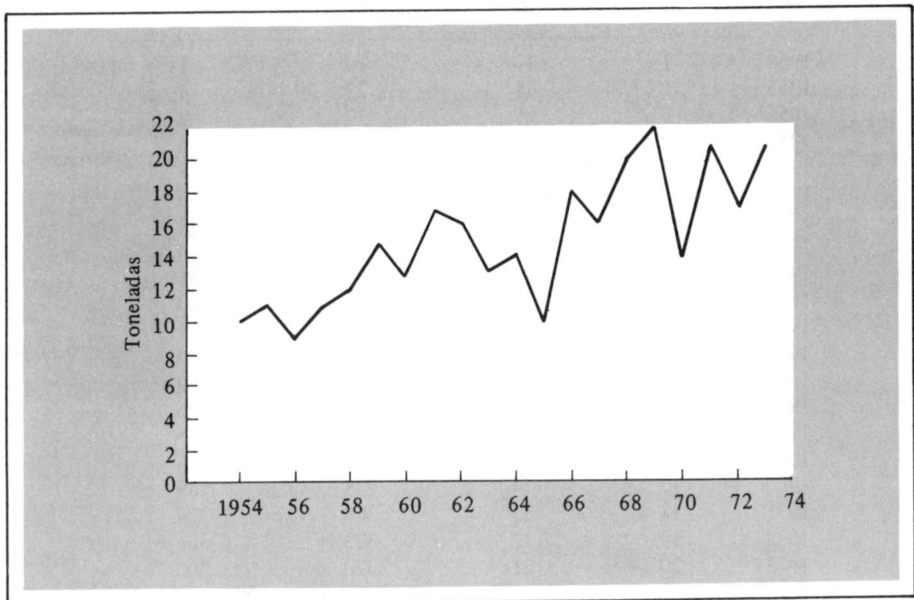

Figura 16.4 Gráfico dos dados de uma série temporal.

Reescrevendo as equações de regressão linear anteriores, substituindo a escala (x) da variável independente por uma escala de tempo (t), obtemos uma equação da forma

$$Y_t = a + bt$$

onde

Y_t = valor predito da série temporal
a = valor de Y_t quando $t = 0$
b = coeficiente angular da reta
t = número de períodos de tempo

As equações para a e b se escrevem

$$b = \frac{n\sum tY - \sum t \sum Y}{n\sum t^2 - (\sum t)^2}$$

$$a = \frac{\sum Y - b\sum t}{n}$$

onde n é o número de observações. Para todos os fins práticos, então, os cálculos são idênticos aos ilustrados anteriormente. A Tabela 16.1 dá um exemplo dos cálculos necessários e a equação de tendência resultante.

Tabela 16.1 Cálculo de uma Equação de Tendência Linear

Ano	Período t	Dados Y	tY	t^2
1954	1	10	10	1
1955	2	11	22	4
1956	3	9	27	9
1957	4	11	44	16
1958	5	12	60	25
1959	6	15	90	36
1960	7	13	91	49
1961	8	17	136	64
1962	9	16	144	81
1963	10	13	130	100
1964	11	14	154	121
1965	12	10	120	144
1966	13	18	234	169
1967	14	16	224	196
1968	15	20	300	225
1969	16	22	352	256
1970	17	14	238	289
1971	18	21	378	324
1972	19	17	323	361
1973	20	21	420	400
	$\sum t = 210$	$\sum Y = 300$	$\sum tY = 3497$	$\sum t^2 = 2870$

$$b = \frac{n\sum tY - \sum t\sum Y}{n\sum t^2 - (\sum t)^2} = \frac{20(3497) - 210(300)}{20(2870) - (210)^2} = 0{,}52$$

$$a = \frac{\sum Y - b\sum t}{n} = \frac{300 - 0{,}52(210)}{20} = 9{,}52$$

$$Y = 9{,}52 + 0{,}52t$$

Tabela 16.2 Valores de Σt e Σt^2

n	Σt	Σt^2
1	1	1
2	3	5
3	6	14
4	10	30
5	15	55
6	21	91
7	28	140
8	36	204
9	45	285
10	55	385
11	66	506
12	78	650
13	91	819
14	105	1015
15	120	1240
16	136	1496
17	153	1785
18	171	2109
19	190	2470
20	210	2870
21	231	3311
22	253	3795
23	276	4324
24	300	4900
25	325	5525
26	351	6201
27	378	6930
28	406	7714
29	435	8555
30	465	9455

Note-se que os anos estão "codificados". Isto é, 1954, 1955, 1956, etc., foram substituídos por 1, 2, 3, etc. Isso simplifica os cálculos e resulta num valor para a em $t = 0$. Além disso, os valores de Σt, Σt^2, ΣtY e ΣY são necessários nas fórmulas. A Tabela 16.2 pode ser usada para se obter facilmente Σt e Σt^2.

Assim, a componente linear desses dados é representada pela equação $Y = 9{,}52 + 0{,}52t$. A reta pode ser grafada identificando-se *dois* quaisquer de seus pontos. Naturalmente, já temos um ponto: o valor de a. Logo, para $t = 0(1953)$, $Y = a = 9{,}52$. Outro ponto pode ser o valor de Y quando $t = 10$: $Y = 9{,}52 + 0{,}52(10) = 14{,}72$. A reta acha-se grafada na Figura 16.5.

Se os dados são vendas anuais em milhares de unidades, e a finalidade da análise é prever vendas futuras, podemos levar os valores de t na equação para obter as vendas projetadas para anos futuros. Por exemplo, a estimativa de vendas para 1974 ($t = 21$) seria

$$Y = 9{,}52 + 0{,}52(21) = 20{,}44 \text{ milhares, ou } 20.440$$

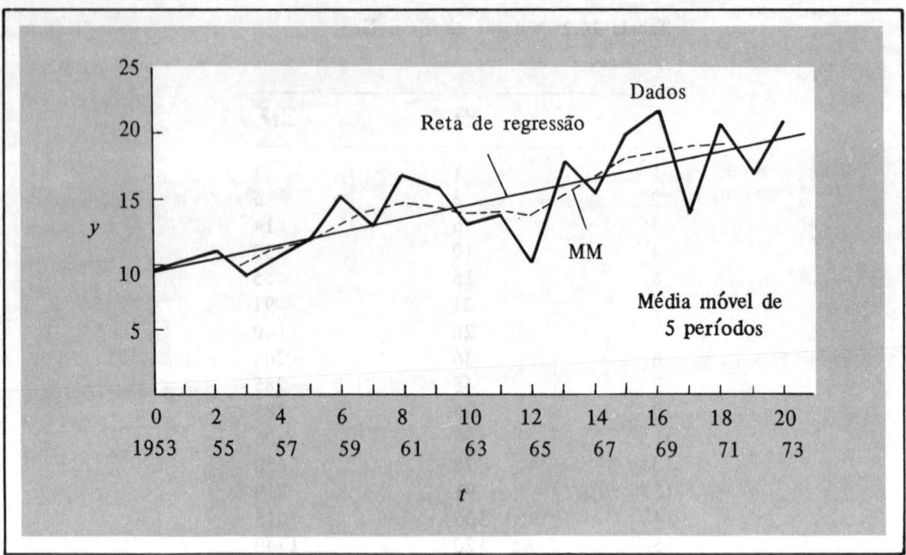

Figura 16.5 Dados originais, tendência linear e média móvel de 5 períodos.

Médias Móveis

Um segundo método de análise da tendência é a utilização de uma média móvel. Uma média móvel é uma média dos últimos k pontos, digamos as últimas 10, 15 ou 22 observações. Por exemplo, se a média é composta das 12 últimas observações ($k = 12$), então, à medida que se considera cada nova observação (incluída na média), despreza-se a mais antiga (a 12ª na contagem para trás). Uma média móvel é a média aritmética das últimas k observações:

$$MM = \frac{\sum_{i=t-k}^{t} Y_i}{k}$$

Consideremos a seguinte série, para a qual se estabeleceu uma média móvel de cinco períodos:

Y	Total móvel (5 períodos)	TM/5 MM
9		
10		
12		
8		
6	45(= 9 + 10 + 12 + 8 + 6)	45/5 = 9
14	50(= 45 + 14 - 9)	50/5 = 10
20	60(= 50 + 20 - 10)	60/5 = 12
16	64(= 60 + 16 - 12)	64/5 = 12,8
6	62(= 64 + 6 - 8)	62/5 = 12,4

Notemos que se calcula primeiro um *total móvel* para cinco períodos (soma das cinco últimas observações), e que a média móvel se obtém dividindo-se o total móvel pelo número de períodos (valores) naquele total. Assim há sempre k observações no total móvel, de modo que a média "se move" à medida que se acrescentam novos pontos e se abandonam pontos antigos. Assim, para calcular a próxima média, elimine o valor mais antigo e acrescente o mais novo.

A prática usual consiste em posicionar a média móvel, seja num ponto (tempo) a meio caminho entre a mais nova e a mais antiga observação, ou num ponto que corresponda à observação mais recente. O exemplo acima ilustra este último processo. Se a finalidade é predizer o *próximo valor*, usa-se o valor da média móvel corrente. Se o intento é de apenas regularizar os dados, então é mais apropriado centrar a média móvel entre o primeiro ponto e o último. Na verdade, esta última técnica é usada com maior freqüência e a maior parte dos exemplos neste texto a utiliza.

Uma dificuldade do processo de "centragem" é o problema de lidar com uma média móvel que tenha um número par de períodos, como 4, 6, 8, etc. O problema é que a média centrada para um número par de períodos não corresponde a nenhum dos períodos originais, e certas técnicas exigem correspondência. Por exemplo, uma média móvel de dois períodos estaria centrada primeiro em 1,5 (isto é, entre os pontos 1 e 2) e depois em 2,5, e assim por diante. Mais adiante daremos um exemplo que ilustra como obviar este inconveniente.

O efeito da utilização de uma média móvel é remover variações sazonais, cíclicas, irregulares e aleatórias; o que resta é considerado tendência. O problema é que é quase impossível remover completamente variações cíclicas e irregulares por tal processo. O ideal seria que se escolhesse um período de tempo bastante longo para a média móvel permitir remover variações cíclicas e algumas variações irregulares. Entretanto, quanto mais dados incluímos na média, menos sensível se torna ela a observações recentes. Às vezes se usa um esquema de ponderação que atribui maior peso a períodos recentes do que a dados mais antigos. Tal técnica será abordada em seção posterior.

A Tabela 16.3 ilustra uma média móvel de 5 períodos para os mesmos dados analisados pela regressão linear na Tabela 16.1. Note-se a comparação dos dois métodos na Figura 16.5.

Tabela 16.3 Ilustração de uma Média Móvel de Cinco Anos

Ano	Período t	Dados Y	A média móvel de cinco períodos inclui	Média móvel de 5 períodos (MM)
1954	1	10		
1955	2	11		
1956	3	9		10,6
1957	4	11		11,6
1958	5	12		12,0
1959	6	15		13,6
1960	7	13		14,6
1961	8	17		14,8
1962	9	16		14,6
1963	10	13		14,0
1964	11	14		14,2
1965	12	10		14,2
1966	13	18		15,6
1967	14	16		17,2
1968	15	20		18,0
1969	16	22		18,6
1970	17	14		18,8
1971	18	21		19,0
1972	19	17		
1973	20	21		

Uma vantagem do método das médias móveis sobre o da tendência linear é que aquele abrange tendências tanto lineares como não-lineares. Uma desvantagem é que os primeiros (poucos) valores e os (poucos) últimos não têm valores correspondentes na média móvel, embora tenham valores de tendência linear.

VARIAÇÕES CÍCLICAS E IRREGULARES

As variações cíclicas são variações periódicas de amplitude superior a um ano. Ordinariamente, tais variações não podem ser separadas das variações irregulares, de modo que são analisadas conjuntamente. Para isolar variações cíclicas, as outras variações (tendência e sazonal) devem ser removidas dos dados da série. As variações sazonais são efetivamente removidas utilizando-se cifras anuais (pois as variações sazonais se definem como ciclos de um ano ou menos de duração), ou, no caso de se utilizarem cifras mensais, empregando-se uma média móvel de 12 meses. Em seguida, extrai-se a tendência dos dados, e o que resta é considerado como o total das variações cíclicas e irregulares.

A remoção da tendência exige uma reta (ou curva) de tendência. Esta se obtém utilizando-se uma equação de regressão ou uma média móvel de longo prazo. A remoção da tendência dos dados depende do modelo que está sendo usado – se multiplicativo ou aditivo. No modelo aditivo, cada observação é subtraída do correspondente valor de tendência. O resultado é uma série de desvios em relação à tendência. A Figura 16.6 ilustra o conceito. A Tabela 16.4 ilustra o método de eliminação de tendência nos dados de um modelo aditivo, dispondo-se de uma equação de regressão linear baseada nos dados.

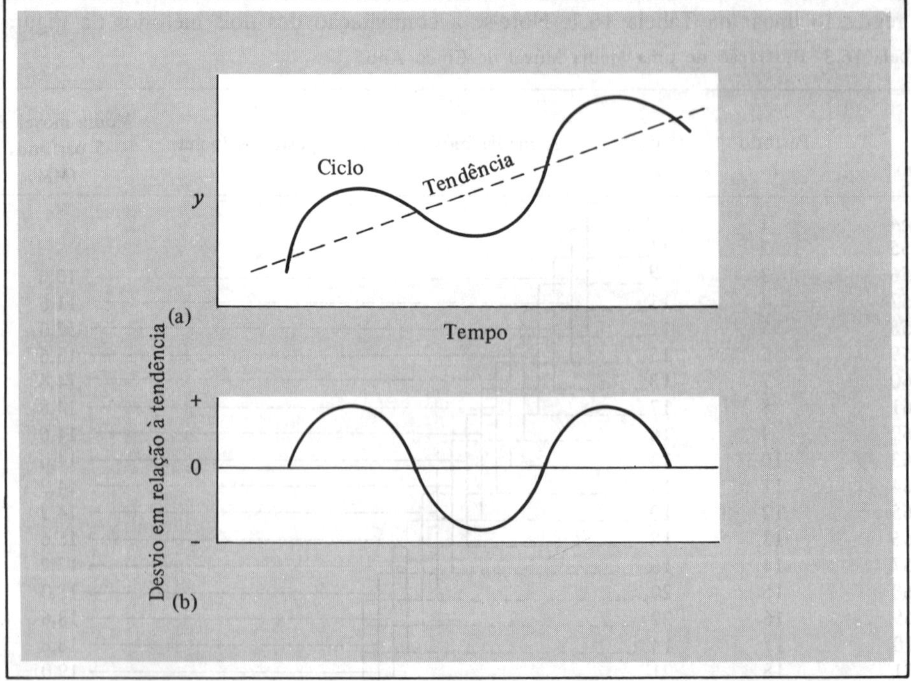

Figura 16.6 (a) Dados originais com tendências e ciclos; (b) dados com a tendência removida, deixando apenas os ciclos.

Tabela 16.4 Remoção da Tendência num Modelo Aditivo, Usando a Regressão Linear

t	Dados originais Y	Tendência $Y_t = 10 + 2t$	Dados sem tendência $Y - Y_t$
1	12	12	0
2	15	14	+1
3	18	16	+2
4	19	18	+1
5	20	20	0
6	21	22	−1
7	22	24	−2
8	25	26	−1
9	28	28	0
10	31	30	+1
11	34	32	+2
12	35	34	+1
13	36	36	0
14	37	38	−1
15	38	40	−2
16	41	42	−1
17	44	44	0
18	47	46	+1
19	50	48	+2
20	51	50	+1

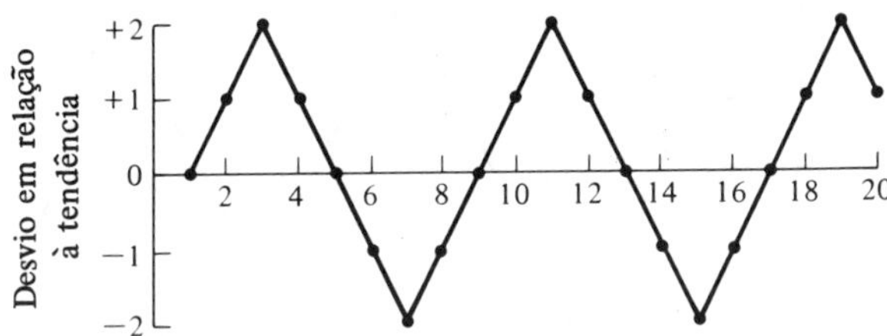

Neste exemplo simples, as variações aleatórias e irregulares foram excluídas dos dados. Conseqüentemente, os ciclos resultantes são uniformes. Ordinariamente, poderíamos esperar usar uma média móvel para regularizar algumas dessas variações após eliminar a tendência, se tivéssemos usado uma equação linear de tendência. Se tivermos usado uma média móvel, porém, as variações aleatórias já poderão ter sido regularizadas.

A Tabela 16.5 ilustra o método de eliminação da tendência dos dados, quando se usa um modelo multiplicativo, dada uma equação de regressão linear para os dados. Note-se que, em cada ponto do tempo, os dados originais são divididos pelo valor da regressão para aquele ponto e em seguida multiplicados por 100. O resultado é que cada observação é expressa como percentagem da tendência. O seguinte gráfico exibe os dados já livres da tendência. Novamente, os ciclos parecem bastantes regulares, com um comprimento (pico a pico) de cerca de 8 períodos. Se os ciclos contêm irregularidades, pode-se usar uma média móvel para regularizá-los a fim de obter uma melhor imagem das variações cíclicas.

Tabela 16.5 Remoção da Tendência num Modelo Multiplicativo, Usando Regressão Linear

t	Dados originais Y	Tendência $Y_t = 100 + 10t$	Dados sem tendência $(Y/Y_t) \cdot 100$
1	110	110	100%
2	124	120	103
3	140	130	108
4	148	140	106
5	150	150	100
6	158	160	99
7	165	170	97
8	170	180	94
9	190	190	100
10	209	200	105
11	230	210	110
12	229	220	104
13	230	230	100
14	230	240	96
15	225	250	90
16	250	260	96
17	270	270	100
18	292	280	104
19	320	290	110
20	310	300	103
21	290	310	94

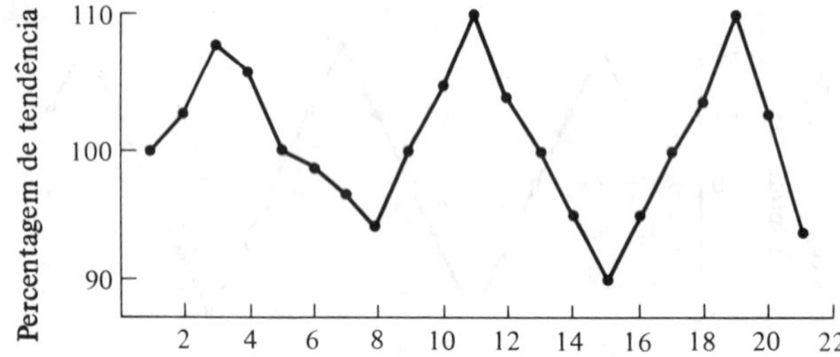

VARIAÇÕES SAZONAIS

As variações sazonais são as que ocorrem regularmente dentro do período de um ano. Há duas finalidades para o fato de isolarmos a componente sazonal de uma série temporal. Uma é remover aquele padrão a fim de estudar as variações cíclicas. Isto já foi ilustrado na seção anterior. A outra é identificar os fatores sazonais de forma que eles possam ser levados em conta na tomada de decisões. Por exemplo, se um fabricante constata variações sazonais na demanda de certo produto, ele poderá querer ajustar seu orçamento, seu esquema de produção, de mão-de-obra e de inventário levando em conta esse fato. Em geral tais ajustes são dispendiosos. Alternativamente, a firma pode procurar desenvolver um produto complementar – um produto com variações sazonais de demanda opostas às daquele outro produto. A demanda de esquis aquáticos e de esquis de neve pode acusar padrões como esses. Analogamente, a demanda de equipamento de condicionamento de ar e de equipamento de calefação também acusam padrões sazonais opostos.

Em outras circunstâncias, uma campanha de publicidade e promoção de vendas pode compensar as variações sazonais na demanda.

Para enfrentar os padrões sazonais, é preciso primeiro identificá-los e determinar-lhes o alcance. A técnica mais usada para análise da variação sazonal é o método da razão-para-a-média-móvel (*ratio-to-moving-average method*).

O Método da Razão-para-a-Média-Móvel

Esse método dá índices semanais, mensais ou trimestrais que caracterizam observações de séries temporais em termos de percentagem do total anual (isto é, como *relativos* sazonais). Por exemplo, se o mês de junho tem índice sazonal de 0,80, isso indica que as vendas de junho são 80% da média mensal. Se um trimestre tem índice sazonal de 2,00, isso significa que as vendas daquele trimestre são aproximadamente o dobro da média de vendas para todos os trimestres.

Eis uma técnica gradativa para aplicação do método.

1. O primeiro passo consiste em obter uma média móvel anual a fim de remover as variações sazonais. Logo, se os dados estão em forma trimestral, é necessário uma média móvel de 4 períodos; se os dados são mensais, deve-se ter uma média móvel de 12 períodos. Se os dados são anuais, é impossível determinar índices sazonais, pois as variações sazonais estão automaticamente excluídas.

Surge agora o problema da centragem dos dados se se usa um número par de períodos para a média móvel anual, porque o centro não corresponderá a nenhum dos pontos originais. Por exemplo, com dados trimestrais, o centro está *entre* o segundo e o terceiro trimestre, não correspondendo especificamente a nenhum trimestre. Analogamente, com dados mensais o centro está entre o sexto e o sétimo mês. Uma forma de contornar o problema é achar uma média móvel de dois períodos para as médias móveis; isto dará um ponto central que corresponderá a um ponto dos dados. A solução acha-se ilustrada a seguir.

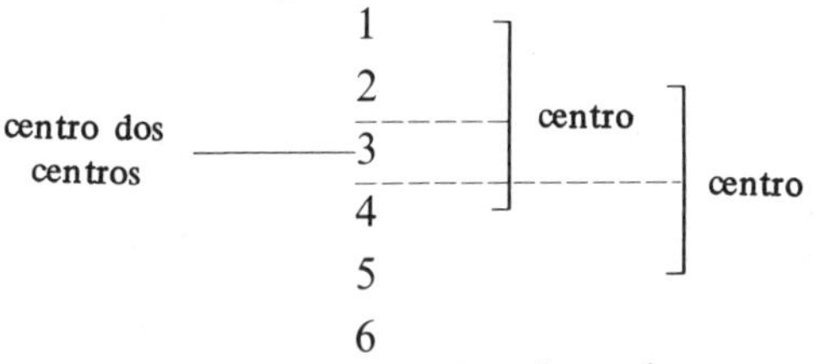

```
                         1  ┐
                         2  │         ┐
centro dos            ------┤ centro  │
centros     ─────────────3  │         │
                      ------┘---------┤ centro
                         4            │
                         5            ┘
                         6
```

2. O próximo passo é dividir os dados originais pelos valores correspondentes da média móvel. Na realidade, isso remove as variações de tendência e cíclicas dos dados, deixando apenas as variações sazonais, irregulares e aleatórias. Simbolicamente, temos

$$\frac{Y}{MM} = \frac{T \times C \times S \times I}{T \times C} = S \times I$$

3. Em seguida, grupam-se os relativos de períodos semelhantes e determina-se a razão sazonal média para cada período. Se se usam dados mensais, por exemplo, grupam-se todos os janeiros e acha-se a média de janeiro; grupam-se todos os fevereiros e acha-se a média mensal de fevereiro; e assim por diante. Analogamente, se se utilizam dados trimestrais, achamos primeiro a média de todos os primeiros trimestres, em seguida a média de todos os segundos trimestres, etc. Em geral calcula-se uma "média modificada". Isso envolve a remoção tanto do maior como do menor valor de cada grupo antes de calcular a média.

4. Finalmente, "padronizam-se" as cifras resultantes. Consegue-se isso ajustando os relativos, de modo que sua soma seja igual ao número de períodos. Logo, se há 12 períodos, o

total dos relativos sazonais deve ser 12. Nesse exemplo abaixo, há 4 períodos, de modo que a soma dos relativos sazonais deve ser 4. Coincidentemente, devido a arredondamentos, as cifras já têm por soma 4. Suponhamos, entretanto, que a soma fosse 5, em vez de 4. O ajuste se processaria multiplicando-se cada relativo sazonal por 4/5. Deve-se, pois, dividir o número de períodos da média móvel pela soma dos relativos, e multiplicar cada relativo pelo resultado.

Exemplo 1 Com os dados trimestrais de vendas abaixo, use o método da razão-para-a-média-móvel para obter relativos trimestrais, seguindo o processo acima esboçado.

Trimestre	*Y* Dados	Total móvel de quatro períodos	MM quatro períodos	*B*, *MM de* duas MM's	*Y/B*
I	20				
II	18				
III	22		21,00	21,50	1,02
IV	24	84	22,00	22,50	1,07
I	24	88	23,00	23,50	1,02
II	22	92	24,00	24,68	0,89
III	26	96	25,25	27,75	0,94
IV	29	101	26,25	26,62	1,09
I	28	105	27,00	27,62	1,01
II	25	108	28,25	28,88	0,87
III	31	113	29,50	30,00	1,03
IV	34	118	30,50	31,00	1,10
I	32	122	31,50	32,00	1,00
II	29	126	32,50	33,00	0,88
III	35	130	33,50	34,00	1,03
IV	38	134	34,50	34,88	1,09
I	36	138	35,25	35,38	1,02
II	32	141	36,50	37,12	0,86
III	40	146	37,75	38,25	1,05
IV	43	151	38,75	39,25	1,10
I	40	155	39,75	40,25	0,99
II	36	159	40,75	41,38	0,87
III	44	163	42,00		
IV	48	168			

Grupando os relativos (*Y/B*) por trimestre, obtemos o seguinte resultado:

	I	II	III	IV
			1,02	~~1,07~~
	~~1,02~~	~~0,89~~	~~0,94~~	1,09
	1,01	0,87	1,03	~~1,10~~
	1,00	0,88	1,03	1,09
	1,02	~~0,86~~	~~1,05~~	1,10
	~~0,99~~	0,87		
Totais modificados	3,03	2,62	3,08	3,28
Médias modificadas (relativos sazonais)	1,01	0,87	1,03	1,09

RECOMPOSIÇÃO

Se o objetivo de uma análise de série temporal é focalizar uma única componente da série, a técnica precedente é adequada. Às vezes, entretanto, queremos grupar todos os componentes. Por exemplo, uma companhia pode querer predizer a venda de junho, tendo constatado que há variações sazonais na demanda, bem como fatores cíclicos e de tendência. É, pois, útil vermos como as componentes individuais podem combinar-se para produzir uma cifra total.

Tabela 16.6 Comparação dos Modelos Multiplicativo e Aditivo

	Aditivo $Y = T + S + CI$				Multiplicativo $Y = T + S + CI$			
Mês	Tendência	Sazonal	Cíclico	Y	Tendência	Sazonal	Cíclico	Y
fev.	90	-5	-22	63	90	0,90	0,70	56,7
mar.	94	-4	-22	68	94	0,92	0,70	60,5
abr.	98	-4	-22	72	98	0,92	0,70	63,1
mai.	102	-6	-22	74	102	0,86	0,70	61,4
jun.	106	-7	-22	77	106	0,82	0,70	60,8
jul.	110	-3	-20	87	110	0,94	0,80	82,8
ago.	114	-1	-20	93	114	0,95	0,80	86,6
set.	118	+5	-20	103	118	1,10	0,80	103,8
out.	122	+5	-20	107	122	1,10	0,80	107,4

O processo de recomposição difere, conforme se trate de modelo multiplicativo ou de modelo aditivo. Nos exemplos exibidos na Tabela 16.6, ilustram-se ambos os modelos, usando dados mensais. Note-se que os valores de tendência são idênticos para as duas técnicas, o que significa que a equação de tendência é independente do modelo utilizado. Entretanto, os valores preditos de Y diferem consideravelmente entre os dois modelos. Como os dois não podem estar simultaneamente corretos, isso serve para mostrar que se deve dar cuidadosa atenção à escolha do modelo em cada situação.

EXERCÍCIOS

1. Usando a seguinte equação linear de tendência, prediga o rendimento para 1980 e 1984:

$$Y = 0{,}15 + 0{,}01t$$

onde

Y = rendimento do ano t
t = ano (1974 = 0)

2. Pelo gráfico da receita de vendas da Figura 16.7, estime os valores de a e de b para a equação de tendência linear. Use a equação para projetar a receita de 1979 e confira sua resposta no gráfico extrapolando a reta até 1979. Use 1969 como ano-base ($t_{1969} = 0$).

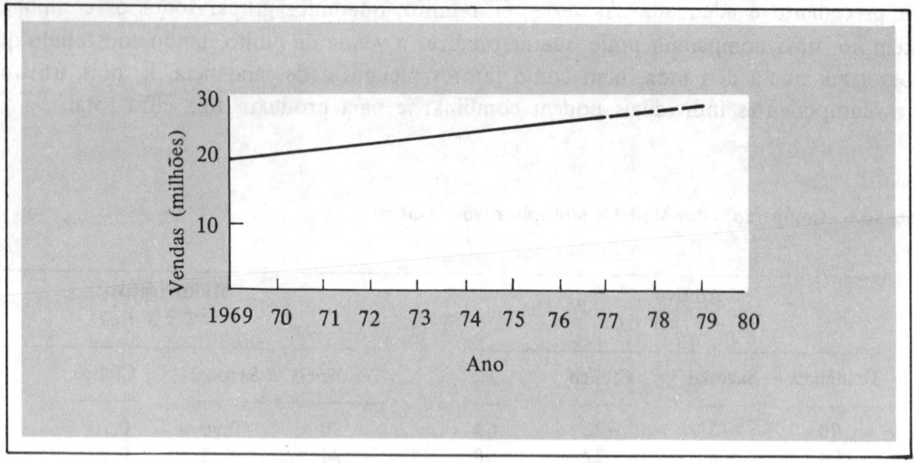

Figura 16.7 Receita anual, 1969-1977.

3. Para cada uma das séries temporais abaixo, grafe os dados, calcule e grafe a reta de mínimos quadrados.

a.

Ano	Imposto de renda como percentagem do sálario
1964	8,5
1965	9,2
1966	9,5
1967	9,6
1968	9,7
1969	10,0
1970	10,2
1971	10,7
1972	11,0
1973	12,0
1974	12,3
1975	11,8
1976	12,5
1977	13,0
	150,0

b.

Ano	Vendas (nº de unidades)
1960	500
1961	610
1962	700
1963	780
1964	900
1965	1.080
1966	1.160
1967	1.200
1968	1.190
1969	1.210
1970	1.250
1971	1.300
1972	1.340
1973	1.360
1974	1.250
1975	1.370
1976	1.400
	18.600

4. Calcule médias móveis de três anos e de sete anos para os dados abaixo, grafe-as conjuntamente com os dados originais.

Ano	Pluviosidade (polegadas)	Ano	Pluviosidade
1948	12	1965	18
1949	10	1966	22
1950	13	1967	17
1951	11	1968	23
1952	16	1969	24
1953	15	1970	11
1954	20	1971	18
1955	21	1972	20
1956	18	1973	20
1957	13	1974	14
1958	24	1975	16
1959	20	1976	17
1960	27	1977	13
1961	15	1978	21
1962	16		
1963	12		
1964	18		

5. Dá-se abaixo o registro de dias nublados (dias com 40% ou menos de sol) para a Montanha do Sol num período de cinco anos. Usando uma média móvel de 12 meses e o método da razão-para-a-média-móvel, obtenha relativos sazonais para cada mês.

	jan.	fev.	mar.	abr.	mai.	jun.	jul.	ago.	set.	out.	nov.	dez.
1972	16	15	13	7	8	7	5	5	3	8	10	14
1973	18	14	16	9	11	10	4	5	4	9	12	16
1974	20	17	17	12	13	9	3	6	3	7	10	16
1975	19	15	15	11	10	7	4	6	2	8	11	14
1976	15	13	13	10	10	7	3	4	2	9	10	11

6. Obtenha relativos sazonais (trimestrais) para os seguintes dados de utilização de uma fábrica. As cifras de utilização são percentagens da capacidade total (isto é, a fábrica operou com 50% de sua capacidade no quarto trimestre de 1968).

	Trimestre			
Ano	I	II	III	IV
1968			16	50
1969	52	60	22	66
1970	56	65	24	74
1971	54	70	26	78
1972	60	72	30	82
1973	62	73	20	75
1974	40	62	22	66
1975	60	64	28	72
1976	70	72		

7. Remova a variação sazonal dos dados abaixo (vendas mensais de um magazine). (Divida as vendas mensais pelo índice sazonal)

Mês	Vendas (em 1.000)	IS/100
jan.	800	0,90
fev.	750	0,75
mar.	710	0,40
abr.	825	0,90
mai.	830	0,99
jun.	800	1,00
jul.	850	1,01
ago.	860	1,01
set.	900	1,04
out.	1000	1,10
nov.	1300	1,50
dez.	1200	1,40

8. Com os dados abaixo e uma reta de tendência linear $Y_c = 50 + 2t$, calcule e grafe as variações cíclicas em relação à reta de tendência, usando um modelo aditivo.

t	Quantidade
1	60
2	53
3	45
4	51
5	57
6	56
7	60
8	65
9	70
10	85
11	78
12	82
13	90
14	75
15	74
16	77
17	80
18	85
19	93
20	90
21	108
22	88
23	91
24	87
	1800

9. O volume de correspondência da residência do governador pode ser um índice de sua preocupação com problemas públicos. Com os seguintes dados, grafe-os, bem como a reta de tendência de mínimos quadrados, e depois calcule e grafe os relativos cíclicos.

Ano	Volume (mil peças)	Ano	Volume (1000 peças)
1958	12	1968	73
1959	15	1969	88
1960	25	1970	104
1961	40	1971	122
1962	50	1972	131
1963	66	1973	140
1964	70	1974	144
1965	69	1975	134
1966	68	1976	136
1967	67	1977	139

10. Refaça o Exercício 9 usando uma média móvel de cinco anos em lugar da reta de tendência de mínimos quadrados.

11. Recomponha a seguinte série temporal para um modelo aditivo para as vendas anuais dos anos de 1964 a 1978.

Desvios Sazonais:

jan.	fev.	mar.	abr.	mai.	jun.	jul.	ago.	set.	out.	nov.	dez.
-18	-22	-14	4	+37	+20	+10	0	0	-7	-14	-6

Desvios Cíclicos:

1964	1965	1966	1967	1968	1969	1970	1971	1972	1973	1974	1975	1976	1977	1978
0	-12	-60	-120	-60	-12	0	+12	+60	+120	+60	+ 12	0	-12	-60

b. Qual é a predição para 1981?
c. Estime as vendas mensais para 1981.

12. a. Recomponha a seguinte série temporal, usando um modelo multiplicativo para os anos de 1960 a 1976 (vendas anuais).
b. Estime as vendas de 1982.

$$\text{tendência: } Y_c = 250 + 50t \; (t_0 = 1960)$$

Relativos Cíclicos:

1960	1961	1962	1963	1964	1965	1966	1967	1968	1969	1970	1971
1,05	1,10	1,05	1,00	0,94	0,92	0,96	1,00	1,05	1,10	1,05	1,00

1972	1973	1974	1975	1976
0,94	0,92	0,96	1,00	1,05

c. Estime as vendas mensais para 1982.

Relativos Sazonais:

jan.	fev.	mar.	abr.	mai.	jun.	jul.	ago.	set.	out.	nov.	dez.
0,5	0,4	0,6	1,0	2,2	2,0	1,2	1,0	1,0	0,7	0,6	0,8

REGULARIZAÇÃO EXPONENCIAL

A regularização exponencial é uma técnica que utiliza uma equação de médias móveis ponderadas exponencialmente para regularizar variações *aleatórias* em dados de séries temporais. A finalidade da regularização é obter uma imagem mais clara de quaisquer padrões não-aleatórios que possam estar presentes nos dados. Novamente, supõe-se que os dados se componham de tendência, variações sazonais e cíclicas, e flutuações aleatórias.

A regularização exponencial acrescenta uma pequena variação ao nosso trabalho anterior, pelo fato de haver também uma componente para "média". Há equações de regularização para cada uma das componentes básicas de variação. Todas as equações se destinam a remover ou reduzir a influência de variações aleatórias, e todas seguem essencialmente as mesmas linhas. Conseqüentemente, como nosso propósito é ter uma visão intuitiva da técnica, a discussão se limitará apenas a uma dessas equações, a da média.

De modo geral, quando se usa uma técnica de médias móveis, devemos considerar a questão de quantos períodos incluir na média. Quanto maior o número de períodos (dados) incluídos na média, menos sensível será a média a cada novo dado; enquanto que, quanto menor o número de períodos incluídos, mais sensível será a média a novos dados. O ideal é atingir um equilíbrio entre alta e baixa sensitividade. O grau ótimo de regularização depende, em grande parte, da magnitude das flutuações aleatórias. Se estas são razoavelmente grandes, faz-se necessário um elevado grau de regularização para reduzir-lhe o impacto; se as flutuações aleatórias são menores, haverá menor necessidade de regularização. A técnica das médias móveis ponderadas exponencialmente é um tanto superior às outras técnicas de médias móveis, em razão da facilidade em ajustar a quantidade de regularização.

Uma segunda consideração de certa importância é a quantidade de dados necessários para apoiar a técnica das médias móveis. Por exemplo, se a média móvel inclui as 100 últimas observações, isto sobrecarrega consideravelmente a armazenagem e manutenção dos dados, mesmo no caso de utilização de computadores. Novamente, a regularização exponencial é superior a outros processos porque elimina a necessidade de armazenar dados, condensando dados numa única cifra. Isso se tornará evidente à medida que examinarmos a equação usada para regularização exponencial.

A equação de regularização exponencial é

$$V_s = V_{s-1} + \alpha(D - V_{s-1})$$

onde

V_s = novo valor regularizado
V_{s-1} = valor regularizado anterior
D = próximo ponto
α = fator de regularização

O valor regularizado V_s é igual ao valor anterior mais uma percentagem (α) da diferença entre o valor anterior e o seguinte. (Não se deve confundir o fator α com o α usado no teste de significância; *não há nenhuma relação entre eles.*)

Observe-se que o efeito do fator de regularização é tomar uma percentagem da diferença entre a última média e o próximo dado individual e somá-la à (ou subtraí-la da) última média para obter a nova média. Por exemplo, seja 100 a última média, 1,50 o novo ponto (dado) e $\alpha = 0{,}10$. A nova média se calcula como

$$V_s = 100 + 0{,}10(150 - 100) = 100 + 0{,}10(50) = 100 + 5 = 105$$

Se o próximo ponto (dado) fosse 75, o novo valor seria

$$V_s = 100 + 0{,}10(75 - 100) = 100 + 0{,}10(-25) = 100 - 2{,}5 = 97{,}5$$

Como cada média anterior foi calculada exatamente da mesma maneira, teoricamente *todos* os dados (pontos) passados estão incorporados a V_{s-1}. Isso reduz grandemente a necessidade de armazenar dados históricos; a única informação necessária é o valor anterior, o novo valor (dado) e o fator de regularização. Além disso, a ponderação está incorporada a α; para mudar a taxa de regularização, alteramos α. Os valores de α comumente usados vão de 0,01 a 0,30. Quando α é pequeno, há um grande número de dados anteriores (pontos) incluídos em V_{s-1}; se α é grande, há relativamente poucos pontos em V_{s-1}. A tabela abaixo ilustra o número de dados (pontos) incluídos na média móvel, para valores escolhidos de α.

α	Número aproximado de períodos incluídos na média
0,01	230
0,05	77
0,10	45
0,20	22
0,30	16
0,40	11

Note-se, pela tabela, que, à medida que α aumenta, diminui o número de dados (pontos) anteriores incluídos na regularização. Conquanto teoricamente todos os dados passados estejam incluídos, do ponto de vista prático, além de certo ponto, os pesos se tornam tão pequenos que passam a ter efeito desprezível sobre a média.

Escolha da Constante de Regularização

O grau, ou quantidade, de regularização depende do tamanho da constante de regularização. A tabela a seguir dá uma comparação dos pesos para os períodos anteriores, para constantes de regularização de 0,05, 0,10 e 0,20. Conquanto $\alpha = 0{,}05$ tenha menos peso por período inicialmente, a lacuna se reduz rapidamente. Após cerca de 10 períodos, $\alpha = 0{,}05$ tem mais peso por período do que 0,10 ou 0,20.

	Pesos dos períodos		
Período	α = 0,05	α = 0,10	α = 0,20
t	0,05	0,10	0,20
$t-1$	0,0475	0,09	0,16
$t-2$	0,045125	0,081	0,128
$t-3$	0,0428687	0,07296	0,1024
$t-4$	0,0407252	0,06561	0,08192
$t-5$	0,0386889	0,059049	0,065536
$t-6$	0,0367544	0,0531441	0,0524288
.	.	.	.
.	.	.	.
.	.	.	.
	1,0000000	1,0000000	1,0000000

Quando as variações são *grandes*, faz-se necessário um valor *pequeno* de α para regularizá-las (isto é, atribui-se menor peso a essas grandes variações). Inversamente, quando as variações aleatórias são *pequenas*, é conveniente um valor *grande* de α; há menor necessidade de regularizar os dados.

Consideremos os dados da tabela abaixo, e comparemos o efeito da utilização de constantes regularizadoras de 0,1 e 0,3 sobre esses dados, conforme ilustra o gráfico da Figura 16.8. Note-se que a constante maior (0,3) dá valores que tendem a seguir mais de perto os dados originais do que os valores dados pela constante menor (0,1).

		Valores regularizados	
Ano	Dados	α = 0,1	α = 0,3
1941	37	37,000	37,000
1942	33	36,600	35,800
1943	40	36,940	37,060
1944	50	38,246	40,942
1945	52	39,621	44,259
1946	46	50,259	44,782
1947	44	40,633	44,547
1948	46	41,170	44,983
1949	40	41,053	43,488
1950	47	41,648	44,542
1951	42	41,683	43,779
1952	40	41,515	42,645
1953	40	41,363	41,852
1954	37	40,927	40,392
1955	41	40,934	40,577
1956	40	40,841	40,404
1957	43	41,057	41,183
1958	40	40,951	40,828
1959	30	39,856	37,580
1960	36	39,470	37,106
1961	34	38,923	36,174
1962	41	39,131	37,622
1963	40	39,218	38,335
1964	36	38,896	37,635
1965	46	39,606	40,144
1966	48	40,446	42,501
1967	38	40,201	41,151

		Valores regularizados	
Ano	Dados	α = 0,1	α = 0,3
1968	42	40,381	41,405
1969	52	41,543	44,584
1970	46	41,989	45,009
1971	46	42,390	45,306
1972	47	42,851	45,814
1973	44	42,966	45,270
1974	42	42,869	44,289
1975	46	43,182	44,802
1976	38	42,664	42,762
1977	40	42,398	41,933
1978	35	41,658	39,853

Em razão das exigências limitadas e da facilidade com que α pode ser ajustado, a regularização exponencial presta-se muito bem à computação. Além disso, é especialmente apropriada para o tratamento de grandes números de diferentes séries temporais. Uma aplicação da análise de séries temporais consiste em estudar a demanda de um produto. Uma firma com centenas ou mesmo milhares de produtos pode usar facilmente a regularização exponencial para resolver o problema. Além disso, alguns programas de computador são feitos de maneira que o computador possa ajustar automaticamente a constante de regularização, se a média móvel se afasta demais dos dados originais.

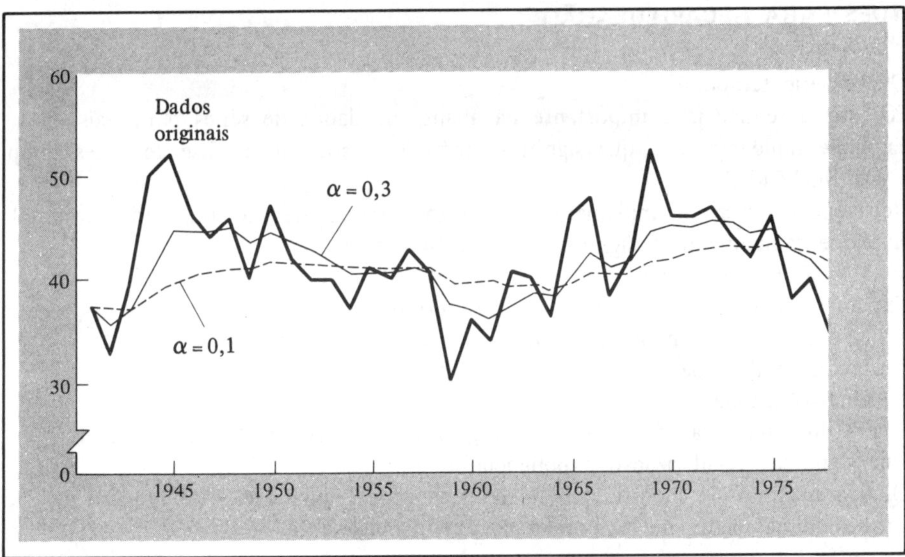

Figura 16.8 Valores regularizados *versus* dados originais.

COMENTÁRIOS

A análise das séries temporais é tanto uma arte como uma ciência, e a eficiência da análise inclui habilidade e também um pouco de sorte. Isso nada mais é que outra maneira de dizer que há muita complexidade envolvida nos dados de uma série temporal, necessitando-se de certa cautela na interpretação dos resultados de uma análise. Parece razoável dizer que ainda há muito que aprender sobre a análise de séries temporais. Na verdade, não cessam os esforços para atualizar e expandir o conhecimento. Há uma ampla gama de pacotes estatísticos para uso em computadores, para estudar séries temporais. Todavia, a interpretação cabe ao usuário, e muitos desses pacotes exigem considerável experiência em estatística e talvez mesmo em outras disciplinas. Além disso, deve-se ter cuidado para que os dados (pontos) sejam comparáveis. Especialmente se os dados abrangem um grande lapso de tempo, porque as definições e os métodos de coleta de dados podem modificar-se com o tempo, sem que tais modificações sejam visíveis somente através dos dados.

RESUMO

As séries temporais consistem de observações feitas durante um lapso de tempo. A finalidade da análise de tais dados é determinar se se podem identificar padrões históricos, padrões que possam ser úteis, seja para explicar ocorrências passadas, seja para prever ocorrências futuras. O capítulo se concentrou em duas técnicas amplamente usadas – o modelo clássico, que procura decompor uma série temporal em tendência, variações sazonais e cíclicas, e a regularização exponencial, que procura regularizar variações aleatórias nos dados, dando assim uma visão mais clara de suas reais variações.

QUESTÕES PARA RECAPITULAÇÃO

1. Que é série temporal?
2. Por que a seqüência é importante na análise de dados de séries temporais?
3. Explique rapidamente o que significa "método clássico de análise de séries temporais" e sua finalidade.
4. Relacione e descreva rapidamente as quatro componentes de uma série temporal.
5. Explique rapidamente o significado destas equações:
   a. $Y = T + S + C + I$ b. $Y = TSCI$
6. Explique rapidamente cada um dos três termos:
   a. método da razão-para-a-média-móvel
   b. média modificada
   c. relativo sazonal
7. Sugira duas maneiras de remover variações sazonais de uma série temporal.
8. Que significa "regularização exponencial"?
9. Qual é o efeito da modificação da constante de regularização no número de dados incluídos numa média móvel ponderada exponencialmente?

EXERCÍCIOS

1. Use os dados do Exercício 4, p. 428. Grafe-os.
   a. Regularize os dados, usando $\alpha = 0{,}1$.
   b. Regularize os dados, usando $\alpha = 0{,}3$.
   c. Represente os dados originais e os valores regularizados no mesmo gráfico.
   d. Qual dos dois valores de α parece mais adequado ao caso? Por quê?
2. Use a regularização exponencial com $\alpha = 0{,}1$ para regularizar os dados do Exercício 9, p. 430. Represente os dados originais e os valores regularizados no mesmo gráfico. Os resultados são satisfatórios? Por que não? O problema ficaria resolvido com um valor diferente de α? Explique rapidamente.

CAPÍTULO 17

resumo e conclusões

"Grandes momentos na estatística"

A esta altura o leitor deve ter adquirido uma compreensão razoável do que é a estatística e como funciona. O objetivo deste capítulo final é fazer uma breve recapitulação do que foi estudado e sugerir algumas diretrizes futuras possíveis para consideração do leitor.

RESUMO

O livro apresentou a estatística em duas partes. A primeira se refere à estatística descritiva, e a segunda (parte predominante do livro) à inferência estatística.

A *estatística descritiva* trata da organização e sintetização de dados estatísticos. Isto envolve o cálculo e a interpretação de medidas numéricas como a média, a mediana e o desvio padrão, assim como a construção e uso de dispositivos gráficos, como as distribuições de freqüência. Nessas técnicas, utiliza-se a probabilidade para indicar quão provável é a ocorrência de um evento. Essas técnicas descritivas têm duas aplicações – ou como fim em si mesmas, quando então sua finalidade é esclarecer, visualizar ou comunicar um conceito ou uma idéia, ou então como passo inicial em processos de inferência.

A *inferência estatística* focaliza o uso de amostras como método de obter informações sobre uma população, sem necessidade de examinar cada item da população. Começamos nosso estudo com uma discussão da amostragem, indicando razões, várias técnicas e alternativas para a amostragem. Grande parte da discussão focalizou a amostragem aleatória simples, em razão de sua importância na inferência estatística. A amostragem aleatória é intuitivamente atraente porque exige que cada item de uma população discreta tenha a mesma oportunidade de ser incluído na amostra. No caso de populações contínuas, a exigência é que um intervalo de valores tenha uma probabilidade de ser incluído na amostra proporcional à percentagem da população nele contida.

As propriedades matemáticas da amostragem aleatória são altamente atraentes. A amostragem aleatória dá uma distribuição amostral com forma conhecida. As distribuições amostrais são distribuições de probabilidade para estatísticas amostrais como médias, proporções e semelhantes. Se a amostragem é o mecanismo com que se obtêm dados, as distribuições amostrais são instrumentos de análise. Inicialmente, nosso estudo das distribuições amostrais foi dedutivo por natureza. O objetivo foi descobrir algumas das propriedades dessas distribuições, bem como os efeitos que os parâmetros populacionais e os tamanhos amostrais têm sobre certas distribuições amostrais. Estudamos também o Teorema do Limite Central, que nos diz que as distribuições de médias amostrais são aproximadamente normais para grandes amostras. O conhecimento geral das características das distribuições amostrais, mais o conhecimento específico proporcionado por uma amostra, permitem-nos fazer inferências sobre parâmetros da população.

O estudo da inferência foi dividido em duas partes – estimação e testes de significância. A *estimação* importa em uma suposição sobre quão afastada alguma estatística amostral está do verdadeiro parâmetro populacional (desconhecido), levando em consideração o tamanho da amostra, a dispersão na amostra, e o nível de confiança escolhido. As estimativas podem ser pontuais, ou intervalos de confiança. Usa-se o *teste de significância* para avaliar uma afirmação acerca de um parâmetro populacional. O resultado é em geral um tipo de decisão sim-ou-não – aceitar ou rejeitar uma afirmação. O teste leva em consideração o fato de que, em razão da variabilidade amostral, quase nunca as estatísticas amostrais são exatamente iguais aos correspondentes parâmetros populacionais.

Nos testes de significância, as distribuições amostrais são importantes porque indicam até que ponto a chance pode afetar as estatísticas amostrais. A distribuição amostral é dividida em duas áreas gerais: (1) uma região em que a diferença entre o valor alegado e o valor amostral é tão pequena que pode resultar apenas de variação casual e (2) uma região em que a diferença é demasiado grande para ser considerada como apenas devida ao acaso.

Estudamos diversos testes, enquadrados em três classificações gerais: dados contínuos, dados de contagem, e postos e sinais, dando-se ênfase ao fato de que a escolha do teste depende do tipo de dados a serem testados e das hipóteses básicas do teste. A concordância das hipóteses com uma situação real é vital para que os resultados do teste tenham sentido.

A correlação e a regressão se referem à *estimação* de relações entre pares de dados. A finalidade última da correlação é sintetizar o grau de um relacionamento, enquanto que o propósito da regressão é estabelecer uma equação matemática que descreva o relacionamento. A análise de correlação presta-se ao método três-tipos-de-dados.

O uso de modelos constitui um aspecto importante da análise estatística. Os fundamentos lógicos da utilização de modelos residem no fato de que eles simplificam problemas, eliminando detalhes não importantes, e freqüentemente servem como "ideais". O leitor travou conhecimento com diversos modelos neste livro. Por exemplo, medidas tais como as médias e as proporções, bem como distribuições de freqüência, distribuições de probabilidade e, especialmente, a distribuição normal ("é bem aproximado por uma distribuição normal"), são modelos. A amostragem aleatória é um ideal que determinada afirmação nunca atinge – logo, é um modelo. E as distribuições amostrais são modelos que indicam como a chance tende a influenciar as estatísticas amostrais.

UTILIZAÇÃO DO QUE FOI ESTUDADO

A esta altura, há ainda considerável quantidade de estatística a ser estudada, tal como se delineia abaixo. Não obstante, o estudo deste texto, fazendo-se todos os exercícios, proporciona sólida base que pode ser útil de várias maneiras. Em primeiro lugar, o aprendizado deve servir para outros cursos que envolvam aplicações da estatística ou o uso de modelos. Em segundo lugar, há inúmeras aplicações diretas para a estatística. A capacidade de ler e interpretar periódicos profissionais se apresentará muito melhorada em relação ao que era antes. Finalmente, o leitor obterá maior proveito da leitura dos jornais e será mais meticuloso ao ponderar afirmações feitas em anúncios da TV ou em outras formas de propaganda.

Naturalmente, cada uma das aplicações acima dependerá do grau em que o leitor procure aplicações e deseje incorporar o que aprendeu ao seu conhecimento. Uma sugestão a respeito é que o leitor, de tempos em tempos, passe em revista as "Questões para Recapitulação" ao fim de cada capítulo, para reforçar os conceitos importantes ali abordados.

ALÉM DESTE LIVRO

O estudo de estatística não termina aqui. Na verdade, o autor espera que este livro tenha despertado o interesse do leitor para aprender mais. Os parágrafos que seguem sugerem diversas áreas da estatística que podem ser consideradas.

Técnicas de estatística *multivariada* constituem uma extensão das técnicas de correlação e regressão abordadas no Capítulo 14. Tratam de situações que envolvem três ou mais variáveis, e incluem relações tanto lineares como curvilíneas. Essas técnicas, em particular a análise de regressão, constituem instrumentos poderosos, largamente usados em administração e economia.

O *planejamento de experimentos* é uma extensão da análise da variância. Envolve o planejamento de investigações de modo a separar os efeitos de fatores diversos. Por exemplo, os fatores que afetam o consumo de gasolina podem ser o tipo do carro, o motorista, a marca do combustível, e naturalmente é de todo interesse determinar qual fator ou quais fatores influem para melhorar a quilometragem.

A *estatística não-paramétrica* envolve testes de significância e estimação, usando métodos que em geral são rápidos e que exigem hipóteses relativamente fracas. Quase sempre tais métodos abrangem dados sob a forma de postos ou sinais e costumam perder informação. O Capítulo 13 ilustra alguns desses métodos, mas existem muitos outros.

A *estatística matemática* focaliza as bases matemáticas da estatística e abrange tópicos como dedução de distribuições amostrais, funções de probabilidade, momentos de distribuições de probabilidade, etc. Exige algum conhecimento de cálculo.

Conquanto a ênfase deste livro tenha recaído quase inteiramente sobre a estatística *clássica*, outro vasto campo é o da estatística *bayesiana*.* Se a estatística clássica se apóia seja na abordagem lógica da probabilidade ou nas freqüências relativas a longo prazo, através das distribuições amostrais, a estatística bayesiana utiliza probabilidades subjetivas, que se combinam com os resultados de dados amostrais na feitura de uma análise. Conseqüentemente, ao utilizar o método clássico, a menos que o analista esteja diante de uma situação que envolva resultados igualmente possíveis, ele deve aguardar resultados amostrais antes de determinar probabilidades, ao passo que, no método bayesiano, há oportunidade de incorporar o que podemos chamar de opinião experimentada (que é completamente ignorada pela estatística clássica). Isto pode eliminar alguns dos efeitos da variabilidade amostral e conduzir a resultados superiores. Coisas tais como árvores de decisão, tabelas de resultados, e utilidade, fazem parte freqüentemente da análise bayesiana. Essas técnicas vêm encontrando aceitação cada vez maior no mundo dos negócios.

---

* Bayes, Thomas (1702–1761), matemático inglês. (N. do T.)

apêndice*

Tabela A Termos Individuais da Distribuição Binomial
Tabela B Probabilidades Binomiais Acumuladas
Tabela C Probabilidades de Poisson
Tabela D Probabilidades de Poisson Acumuladas
Tabela E Coeficientes Binomiais
Tabela F Valores de $e^{-\mu}$
Tabela G Áreas na Cauda Direita sob a Distribuição Normal Padronizada
Tabela H Distribuições t
Tabela I Distribuições Qui-quadrado
Tabela J Distribuições F
Tabela K Intervalos de Confiança de 0,95 a 0,99 para Proporções
Tabela L Faixas de Confiança para o Coeficiente de Correlação Populacional (95%)
Tabela M Quadrados, Raízes Quadradas e Inversos

* Tendo em mente preservar as tabelas da edição original, foram elas reproduzidas neste livro *fotograficamente*, o que implica os seguintes cuidados da parte do leitor:
a) em lugar de *ponto* leia-se *vírgula* e
b) aos números iniciados por ponto acrescente-se um *zero*.

Tabela A Termos Individuais da Distribuição Binomial

n	x	p = .05	.10	.15	.20	.25	.30	.35	.40	.45	.50	.55	.60	.65	.70	.75	.80	.85	.90	.95
1	0	.9500	.9000	.8500	.8000	.7500	.7000	.6500	.6000	.5500	.5000	.4500	.4000	.3500	.3000	.2500	.2000	.1500	.1000	.0500
	1	.0500	.1000	.1500	.2000	.2500	.3000	.3500	.4000	.4500	.5000	.5500	.6000	.6500	.7000	.7500	.8000	.8500	.9000	.9500
2	0	.9025	.8100	.7225	.6400	.5625	.4900	.4225	.3600	.3025	.2500	.2025	.1600	.1225	.0900	.0625	.0400	.0225	.0100	.0025
	1	.0950	.1800	.2550	.3200	.3750	.4200	.4550	.4800	.4950	.5000	.4950	.4800	.4550	.4200	.3750	.3200	.2550	.1800	.0950
	2	.0025	.0100	.0225	.0400	.0625	.0900	.1225	.1600	.2025	.2500	.3025	.3600	.4225	.4900	.5625	.6400	.7225	.8100	.9025
3	0	.8574	.7290	.6141	.5120	.4219	.3430	.2746	.2160	.1664	.1250	.0911	.0640	.0429	.0270	.0156	.0900	.0034	.0010	.0001
	1	.1354	.2430	.3251	.3840	.4219	.4410	.4436	.4320	.4084	.3750	.3341	.2880	.2389	.1890	.1406	.0960	.0574	.0270	.0071
	2	.0071	.0270	.0574	.0960	.1406	.1890	.2389	.2880	.3341	.3750	.4084	.4320	.4436	.4410	.4219	.3840	.3251	.2430	.1354
	3	.0001	.0010	.0034	.0080	.0156	.0270	.0429	.0640	.0911	.1250	.1664	.2160	.2746	.3430	.4219	.5120	.6141	.7290	.8574
4	0	.8145	.6561	.5220	.4096	.3164	.2401	.1785	.1296	.0915	.0625	.0410	.0256	.0150	.0081	.0039	.0016	.0005	.0001	.0000
	1	.1715	.2916	.3685	.4096	.4219	.4116	.3845	.3456	.2995	.2500	.2005	.1536	.1115	.0756	.0469	.0256	.0115	.0036	.0005
	2	.0135	.0486	.0975	.1536	.2109	.2646	.3105	.3456	.3675	.3750	.3675	.3456	.3105	.2646	.2109	.1536	.0975	.0486	.0135
	3	.0005	.0036	.0115	.0256	.0469	.0756	.1115	.1536	.2005	.2500	.2995	.3456	.3845	.4116	.4219	.4096	.3685	.2916	.1715
	4	.0000	.0001	.0005	.0016	.0039	.0081	.0150	.0256	.0410	.0625	.0915	.1296	.1785	.2401	.3164	.4096	.5220	6561	.8145
5	0	.7738	.5905	.4437	.3277	.2373	.1681	.1160	.0778	.0503	.0313	.0185	.0102	.0053	.0024	.0010	.0003	.0001	.0000	.0000
	1	.2036	.3281	.3915	.4096	.3955	.3602	.3124	.2592	.2059	.1563	.1128	.0768	.0488	.0284	.0146	.0064	.0022	.0004	.0000
	2	.0214	.0729	.1382	.2048	.2637	.3087	.3364	.3456	.3369	.3125	.2757	.2304	.1811	.1323	.0879	.0512	.0244	.0081	.0011
	3	.0011	.0081	.0244	.0512	.0879	.1323	.1811	.2304	.2757	.3125	.3369	.3456	.3364	.3087	.2637	.2048	.1382	.0729	.0214
	4	.0000	.0004	.0022	.0064	.0146	.0283	.0488	.0768	.1128	.1562	.2059	.2592	.3124	.3601	.3955	.4096	.3915	.3281	.2036
	5	.0000	.0000	.0001	.0003	.0010	.0024	.0053	.0102	.0185	.0312	.0503	.0778	.1160	.1681	.2373	.3277	.4437	.5905	.7738
6	0	.7351	.5314	.3771	.2621	.1780	.1176	.0754	.0467	.0277	.0156	.0083	.0041	.0018	.0007	.0002	.0001	.0000	.0000	.0000
	1	.2321	.3543	.3993	.3932	.3560	.3025	.2437	.1866	.1359	.0938	.0609	.0369	.0205	.0102	.0044	.0015	.0004	.0001	.0000
	2	.0305	.0984	.1762	.2458	.2966	.3241	.3280	.3110	.2780	.2344	.1861	.1382	.0951	.0595	.0330	.0154	.0055	.0012	.0001
	3	.0021	.0146	.0415	.0819	.1318	.1852	.2355	.2765	.3032	.3125	.3032	.2765	.2355	.1852	.1318	.0819	.0415	.0146	.0021
	4	.0001	.0012	.0055	.0154	.0330	.0595	.0951	.1382	.1861	.2344	.2780	.3110	.3280	.3241	.2966	.2458	.1762	.0984	.0305
	5	.0000	.0001	.0004	.0015	.0044	.0102	.0205	.0369	.0609	.0937	.1359	.1866	.2437	.3025	.3560	.3932	.3993	.3543	.2321
	6	.0000	.0000	.0000	.0001	.0002	.0007	.0018	.0041	.0083	.0156	.0277	.0467	.0754	.1176	.1780	.2621	.3771	.5314	.7351

7	0	.6983	.4783	.3206	.2097	.1335	.0824	.0490	.0280	.0152	.0078	.0037	.0016	.0006	.0002	.0001	.0000	.0000	.0000	.0000
	1	.2573	.3720	.3960	.3670	.3115	.2471	.1848	.1306	.0872	.0547	.0320	.0172	.0084	.0036	.0013	.0004	.0001	.0000	.0000
	2	.0406	.1240	.2097	.2753	.3115	.3177	.2985	.2613	.2140	.1641	.1172	.0774	.0466	.0250	.0115	.0043	.0012	.0002	.0000
	3	.0036	.0230	.0617	.1147	.1730	.2269	.2679	.2903	.2918	.2734	.2388	.1935	.1442	.0972	.0577	.0287	.0109	.0026	.0002
	4	.0002	.0026	.0109	.0287	.0577	.0972	.1442	.1935	.2388	.2734	.2918	.2903	.2679	.2269	.1730	.1147	.0617	.0230	.0036
	5	.0000	.0002	.0012	.0043	.0115	.0250	.0466	.0774	.1172	.1641	.2140	.2613	.2985	.3177	.3115	.2753	.2097	.1240	.0406
	6	.0000	.0000	.0001	.0004	.0013	.0036	.0084	.0172	.0320	.0547	.0872	.1306	.1848	.2471	.3115	.3670	.3960	.3720	.2573
	7	.0000	.0000	.0000	.0000	.0001	.0002	.0006	.0016	.0037	.0078	.0152	.0280	.0490	.0824	.1335	.2097	.3206	.4783	.6983
8	0	.6634	.4305	.2725	.1678	.1001	.0576	.0319	.0168	.0084	.0039	.0017	.0007	.0002	.0001	.0000	.0000	.0000	.0000	.0000
	1	.2793	.3826	.3847	.3355	.2670	.1977	.1373	.0896	.0548	.0313	.0164	.0079	.0033	.0012	.0004	.0001	.0000	.0000	.0000
	2	.0515	.1488	.2376	.2936	.3115	.2965	.2587	.2090	.1569	.1094	.0703	.0413	.0217	.0100	.0038	.0011	.0002	.0000	.0000
	3	.0054	.0331	.0839	.1468	.2076	.2541	.2786	.2787	.2568	.2188	.1719	.1239	.0808	.0467	.0231	.0092	.0026	.0004	.0000
	4	.0004	.0046	.0185	.0459	.0865	.1361	.1875	.2322	.2627	.2734	.2627	.2322	.1875	.1361	.0865	.0459	.0185	.0046	.0004
	5	.0000	.0004	.0026	.0092	.0231	.0467	.0808	.1239	.1719	.2188	.2568	.2787	.2786	.2541	.2076	.1468	.0839	.0331	.0054
	6	.0000	.0000	.0002	.0011	.0038	.0100	.0217	.0413	.0703	.1094	.1569	.2090	.2587	.2965	.3115	.2936	.2376	.1488	.0515
	7	.0000	.0000	.0000	.0001	.0004	.0012	.0033	.0079	.0164	.0312	.0548	.0896	.1373	.1977	.2670	.3355	.3847	.3826	.2793
	8	.0000	.0000	.0000	.0000	.0000	.0001	.0002	.0007	.0017	.0039	.0084	.0168	.0319	.0576	.1001	.1678	.2725	.4305	.6634
9	0	.6302	.3874	.2316	.1342	.0751	.0404	.0207	.0101	.0046	.0020	.0008	.0003	.0001	.0000	.0000	.0000	.0000	.0000	.0000
	1	.2986	.3874	.3679	.3020	.2253	.1556	.1004	.0605	.0339	.0176	.0083	.0035	.0013	.0004	.0001	.0000	.0000	.0000	.0000
	2	.0629	.1722	.2597	.3020	.3003	.2668	.2162	.1612	.1110	.0703	.0407	.0212	.0098	.0039	.0012	.0003	.0000	.0000	.0000
	3	.0077	.0446	.1069	.1762	.2336	.2668	.2716	.2508	.2119	.1641	.1160	.0743	.0424	.0210	.0087	.0028	.0006	.0001	.0000
	4	.0006	.0074	.0283	.0661	.1168	.1715	.2194	.2508	.2600	.2461	.2128	.1672	.1181	.0735	.0389	.0165	.0050	.0008	.0000
	5	.0000	.0008	.0050	.0165	.0389	.0735	.1181	.1672	.2128	.2461	.2600	.2508	.2194	.1715	.1168	.0661	.0283	.0074	.0006
	6	.0000	.0001	.0006	.0028	.0087	.0210	.0424	.0743	.1160	.1641	.2119	.2508	.2716	.2668	.2336	.1762	.1069	.0446	.0077
	7	.0000	.0000	.0000	.0003	.0012	.0039	.0098	.0212	.0407	.0703	.1110	.1612	.2162	.2668	.3003	.3020	.2597	.1722	.0629
	8	.0000	.0000	.0000	.0000	.0001	.0004	.0013	.0035	.0083	.0176	.0339	.0605	.1004	.1556	.2253	.3020	.3679	.3874	.2986
	9	.0000	.0000	.0000	.0000	.0000	.0000	.0001	.0003	.0008	.0020	.0046	.0101	.0207	.0404	.0751	.1342	.2316	.3874	.6302
10	0	.5987	.3487	.1969	.1074	.0563	.0282	.0135	.0060	.0025	.0010	.0003	.0001	.0000	.0000	.0000	.0000	.0000	.0000	.0000
	1	.3151	.3874	.3474	.2684	.1877	.1211	.0725	.0403	.0207	.0098	.0042	.0016	.0005	.0001	.0000	.0000	.0000	.0000	.0000
	2	.0746	.1937	.2759	.3020	.2816	.2335	.1757	.1209	.0763	.0439	.0229	.0106	.0043	.0014	.0004	.0001	.0000	.0000	.0000
	3	.0105	.0574	.1298	.2013	.2503	.2668	.2522	.2150	.1665	.1172	.0746	.0425	.0212	.0090	.0031	.0008	.0001	.0000	.0000
	4	.0010	.0112	.0401	.0881	.1460	.2001	.2377	.2508	.2384	.2051	.1596	.1115	.0689	.0368	.0162	.0055	.0012	.0001	.0000
	5	.0001	.0015	.0085	.0264	.0584	.1029	.1536	.2007	.2340	.2461	.2340	.2007	.1536	.1029	.0584	.0264	.0085	.0015	.0001
	6	.0000	.0001	.0012	.0055	.0162	.0368	.0689	.1115	.1596	.2051	.2384	.2508	.2377	.2001	.1460	.0881	.0401	.0112	.0010
	7	.0000	.0000	.0001	.0008	.0031	.0090	.0212	.0425	.0746	.1172	.1665	.2150	.2522	.2668	.2503	.2013	.1298	.0574	.0105
	8	.0000	.0000	.0000	.0001	.0004	.0014	.0043	.0106	.0229	.0439	.0763	.1209	.1757	.2335	.2816	.3020	.2759	.1937	.0746
	9	.0000	.0000	.0000	.0000	.0000	.0001	.0005	.0016	.0042	.0098	.0207	.0403	.0725	.1211	.1877	.2684	.3474	.3874	.3151
	10	.0000	.0000	.0000	.0000	.0000	.0000	.0000	.0001	.0003	.0010	.0025	.0060	.0135	.0282	.0563	.1074	.1969	.3487	.5987

Tabela A (*Cont.*)

		p																		
n	x	.05	.10	.15	.20	.25	.30	.35	.40	.45	.50	.55	.60	.65	.70	.75	.80	.85	.90	.95
11	0	.5688	.3138	.1673	.0859	.0422	.0198	.0088	.0036	.0014	.0005	.0002	.0000	.0000	.0000	.0000	.0000	.0000	.0000	.0000
	1	.3293	.3835	.3248	.2362	.1549	.0932	.0518	.0266	.0125	.0054	.0021	.0007	.0002	.0000	.0000	.0000	.0000	.0000	.0000
	2	.0867	.2131	.2866	.2953	.2581	.1998	.1395	.0887	.0513	.0269	.0126	.0052	.0018	.0005	.0001	.0000	.0000	.0000	.0000
	3	.0137	.0710	.1517	.2215	.2581	.2568	.2254	.1774	.1259	.0806	.0462	.0234	.0102	.0037	.0011	.0002	.0000	.0000	.0000
	4	.0014	.0158	.0536	.1107	.1721	.2201	.2428	.2365	.2060	.1611	.1128	.0701	.0379	.0173	.0064	.0017	.0003	.0000	.0000
	5	.0001	.0025	.0132	.0388	.0803	.1321	.1830	.2207	.2360	.2256	.1931	.1471	.0985	.0566	.0268	.0097	.0023	.0003	.0000
	6	.0000	.0003	.0023	.0097	.0268	.0566	.0985	.1471	.1931	.2256	.2360	.2207	.1830	.1321	.0803	.0388	.0132	.0025	.0001
	7	.0000	.0000	.0003	.0017	.0064	.0173	.0379	.0701	.1128	.1611	.2060	.2365	.2428	.2201	.1721	.1107	.0536	.0158	.0014
	8	.0000	.0000	.0000	.0002	.0011	.0037	.0102	.0234	.0462	.0806	.1259	.1774	.2254	.2568	.2581	.2215	.1517	.0710	.0137
	9	.0000	.0000	.0000	.0000	.0001	.0005	.0018	.0052	.0126	.0269	.0513	.0887	.1395	.1998	.2581	.2953	.2866	.2131	.0867
	10	.0000	.0000	.0000	.0000	.0000	.0000	.0002	.0007	.0021	.0054	.0125	.0266	.0518	.0932	.1549	.2362	.3248	.3835	.3293
	11	.0000	.0000	.0000	.0000	.0000	.0000	.0000	.0000	.0002	.0005	.0014	.0036	.0088	.0198	.0422	.0859	.1673	.3138	.5688
12	0	.5404	.2824	.1422	.0687	.0317	.0138	.0057	.0022	.0008	.0002	.0001	.0000	.0000	.0000	.0000	.0000	.0000	.0000	.0000
	1	.3413	.3766	.3012	.2062	.1267	.0712	.0368	.0174	.0075	.0029	.0010	.0003	.0001	.0000	.0000	.0000	.0000	.0000	.0000
	2	.0988	.2301	.2924	.2835	.2323	.1678	.1088	.0639	.0339	.0161	.0068	.0025	.0008	.0002	.0000	.0000	.0000	.0000	.0000
	3	.0173	.0852	.1720	.2362	.2581	.2397	.1954	.1419	.0923	.0537	.0277	.0125	.0048	.0015	.0004	.0001	.0000	.0000	.0000
	4	.0021	.0213	.0683	.1329	.1936	.2311	.2367	.2128	.1700	.1208	.0762	.0420	.0199	.0078	.0024	.0005	.0001	.0000	.0000
	5	.0002	.0038	.0193	.0532	.1032	.1585	.2039	.2270	.2225	.1934	.1489	.1009	.0591	.0291	.0115	.0033	.0006	.0000	.0000
	6	.0000	.0005	.0040	.0155	.0401	.0792	.1281	.1766	.2124	.2256	.2124	.1766	.1281	.0792	.0401	.0155	.0040	.0005	.0000
	7	.0000	.0000	.0006	.0033	.0115	.0291	.0591	.1009	.1489	.1934	.2225	.2270	.2039	.1585	.1032	.0532	.0193	.0038	.0002
	8	.0000	.0000	.0001	.0005	.0024	.0078	.0199	.0420	.0762	.1208	.1700	.2128	.2367	.2311	.1936	.1329	.0683	.0213	.0021
	9	.0000	.0000	.0000	.0001	.0004	.0015	.0048	.0125	.0277	.0537	.0923	.1419	.1954	.2397	.2581	.2362	.1720	.0852	.0173
	10	.0000	.0000	.0000	.0000	.0000	.0002	.0008	.0025	.0068	.0161	.0339	.0639	.1088	.1678	.2323	.2835	.2924	.2301	.0988
	11	.0000	.0000	.0000	.0000	.0000	.0000	.0001	.0003	.0010	.0029	.0075	.0174	.0368	.0712	.1267	.2062	.3012	.3766	.3413
	12	.0000	.0000	.0000	.0000	.0000	.0000	.0000	.0000	.0001	.0002	.0008	.0022	.0057	.0138	.0317	.0687	.1422	.2824	.5404

Tabela B Probabilidades Binomiais Acumuladas

		p																		
n	*x*	.05	.10	.15	.20	.25	.30	.35	.40	.45	.50	.55	.60	.65	.70	.75	.80	.85	.90	.95
1	0	.9500	.9000	.8500	.8000	.7500	.7000	.6500	.6000	.5500	.5000	.4500	.4000	.3500	.3000	.2500	.2000	.1500	.1000	.0500
	1	1.0000	1.0000	1.0000	1.0000	1.0000	1.0000	1.0000	1.0000	1.0000	1.0000	1.0000	1.0000	1.0000	1.0000	1.0000	1.0000	1.0000	1.0000	1.0000
2	0	.9025	.8100	.7225	.6400	.5625	.4900	.4225	.3600	.3025	.2500	.2025	.1600	.1225	.0900	.0625	.0400	.0225	.0100	.0025
	1	.9975	.9900	.9775	.9600	.9375	.9100	.8775	.8400	.7975	.7500	.6975	.6400	.5775	.5100	.4375	.3600	.2775	.1900	.0975
	2	1.0000	1.0000	1.0000	1.0000	1.0000	1.0000	1.0000	1.0000	1.0000	1.0000	1.0000	1.0000	1.0000	1.0000	1.0000	1.0000	1.0000	1.0000	1.0000
3	0	.8574	.7290	.6141	.5120	.4219	.3430	.2746	.2160	.1664	.1250	.0911	.0640	.0429	.0270	.0156	.0080	.0034	.0010	.0001
	1	.9928	.9720	.9393	.8960	.8438	.7840	.7183	.6480	.5748	.5000	.4253	.3520	.2818	.2160	.1563	.1040	.0608	.0280	.0073
	2	.9999	.9990	.9966	.9920	.9844	.9730	.9571	.9360	.9089	.8750	.8336	.7840	.7254	.6570	.5781	.4880	.3859	.2710	.1426
	3	1.0000	1.0000	1.0000	1.0000	1.0000	1.0000	1.0000	1.0000	1.0000	1.0000	1.0000	1.0000	1.0000	1.0000	1.0000	1.0000	1.0000	1.0000	1.0000
4	0	.8145	.6561	.5220	.4096	.3164	.2401	.1785	.1296	.0915	.0625	.0410	.0256	.0150	.0081	.0039	.0016	.0005	.0001	.0000
	1	.9860	.9477	.8905	.8192	.7383	.6517	.5630	.4752	.3910	.3125	.2415	.1792	.1265	.0837	.0508	.0272	.0120	.0037	.0005
	2	.9995	.9963	.9880	.9728	.9492	.9163	.8735	.8208	.7585	.6875	.6090	.5248	.4370	.3483	.2617	.1808	.1095	.0523	.0140
	3	1.0000	.9999	.9995	.9984	.9961	.9919	.9850	.9744	.9590	.9375	.9085	.8704	.8215	.7599	.6836	.5904	.4780	.3439	.1855
	4	1.0000	1.0000	1.0000	1.0000	1.0000	1.0000	1.0000	1.0000	1.0000	1.0000	1.0000	1.0000	1.0000	1.0000	1.0000	1.0000	1.0000	1.0000	1.0000
5	0	.7738	.5905	.4437	.3277	.2373	.1681	.1160	.0778	.0503	.0313	.0185	.0102	.0053	.0024	.0010	.0003	.0001	.0000	.0000
	1	.9974	.9185	.8352	.7373	.6328	.5282	.4284	.3370	.2562	.1875	.1312	.0870	.0540	.0308	.0156	.0067	.0022	.0005	.0000
	2	.9988	.9914	.9734	.9421	.8965	.8369	.7648	.6826	.5931	.5000	.4069	.3174	.2352	.1631	.1035	.0579	.0266	.0086	.0012
	3	1.0000	.9995	.9978	.9933	.9844	.9692	.9460	.9130	.8688	.8125	.7438	.6630	.5716	.4718	.3672	.2627	.1648	.0815	.0226
	4	1.0000	1.0000	.9999	.9997	.9990	.9976	.9947	.9898	.9815	.9688	.9497	.9222	.8840	.8319	.7627	.6723	.5563	.4095	.2262
	5	1.0000	1.0000	1.0000	1.0000	1.0000	1.0000	1.0000	1.0000	1.0000	1.0000	1.0000	1.0000	1.0000	1.0000	1.0000	1.0000	1.0000	1.0000	1.0000
6	0	.7351	.5314	.3771	.2621	.1780	.1176	.0754	.0467	.0277	.0156	.0083	.0041	.0018	.0007	.0002	.0001	.0000	.0000	.0000
	1	.9672	.8857	.7765	.6554	.5339	.4202	.3191	.2333	.1636	.1094	.0692	.0410	.0223	.0109	.0046	.0016	.0004	.0001	.0000
	2	.9978	.9842	.9527	.9011	.8306	.7443	.6471	.5443	.4415	.3438	.2553	.1792	.1174	.0705	.0376	.0170	.0059	.0013	.0001
	3	.9999	.9987	.9941	.9830	.9624	.9295	.8826	.8208	.7447	.6563	.5585	.4557	.3529	.2557	.1694	.0989	.0473	.0159	.0022
	4	1.0000	.9999	.9996	.9984	.9954	.9891	.9777	.9590	.9308	.8906	.8364	.7667	.6809	.5798	.4661	.3446	.2235	.1143	.0328
	5	1.0000	1.0000	1.0000	.9999	.9998	.9993	.9982	.9959	.9917	.9844	.9723	.9533	.9246	.8824	.8220	.7379	.6229	.4686	.2649
	6	1.0000	1.0000	1.0000	1.0000	1.0000	1.0000	1.0000	1.0000	1.0000	1.0000	1.0000	1.0000	1.0000	1.0000	1.0000	1.0000	1.0000	1.0000	1.0000

Tabela B *(Cont.)*

		p																		
n	x	.05	.10	.15	.20	.25	.30	.35	.40	.45	.50	.55	.60	.65	.70	.75	.80	.85	.90	.95
7	0	.6983	.4783	.3206	.2097	.1335	.0824	.0490	.0280	.0152	.0078	.0037	.0016	.0006	.0002	.0001	.0000	.0000	.0000	.0000
	1	.9556	.8503	.7166	.5767	.4449	.3294	.2338	.1586	.1024	.0625	.0357	.0188	.0090	.0038	.0013	.0004	.0001	.0000	.0000
	2	.9962	.9743	.9262	.8520	.7564	.6471	.5323	.4199	.3164	.2266	.1529	.0963	.0556	.0288	.0129	.0047	.0012	.0002	.0000
	3	.9998	.9973	.9879	.9667	.9294	.8740	.8002	.7102	.6083	.5000	.3917	.2898	.1998	.1260	.0706	.0333	.0121	.0027	.0002
	4	1.0000	.9998	.9988	.9953	.9871	.9712	.9444	.9037	.8471	.7734	.6836	.5801	.4677	.3529	.2436	.1480	.0738	.0257	.0038
	5	1.0000	1.0000	.9999	.9996	.9987	.9962	.9910	.9812	.9643	.9375	.8976	.8414	.7662	.6706	.5551	.4233	.2834	.1497	.0444
	6	1.0000	1.0000	1.0000	1.0000	.9999	.9998	.9994	.9984	.9963	.9922	.9848	.9720	.9510	.9176	.8665	.7903	.6794	.5217	.3017
	7	1.0000	1.0000	1.0000	1.0000	1.0000	1.0000	1.0000	1.0000	1.0000	1.0000	1.0000	1.0000	1.0000	.10000	1.0000	1.0000	1.0000	1.0000	1.0000
8	0	.6634	.4305	.2725	.1678	.1001	.0576	.0319	.0168	.0084	.0039	.0017	.0007	.0002	.0001	.0000	.0000	.0000	.0000	.0000
	1	.9428	.8131	.6572	.5033	.3671	.2553	.1691	.1064	.0632	.0352	.0181	.0085	.0036	.0013	.0004	.0001	.0000	.0000	.0000
	2	.9942	.9619	.8948	.7969	.6785	.5518	.4278	.3154	.2201	.1445	.0885	.0498	.0253	.0113	.0042	.0012	.0002	.0000	.0000
	3	.9996	.9950	.9786	.9437	.8862	.8059	.7064	.5941	.4470	.3633	.2604	.1737	.1061	.0580	.0273	.0104	.0029	.0004	.0000
	4	1.0000	.9996	.9971	.9896	.9727	.9420	.8939	.8263	.7396	.6367	.5230	.4059	.2936	.1941	.1138	.0563	.0214	.0050	.0004
	5	1.0000	1.0000	.9998	.9988	.9958	.9887	.9747	.9502	.9115	.8555	.7799	.6846	.5722	.4482	.3215	.2031	.1052	.0381	.0058
	6	1.0000	1.0000	1.0000	.9999	.9996	.9987	.9964	.9915	.9819	.9648	.9368	.8936	.8309	.7447	.6329	.4967	.3428	.1869	.0572
	7	1.0000	1.0000	1.0000	1.0000	1.0000	.9999	.9998	.9993	.9983	.9961	.9916	.9832	.9681	.9424	.8999	.8322	.7275	.5695	.3366
	8	1.0000	1.0000	1.0000	1.0000	1.0000	1.0000	1.0000	1.0000	1.0000	1.0000	1.0000	1.0000	1.0000	1.0000	1.0000	1.0000	1.0000	1.0000	1.0000
9	0	.6302	.3874	.2316	.1342	.0751	.0404	.0207	.0101	.0046	.0020	.0008	.0003	.0001	.0000	.0000	.0000	.0000	.0000	.0000
	1	.9288	.7748	.5995	.4362	.3003	.1960	.1211	.0705	.0385	.0195	.0091	.0038	.0014	.0004	.0001	.0000	.0000	.0000	.0000
	2	.9916	.9470	.8591	.7382	.6007	.4628	.3373	.2318	.1495	.0898	.0498	.0250	.0112	.0043	.0013	.0003	.0000	.0000	.0000
	3	.9994	.9917	.9661	.9144	.8343	.7297	.6089	.4826	.3614	.2539	.1658	.0994	.0536	.0253	.0100	.0031	.0006	.0001	.0000
	4	1.0000	.9991	.9944	.9804	.9511	.9012	.8283	.7334	.6214	.5000	.3786	.2666	.1717	.0988	.0489	.0196	.0056	.0009	.0000
	5	1.0000	.9999	.9994	.9969	.9900	.9747	.9464	.9006	.8342	.7461	.6386	.5174	.3911	.2703	.1657	.0856	.0339	.0083	.0006
	6	1.0000	1.0000	1.0000	.9997	.9987	.9957	.9888	.9750	.9502	.9102	.8505	.7682	.6627	.5372	.3993	.2618	.1409	.0530	.0084
	7	1.0000	1.0000	1.0000	1.0000	.9999	.9996	.9986	.9962	.9909	.9805	.9615	.9295	.8789	.8040	.6997	.5638	.4005	.2252	.0712
	8	1.0000	1.0000	1.0000	1.0000	1.0000	1.0000	.9999	.9997	.9992	.9980	.9954	.9899	.9793	.9596	.9249	.8658	.7684	.6126	.3698
	9	1.0000	1.0000	1.0000	1.0000	1.0000	1.0000	1.0000	1.0000	1.0000	1.0000	1.0000	1.0000	1.0000	1.0000	1.0000	1.0000	1.0000	1.0000	1.0000
10	0	.5987	.3487	.1969	.1074	.0563	.0282	.0135	.0060	.0025	.0010	.0003	.0001	.0000	.0000	.0000	.0000	.0000	.0000	.0000
	1	.9139	.7361	.5443	.3758	.2440	.1493	.0860	.0464	.0233	.0107	.0045	.0017	.0005	.0001	.0000	.0000	.0000	.0000	.0000
	2	.9885	.9298	.8202	.6778	.5256	.3828	.2616	.1673	.0996	.0547	.0274	.0123	.0048	.0016	.0004	.0001	.0000	.0000	.0000
	3	.9990	.9872	.9500	.8791	.7759	.6496	.5138	.3823	.2660	.1719	.1020	.0548	.0260	.0106	.0035	.0009	.0001	.0000	.0000

	4	.9999	.9984	.9901	.9672	.9219	.8497	.7515	.6331	.5044	.3770	.2616	.1662	.0949	.0473	.0197	.0064	.0014	.0001	.0000
	5	1.0000	.9999	.9986	.9936	.9803	.9527	.9051	.8338	.7384	.6230	.4956	.3669	.2485	.1503	.0781	.0328	.0099	.0016	.0001
	6	1.0000	1.0000	.9999	.9991	.9965	.9894	.9740	.9452	.8980	.8281	.7340	.6177	.4862	.3504	.2241	.1209	.0500	.0128	.0010
	7	1.0000	1.0000	1.0000	.9999	.9996	.9984	.9952	.9877	.9726	.9453	.9004	.8327	.7384	.6172	.4744	.3222	.1798	.0702	.0115
	8	1.0000	1.0000	1.0000	1.0000	1.0000	.9999	.9995	.9983	.9955	.9893	.9767	.9536	.9140	.8507	.7560	.6242	.4557	.2639	.0861
	9	1.0000	1.0000	1.0000	1.0000	1.0000	1.0000	1.0000	.9999	.9997	.9990	.9975	.9940	.9865	.9718	.9437	.8926	.8031	.6513	.4013
	10	1.0000	1.0000	1.0000	1.0000	1.0000	1.0000	1.0000	1.0000	1.0000	1.0000	1.0000	1.0000	1.0000	1.0000	1.0000	1.0000	1.0000	1.0000	1.0000
11	0	.5688	.3138	.1673	.0859	.0422	.0198	.0088	.0036	.0014	.0005	.0002	.0000	.0000	.0000	.0000	.0000	.0000	.0000	.0000
	1	.8981	.6974	.4922	.3221	.1971	.1130	.0606	.0302	.0139	.0059	.0022	.0007	.0002	.0000	.0000	.0000	.0000	.0000	.0000
	2	.9848	.9104	.7788	.6174	.4552	.3127	.2001	.1189	.0652	.0327	.0148	.0059	.0020	.0006	.0001	.0000	.0000	.0000	.0000
	3	.9984	.9815	.9306	.8389	.7133	.5696	.4256	.2963	.1911	.1133	.0610	.0293	.0122	.0043	.0012	.0002	.0000	.0000	.0000
	4	.9999	.9972	.9841	.9496	.8854	.7897	.6683	.5328	.3971	.2744	.1738	.0994	.0501	.0216	.0076	.0020	.0003	.0000	.0000
	5	1.0000	.9997	.9973	.9883	.9657	.9218	.8513	.7535	.6331	.5000	.3669	.2465	.1487	.0782	.0343	.0117	.0027	.0003	.0000
	6	1.0000	1.0000	.9997	.9980	.9924	.9784	.9499	.9006	.8262	.7256	.6029	.4672	.3317	.2103	.1146	.0504	.0159	.0028	.0001
	7	1.0000	1.0000	1.0000	.9998	.9988	.9957	.9878	.9707	.9390	.8867	.8089	.7037	.5744	.4304	.2867	.1611	.0694	.0185	.0016
	8	1.0000	1.0000	1.0000	1.0000	.9999	.9994	.9980	.9941	.9852	.9673	.9348	.8811	.7999	.6873	.5448	.3826	.2212	.0896	.0152
	9	1.0000	1.0000	1.0000	1.0000	1.0000	1.0000	.9998	.9993	.9978	.9941	.9861	.9698	.9394	.8870	.8029	.6779	.5078	.3026	.1019
	10	1.0000	1.0000	1.0000	1.0000	1.0000	1.0000	1.0000	1.0000	.9998	.9995	.9986	.9964	.9912	.9802	.9578	.9141	.8327	.6862	.4312
	11	1.0000	1.0000	1.0000	1.0000	1.0000	1.0000	1.0000	1.0000	1.0000	1.0000	1.0000	1.0000	1.0000	1.0000	1.0000	1.0000	1.0000	1.0000	1.0000
12	0	.5404	.2824	.1422	.0687	.0317	.0138	.0057	.0022	.0008	.0002	.0001	.0000	.0000	.0000	.0000	.0000	.0000	.0000	.0000
	1	.8816	.6590	.4435	.2749	.1584	.0850	.0424	.0196	.0083	.0032	.0011	.0003	.0001	.0000	.0000	.0000	.0000	.0000	.0000
	2	.9804	.8891	.7358	.5583	.3907	.2528	.1513	.0834	.0421	.0193	.0079	.0028	.0008	.0002	.0000	.0000	.0000	.0000	.0000
	3	.9978	.9744	.9078	.7946	.6488	.4925	.3467	.2253	.1345	.0730	.0356	.0153	.0056	.0017	.0004	.0001	.0000	.0000	.0000
	4	.9998	.9957	.9761	.9274	.8424	.7237	.5833	.4382	.3044	.1938	.1117	.0573	.0255	.0095	.0028	.0006	.0001	.0000	.0000
	5	1.0000	.9995	.9954	.9806	.9456	.8822	.7873	.6652	.5269	.3872	.2607	.1582	.0846	.0386	.0143	.0039	.0007	.0001	.0000
	6	1.0000	.9999	.9993	.9961	.9857	.9614	.9154	.8418	.7393	.6128	.4731	.3348	.2127	.1178	.0544	.0194	.0046	.0005	.0000
	7	1.0000	1.0000	.9999	.9994	.9972	.9905	.9745	.9427	.8883	.8062	.6956	.5618	.4167	.2763	.1576	.0726	.0239	.0043	.0002
	8	1.0000	1.0000	1.0000	.9999	.9996	.9983	.9944	.9847	.9644	.9270	.8655	.7747	.6533	.5075	3512	.2054	.0922	.0256	.0022
	9	1.0000	1.0000	1.0000	1.0000	1.0000	.9998	.9992	.9972	.9921	.9807	.9579	.9166	.8487	.7472	.6093	.4417	.2642	.1109	.0196
	10	1.0000	1.0000	1.0000	1.0000	1.0000	1.0000	.9999	.9997	.9989	.9968	.9917	.9804	.9576	.9150	.8416	.7251	.5565	.3410	.1184
	11	1.0000	1.0000	1.0000	1.0000	1.0000	1.0000	1.0000	1.0000	.9999	.9998	.9992	.9978	.9943	.9862	.9683	.9313	.8578	.7176	.4596
	12	1.0000	1.0000	1.0000	1.0000	1.0000	1.0000	1.0000	1.0000	1.0000	1.0000	1.0000	1.0000	1.0000	1.0000	1.0000	1.0000	1.0000	1.0000	1.0000
13	0	.5133	.2542	.1209	.0550	.0238	.0097	.0037	.0013	.0004	.0001	.0000	.0000	.0000	.0000	.0000	.0000	.0000	.0000	.0000
	1	.8646	.6213	.3983	.2336	.1267	.0637	.0296	.0126	.0049	.0017	.0005	.0001	.0000	.0000	.0000	.0000	.0000	.0000	.0000
	2	.9755	.8661	.6920	.5017	.3326	.2025	.1132	.0579	.0269	.0112	.0041	.0013	.0003	.0001	.0000	.0000	.0000	.0000	.0000
	3	.9969	.9658	.8820	.7473	.5843	.4206	.2783	.1686	.0929	.0461	.0203	.0078	.0025	.0007	.0001	.0000	.0000	.0000	.0000

Tabela B (*Cont.*)

n	x	.05	.10	.15	.20	.25	.30	.35	.40	.45	.50	.55	.60	.65	.70	.75	.80	.85	.90	.95
										p										
	4	.9997	.9935	.9658	.9009	.7940	.6543	.5005	.3530	.2279	.1334	.0698	.0321	.0126	.0040	.0010	.0002	.0000	.0000	.0000
	5	1.0000	.9991	.9925	.9700	.9198	.8346	.7159	.5744	.4268	.2905	.1788	.0977	.0462	.0182	.0056	.0012	.0002	.0000	.0000
	6	1.0000	.9999	.9987	.9930	.9757	.9376	.8705	.7712	.6437	.5000	.3563	.2288	.1295	.0624	.0243	.0070	.0013	.0001	.0000
	7	1.0000	1.0000	.9998	.9988	.9944	.9818	.9538	.9023	.8212	.7095	.5732	.4256	.2841	.1654	.0802	.0300	.0075	.0009	.0000
	8	1.0000	1.0000	1.0000	.9998	.9990	.9960	.9874	.9679	.9302	.8666	.7721	.6470	.4995	.3457	.2060	.0991	.0342	.0065	.0003
	9	1.0000	1.0000	1.0000	1.0000	.9999	.9993	.9975	.9922	.9797	.9539	.9071	.8314	.7217	.5794	.4157	.2527	.1180	.0342	.0031
	10	1.0000	1.0000	1.0000	1.0000	1.0000	.9999	.9997	.9987	.9959	.9888	.9731	.9421	.8868	.7975	.6674	.4983	.3080	.1339	.0245
	11	1.0000	1.0000	1.0000	1.0000	1.0000	1.0000	1.0000	.9999	.9995	.9983	.9951	.9874	.9704	.9363	.8733	.7664	.6017	.3787	.1354
	12	1.0000	1.0000	1.0000	1.0000	1.0000	1.0000	1.0000	1.0000	1.0000	.9999	.9996	.9987	.9963	.9903	.9762	.9450	.8791	.7458	.4867
	13	1.0000	1.0000	1.0000	1.0000	1.0000	1.0000	1.0000	1.0000	1.0000	1.0000	1.0000	1.0000	1.0000	1.0000	1.0000	1.0000	1.0000	1.0000	1.0000
14	0	.4877	.2288	.1028	.0440	.0178	.0068	.0024	.0008	.0002	.0001	.0000	.0000	.0000	.0000	.0000	.0000	.0000	.0000	.0000
	1	.8470	.5846	.3567	.1979	.1010	.0475	.0205	.0081	.0029	.0009	.0003	.0001	.0000	.0000	.0000	.0000	.0000	.0000	.0000
	2	.9699	.8416	.6479	.4481	.2811	.1608	.0839	.0398	.0170	.0065	.0022	.0006	.0001	.0000	.0000	.0000	.0000	.0000	.0000
	3	.9958	.9559	.8535	.6982	.5213	.3552	.2205	.1243	.0632	.0287	.0114	.0039	.0011	.0002	.0000	.0000	.0000	.0000	.0000
	4	.9996	.9908	.9533	.8702	.7415	.5842	.4227	.2793	.1672	.0898	.0426	.0175	.0060	.0017	.0003	.0000	.0000	.0000	.0000
	5	1.0000	.9985	.9885	.9561	.8883	.7805	.6405	.4859	.3373	.2120	.1189	.0583	.0243	.0083	.0022	.0004	.0000	.0000	.0000
	6	1.0000	.9998	.9978	.9884	.9617	.9067	.8164	.6925	.5461	.3953	.2586	.1501	.0753	.0315	.0103	.0024	.0003	.0000	.0000
	7	1.0000	1.0000	.9997	.9976	.9897	.9685	.9247	.8499	.7414	.6047	.4539	.3075	.1836	.0933	.0383	.0116	.0022	.0002	.0000
	8	1.0000	1.0000	1.0000	.9996	.9978	.9917	.9757	.9417	.8811	.7880	.6627	.5141	.3595	.2195	.1117	.0439	.0115	.0015	.0000
	9	1.0000	1.0000	1.0000	1.0000	.9997	.9983	.9940	.9825	.9574	.9102	.8328	.7207	.5773	.4158	.2585	.1298	.0467	.0092	.0004
	10	1.0000	1.0000	1.0000	1.0000	1.0000	.9998	.9989	.9961	.9886	.9713	.9368	.8757	.7795	.6448	.4787	.3018	.1465	.0441	.0042
	11	1.0000	1.0000	1.0000	1.0000	1.0000	1.0000	.9999	.9994	.9978	.9935	.9830	.9602	.9161	.8392	.7189	.5519	.3521	.1584	.0301
	12	1.0000	1.0000	1.0000	1.0000	1.0000	1.0000	1.0000	.9999	.9997	.9991	.9971	.9919	.9795	.9525	.8990	.8021	.6433	.4154	.1530
	13	1.0000	1.0000	1.0000	1.0000	1.0000	1.0000	1.0000	1.0000	1.0000	.9999	.9998	.9992	.9976	.9932	.9822	.9560	.8972	.7712	.5123
	14	1.0000	1.0000	1.0000	1.0000	1.0000	1.0000	1.0000	1.0000	1.0000	1.0000	1.0000	1.0000	1.0000	1.0000	1.0000	1.0000	1.0000	1.0000	1.0000
15	0	.4633	.2059	.0874	.0352	.0134	.0047	.0016	.0005	.0001	.0000	.0000	.0000	.0000	.0000	.0000	.0000	.0000	.0000	.0000
	1	.8290	.5490	.3186	.1671	.0802	.0353	.0142	.0052	.0017	.0005	.0001	.0000	.0000	.0000	.0000	.0000	.0000	.0000	.0000
	2	.9638	.8159	.6042	.3980	.2361	.1268	.0617	.0271	.0107	.0037	.0011	.0003	.0001	.0000	.0000	.0000	.0000	.0000	.0000
	3	.9945	.9444	.8227	.6482	.4613	.2969	.1727	.0905	.0424	.0176	.0063	.0019	.0005	.0001	.0000	.0000	.0000	.0000	.0000
	4	.9994	.9873	.9383	.8358	.6865	.5155	.3519	.2173	.1204	.0592	.0255	.0093	.0028	.0007	.0001	.0000	.0000	.0000	.0000
	5	.9999	.9978	.9832	.9389	.8516	.7216	.5643	.4032	.2608	.1509	.0769	.0338	.0124	.0037	.0008	.0001	.0000	.0000	.0000

n	x																			
	6	1.0000	.9997	.9964	.9819	.9434	.8689	.7548	.6098	.4522	.3036	.1818	.0950	.0422	.0152	.0042	.0008	.0001	.0000	.0000
	7	1.0000	1.0000	.9994	.9958	.9827	.9500	.8868	.7869	.6535	.5000	.3465	.2131	.1132	.0500	.0173	.0042	.0006	.0000	.0000
	8	1.0000	1.0000	.9999	.9992	.9958	.9848	.9578	.9050	.8182	.6964	.5478	.3902	.2452	.1311	.0566	.0181	.0036	.0003	.0000
	9	1.0000	1.0000	1.0000	.9999	.9992	.9963	.9876	.9662	.9231	.8491	.7392	.5968	.4357	.2784	.1484	.0611	.0168	.0022	.0001
	10	1.0000	1.0000	1.0000	1.0000	.9999	.9993	.9972	.9907	.9745	.9408	.8796	.7827	.6481	.4845	.3135	.1642	.0617	.0127	.0006
	11	1.0000	1.0000	1.0000	1.0000	1.0000	.9999	.9995	.9981	.9937	.9824	.9576	.9095	.8273	.7031	.5387	.3518	.1773	.0556	.0055
	12	1.0000	1.0000	1.0000	1.0000	1.0000	1.0000	.9999	.9997	.9989	.9963	.9893	.9729	.9383	.8732	.7639	.6020	.3958	.1841	.0362
	13	1.0000	1.0000	1.0000	1.0000	1.0000	1.0000	1.0000	1.0000	.9999	.9995	.9983	.9948	.9858	.9647	.9198	.8329	.6814	.4510	.1710
	14	1.0000	1.0000	1.0000	1.0000	1.0000	1.0000	1.0000	1.0000	1.0000	1.0000	.9999	.9995	.9984	.9953	.9866	.9648	.9126	.7941	.5367
	35	1.0000	1.0000	1.0000	1.0000	1.0000	1.0000	1.0000	1.0000	1.0000	1.0000	1.0000	1.0000	1.0000	1.0000	1.0000	1.0000	1.0000	1.0000	1.0000
16	0	.4401	.1853	.0743	.0281	.0100	.0033	.0010	.0003	.0001	.0000	.0000	.0000	.0000	.0000	.0000	.0000	.0000	.0000	.0000
	1	.8108	.5147	.2839	.1407	.0635	.0261	.0098	.0033	.0010	.0003	.0001	.0000	.0000	.0000	.0000	.0000	.0000	.0000	.0000
	2	.9571	.7892	.5614	.3518	.1971	.0994	.0451	.0183	.0066	.0021	.0006	.0001	.0000	.0000	.0000	.0000	.0000	.0000	.0000
	3	.9930	.9316	.7899	.5981	.4050	.2459	.1339	.0651	.0281	0.106	.0035	.0009	.0002	.0000	.0000	.0000	.0000	.0000	.0000
	4	.9991	.9830	.9209	.7982	.6302	.4499	.2892	.1666	.0853	.0384	.0149	.0049	.0013	.0003	.0000	.0000	.0000	.0000	.0000
	5	.9999	.9967	.9765	.9183	.8103	.6598	.4900	.3288	.1976	.1051	.0486	.0191	.0062	.0016	.0003	.0000	.0000	.0000	.0000
	6	1.0000	.9995	.9944	.9733	.9204	.8247	.6881	.5272	.3660	.2272	.1241	.0583	.0229	.0071	.0016	.0002	.0000	.0000	.0000
	7	1.0000	.9999	.9989	.9930	.9729	.9256	.8406	.7161	.5629	.4018	.2559	.1423	.0671	.0257	.0075	.0015	.0002	.0000	.0000
	8	1.0000	1.0000	.9998	.9985	.9925	.9743	.9329	.8577	.7441	.5982	.4371	.2839	.1594	.0744	.0271	.0070	.0011	.0001	.0000
	9	1.0000	1.0000	1.0000	.9998	.9984	.9929	.9771	.9417	.8759	.7728	.6340	.4728	.3119	.1753	.0796	.0267	.0056	.0005	.0000
	10	1.0000	1.0000	1.0000	1.0000	.9997	.9984	.9938	.9809	.9514	.8949	.8024	.6712	.5100	.3402	.1897	.0817	.0235	.0033	.0001
	11	1.0000	1.0000	1.0000	1.0000	1.0000	.9997	.9987	.9951	.9851	.9616	.9147	.8334	.7108	.5501	.3698	.2018	.0791	.0170	.0009
	12	1.0000	1.0000	1.0000	1.0000	1.0000	1.0000	.9998	.9991	.9965	.9894	.9719	.9349	.8661	.7541	.5950	.4019	.2101	.0684	.0070
	13	1.0000	1.0000	1.0000	1.0000	1.0000	1.0000	1.0000	.9999	.9994	.9979	.9934	.9817	.9549	.9006	.8029	.6482	.4386	.2108	.0429
	14	1.0000	1.0000	1.0000	1.0000	1.0000	1.0000	1.0000	1.0000	.9999	.9997	.9990	.9967	.9902	.9739	.9365	.8593	.7161	.4853	.1892
	15	1.0000	1.0000	1.0000	1.0000	1.0000	1.0000	1.0000	1.0000	1.0000	1.0000	.9999	.9997	.9990	.9967	.9900	.9719	.9257	.8147	.5599
	16	1.0000	1.0000	1.0000	1.0000	1.0000	1.0000	1.0000	1.0000	1.0000	1.0000	1.0000	1.0000	1.0000	1.0000	1.0000	1.0000	1.0000	1.0000	1.0000
17	0	.4181	.1668	.0631	.0225	.0075	.0023	.0007	.0002	.0000	.0000	.0000	.0000	.0000	.0000	.0000	.0000	.0000	.0000	.0000
	1	.7922	.4818	.2525	.1182	.0501	.0193	.0067	.0021	.0006	.0001	.0000	.0000	.0000	.0000	.0000	.0000	.0000	.0000	.0000
	2	.9497	.7618	.5198	.3096	.1637	.0774	.0327	.0123	.0041	.0012	.0003	.0001	.0000	.0000	.0000	.0000	.0000	.0000	.0000
	3	.9912	.9174	.7556	.5489	.3530	.2019	.1028	.0464	.0184	.0064	.0019	.0005	.0001	.0000	.0000	.0000	.0000	.0000	.0000
	4	.9988	.9779	.9013	.7582	.5739	.3887	.2348	.1260	.0596	.0245	.0086	.0025	.0006	.0001	.0000	.0000	.0000	.0000	.0000
	5	.9999	.9953	.9681	.8943	.7653	.5968	.4197	.2639	.1471	.0717	.0301	.0106	.0030	.0007	.0001	.0000	.0000	.0000	.0000
	6	1.0000	.9992	.9917	.9623	.8929	.7752	.6188	.4478	.2902	.1662	.0826	.0348	.0120	.0032	.0006	.0001	.0000	.0000	.0000
	7	1.0000	.9999	.9983	.9891	.9598	.8954	.7872	.6405	.4743	.3145	.1834	.0919	.0383	.0127	.0031	.0005	.0000	.0000	.0000
	8	1.0000	1.0000	.9997	.9974	.9876	.9597	.9006	.8011	.6626	.5000	.3374	.1989	.0994	.0403	.0124	.0026	.0003	.0000	.0000
	9	1.0000	1.0000	1.0000	.9995	.9969	.9873	.9617	.9081	.8166	.6855	.5257	.3595	.2128	.1046	.0402	.0109	.0017	.0001	.0000

Tabela B (*Cont.*)

		p																		
n	x	.05	.10	.15	.20	.25	.30	.35	.40	.45	.50	.55	.60	.65	.70	.75	.80	.85	.90	.95
	10	1.0000	1.0000	1.0000	.9999	.9994	.9968	.9880	.9652	.9174	.8338	.7098	.5522	.3812	.2248	.1071	.0377	.0083	.0008	.0000
	11	1.0000	1.0000	1.0000	1.0000	.9999	.9993	.9970	.9894	.9699	.9283	.8529	.7361	.5803	.4032	.2347	.1057	.0319	.0047	.0001
	12	1.0000	1.0000	1.0000	1.0000	1.0000	.9999	.9994	.9975	.9914	.9755	.9404	.8740	.7652	.6113	.4261	.2418	.0987	.0221	.0012
	13	1.0000	1.0000	1.0000	1.0000	1.0000	1.0000	.9999	.9995	.9981	.9936	.9816	.9536	.8972	.7981	.6470	.4511	.2444	.0826	.0088
	14	1.0000	1.0000	1.0000	1.0000	1.0000	1.0000	1.0000	.9999	.9997	.9988	.9959	.9877	.9673	.9226	.8363	.6904	.4802	.2382	.0503
	15	1.0000	1.0000	1.0000	1.0000	1.0000	1.0000	1.0000	1.0000	1.0000	.9999	.9994	.9979	.9933	.9807	.9499	.8818	.7475	.5182	.2078
	16	1.0000	1.0000	1.0000	1.0000	1.0000	1.0000	1.0000	1.0000	1.0000	1.0000	1.0000	.9998	.9993	.9977	.9925	.9775	.9369	.8332	.5819
	17	1.0000	1.0000	1.0000	1.0000	1.0000	1.0000	1.0000	1.0000	1.0000	1.0000	1.0000	1.0000	1.0000	1.0000	1.0000	1.0000	1.0000	1.0000	1.0000
18	0	.3972	.1501	.0536	.0180	.0056	.0016	.0004	.0001	.0000	.0000	.0000	.0000	.0000	.0000	.0000	.0000	.0000	.0000	.0000
	1	.7735	.4503	.2241	.0991	.0395	.0142	.0046	.0013	.0003	.0001	.0000	.0000	.0000	.0000	.0000	.0000	.0000	.0000	.0000
	2	.9419	.7338	.4797	.2713	.1353	.0600	.0236	.0082	.0025	.0007	.0001	.0000	.0000	.0000	.0000	.0000	.0000	.0000	.0000
	3	.9891	.9018	.7202	.5010	.3057	.1646	.0783	.0328	.0120	.0038	.0010	.0002	.0000	.0000	.0000	.0000	.0000	.0000	.0000
	4	.9985	.9718	.8794	.7164	.5187	.3327	.1886	.0942	.0411	.0154	.0049	.0013	.0003	.0000	.0000	.0000	.0000	.0000	.0000
	5	.9998	.9936	.9581	.8671	.7175	.5344	.3550	.2088	.1077	.0481	.0183	.0058	.0014	.0003	.0000	.0000	.0000	.0000	.0000
	6	1.0000	.9988	.9882	.9487	.8610	.7217	.5491	.3743	.2258	.1189	.0537	.0203	.0062	.0014	.0002	.0000	.0000	.0000	.0000
	7	1.0000	.9998	.9973	.9837	.9431	.8593	.7283	.5634	.3915	.2403	.1280	.0576	.0212	.0061	.0012	.0002	.0000	.0000	.0000
	8	1.0000	1.0000	.9995	.9957	.9807	.9404	.8609	.7368	.5778	.4073	.2527	.1347	.0597	.0210	.0054	.0009	.0001	.0000	.0000
	9	1.0000	1.0000	.9999	.9991	.9946	.9790	.9403	.8653	.7473	.5927	.4222	.2632	.1391	.0596	.0193	.0043	.0005	.0000	.0000
	10	1.0000	1.0000	1.0000	.9998	.9988	.9939	.9788	.9424	.8720	.7597	.6085	.4366	.2717	.1407	.0569	.0163	.0027	.0002	.0000
	11	1.0000	1.0000	1.0000	1.0000	.9998	.9986	.9938	.9797	.9463	.8811	.7742	.6257	.4509	.2783	.1390	.0513	.0118	.0012	.0000
	12	1.0000	1.0000	1.0000	1.0000	1.0000	.9997	.9986	.9942	.9817	.9519	.8923	.7912	.6450	.4656	.2825	.1329	.0419	.0064	.0002
	13	1.0000	1.0000	1.0000	1.0000	1.0000	1.0000	.9997	.9987	.9951	.9846	.9589	.9058	.8114	.6673	.4813	.2836	.1206	.0282	.0015
	14	1.0000	1.0000	1.0000	1.0000	1.0000	1.0000	1.0000	.9998	.9990	.9962	.9880	.9672	.9217	.8354	.6943	.4990	.2798	.0982	.0109
	15	1.0000	1.0000	1.0000	1.0000	1.0000	1.0000	1.0000	1.0000	.9999	.9993	.9975	.9918	.9764	.9400	.8647	.7287	.5203	.2662	.0581
	16	1.0000	1.0000	1.0000	1.0000	1.0000	1.0000	1.0000	1.0000	1.0000	.9999	.9997	.9987	.9954	.9858	.9605	.9009	.7759	.5497	.2265
	17	1.0000	1.0000	1.0000	1.0000	1.0000	1.0000	1.0000	1.0000	1.0000	1.0000	1.0000	.9999	.9996	.9984	.9944	.9820	.9464	.8499	.6028
	18	1.0000	1.0000	1.0000	1.0000	1.0000	1.0000	1.0000	1.0000	1.0000	1.0000	1.0000	1.0000	1.0000	1.0000	1.0000	1.0000	1.0000	1.0000	1.0000
19	0	.3774	.1351	.0456	.0144	.0042	.0011	.0003	.0001	.0000	.0000	.0000	.0000	.0000	.0000	.0000	.0000	.0000	.0000	.0000
	1	.7547	.4203	.1985	.0829	.0310	.0104	.0031	.0008	.0002	.0000	.0000	.0000	.0000	.0000	.0000	.0000	.0000	.0000	.0000
	2	.9335	.7054	.4413	.2369	.1113	.0462	.0170	.0055	.0015	.0004	.0001	.0000	.0000	.0000	.0000	.0000	.0000	.0000	.0000
	3	.9868	.8850	.6841	.4551	.2631	.1332	.0591	.0230	.0077	.0022	.0005	.0001	.0000	.0000	.0000	.0000	.0000	.0000	.0000

n	x																			
	4	.9980	.9648	.8556	.6733	.4654	.2822	.1500	.0696	.0280	.0096	.0028	.0006	.0001	.0000	.0000	.0000	.0000	.0000	.0000
	5	.9998	.9914	.9463	.8369	.6678	.4739	.2968	.1629	.0777	.0318	.0109	.0031	.0007	.0001	.0000	.0000	.0000	.0000	.0000
	6	1.0000	.9983	.9837	.9324	.8251	.6655	.4812	.3081	.1727	.0835	.0342	.0116	.0031	.0006	.0001	.0000	.0000	.0000	.0000
	7	1.0000	.9997	.9959	.9767	.9225	.8180	.6656	.4878	.3169	.1796	.0871	.0352	.0114	.0028	.0005	.0000	.0000	.0000	.0000
	8	1.0000	1.0000	.9992	.9933	.9713	.9161	.8145	.6675	.4940	.3238	.1841	.0885	.0347	.0105	.0023	.0003	.0000	.0000	.0000
	9	1.0000	1.0000	.9999	.9984	.9911	.9674	.9125	.8139	.6710	.5000	.3290	.1861	.0875	.0326	.0089	.0016	.0001	.0000	.0000
	10	1.0000	1.0000	1.0000	.9997	.9977	.9895	.9653	.9115	.8159	.6762	.5060	.3325	.1855	.0839	.0287	.0067	.0008	.0000	.0000
	11	1.0000	1.0000	1.0000	1.0000	.9995	.9972	.9886	.9648	.9129	.8204	.6831	.5122	.3344	.1820	.0775	.0233	.0041	.0003	.0000
	12	1.0000	1.0000	1.0000	1.0000	.9999	.9994	.9969	.9884	.9658	.9165	.8273	.6919	.5188	.3345	.1749	.0676	.0163	.0017	.0000
	13	1.0000	1.0000	1.0000	1.0000	1.0000	.9999	.9993	.9969	.9891	.9682	.9223	.8371	.7032	.5261	.3322	.1631	.0537	.0086	.0002
	14	1.0000	1.0000	1.0000	1.0000	1.0000	1.0000	.9999	.9994	.9972	.9904	.9720	.9304	.8500	.7178	.5346	.3267	.1444	.0352	.0020
	15	1.0000	1.0000	1.0000	1.0000	1.0000	1.0000	1.0000	.9999	.9995	.9978	.9923	.9770	.9409	.8668	.7369	.5449	.3159	.1150	.0132
	16	1.0000	1.0000	1.0000	1.0000	1.0000	1.0000	1.0000	1.0000	.9999	.9996	.9985	.9945	.9830	.9538	.8887	.7631	.5587	.2946	.0665
	17	1.0000	1.0000	1.0000	1.0000	1.0000	1.0000	1.0000	1.0000	1.0000	1.0000	.9998	.9992	.9969	.9896	.9690	.9171	.8015	.5797	.2453
	18	1.0000	1.0000	1.0000	1.0000	1.0000	1.0000	1.0000	1.0000	1.0000	1.0000	1.0000	.9999	.9997	.9989	.9958	.9356	.9544	.8649	.6226
	19	1.0000	1.0000	1.0000	1.0000	1.0000	1.0000	1.0000	1.0000	1.0000	1.0000	1.0000	1.0000	1.0000	1.0000	1.0000	1.0000	1.0000	1.0000	1.0000
20	0	.3585	.1216	.0388	.0115	.0032	.0008	.0002	.0000	.0000	.0000	.0000	.0000	.0000	.0000	.0000	.0000	.0000	.0000	.0000
	1	.7358	.3917	.1756	.0692	.0243	.0076	.0021	.0005	.0001	.0000	.0000	.0000	.0000	.0000	.0000	.0000	.0000	.0000	.0000
	2	.9245	.6769	.4049	.2061	.0913	.0355	.0121	.0036	.0009	.0002	.0000	.0000	.0000	.0000	.0000	.0000	.0000	.0000	.0000
	3	.9841	.8670	.6477	.4114	.2252	.1071	.0444	.0160	.0049	.0013	.0003	.0000	.0000	.0000	.0000	.0000	.0000	.0000	.0000
	4	.9974	.9568	.8298	.6296	.4148	.2375	.1182	.0510	.0189	.0059	.0015	.0003	.0000	.0000	.0000	.0000	.0000	.0000	.0000
	5	.9997	.9887	.9327	.8042	.6172	.4164	.2454	.1256	.0553	.0207	.0064	.0016	.0003	.0000	.0000	.0000	.0000	.0000	.0000
	6	1.0000	.9976	.9781	.9133	.7858	.6080	.4166	.2500	.1299	.0577	.0214	.0065	.0015	.0003	.0000	.0000	.0000	.0000	.0000
	7	1.0000	.9996	.9941	.9679	.8982	.7723	.6010	.4159	.2520	.1316	.0580	.0210	.0060	.0013	.0002	.0000	.0000	.0000	.0000
	8	1.0000	.9999	.9987	.9900	.9591	.8867	.7624	.5956	.4143	.2517	.1308	.0565	.0196	.0051	.0009	.0001	.0000	.0000	.0000
	9	1.0000	1.0000	.9998	.9974	.9861	.9520	.8782	.7553	.5914	.4119	.2493	.1275	.0532	.0171	.0039	.0006	.0000	.0000	.0000
	10	1.0000	1.0000	1.0000	.9994	.9961	.9829	.9468	.8725	.7507	.5881	.4086	.2447	.1218	.0480	.0139	.0026	.0002	.0000	.0000
	11	1.0000	1.0000	1.0000	.9999	.9991	.9949	.9804	.9435	.8692	.7483	.5857	.4044	.2376	.1133	.0409	.0100	.0013	.0001	.0000
	12	1.0000	1.0000	1.0000	1.0000	.9998	.9987	.9940	.9790	.9420	.8684	.7480	.5841	.3990	.2277	.1018	.0321	.0059	.0004	.0000
	13	1.0000	1.0000	1.0000	1.0000	1.0000	.9997	.9985	.9935	.9786	.9423	.8701	.7500	.5834	.3920	.2142	.0867	.0219	.0024	.0000
	14	1.0000	1.0000	1.0000	1.0000	1.0000	1.0000	.9997	.9984	.9936	.9793	.9447	.8744	.7546	.5836	.3828	.1958	.0673	.0113	.0003
	15	1.0000	1.0000	1.0000	1.0000	1.0000	1.0000	1.0000	.9997	.9985	.9941	.9811	.9490	.8818	.7625	.5852	.3704	.1702	.0432	.0026
	16	1.0000	1.0000	1.0000	1.0000	1.0000	1.0000	1.0000	1.0000	.9997	.9987	.9951	.9840	.9556	.8929	.7748	.5886	.3523	.1330	.0159
	17	1.0000	1.0000	1.0000	1.0000	1.0000	1.0000	1.0000	1.0000	1.0000	.9998	.9991	.9964	.9879	.9645	.9087	.7939	.5951	.3231	.0755
	18	1.0000	1.0000	1.0000	1.0000	1.0000	1.0000	1.0000	1.0000	1.0000	1.0000	.9999	.9995	.9979	.9924	.9757	.9308	.8244	.6083	.2642
	19	1.0000	1.0000	1.0000	1.0000	1.0000	1.0000	1.0000	1.0000	1.0000	1.0000	1.0000	1.0000	.9998	.9992	.9968	.9885	.9612	.8784	.6415
	20	1.0000	1.0000	1.0000	1.0000	1.0000	1.0000	1.0000	1.0000	1.0000	1.0000	1.0000	1.0000	1.0000	1.0000	1.0000	1.0000	1.0000	1.0000	1.0000

Tabela C Probabilidades de Poisson

					μ					
x	0.005	0.01	0.02	0.03	0.04	0.05	0.06	0.07	0.08	0.09
0	0.9950	0.9900	0.9802	0.9704	0.9608	0.9512	0.9418	0.9324	0.9231	0.9139
1	0.0050	0.0099	0.0192	0.0291	0.0384	0.0476	0.0565	0.0653	0.0738	0.0823
2	0.0000	0.0000	0.0002	0.0004	0.0008	0.0012	0.0017	0.0023	0.0030	0.0037
3	0.0000	0.0000	0.0000	0.0000	0.0000	0.0000	0.0000	0.0001	0.0001	0.0001

x	0.1	0.2	0.3	0.4	0.5	0.6	0.7	0.8	0.9	1.0
0	0.9048	0.8187	0.7408	0.6703	0.6065	0.5488	0.4966	0.4493	0.4066	0.3679
1	0.0905	0.1637	0.2222	0.2681	0.3033	0.3293	0.3476	0.3595	0.3659	0.3679
2	0.0045	0.0164	0.0333	0.0536	0.0758	0.0988	0.1217	0.1438	0.1647	0.1839
3	0.0002	0.0011	0.0033	0.0072	0.0126	0.0198	0.0284	0.0383	0.0494	0.0613
4	0.0000	0.0001	0.0002	0.0007	0.0016	0.0030	0.0050	0.0077	0.0111	0.0153
5	0.0000	0.0000	0.0000	0.0001	0.0002	0.0004	0.0007	0.0012	0.0020	0.0031
6	0.0000	0.0000	0.0000	0.0000	0.0000	0.0000	0.0001	0.0002	0.0003	0.0005
7	0.0000	0.0000	0.0000	0.0000	0.0000	0.0000	0.0000	0.0000	0.0000	0.0001

x	1.1	1.2	1.3	1.4	1.5	1.6	1.7	1.8	1.9	2.0
0	0.3329	0.3012	0.2725	0.2466	0.2231	0.2019	0.1827	0.1653	0.1496	0.1353
1	0.3662	0.3614	0.3543	0.3452	0.3347	0.3230	0.3106	0.2975	0.2842	0.2707
2	0.2014	0.2169	0.2303	0.2417	0.2510	0.2584	0.2640	0.2678	0.2700	0.2707
3	0.0738	0.0867	0.0998	0.1128	0.1255	0.1378	0.1496	0.1607	0.1710	0.1804
4	0.0203	0.0260	0.0324	0.0395	0.0471	0.0551	0.0636	0.0723	0.0812	0.0902
5	0.0045	0.0062	0.0084	0.0111	0.0141	0.0176	0.0216	0.0260	0.0309	0.0361
6	0.0008	0.0012	0.0018	0.0026	0.0035	0.0047	0.0061	0.0078	0.0098	0.0120
7	0.0001	0.0002	0.0003	0.0005	0.0008	0.0011	0.0015	0.0020	0.0027	0.0034
8	0.0000	0.0000	0.0001	0.0001	0.0001	0.0002	0.0003	0.0005	0.0006	0.0009
9	0.0000	0.0000	0.0000	0.0000	0.0000	0.0000	0.0001	0.0001	0.0001	0.0002

x	2.1	2.2	2.3	2.4	2.5	2.6	2.7	2.8	2.9	3.0
0	0.1225	0.1108	0.1003	0.0907	0.0821	0.0743	0.0672	0.0608	0.0550	0.0498
1	0.2572	0.2438	0.2306	0.2177	0.2052	0.1931	0.1815	0.1703	0.1596	0.1494
2	0.2700	0.2681	0.2652	0.2613	0.2565	0.2510	0.2450	0.2384	0.2314	0.2240
3	0.1890	0.1966	0.2033	0.2090	0.2138	0.2176	0.2205	0.2225	0.2237	0.2240
4	0.0992	0.1082	0.1169	0.1254	0.1336	0.1414	0.1488	0.1557	0.1622	0.1680
5	0.0417	0.0476	0.0538	0.0602	0.0668	0.0735	0.0804	0.0872	0.0940	0.1008
6	0.0146	0.0174	0.0206	0.0241	0.0278	0.0319	0.0362	0.0407	0.0455	0.0504
7	0.0044	0.0055	0.0068	0.0083	0.0099	0.0118	0.0139	0.0163	0.0188	0.0216
8	0.0011	0.0015	0.0019	0.0025	0.0031	0.0038	0.0047	0.0057	0.0068	0.0081
9	0.0003	0.0004	0.0005	0.0007	0.0009	0.0011	0.0014	0.0018	0.0022	0.0027
10	0.0001	0.0001	0.0001	0.0002	0.0002	0.0003	0.0004	0.0005	0.0006	0.0008
11	0.0000	0.0000	0.0000	0.0000	0.0000	0.0001	0.0001	0.0001	0.0002	0.0002
12	0.0000	0.0000	0.0000	0.0000	0.0000	0.0000	0.0000	0.0000	0.0000	0.0001

x	3.1	3.2	3.3	3.4	3.5	3.6	3.7	3.8	3.9	4.0
0	0.0450	0.0408	0.0369	0.0334	0.0302	0.0273	0.0247	0.0224	0.0202	0.0183
1	0.1397	0.1304	0.1217	0.1135	0.1057	0.0984	0.0915	0.0850	0.0789	0.0733
2	0.2165	0.2087	0.2008	0.1929	0.1850	0.1771	0.1692	0.1615	0.1539	0.1465
3	0.2237	0.2226	0.2209	0.2186	0.2158	0.2125	0.2087	0.2046	0.2001	0.1954
4	0.1734	0.1781	0.1823	0.1858	0.1888	0.1912	0.1931	0.1944	0.1951	0.1954
5	0.1075	0.1140	0.1203	0.1264	0.1322	0.1377	0.1429	0.1477	0.1522	0.1563
6	0.0555	0.0608	0.0662	0.0716	0.0771	0.0826	0.0881	0.0936	0.0989	0.1042
7	0.0246	0.0278	0.0312	0.0348	0.0385	0.0425	0.0466	0.0508	0.0551	0.0595
8	0.0095	0.0111	0.0129	0.0148	0.0169	0.0191	0.0215	0.0241	0.0269	0.0298
9	0.0033	0.0040	0.0047	0.0056	0.0066	0.0076	0.0089	0.0102	0.0116	0.0132

Tabela C (*Cont.*)

10	0.0010	0.0013	0.0016	0.0019	0.0023	0.0028	0.0033	0.0039	0.0045	0.0053
11	0.0003	0.0004	0.0005	0.0006	0.0007	0.0009	0.0011	0.0013	0.0016	0.0019
12	0.0001	0.0001	0.0001	0.0002	0.0002	0.0003	0.0003	0.0004	0.0005	0.0006
13	0.0000	0.0000	0.0000	0.0000	0.0001	0.0001	0.0001	0.0001	0.0002	0.0002
14	0.0000	0.0000	0.0000	0.0000	0.0000	0.0000	0.0000	0.0000	0.0000	0.0001

x	4.1	4.2	4.3	4.4	4.5	4.6	4.7	4.8	4.9	5.0
0	0.0166	0.0150	0.0136	0.0123	0.0111	0.0101	0.0091	0.0082	0.0074	0.0067
1	0.0679	0.0630	0.0583	0.0540	0.0500	0.0462	0.0427	0.0395	0.0365	0.0337
2	0.1393	0.1323	0.1254	0.1188	0.1125	0.1063	0.1005	0.0948	0.0894	0.0842
3	0.1904	0.1852	0.1798	0.1743	0.1687	0.1631	0.1574	0.1517	0.1460	0.1404
4	0.1951	0.1944	0.1933	0.1917	0.1898	0.1875	0.1849	0.1820	0.1789	0.1755
5	0.1600	0.1633	0.1662	0.1687	0.1708	0.1725	0.1738	0.1747	0.1753	0.1755
6	0.1093	0.1143	0.1191	0.1237	0.1281	0.1323	0.1362	0.1398	0.1432	0.1462
7	0.0640	0.0686	0.0732	0.0778	0.0824	0.0869	0.0914	0.0959	0.1002	0.1044
8	0.0328	0.0360	0.0393	0.0428	0.0463	0.0500	0.0537	0.0575	0.0614	0.0653
9	0.0150	0.0168	0.0188	0.0209	0.0232	0.0255	0.0280	0.0307	0.0334	0.0363
10	0.0061	0.0071	0.0081	0.0092	0.0104	0.0118	0.0132	0.0147	0.0164	0.0181
11	0.0023	0.0027	0.0032	0.0037	0.0043	0.0049	0.0056	0.0064	0.0073	0.0082
12	0.0008	0.0009	0.0011	0.0014	0.0016	0.0019	0.0022	0.0026	0.0030	0.0034
13	0.0002	0.0003	0.0004	0.0005	0.0006	0.0007	0.0008	0.0009	0.0011	0.0013
14	0.0001	0.0001	0.0001	0.0001	0.0002	0.0002	0.0003	0.0003	0.0004	0.0005
15	0.0000	0.0000	0.0000	0.0000	0.0001	0.0001	0.0001	0.0001	0.0001	0.0002

x	5.1	5.2	5.3	5.4	5.5	5.6	5.7	5.8	5.9	6.0
0	0.0061	0.0055	0.0050	0.0045	0.0041	0.0037	0.0033	0.0030	0.0027	0.0025
1	0.0311	0.0287	0.0265	0.0244	0.0225	0.0207	0.0191	0.0176	0.0162	0.0149
2	0.0793	0.0746	0.0701	0.0659	0.0618	0.0580	0.0544	0.0509	0.0477	0.0446
3	0.1348	0.1293	0.1239	0.1185	0.1133	0.1082	0.1033	0.0985	0.0938	0.0892
4	0.1719	0.1681	0.1641	0.1600	0.1558	0.1515	0.1472	0.1428	0.1383	0.1339
5	0.1753	0.1748	0.1740	0.1728	0.1714	0.1697	0.1678	0.1656	0.1632	0.1606
6	0.1490	0.1515	0.1537	0.1555	0.1571	0.1584	0.1594	0.1601	0.1605	0.1606
7	0.1086	0.1125	0.1163	0.1200	0.1234	0.1267	0.1298	0.1326	0.1353	0.1377
8	0.0692	0.0731	0.0771	0.0810	0.0849	0.0887	0.0925	0.0962	0.0998	0.1033
9	0.0392	0.0423	0.0454	0.0486	0.0519	0.0552	0.0586	0.0620	0.0654	0.0688
10	0.0200	0.0220	0.0241	0.0262	0.0285	0.0309	0.0334	0.0359	0.0386	0.0413
11	0.0093	0.0104	0.0116	0.0129	0.0143	0.0157	0.0173	0.0190	0.0207	0.0225
12	0.0039	0.0045	0.0051	0.0058	0.0065	0.0073	0.0082	0.0092	0.0102	0.0113
13	0.0015	0.0018	0.0021	0.0024	0.0028	0.0032	0.0036	0.0041	0.0046	0.0052
14	0.0006	0.0007	0.0008	0.0009	0.0011	0.0013	0.0015	0.0017	0.0019	0.0022
15	0.0002	0.0002	0.0003	0.0003	0.0004	0.0005	0.0006	0.0007	0.0008	0.0009
16	0.0001	0.0001	0.0001	0.0001	0.0001	0.0002	0.0002	0.0002	0.0003	0.0003
17	0.0000	0.0000	0.0000	0.0000	0.0000	0.0001	0.0001	0.0001	0.0001	0.0001

x	6.1	6.2	6.3	6.4	6.5	6.6	6.7	6.8	6.9	7.0
0	0.0022	0.0020	0.0018	0.0017	0.0015	0.0014	0.0012	0.0011	0.0010	0.0009
1	0.0137	0.0126	0.0116	0.0106	0.0098	0.0090	0.0082	0.0076	0.0070	0.0064
2	0.0417	0.0390	0.0364	0.0340	0.0318	0.0296	0.0276	0.0258	0.0240	0.0223
3	0.0848	0.0806	0.0765	0.0726	0.0688	0.0652	0.0617	0.0584	0.0552	0.0521
4	0.1294	0.1249	0.1205	0.1162	0.1118	0.1076	0.1034	0.0992	0.0952	0.0912
5	0.1579	0.1549	0.1519	0.1487	0.1454	0.1420	0.1385	0.1349	0.1314	0.1277
6	0.1605	0.1601	0.1595	0.1586	0.1575	0.1562	0.1546	0.1529	0.1511	0.1490
7	0.1399	0.1418	0.1435	0.1450	0.1462	0.1472	0.1480	0.1486	0.1489	0.1490
8	0.1066	0.1099	0.1130	0.1160	0.1188	0.1215	0.1240	0.1263	0.1284	0.1304
9	0.0723	0.0757	0.0791	0.0825	0.0858	0.0891	0.0923	0.0954	0.0985	0.1014

Tabela C (*Cont.*)

10	0.0441	0.0469	0.0498	0.0528	0.0558	0.0588	0.0618	0.0649	0.0679	0.0710
11	0.0245	0.0265	0.0285	0.0307	0.0330	0.0353	0.0377	0.0401	0.0426	0.0452
12	0.0124	0.0137	0.0150	0.0164	0.0179	0.0194	0.0210	0.0227	0.0245	0.0264
13	0.0058	0.0065	0.0073	0.0081	0.0089	0.0098	0.0108	0.0119	0.0130	0.0142
14	0.0025	0.0029	0.0033	0.0037	0.0041	0.0046	0.0052	0.0058	0.0064	0.0071
15	0.0010	0.0012	0.0014	0.0016	0.0018	0.0020	0.0023	0.0026	0.0029	0.0033
16	0.0004	0.0005	0.0005	0.0006	0.0007	0.0008	0.0010	0.0011	0.0013	0.0014
17	0.0001	0.0002	0.0002	0.0002	0.0003	0.0003	0.0004	0.0004	0.0005	0.0006
18	0.0000	0.0001	0.0001	0.0001	0.0001	0.0001	0.0001	0.0002	0.0002	0.0002
19	0.0000	0.0000	0.0000	0.0000	0.0000	0.0000	0.0000	0.0001	0.0001	0.0001

x	7.1	7.2	7.3	7.4	7.5	7.6	7.7	7.8	7.9	8.0
0	0.0008	0.0007	0.0007	0.0006	0.0006	0.0005	0.0005	0.0004	0.0004	0.0003
1	0.0059	0.0054	0.0049	0.0045	0.0041	0.0038	0.0035	0.0032	0.0029	0.0027
2	0.0208	0.0194	0.0180	0.0167	0.0156	0.0145	0.0134	0.0125	0.0116	0.0107
3	0.0492	0.0464	0.0438	0.0413	0.0389	0.0366	0.0345	0.0324	0.0305	0.0286
4	0.0874	0.0836	0.0799	0.0764	0.0729	0.0696	0.0663	0.0632	0.0602	0.0573
5	0.1241	0.1204	0.1167	0.1130	0.1094	0.1057	0.1021	0.0986	0.0951	0.0916
6	0.1468	0.1445	0.1420	0.1394	0.1367	0.1339	0.1311	0.1282	0.1252	0.1221
7	0.1489	0.1486	0.1481	0.1474	0.1465	0.1454	0.1442	0.1428	0.1413	0.1396
8	0.1321	0.1337	0.1351	0.1363	0.1373	0.1382	0.1388	0.1392	0.1395	0.1396
9	0.1042	0.1070	0.1096	0.1121	0.1144	0.1167	0.1187	0.1207	0.1224	0.1241
10	0.0740	0.0770	0.0800	0.0829	0.0858	0.0887	0.0914	0.0941	0.0967	0.0993
11	0.0478	0.0504	0.0531	0.0558	0.0585	0.0613	0.0640	0.0667	0.0695	0.0722
12	0.0283	0.0303	0.0323	0.0344	0.0366	0.0388	0.0411	0.0434	0.0457	0.0481
13	0.0154	0.0168	0.0181	0.0196	0.0211	0.0227	0.0243	0.0260	0.0278	0.0296
14	0.0078	0.0086	0.0095	0.0104	0.0113	0.0123	0.0134	0.0145	0.0157	0.0169
15	0.0037	0.0041	0.0046	0.0051	0.0057	0.0062	0.0069	0.0075	0.0083	0.0090
16	0.0016	0.0019	0.0021	0.0024	0.0026	0.0030	0.0033	0.0037	0.0041	0.0045
17	0.0007	0.0008	0.0009	0.0010	0.0012	0.0013	0.0015	0.0017	0.0019	0.0021
18	0.0003	0.0003	0.0004	0.0004	0.0005	0.0006	0.0006	0.0007	0.0008	0.0009
19	0.0001	0.0001	0.0001	0.0002	0.0002	0.0002	0.0003	0.0003	0.0003	0.0004
20	0.0000	0.0000	0.0001	0.0001	0.0001	0.0001	0.0001	0.0001	0.0001	0.0002
21	0.0000	0.0000	0.0000	0.0000	0.0000	0.0000	0.0000	0.0000	0.0001	0.0001

x	8.1	8.2	8.3	8.4	8.5	8.6	8.7	8.8	8.9	9.0
0	0.0003	0.0003	0.0002	0.0002	0.0002	0.0002	0.0002	0.0002	0.0001	0.0001
1	0.0025	0.0023	0.0021	0.0019	0.0017	0.0016	0.0014	0.0013	0.0012	0.0011
2	0.0100	0.0092	0.0086	0.0079	0.0074	0.0068	0.0063	0.0058	0.0054	0.0050
3	0.0269	0.0252	0.0237	0.0222	0.0208	0.0195	0.0183	0.0171	0.0160	0.0150
4	0.0544	0.0517	0.0491	0.0466	0.0443	0.0420	0.0398	0.0377	0.0357	0.0337
5	0.0882	0.0849	0.0816	0.0784	0.0752	0.0722	0.0692	0.0663	0.0635	0.0607
6	0.1191	0.1160	0.1128	0.1097	0.1066	0.1034	0.1003	0.0972	0.0941	0.0911
7	0.1378	0.1358	0.1338	0.1317	0.1294	0.1271	0.1247	0.1222	0.1197	0.1171
8	0.1395	0.1392	0.1388	0.1382	0.1375	0.1366	0.1356	0.1344	0.1332	0.1318
9	0.1256	0.1269	0.1280	0.1290	0.1299	0.1306	0.1311	0.1315	0.1317	0.1318
10	0.1017	0.1040	0.1063	0.1084	0.1104	0.1123	0.1140	0.1157	0.1172	0.1186
11	0.0749	0.0776	0.0802	0.0828	0.0853	0.0878	0.0902	0.0925	0.0948	0.0970
12	0.0505	0.0530	0.0555	0.0579	0.0604	0.0629	0.0654	0.0679	0.0703	0.0728
13	0.0315	0.0334	0.0354	0.0374	0.0395	0.0416	0.0438	0.0459	0.0481	0.0504
14	0.0182	0.0196	0.0210	0.0225	0.0240	0.0256	0.0272	0.0289	0.0306	0.0324
15	0.0098	0.0107	0.0116	0.0126	0.0136	0.0147	0.0158	0.0169	0.0182	0.0194
16	0.0050	0.0055	0.0060	0.0066	0.0072	0.0079	0.0086	0.0093	0.0101	0.0109
17	0.0024	0.0026	0.0029	0.0033	0.0036	0.0040	0.0044	0.0048	0.0053	0.0058
18	0.0011	0.0012	0.0014	0.0015	0.0017	0.0019	0.0021	0.0024	0.0026	0.0029
19	0.0005	0.0005	0.0006	0.0007	0.0008	0.0009	0.0010	0.0011	0.0012	0.0014

Tabela C (*Cont.*)

20	0.0002	0.0002	0.0002	0.0003	0.0003	0.0004	0.0004	0.0005	0.0005	0.0006
21	0.0001	0.0001	0.0001	0.0001	0.0001	0.0002	0.0002	0.0002	0.0002	0.0003
22	0.0000	0.0000	0.0000	0.0000	0.0001	0.0001	0.0001	0.0001	0.0001	0.0001

x	9.1	9.2	9.3	9.4	9.5	9.6	9.7	9.8	9.9	10.0
0	0.0001	0.0001	0.0001	0.0001	0.0001	0.0001	0.0001	0.0001	0.0001	0.0000
1	0.0010	0.0009	0.0009	0.0008	0.0007	0.0007	0.0006	0.0005	0.0005	0.0005
2	0.0046	0.0043	0.0040	0.0037	0.0034	0.0031	0.0029	0.0027	0.0025	0.0023
3	0.0140	0.0131	0.0123	0.0115	0.0107	0.0100	0.0093	0.0087	0.0081	0.0076
4	0.0319	0.0302	0.0285	0.0269	0.0254	0.0240	0.0226	0.0213	0.0201	0.0189
5	0.0581	0.0555	0.0530	0.0506	0.0483	0.0460	0.0439	0.0418	0.0398	0.0378
6	0.0881	0.0851	0.0822	0.0793	0.0764	0.0736	0.0709	0.0682	0.0656	0.0631
7	0.1145	0.1118	0.1091	0.1064	0.1037	0.1010	0.0982	0.0955	0.0928	0.0901
8	0.1302	0.1286	0.1269	0.1251	0.1232	0.1212	0.1191	0.1170	0.1148	0.1126
9	0.1317	0.1315	0.1311	0.1306	0.1300	0.1293	0.1284	0.1274	0.1263	0.1251
10	0.1198	0.1210	0.1219	0.1228	0.1235	0.1241	0.1245	0.1249	0.1250	0.1251
11	0.0991	0.1012	0.1031	0.1049	0.1067	0.1083	0.1098	0.1112	0.1125	0.1137
12	0.0752	0.0776	0.0799	0.0822	0.0844	0.0866	0.0888	0.0908	0.0928	0.0948
13	0.0526	0.0549	0.0572	0.0594	0.0617	0.0640	0.0662	0.0685	0.0707	0.0729
14	0.0342	0.0361	0.0380	0.0399	0.0419	0.0439	0.0459	0.0479	0.0500	0.0521
15	0.0208	0.0221	0.0235	0.0250	0.0265	0.0281	0.0297	0.0313	0.0330	0.0347
16	0.0118	0.0127	0.0137	0.0147	0.0157	0.0168	0.0180	0.0192	0.0204	0.0217
17	0.0063	0.0069	0.0075	0.0081	0.0088	0.0095	0.0103	0.0111	0.0119	0.0128
18	0.0032	0.0035	0.0039	0.0042	0.0046	0.0051	0.0055	0.0060	0.0065	0.0071
19	0.0015	0.0017	0.0019	0.0021	0.0023	0.0026	0.0028	0.0031	0.0034	0.0037
20	0.0007	0.0008	0.0009	0.0010	0.0011	0.0012	0.0014	0.0015	0.0017	0.0019
21	0.0003	0.0003	0.0004	0.0004	0.0005	0.0006	0.0006	0.0007	0.0008	0.0009
22	0.0001	0.0001	0.0002	0.0002	0.0002	0.0002	0.0003	0.0003	0.0004	0.0004
23	0.0000	0.0001	0.0001	0.0001	0.0001	0.0001	0.0001	0.0001	0.0002	0.0002
24	0.0000	0.0000	0.0000	0.0000	0.0000	0.0000	0.0000	0.0001	0.0001	0.0001

Tabela D Probabilidades de Poisson Acumuladas

	μ									
x	.005	.01	.02	.03	.04	.05	.06	.07	.08	.09
0	.9950	.9900	.9802	.9704	.9608	.9512	.9418	.9324	.9231	.9139
1	1.0000	1.0000	.9998	.9996	.9992	.9988	.9983	.9977	.9970	.9962
2	1.0000	1.0000	1.0000	1.0000	1.0000	1.0000	1.0000	.9999	.9999	.9999

	μ									
x	.10	.11	.12	.13	.14	.15	.16	.17	.18	.19
0	.9048	.8958	.8869	.8781	.8694	.8607	.8521	.8437	.8353	.8870
1	.9953	.9944	.9934	.9922	.9911	.9898	.9885	.9871	.9856	.9841
2	.9998	.9998	.9997	.9997	.9996	.9995	.9994	.9993	.9992	.9990
3	1.0000	1.0000	1.0000	1.0000	1.0000	1.0000	1.0000	1.0000	1.0000	1.0000

	μ									
x	.20	.21	.22	.23	.24	.25	.26	.27	.28	.29
0	.8187	.8106	.8025	.7945	.7866	.7788	.7711	.7634	.7558	.7483
1	.9825	.9808	.9791	.9773	.9754	.9735	.9715	.9695	.9674	.9653
2	.9989	.9987	.9985	.9983	.9981	.9978	.9976	.9973	.9970	.9967
3	.9999	.9999	.9999	.9999	.9999	.9999	.9998	.9998	.9998	.9998
4	1.0000	1.0000	1.0000	1.0000	1.0000	1.0000	1.0000	1.0000	1.0000	1.0000

	μ									
x	.30	.32	.34	.36	.38	.40	.42	.44	.46	.48
0	.7408	.7261	.7118	.6977	.6839	.6703	.6570	.6440	.6313	.6188
1	.9631	.9585	.9538	.9488	.9437	.9384	.9330	.9274	.9217	.9158
2	.9964	.9957	.9949	.9940	.9931	.9921	.9910	.9898	.9885	.9871
3	.9997	.9997	.9996	.9995	.9994	.9992	.9991	.9989	.9987	.9985
4	1.0000	1.0000	1.0000	1.0000	1.0000	.9999	.9999	.9999	.9999	.9999

	μ									
x	.50	.55	.60	.65	.70	.75	.80	.85	.90	.95
0	.6065	.5769	.5488	.5220	.4966	.4724	.4493	.4274	.4066	.3867
1	.9098	.8943	.8781	.8614	.8442	.8266	.8088	.7907	.7725	.7541
2	.9856	.9815	.9769	.9717	.9659	.9595	.9526	.9451	.9371	.9287
3	.9982	.9975	.9966	.9956	.9942	.9927	.9909	.9889	.9865	.9839
4	.9998	.9997	.9996	.9994	.9992	.9989	.9986	.9982	.9977	.9971
5	1.0000	1.0000	1.0000	.9999	.9999	.9999	.9998	.9997	.9997	.9995
6	1.0000	1.0000	1.0000	1.0000	1.0000	1.0000	1.0000	1.0000	1.0000	.9999

Tabela D (*Cont.*)

x	μ 1.0	1.1	1.2	1.3	1.4	1.5	1.6	1.7	1.8	1.9
0	.3679	.3329	.3012	.2725	.2466	.2231	.2019	.1827	.1653	.1496
1	.7358	.6990	.6626	.6268	.5918	.5578	.5249	.4932	.4628	.4337
2	.9197	.9004	.8795	.8571	.8335	.8088	.7834	.7572	.7306	.7037
3	.9810	.9743	.9662	.9569	.9463	.9344	.9212	.9068	.8913	.8747
4	.9963	.9946	.9923	.9893	.9857	.9814	.9763	.9704	.9636	.9559
5	.9994	.9990	.9985	.9978	.9968	.9955	.9940	.9920	.9896	.9868
6	.9999	.9999	.9997	.9996	.9994	.9991	.9987	.9981	.9974	.9966
7	1.0000	1.0000	1.0000	.9999	.9999	.9998	.9997	.9996	.9994	.9992
8	1.0000	1.0000	1.0000	1.0000	1.0000	1.0000	1.0000	.9999	.9999	.9998
9	1.0000	1.0000	1.0000	1.0000	1.0000	1.0000	1.0000	1.0000	1.0000	1.0000

x	μ 2.0	2.1	2.2	2.3	2.4	2.5	2.6	2.7	2.8	2.9
0	.1353	.1225	.1108	.1003	.0907	.0821	.0743	.0672	.0608	.0550
1	.4060	.3796	.3546	.3309	.3084	.2873	.2674	.2487	.2311	.2146
2	.6767	.6496	.6227	.5960	.5697	.5438	.5184	.4936	.4695	.4460
3	.8571	.8386	.8194	.7993	.7787	.7576	.7360	.7141	.6919	.6696
4	.9473	.9379	.9275	.9162	.9041	.8912	.8774	.8629	.8477	.8318
5	.9834	.9796	.9751	.9700	.9643	.9580	.9510	.9433	.9349	.9258
6	.9955	.9941	.9925	.9906	.9884	.9858	.9828	.9794	.9756	.9713
7	.9989	.9985	.9980	.9974	.9967	.9958	.9947	.9934	.9919	.9901
8	.9998	.9997	.9995	.9994	.9991	.9989	.9985	.9981	.9976	.9969
9	1.0000	.9999	.9999	.9999	.9998	.9997	.9996	.9995	.9993	.9991
10	1.0000	1.0000	1.0000	1.0000	1.0000	.9999	.9999	.9999	.9998	.9998
11	1.0000	1.0000	1.0000	1.0000	1.0000	1.0000	1.0000	1.0000	1.0000	.9999
12	1.0000	1.0000	1.0000	1.0000	1.0000	1.0000	1.0000	1.0000	1.0000	1.0000

x	μ 3.0	3.1	3.2	3.3	3.4	3.5	3.6	3.7	3.8	3.9
0	.0498	.0450	.0408	.0369	.0334	.0302	.0273	.0247	.0224	.0202
1	.1991	.1847	.1712	.1586	.1468	.1359	.1257	.1162	.1074	.0992
2	.4232	.4012	.3799	.3594	.3397	.3208	.3027	.2854	.2689	.2531
3	.6472	.6248	.6025	.5803	.5584	.5366	.5152	.4942	.4735	.4532
4	.8153	.7982	.7806	.7626	.7442	.7254	.7064	.6872	.6678	.6484
5	.9161	.9057	.8946	.8829	.8705	.8576	.8441	.8301	.8156	.8006
6	.9665	.9612	.9554	.9490	.9421	.9347	.9267	.9182	.9091	.8995
7	.9881	.9858	.9832	.9802	.9769	.9733	.9692	.9648	.9599	.9546
8	.9962	.9953	.9943	.9931	.9917	.9901	.9883	.9863	.9840	.9815
9	.9989	.9986	.9982	.9978	.9973	.9967	.9960	.9952	.9942	.9931
10	.9997	.9996	.9995	.9994	.9992	.9990	.9987	.9984	.9981	.9977
11	.9999	.9999	.9999	.9998	.9998	.9997	.9996	.9995	.9994	.9993
12	1.0000	1.0000	1.0000	1.0000	.9999	.9999	.9999	.9999	.9998	.9998
13	1.0000	1.0000	1.0000	1.0000	1.0000	1.0000	1.0000	1.0000	1.0000	.9999
14	1.0000	1.0000	1.0000	1.0000	1.0000	1.0000	1.0000	1.0000	1.0000	1.0000

Tabela D (*Cont.*)

	μ									
x	4.0	4.2	4.4	4.6	4.8	5.0	5.2	5.4	5.6	5.8
0	.0183	.0150	.0123	.0101	.0082	.0067	.0055	.0045	.0037	.0030
1	.0916	.0780	.0663	.0563	.0477	.0404	.0342	.0289	.0244	.0206
2	.2381	.2102	.1851	.1626	.1425	.1247	.1088	.0948	.0824	.0715
3	.4335	.3954	.3594	.3257	.2942	.2650	.2381	.2133	.1906	.1700
4	.6288	.5898	.5512	.5132	.4763	.4405	.4061	.3733	.3421	.3127
5	.7851	.7531	.7199	.6858	.6510	.6160	.5809	.5461	.5119	.4783
6	.8893	.8675	.8436	.8180	.7908	.7622	.7324	.7017	.6703	.6384
7	.9489	.9361	.9214	.9049	.8867	.8666	.8449	.8217	.7970	.7710
8	.9786	.9721	.9642	.9549	.9442	.9319	.9181	.9026	.8857	.8672
9	.9919	.9889	.9851	.9805	.9749	.9682	.9603	.9512	.9409	.9292
10	.9972	.9959	.9943	.9922	.9896	.9863	.9823	.9775	.9718	.9651
11	.9991	.9986	.9980	.9971	.9960	.9945	.9927	.9904	.9875	.9840
12	.9997	.9996	.9993	.9990	.9986	.9980	.9972	.9962	.9949	.9932
13	.9999	.9999	.9998	.9997	.9995	.9993	.9990	.9986	.9980	.9973
14	1.0000	1.0000	.9999	.9999	.9999	.9998	.9997	.9995	.9993	.9990
15	1.0000	1.0000	1.0000	1.0000	1.0000	.9999	.9999	.9998	.9998	.9996
16	1.0000	1.0000	1.0000	1.0000	1.0000	1.0000	1.0000	.9999	.9999	.9999
17	1.0000	1.0000	1.0000	1.0000	1.0000	1.0000	1.0000	1.0000	1.0000	1.0000

	μ									
x	6.0	6.2	6.4	6.6	6.8	7.0	7.2	7.6	7.6	7.8
0	.0025	.0020	.0017	.0014	.0011	.0009	.0007	.0006	.0005	.0004
2	.0174	.0146	.0123	.0103	.0087	.0073	.0061	.0051	.0043	.0036
2	.0620	.0536	.0463	.0400	.0344	.0296	.0255	.0219	.0188	.0161
3	.1512	.1342	.1189	.1052	.0928	.0818	.0719	.0632	.0554	.0485
4	.2851	.2592	.2351	.2127	.1920	.1730	.1555	.1395	.1249	.1117
5	.4457	.4141	.3837	.3547	.3270	.3007	.2759	.2526	.2307	.2103
6	.6063	.5742	.5423	.5108	.4799	.4497	.4204	.3920	.3646	.3384
7	.7440	.7160	.6873	.6581	.6285	.5987	.5689	.5393	.5100	.4812
8	.8472	.8259	.8033	.7796	.7548	.7291	.7027	.6757	.6482	.6204
9	.9161	.9016	.8858	.8686	.8502	.8305	.8096	.7877	.7649	.7411
10	.9574	.9486	.9386	.9274	.9151	.9015	.8867	.8707	.8535	.8352
11	.9799	.9750	.9693	.9627	.9552	.9466	.9371	.9265	.9148	.9020
12	.9912	.9887	.9857	.9821	.9779	.9730	.9673	.9609	.9536	.9454
13	.9964	.9952	.9937	.9920	.9898	.9872	.9841	.9805	.9762	.9714
14	.9986	.9981	.9974	.9966	.9956	.9943	.9927	.9908	.9886	.9859
15	.9995	.9993	.9990	.9986	.9982	.9976	.9969	.9959	.9948	.9934
16	.9998	.9997	.9996	.9995	.9993	.9990	.9987	.9983	.9978	.9971
17	.9999	.9999	.9999	.9998	.9997	.9996	.9995	.9993	.9991	.9988
18	1.0000	1.0000	1.0000	.9999	.9999	.9999	.9998	.9997	.9996	.9995
19	1.0000	1.0000	1.0000	1.0000	1.0000	1.0000	.9999	.9999	.9999	.9998
20	1.0000	1.0000	1.0000	1.0000	1.0000	1.0000	1.0000	1.0000	1.0000	.9999
21	1.0000	1.0000	1.0000	1.0000	1.0000	1.0000	1.0000	1.0000	1.0000	1.0000

Tabela D (*Cont.*)

	μ									
x	8.0	8.5	9.0	9.5	10.0	10.5	11.0	11.5	12.0	12.5
0	.0003	.0002	.0001	.0001	.0000	.0000	.0000	.0000	.0000	.0000
1	.0030	.0019	.0012	.0008	.0005	.0003	.0002	.0001	.0001	.0001
2	.0138	.0093	.0062	.0042	.0028	.0018	.0012	.0008	.0005	.0003
3	.0424	.0301	.0212	.0149	.0103	.0071	.0049	.0034	.0023	.0016
4	.0996	.0744	.0550	.0403	.0293	.0211	.0151	.0107	.0076	.0053
5	.1912	.1496	.1157	.0885	.0671	.0504	.0375	.0277	.0203	.0148
6	.3134	.2562	.2068	.1649	.1301	.1016	.0786	.0603	.0458	.0346
7	.4530	.3856	.3239	.2687	.2202	.1785	.1432	.1137	.0895	.0698
8	.5925	.5231	.4557	.3918	.3328	.2794	.2320	.1906	.1550	.1249
9	.7166	.6530	.5874	.5218	.4579	.3971	.3405	.2888	.2424	.2014
10	.8159	.7634	.7060	.6453	.5830	.5207	.4599	.4017	.3472	.2971
11	.8881	.8487	.8030	.7520	.6968	.6387	.5793	.5198	.4616	.4058
12	.9362	.9091	.8758	.8364	.7916	.7420	.6887	.6329	.5760	.5190
13	.9658	.9486	.9261	.8981	.8645	.8253	.7813	.7330	.6815	.6278
14	.9827	.9726	.9585	.9400	.9165	.8879	.8540	.8153	.7720	.7250
15	.9918	.9862	.9780	.9665	.9513	.9317	.9074	.8783	.8444	.8060
16	.9963	.9934	.9889	.9823	.9730	.9604	.9441	.9236	.8987	.8693
17	.9984	.9970	.9947	.9911	.9857	.9781	.9678	.9542	.9370	.9158
18	.9993	.9987	.9976	.9957	.9928	.9885	.9823	.9738	.9626	.9481
19	.9997	.9995	.9989	.9980	.9965	.9942	.9907	.9857	.9787	.9694
20	.9999	.9998	.9996	.9991	.9984	.9972	.9953	.9925	.9884	.9827
21	1.0000	.9999	.9998	.9996	.9993	.9987	.9977	.9962	.9939	.9906
22	1.0000	1.0000	.9999	.9999	.9997	.9994	.9990	.9982	.9970	.9951
23	1.0000	1.0000	1.0000	.9999	.9999	.9998	.9995	.9992	.9985	.9975
24	1.0000	1.0000	1.0000	1.0000	1.0000	.9999	.9998	.9996	.9993	.9988
25	1.0000	1.0000	1.0000	1.0000	1.0000	1.0000	.9999	.9998	.9997	.9994
26	1.0000	1.0000	1.0000	1.0000	1.0000	1.0000	1.0000	.9999	.9999	.9997
27	1.0000	1.0000	1.0000	1.0000	1.0000	1.0000	1.0000	1.0000	.9999	.9999

Tabela E Coeficientes Binomiais

n	$\binom{n}{0}$	$\binom{n}{1}$	$\binom{n}{2}$	$\binom{n}{3}$	$\binom{n}{4}$	$\binom{n}{5}$	$\binom{n}{6}$	$\binom{n}{7}$	$\binom{n}{8}$	$\binom{n}{9}$	$\binom{n}{10}$
0	1										
1	1	1									
2	1	2	1								
3	1	3	3	1							
4	1	4	6	4	1						
5	1	5	10	10	5	1					
6	1	6	15	20	15	6	1				
7	1	7	21	35	35	21	7	1			
8	1	8	28	56	70	56	28	8	1		
9	1	9	36	84	126	126	84	36	9	1	
10	1	10	45	120	210	252	210	120	45	10	1
11	1	11	55	165	330	462	462	330	165	55	11
12	1	12	66	220	495	792	924	792	495	220	66
13	1	13	78	286	715	1287	1716	1716	1287	715	286
14	1	14	91	364	1001	2002	3003	3432	3003	2002	1001
15	1	15	105	455	1365	3003	5005	6435	6435	5005	3003
16	1	16	120	560	1820	4368	8008	11440	12870	11440	8008
17	1	17	136	680	2380	6188	12376	19448	24310	24310	19448
18	1	18	153	816	3060	8568	18564	31824	43758	48620	43758
19	1	19	171	969	3876	11628	27132	50388	75582	92378	92378
20	1	20	190	1140	4845	15504	38760	77520	125970	167960	184756

Tabela F Valores de $e^{-\mu}$

μ	$e^{-\mu}$	μ	$e^{-\mu}$	μ	$e^{-\mu}$	μ	$e^{-\mu}$
.10	.9048	1.90	.1496	3.60	.0273	5.40	.0045
.20	.8187	2.00	.1353	3.70	.0247	5.50	.0041
.30	.7408			3.80	.0224		
.40	.6703	2.10	.1225	3.90	.0202	5.60	.0037
.50	.6065	2.20	.1108	4.00	.0183	5.70	.0033
		2.30	.1003			5.80	.0030
.60	.5488	2.40	.0907	4.10	.0166	5.90	.0027
.70	.4966	2.50	.0821	4.20	.0150	6.00	.0025
.80	.4493			4.30	.0136		
.90	.4066	2.60	.0743	4.40	.0123	6.10	.0022
1.00	.3679	2.70	.0672	4.50	.0111	6.20	.0020
		2.80	.0608			6.30	.0018
1.10	.3329	2.90	.0550	4.60	.0101	6.40	.0017
1.20	.3012	3.00	.0498	4.70	.0091	6.50	.0015
1.30	.2725			4.80	.0082		
1.40	.2466	3.10	.0450	4.90	.0074	6.60	.0014
1.50	.2231	3.20	.0408	5.00	.0067	6.70	.0012
		3.30	.0369			6.80	.0011
1.60	.2019	3.40	.0334	5.10	.0061	6.90	.0010
1.70	.1827	3.50	.0302	5.20	.0055	7.00	.0009
1.80	.1653			5.30	.0050		

Tabela G Áreas na Cauda Direita sob a Distribuição Normal Padronizada

Cada valor da tabela indica a proporção da área total sob a curva normal contida no segmento delimitado por uma perpendicular levantada na média e uma perpendicular levantada à distância de z desvios padrões unitários.

Média z

Ilustrando: 43,57% da área sob uma curva normal estão entre a ordenada máxima e um ponto 1,52 desvios padrões adiante.

z	0.00	0.01	0.02	0.03	0.04	0.05	0.06	0.07	0.08	0.09
0.0	0.0000	0.0040	0.0080	0.0120	0.0160	0.0199	0.0239	0.0279	0.0319	0.0359
0.1	0.0398	0.0438	0.0478	0.0517	0.0557	0.0596	0.0636	0.0675	0.0714	0.0753
0.2	0.0793	0.0832	0.0871	0.0910	0.0948	0.0987	0.1026	0.1064	0.1103	0.1141
0.3	0.1179	0.1217	0.1255	0.1293	0.1331	0.1368	0.1406	0.1443	0.1480	0.1517
0.4	0.1554	0.1591	0.1628	0.1664	0.1700	0.1736	0.1772	0.1808	0.1844	0.1879
0.5	0.1915	0.1950	0.1985	0.2019	0.2054	0.2088	0.2123	0.2157	0.2190	0.2224
0.6	0.2257	0.2291	0.2324	0.2357	0.2389	0.2422	0.2454	0.2486	0.2518	0.2549
0.7	0.2580	0.2612	0.2642	0.2673	0.2704	0.2734	0.2764	0.2794	0.2823	0.2852
0.8	0.2881	0.2910	0.2939	0.2967	0.2995	0.3023	0.3051	0.3078	0.3106	0.3133
0.9	0.3159	0.3186	0.3212	0.3238	0.3264	0.3289	0.3315	0.3340	0.3365	0.3389
1.0	0.3413	0.3438	0.3461	0.3485	0.3508	0.3531	0.3554	0.3577	0.3599	0.3621
1.1	0.3643	0.3665	0.3686	0.3708	0.3729	0.3749	0.3770	0.3790	0.3810	0.3830
1.2	0.3849	0.3869	0.3888	0.3907	0.3925	0.3944	0.3962	0.3980	0.3997	0.4015
1.3	0.4032	0.4049	0.4066	0.4082	0.4099	0.4115	0.4131	0.4147	0.4162	0.4177
1.4	0.4192	0.4207	0.4222	0.4236	0.4251	0.4265	0.4279	0.4292	0.4306	0.4319
1.5	0.4332	0.4345	0.4357	0.4370	0.4382	0.4394	0.4406	0.4418	0.4429	0.4441
1.6	0.4452	0.4463	0.4474	0.4484	0.4495	0.4505	0.4515	0.4525	0.4535	0.4545
1.7	0.4554	0.4564	0.4573	0.4582	0.4591	0.4599	0.4608	0.4616	0.4625	0.4633
1.8	0.4641	0.4649	0.4656	0.4664	0.4671	0.4678	0.4686	0.4693	0.4699	0.4706
1.9	0.4713	0.4719	0.4726	0.4732	0.4738	0.4744	0.4750	0.4756	0.4761	0.4767
2.0	0.4772	0.4778	0.4783	0.4788	0.4793	0.4798	0.4803	0.4808	0.4812	0.4817
2.1	0.4821	0.4826	0.4830	0.4834	0.4838	0.4842	0.4846	0.4850	0.4854	0.4857
2.2	0.4861	0.4864	0.4868	0.4871	0.4875	0.4878	0.4881	0.4884	0.4887	0.4890
2.3	0.4893	0.4896	0.4898	0.4901	0.4904	0.4906	0.4909	0.4911	0.4913	0.4916
2.4	0.4918	0.4920	0.4922	0.4925	0.4927	0.4929	0.4931	0.4932	0.4934	0.4936
2.5	0.4938	0.4940	0.4941	0.4943	0.4945	0.4946	0.4948	0.4949	0.4951	0.4952
2.6	0.4953	0.4955	0.4956	0.4957	0.4959	0.4960	0.4961	0.4962	0.4963	0.4964
2.7	0.4965	0.4966	0.4967	0.4968	0.4969	0.4970	0.4971	0.4972	0.4973	0.4974
2.8	0.4974	0.4975	0.4976	0.4977	0.4977	0.4978	0.4979	0.4979	0.4980	0.4981
2.9	0.4981	0.4982	0.4982	0.4983	0.4984	0.4984	0.4985	0.4985	0.4986	0.4986
3.0	0.4986	0.4987	0.4987	0.4988	0.4988	0.4989	0.4989	0.4989	0.4990	0.4990
3.1	0.4990	0.4991	0.4991	0.4991	0.4992	0.4992	0.4992	0.4992	0.4993	0.4993
3.2	0.4993	0.4993	0.4994	0.4994	0.4994	0.4994	0.4994	0.4995	0.4995	0.4995
3.3	0.4995	0.4995	0.4995	0.4996	0.4996	0.4996	0.4996	0.4996	0.4996	0.4997
3.4	0.4997	0.4997	0.4997	0.4997	0.4997	0.4997	0.4997	0.4997	0.4998	0.4998
3.5	0.4998	0.4998	0.4998	0.4998	0.4998	0.4998	0.4998	0.4998	0.4998	0.4998
3.6	0.4998	0.4998	0.4999	0.4999	0.4999	0.4999	0.4999	0.4999	0.4999	0.4999
3.7	0.4999	0.4999	0.4999	0.4999	0.4999	0.4999	0.4999	0.4999	0.4999	0.4999
3.8	0.4999	0.4999	0.4999	0.4999	0.4999	0.4999	0.4999	0.5000	0.5000	0.5000
3.9	0.5000	0.5000	0.5000	0.5000	0.5000	0.5000	0.5000	0.5000	0.5000	0.5000

Tabela H Distribuições *t*

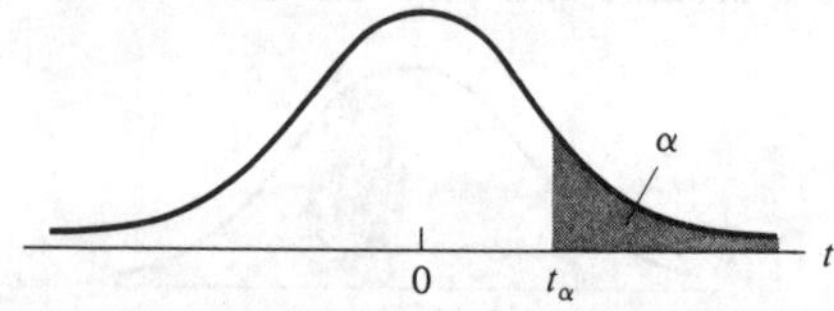

Esta tabela dá os valores de t_α que correspondem a uma área α na cauda direita (superior) e a um número específico de graus de liberdade.

Graus de liberdade	Na cauda superior área α							
	.1	.05	.025	.01	.005	.0025	.001	.0005
1	3.078	6.314	12.706	31.821	63.657	127.32	318.31	636.62
2	1.886	2.920	4.303	6.965	9.925	14.089	22.327	31.598
3	1.638	2.353	3.182	4.541	5.841	7.453	10.214	12.924
4	1.533	2.132	2.776	3.747	4.604	5.598	7.173	8.610
5	1.476	2.015	2.571	3.365	4.032	4.773	5.893	6.869
6	1.440	1.943	2.447	3.143	3.707	4.317	5.208	5.959
7	1.415	1.895	2.365	2.998	3.499	4.029	4.785	5.408
8	1.397	1.860	2.306	2.896	3.355	3.833	4.501	5.041
9	1.383	1.833	2.262	2.821	3.250	3.690	4.297	4.781
10	1.371	1.812	2.228	2.764	3.169	3.581	4.144	4.587
11	1.363	1.796	2.201	2.718	3.106	3.497	4.025	4.437
12	1.356	1.782	2.179	2.681	3.055	3.428	3.930	4.318
13	1.350	1.771	2.160	2.650	3.012	3.372	3.852	4.221
14	1.345	1.761	2.145	2.624	2.977	3.326	3.787	4.140
15	1.341	1.753	2.131	2.602	2.947	3.286	3.733	4.073
16	1.337	1.746	2.120	2.583	2.921	3.252	3.686	4.015
17	1.333	1.740	2.110	2.567	2.898	3.222	3.646	3.965
18	1.330	1.734	2.101	2.552	2.878	3.197	3.610	3.922
19	1.328	1.729	2.093	2.539	2.861	3.174	3.579	3.883
20	1.325	1.725	2.086	2.528	2.845	3.153	3.552	3.850
21	1.323	1.721	2.080	2.518	2.831	3.135	3.527	3.819
22	1.321	1.717	2.074	2.508	2.819	3.119	3.505	3.792
23	1.319	1.714	2.069	2.500	2.807	3.104	3.485	3.767
24	1.318	1.711	2.064	2.492	2.797	3.091	3.467	3.745
25	1.316	1.708	2.060	2.485	2.787	3.078	3.450	3.725
26	1.315	1.706	2.056	2.479	2.779	3.067	3.435	3.707
27	1.314	1.703	2.052	2.473	2.771	3.057	3.421	3.690
28	1.313	1.701	2.048	2.467	2.763	3.047	3.408	3.674
29	1.311	1.699	2.045	2.462	2.756	3.038	3.396	3.659
30	1.310	1.697	2.042	2.457	2.750	3.030	3.385	3.646
40	1.303	1.684	2.021	2.423	2.704	2.971	3.307	3.551
60	1.296	1.671	2.000	2.390	2.660	2.915	3.232	3.460
120	1.289	1.658	1.980	2.358	2.617	2.860	3.160	3.373
∞	1.282	1.645	1.960	2.326	2.576	2.807	3.090	3.291

Fonte: De Ronald A. Fisher: *Statistical Methods for Research Workers,* 14th ed., copyright © 1970 University of Adelaide.

Tabela I Distribuições Qui-quadrado

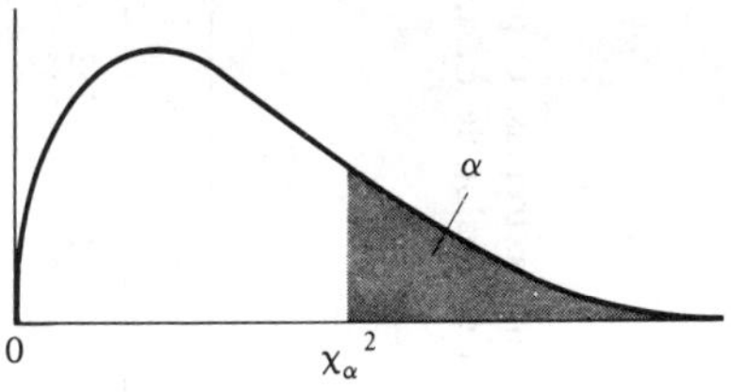

0.10	0.05	0.025	0.01	0.005	P / g.ℓ.
2.71	3.84	5.02	6.63	7.88	1
4.61	5.99	7.38	9.21	10.60	2
6.25	7.81	9.35	11.34	12.84	3
7.78	9.49	11.14	13.28	14.86	4
9.24	11.07	12.83	15.09	16.75	5
10.64	12.59	14.45	16.81	18.55	6
12.02	14.07	16.01	18.48	20.3	7
13.36	15.51	17.53	20.1	22.0	8
14.68	16.92	19.02	21.7	23.6	9
15.99	18.31	20.5	23.2	25.2	10
17.28	19.68	21.9	24.7	26.8	11
18.55	21.0	23.3	26.2	28.3	12
19.81	22.4	24.7	27.7	29.8	13
21.1	23.7	26.1	29.1	31.3	14
22.3	25.0	27.5	30.6	32.8	15
23.5	26.3	28.8	32.0	34.3	16
24.8	27.6	30.2	33.4	35.7	17
26.0	28.9	31.5	34.8	37.2	18
27.2	30.1	32.9	36.2	38.6	19
28.4	31.4	34.2	37.6	40.0	20
29.6	32.7	35.5	38.9	41.4	21
30.8	33.9	36.8	40.3	42.8	22
32.0	35.2	38.1	41.6	44.2	23
33.2	36.4	39.4	43.0	45.6	24
34.4	37.7	40.6	44.3	46.9	25
35.6	38.9	41.9	45.6	48.3	26
36.7	40.1	43.2	47.0	49.6	27
37.9	41.3	44.5	48.3	51.0	28
39.1	42.6	45.7	49.6	52.3	29
40.3	43.8	47.0	50.9	53.7	30
51.8	55.8	59.3	63.7	66.8	40
63.2	67.5	71.4	76.2	79.5	50
74.4	79.1	83.3	88.4	92.0	60
85.5	90.5	95.0	100.4	104.2	70
96.6	101.9	106.6	112.3	116.3	80
107.6	113.1	118.1	124.1	128.3	90
118.5	124.3	129.6	135.8	140.2	100

Fonte: Abreviado de "Table of percentage points of the χ^2 distribution" de Catherine M. Thompson, *Biometrika*, Vol. 32 (1941), pp. 187-191, e reimpresso com permissão do autor e do organizador de *Biometrika*.

Tabela J Distribuições F^a

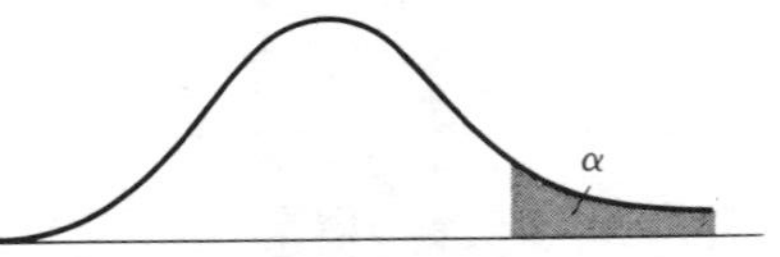

Os graus de liberdade do numerador estão relacionados no topo da tabela e os graus de liberdade do denominador nas colunas extremas. O primeiro valor listado (menor valor) é o valor de F, à direita do qual ficam 0,05 da área sob a curva, e o segundo valor (maior valor) é o valor de F, à direita do qual fica 0,01 da área sob a curva.

graus de liberdade do numerador

	1	2	3	4	5	6	8	10	12	16	20	30	40	50	100	
1	161 4,052	200 4,999	216 5,403	225 5,625	230 5,764	234 5,859	239 5,981	242 6,056	244 6,106	246 6,169	248 6,208	250 6,258	251 6,286	252 6,302	253 6,334	1
2	18.51 98.49	19.00 99.00	19.16 99.17	19.25 99.25	19.30 99.30	19.33 99.33	19.37 99.36	19.39 99.40	19.41 99.42	19.43 99.44	19.44 99.45	19.46 99.47	19.47 99.48	19.47 99.48	19.49 99.49	2
3	10.13 34.12	9.55 30.82	9.28 29.46	9.12 28.71	9.01 28.24	8.94 27.91	8.84 27.49	8.78 27.23	8.74 27.05	8.69 26.83	8.66 26.69	8.62 26.50	8.60 26.41	8.58 26.35	8.56 26.23	3
4	7.71 21.20	6.94 18.00	6.59 16.69	6.39 15.98	6.26 15.52	6.16 15.21	6.04 14.80	5.96 14.54	5.91 14.37	5.84 14.15	5.80 14.02	5.74 13.83	5.71 13.74	5.70 13.69	5.66 13.57	4
5	6.61 16.26	5.79 13.27	5.41 12.06	5.19 11.39	5.05 10.97	4.95 10.67	4.82 10.27	4.74 10.05	4.68 9.89	4.60 9.68	4.56 9.55	4.50 9.38	4.46 9.29	4.44 9.24	4.40 9.13	5
6	5.99 13.74	5.14 10.92	4.76 9.78	4.53 9.15	4.39 8.75	4.28 8.47	4.15 8.10	4.06 7.87	4.00 7.72	3.92 7.52	3.87 7.39	3.81 7.23	3.77 7.14	3.75 7.09	3.71 6.99	6
7	5.59 12.25	4.74 9.55	4.35 8.45	4.12 7.85	3.97 7.46	3.87 7.19	3.73 6.84	3.63 6.62	3.57 6.47	3.49 6.27	3.44 6.15	3.38 5.98	3.34 5.90	3.32 5.85	3.28 5.75	7
8	5.32 11.26	4.46 8.65	4.07 7.59	3.84 7.01	3.69 6.63	3.58 6.37	3.44 6.03	3.34 5.82	3.28 5.67	3.20 5.48	3.15 5.36	3.08 5.20	3.05 5.11	3.03 5.06	2.98 4.96	8

Tabela J (*Cont.*)

graus de liberdade do numerador

	1	2	3	4	5	6	8	10	12	16	20	30	40	50	100	ϕ_d
9	5.12	4.26	3.86	3.63	3.48	3.37	3.23	3.13	3.07	2.98	2.93	2.86	2.82	2.80	2.76	9
	10.56	8.02	6.99	6.42	6.06	5.80	5.47	5.26	5.11	4.92	4.80	4.64	4.56	4.51	4.41	
10	4.96	4.10	3.71	3.48	3.33	3.22	3.07	2.97	2.91	2.82	2.77	2.70	2.67	2.64	2.59	10
	10.04	7.56	6.55	5.99	5.64	5.39	5.06	4.85	4.71	4.52	4.41	4.25	4.17	4.12	4.01	
11	4.84	3.98	3.59	3.36	3.20	3.09	2.95	2.86	2.79	2.70	2.65	2.57	2.53	2.50	2.45	11
	9.65	7.20	6.22	5.67	5.32	5.07	4.74	4.54	4.40	4.21	4.10	3.94	3.86	3.80	3.70	
12	4.75	3.88	3.49	3.26	3.11	3.00	2.85	2.76	2.69	2.60	2.54	2.46	2.42	2.40	2.35	12
	9.33	6.93	5.95	5.41	5.06	4.82	4.50	4.30	4.16	3.98	3.86	3.70	3.61	3.56	3.46	
13	4.67	3.80	3.41	3.18	3.02	2.92	2.77	2.67	2.60	2.51	2.46	2.38	2.34	2.32	2.26	13
	9.07	6.70	5.74	5.20	4.86	4.62	4.30	4.10	3.96	3.78	3.67	3.51	3.42	3.37	3.27	
14	4.60	3.74	3.34	3.11	2.96	2.85	2.70	2.60	2.53	2.44	2.39	2.31	2.27	2.24	2.19	14
	8.86	6.51	5.56	5.03	4.69	4.46	4.14	3.94	3.80	3.62	3.51	3.34	3.26	3.21	3.11	
15	4.54	3.68	3.29	3.06	2.90	2.79	2.64	2.55	2.48	2.39	2.33	2.25	2.21	2.18	2.12	15
	8.68	6.36	5.42	4.89	4.56	4.32	4.00	3.80	3.67	3.48	3.36	3.20	3.12	3.07	2.97	
16	4.49	3.63	3.24	3.01	2.85	2.74	2.59	2.49	2.42	2.33	2.28	2.20	2.16	2.13	2.07	16
	8.53	6.23	5.29	4.77	4.44	4.20	3.89	3.69	3.55	3.37	3.25	3.10	3.01	2.96	2.86	
17	4.45	3.59	3.20	2.96	2.81	2.70	2.55	2.45	2.38	2.29	2.23	2.15	2.11	2.08	2.02	17
	8.40	6.11	5.18	4.67	4.34	4.10	3.79	3.59	3.45	3.27	3.16	3.00	2.92	2.86	2.76	
18	4.41	3.55	3.16	2.93	2.77	2.66	2.51	2.41	2.34	2.25	2.19	2.11	2.07	2.04	1.98	18
	8.28	6.01	5.09	4.58	4.25	4.01	3.71	3.51	3.37	3.19	3.07	2.91	2.83	2.78	2.68	
19	4.38	3.52	3.13	2.90	2.74	2.63	2.48	2.38	2.31	2.21	2.15	2.07	2.02	2.00	1.94	19
	8.18	5.93	5.01	4.50	4.17	3.94	3.63	3.43	3.30	3.12	3.00	2.84	2.76	2.70	2.60	
20	4.35	3.49	3.10	2.87	2.71	2.60	2.45	2.35	2.28	2.18	2.12	2.04	1.99	1.96	1.90	20
	8.10	5.85	4.94	4.43	4.10	3.87	3.56	3.37	3.23	3.05	2.94	2.77	2.69	2.63	2.53	

Tabela J (*Cont.*)

	graus de liberdade do numerador														
	1	2	3	4	5	6	8	10	12	16	20	30	40	50	100	ϕ_d
25	4.24	3.38	2.99	2.76	2.60	2.49	2.34	2.24	2.16	2.06	2.00	1.92	1.87	1.84	1.77	25
	7.77	5.57	4.68	4.18	3.86	3.63	3.32	3.13	2.99	2.81	2.70	2.54	2.45	2.40	2.29	
30	4.17	3.32	2.92	2.69	2.53	2.42	2.27	2.16	2.09	1.99	1.93	1.84	1.79	1.76	1.69	30
	7.56	5.39	4.51	4.02	3.70	3.47	3.17	2.98	2.84	2.66	2.55	2.38	2.29	2.24	2.13	
40	4.08	3.23	2.84	2.61	2.45	2.34	2.18	2.07	2.00	1.90	1.84	1.74	1.69	1.66	1.59	40
	7.31	5.18	4.31	3.83	3.51	3.29	2.99	2.80	2.66	2.49	2.37	2.20	2.11	2.05	1.94	
50	4.03	3.18	2.79	2.56	2.40	2.29	2.13	2.02	1.95	1.85	1.78	1.69	1.63	1.60	1.52	50
	7.17	5.06	4.20	3.72	3.41	3.18	2.88	2.70	2.56	2.39	2.26	2.10	2.00	1.94	1.82	
60	4.00	3.15	2.76	2.52	2.37	2.25	2.10	1.99	1.92	1.81	1.75	1.65	1.59	1.56	1.48	60
	7.08	4.98	4.13	3.65	3.34	3.12	2.82	2.63	2.50	2.32	2.20	2.03	1.93	1.87	1.74	
80	3.96	3.11	2.72	2.48	2.33	2.21	2.05	1.95	1.88	1.77	1.70	1.60	1.54	1.51	1.42	80
	6.96	4.88	4.04	3.56	3.25	3.04	2.74	2.55	2.41	2.24	2.11	1.94	1.84	1.78	1.65	
100	3.94	3.09	2.70	2.46	2.30	2.19	2.03	1.92	1.85	1.75	1.68	1.57	1.51	1.48	1.39	100
	6.90	4.82	3.98	3.51	3.20	2.99	2.69	2.51	2.36	2.19	2.06	1.89	1.79	1.73	1.59	
150	3.91	3.06	2.67	2.43	2.27	2.16	2.00	1.89	1.82	1.71	1.64	1.54	1.47	1.44	1.34	150
	6.81	4.75	3.91	3.44	3.14	2.92	2.62	2.44	2.30	2.12	2.00	1.83	1.72	1.66	1.51	
200	3.89	3.04	2.65	2.41	2.26	2.14	1.98	1.87	1.80	1.69	1.62	1.52	1.45	1.42	1.32	200
	6.76	4.71	3.88	3.41	3.11	2.90	2.60	2.41	2.28	2.09	1.97	1.79	1.69	1.62	1.48	
400	3.86	3.02	2.62	2.39	2.23	2.12	1.96	1.85	1.78	1.67	1.60	1.49	1.42	1.38	1.28	400
	6.70	4.66	3.83	3.36	3.06	2.85	2.55	2.37	2.23	2.04	1.92	1.74	1.64	1.57	1.42	
1000	3.85	3.00	2.61	2.38	2.22	2.10	1.95	1.84	1.76	1.65	1.58	1.47	1.41	1.36	1.26	1000
	6.66	4.62	3.80	3.34	3.04	2.82	2.53	2.34	2.20	2.01	1.89	1.71	1.61	1.54	1.38	
∞	3.84	2.99	2.60	2.37	2.21	2.09	1.94	1.83	1.75	1.64	1.57	1.46	1.40	1.35	1.24	∞
	6.64	4.60	3.78	3.32	3.02	2.80	2.51	2.32	2.18	1.99	1.87	1.69	1.59	1.52	1.36	

Fonte: Reproduzido, com permissão, de *Statistical Methods* de George W. Snedecor e William G. Cochran, 6th ed., copyright © 1967 por The Iowa State University Press, Ames, Iowa 50010.

Tabela K Intervalos de 0,95 de Confiança para Proporções

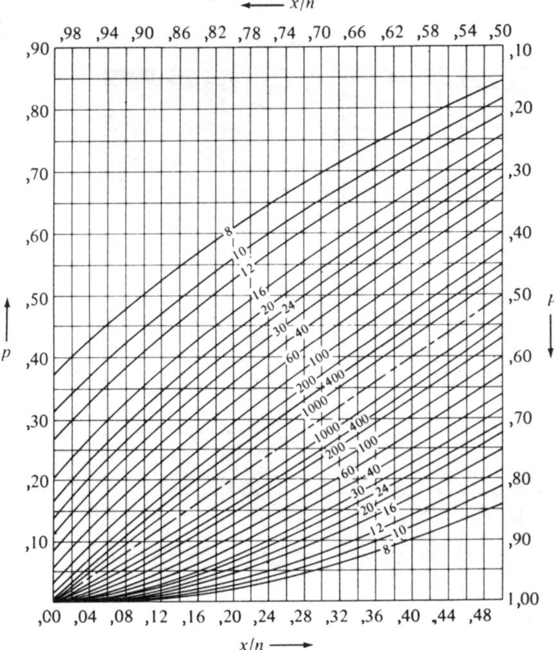

Fonte: Reproduzido de *Biometrika Tables for Statisticians*, Vol. I. 3d ed., Cambridge: University Press, 1966, com permissão dos curadores de *Biometrika*.

Tabela K (*Cont.*) Intervalos de 0,99 de Confiança para Proporções

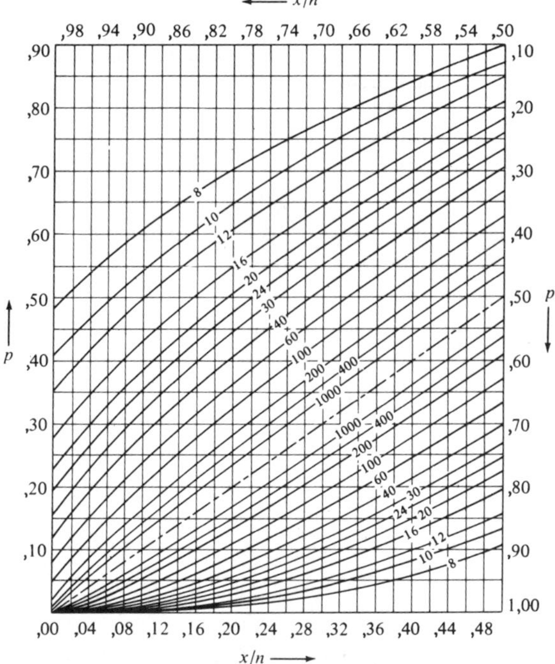

Fonte: Reprodução da Tabela 41 de *Biometrika Tables for Statisticians*, Vol. I. (New York: Cambridge University Press, 1954) com permissão dos curadores de *Biometrika*.

Tabela L Faixas de Confiança para o Coeficiente de Correlação Populacional (95%)

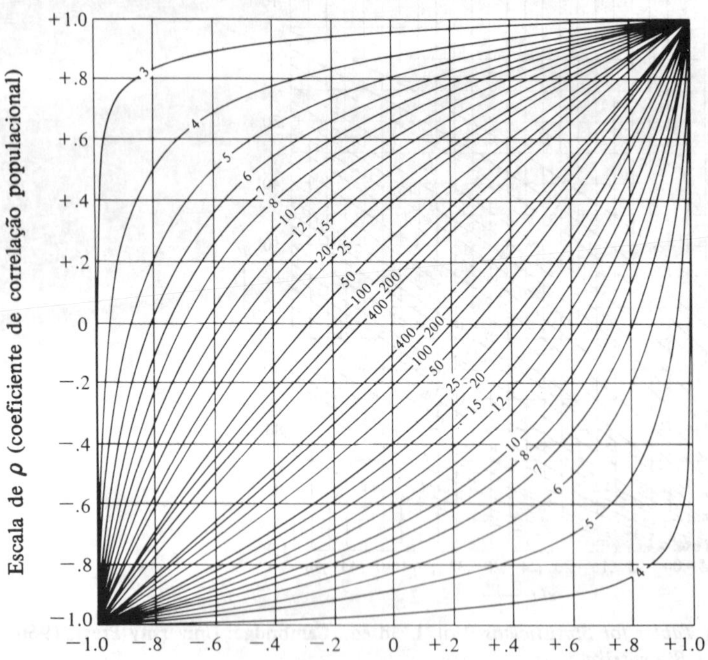

Escala de r (coeficiente de correlação amostral)

Fonte: E. S. Pearson e H. O. Hartley, *Biometrika Tables for Statisticians*, Vol. 1 (1962), p. 140. Reimpresso com permissão dos curadores de *Biometrika*.

Tabela M Quadrados, Raízes Quadradas e Inversos

n	n^2	$\sqrt{n}$	$\sqrt{10n}$	$1/n$	n	n^2	$\sqrt{n}$	$\sqrt{10n}$	$1/n$
1	1	1.000	3.162	1.00000	51	2601	7.141	22.583	.01961
2	4	1.414	4.472	.50000	52	2704	7.211	22.804	.01923
3	9	1.732	5.477	.33333	53	2809	7.280	23.022	.01887
4	16	2.000	6.325	.25000	54	2916	7.348	23.238	.01852
5	25	2.236	7.071	.20000	55	3025	7.416	23.452	.01818
6	36	2.449	7.746	.16667	56	3136	7.483	23.664	.01786
7	49	2.646	8.367	.14286	57	3249	7.550	23.875	.01754
8	64	2.828	8.944	.12500	58	3364	7.616	24.083	.01724
9	81	3.000	9.487	.11111	59	3481	7.681	24.290	.01695
10	100	3.162	10.000	.10000	60	3600	7.746	24.495	.01667
11	121	3.317	10.488	.09091	61	3721	7.810	24.698	.01639
12	144	3.464	10.954	.08333	62	3844	7.874	24.900	.01613
13	169	3.606	11.402	.07692	63	3969	7.937	25.100	.01587
14	196	3.742	11.832	.07143	64	4096	8.000	25.298	.01562
15	225	3.873	12.247	.06667	65	4225	8.062	25.495	.01538
16	256	4.000	12.649	.06250	66	4356	8.124	25.690	.01515
17	289	4.123	13.038	.05882	67	4489	8.185	25.884	.01493
18	324	4.243	13.416	.05556	68	4624	8.246	26.077	.01471
19	361	4.359	13.784	.05263	69	4761	8.307	26.268	.01449
20	400	4.472	14.142	.05000	70	4900	8.367	26.458	.01429
21	441	4.583	14.491	.04762	71	5041	8.426	26.646	.01408
22	484	4.690	14.832	.04545	72	5184	8.485	26.833	.01389
23	529	4.796	15.166	.04348	73	5329	8.544	27.019	.01370
24	576	4.899	15.492	.04167	74	5476	8.602	27.203	.01351
25	625	5.000	15.811	.04000	75	5625	8.660	27.386	.01333
26	676	5.099	16.125	.03846	76	5776	8.718	27.568	.01316
27	729	5.196	16.432	.03704	77	5929	8.775	27.749	.01299
28	784	5.292	16.733	.03571	78	6084	8.832	27.928	.01282
29	841	5.385	17.029	.03448	79	6241	8.888	28.107	.01266
30	900	5.477	17.321	.03333	80	6400	8.944	28.284	.01250
31	961	5.568	17.607	.03226	81	6561	9.000	28.460	.01235
32	1024	5.657	17.889	.03125	82	6724	9.055	28.636	.01220
33	1089	5.745	18.166	.03030	83	6889	9.110	28.810	.01205
34	1156	5.831	18.439	.02941	84	7056	9.165	28.983	.01190
35	1225	5.916	18.708	.02857	85	7225	9.220	29.155	.01176
36	1296	6.000	18.974	.02778	86	7396	9.274	29.326	.01163
37	1369	6.083	19.235	.02703	87	7569	9.327	29.496	.01149
38	1444	6.164	19.494	.02632	88	7744	9.381	29.665	.01136
39	1521	6.245	19.748	.02564	89	7921	9.434	29.833	.01124
40	1600	6.325	20.000	.02500	90	8100	9.487	30.000	.01111
41	1681	6.403	20.248	.02439	91	8281	9.539	30.166	.01099
42	1764	6.481	20.494	.02381	92	8464	9.592	30.332	.01087
43	1849	6.557	20.736	.02326	93	8649	9.644	30.496	.01075
44	1936	6.633	20.976	.02273	94	8836	9.695	30.659	.01064
45	2025	6.708	21.213	.02222	95	9025	9.747	30.822	.01053
46	2116	6.782	21.448	.02174	96	9216	9.798	30.984	.01042
47	2209	6.856	21.679	.02128	97	9409	9.849	31.145	.01031
48	2304	6.928	21.909	.02083	98	9604	9.899	31.305	.01020
49	2401	7.000	22.136	.02041	99	9801	9.950	31.464	.01010
50	2500	7.071	22.361	.02000	100	10000	10.000	31.623	.01000

respostas

CAPÍTULO 2

pág. 13

1. contínua: a, b, f; discreta: c, h; nominal: d, e; postos: g, i

pág. 17

1. a. $x_1 + x_2 + x_3 + x_4 + x_5$
   b. $f_1x_1^2 + f_2x_2^2 + f_3x_3^2 + f_4x_4^2 + f_5x_5^2$
   c. $x_1y_1 + x_2y_2 + x_3y_3 + x_4y_4 + x_5y_5$
   d. $\frac{1}{8}(x_1 + x_2 + x_3 + x_4 + x_5 + x_6 + x_7 + x_8)$
   e. $|x_1 - \bar{x}| + |x_2 - \bar{x}| + |x_3 - \bar{x}| + |x_4 - \bar{x}|$
   f. $3(4 + 5 + 6 + 7 + 8) = 90.$
   g. $(x_1 - \bar{x})^2 + (x_2 - \bar{x})^2 + (x_3 - \bar{x})^2 + (x_4 - \bar{x})^2 + (x_5 - \bar{x})^2 + (x_6 - \bar{x})^2$
2. a. $\sum_{i=1}^{n} x_i$ b. $\sum_{i=1}^{n} x_i^2$ c. $\sum_{i=1}^{7} x_i$ d. $\sum_{i=1}^{4} \left[\frac{(o_i - e_i)^2}{e_i}\right]$
3. a. 96 b. 1352 c. 9216 d. 28,57
   e. 0 f. 200 g. 28,57
4. a. 102 b. 30 c. 478 d. 8098
5. a. 12 b. 29 c. 45 d. 10

pág. 24

1. a. média = 5,5, mediana = 5,5 b. média = 4, mediana = 4
   c. média = 0,019, mediana = 0,020 d. média = 245,1, mediana = 232
2. média = 1,33, mediana = 1, moda = 1
3. a. \$2,30 b. (1) 149,5 (2) 2,30 c. (1) \$2,30 (2)\$368
4. A média pode ser zero se os elementos são todos zeros ou se alguns são positivos e alguns negativos. A média pode ser negativa.
5. Veja resposta 4.

pág. 30

1. a. O desvio padrão só é zero quando todos os valores forem iguais à média do conjunto. Nunca pode ser negativo, pois é a raiz quadrada positiva da variância.
   b. O desvio médio absoluto pode ser zero, porém nunca negativo, pois é o valor positivo (absoluto).
2. média = 7200, desvio padrão = 2.284
3. a. média = 4,89, mediana = 5 — b. média = 6,20, mediana = 7
   c. média = 32,14, mediana = 30 — d. média = 0,029, mediana = 0,032
   e. média = 86, mediana = 86 — f. média = 32,71, mediana = 32
4. a: $\bar{x}_{novo} = \bar{x}_{velho} + (10/n)$ — b. $\bar{x}_{novo} = \bar{x}_{velho} + 10$
5. a. $\bar{x} = 87$, $s^2 = 119{,}5$ — b. $\mu = 87$, $\sigma^2 = 109{,}5$
6. a. 10,93 b. 10,46
7. média = 2,25; mediana = 2; 3 modas: 1, 2, 4 (a moda não tem sentido)
8. $s^2 = 1{,}84$, $s = 1{,}36$
9. $Q_1 = 1$, $Q_2 = 2$, $Q_3 = 3{,}5$
10. $\bar{x} = 2{,}39$, $s = 0{,}44$
11. 2,4
12. a. 4580 a 10,640 b. 57 a 100 c. 0 a 4
13. $Q_1 = 2{,}1$, $Q_2 = 2{,}4$, $Q_3 = 2{,}7$
14. ambos duplicados
15. a. 23,4 a 27,5 b. 0,89 c. 1,22 d. 1,5
16. a. 5/25 ou 0,20 b. 7/9 = 0,78 c. 3/12 ou 0,25, 4/12 ou 0,33, 5/12 ou 0,42
17. a. 15/10 ou 0,5 b. 3/30 ou 0,10 c. 0/4 ou 0 d. 2/22 ou 0,091 e. 0

pág. 40

1. sem perda:

x:	0	1	2	3	4	5	6	7	8	9	10	11
f:	3	10	15	13	5	3	4	3	2	1	0	1

com perda:

x:	0–1	2–3	4–5	6–7	8–9	10–11
	13	28	8	7	3	1

2.

10 a < 15	0,06
15 a < 20	0,12
20 a < 25	0,14
25 a < 30	0,32
30 a < 35	0,18
35 a < 40	0,12
40 a < 45	0,06
	1,00

3.

22 a < 33	3
33 a < 44	3
44 a < 55	15
55 a < 66	14
66 a < 77	5
77 a < 88	3
88 a < 99	2
	45

4. A distribuição de freqüência (1) tem lacunas, (2) as classes se interceptam, (3) tem muito poucas classes, e (4) não abrangem todo o domínio dos dados.

5. a.

0	3
1	13
2	28
3	41
4	46
5	49
6	53
7	56
8	58
9	59
10	59
11	50

b.

0–1	13
2–3	41
4–5	49
6–7	56
8–9	59
10–11	60

c.

10 a < 15	0,06
15 a < 20	0,18
20 a < 25	0,32
25 a < 30	0,64
30 a < 35	0,82
35 a < 40	0,94
40 a < 45	1,00

d.

22 a < 33	3
33 a < 44	6
44 a < 55	21
55 a < 66	35
66 a < 77	40
77 a < 88	43
88 a < 99	45

pág. 49

1. média: 1380/50 = 27,6; a mediana está na 3ª classe (20 a 30)
2. média: 1099,5/99 = 11,11; a mediana é o primeiro escore na classe 12–13
3. $\bar{x} = 5{,}44$; $s = 4{,}70$
4. a. 10–< 20 b. 14–15 e 2–3 c. 0 a < 5
5. a. 361,98 b. 37,59 c. 22,12
6. a. 0 a < 70 anos b. 2 a < 27 meses c. 0 a < 30 min
7. a. 21,365 b. 12,09 c. 3,99
8. a. $\bar{x} = 3{,}25$, $s = 2{,}36$ b. $\bar{x} = 3{,}45$, $s = 2{,}16$ c. grupos com perda
   d. sem perda é melhor; com perda é apenas uma aproximação

CAPÍTULO 3

pág. 60

1.

	Experimento	Espaço amostral
a.	dando teste matemático	notas 0–100
b.	dando exame médico	nº dos que passam ou não passam
c.	pesando perus	peso de 6 lb a 30 lb

3. a, b, c, f, g 4. b, e, f
5. a. perder b. perder ou empatar c. ouros, paus ou espadas
   d. carta preta e. 1, 4, 5 ou 6 f. 10 ou mais
   g. mais de 10 h. painel não de pinho

pág. 67

1. a. $\frac{4}{52}$ b. $\frac{12}{52}$ c. $\frac{26}{52}$ d. $\frac{13}{52}$ e. $\frac{1}{52}$ f. $\frac{4}{52}$
2. $\frac{1}{6}$ cada; soma = 1,00
3. a. $\frac{1}{6}$ b. $\frac{2}{6}$ c. $\frac{3}{6}$ d. $\frac{3}{6}$
4. a. $\frac{5}{50}$ b. $\frac{20}{50}$ c. $\frac{25}{50}$ d. $\frac{35}{50}$ e. $\frac{20}{50}$ f. $\frac{0}{50}$ g. $\frac{50}{50}$
5. a. $\frac{1}{10}$ b. $\frac{5}{10}$ c. $\frac{4}{10}$ d. $\frac{0}{10}$
6. 0,20 7. a. 50% b. 0,50 c. 0,50 d. 0,20 e. 0,70
8. $\frac{1}{7}$; $\frac{1}{7}$; igualmente prováveis; sim
9. a. $\frac{1}{10}$ b. $\frac{2}{10}$ c. $\frac{3}{10}$ 10. a. $\frac{2}{6}$ b. $\frac{4}{6}$
11. 4 : 48; 48 : 4 12. 12 : 40 13. 1 : 3 14. 3 : 7; 7 : 3
15. a. $\frac{38}{90}$ b. 52 : 38
16. $\frac{9}{10}$; 9 : 1 17. $\frac{10}{40}$; 3 : 1 18. $\frac{915}{1500}$
19. $\frac{45}{300}$ 20. $\frac{175}{200}$

21. $\frac{79}{100}$ b. não há tendências, etc.; provavelmente

22. a. "representativas" ou típicas b. $0,12 + 0,32 = 0,44$ c. 0,80

23. a. $\frac{6}{10}$ b. $\frac{4}{10}$ c. $\frac{10}{20}$ 24. a. $\frac{4}{10}$ b. $\frac{6}{10}$ c. $\frac{10}{20}$

25. a. não b. Tim (maiores amostras geralmente dão resultados mais confiáveis)

26. 2 : 3 27. $\frac{2}{15}$ 28. 3 : 4

30. 9 em 10 vezes sob as mesmas circunstâncias

pág. 75

1. a. $\frac{1}{36}$ b. $\frac{1}{36}$ c. $\frac{1}{4}$ 2. $\frac{1}{6}$

3. a. $\left(\frac{1}{6}\right)^3$ b. $\left(\frac{1}{6}\right)^3$ c. $\left(\frac{1}{2}\right)^3$

5. a. $0,01(0,02)(0,05)(0,10) = 0,000001$ b. $0,99(0,98)(0,95)(0,90) = 0,83$

6. a. $\frac{1}{200}$ b. (1) 0,01990 (2) 0,00005 (3) zero (impossível)

7. a. 0,15 b. 0,65 c. 0,70

8. a. não, $P(A) + P(B) > 1,00$ b. 0,20 c. 0,95

9. a. não, $P(A) + P(B) < 1,00$ b. 0,60 c. 0,40 d. 0,09

10. a. $\left(\frac{1}{2}\right)^3$ b. $\frac{7}{8}$ 11. $0,9^3$

12. a. 0,6250 b. 0,6875 c. 0 d. 0,0625 e. 0,3750

13. a. 0,15 b. 0,375

14. a. $\left(\frac{26}{52}\right)^2$ b. $\left(\frac{1}{4}\right)^2$ c. $\left(\frac{12}{52}\right)^2$ d. $\frac{2}{16}$ e. $\frac{2}{8}$

15. a. $\left(\frac{26}{52}\right)\left(\frac{25}{51}\right)$ b. $\left(\frac{13}{52}\right)\left(\frac{12}{51}\right)$ c. $\left(\frac{12}{52}\right)\left(\frac{11}{51}\right)$ d. $2\left(\frac{13}{52}\right)\left(\frac{13}{51}\right)$

e. $\left(\frac{13}{52}\right)\left(\frac{26}{51}\right) + \left(\frac{26}{52}\right)\left(\frac{13}{51}\right)$

16. a. 0,43 b. 0,68 c. 0,25 d. 0,08 e. 0,02

17. a. $0,20^4$ b. $0,20^4(0,50)$

18. a. $0,10^2$ b. $0,90(0,10)$ c. $0,90(0,10) + (0,10)(0,90)$ d. $0,10^3$

19. $\frac{1}{7}$ 20. mês = 30 dias

21. a. $0,80^4$ b. $0,20^4$ c. $4(0,80)^3(0,20)^1$ d. $4(0,20)^3(0,80)^1$

22. a. $(0,7)(0,6)(0,5)(0,2)$ b. $(0,3)(0,4)(0,7)(0,8)$ c. $(0,3)(0,6)(0,7)(0,2)$

23. a. $(0,20)(0,30)$ b. $(0,20)(0,70) + (0,80)(0,30)$

24. a. $(1 - 0,90)^5$ b. $0,9^5$

25. a. $(0,8)(0,4) = 0,32$ b. $0,2(0,6) = 0,12$ c. $0,8(0,6) = 0,48$ d. $0,2(0,4) = 0,08$

26. a. $\frac{5}{10}$ b. (1) $\frac{6}{90}$ (2) $\frac{12}{90}$ c. $\frac{6}{720} + \frac{6}{720} + \frac{6}{720} = \frac{18}{720}$

d. $\frac{1}{10} + \frac{1}{10} + \frac{1}{10} = \frac{3}{10}$

27. a. $0,6^9(0,4)^1$ b. $0,6^3$ c. $0,4^3$

pág. 84

1. a. 2 b. 120 c. 3.628.800 d. 1 e. 1
2. a. 3 b. 1 c. 5 d. 84
3. a. 6 b. 24 c. 5 d. 60.480 e. 1
4. 3(2)(5)(2)
5. a. $26^3(10)^4$ b. $25^3(9)^4$ c. $(26^3 - 1)(10)^4$ d. $(25^3 - 1)(9)^4$
6. 9!/(2!2!) 7. a. 10^3 b. 10(1)(10)
8. a. 10 b. 10!/(2!8!) c. 10!/(7!3!)
9. a. 10! b. $\frac{1}{10}$ 10. 5(3)(2)(4) 11. 36(35)(34)
12. $\binom{8}{5} = 56$ 13. a. 21 b. 35 c. 1 d. 7
14. 10

pág. 91

1. a. (0,6)(0,1)/[0,6(0,1) + 0,4(0,5)] = 0,23 b. 0,6(0,9)/[0,6(0,9) + 0,4(0,5)] = 0,73
2. a. 0,458 b. $\frac{1}{2}(0{,}25)/\left[\frac{1}{2}(0{,}25) + \frac{1}{2}\left(\frac{2}{3}\right)\right] = 0{,}273$
3. $P(A) : \left(\frac{1}{3}\right)(0{,}99)/\left[\left(\frac{1}{3}\right)(0{,}99) + \left(\frac{1}{3}\right)(0{,}98) + \left(\frac{1}{3}\right)(0{,}95)\right] = 0{,}33/0{,}973 = 0{,}339$

   $P(B) : \left(\frac{1}{3}\right)(0{,}98)/0{,}973 = 0{,}336$

   $P(C) : \left(\frac{1}{3}\right)(0{,}95)/0{,}973 = 0{,}325$
4. $\left(\frac{2}{3}\right)(0{,}5)/\left[\left(\frac{2}{3}\right)(0{,}5) + \left(\frac{1}{3}\right)(0{,}1)\right] = 0{,}909$

CAPÍTULO 4

pág. 100

1. contínuas: a e c; discretas: b e d 2. 8,2
3. 0,79 4. μ = \$39.000, σ = \$547,7
5. a. $\mu = 21$ b. $\sigma = 1{,}73$ 6. 37.500 7. 4,36
8. média: 70; variância: 50 9. \$11,10
10. média: 320 lb; variância: 625 lb^2 11. média: 540 lb; variância: 1200 lb^2

pág. 108

1. a. 0,166 b. 0,834 2. a. 0,042 b. 0,0048 c. 0,4766
3. a. 0,1470 b. (1) 0,1296 (2) 0,8706 (3) impossível
4. a. 0,086 b. 0,236 5. a. 0,5578 b. 0,3396

pág. 116

1. a. 0,3277 b. 0,3602 c. 0,1875 d. 0,9298 e. 0,2639 f. 0,2639
   g. 0,0104 h. 0,0017
2. a. 0,0008 b. 0,0398 c. 0,3075 3. 0,2648 4. 0,0022
5. 0,3487 6. 0,2376

7. a. 0,4096 b. 0,0016 c. 0,5904 8. 0,3020 9. 0,20
10. a. 0,9365 b. 0,5950 c. 0,0075 11. 0,3770 12. 0,1250
13. a. 0,0422 b. 0,4552 c. 0,9657 14. a. 0,0279 b. 0,9538 c. 0,9996
15. 0,9139 16. 0,3487 17. 6
18. a. $\mu = 12{,}5$, $\sigma = 2{,}5$ b. $\mu = 10$, $\sigma = 2{,}83$ c. $\mu = 32$, $\sigma = 4{,}38$
19. a. $\mu = 0{,}5$, $\sigma = 0{,}10$ b. $\mu = 0{,}20$, $\sigma = 0{,}057$ c. $\mu = 0{,}40$, $\sigma = 0{,}055$
20. a. 0,00, 0,25, 0,50, 0,75, 1,00 b. como uma média a longo prazo

pág. 121

1. a. $\mu = \frac{2}{30}$ min b. 0,1353 c. 0,5941
2. a. 0,7350 b. 0,9414 c. 0,9900 3. 0,0952
4. a. 0,0015 b. 0,776 c. 0,989 d. impossível

pág. 125

1. a. 0,3679 b. 0,2231 c. 0,4060 d. 0,1991 e. 0,3528 f. 0,2240
g. 0,1465 h. 0,2469
3. a. $\mu = 1{,}4$; 0,1665 b. $\mu = 2{,}8$; 0,5305 c. $\mu = 5{,}6$ 0,9176
4. a. 0,1063 b. 0,9437 c. 0,0101 d. 0,7617
5. a. 0,0498 b. 0,1493 c. 0,3921
6. $\mu = 1{,}5$, $P(x = 0) = 0{,}2231$, $P(x \leqslant 3) = 0{,}9344$
7. a. 8 b. 0,191 c. 0,809 d. 0,900
8. a. ≈ 0 b. $\approx 100\%$ c. 0,417
9. a. 1,6 b. 0,9940 c. 0,0060 d. 0,0237

pág. 128

1. a. A : 4; B : 3; C : 3 b. 0,0001 c. 0,0784
2. a. 0,031 b. 0,12 3. a. 0,0326 b. 0,0163
4. a. $\frac{2}{8}$ b. $\frac{12}{56}$ c. 7 5. $\frac{6}{7}$

CAPÍTULO 5

pág. 135

1. a. 50.000 b. 0,80
2. a. 2,5 b. (1) 0,4/1 (2) 0 (3) 50% (4) 0 (5) 100%
3. a. 0,417 b. 3 c. $\frac{1}{6}$
4. a. $\frac{10}{30}$ b. desconhecido c. $10,50 d. $\frac{1}{6}$

pág. 150

1. a. 0,1587 b. 0,8413 c. 0,6331 d. 0,4332 e. 0,4980 f. 0,1330
g. 0,3758 h. 0,0036
2. a. 0,4207 b. 0,5793 c. 0,0793 d. 0,2347
3. a. −1,64 b. −2,0 c. +2,0 d. +2,0 e. ±0,03 f. ±0,03

4. a. +1,64 b. $z = 0$ c. -2,3 d. -0,38 e. +0,86 f. +2,0
g. +1,0
5. a. -1,0 b. -0,75 c. -0,50 d. +0,1 e. +0,25
6. a. 40,3 b. 46 c. 42,25 d. 32,41 e. 31 f. 30,40
7. a. 0,4772 b. 0,0793 c. 0,1359 d. 0,0923 e. 0,9758 f. 0,6826
8. a. 0,2033 b. 0,1056 c. 0,8944 d. 0,8413
9. a. 0,1151 b. 3,34
10. a. 50% b. 0,3085 c. 0,1336
11. a. 0,8664 b. 0,9544 c. 0,9930
12. a. 0,0028 b. $0{,}0028^2$ c. $(1 - 0{,}0028)^2$
13. a. 0,1587 b. 0,9544 c. 0,50 d. 0,25
14. a. 0,0956 b. 0,2676 c. 0,4522 d. 0,4586 e. 0,6010
15. a. 0,9952 b. 0,2206 c. 0,0132
16. a. 0,0548 b. 0,7698 c. $0{,}5^4$

pág. 153
1. 0,05
2. a. 0,368 b. 0,632 c. ≈ 0
3. a. 0,135 b. 0,05
4. a. 0,135 b. 0,368 c. 0,607

CAPÍTULO 6

pág. 166
1. a. 4
   b. De modo a não conduzir sempre ao mesmo ponto (p. ex., colocar o dedo arbitrariamente no meio da tabela e usar o primeiro dígito para localizar a coluna, e o segundo para localizar a linha).
   c. N = 14.000; ler 5 algarismos/nome
2. (1) numerar os times de 00 a 19
   (2) determinação dos pares: ler 2 dígitos para o primeiro time, 2 para o 2º (ignorar repetições)
   (3) continuar até que todos estejam emparelhados
3. a. (1) numerar os blocos de 00 a 39
   (2) escolher 10 usando a tabela de números aleatórios
   (3) para cada quarteirão, ler um único dígito (0 - 9), que corresponde a uma casa naquele quarteirão (as casas são numeradas de 0 a 9)
   b. (1) Pode ser mais difícil identificar quais casas devem ser selecionadas.
   (2) Haveria 400 casas, numeradas de 000 a 399.
4. a. 00 a 04 podem representar um defeituoso; 05 a 99 um não-defeituoso
   b. 63, 55, 33, 74, 55, 35, 35, 46, 32, 55, 57, 73, 51, 52, 24 (todos são aceitáveis).
5. 249, 679, 528, 216, 987 (não usáveis), 382, 338, 010 (não usáveis), 634, 030 (não usáveis), 162, 556, 397.

pág. 170
1. (v.p.p. 161-62)
2. a. A comunidade sem dúvida consiste de outros além dos pais dos alunos; e mesmo os pais não estão satisfatoriamente representados, pois uns têm mais filhos na escola do que outros, o que aumenta sua chance de ser escolhido.
   b. Muitas pessoas não poderiam estar numa esquina do centro da cidade ao meio dia (p. ex., operários, estudantes, etc.).

c. A participação na Câmara se baseia na *população*, de modo que estados populosos tendem a ser super-representados.

3. a. $\frac{6}{15}$ b. 15 c. $\frac{1}{2}$ d. todas as jogadas futuras possíveis e. ∞

f. $15\left(\frac{1}{2}\right) = 7{,}5$

4. a. $\frac{15}{30}$ b. desconhecido

c. É igual à percentagem da população, que é desconhecida.

CAPÍTULO 7

pág. 185

1. a. $\approx 95\%$ b. $\approx 95{,}5\%$ c. $\approx 98\%$
2. a. 0,3830 b. 0,5468 c. 50% d. ≈ 0
3. a. 5,01 b. 18,41 c. 199,5 d. 0,008
4. a. 1,25 b. $\frac{1}{6}$ c. 0,316 d. 0,62 e. 0,482
5. a. Não, a distribuição das médias amostrais será aproximadamente normal porque o tamanho da amostra é maior que 30.

   b. 0,9836 c. 0,0026

pág. 188

1. a. 30% b. 43% c. 50% d. 72,3%
2. a. 0,03 b. 0,04 c. 0,049 d. 0,05 e. 0,049 f. 0,04 g. 0,03
3. As tabelas raramente vão além de $n = 20$, e a distribuição normal proporciona boa aproximação da binomial desde que p não seja muito próximo de 0 ou 1. A binomial é preferível para valores de n e p constantes das tabelas.
4. a. $\approx 68\%$ b. $\approx 95\%$ c. $\approx 95{,}5\%$ d. $\approx 98\%$
5. a. $\pm 1{,}65$ b. $\pm 1{,}96$ c. $\pm 2{,}58$ d. $\pm 3{,}0$
6. a. $\approx 68\%$ b. 0,1587 c. $\approx 95{,}5\%$ d. $\approx 0{,}045$

CAPÍTULO 8

pág. 208

1. a. $16 \pm 0{,}98$ b. $37{,}5 \pm 0{,}98$ c. $2{,}1 \pm 0{,}196$ d. $0{,}6 \pm 0{,}0196$
2. a. $16 \pm 1{,}29$ b. $37{,}5 \pm 1{,}29$ c. $2{,}1 \pm 0{,}258$ d. $0{,}6 \pm 0{,}0258$
3. a. $16 \pm 1{,}065$ b. $37{,}5 \pm 0{,}98$ c. $2{,}1 \pm 0{,}2064$ d. $0{,}6 \pm 0{,}0196$
4. geralmente mais amplo, pois $t \geqslant z$
5. a. $30 \pm 1{,}96$ b. $e = 1{,}96$ c. 0,0014
6. a. $\bar{x} = 70$ b. todos os carros naquele trecho entre 2 e 4 horas

   c. $70 \pm 3{,}50$ d. $e = 3{,}50$
7. a. $140 \pm 9{,}30$ b. $140 \pm 12{,}24$ c. 9,30
8. a. $140 \pm 16{,}62$ b. $140 \pm 16{,}78$ c. 16,62
9. a. \$220 b. 200(220) c. $220 \pm 10{,}49$

10. a. 40 ± 1,755 b. Uma amostra aleatória é sempre necessária.
11. $n = 11$; como n é menor que 30, é preciso saber se a população é normal, ou pelo menos aproximadamente normal.
12. $n = 43$; não é preciso supor que a população seja normal.
13. $n = 240$
14. (use $z = 2{,}055$) a. 14,97 b. 36,47 c. 2,27 d. +0,58
15. $42,09

pág. 215

1. a. 5% a 17,5% b. 13% a 29% c. 40% a 60% d. 71% a 87%
   e. 82,5% a 95%
2. Os intervalos são mais amplos para $p = 0{,}50$.
3. Os intervalos são mais amplos em 99% pois $z_{0,99} > z_{0,95}$.
   a. 4% a 20% b. 11% a 32% c. 37% a 63% d. 68% a 89%
   e. 80% a 96%
4. a. 0,20 ± 0,11 b. 0,10 ± 0,05
5. a. $n = 50$ b. 92% de confiança (não está no gráfico)
6.

	50%		10%	
	Fórmula	Gráfico	Fórmula	Gráfico
400	0,50 ± 0,049	0,45 a 0,55	0,10 ± 0,0294	0,07 a 0,13
100	0,50 ± 0,098	0,40 a 0,60	0,10 ± 0,0588	0,05 a 0,175
25	0,50 ± 0,196	0,30 a 0,70	0,10 ± 0,1176	0,02 a 0,28
16	0,50 ± 0,245	0,25 a 0,75	0,10 ± 0,147	0,01 a 0,35

7. a. a fórmula é melhor quando p está próximo de 0,5 b. a fórmula é melhor para n grande
8. a. 0,13 a 0,28 (o "lado" mais longo é 0,07) b. $e \leqslant 0{,}07$
9. a. 0,90 b. 0,90 ± 0,0495 c. $e \leqslant 0{,}0495$
10. a. (gráfico) 0,19 a 0,32 b. "lado mais longo" = 0,32 - 0,25 = 0,07
    c. Cada pessoa tem a mesma chance de ser escolhida entre todos os fregueses.
    d. para poder usar uma distribuição amostral
11. a. 0,15 ± 0,13 b. 150 ± 130 c. 0,13; 130
12. a. 0,25 ± 0,16 b. 12,5 ± 8,0
13. a. 960 b. 0,25 ± 0,07 c. 0,25 ± 0,04
14. 273 15. a. 600 b. 136

CAPÍTULO 9

pág. 230

1. a. bilateral b. cauda esquerda. c. cauda direita d. cauda direita e. bilateral
   f. cauda esquerda
2. a. $H_0 : p = 2\%$ defeituosos; $H_1 : p > 2\%$
   b. $H_0 : p = 2\%$ defeituosos; $H_1 : p \neq 2\%$
3. a. Aceitar seria a decisão correta, enquanto que rejeitar seria um erro Tipo I.
   b. Rejeitar seria a decisão correta; aceitar seria um erro Tipo II.

CAPÍTULO 10

pág. 238

1. a. bilateral

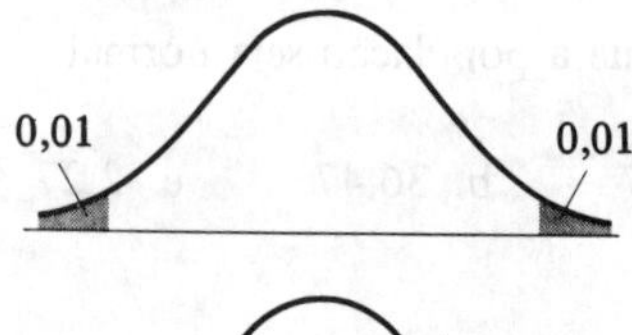

b. cauda direita

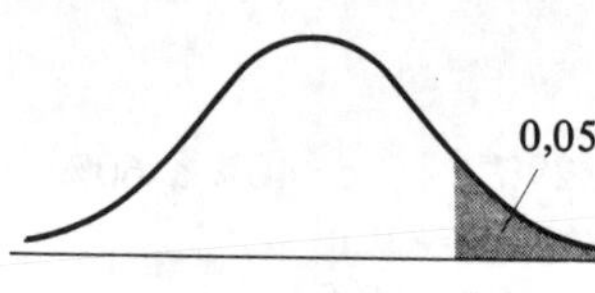

c. cauda esquerda

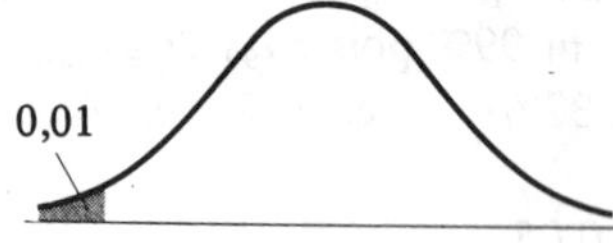

d. cauda direita

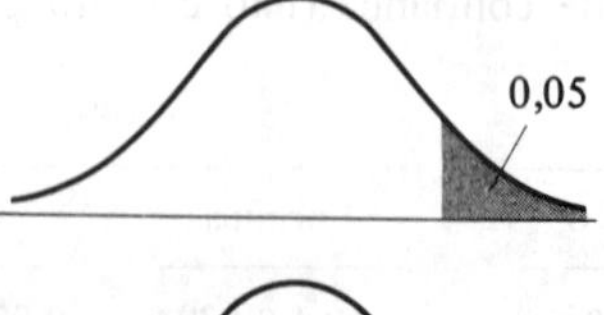

e. bilateral

2.

	H_0	H_1
a.	μ = 25 h	$\mu <$ 25 h
b.	μ = 2 in.	$\mu \neq$ 2 in.
c.	$\mu_{corrente} = \mu_{novo}$	$\mu_{novo} > \mu_{corrente}$
d.	μ = 12 oz	$\mu >$ 12 oz
e.	μ = 12 oz	$\mu \neq$ 12 oz

3. a. $t_{teste} = 4{,}41$; $t_{0{,}01,\ 12} = 2{,}68$; rejeitar H_0; μ: 10,86 a 13,54
   b. $t_{teste} = +2{,}7$; $t_{0{,}05} \approx +1{,}65$; rejeitar H_0; μ: 0,038 a 0,042
   c. $t_{teste} = 2{,}5$; $t_{0{,}005,\ 24} = -2{,}49$; aceitar H_0
   d. $t_{teste} = 3{,}23$; $t_{0{,}05} \approx +1{,}65$; rejeitar H_0; μ: 18,08 a 20,02
4. a. usa-se t pois σ_x é desconhecido   b. normal, pois $n > 30$
   c. $t_{teste} = -7{,}07$; $t_{0{,}05} \approx -1{,}65$; rejeitar H_0, concluir $\mu <$ \$9000
5. a. $t_{teste} = -1$; $t_{0{,}01,\ 8} = -2{,}90$; aceitar H_0
   b. $z_{teste} = -0{,}67$; $z_{0{,}01} = -2{,}33$; aceitar H_0
   c. a e b pois $n < 30$ em ambos
6. $t_{teste} = 4{,}12$; $t_{0{,}01,\ 8} = 2{,}9$; rejeitar H_0
7. a. H_0: $\mu = 200$; H_1: $\mu \neq 200$ b. rejeitar se $z > \pm 1{,}96$; 198,43 a 201,57
8. a. $t_{teste} = 4{,}08$; $t_{0{,}01,\ 5} = 3{,}37$; rejeitar H_0 b. $n < 30$, sim
9. a. $t_{teste} = -2{,}83$; $t_{0{,}05} \approx -1{,}65$; rejeitar H_0 b. Tipo I se H_0 verdadeira
10. a. 0,05   b. $z = +1{,}0$, P(Tipo I) = 0   c. $z = 2{,}5$, P(Tipo I) = 0,0062

11. a. H_0: $\mu = 43$; H_1: $\mu < 43$ b. $t_{teste} = -1$; $t_{0,05} \approx -1,65$; aceitar H_0
   c. a mesma d. não, pois $n > 30$
12. a. $t_{teste} = +2,11$; $t_{0,05,\,29} = +1,70$; rejeitar H_0
   b. $t_{teste} = +1,27$; $t_{0,05} \approx +1,65$; aceitar H_0

pág. 243

1. a. 0,093 b. $t_{teste} = -3,28$, $t_{0,005} \approx \pm 2,58$; rejeitar H_0, as médias não são iguais
   c. $t_{teste} = 3,28$ vs $t_{0,01} = 2,33$; rejeitar H_0, concluir $B > A$ d. não, n grande
2. $t_{teste} = -1,37$; $t_{0,025} \approx \pm 1,96$; aceitar H_0, concluir que os salários médios podem ser iguais
3. a. Unilateral; queremos mostrar que o filme de treinamento reduz o tempo médio necessário para completar o jogo H_1: $\mu_{teste} < \mu_{controle}$.
   b. $t_{teste} = 1,87$; $t_{0,05,\,20} = -1,725$; rejeitar H_0
   c. Sim, pois $n_1 + n_2$ é menor do que 30.
   d. Sim, de outra forma não poderemos especificar uma distribuição amostral apropriada.
4. $z_{teste} = 1,06$; $z_{0,005} = \pm 2,58$; aceitar H_0, concluir que os dois podem ser iguais
5. $t_{teste} = -2,77$ vs $t_{0,025,\,8} = \pm 2,306$; rejeitar H_0

pág. 248

1. a. Ocorre um erro Tipo I se H_0 é rejeitada quando verdadeira.
   b. Ocorre erro Tipo II se H_0 é aceita quando falsa.
2. a. 0,8300 b. 0,9210 c. 0 d. 0,4840
3. a. 0,7734 b. 0 c. 0,4013 d. 0,0006
4. a. 0,9066 b. 0,6255 c. 0,0465

CAPÍTULO 11

pág. 271

1.

	a.	b.	c.	d.
Numerador	4	6	7	3
Denominador	25	21	72	44

	Graus de liberdade		F_{tabela}	
	Numerador	Denominador	0,01	0,05
a.	7	40	≈ 3,12	≈ 2,25
b.	3	24	4,72	3,01
c.	4	30	4,02	2,69
d.	2	27	5,49	3,35
e.	3	44	≈ 4,20	≈ 2,80

3. a. rejeitar em ambos os níveis b. aceitar H_0 em ambos os níveis
   c. aceitar a 0,01, rejeitar a 0,05 d. rejeitar em ambos os níveis
   e. aceitar em ambos os níveis
4. a. 25 b. 6,8 c. 140 d. 3,10
5. $F_{teste} = 7,82$; $F_{0,05,\,3,\,20} = 3,10$; rejeitar H_0, as dietas não são igualmente eficientes
6. $F_{teste} = 42,39$; $F_{0,01,\,4,\,40} = 3,83$; rejeitar H_0, os tempos médios de conserto diferem
7. $F_{teste} = 7,29$; $F_{0,01,\,4,\,45} \approx 3,8$; rejeitar H_0, existe alguma diferença nos preços médios de venda entre os cinco locais

8. $F_{teste} = 3{,}11$; aceitar a 0,05 e 0,01
9. $F_{teste} = 3{,}53$; $F_{0{,}01,\,3,\,12} = 5{,}95$; aceitar H_0. A hipótese de caminhões e motoristas é importante, porque o teste não prevê nem avalia nenhum outro fator além da posição dos pneus. Outros fatores como diferenças entre motoristas e/ou caminhões facilmente distorceriam os resultados.

CAPÍTULO 12

pág. 281

1. a. cauda direita b. cauda esquerda c. cauda esquerda d. bilateral
2. a. $H_0 : p = 2\%$; $H_1 : p > 2\%$
   b. $z_{teste} = 3{,}03$; $z_{tabela} = +1{,}65$; rejeitar H_0, percentagem de defeituosos maior que 2%
3. $z = 3$, $P(z \geqslant 3) = 0{,}0013$; a moeda não é honesta
4. a. 20 ou menos b. $H_1; p > 0{,}20$ c. $z_{teste} = 2{,}25$; concorda com o senador
5. $z = -1{,}08$; aceitar H_0
6. $P(x \leqslant 2) = 0{,}3154$; aceitar *a, b,* e *c*
7. efeito positivo; $P(x \geqslant 11) = 0{,}0288$

pág. 285

1. $z_{teste} = +1{,}28$; aceitar H_0
2. $z_{teste} = 1{,}155$; aceitar H_0 em todos os níveis; a proporção de eleitores é a mesma nos dois distritos
3. $z_{teste} = 1{,}428$; $z_{0{,}025} = \pm 1{,}96$; aceitar H_0; as máquinas não são diferentes

pág. 293

1.

	3 × 4	4 × 3	5 × 5	2 × 5	3 × 6	4 × 6
Graus de liberdade	6	6	16	4	10	15
$\chi^2_{0{,}05}$	12,59	12,59	26,3	9,49	18,31	25,0
$\chi^2_{0{,}01}$	16,81	16,81	32,0	13,28	23,2	30,6

2. cada linha: 30, 40, 50, 80
3. $\chi^2_{teste} = 72{,}43$; $\chi^2_{0{,}05,\,9} = 16{,}92$; rejeitar H_0, os construtores não são comparáveis
4. $\chi^2_{teste} = 46{,}23$; $\chi^2_{0{,}05,\,12} = 21{,}0$; rejeitar H_0, o custo de mão-de-obra difere
5. a. $\chi^2_{teste} = 4{,}17$; $\chi^2_{0{,}05} = 3{,}84$; rejeitar H_0, a proporção dos que aprovam difere conforme se trate de portadores de bilhetes para a estação ou individuais
   b. $z_{teste} = 2{,}041$; $z_{0{,}025} = \pm 1{,}96$ c. são os mesmos (para 1 g.l.)
6. $\chi^2_{teste} = 51{,}70$; $\chi^2_{0{,}01,\,3} = 11{,}34$

pág. 301

1. a. $\chi^2_{teste} = 8{,}88$; $\chi^2_{0{,}05,\,10} = 18{,}3$; aceitar H_0
   b. $\chi^2_{teste} = 1{,}28$; $\chi^2_{0{,}05,\,3} = 7{,}81$; aceitar H_0
   c. $\chi^2_{teste} = 2{,}16$; $\chi^2_{0{,}05,\,3} = 7{,}81$; aceitar H_0
2. $\chi^2_{teste} = 11{,}4$; $\chi^2_{0{,}05,\,4} = 9{,}49$; rejeitar H_0, os dias não são igualmente prováveis
3. $\chi^2_{teste} = 2{,}52$; $\chi^2_{0{,}025,\,9} = 19{,}02$; aceitar H_0, dígitos igualmente prováveis

4. $\chi^2_{teste} = 19{,}853$; $\chi^2_{0{,}05,\,8} = 15{,}51$; rejeitar H_0; $\chi^2_{0{,}01,\,8} = 20{,}1$; aceitar (assim, aceitar ou rejeitar depende do nível de significância escolhida)
5. $\chi^2_{teste} = 5{,}609$; $\chi^2_{tabela,4}$ (aceitar em todos os níveis)
6. $\chi^2_{teste} = 272{,}49$; $\chi^2_{0{,}05,\,11} = 19{,}68$; não normal com média 50,5 e desvio padrão 10

CAPÍTULO 13

pág. 315

1. $z_{teste} = 1{,}28$ (sem correção); $z_{0{,}05} = +1{,}65$; aceitar H_0; a quilometragem/galão não melhorou
3. a. 90 + 's, 30 – 's, 80 nenhuma alteração ($n = 90 + 30 = 120$)
   b. H_1: aumento na percentagem dos que aprovam (i.e., mais + 's, poucos – 's)
   c. $z = +5{,}48$; $z_{0{,}01} = +2{,}33$; rejeitar H_0, campanha eficiente
   d. demasiadas ausências de modificação
4. $P(x \geqslant 10) = 0{,}1509 > 0{,}05$, variação casual apenas
5. os resultados são idênticos
6. $z_{teste} = 2{,}86$; $z_{0.05} = 1{,}65$; rejeitar H_0, há melhora na quilometragem/galão
7. $z_{teste} = 1{,}76$; $z_{0{,}05} = 1{,}65$; rejeitar H_0, dieta eficiente (anteriormente, o teste dos sinais indicou dieta não eficiente; mas devemos aceitar com maior segurança os resultados do teste dos sinais por postos, mais forte)
8. A magnitude das variações não pode ser determinada com base nos dados.
9. $z_{teste} = 2{,}21$; rejeitar todos ao nível de 0,05, aceitar ao nível de 0,01

pág. 321

1. $z_{teste} = +1{,}96$; $z_{0{,}01} = +2{,}33$; as médias são iguais
2. $z_{teste} = +0{,}7$; as médias de vendas são iguais
3. $z_{teste} = 0{,}317$; $z_{0{,}025} = \pm 1{,}96$; as vidas médias não diferem
4. nenhum efeito, pois as posições relativas (postos) não se modificariam

pág. 324

1. $H = 10{,}044$; $\chi^2_{0{,}025,\,3} = 9{,}35$; rejeitar H_0, os tempos médios de secagem não são iguais
2. $H = 1{,}115$; $\chi^2_{0{,}01,\,2} = 9{,}210$; aceitar H_0, dietas igualmente eficientes
3. $H = 9{,}571$; $\chi^2_{0{,}05,\,4} = 9{,}49$; rejeitar H_0, as vidas médias de operação diferem conforme a marca
4. $H = 4{,}89$; $\chi^2_{0{,}05,\,2} = 5{,}991$; aceitar H_0, aceitar também ao nível de 0,01

pág. 333

1. mediana $z = 0{,}00$; para cima e para baixo; $z = -1{,}04$; variação apenas casual
2. para cima e para baixo: $z = -0{,}57$; mediana $z = -2{,}60$; não-aleatória
3.

	p/ cima e p/ baixo z	Mediana z	Conclusão
a.	+1,41	+3,21	não-aleatório
b.	- 3,56	- 1,60	não-aleatório
c.	+3,70	-1,28	não-aleatório

4. $z = -0{,}190$, variação casual

CAPÍTULO 14

pág. 344

1. a. $y = 5 + 10{,}2x$ b. $y = 55x$ c. $y = -2 + 27x$ d. $y = 200 - 13x$
   e. $y = 2{,}4$
2. a. $y = 6 + (7{,}5/500)x$ b. $y = -1 + (12/0{,}4)x$

pág. 348

1. a. $y_c = -200 + 0{,}10(15.000) = \$1300$
   b. A equação é relevante só para famílias de quatro com renda no intervalo de \$8.000 a \$20.000. O intercepto-y é um ponto conveniente em que a *altura da reta* pode ser especificada.
   c. (1) equação baseada em estudos de famílias de *quatro*
   (2) Essas quantias estão além do âmbito da equação de estimação.
   d.

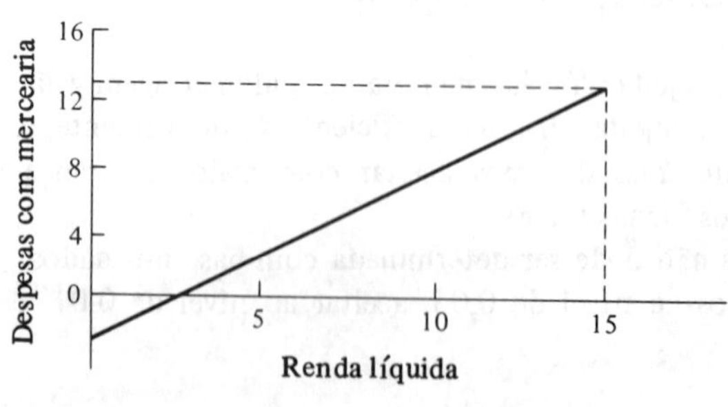

2. a.

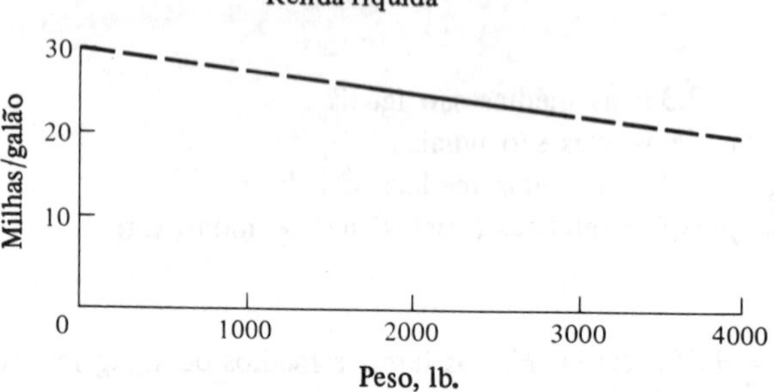

   b. (1) 26 mpg (2) 27 mpg (3) 25 mpg
3. a. $y_c = -5 + 2x$ b. $y_c = 0{,}028 + 5x$
   c. $y_c = -30{,}5 + 0{,}95x$ d. $y_c = 4{,}77 + 0{,}49x$
4. a. não-linear
   b. $y_c = 13{,}48 + 0{,}02x(\Sigma x = 5896;\ \Sigma y = 291;\ \Sigma xy = 141.502;\ \Sigma x^2 = 3.159.126)$
5. $y_c = 8{,}44 - 0{,}006x\ (\Sigma x = 3900;\ \Sigma y = 44{,}6;\ \Sigma xy = 18.720;\ \Sigma x^2 = 2.415.000)$
6. $y_c = 22{,}11 + 0{,}554x\ (\Sigma x = 2315;\ \Sigma y = 1.615;\ \Sigma xy = 289.600;\ \Sigma x^2 = 430.075)$
7. $y_c = 1348 - 154{,}4x\ (\Sigma x = 44{,}6;\ \Sigma y = 3.900;\ \Sigma xy = 18.720;\ \Sigma x^2 = 268{,}22)$
8. a. $y_c = 1{,}57 + 1{,}036x\ (\Sigma x = 28;\ \Sigma y = 40;\ \Sigma xy = 189;\ \Sigma x^2 = 140)$
   b. $y_c = 1{,}57 + 0{,}52x\ (\Sigma x = 56;\ \Sigma y = 40;\ \Sigma xy = 378;\ \Sigma x^2 = 560)$
   c. $y_c = 3{,}14 + 1{,}036x\ (\Sigma x = 56;\ \Sigma y = 80;\ \Sigma xy = 756;\ \Sigma x^2 = 560)$
   d. $y_c = 3{,}57 + 1{,}036x\ (\Sigma x = 28;\ \Sigma y = 54;\ \Sigma xy = 245;\ \Sigma x^2 = 140)$
9. $y_c = -12{,}0 + 1{,}32x\ (\Sigma x = 287;\ \Sigma y = 247;\ \Sigma xy = 7875;\ \Sigma x^2 = 8571)$

pág. 364

1. $t_{teste} = (b - 0)/s_b$ (se $n > 32$, use $z \approx t$)

	a.	b.	c.	d.	e.	f.
t_{teste}	4	-1,5	2,0	3,0	-5,58	15,0
t_{tabela}	2,228	2,101	2,069	2,045	1,96	1,96
Decisão	significante	aceitar H_0	aceitar H_0	significante	significante	significante

2. os intervalos são $b \pm ts_b$ (não significantes se 0 está no intervalo)
   a. 8,2 ± 2,58(4,1) ou -2,38 a 18,78 (não significante)
   b. 0,13 ± 2,76(0,04) ou 0,02 a 0,24
   c. 5,213 ± 2,878(1,5) ou 0,90 a 9,53
   d. 145 ± 2,58(40) ou 41,8 a 248,2
   e. -7,1 ± 3,499(3,0) ou -17,6 a +3,4 (não significante)
3. a. $y_c = -4{,}02 + 1{,}013x$ b. $s_e = 3{,}33$; $s_b = 0{,}12$
   c. 1,013 ± 2,77(0,12) ou +0,736 a 1,29 (significante)
4. $y_c = 1x$ 5. $r^2 = 0{,}999$
6. $r^2 = 1 - (s_e^2/s_y^2)$; s_e^2 deve ser sempre menor que s_y^2
7. $r^2 = 1 - (s_e^2/s_y^2)$.
   a. 0,5 b. 0,75 c. 0,19 d. 0,08 e. 0,9
11. a. $y_c \pm t(s_e \sqrt{(1/n) + (x_g - \bar{x})^2/\{\Sigma x^2 - [(\Sigma x)^2/n]\}})$
   (1) 15 ± 2,306(1,04) ou 12,60 a 17,40
   (2) 21 ± 2,306(0,949) ou 18,81 a 23,19
   (3) 29 ± 2,306(1,108) ou 26,44 a 31,56
   b. $y_c \pm t(s_e \sqrt{1 + (1/n) + (x_g - \bar{x})^2/\{\Sigma x^2 - [(\Sigma x)^2/n]\}})$
   (1) 15 ± 2,306(3,17) ou 7,68 a 22,32
   (2) 21 ± 2,306(3,15) ou 13,74 a 28,26
   (3) 29 ± 2,306(3,20) ou 21,62 a 36,38
12. $y_c \pm t(s_e \sqrt{(1/n) + (x_g - \bar{x})^2/\{\Sigma x^2 - [(\Sigma x)^2/n]\}})$
   a. 13 ± 2,306(1,108) ou 10,44 a 15,56
   b. 2934 ± 464,8; 2934 + 651,7

pág. 367

1. a. 7830 b. 5080 c. 3080
2. a. 1 b. 3,4 c. 0,40

pág. 375

1. a.

x	z_x	y	z_y	$z_x z_y$
34	-0,8	21	-2,5	+0,2
30	-1,6	22	0	0
40	+0,4	25	+0,75	+0,3
34	-0,8	28	+1,5	-1,2
39	+0,2	15	-1,75	-0,35
35	-0,6	24	+0,50	-0,3
42	+0,8	24	+0,50	+0,4
45	+1,4	22	0	0
43	+1,0	17	-1,25	-1,25
				-2,2

$$r = \frac{-2{,}2}{9 - 1} = -0{,}275$$

b.

x	z_x	y	z_y	$z_x z_y$
3,9	-0,1	46	0	0
4,6	+0,6	46	0	0
6,0	+0,2	52	+1,5	+3
2,8	-1,2	50	+1,0	-1,2
3,1	-0,9	48	+0,5	-0,45
3,4	-0,6	40	-1,5	+0,9
4,2	+0,2	42	-1,0	-0,2
4,0	0	44	-0,5	0
				+2,05

$$r = \frac{+2{,}05}{8 - 1} = +0{,}29$$

2. O valor de r não é afetado
3. a. $\bar{x} = 76$, $s_x = 10$
   c. os valores padronizados são os mesmos do Exercício 25
   d. nenhum
4. b. $\bar{x} = 50$, $s_x = 5$; $\bar{y} = 20$, $s_y = 4$
   c. os valores padronizados são os mesmos do Exercício 25
   d. nenhum
5. $r = -0{,}50$
6. a. +0,214 b. +0,500 c. +0,60 7. $r = +0{,}68$
8. $r = -0{,}95$ 9. $r = +0{,}973$ 10. $r = -0{,}834$
11. a. É de admirar, pois r e b devem sempre ter o mesmo sinal.
    b. Não é de admirar, pois em ambos os casos aumentos de x são acompanhados de aumentos de y (grafe os dados).
    c. Ambos dão $r = +1$ porque *não há dispersão* em torno da reta com apenas dois pontos.
12. a. correlação b. regressão c. regressão d. correlação e. regressão

pág. 396

1. (não significante se zero está no intervalo)
   a. +0,48 a +0,92
   b. -0,42 a +0,57 (não significante)
   c. -0,62 a +0,10 (não significante)
   d. -0,53 a -0,03
   e. -0,47 a -0,11
2. (não significante se zero está no intervalo)
   a. -0,35 a +0,51 (não significante)
   b. -0,18 a +0,37 (não significante)
   c. -0,04 a +0,23 (não significante)
   d. +0,54 a +0,81 e. -0,81 a -0,54
   f. -0,39 a +0,39 (não significante)
3. a. $r = -0{,}50$, $n = 11$, $t_{\text{tabela}} = \pm 2{,}262$, $t_{\text{teste}} = -1{,}737$ (não significante)
   b. $r = +0{,}973$, $n = 13$, $t_{\text{tabela}} = \pm 3{,}106$, $t_{\text{teste}} = +13{,}98$ (significante)
   c. $r = -0{,}814$, $n = 11$, $t_{\text{tabela}} = \pm 3{,}250$, $t_{\text{teste}} = -4{,}53$ (significante)
4. a. +0,14 a +0,61, aceitar H_0
   b. +0,58 a +0,90, aceitar H_0
   c. -0,32 a -0,48, rejeitar H_0

5. a. $10 + 0{,}37x$ b. 0,98 c. 0,99 d. hipóteses de regressão
   e. hipóteses de correlação f. $12{,}22 \pm 2{,}306(1{,}13)(1{,}05)$
6. $-0{,}6 < \rho < -0{,}4$; aceitar H_0

pág. 384

1. a. $t_{tabela} = \pm 2{,}131$, $t_{teste} = +2{,}90$, rejeitar H_0
   b. $t_{tabela} = \pm 2{,}086$, $t_{teste} = -2{,}55$, rejeitar H_0
   c. $t_{tabela} = \pm 2{,}262$, $t_{teste} = 6{,}58$, rejeitar H_0
   d. $t_{tabela} = \pm 2{,}042$, $t_{teste} = 1{,}41$ aceitar H_0 (não significante)
2. a. $r_{sp} = +0{,}75$ (r de Pearson = $+0{,}68$); a disposição em postos perde alguma informação.
   b. Se os dados são em postos, ou se as hipóteses necessárias para Pearson não são satisfeitas, Spearman é preferível. Se as hipóteses de Pearson são satisfeitas, deve ser usado porque perde menos informação.
3. $r_{sp} = +0{,}908$, $t_{teste} = +7{,}51$, $t_{tabela} = \pm 3{,}055$ (significante)
4. Postos opostos dão $r_{sp} = -1$; mesmos postos dão $r_{sp} = +1$.
5. $r_{sp} = +0{,}391$, $t_{teste} = 1{,}27$, aceitar em todos os níveis (não significante)

pág. 387

1.

	χ^2_{tabela}	Significante	C	$C_{máx}$	Grau
a.	19,679	sim	0,655	0,866	moderado a forte
b.	26,296	sim	0,408	0,894	moderado
c.	13,277	sim	0,707	0,816	forte
d.	37,652	sim	0,464	0,913	moderado
e.	16,919	não	—	—	—

2. $\chi^2_{teste} = 107{,}75$ (significante em todos os níveis); $C = 0{,}39$ *versus* $C_{máx} = 0{,}866$; relação moderada
3. Numa tabela de contingência há uma *única* amostra com resultados classificados nas celas; numa tabela $r \times k$ há k (ou r) amostras. As escalas de uma tabela de contingência têm direção; em geral não têm direção numa tabela $r \times k$.
4. $\chi^2_{teste} = 160$ (significante em todos os níveis); $C = 0{,}47$ *versus* $C_{máx} = 0{,}866$. A análise não revela que a correlação é *negativa*. Isto só pode ser constatado por inspeção. Conseqüentemente, o incentivo não deve ser oferecido.

CAPÍTULO 15

pág. 409

1. preço: 156; quantidade: 92; valor: 144
2. preço: 14; quantidade: 12; valor: 168
3.

Ano	Preço	Quantidade	Receita
1973	110	105	116
1974	118	95	113*
1975	115	110	127
1976	100	109	109
1977	107	104	111
1978	103	88	91

* O arredondamento pode dar 112.

4. a. preço: 157; quantidade: 114; valor: 178
   b. preço: 151; quantidade: 115

Leite		Sorvete		Ovos	
integral	161	economia	128	pequena	151
de 2ª	133	de luxo	120	médio	144
chocolate	114	de frutas	100	grande	153
creme	132			extragrande	149

5. preço: 1974 = 106, 1976 = 130, 1978 = 135;
   quantidade: 1974 = 103, 1976 = 94,9, 1978 = 112
6. mesmas respostas de 5

9.

Ano	Poder aquisitivo	Ano	Poder aquisitivo
1961	$1,30	1969	$1,06
1962	1,28	1970	1,00
1963	1,27	1971	0,96
1964	1,25	1972	0,93
1965	1,23	1973	0,87
1966	1,20	1974	0,79
1967	1,16	1975	0,72
1968	1,12	1976	0,68

CAPÍTULO 16

pág. 427

1. 1980: 0,21; 1984: 0,25 2. $y = 20 + 0{,}8t$
2. a. $y = 8{,}25 + 0{,}328t$ b. $y = 623{,}6 + 52{,}28t$

4.

	3 anos	7 anos		3 anos	7 anos
1948			1964	16,00	16,86
1949	11,67		1965	19,33	18,00
1950	11,33		1966	19,00	19,14
1951	13,33	13,86	1967	20,67	19,00
1952	14,00	15,15	1968	21,33	19,00
1953	17,00	16,29	1969	19,67	19,29
1954	18,67	16,29	1970	17,67	19,00
1955	19,67	18,14	1971	16,33	18,29
1956	17,33	18,71	1972	19,33	17,29
1957	18,33	19,00	1973	18,00	16,29
1958	19,00	17,71	1974	16,67	16,86
1959	23,67	19,00	1975	15,67	17,29
1960	20,67	18,14	1976	15,33	
1961	19,33	18,86	1977		
1962	14,33	18,00	1978		
1963	15,33	18,29			

5.

jan.	1,740	jul.	0,383
fev.	1,422	ago.	0,538
mar.	1,464	set.	0,296
abr.	1,059	out.	0,805
mai.	1,062	nov.	1,020
jun.	0,786	dez.	1,424

6.

I	1,031
II	1,221
III	0,448
IV	1,300

7.

jan.	888,9	jul.	841,7
fev.	1000,0	ago.	851,5
mar.	1775,0	set.	865,4
abr.	916,7	out.	909,1
mai.	838,4	nov.	866,7
jun.	800,0	dez.	857,1

8.

t	$y - y_c$	t	$y - y_c$	t	$y - y_c$
1	+8	9	2	17	-4
2	-1	10	15	18	-1
3	-11	11	6	19	5
4	-7	12	12	20	0
5	-3	13	14	21	16
6	-6	14	-3	22	-6
7	-4	15	-6	23	-5
8	-1	16	-5	24	-11

9. $y = 8{,}53 + 7{,}25t$

Ano	y/y_c	Ano	y/y_c
1958	0,76	1968	0,83
1959	0,65	1969	0,92
1960	0,83	1970	1,01
1961	1,07	1971	1,11
1962	1,12	1972	1,12
1963	1,27	1973	1,12
1964	1,18	1974	1,09
1965	1,19	1975	0,96
1966	0,92	1976	0,93
1967	0,83	1977	0,91

10.

Ano	y/y_{mm}	Ano	y/y_{mm}
1960	0,88	1968	0,91
1961	1,02	1969	0,97
1962	1,00	1970	1,00
1963	1,12	1971	1,04
1964	1,08	1972	1,02
1965	1,01	1973	1,04
1966	0,98	1974	1,05
1967	0,92	1975	0,97

11. a.

1964	480	1972	732
1965	492	1973	816
1966	468	1974	780
1967	432	1975	756
1968	516	1976	768
1969	588	1977	780
1970	624	1978	756
1971	660		

b. 852

c.

janeiro	53
fevereiro	49
março	57
abril	75
maio	108
junho	91
julho	81
agosto	71
setembro	71
outubro	64
novembro	57
dezembro	61

12. a.

1960	262	1969	770
1961	330	1970	787,5
1962	367,5	1971	800
1963	400	1972	799
1964	423	1973	828
1965	460	1974	912
1966	528	1975	1000
1967	600	1976	1102,5
1968	682,5		

1350

c.

janeiro	54,0
fevereiro	43,2
março	64,8
abril	108,0
maio	237,6
junho	216,0
julho	129,6
agosto	108,0
setembro	108,0
outubro	75,6
novembro	64,8
dezembro	86,4

pág. 436

1.

	$\alpha = 0,1$	$\alpha = 0,3$		$\alpha = 0,1$	$\alpha = 0,3$
1948	12,00	12,00	1964	16,45	16,94
1949	11,80	11,40	1965	16,60	17,26
1950	11,92	11,88	1966	17,14	18,68
1951	11,83	11,62	1967	17,13	18,18
1952	12,25	12,93	1968	17,72	19,63
1953	12,53	13,55	1969	18,35	20,94
1954	13,28	15,48	1970	17,62	17,96
1955	14,05	17,14	1971	17,66	17,97
1956	14,74	17,40	1972	17,89	18,58
1957	14,57	16,08	1973	18,10	19,01
1958	15,51	18,46	1974	17,69	17,51
1959	15,96	18,92	1975	17,52	17,06
1960	17,06	21,34	1976	17,47	17,04
1961	16,85	19,44	1977	17,02	15,83
1962	16,76	18,41	1978	17,42	17,38
1963	16,28	16,49			

2. A eliminação não leva em conta a tendência, por isso os valores corrigidos estão defasados em relação ao valor real; os valores são todos baixos.

índice remissivo

A

Aceitação, região de, 232
Aderência, teste de, 294-301
Adição, regra da, 73-74
Aditivo, modelo. (Ver Modelo aditivo.)
Aleatoriedade, teste de, 324-337
Alfa (α), 225
Alternativa, hipótese. (Ver Hipótese alternativa.)
Amostra
  aleatória
    necessidade de, 172
  tamanho da
    extraída de população finita, 206, 213
    influência na distribuição amostral, 177-178
    necessidade de estimar μ, 201
    necessidade de estimar p, 212-213
Amostragem
  aleatória, 161-162
  estratificada, 168, 169
  julgamento, 167
  por conglomerado, 168-169
  probabilística, 167-169
  razões para a, 160-161
  sem reposição, 159
  simples, 161
  sistemática, 167
  versus censo, 160-161
Amostras independentes, 240
Amplitude de classe, 33
Análise da variância, 253-271
  ANOVA, tabela de, 268-270
  distribuição F, 260
  estatística teste, 25
  graus de liberdade, 260-262
  hipótese alternativa, 254
  hipótese nula, 254
  hipóteses, 254
  passos para o cálculo, 264
Análise das séries temporais, 411-436
  modelo clássico, 413
  variações, 413
Análise de grandes conjuntos de dados, 32-42
Análise de regressão, 339-367
  comparada com a correlação, 341
  erro padrão da estimativa, 354-355
  hipóteses, 354
  intervalo de confiança, 355-358, 362-363
  linear, 342-367
  método dos mínimos quadrados, 347-348
  múltipla, 365-367

B

Barras, gráfico de, 40
Bayes, regra de, 85-91
Beta (β), 228

C

Cela, 287
Censo, 158
Chance, 63-64, 66, 97
Classe
  amplitude de, 33
  modal, 45-46
Classificações, 13
Coeficiente
  angular de reta, 342-343
    fórmula, 342
    intervalo de confiança, 355-358
    teste de significância, 355-358
  de confiança, 199

de contingência, 385-387
de correlação
dados nominais, 385-387
dados por postos, 382-385
explicação conceitual do, 370-373
momento-produto de Pearson, 370-375
de determinação, 358-362
Coeficientes binomiais, tabela, 460
Combinações, 80-84
Complementares, eventos, 58
Complemento, 58
Conglomerados, amostragem por, 168-169
Conjuntos, 56
Contagem, 34
técnicas de, 78-84
Contínuos, dados, 12
Correção de continuidade, fator de, 147-150
Correlação, 341-390
coeficiente de, 385-387
e causalidade, 389
intervalo de confiança para, 377-378
linear, 367-390
momento-produto de Pearson, 370-375
múltipla, 388
negativa, 368-369
por postos de Spearman, 382-385
positiva, 368-369

D

Dados, 11-13
categóricos, 12
contínuos, 12
emparelhados, 341
qualitativos, 12
quantitativos, 12
tipos de, 12-13
versus informação, 11
Deflação de números-índices, 407-408
Dependentes, eventos, 345
Desvio médio absoluto (DMA), 26
Desvio padrão
amostral
dados grupados, 46-47
dados não-grupados, 28-29
binomial, 114
cálculo para dados grupados, 46-47
populacional, 29
significado do, 30
Diagrama
de dispersão, 369, 371
de Venn, 58-59
em árvore, 79
Diferença, teste da
entre médias, 240-243
entre proporções, 282-285
Dispersão
em torno de uma reta de regressão, 351-355
medidas de, 24-30
Distribuição
amostral, 172-188
de médias, 178-185
de proporções, 186-187
de repetições, 325-327
definição, 172
do número de ocorrências, 187-188
efeito da variabilidade populacional
sobre a, 199
efeito do parâmetro populacional
sobre a, 175-176
efeito do tamanho da amostra
sobre a, 177-178, 199
binomial, 105-116
acumulada, 109-113
tabela de valores, 442
aproximação de Poisson da, 124-125
aproximação normal da, 147
desvio padrão da, 114
fórmula para probabilidades, 106-108
hipóteses, 106
média da, 113-115
termos individuais, tabela, 442
valor esperado da, 113-115
de freqüência, 33-48
acumulada, 38-39
dados contínuos, 34
dados discretos, 36
de Poisson, 118-125
fórmula, 120
hipóteses, 118
probabilidades acumuladas, 118-125
tabelas, 456
probabilidades individuais, tabela, 452
de Student. (Ver Distribuição *t*.)
exponencial, 152-153
acumulada, 152-153
tabelas de valores, 460
F, 260
hipergeométrica, 127, 159
multinomial, 126
qui-quadrado, (χ^2), 287-289
graus de liberdade nos testes, 291, 294
tabelas de valores, 463
normal, 136-150
acumulada, 136-150
aproximação binomial, 147-150
bivariada, 368
padronizada, 139-146
tabelas de áreas, 144, 461
t, de Student, 201-205
graus de liberdade, 202
tabelas de valores, 462
uniforme, 134-135

Distribuições de probabilidades
contínuas, 131-156
descontínuas, 95-130
Dow-Jones, índice industrial, 406-408

E

e, base dos logaritmos neperianos, tabela, 460
Empates, correção para, 322
Equação de uma reta, 342-343
Equações normais, 347
Erro
efeito do tamanho da amostra sobre o, 199, 201
padrão da estimativa, 354-355
provável, 199-201
Tipo I, 228-229
Tipo II, 228-229, 245-248
Espaço amostral, 56
Estatística, 172
definição, 2-3
Estimação, 193
de médias, 198-207
de proporções, 209-215
definição, 194
fundamentos lógicos da, 195-198
intervalo, 195
pontual, estimativa, 194
Evento(s), 56-60
coletivamente exaustivos, 58
complementares, 58
complemento de um, 58
dependentes, 70-72, 345
elementar, 57
espaço de. (Ver Espaço amostral.)
igualmente prováveis, 61-64
independentes, 70
mutuamente excludentes, 58
Experimento, 56

F

Faixas de confiança em regressão, 363
Fator de correção para populações finitas, 189-191
Fatorial, 81
Freqüência
acumulada, 38-39
esperada, aderência, 294
teste de *k* amostras para proporções, 285, 290
gráfico de barras, 40
observada, 276
polígono de, 36
relativa, 34
tabela de, 34

G

Gauss, K. F., 137
Gaussiana, distribuição. (Ver Distribuição normal.)
Gossett, W. S., 202
Gráfico
de barras, 40
de uma reta, 342-344
Graus de liberdade
distribuição *F*, 260-262
distribuição *t*, 203
explicados, 203
na aderência, 295
na análise de correlação, 379
na análise de regressão, 354

H

Hipótese
alternativa, 223
nula, 223
Histograma, 34

I

Índice
agregado de preços, 399-400
composto, 399-401
de preços, 398-401
de atacado, 406
do consumidor (IPC), 402-405, 408
de quantidade, 398-401
de valor, 398-399
Informação *versus* dados, 11
Intercepto-*y* de uma reta, 342
Intervalo de confiança
para a média, 198-207
para a média de *y* dado *x*, 362-363
para a predição na regressão linear, 362-363
para o coeficiente angular de uma reta, 355-358
para o coeficiente de correlação, 377-378
para proporções, 209-215

K

Kruskal-Wallis, teste de, 322-323

L

Limite Central, Teorema do, 181-185

M

Mann-Whitney, teste de, 317-320
Média (s)
aritmética, 19-20

de uma população, 19-20
distribuição amostral de, 178-185
distribuição binomial, 113-115
móveis, 420-422
para dados grupados, 42
ponderada, 21
propriedades da, 19-23
vantagens e desvantagens, 23
Mediana, 21-23, 44-45
dados grupados, 44-45
propriedades, 21-23
Medidas
de dispersão, 24-30
de relacionamento, 341
de tendência central, 19-23
Membros de um conjunto, 56-57
Método dos mínimos quadrados, 347-348
Moda, 23, 45-46
Modelo
aditivo, 414-415, 427
multiplicativo, 414-415, 427
Mudança de base de um número-índice, 402

N

Nível
de confiança, 196-197
de significância, 225
Número-índice ponderado, 399-401
Números aleatórios, tabela de
como usar, 164-165
valores, 165

P

Parâmetro, 172
Pearson, Karl, 368
Percentil, 22
Período-base, 396
Permutação, 80-84
Poder aquisitivo, 405
Polígono, 36
População, 158
desvio padrão de uma, 29
finita, 159
fator de correção para, 189-191
média de uma, 19-20
tamanho de uma, 159
variância de uma, 28
Predição, intervalo de,
na análise de regressão, 362-363
Previsão, 427, 432-435
Princípio da multiplicação, 79-80
Probabilidades
a posteriori, 86
a priori, 87
clássica, 61-64
condicional, 72
conjunta, 70-72
definição, 61-69
distribuições de
como modelos, 104-105
definição, 101
empírica, 61
marginal, 70
objetiva, 61
pessoal, 67
regra da adição, 73-74
regra da multiplicação, 72
regras de, 74
revisada. (Ver Regra de Bayes.)
subjetiva, 66-67
Proporção, 30
intervalo de confiança para, 209-215
testes de, 275-303
Provas independentes, 105-106

Q

Quadrados e raízes quadradas, tabela de, 469
Quartis, 22

R

Raciocínio dedutivo, 172
Razão-para-a-média-móvel, método da, 425-426
Região de rejeição, 232
Regra de Bayes, 85-91
Regressão
linear, 341-367
simples. (Ver Análise de regressão.)
múltipla gradativa, 367
Regularização exponencial, 432-435
Relacionamento
causal, 342-389
linear, 342-344
negativo, 369
positivo, 369
reta, 342-343, 369
Relativo sazonal, 424-426
Relativos de preço, 397-401
Repetições, 324
Resultado, 56. (Ver também Eventos.)
Reta
coeficiente angular, 342-343
de regressão
coeficientes, 344-345
intervalo de confiança para estimativas, 362-363
método dos mínimos quadrados, 347-348
equação da, 342-343
gráfico, 342-343
intercepto-*y*, 342
Risco, 196

S

Sigma, desvio padrão (σ), 141
somatório (Σ), 13-17
Soma total de quadrados, 269

T

Tendência, 413-415, 415-422
central, medidas de, 19-23
Teorema do Limite Central, 181-185
Teste
das repetições, 324-337
de duas amostras
de médias, 240-243
de postos, 308-320
para proporções, 282-285
de significância
aderência, 294-303
análise da variância, 265
bilateral, 226
coeficiente de correlação, 378
diferença entre médias, 240-243
diferença entre proporções, 282-283
erro Tipo I em, 228
erro Tipo II em, 228, 245-248
médias, 232
não-paramétricos, 307-335
proporções, 275-303
unilaterais, 226-228
destrutivo, 160
dos sinais, 309-315
qui-quadrado
aderência, 294, 301
independência, 285-294
unilateral, 226-228
Testes
de k amostras
de postos, 322-323
para médias, 253-274
para proporções, 285-292
não-paramétricos, 307-335
amostras independentes, 317-320, 322-323
coeficiente de contingência, 385-387
correlação de postos de Spearman, 382-385
das repetições, 324-335
de duas amostras, 308-315
de k amostras, 322-323
de Kruskal-Wallis, 322-323
de Mann-Whitney, 317-321
de uma amostra, 324-335
de valores emparelhados, 311-315
dos sinais, 309-311
dos sinais por postos, 311-315
qui-quadrado, 285-301
vantagens e desvantagens, 308
Tipos de dados, 12-13

U

Universo. (Ver População.)

V

Valor esperado, 98-100
da média amostral, 178
da soma de variáveis aleatórias, 100
Valores críticos, 225
Variação
cíclica de séries temporais, 413-415, 422-424
explicada, 358-361
irregular de séries temporais, 413-415
não-explicada, 359-361
sazonal de séries temporais, 413-415, 424-426
Variância, análise da, 254-271
dados grupados, 46-47
dados não-grupados, 28-30
Variável
aleatória, 97-101
contínua, 97
desvio padrão de, 100
discreta, 97
média da soma, 100
soma de, 100
valor esperado de uma, 98-100
variância de uma, 100
causal, 342, 389
contínua, 97
dependente, 345
discreta, 97
explanatória, 345
independente, 345

Z

z, distribuição. (Ver Distribuição normal.)
escore, 139-142
estatística teste, 233
valores padronizados, 139-142

GRÁFICA PAYM
Tel. (011) 4392-3344
paym@terra.com.br